本門の戒壇と霊界の統一

鷲谷日賢

本門戒壇
靈界之統一

自序

此の書は基督教、回々教、婆羅門教、印度教、波斯教其他世界に於ける各宗と佛教の統一であり、又た科學と宗教の統一である、宇宙に於ける不可解の謎の鑰である、人生の歸趣、社會問題、宗教問題、思想問題の解決である、要するに靈魂の問題の歸決であり靈魂の實驗である、其の實驗は法華經の讀誦の威力に依て起り、其結果は宗祖日蓮大聖人が最も力說された、四箇格言の證明となり、諸宗無得道、法華獨得成佛となる、其の靈魂の發現懺悔滅罪の場所が本門の戒壇である玆に上世印度及び世界各國各宗に於ける、神の原籍が昭かになり、其の神々の降伏歸依の結果が靈界の統一となる故に此の書を、本門の戒壇と靈界の統一と題し其詳細の秘密を聖滅六百五十年の記念として出版する。

歐洲戰爭で數十萬の人が慘憺たる戰死をした結果、死後は如何と云ふ靈魂の問題が歐米各國に起り、各國大學の心理學者は熱心に研究し種々實驗の結果、今日では頑固の科學者も靈を認める迄に至り、如何にすれば此の靈と最も完全に感應交通することを得るかを種々の方面で實驗中である、然し歐米各國では未だ此の靈が流轉し再び人間に生れると云ふ迄、進んで居らぬ、隨て其靈が苦痛を受けて居るのを救ふ道を知らない、然し歐米の學者は研究を怠らず、其歸趣を印度哲學、及び佛教に求めつゝあるから、追々法華經の研究に移る事と思ふ。

靈魂とは、肉眼に視へず、瓦斯體にして、水も無く、空氣もなく、食なくして生存し、又た空中にも、水中にも土中にも木の中にも、肉體の內にも、自由に止住すること、電氣の一切の物質內に潛在し得る如く、不思議の物質であり古來より魂と名けらる、此の靈魂の依止する社會を總稱して靈界と云ふ、此靈界にも十界の差別があり、苦樂を感ず、吾人の社會と常に密接の關係があり、其の、共存すること電氣が各物質內に潛在する如く肉眼には見へぬ、故に古來より有無に付き議論の焦點であり、今日でも一元論と二元論の解決が附て居らぬ、詳細の說明は本文に於て發表する。

佛教には、靈の不滅、三世の流轉、苦樂昇沈の理が明かに說てあり、其內にも法華經には靈魂の最も速かに救われ向上する道が示してある、日蓮大聖人が、靈の向上、拔苦與樂の實現法として示されたのが、三大秘法である、其の內の本門の戒壇は、王佛一乘の時を待つて建立すべき者なりと云はれ、聖滅六百五十年の今日迄、其儘となつて居つた。

余が大正七年、佛敕を受け、宗祖、諸天神の加護の許に過去十二年間、諸難を忍び、不惜身命、努力奮鬪した結果完全に戒壇が出來、世界各宗の因緣、上は印度吠陀《ベダ》時代、埃及《エジプト》建國時代又た日本に於ては神代より現今迄、神と人、神と國家神と宗教との關係等、古來より不可解の出來事の一切が解決したので、其詳細を發表し、法華經の十界互具、一念三千の妙諦が眞實であつて、妙法の不可思議の威力が、本門の戒壇と相待つて、實現した靈魂の有樣を諸君に示し、之に依て古來よりの不可解の大難問題を解決し、宗教、人生、社會問題の根本解決に資さうと思ふのである。

大正七年から十二年迄に薫發した、靈界の因緣調べは、十二年八月に靈界の統一と題し出版せしが、九月一日の大震火災で製本も原版も灰となり、弘布するに至らず、其儘となつた、今回其後薫發した世界的大因緣を綜合して發表する時機に到着したのである。

不肖は幼より日蓮宗でありしが、祈禱法を迷信とけなした一人である、明治八年大阪で生れ十六歲の時、上京し深川の海產物商の小僧となる、其後主人の轉業に從て土木請負業に從事して四十二歲に至る　故に其間學問する暇もなく、又勉强する心持も無かつたが、或る動機から四十三歲より信仰に這入り、宗祖より法華經の、我不愛身命、但惜無上道、情存妙法故、心身無懈倦の句を授けられ、以後、唯信の一念、命を法華經に奉り、修行した結果、世尊、宗祖、諸天神の加護と過去の宿因により、法華經の信解品に說かれし、窮子の如き領解を得て、神人の交靈、感應を得て、玆迄進んだのである故に發顯した事蹟を完全なる文章にする事が出來ない、唯文字に綴るのみである、此の前古來未曾有の不可思議の出來事を現すに適しない、幾度か躊躇した、然し發表せねば、玆迄努力されし、世尊、宗祖、諸天神に申し譯が無い、又た此儘秘密にして置くべき者でない、拙惡なる文で發表すれば價値を減じ人は信ぜず、此の空前の大因緣が渺たる一優婆塞の力で解ける道理が無い、増上慢、馬鹿、氣狂、妄想狂と笑ふであらう、然し偉大なる聖者日蓮大菩薩でさえ、鎌倉で辻說法爲されし頃、人は氣狂坊主と罵り、瓦石を加へた、余も罵を謹んで受ける、然し眞理に敵なし、余の發表した事蹟を認めらるゝ時が在ると思ふ。

此の蘗發したる因緣は皆な、余の體驗した事、又は靈が靈媒人に依憑し沒我の境に入り物語した事である、史傳及び經證を加へたのは、獨斷偏見に陷るを恐れ確信を期したので、決して史傳を見て更正しない、故に史傳と附合せぬ事蹟は研究を要する箇所である。

又た宗祖大聖人が撰時鈔に「天台云く復た修多羅と合せば錄して之を用ゆ、文無く義なきは信受すべからず、傳教大師云く佛說に依憑して口傳を信ずる莫れ」此の金言を服膺して說明には勤めて經證と御遺文を採錄する。

靈の發顯に就ては古來より神憑りとて、神武天皇以來、代々の帝は神の示現を受けられた事は、歷史が證明する、後世に至り低級の神又は魔神が巫《ミコ》に憑り吉凶を詐稱し愚民を欺き種々の害毒を流した爲め、禁止された事が再三ある、又た江戶時代に至り迷信の隆盛に連れ、盛に害毒を流した結果嚴禁された事もある、現今に於ても、地所に蛇の障りがある、死靈の障りが有る、之を除くには幾許の金が要る等謂ひ、迷わし威し、害毒を流す行者もある、是等は嚴禁せねばならぬ、因緣の解けるのは、行者の誠意と、經の威力と、神の援助と、本人の信仰と懺悔が必要である、玉石を混合せぬ樣に判斷を願ふ。

現代の心理學者の內には、靈の發現を見て、催眠作用であるとか、潛在意識であり第二人格であるの、暗示作用であるとか、一切を腦の働きのみに解釋して居られる、然し甲靈魂を、乙の靈媒に移し物語させ、翌日突然遠方より來た、昨日の出來事を知らぬ、丙靈媒人に甲靈魂を移した場合、昨日の續きの物語が聞かれる、又た一人の靈媒人を一日の內に各異つた、數人の因緣を順次調べる場合、各自の關係の靈が出で物語する、是れでも潛在意識であらうか、第二人格であらうか要するに死後の靈魂の實在を疑つて居る人は、余の所へ來れば、其人の近親の死靈を引出して物語を聞かせ、靈魂の實在を證明し得る、然し實現には日時を要する、二週間乃至三週間、余の所へ通ひ、毎日一時間位、修法を受け其の便れる靈魂に。其人の耳を通じ經を聞かせねば物語りが出來ぬ、是は佛祖三寶諸天に報恩の爲にするのであるから、一切無報酬で諸君の研究臺に成る。

靈魂の大問題を解決せん爲に、科學者は歸趣を宗教に求め、此頃、宗教と哲學、科學と宗教等の著述が續々出版されるが其著者は基督教に基礎を置て居る人が多く、佛教を研究して居らるゝ學者も法華經の妙諦に達して居られない、要するに科學者は宗教の眞諦を知らず、宗教家は古來よりの習慣により科學を度外に置て居る、故に融合の時はない、余は幸に靈魂を實現し得る、此の實現を、佛說及び宗祖の御遺文と、現代科學と比較して僧俗諸氏に諸宗無得道、法華獨得成佛の不可思議の功德を示さうと思ふのである。

是を說明するには、科學の智識が必要故、先づ天文學の宇宙の構造より地球の創造に至り生物の起原より生物進化、生命問題靈魂の問題迄進み、一方宗教に於ける世界の創造說、萬物生育の原理を說明し、科學と宗教を統一し、萬物の一元に達し、靈魂の實在及び流轉の有樣も說くのであるが其內にも科學に附ては門外漢の拔萃故誤謬が無いと云われないが、科學の何たるを知らない人の爲に其必要部を拔萃した、故に大略である、通じない處も有らうから、篤學の士は進化論に就て御研究を乞ふ。

若し夫れ本書が動機となつて、靈の研究が盛んになり、死後の生活、因果の道理が一般に了解が出來たら、道德の根底が明になり、目下一般に憂へられつゝある思想問題も解決が附くのである。

古人曰く、之を知らざるは不明なり、知つて傳へざるは不實也。

佛遺敎經に曰く、我は良醫の病を知て藥を說くが如し、服と不服とは醫の咎に非ず、又た善く導く者の人を善道に導く如し、之を聞て行かざるは導く者の過に非ず。

余は佛祖三寶諸天に報恩の爲め、聖滅六百五十年を記念し誹謗を省みず法界の爲め、此書を版行するのである。以上

昭和四年　十二月

著者　鷲谷日賢

日蓮大聖人御詠

代々に歴る罪は氷にとづるとも

妙の朝日に解くる嬉しさ

第一圖

魏の曹操の作らせし釋迦牟尼佛の過去の尊像御丈一尺六寸

妙雲閣藏

第二圖

大聖人御年五十八歳身延山に於て書され、日顯法師に授與されし御眞蹟京都本國寺の靈寶

第三圖

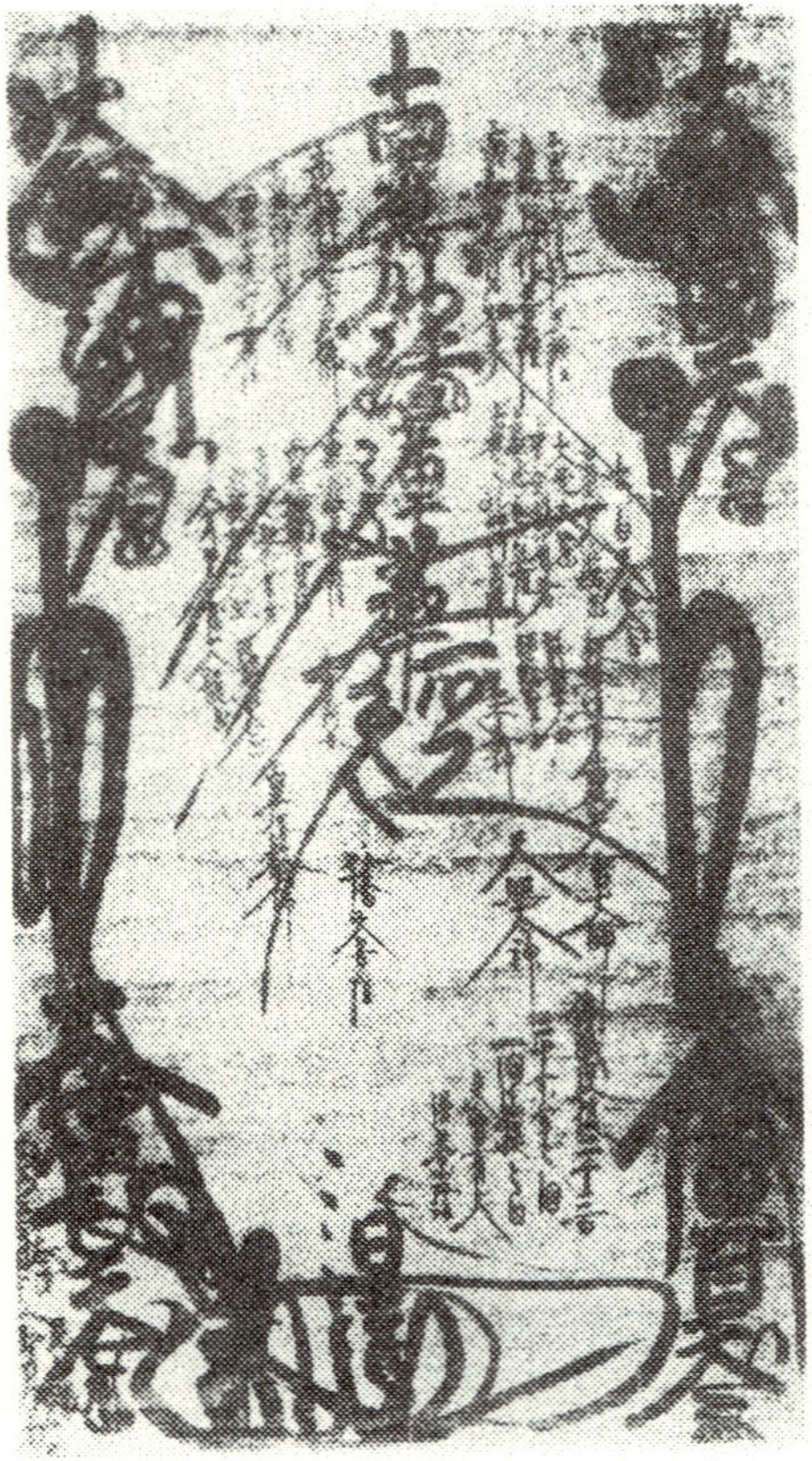

大聖人五十九歳身延山に於て書して日嚴尼に授與し給たる御眞蹟にして京都妙顯寺の靈寶

第五圖

東京芝區二本榎本町圓眞寺鎮座加藤清正の念持されし、鬼子母人菩薩、傳教大師御作
御丈七寸八分

第四圖

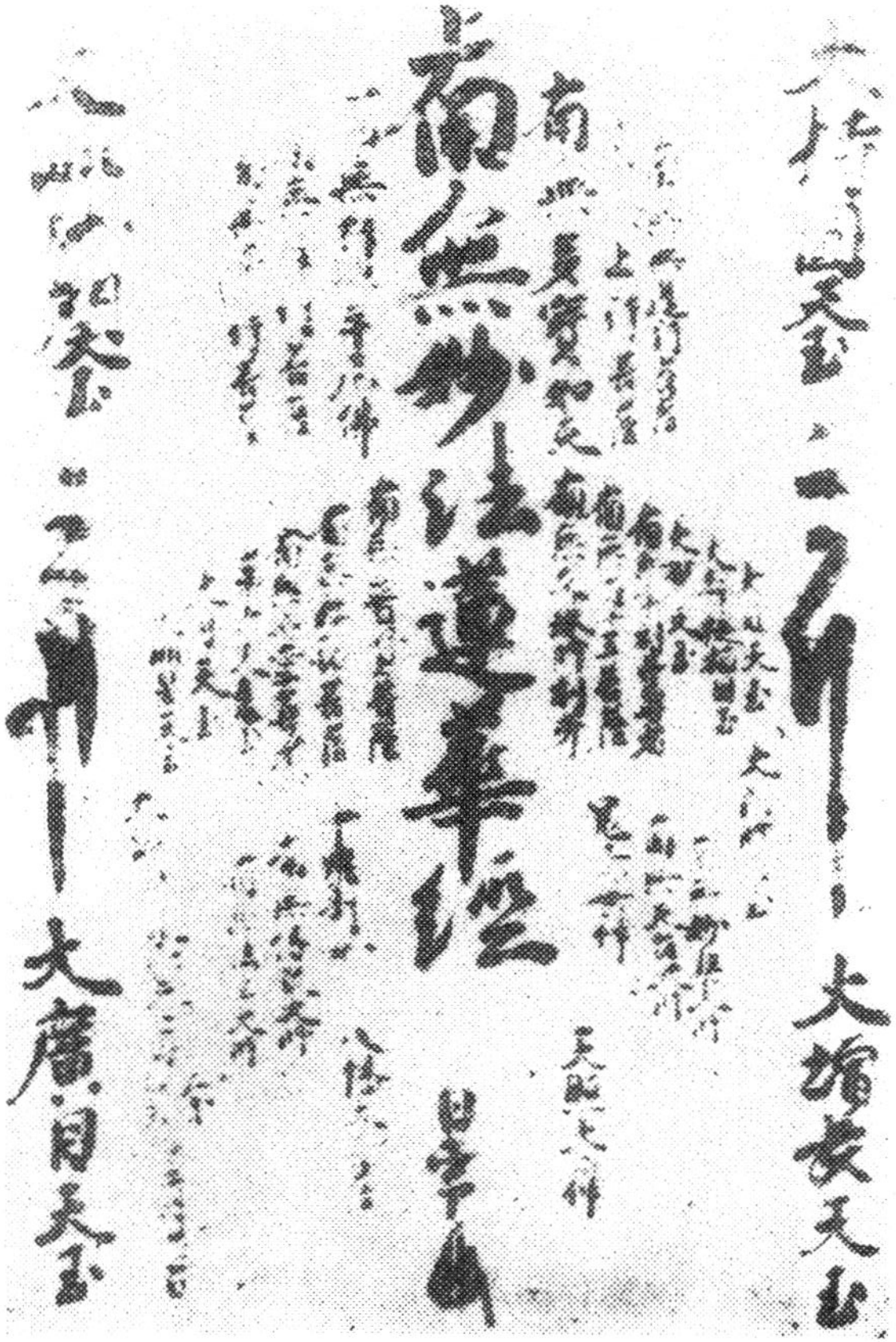

正中山第二世日常上人永仁三年十二月二十七日御年八十歳の時の眞蹟にして京都本法寺の靈寶なり

第六圖

心眼に見たる尸棄梵天王

第七圖

帝釋天王、基督教舊教の天主、ゴッド

第八圖

愛染明王

第九圖

摩醯首羅天、眞言宗の大日如來

第十圖

大満伽樓羅王の化身地藏尊長さ六尺
深川木場町松本氏所藏

第十一圖

伽樓羅像、京都妙法院藏、國寶

第十二圖

傳教大師叡山坂本にて遇ひ給ひし
大黑天神

第十三圖

基督舊教の守護神、廣目天王
奈良法隆寺藏、天平時代作、長三尺四寸五分國寶

第十四圖

佛法東漸の先驅されし神功皇后
奈良藥師寺藏、藤原時代作、木彫尺二寸

第十五圖

基督教のエンゼル、印度アジヤンダ岩窟の壁畫
日本人種の祖先キンナラ

第十六圖

心眼に見たるキンナラ

第十七圖

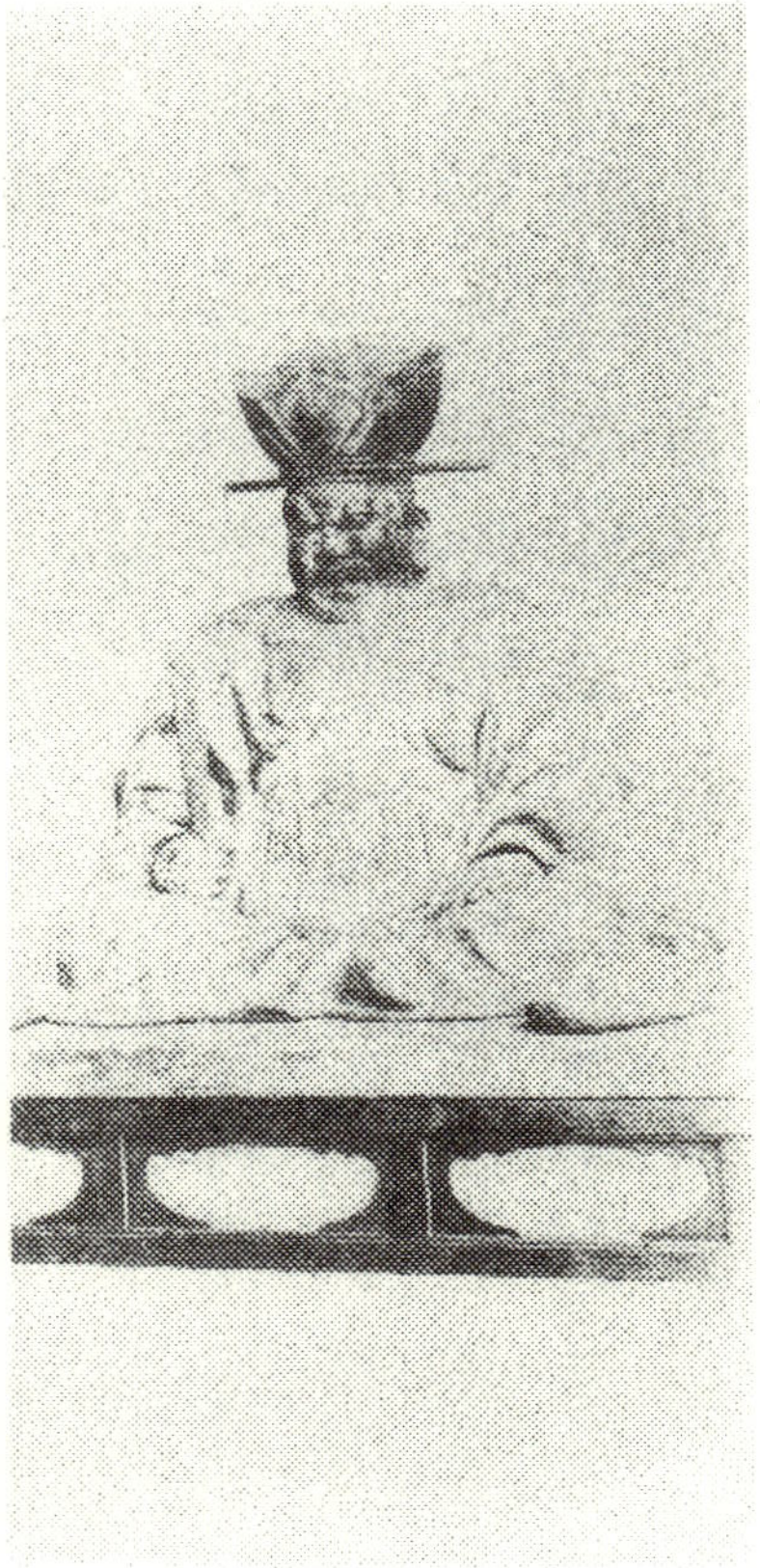

閻魔法王、國寶
大和白毫寺藏木彫長四尺

第十八圖

無着菩薩（摩訶迦葉尊者の再誕）
奈良興福寺藏長六尺三寸六分國寶

第十九圖

世親菩薩（迦旃延尊者の再誕）
同上

靈媒平野こさ

靈媒鷲谷いの

靈媒前田ぎん

目次

神と魔

源平時代

鎌倉時代

日蓮宗關係の因緣

以上

本門の戒壇と靈界の統一

總説

靈界の説明

靈界とは廣義には宇宙の全體である、法華經序品に其相を說く、世尊無量義處三昧に入りて身心不動、眉間白毫相の光、東方萬八千の土を照し、皆な金色の如く、下阿鼻獄より上有頂に至る迄、諸世界の中の六道の衆生、生死の所趣、善惡の業緣、受報の好醜、此に於て悉く見る、以下略、

文殊菩薩の物語、他の世界にも、天龍、夜叉、乾達婆、阿修羅、迦樓羅、緊那羅、摩睺羅伽、人非人等有り、其他經典には他世界の相を詳しく說けり、

狹義には地球上に存在し、吾人と日夜交渉あるも、肉眼に見へざる、靈魂、即ち戒體（死後の靈魂の姿）の止住する社會を云ふ、其形姿は千姿萬態で、動物も植物も皆な其の生前の最後の姿を保有し、大小種々の差別あること現界と異ならず十界ありと雖とも、雜居す雜居すれども、上下の差別あり、靈魂の實質は、元素の如く瓦斯體にして水無く、空氣なく、食物無くして生存し、電氣の如く、物質を透過し、又た物質內に潛在すること等自由、自在であり、其の壽命は永遠にして、宇宙と共なり、無始無終にして因緣に依て流轉す、言語道斷、不可思議の物質である、佛敎には、八識又は眞如と名けられ、又た妙と說かる、其數は無量にして、因緣により草木となり動物となる、向上向下流轉し死しては生じ、生じては死す、是れ靈魂の本具の性質である。

修行の完了せし人は肉眼にて靈魂の姿を見得る、譬へばX光線を利用すれば肉眼にて物體を透して物を視得る如く、肉眼の力、靈界を見る、詳しくは法華經法師功德品に說けり、

又た靈魂は苦樂を受ケ昇沈する、靈魂の最優等なる者は、現世に國王が國家を統一する如く靈界の一部を統一する、之を神と云ふ、然し此の神にも盛衰がある、世界の各國が獨立して居る如く、英國には英國の神あり、其領地內の靈界を領す獨逸には獨逸の主神あり、佛國、西班牙、日本支那、南洋の諸嶋に至る迄、皆然り、其の神の勢力範圍が其國の大さとなる、故に絕へず勢力爭あり、之が人類の戰爭となつて現る、此の神の盛衰が其國の興亡となる、人民は此の神の意の儘に使役せらるゝのである、又敗北した神は、其國の兵力を充實せしめ、戰爭の機會を作り復讐戰をする、一時併合された屬國が反抗するのは是に原因する、故に往昔から世界を通じて、戰爭が止まないのである、斯くの如く絕へず戰鬪し、終りなき慘憺たる競爭を止めて人類に平和の生活を爲さしめん爲に、一部の高等の神が、宗敎を造つたのである、今回の歐州戰爭の如く同一の基督敎を奉ずる國が互に戰爭を起したのは、宗敎の神が、國の神と別で、基督敎の神が統一する威力が弱いから起つたのである、又た靈界には破壞を樂みとし常に災を降し、疫病を起し、戰爭を興し死人の山を築くを仕事とし、又た正法の廣まるを碍ぐる大魔王もあり、常に正法守護の善神と戰ひつゝある、此の神と國との關係を現わされたのが、日蓮上人の立正安國論である、靈界は斯く複雜して居る、其詳細は後の薫發した各國の因緣が證明する、要するに凡人の肉眼に映ぜざるも、時々刻々吾人と密接の關係あり、共存する、靈魂の世界を靈界と云ふ。

佛は此の何千萬年以前より鬪爭しつゝある三世流轉の哀なる衆生、神も人も根本的に求濟せんが爲に、三千年の昔に出世され、其の救濟の方法を說かれたのが佛法で、其の要諦が法華經であり、其威力を發顯する機關が、本門の戒壇である、時來て玆に建立さる、之に依て靈界は統一されたのである、靈界が統一さるれば率いらるゝ各國各宗の神も人も、法華一乘に歸依し、諸乘一佛乘となつて、妙法が世界に弘まり、娑婆世界が、其儘寂光淨土に成るのである。

本門の戒壇の說明

先づ最初に、日蓮大聖人の說明を御紹介する

三大秘法稟承事

法華經の第七神力品に云く、要を以て之を言ば、如來の一切の所有の法、如來の一切の自在の神力、如來の一切の秘要の藏、如來の一切の甚深の事、皆な此の經に於て宣示顯說す等云云、釋に曰く、經中の要說、要は四事に在り等云云、問ふ所說の要言の法と者何物ぞ耶、答て云く、夫れ釋尊初成道之初より、四味三敎乃至、法華經の廣開三顯一の席を立ちて、略開近顯遠を說せ給ひし涌出品迄、祕せさせ給し、實相證得の當初修行し給ひし處の壽量品の本尊と、戒壇と題目の五字也、敎主釋尊、此秘法をば、三世に隱れなき、普賢文珠等にも讓り給はず、況んや其以下をや、されば此の秘法を說せ給ひし、儀式は四味三敎、並に法華經迹門十四品に異りき、所居の土は寂光本有の國土なり、能居の敎主は本有無作の三身也、所化以て同體也、かゝる砌なれば、久遠稱揚の本眷屬、上行等の四菩薩を、寂光の大地の底より、はるばると召し出して付屬し給ふ、道暹律師云く、法、是れ久成の法なるに由る、故に久成の人に付す等云云、問て云く其の所屬の法門、佛の滅後に於ては何れの時に、弘通し給ふ可き乎、答て云く經の第七藥王品に云く、後の五百歲の中に、閻浮提に於て廣宣流布して斷絕せしむること無けん等云云、謹んで經文を拜見し奉るに、佛の滅後正像二千年過ぎて、第五の五百歲、鬪諍堅固、白法隱沒の時云々、問て云く夫れ諸佛の慈悲は天月の如し、機緣の水澄めば、利生の影を普く萬機の水に移し給ふべき處に、正像末の三時の中に末法に限ると說き給ふは、敎主釋尊の慈悲に於て、偏頗あるに似たり如何、答ふ諸佛の和光利物の月影は、九法界の闇を照すと雖も、謗法一闡提の濁水には影を移さず、正法一千年の機の前には唯小乘、權大乘相叶へり、像法壹千年には法華經の迹門の機感相應せり、末法の初め五百年には、法華經の本門前後十三品を置きて、

只壽量品の一品を弘通すべき時なり、機法相應せり、今此本門壽量の一品は像法の後の五百歲、機尙ほ堪へず、況んや始めの五百年をや、何に況や正法の機は迹門尙日淺し、增して本門をや、末法に入て爾前迹門は全く出離生死の法にあらず但、專ら本門壽量の一品に限て、出離生死の要法なり、是を以て思ふに、諸佛の化導に於て、全く偏頗なし等云云、問ふ佛の滅後、正像末の三時に於て、本化迹化の各各の付屬分明也、但し壽量品の一品に限て末法濁惡の衆生の爲なりといへる經文未だ分明ならず、慥に經の現文を聞かんと欲す如何、答、汝强て之を問ふ、聞て後に堅く信を取るべき也、所謂壽量品に云く、是の好き藥を今ま留て此に在く、汝ぢ取て服すべし、差《いへ》じと憂ること勿れ等云云、問て云く壽量品專ら末法惡世に限る經文顯然なる上は私に難勢を加ふべからず、然りと雖も、三大秘法其體如何、答て云く予が已心の大事、之に之かず、汝が志、無二なれば少し之を言ん、壽量品に建立する所の本尊は五百塵點劫の當初以來、此土有緣、深厚本有、無作三身の敎主釋尊是也、壽量品に云く如來秘密神通之力等云々、疏の九に曰く一身即三身なるを名けて秘と爲し、三身即一身なるを名けて密と爲す、又、昔より說かざる所を名けて秘と爲し、唯、佛のみ自ら知るを密と爲す、佛、三世に於て、等しく三身あり、諸經の中に於て之を秘して傳へず等云々、題目とは二の意あり、所謂、正像と末法と也、正法には天親菩薩、龍樹菩薩、題目を唱へさせ給ひしも自行の爲にして、さて止ぬ、像法には、南岳、天台、亦題目計り南無妙法蓮華經と唱へ給て、自行の爲にして、廣く佗の爲に說かず、是れ理行の題目也、末法に入つて日蓮が唱ふる處の題目は、前代に異り自行化佗に亘りて南無妙法蓮華經也、名體宗用敎の五重玄の五字也、戒壇とは王法、佛法に冥し、佛法王法に合して、王臣一同に本門の三大秘密の法を持ちて、有德王、覺德比丘の其昔を末法濁惡の未來に移さん時、勅宣、竝に御敎書を申し下して靈山淨土に似たらん、最勝の地を尋ねて戒壇を建立すべき者歟、時を待つ可き耳み、事の戒法と申すは是也、三國竝に一閻浮提の人懺悔滅罪の戒法のみならず、大梵天王、帝釋等も來下して蹈み給ふべき戒壇也、此の戒法立ちて後ち延暦寺の戒壇は、迹門の理戒なれば益あるまじき處に、叡山に座主始つて第參、第四の慈覺、智證、存の外に本師傳敎、義眞に背きて、理同事勝の誑言を本として我山の戒法をあなづり戲論と笑ひし故、存の外に延暦寺の戒、淸淨無染の中道の妙戒なりしが、徒に土泥となりぬる事云ふても餘りあり、歎きても何かせん、彼の摩黎山の瓦礫の土となり、栴檀林の荊棘《うばら》となるにも過ぎたるなるべし、夫れ一代の聖教の邪正偏圓を辨へたらん學者の人をして今の延暦寺の戒壇を踏ましむへき乎此法門は義を案じて理をつまびらかにせよ、此の三大秘法は二千餘年の當初、地涌千界の上首として、日蓮、慥かに教主大覺世尊より口決相承せし也、今、日蓮の所行は靈鷲山の稟承に芥爾《けに》計りの相違なき色も替らぬ、壽量品の事の三大事なり、問、一念三千の正き證文如何、答ふ次ぎに出し申す可し、此に於て二種あり、方便品に云く、諸法實相所謂、諸法如是相、乃至、欲令衆生開佛知見等云々、底下の凡夫、理性所具の一念三千歟、壽量品に云く、然我實成佛已來、無量無邊等云云、大覺世尊、久遠實成の當初、證得の一念三千也、今、日蓮が時、盛んに此の法門廣宣流布する也予、年來已心に秘すと雖も、此の法門を書き付て留め置かずんば、門家の遺弟等、定て無慈悲の誹言を加ふ可し、其後は何と悔るとも叶ふまじきと存ずる間、貴邊に對し書き送り候、一見の後ち秘して他見有るべからず、口外も詮無し、法華經を諸佛出世の一大事と說せ給ひて候は、此の三大秘法を含めたる經にて渡らせ給へばなり、可秘、可秘、

弘安四年卯月八日　　日蓮花押

太田金吾殿御返事

此の御遺文は宗祖大聖人六十歳の御時、身延山より、太田金吾殿に遣わされし御書にて本年で（昭和五年）六百四十九年に當るのです、

三大秘法の內、本尊と題目に付ては、他に詳細の說明もあり、古來より先師先德の解說が澤山あり、詳細を極めて居る、是は其の各專門の書に依て、研究されん事を乞ふ、戒壇に付ては、時を待つて建つべき者なりとあり、其儘未解決で今日に及んで居る、先師の內、解釋した人もあるが、要するに附會で、時が來なかつた、其時と云ふは、即ち王佛一乘の時で國常立の尊の久遠に溯り、神代の關係、欽明天皇、佛法傳來の時、日本の大神、佛法を嫌ひ、物部尾輿、守屋等をして佛像を難波の堀江に投じ、佛法を禁止せしめた因緣、及び聖德太子が、守屋を討ち、佛法を弘められた因緣、要するに此の

裏面に隠れたる、國の神と佛法の守護神との戰ひ、此の佛法傳來の時の因縁が解けない爲め、國の神は常に佛法の弘通を妨げられ、今日迄、日本の神の一部と、佛法は融和が出來なかつたのである、中間、本地垂迹説を立てゝ神佛の融和を謀りし時代はあるも、一部の附會の説で、根本が解けて居らない、故に王佛一乘は最も困難の事であつた、又た大梵天王、帝釋天も來つて滅罪懺悔し踏み給ふべきときは、上世印度、吠陀時代の神々と佛法と融和、即ち印度に於ける、婆羅門教の佛法破却の大因縁、是の久遠の大因縁が解ける時が、梵天王、帝釋天の懺悔の時である、其他佛法に敵した大魔王を降伏せしめ、佛法に障礙無きに至り、玆に末法濁惡の世に、常寂光土、現出し、宗祖が最も盡力されし立正安國論の實現が出來るのである、此時が即ち戒壇建立の時である、是の時を現出するには、法華經の威力と、世尊宗祖と諸天神の加護と祈禱法に依る行者の不惜身命の行法と一致して、玆に不可思議の働が起り、魔怨を降伏し、初めて目的を達するのである要するに祈禱法は法華經の威力の實現法である。

世界を通じて、基督、マホメツト其他の教祖は皆な不思議を現じ、病人を治し、所謂、祈禱で法を弘められたのである。我國でも奈良朝、平安朝の佛法は殆んど祈禱であり、吾祖、日蓮大聖人も、鎌倉時代には盛んに祈禱され、多くの病者を救ふて法を弘めて居られる。

祈禱と謂へば、今の學者は一概に迷信と貶すが、國家の組織に見ても、文と武の兩道が車の双輪の如く互に協力せなければ廻らない、國家が平和の時に軍隊、警察は無用の如く見ゆるも、一朝、事あつた時、文官で防禦が出來ようか、祈禱法は此の武の方に當る、日夜守護神は協力して外敵に當つて、國家を護り平和を維持して居られる、祈禱法を排斥するは軍隊。警察を無用の長物と思ふと同樣である、文學が如何に進み、教育が一般に普及しても、敵國に兵備が在る間、自國に兵備は必要である、惡人や泥棒が有る限り、學者が國中に充滿して居つても、警察は必要であらう、靈界に魔神が有る限り、守護神と祈禱法は必要である、要するに祈禱は飢へたる者に食を與へ。渇ける者に水を與へ寒き者に衣を與へ、病める者に藥を與ふる、靈魂との直接交渉である、此審判處理する場所が本門の戒壇である。

印度哲學宗教史木村高楠兩博士著

神人の關係に付、宗教の本領は神と人とか交渉すると云ふ意識にある、この意識なくして單に神々の事蹟を說くが如きは一種の物語であつて、生きた宗教でない、印度人が日常の經驗に於て感得した、活活せる神々であつた、日常絕へず、人類との交涉が行われた神々である。

兩博士の云われた如く、上世印度の神は、今、現に我が道場に出現され、吾人と日夜共に働きづゝあらる、本文にて、神と人との關係に付ては世界的に渡り詳細に示す。

神人の交通は靈界最初の階級で、世界の各宗を興した教祖は皆な神と交靈して居られる、現今に於ても日蓮宗の修法師、又は神道の教師の中にも、神と自由に感應する人は澤山ある、然し怨靈を得道させ、大魔王を降伏さすは日蓮宗の祈禱即ち法華經の威力、自在神通力より外には斷じて無い、余の最初の希望は、靈の實在、流轉の有樣を知り、生涯に千人の靈を得道させれば滿足と思ふた、然るに世尊、宗祖の御加護で、上世印度の因緣、其他世界的の大因緣が解けた事は實に望外の結果で、之を取扱て居る自身さへ驚嘆して居る。

靈の實在及び發顯を說明する順序として、現代科學の說ける、世界の起原、生物の進化、生命論より電子一元論に至り、また佛教の緣起論、實相論により佛教の世界の起原、進化の理を說き、靈魂の實在を證明し、之を宗祖の御遺文にて統一し、世尊出世の目的、妙法蓮華經の一念三千の大秘法、十界互具の大法に依り靈魂の實在、流轉の原則を示し、又た實現に於ては、過去十二年間に薫發したる因緣の內、歷史、宗教に關する主要なる分を綜合し上世印度より今日に至る、靈の流轉の有樣、靈の所在と神と人との關係、神と宗教の關係、妙法蓮華經が如何なる働を爲すか、本門の戒壇が如何なる威力を發揮するか世尊宗祖、諸天神が、久遠より今日に至る迄、衆生敎化の爲め、日夜休息なく活動努力し給ふ、大慈大悲の振舞を諸君に示し、諸君の反省を促し、諸君の努力を以て、娑婆即寂光の妙土の實現を一日も速かならんことを願ふのである。

以上

天文學

宇宙

天文學は最初、バビロン人と、エジプト人に依て唱へられた、彼等は自分の住んで居る地球が宇宙の中心で、日月星辰が此の地球の周圍を回轉して居ると思想した、其中エジプト人のトレミー（紀元後二世紀ノ頃ノ人）は天上衆星の中特に動く所のものを行星と名け、太陽も其の一つであると考へた。

爾來千五百年の間、此說が一般に信ぜられて、今から四百年前コペルニカス（一四七三年一五四三年）が始めて太陽中心說を唱へ地球も他の行星と同じく、太陽の周圍を回轉する者であると主張したのが初まりで「ガリレヲ」（一五六四年一六四二年）及びケプラー（一五七一年一六三〇年）の注意する所となり、深く研究した結果、此の說が眞理であること確められ、其後「ニユートン」（一六四二年一七〇二年）が引力の法則を發見して此說に依て理論が確定せられ、天文學上の一新紀元を劃したのです、茲に至て地球中心の思想は、太陽中心の新說となり、又た太陽は動かない者と考へたのであつた、然るに近代の進歩した天文學は太陽系全體として一晝夜に五拾萬哩の速度を以て、空間を馳行しつゝある事を知つて驚いた、所でそれすらも、他の恒星の馳行する速度に比して誠に遲々たる者であるを知て更に驚いた、宇宙には無數の世界が有つて、科學的に研究した結果、星にも盛衰榮枯のあることが明瞭になつた結果、天地創造の秘密を開く星雲說となりて現われた、斯く人間の宇宙に對する思想の變遷したのは、僅か此二三百年の間の事である、今日の思想も未だ完全のものと云ふ事は出來ない、是より宇宙の構造より、地球の進化、生物の起原を說く。

星雲說

此の星雲說を最初に唱へ出した人は恐らくは、瑞典の神學者「スイデン、ボルク」（一六八八年一七七二年）であつたらうと言はれて居る、次いで獨逸の哲學者「カント」（一七二四年一八〇四年）は若年の時、既にこの說を唱へたのであるが、長じて後は純正哲學に身を委ねた爲めに、竟に星雲說の蘊奧を究めずして終つた、佛國の數學者「ラプラス」（一七四三年一八二四年）は數學の立場から「ニユートン」が發見した引力說を以て比較的完全に星雲說を說明した事がある、併し始めて望遠鏡を以て星雲を發見した者は「サイモン、メーリアス」(一六一二年發見)である、其時はまだ其れが明かに星雲であると知らず、唯一種の雲として見たので、其後、他の天文學者に依り段々同樣の者が發見され、千七百八十四年迄には既に百〇三を數ふるに至つた。

其頃獨逸の「ウイリヤム、ヘルシエル」(一七三八年—一八二二年)は英國に滯在中、望遠鏡を以て特別に星雲を搜査して見た所が意外にも、多數を發見したので、此度は四十呎程の望遠鏡を作り、數年間此事に熱中して遂に二千許の星雲を發見することが出來た、斯くて望遠鏡の力を銳くして、精細に調べて見れば不思議にも、是迄星雲であると思ふたものゝ中或者は無數の群星である事を發見した、そこで今一層望遠鏡の力を銳くすれば、凡ての星雲と見ゆるものは、皆群星であるかも知れぬと考へ、段々精密に觀測して見れば、或る者は眞の星雲で無く、唯無數の星の集合したものである如く、或る者は如何に銳い望遠鏡で見ても唯茫とした雲の樣な者を認めるのみで、明かに見れば、見る程其雲狀を明白に認めたのであつた。

而して是等の區別を一層明瞭ならしめたのは、分光器の發明後で、彼のオライアン星座に於ける星雲の發見などは此の分光器の力に依つたのである、「ヘルシエル」の時代から今日迄に、數多の學者が出て、研究を積んだ結果、星雲と群星との區別を明かに見分ける事が出來る樣になり、又た其數も澤山發見せられた、中にも米國の天文學者「キーラー」は格別に星雲の觀測に熱心して種々工夫を凝した末、遂に望遠鏡を應用して、是迄見えなかつた、多くの星雲を寫眞用の種板に寫し取ることを發明した、是は實に天文學上の一大發明である、之に依て計算するも天上には少くも十二萬位の星雲があると思はれる。

【現今の大多數】の天文學者の說に據れば、原始の物質界狀態は實に混沌たるものであつて、現時の如き物質の集合體は一つも無く總ての物質は宛も煙の如く霞の如く、至極細微なる分子が空間に散布して居つたのである、即ち之を稱して星雲と云ふのであるが、其れに又た引力の働きがあつて徐々に相互を引合ひ漸々と相近づいて、凝結し始めたのである、所で最初に物質が散布して居た割合は何れの場所に於ても同様と云ふ譯でなく、或る所には多く或る所には少なく不平均であつた爲め、多い所は自然に集合の中心點となつて凝結したのである、而して又た斯様に物質の集合したのにも大小があつて、小なる者は大なる者より凝結することが早いから、其星の發達する年數は異る譯である此の様にして既に凝結して居る星の數は凡そ一億ばかりあるやうに思われる。

前述の如く星雲が其中心點に集合する際には、必ず渦狀態に運轉するのであるが、其れが益々多く集れば集る程密度の加るのみならず、又運轉の速度も增加し其れが爲に軋轢し遂に光と熱を發する様になつたのである。

今試に大盥の底へ大サ一寸位の穴を穿ち、其に栓を挿して置いて水を滿し、能く靜まつた時、水の動搖せない様に盥の下方から栓を拔き取れば、其れと同時に水は穴より流れ去らむとして中心に集り、盥中の水は全體に渦卷をして動く事を見るであらう、星雲が運動し初める狀態は、略、斯くの如く其中心點に向つて集合する時は必ず渦狀運轉が起ると云ふのが、物理學上の法則である。

そこで物質が中心點に多く集まれば集る程、密度の增加と共に引力の働は愈々盛んになり、運轉の速度も漸次增して或る程度まで進むと、既に中心點に集合した物質と其周圍の遠き所に未だ殘つてある物質との間には段々懸隔が出來て、遠き所に殘つた星雲は別に環狀を造つたのである、所が其環もまた所々に厚薄があるから、其薄い所から破れ、就中濃き部分を中心として集り遂に之が又た一固體を做すのである、然し此の環に由つて出來た物は、最初全體中心點に集つた物質よりも其量が極めて少いから、冷る事も速かなるは勿論である。

此の太陽系に屬する地球も他の行星も、皆な斯様な遠く殘つた環が凝結したものであつて、最初に分散したる星雲の大中心に集つたものが即ち太陽となつたのである、然しながら夫れが今見る如き形狀を成す迄には、實に幾億年が經過したであらうか、今の所では之を計算する方法が無い。

【玆で宇宙の廣大なる事を述べて置く】一秒間に凡そ十八萬六千哩を走る光の速度を以てしても、今日迄に觀測せられた所の或る遠き星から來る光が地球に達するには、實に二萬五千年を要する、所が是が最も遠き星でなく、未だ巨離を測ることの出來ない星が澤山ある、其れ等の星は今日知られて居る最も遠き星より尙遙に遠いものである、現今知られて居る星は一億位あると云われる、然も之は唯、一局部の方面のみに就ての事であつて、我が地球の周圍何れの方面にも、左樣である事を思へば、全宇宙の廣大は何と驚くべきものではないか。

【佛說の三千大千世界】

吾人の住居して居る娑婆世界、即ち地球を千集めたのが一小千世界、此の小千世界を千集めたのが中千世界、此の中千世界を千集めたのが大千世界と云ふ、即ち計算すると拾億の世界である、是を三千世界とも云ふのである、是が一佛の化境即ち領分である此の如き三千大千世界が、此虛空界に幾何あるか上下四方に點々位置を占めて無限であると說てある、古來此の數に就て誇張と云ふ論も有つたのであるが、天文學は此數を認めるに近づきつゝある。

太陽系の略史

前述の如き次第であるから、今の太陽系の星雲時代には非常に廣大な者であつて、其直徑は實に五十五億八千參百二拾萬哩、以上であつたに相違ない、何となれば太陽系の行星の內最も遠巨離に在る今の海王星は、太陽が最初に殘した環に由て出來た行星であるから、今の太陽から海王星迄の距離を測つて、之を二倍すれば即ち其時代に於ける太陽の直徑となる　此故に今の太陽は其時代から環を殘しつゝ容積が漸次縮小したのであつて、初めから今の大さでは無かつたのである、又環として殘された物質も各其時代々々に、巳が凝集力に依つて一團となり現在の吾人の見る如き八個の行星となつたのである。

【太陽系に於ける八個の行星】最も太陽に接近せるは、水星次は金星、地球、火星、木星、土星、天王星、海王星の八個である。

太陽の直徑は八十六萬六千四百哩の大サで、次の水星は直徑三千三十哩で、太陽迄の巨離は三千六百萬哩で、軌道を一周するに八十八日を要し是が此星の一年である、次の金星は直徑七千七百哩で太陽との巨離は六千七百二十萬哩で二百二十五日で一周する、次は地球で直徑が七千九百拾七哩で、太陽との巨離は九千二百九十萬哩で三百六十五日で一周する、次の火星は直徑四千二百參拾哩で、巨離は壹億四千百五十萬哩で、一年と三百二十一日で一周する、次の木星は直徑八萬六千五百哩で、亘離は四億八千三百三十萬哩で、十一年と三百拾四日で一周する、次の土星は直徑七萬三千哩で、亘離は八億八千六百萬哩で、二十九年と百六十八日で一周する、次の天王星は直徑三萬千九百哩で　亘離は十七億八千百九十萬哩で、八十四年と七十三日で一周する、次の海王星直徑參萬八千八百哩で、太陽との亘離は二十七億九千百六十萬哩で、百六十四年と二百八十五日で一周する、是が此星の一年であると測定された（一哩は一四町四十五間餘）

今の天文學者の說に據れば現在の太陽は、最早や環を殘す時代、即ち行星を造る時代は過ぎ去つたといふが、成る程今に猶を環を殘して衞星を造りつゝある所の土星の密度と太陽との密度とを比較して見れば、其割合が土星の一三に對する二五といふ殆んど、倍數であるのを以て見ても、此說は當つて居ると思はれる。

年數から言へば海王星は太陽の長子であるが、密度から言へば未だ若いのである、密度即ち凝結の度合から言へば地球は最も老いたる者で、土星は一番若い者である、物の小さい程、熱を失ふことも早い道理であれば、行星の中最も小さい水星は最も早く熱を失ひ、次に金星、地球、火星とは、最早、光を放たない樣に成つて居るが、木星、土星、天王星、海王星の四は今も猶ほ自から微かに光を放つて居る樣である。

太陽系の大さの如何に廣大なる者であるかを計算して見れば實に驚くべき事である、喩へば日本に於ける最急行の汽車は一時間に四拾哩の速度を有して居る、之に乘つて太陽に達せんと欲せば、晝夜走り續けて、貳百六十五年を要し海王星から太陽迄達するには、千九百參拾八年を要する、又一秒時間一哩即ち一時間に三千六百哩を飛ぶ彈丸を地球から太陽に向つて放つとすれば、達する迄十六年を要し、海王星から八十八年を要する。

此の廣大なる太陽系も、宇宙の大さに比較すれば、一小區劃に過ぎない、宇宙の廣さは無邊である。

太陽熱に就て

吾人が地球に生息し得るのは、太陽の熱を受けて居るからである、吾人の頭上凡そ百哩の上の空氣は、寒暖計の零度以下凡そ二百七十度位であるから、太陽から熱を受くる事が無かつたなら、地球は漸次冷却して終に凍つて仕舞ふであらう、幸に太陽の熱を受くる爲に空氣が溫熱を保ち之に依て吾人は生息することを得るのである。

抑も熱は光の一種の作用であつて、光と共に九千二百九十萬哩の遠き、而も零度以下二百七十度の冷所を通じて來るに拘らず、猶、吾人が生息するに足る丈けの溫熱を供給して餘りありと云ふは如何なる理由に基くかと云ふに。

光線は素と一種の輻《ラヂアント》射線《エネルギー》であるから如何程冷い場所を通過するとも、何物にか當らば熱を起す故に、空間九千有餘萬哩の冷所を通過して來ても、我地球に當たれば熱を起すからである、斯樣の事を深く考ふれば、實に其作用の奇々妙々なるに感ぜられざるを得ない次第である。

太陽は地球に凡そ何程の熱を與へて居るかといふに、其れは僅かに二十一億七千萬分の一である、それで我地球の外之を同樣な地球が二十一億有餘ありとするも、我地球が今受けて居ると、同樣の熱を受くるに足ると思へば、太陽の熱量が想像せらるゝのである、而して又た之を機械的の仕事に直して見れば、實に貳兆千七百貳拾億馬力の蒸氣の勢力に匹敵する、若し一哩立方の氷を太陽の中に投入するとすれば、一秒間に二億八千七百二拾萬個の氷を溶解する熱を有して居る、太陽の溫度は實に鐵を水の如く鎔解する爐の溫度より尙、七倍の高き者である、此の驚くべき熱火が直徑八十六萬哩を有する太陽面上の何所に於ても燃へて居るのである。

太陽熱の起原

吾人が地上に於て熱を起すには、何が薪炭の如き燃料が無くてはならぬ、太陽に於ても燃料を要するとすれば、其莫大なる燃料は何であらう、空間から段々落ちて來るか、否左に非ず、現今一般に許さるゝ說は其熱は星雲時代から固有して居つたと云ふのである、然らば太陽が星雲時代から幾億年の久しきを經過した今日でさへ、猶鎔鑛爐の溫度の七倍する程高い溫度を有して居るから星雲時代の溫度は、又た今日より幾億倍も高かつたらうと想像せらるゝのである、併し實際は左樣でなく、其時代に於ては遙に低度の者で有つたといふ事は確かである。

低溫度の星雲が凝結して現在の太陽の有樣に移ると共に其溫度が上昇した理由は如何、又た太陽は斷へず熱を發散しつゝあるに拘らず、其の溫度が下降しない理由如何と云ふ問題は昔から隨分學者の論じた者であるが、現時一般の學者の是認して居る一說は、星雲が段々凝結して太陽の有様に移ると共に、物質相互の引力によりて壓縮し、其れが爲に熱を生じたのである、而して現在の太陽も自己の引力で幾分壓縮しつゝある爲に熱を發し現在の高溫度を保つて居ると云ふ事である。

物理學者は太陽が現今の溫度を保つて往くには、其直徑に就て一年間に凡そ三百呎即ち十七年間に一哩づゝの割合で收縮しなければならぬ筈だと言つて居る（或る學者は一年に二百五十呎或る人は四百呎と計算する）

太陽の質は流動體であつて其比重は、今の所水より輕い位であるからして割合に縮小する事も易い道理である、是が縮小する程、比重は益々重くなつて、終に地球の如く固結する時代となれば、最早、光も熱も無くなつて仕舞ふのである、斯くなるは幾年程の先であらうか、物理學者は一千萬年の先でなければならぬと云て居る然し、其れが五百萬年の後になれば、今より大に光熱を減ずるから、地球の凡ての生物は其生命を保つ事は難つかしい、其後太陽は段々冷却して、太陽中に生物を生する時代があるかも知れぬが終には、地球又は其他の行星の如く凍る時代が來る事は確かである、即ち零度以下二百七十度の寒冷となる、其時は太陽の死滅である。

【太陽と或る星の衝突】

又た太陽は自身の大さに幾倍した、或星と衝突することが無いとも云へぬ、是は唯想像ばかりの空論ではない、近くは一九〇一年の二月に發見された事であるが、最大强度の望遠鏡で漸く見えた位な星が、俄に其光を增して千倍程の大さに成つたのみならず、光線の速度にも優る速度を以て其星の物質が分散した、天文學者の觀測に依れば、此の時より少なくも三千四百年前に大きな星が衝突したものと思はれる、斯様な出來事は近頃天文學の進歩により旣に十幾回も發見せられたのであるから、昔は幾百回か幾千回か必ず多くあつたに違いない、されば昔の歷史に書いて有る通り、頓に星が現れたと云ふ事も決して怪しむに足らない、此の事實に徵して、太陽も何時しか衝突に依て破壞し、再び星雲と變る時が在ると云ふのは、空漠の想像でない。玆に又た太陽の終りに就ての新說がある、夫れは近年發見せられた所の「ラヂウム」と云ふ原素が其最小微分子を發散する事を實見してから、他の總ての原素も此樣に最小微分子を發散するであらうと推想し、若しも太陽にある物質が地球の物質と同樣に發散消滅し而して其の發散消滅の法則が變らないならば、假令他の星と衝突する事が無くとも漸進的に太陽の終りがあるであらうと云ふ、最近物理學者の說である。

【行星の終に就て】或る學者は彗星か叉は他の行星と衝突し破壞するかも知れぬと云ひ、或る學者は各行星が太陽の周圍を廻轉するに多少の「エーテル」と軋轢するだらうと、思われる、果して軋轢があるならば、行星の速力は少しづゝ減じて居るに相違ない、速度が少しづゝ減じるに隨ひ、其軌道は少しづゝ縮つて、螺線狀の運行を爲すから終には太陽に衝き當つて破壞するであらうと云ふ、然し其れ迄に到る年月は非常に永いから、其前に太陽も行星も熱を失つて仕舞ふに相違あるまい、然らば行星に生物があるならば衝突前に、冷却の爲に全滅することは言ふ迄もない事である。

以上の說を眞なりとすれば、星雲時代に茫漠として、極く微かに分散した物質は段々と一個所に凝集すると同時に凡ての熱と凡ての勢力は空間に放散され、玆に全く太陽系の終りを告げるのである。

上來記した如く現代の科學者は宇宙は、星雲に初まり成熟し、叉た漸々衰滅し遂に原の星雲に皈り、叉た世界を作ると云ふて居る、此の始終に要する時は、測定することが出來ない、地球に於てウオルトの說によれば、無機物地層が造り上げらるゝ迄に三千六百萬年を要したと計算した。

佛說の世界の創造

玆で不思議なる事には、釋迦牟尼佛が三千年の昔に說かれた、宇宙の創造が現代科學と一致して居るから、玆で照會する。

佛說では世界の創造を、成、住、壞、空の四時に分類さる之を四劫と云ふ、第一は成劫で是は物質が成立する期間で即ち科學の星雲時代より動植物の初生の頃迄を指すので其期間に要する時を二十劫と說かれた。

（注）一劫とは一增一減あり、其數は、人壽十歲の時より百年に一年を增し、各くして八萬四千歲に至り、叉た八

萬四千歳より、百年に一歳を減じ十歳に至る一增一減此の期間を一劫と云ふ、之を數に直すと一劫は千六百七十九萬八千年となり、二十劫は三億參千五百九十六萬年である、古代印度には大數位が無かつたから譬諭を以て示されたのである。

次に住劫、器世間、(物質)有情世間(動物植物)の安穩に在住する時、是が二十劫續く、釋尊御出世の時は住劫、第九の減、人壽百歳の時とあるから、住劫に這入つて既に一增を終り、次の減とすれば、既に參億參千五百八十七萬年の時に當るのである、御出世から今日迄約參千年を引去れば、殘る住劫は八萬七千年で壞劫に還る。

次に壞劫、亦た二十劫の間である、其の中初の十九增減の間に、初禪天より地獄は至る迄の有情、各其業因に隨て、或は二禪以上に出で、或は外界に移りて一人を殘さゞるに至る、之を有情世間壞と云、其後の一增減に大火災を發して初禪以下を蕩盡す、之を壞劫と云ふ。

次に空劫、亦た二十增減の間なり、壞し終りて後ちに、虛空無一物なり、此の期間を空劫と云ふ、依て四劫合せて八十增減なり、故に空劫は科學の星雲時代に當る、又た此の期間を過て成劫となり、住、壞、空と繰返すとある、諸君世尊は三千年の昔に、今の天體創造の眞理を說かれたのである、何と驚くではないか。

世尊滅後、印度で發展した、波羅門教のウパンシヤツト哲學に、此の星雲時代の原素を、梵と名け、梵が一切を造ると說く、即ち日も月も星も梵の所成であると說く。

其處に日も月も星光も照さず、自己のみ獨り輝き一切は之に依て輝けり、其光輝に依りて一切は輝くなり(カータ五の一五)即ち梵が宇宙の根源なりと說く。

大正十二年九月一日、東京に於ける、大震火災の翌朝、さしも壯麗榮華を誇りし大東京も、一夜にて荒凉たる瓦礫の原となる、其の慘憺たる有樣な見て、轉た無常を感ぜし折柄、(丁度其時波羅門の因緣を解きつゝありし時なり)「印度ウパニシヤツトの神、毘那夜迦《ビナヤカ》王出で給ひ曰く、「人の力で作られし一切は皆な亡びる、そのように、自然の造つた一切も亦た亡びる、唯だ時の長短あるのみと、世尊曰く世は無常なり」、眞に然り、無常は宇宙的である、天體にも盛衰がある、然り萬物は皆な無常である。

宇宙構成の材料

宇宙を組織する材料は、大別して物質と勢力との二つであるが、物質は如何なる者に依て成立つかと云ふ事に就て昔から種々の説が唱へられた、彼の希臘の「アリストテレス」は、總ての物質はたゞ土水火風の四の物に依て成立つものであると言つた其後十八世紀の終りから十九世紀の半ば頃迄でに、諸の學者が出て物理學の土臺を据えた。

今日我等が知る處の元素八十有餘の發見は、分光器の發明であつて、其主要部分は三角形の棒形の硝子である、昔の學者は光なる者も矢張り一種の物質であつて、物の燃燒するに從つて、其物質から飛散する者であると考へた。然るに今日の物理學は、光はエーテルの振動である事を證して居る、之を分析すれば美麗な七色を現す、（藤藍青緑黄橙赤）が其實、光の中より色と云ふ別物が現われるのでは無く、エーテル、の振動數の多少に依て、其部分が異つた色と見へるのである、即ちエーテルの振動が視神經に通ずると、振動數の多少に因て、吾人の心に異なる感じを起す、之を色と云ふ。

實驗、一個の箱を造り、側面へ光線の通ずる穴を穿ち、其穴を通じて三角硝子を通じて來る光は分拆されて　七色及び黑線を表す、此の黑線は何を表するか不明であつたが、千八百六十年の頃、數名の學者に依て、此の黑線の眞相が解つた。

或る原素を燃して其光線を分光器で分拆して見ると、普通の七色が現れないで色線が現れた、其色線の位置と數とは元素に依つて、其れ〳〵一定して居る、例へば「ソヂイアム」ならば一線を現わし、水素ならば三線、鐵ならば四百六十線を現す、故に何物でも之を燃やし分光器で色線を寫し取り、其色線の位置と數とを調べるならば、其物の中に如何なる元素があるか知ることが出來る、

今、此法を以て分光器により太陽の光線を分拆して見ると色線の代りに二萬有餘の黑線が現われる、其黑線を地球の中にある各元素の色線と合して見ると、其數も其位置も大方は相合て居る、此の方法に依て地球の中に在る所の元素は、太陽の中にも、又た多くの星にもあると云ふ事が知れたのである、今日我等の知る處の形體を具へた者でも其種類が幾萬もあるが、之を分解して見れば、僅かに八十有餘

の元素に外ならぬ、而して其の各元素はそれ〴〵特有の結合力が具つて居り、或る元素は甲の元素と結合すれども、乙の元素とは更に結合しない者がある、斯くして結合の結果、物質となるのであると說かれた。

然るに現今の一說として、元素は各々根本的に異なる者であつて永遠より永遠に至る迄甲の元素が、乙の元素に變る樣な事は無いとして居つた、又た宇宙の各元素の量は一定であつて決して增減すること無いとして居つた、然し理論上から言ふならば、あらゆる物は幾つかの元素が相寄つて成立て居る者だから、或る元素と或る元素とは何かの關係ある如く考へられ、又た物が幾つかの元素に由つて成立つ如く、其の元素の一個は、其一個より尙ほ微少なる微々分子に依て成立つ者である、是が實驗として、「ラムゼイ氏は「ラジウム」から製した瓦斯は『ラジウム」に復へる筈だと思ふた、之が「ヘリウム」に變つた、而して變つたと云ふ事は、此の「ヘリウム」の色線は「ラジウム」の色線と全く異つて居ることが證明せられ、是れは「ラヂウム」の元素を造り成して居た、最少微分子が、何か新たなる作用を組織し「ヘリウム」に變つたのに相違をい、然らば之に依て一方の元素が減じて一方の元素が增したと云ふ事も證明せられ、萬物一元素の、最少微分子《エレクトロン》（電子）の說が起つた。

最少微分子《エレクトロン》の大さは、天空より落る雨の一滴を地球の大さ程にするならば一とつの分子は、ベースボール位のものに當る、二歩二方の壜に水素分子を一杯にするならば、五二五、〇〇〇〇〇〇〇〇〇〇〇〇〇〇〇〇〇〇〇〇附けた數を入れられ、又一秒時間に千個の分子を出すとして悉く出すには、一七、〇〇〇〇〇〇〇〇〇〇〇〇〇〇〇年、を要する、是が分子の大さであるから、分子を成す所の微分子《アトム》は更に小さく、又た其の微分子《アトム》を成す處の最少微《エレクト》分子《ロン》に至つては如何に小さなものであらう、吾人は到底想像し能ふ處でない、一九〇三年、オツクス、フオード大學敎授「ロヅチ」氏は一つの水素微分子中には七百個の最少微分子があると說かれた、ラヂユムの一微分子の中に在る所の最少微分子は、僅か數百個位でなく、幾千萬あるか分からない位でめる、其れはラヂユムの最少微分子が斷へず發散しつゝあることを我々肉眼に見へる程、夥しい事を以て知らるゝ。

偖て是迄述べた事を總括して考ふれば、天體の進化に隨て其の原料も漸々變化して來た事を知るのである。今其順序を簡單に述べて見る。

(一)吾等が謂ふ物質が未だ出來なかつた前は、最少微分子《エレクトロン》(電子)なるものが有つた、之は熱も無く引力もなく、隨て重量もなく、且つ悉く同形同質であつたと思わる。

(二)最少微分子が結合して凡そ八十種類の微分子、即ち元素と成つた時は、我々の謂ふ物質の出來た時である、其のエレクトロンは最初同形同質の者であつたが、微分子となつてから、種々の形狀と種々の働き(化合力、引力の如き)を現わして來たのである。

(三)微分子の集合する時、夫々の化合力と溫度とに應じて結合し種々の分子を成すのである、而して此分子は溫度に依て、或は氣狀態となり、或は流動體となり、或は固形體となる、水の如き其の一例なり。

(四)微分子《アトム》が集合して星雲となり、星雲進化して氣狀態から、流動體に變化し、流動體から固形體に變化する。

(五)最近學者の說のように「ラヂユム」の中から最少微分子を放散する如く、凡ての物質中から最少微分子を放散することを實とすれば、終に皆な元の最少微分子に變化して仕舞ふことになる、而して復び之が結合する者なれば、天體の進化は再び始る事と謂わねばならぬ、さすれば三度も四度も、否な幾千萬度も進化し得ると想像するのも無理な事であるまい。

最少微分子《エレクトロン》が運動を起し物質を造る原因は其根本、最少微分子の中に存在する勢力《エネルギー》である、最初現れるのは反抗力であつたと想れるが、何時しか又た結合力が現われて集つて微分子《アトム》となり、此の力の發顯が即ち宇宙進化の始めであると謂われる。

微分子と迄進化した時、引力と云ふ新らしい力が現われ微分子間に働き初めたのである、此の微分子が反抗力と相引着し、衝突を起し微分子間に振動が起る、則ち熱と光と化質物と電氣力の四勢力を起すのである。

(振動數は一秒に一、〇〇〇〇〇〇〇〇〇〇〇〇、皮光計り得)

熱の原は、分子の激しい振動であるが、其振動が少くなる時、則ち熱の冷へる時は半結合力とも云ふべき一種の力が起る、水の如きは其一例である、何故に氣狀體ともならず又固形體ともならず、其位置を保つて居るか、其分子の運動する有様を想像して見れば、各分子は他の分子の周りを巡り廻つて運動して居るものと想われる、それで分子と分子の間を容易に離すことを得るのである最も是には適當の溫度が保たれて居らねばならず、水は攝氏の零度以下に在つては、流動體として半結合力の範圍にあるが、其以下に降れば結合し、又其れ以上に騰れば蒸發して飛散する、此樣に金屬も土石も夫々其適當の溫度の間は半結合力によつて流動體の位置に止る事が出來る。

銀は千六十度で液體となり千參百度で瓦斯體となる、黄金は千五百度で氣體となる、白金は千七百七十度で溶解し二千五百度で瓦斯體となり空中に散ず、鐵は千四百度で溶解し、水銀は四百度で蒸氣となり、嚴寒には氷る。

流動體の微分子の振動が少なくなつて、熱が冷却して固形體に變る時は、各分子の自由なる運動は止み、各分子が一定の場所を占めて唯各自の範圍内に於て運動することゝなる、斯る狀態を起すのを分子の結合力と云ふのである、其の力の强弱は分子の種類に依て違ふのである、例へば木材は、金屬より結合する力が弱いが、紙等に比べて見れば强いと云ふことが出來る。

宇宙の進化を説明するには、唯宇宙の材料(物質及勢力)其者のみを以てしては十分で無い、必ず宇宙の進化に大關係ある、三つの要件『エーテル』、時間、空間の問題あるも專門に渉るから略する、又最近宇宙の進化說あるも混亂するから略する、又た最少微分子《エレクトロン》に附ては萬物の根底故、後に詳細に説明する。

地球の進化

前述の通り太陽が縮少するに隨つて順次環を殘し、其環が遂に凝結した者が則ち各行星である、我が地球も其中の一つで太陽が直徑大凡そ一八二。八六〇。四四〇哩に縮少した時環として殘されたのであるから、此時が地球の誕生である、其の輪の幅は凡そ七千萬哩位であつたらう環の密度が厚薄があるから引力の働に依つて、薄い部分は、厚い部分に集り環は所々から崩れ初め、遂に最も多くの物質のある所へ集り、集り乍ら同じ方面へ回轉する爲め、遂に一團となり前の軌道を廻轉し、今に至る迄續いて居る、此の道筋を地球の軌道と云ふ、各行星と共に太陽を中心として廻轉して居る次第である。

斯様に云へば地球の出來たのは、割合に單純なもの丶様に思はる丶が、其實復雜した者であつて、今日の狀態迄爲すに實に幾千萬年を費し、又其間には種々の變遷した經過を今日の智識を以て、到底知り盡す事は出來ないのは勿論である。

今の地球の環時代は、隨分熱くて光を發する程であつたに相違ない、而して其環の物質が皆な集合して一團となつた時は一層溫度が高まり、今の太陽程の熱が騰つたであろうと思われる。

勿論此時代には溫度の餘り高い爲め、微分子の化合力は未だ現れず、總て氣狀體の儘で保たれたのであるが、溫度が或る程度迄降つた時、始めて微分子の化合力が現われて分子を爲し、又種々様々な化合物を生じ、漸く地球の形狀が略定つたのである、勿論物に依て早く流動體となる者と、遲く變るものもあるが、概して云へば鑛物類は割合に早く流動體となつて、沈んで地球の土臺を据へ、又輕い所の水素や酸素は他の瓦斯類に混じて、浮んで空氣を作つた様な譯で、先づ此時代を地球の流動體時代とでもいふべく、地球は火の塊で、何時でも流れ易い水飴のやうな有様であつたろうと想われる、

又地球が熱を去るに最も早い部分は其表面であるからして熱が減ずる程づ丶表面は固つたけれども、内の部分は容易に冷へ難くて、矢張り流動體の儘であれば、丁度溶かした鉛を數分間冷した時の様な物であつたらうと想はれる、されば其儘で段々現在の如く固まつたかというに決してそうでない、中にある流動體は今の海水が干滿する如く、あちこち動揺する爲め、既に固りかけた表面が、或は高く或は低くなつた事は度々で、其度毎に表面の此處彼處は破れて陷り、又場所に依つては折れ重りなどして漸く今日の地殼が出來たのである、其時高く上けられた所が陸となり、低く下つた所が海となつたのである、素人考へから云ふと、此の丈夫な地殼がさう容易に上り下りする筈が無いと思ふが、直徑八千哩の地球にして僅々二三十哩の地殼は實に薄い者であつて、是れが上り下りして山となり海となると云ふ事は、地球全體より見れば、蜜柑の皮が少し萎びた位である。

月は地球の流動體時代に其八十分の一位が分離した者で其

離れた所は太平洋である」其離れた原因は遠心力である、其説明及潮の干滿に對する引力等の説は略する。

地球進化の順序

地球が初めて球狀を成した時、既に水となるべき分子が有つたとしても、當時の溫度は非常に高度であれば、氣狀態の儘で空中に浮遊して居つた者と想われるが、地球の段々冷却して攝氏百度以下に降れば、分子は合して雨となり凄じき勢いで降つて來たのである、其時の有様は迚も想像が出來ない、何となれば現在の海水量は悉く其時、割合に短時間に降つたものであると思われる、吾人の時々見る洪水位の者でなく、大岩石、巨石も塵片同様に押し流されむ勢であつたろう、然し當時まだ地球は非常に熱つかつたから雨が地上に落ちて來るや否や、忽ち蒸氣となつて騰り、又降れば又騰り斯くすること、度々で餘程熱が去つてから、漸く水が溜るようになつたのであろう、此時押し流された岩石の屑が、河底や湖底や又た海底に落ち着いて固つた者が、所謂水成岩の初めであつて、之が地層の土台となつたのである。

又た此の時雨水が原始岩を碎いたのは、唯大雨の降る勢や流れる水の勢ばかりでなく、化學的作用を受けた事も大なる原因である、猶此の時代の空氣の模様を推察するに地上到る處、黑雲を以て覆われた爲め、太陽の光線が透らぬのみならず、又た空氣にも種々の毒瓦斯が含まれてある爲め動植物が發生する事も出來ない程であつたろうと想われる所が雨が度々降つて空氣中に在る有毒物は雨に混じて地上に運ばれ、段々に空中の掃除が出來ると、光線が透り始めると植物が發生し、植物が發生すれば、炭酸瓦斯を吸收するから、其所で一通り天井の煤拂ひが出來て、太陽の形も明に現われ、漸く高等動物が棲める準備が出來たのである。

然し此處迄、地球が進化して來るには、實に數千萬年を要した事と思われる、此間には地殼は度々動搖して、或時は赤道の地方が高く上るかと思へば、北極の方が下り、南極の方が上るかと思へば、又赤道の方が下りなど大動搖して段々地層が出來たのである、此様な大變動が起る時は陸であつた處が海となり、海であつた處が陸となる事もあつて之が爲に折角發生した動物も植物も、深く地下に埋沒せられ、同じ地方に於て度々あつたという事は、現在の地層を調べて見ると其組立が違い、又地質を異にして居るのみならず、其時々に埋沒せられた、動植物の化石が違つて居るやうな事を知る事が出來る。

此故に地層は、地球變遷の記錄である、故に能く注意して地層の一枚一枚を讀んで見れば、其時代を略ぼ知る事が出來る。

日本國の如きは他の大陸に比べて見れば、極く新しく出來た土地即ち、地殼が最後に割れた所から、湧き出た土地である樣に思われる（我且て神より聞く、日本は海中より湧出せし國なり故に湧津嶋なり、後ち誤て秋津嶋となる）現在に於ても水は地層を造る、根氣强き精勤者である、日夜岩を削り石を割り土を堀つて之を海に流し、地層を造つて居る、幾萬年か幾百萬年の後には、水の働による高地は低地になり、海と陸との隔てが無くなる時代があるかも知れぬ。

地層

各地層の出來た時代の順序を知るには、凡そ三つの方法がある。

(一)地層が重なつた順序に據る事であるが、地震の爲に折曲り又た破裂の爲に折重つて順序を轉倒した所もある。

(二)地層の質と其組立とに據ること、地熱によつて燒かれた地層と燒かれない地層とは違ひ、又た結晶の模樣や分子の結合力によつて、甲の地層が乙の地層より古いとか新しいとかを知る法であつて、鑛物學に通じた者は、地層に含有する石を見て、是れは何れの時代に出來た者であるかを識別することが出來る。

(三)地層中に含有する動植物の化石に據る事、昔し埋沒せられた、動植物が普通の腐敗を免れて、石に化し又た其時の軟かい土に印象を留めた者を調べて地層の順序を定めるのみならず、生物學の進化を研究するにも、最も有益の法で之に依て古代の動植物の形體及發育の順序を知り得るのである。

今數多の學者に依て研究せられた、地層の順序及び其時代に關する概略を述べることにする。

(一)【原始時代】此時代の岩は、最初の大熔石の凝結に由つて出來た者だから、地球の中心迄ある筈であるが、其上に地層が澤山重つて皆隱されてある爲に之を研究する機會が極めて少ないのである、想ふに此岩の在る所は、熱度が非常に高く銅鐵でも容易に溶解し得る程の熱度であらう、地質學者の調査に依れば、地下百尺迄は益々熱度が降り遂に八度に達す、夫れより深く堀れば堀る程、熱度は次第に增して一哩每に三十三度の割合に騰ると云ふ、然らば三哩の處では百度になつて沸騰點に達し、百哩の所では三千三百度の高熱がある筈である。

(二)【無機物地層時代】前章に於て述べた通り、最初雨が降つて來た時、原始岩を碎き、其破れ屑が流れて、海底に沈んだ者が、始めて地層を成した者であるが、此層の厚さは大凡參萬尺であつて、其れが二種類になつて居ると云ふから、其時代に何か大變動が起つたに相違ない「ウォルト」の說に依れば、無機物地層が造り上げらるゝ迄に三千六百萬年を要した、其後段々出來た地層の多くは、大概此の時代の地層の碎けたものから出來たのであれば、無機物地層の厚さは、前にいつた三萬尺より遙かに厚くて十八萬四千尺、即ち三十七哩位はあるであろう。

(三)【古代有機物地層時代】此の時代に於ける地層は其々含有せらるゝ、動植物の化石に依つて名けられてある、無機物地層も、或る時期に達すると其上に種々の動植物が發生した、地殼に變化起り或る地方が上げられ、或る地方が下げられた所へ雨の爲に碎かれ、無機物地層の屑が流れて水底に沈み、漸々固つて出來た地層が則ち是である、此地層の厚さは十萬六千尺位で、之に要した年數は大約二十四萬年であろう。

吾人が今日の社會に最も有用の一つとして居る彼の石炭は此時代に出來たものであつて、其地層の厚みは大凡そ二萬六千尺に及ぶ事であれば、其時代に植物の繁茂した事が想ひやられる、故に此時代を世界の植物時代と云われるが「ウォルド」は含炭地層の造らるゝには六百萬年を要したと言つて居る。

此地層を研究して見れば、其主なる部分は前の地層の碎けた物に依つて造られたのでなく、其當時の植物が埋もれた者で出來たのである、此時植物の滋養となるべき炭素丈けは殘り、酸素の分は漸々空中に飛散したものと想われる。

右の事實に依て考へる時は、植物發生前の空氣中にある、炭素は實に夥しきもので、之が爲に空氣は重く、且つ汚れ

てあつて今日の如く、太陽を明に見ることは、出來なかつたに違いない、

(四)【中代有機物地層時代】古代有機物地層時代から、中代有機物地層時代に移る時、地上に大變動が起つたと云ふ事は、前後の地層に含まれた、動植物の化石に據て證せらるゝ、其内注意すべき、地層が二種類ある。

其一種、含鹽地層と云ふ、此は何所にても有ると云ふ譯ではないが「オーストラリヤ」で發見せられた者は一千尺許堀つても、尙其下の厚みがどれ程あるか知れない、「スペイン」に有る者は純白の山をなして居つて、遠方より見れば雪山である、之を雨降る度毎に、溶て去つて居るに拘らず、今に至る迄巍然として聳へて居る、こんな物が現に在る事に依て、昔し海陸の變動の非常であつた事が分る、

外の一種を、含炭酸石灰石地層と云ふ（厚一萬二千尺 參百萬年）此地層は貝類、珊瑚其他この様な二三種類に依つて出來た者で、昔の形は最早毀れてあるから、今は顯微鏡の助けに依て漸く知られるのである、其中白亞質の物には貝の形を殘した者が澤山ある、斯の地層は大陸に於て、多少發見せらるゝ、殊に愛耳蘭《アイルランド》から露西亞迄接續して居る者は幅が八百四十哩、長さが千十四哩、厚さは、英國と佛國に於て一千尺程ある、元此地層を造つて居る動物は靜かな海底に於て棲息するものであれば、歐州全體も曾て海であつたに相違ない、

(五)【近代有機物地層時代】此の地層の厚さは二萬九千尺程で「ウオルド」の説によれば三百萬年位の年月がかゝつて出來たと想われる、而して此時代の地層と、中代有機物地層との區別は、其地層の傾斜が違ふのと、動植物の化石が異なる事とに據るので、此地層中初めて哺乳動物の化石が含まれて居るのは注意すべき事である。

此の地層の出來た終の頃を、氷田期と名づけ地球の北方は俄かに寒くなり、此時迄あつた動植物は雪と氷に埋められ極く小數の物を除く外は暫時にして其跡が絶へ果たのである、其證據には、今頃「シベリヤ」地方に住む人は雪の中から、昔埋められた、象《マンモース》を堀出して其肉を食用に供し、其牙を廣く販賣して居る、之に依て此の地方も氷田期前は暖地に相違ない、俄かに寒氣となつた爲に是等の熱帶動物が雪に圍まれて遁れ去ること出來なくなつたと思われる、此

の時代から今迄三萬年乃至五萬年位を經過したであろう。此の氷田の解氷期には氷河の境に當る、彼所此所に盛砂をした樣な小さな山が出來た、其譯は澤山の氷が流れた時其多くは一時に溶け去らずして、段々に溶るので流れて來た土砂が此所迄運ばれ、解け小口の所へ來ると氷と離れて落ちたのである、此の小山の中から人造の器具を發見した事が有るので考へると、今から少なくも二三萬年前に人間が居たと思われる、夫れは寒く成らぬ前の頃である。

天文學者の說に依れば、氷田期が起つたのは、地軸の傾き工合に依るといふ、即ち獨樂《コマ》の軸が傾いて回轉する如く地軸が傾いて廻轉する時には、地球の一極地方が太陽の光線を多く受ける時と、少く受る時があるから。其少なく受ける時が氷田期の起る時であると云ふ。

（六）【有心動物時代】即ち人類時代

此の時代は前の地層の如く、地層中に在る化石によつて名づけたので無く。人間が世に現れてから、地と其中に有るものを征服する樣になつて來た時代を云ふのである、此の時代の起りは凡そ二三萬前であると思われる。

前に述た氷山時代から引續いて、今も海底に一種の地層が造られつゝあるが、其地層の中には、屹度澤山な人造物が含まれて居り、今後幾百萬年後に、又た海底が上げられて陸となつて、今我々が種々の動物の化石を發見する如く、其時代の者が之に就て、今の人間の生活の模樣や智識の進步を推察することが出來るであらう。

以上は地殼が進化して來た有樣を極めて簡短に述べたのみで、之に就て感ずる處は、人間が地上に現われてから經過した年數の實に短い事、又人間一人の生活を、地球の進化に比ぶれば、實に數ふるに足らない、又人間の智識の未だ幼稚である事、地球の創造を一億年前として人間の地上に現れたるのを二萬五千年前としても僅かに四千萬分の一に過ぎない、然も科學の智識は漸く二三百年間殊に近き四五十年間に發達したものであると思へば、未だ以て誇るに足らない。（以上新進化論より）

地球進化の勢力に就て、引力、熱、化學的作用、射力、光、電氣力等の說明あるも、專門に涉る故省略する（著者）

宇宙の定則

獨逸、エルンスト、ヘッケル著宇宙の謎より

一、全宇宙或は全世界と云ふ者は、永久な無限な無窮なも

のである。

二、宇宙の實質は物質及び力《エネルギー》と云ふ二つのものより成り、これが無邊際の空間に充滿して、永久の運動をしてゐる。

三、此運動は無限の時間を通じて、生から死へ、進化より退化へと、絕へず生々發展して動きつゝある、

四、空間に充滿せる、エーテルの中に散布されてゐる無數の天體は同じ、實質の法則に從ふ者であつて、此方の空間の一隅には、漸次破壞と解體との方面に走つて居るかと思へば、彼方の空間の一隅では絕へず新しい生命を生じ、新しい發展を爲しつゝある。

五、我が太陽は、此等の無數にある天體の一つであり、我が地球は此の周圍を廻轉しつゝある無數の變化する遊星の一つである。

六、我が地球は元來有機物生命の最初の狀態たる、流動狀を爲して居たのが、大分永く冷却せられて漸く液體が其上に著るやうな固い地殼を生じたのである。

七、次いで此の地球上には生物時代が來つて、無數の有機物が徐ろに發達し進化して住つたのである、此時代は、數百萬年、或は一千萬年前後でもあらうかと思われる。

八、生物時代の後期に於て生じた各種の動物中で、最も遲れて出來た脊推動物と云ふ者が、其進化に於て遙かに他の競爭者を追越して了つた。

九、脊推動物中の最も重要なる、哺乳動物と云ふものが、三疊紀層《トリアス、ペリオテ》地代に、下等な兩棲類及哺乳類と云ふ者から岐れて發達して來た。

十、哺乳類の中の最も完全な、最も發達した種類に、猿猴類と云ふ者が生じた、これは第三紀時代《ニルチエルツアイチ》、即ち少くとも三百萬年以前に、始めて他の下等動物から分れて發達した。

十一、猿猴類中の最も新しい、最も完全な分派は、即ち人間であるが、これは第三紀の終り頃に類人猿《メンシエンアツフエン》から分離して現れた。

十二、されば世界の歷史と云ふ者は、これは文明發達以後の僅か數千年の短い期間だけのものであるが、有機的進化の長い期間に於ける、ほんの一時的の過程を記したものに過ず、從つて宇宙に於けにる諸遊星中の極く少部分の歷史なのである、そして吾々の此地球は、無限の宇宙

に於ける一點の光である、人間は生滅流轉の原形質の中の、小さな一粒に過ぎないのである。

人類は多年の間、自然が何うして出來たかと云ふことを研究し穿鑿するのに、其精神を勞して來た、自然は永久に一つである、それが唯、樣々に顯われるのみだ、大なる者は小さく、小なる者は大きく、一切の者は皆其特有の性質に從つてゐる、常に相交り相制しあい、近く且つ遠く、遠く且つ近く、樣々な形は樣々に改造される、私はそれを見て唯驚愕するのみである

「ゲーテ」

生物の起原　（新進化論）

生物とは生命を有する個體を云ふ、故に植物、動物及び人類の一個々を以て生物と名づく、人類より「アメーバ」バクテリア類に至る動植物百數十萬種を含む。

地球が昔し燃ゆる火の球であつたが其が、冷却するに隨ふて、前に無かつた所の多くの化合物が出來たに相違ない、其著しい一例は水である、今の海川の水は或る時代に於て俄かに化合して出來たのであつて、其時代から以後何千萬年の間は水の出來るのは僅かばかりである、又ダイヤモンドは一の結晶物であるが、此は或る時代に出來た者で今日に於ては出來ない、斯る例は澤山あるが、我々は明かに其等の物の出來た當時の事情を知らないが、地球の冷却するに從ひ一定の時代に於て、原形質が俄かに起つたと想像する事は難事でない。

【原形質とは】動物植物の發生する細胞の根本的原料であつて、而かも是は動植物に於て同質の者である、其成立は原形質一個の分子は至極細微なもので、假りに二千五百萬倍の力を有つ、顯微鏡があるとすれば漸く見へる位の一粒の原形質に凡そ貳百萬の分子が有つて、其一分子の中には又た八百八十二個づゝの元素が有る、此の元素を類別すると、炭素四百、水素三百十、酸素百二十、窒素五十、硫黃一、燐酸一となるのである、原形質は則ち此の六元素が太陽の化質力によつて化合した化合物である、最初の考へでは動物と植物とを問わず、何れの原形質も同質同量であると云われたが、左樣ではなく、右の六元素は種々異なる割合を以て原形質を造つて居ることが分り、原形質の種類は動植物の種類の數程あろうと考ふるに至つた、尚ほ進んで原形質元素の數は同一でも、其化合の仕方、各元素の關係

又は組立が異れば、種類が異なることを知り、又原形質にも種類があり、或者は固形體を爲し或者は流動體をなすことも分つたのである、故に原形質と云ふ言葉は一定同質の者を指すのではなく、多くの差異を含む所の同類の者を指すのである。

斯の如く各種の生物が有する、原形質は其組立が異なるからして甲種の原形質は、乙種の生物を造る事出來ず、又た乙種の原形質は甲種の生物を造る事が出來ない、例へば一度猫となつた原形質は、最早犬となること出來ず又一個の動物にしても一度、筋となつた者は、肉とも成らず、脂肪ともならないのである。

原形質の内には斷へず二種の作用がある、第一作用は、元素を化合せしめて、原形質を造る者で之を化合作用と稱し第二種の作用は原形質になつた元素が分解して、普通の色々な化合物に歸る者で、之を分解作用と稱す、此の二種を合稱して合解作用、又は變質作用と稱す、普通の化合物になつた者は何か特別の刺激を受けなければ何時にても其儘に存すれども、原形質は斷へず新しい、元素を其内に入れて、原形質を造ると同時に其内に在る元素を外出して普通の化合物になしつゝある、此二種の作用が續く間は生命は保たれて居るが、第一の作用が無くなると生物は死に、而して第二の作用のみが引續いて其生物を腐敗する迄止まない、此の二種の作用を具體的に言へば、人間が動植物を食して血液を造ると、其血液の内に在る所の滋養分が細胞に必要缺くべからざるものを供給する、細胞は此に依て養われて、新なる原形質を造るのであるが、造る内にも細胞は運動し、元素を起すので古い原形質の或る部分は壞崩して之を血液の中へ送り出すと、血液は流れて肺臟に入り壞崩した原形質を呼吸作用によつて吐き出し、或は皮膚の方へ或は腹の方へ送つて體外に之を排泄するので、所謂生命の化學的說明とは此の二種の作用を以てする外はない。

「ハックスレー」は之を形容して言うた、生物を以て一種の元素上の渦捲きの如き者と考へたならば適當であろう、蓋し一種の元素が渦卷く水の如く體中に流れ入りて、暫く體内を施り、而して體外に流出するこの入ると出るとの二つの働が續く内は生命は續て保たれるが、入ることが止ると暫くして既に入つた者は悉く出て仕舞から、生命は無くなる、此の渦卷の形と大さと變化の狀態とは、入る所の元素の數と其境遇とによる、而してこの渦巻が他の渦巻を起す、これ即ち子孫を造る事である、而して又た代々の渦巻を比較して見ると漸々其差異を現わして居る、これ即ち生物上の進化である。以上

原形質に就て諸大家の説

（木村博士生物と生物學）

英國の動物學者トマス、ハツクスレーは原形質を以て「生命の物質的基礎であるといつた、それは果して何處に於て生命てふ不可思議なる、現象が物質的に行はるゝかといふに、蓋し細胞體の主成物質である原形質の外にあり得ないと云ふ意味であろう。

獨逸の生理學者デウボア、レーモン」は原形質を「生力表現の作因」と見たのである、生力を表現する作因は勿論生命でなければならず　そうすれば結局、生命と同一視することになる。

米國の原生動物學の大家、現コロンビア大學院の教授「コーキンス」は解釋を下して、原形質は生命と生死を共にするといつて居る、即ち生命の作用が失われると同時に、原形質ではないといふのである。

巴里大學の大動物學者デウラージ教授は、原形質を有機化合物と見ずして一つの有機體であると云ふて居る、元來原形質は物質的には有機物の一種と見らるゝを常とするも同教授はその見方を肯定しないのである、即ち有機物は單なる物質であるに反して、原形質には生活作用がありそこに單なる物質以上に、物質その物の中に代謝機能と云ふような生理作用とも見るべき、有機的關係が存在してゐるのであろう。

以上諸大家の概説によりて、原形質が物質の一種の如くにして而も凡ゆる物質の何物にも有してゐない、生命その者との間に密接關係を有する特別なる存在者であると云ふ概念を得られたやうに思ふ。

原形質の物理化學的性狀を見らるゝ點を次の數項に掲げる

（一）原形質は蛋白質（例へば卵白の如き）に類似して膠樣質と脂肪質とにより成り、無色透明なる半流動の粘着性、膠質物である。

（二）原形質に混在する物質は左の如し。

（イ）固有の種々なる蛋白質がある、其蛋白質の中に血清

蛋白質、卵蛋白質及び、メタル蛋白質、その他の蛋白質がある、又細胞核には核蛋白質の外に、グロブリン、及び、クレインなどがある。

(ロ)炭水化物及び脂肪を混在する。

(ハ)次には諸種の鹽類である即ち、鹽素の化合物として鹽化ホツターシウム、鹽化アンモニウム、ソデイウム、カルシユム、マグネシユウム、カリウム、及び、アンモニウム、の鹽類としてはそれ等の炭酸鹽、硫酸鹽、及び燐酸鹽である。

(ニ)瓦斯體として炭酸瓦斯と酸素を有し。

(ホ)水が全體の約二分の一を占む。

原形質の混合物説に就ては一八九六年、コロンビア大學院の細胞學の泰斗ウイルソン教授が次の如く述べてゐる。

生活物質(原形質)の根本的基礎は單一なる化學的物質では無く、その特徴を失わずに自己繁殖をなす多數物質の混合物である。

又近時の生物化學者なるグスタフマン、が彼の專門の立場から具體的に説述してゐるところを見ると即ち

多くの人は細胞を以て非常に複雜なる原形質より成る者と想像するが、その細胞中に澤山ではないが、比較的に簡單なる幾つかの化合物が集合して原形質なるものを構成してゐる事實を認めない」といひ、更に生命との關係に及ぼして曰く「所謂生命を構成して(生きて)ゐるということは斯うした幾つかの有機化合物が存在して相互に反應し、その反應によりて、更に新らしい幾つかの化合物を形成する謂である、さうしてそこに新成された化合物は彼等の由來せる、母體には化學的に反應し得ない、けれどもその種々なる化合現象中に生ずる、新しい根には相互に反應する故に化學作用は輪廻して絶へないのである。

(四)原形質の顯微鏡下に見ゆる構造説と、その唱導者の名を擧ぐれば。

第一、纖維狀或は糸狀説である、此の説は一八八二年獨逸の動物學者「フレムミング」の唱へしところで、軟骨や、肝臓などの生活細胞を檢鏡せる歸結である。

第二、網狀説、之は一八七五年「フロムマン」の唱へに説

第三、顆粒又粒狀説、此の説は一八九〇年獨逸の動物學者「アルトマン」の唱へたところ

第四、泡沫狀說、ハイデルベルヒ大學部長ビユツチリー教授の高調せし說、同敎授は實際の檢鏡外、自から撹攪油を用ひてその泡沫を人工的に作つたのである、此說は今日相當に有力視さる、その泡沫の大さは、實物細胞中の小泡と等大にして一マイクロン、即ち一ミリメートルの千分の一に見ゆと云わる。以上

生物進化の經路

最初の生物は單一な細胞のみであつて、大抵は海中に生じた、柔軟動物であるが、其れは丁度どの樣な物であつたかを知る事が出來ない、何となればこれは何千萬年の大昔の時代であつて、其時代の生物が其儘今日に遺つて居ないと思わるゝからである、或人は今日の單細胞生物を見て初生物は略ぼ斯くの如き者であつたろうと推察するかも知れぬが、今日の單細胞生物は幾千萬年から遺傳して來つた者であるから、この間に進化せなんだとも言へないであろう。

この初生物から植物性の者と、動物性ともの とが出來た事に就て學者は說明して云ふ、前者は綠素《クロロフヰル》（又は葉綠素）を有する爲め、日光の化質力に依て空氣中に在る炭酸瓦斯とアンモニアと水とを捉へて之を分拆し、其の中酸素の有る部分を分離し、殘りの者を化合させ、斯くして原形質を造つて已が滋養物とすれど、後者は綠素を失つた爲めに日光の化質力を受けても、炭酸瓦斯など分拆することが出來ないから、其生命を保つて行くには、旣に原形質になつた他の生物を食して必要の原素を得、間接に原形質を造つて已が滋養物とせねばならぬうやになつた。

（即ち植物、若くは他の動物を食して、原形質を造るのであるが、之を食して其儘用ゆるのでなく、食した原形質を分拆し、又之を化合して、自己の原形質とするのである。

斯樣に動植物の區別が生じた事は、生物進化の第一階段である、このように初生物から動植物が分かれたと云ふ證據は「フラジラチース」と云ふ一種の動物であつて、晝間は植物の如く太陽の光線に依て化學的作用を起し獨立生活を營み、夜間光線の來ない間は他の細胞を食して生くるのである。

之に依て見れば植物と動物との一の根本的、差異は原形質內にある綠素の有無にあると云わねばならぬ、そこで動物直接に原形質を造る事が出來なくなつたから、一方から云

へば退歩したのであるが、退歩した理由は絲素を失つた爲であろうか、若しくは直接に原形質を造るより間接に造るより易い方法を知つて絲素を造る必要が無くなつた爲であろう、其は今日に於ても疑問である、これは或る生物が他の生物を食ふて生活する様になつてから動く必要が起つたとも考へられ又其反對にも考へられる細胞が割合自由に動くやうになつたから、直接に原形質を造る骨折を止めて、既に原形質の出來て居る物を食ふ間接の方法を取るやうになつたとも考へられる、其は兎に角、動植物の區別は凡そ大古地層時代（無機物地層約千六百万年跡）に起つたであろうと想われる、何となれば、中古地層時代（古代有機物地層）に含有する化石を調べて見れば、此時代に於て既に動植物の區別は明白になつて居る。

單細胞が繁殖する時、一個は二個となつて分離して仕舞ふのが最初の狀態であつたが、或る部分は群を造り一團となつて生活する方が、生存上都合が宜しいから漸々其傾が現われたのである、又或者は細胞としては各別れても全體の細胞を包む皮によつて、一個體となり中なる細胞の繁殖することに依て一個體は漸々成長した、此時代に及んで始めて吾人が普通に動植物と稱ふる、所謂復細胞生物が現れたのであるが、而して其時代は、大古地層時代であつたそれで斯様に單細胞生物から複細胞動植物が起つた事は、生物進化の第二段であつて、是れ實に生物進化の一大要件である。

動植物が分れてから、植物性を有する者は、何かの方法に依つて陸地を已が住所として用ふる様になり、動物に先だつて多くの種類を生じ且つ繁茂したものと想われる前編中に述べた通り未だ此の時代には炭酸瓦斯、其他動物には有毒の瓦斯が地上到る處に充滿して居つた故、高等動物は起る譯に行かないが、植物に取つては反て適當の時代であれば炭酸瓦斯を吸收して大に繁茂した、植物の繁茂の爲、空氣が大に淸められたので、植物は動物の進化に取つて必要な準備をしたような都合である、今日吾人の見る處の含炭地層は其時代に於ける植物が埋沒して出來たのである事を思へば、其時代の植物が如何に繁茂したかを想像することが出來る、隨て今日の植物が如何に其の時代植物よりも大に衰退して居ることを知る事が出來る。

動物は如何なる順序に由つて起つたといへば、最初は海綿類、腔腸類、軟體動物、節足動物、脊推動物等、何れも殆んど同時代に起つた樣であるが、就中早く進化して割合に完全に發達を遂げた者は、海綿類、腔腸類、軟體動物であつて、脊推動物の進化は是等の者に比してズット後であつた、而して是等發生期は大古代地層時代（無機物地層時代）であつたと想はれる。

中古代地層（古代有機物地層）中にある化石を調べて見れば現在生存して居る種類よりも、既に消滅に歸して仕舞つた者の種類の方が非常に多い、之を含有して居つた地層の順序に配列して見ると、昔に溯る程其の骨の形狀及び組立が現在の者と異つて居る、故に現在のものと著しく異つて居るものほど昔に分れたもので、割合似て居る物ほど近き中に分れたものであると推測することが出來る、例へば木と犬とを比べて見れば似て居る點は少ないが犬と狐を比べて見れば隨分似て居るから一方の分れたのは大古で、一方の分かれたのは比較的近代であると云わねばならぬ、此理から推考して又た他の方面からでも區別を立てる事が出來る例へば同じ有腦脊推動物なれば多少形を異にしても割合に緣が近いと云われるが、是に反して外形に於て略ぼ似る所が有つても、一方が無腦動物で有れば、之が別れたのは割合昔しであると謂はねばならぬ。

【特殊分化】細胞が各種の方面に分かれた主なる原因は生活上の必要からである、單細胞が進化して複細胞を組織すると或る者は食餌を得る働をなし、或者は食物を消化する働きをすると云ふ風に各分業的の仕事をするので益々專門の仕事に慣れて來て其一方のみ進化する、故に各種の細胞は夫々其特性を發揮すると共に相互に依賴して生命を保たねばならぬ樣になつた、其所で甲の細胞の活發なる働きは乙の細胞の元氣となり、乙の細胞の活發なる働きは甲の細胞の元氣となるから、各種の細胞が進化するに從つて、全體としての働きは益々活發になる譯である、この樣な狀態を人間社會の上に當嵌め一個人を社會の細胞と看做し、細胞を集合體と看做して考へると甚だ面白い、人には各取るべき職分がある、其職分を忠實に盡せば、社會全體の元氣が起り、然らざれば社會の元氣が衰へるのである、是は細胞の特殊分化であるが高等動物になると、一個の動物としての特殊分化を見ることが出來る、雌雄の區別は其の著しき一例である、彼の蟻の仲間には一匹の雌が其中間の女王となり、その周圍には多くの雄が居る、而して雌雄何れの性も持たないものが勞働者として働き、又は兵士として戰爭の役を勤め各專門の職務を執つて居るのである。

【生物の種類】生物學者の調べた所に依れば現在の植物の種の數は五十萬であつて、動物の種の數は凡そ百貳拾五萬である、尤も段々新しい種類を發見しつゝあつて、亞弗利加、印度、濠州、南米に於て發見さるゝ事が多いから、種々の數は次第に增す譯である。

【動物機能進化の順序】

動物の進化を研究するに、其先祖から子孫に至る進化の經路を研究する外に、なほ一つの方法がある、即ち動物の機能の進化の順序を研究する事である、其方法によれば凡そ五つの時代に分けることが出來る。

第一は動物の生殖力の盛んになつた時代である、蓋し動物に於て最も早く發達した能力は生殖力であつて、此力の盛んな事は前章に述べた通りである、この生殖即ち子を產むといふ事は動物進化の最も必要な事であつて、是が無ければ進化は行われない、此の生殖力發達の歷史を調べて見れば、昔に溯る程生殖が多かつた樣である、而して今日に至る迄、大概劣等な程にこの力が强くて高等な程弱い事から見ると、此力は動物の進化と共に退化するものゝ如く考へらるゝ。

第二、消化力の盛んになつた時代、一たび動物が生れて來ると生存する爲め、力を造る爲め、又た子を遺す爲めに能く物を食ふて、又た是を消化する必要がある、消化力の盛んにして物を食する動物は、勢力元氣を得て他の弱い動物に勝ち、而して子孫を繁殖さすことが出來た。

第三、運動の盛んになつた時代

最初の動物はみな小さくて自由な運動又は旅行は余り出來ず、生れた場所に蠢々して居つたのである、然るに生殖が盛んになり動物が繁殖するに從ひ、競爭が激しくなつた爲め、運動せねばならぬ樣になり、又た消化が盛んになつた爲め、比較的多くの食物を得ねばならぬ樣になり、そこで運動の自由と云ふ事が必要になつて來たが、然し運動の自由を得るには運動に適當した器官が必要であるから、動物の筋肉及び骨が非常に發達して來て實にすばらしい大きな體と强い力を持つた動物が出來た、今日見る所の象より二倍も三倍も大きな體と强い力を持つた象が出來た、又た半身は鳥で半身は鰐のやうな長サ二三十尺もある大きな物が空中を飛行して居たのである。

第四、感覺力の非常に發達した時代である、動物の最初の時代から感覺はあつたが、感覺器は餘りに發達して居なかつた、然るに消化力や運動力が盛んになつて、生存競爭が益々激しくなるに隨つて、益々周圍の事情をよく覺らねばならぬ樣になり、感覺器の發達を促し五官及び神經の機能は段々盛んになつた。

動物の進化の跡を調べて見ると、感覺器官の盛んな時代は比較的近代であつて、運動器官の盛んな時代よりも後である、即ち生存競爭に於て感覺の銳敏にして善く周圍の事情を辨へ知る所の動物は筋骨强大にして然も感覺の遲鈍な動物に勝ち、小さな動物が大きな動物を滅ぼしたような次第である。

第五、腦力の盛んに發達した時代、啻に感覺力のみに依らずして、腦髓の力に依り能く物を知り物を考へ智略を廻す所の動物が起つて勝利を得た、勿論此の時代よりも、前から神經の中樞をなす所の腦髓を有する動物があつたが、特別に腦髓の發達した一種の動物があつて遂に他の動物を征服して仕舞つた、此の腦力智力の優秀なる動物は即ち人類である、人類は生殖力、消化力、運動力、感覺力に於ても大抵他の動物より弱いにも拘らず他動物を征服し使役するのみならず、自然界の勢力さへ利用して益々大智力を揮ひつゝある。

以上は生物進化の經路の大體であるが「ダーウイン」が始めて進化論を唱へた頃は、生物が進化するには徐々に同速力を以て斷へず進化する者と信じたのであるが、近來の學說に依れば、速かな時代もあれば又た遲い時代もあつて、然して今から凡そ十萬年位前から進化する事が極めて遲く殆んど止まつた位である、此の故に最早出來るべきものは出來、變るべき者は變つて仕舞ひ略ぼ定まりが着いた樣で今日極々僅かの變化があるに過ぎない。

【進化の盛衰】

前にも言つた通り動物が盛大を極めたのは含炭地層を造つた時代であつて、其後は一般に衰へた樣であるが、其中或種の如き者は反て盛んになつたものもある、同じ樣に動物に於ても種類に依て盛衰の時代を異にして居る、軟體動物魚類、爬虫類等は、中代有機物地層から、近代有機物地層時代にかけて極く盛んで有つたが今は衰へて唯其動物の數のみならず、其種類も大に減じ、體力も又衰弱して居る、其中人類は最も大なる勢力を有つてゐるが、之は僅か四五千年以來の事であれば、今後も大いに振起するに違いないそれで初生物より今日に至る迄此の進化に要した年數は五六千萬年であると云ふて居る。

進化の經路に就て、生存競爭、適者保存、自然淘汰、細胞遺傳、雌雄淘汰等の說あるも省略する。

【遺傳に就て】

遺傳性は子が親から受くる生殖細胞を通じて現はるゝ者には相違ないが、如何にして其が生殖細胞の中に存在し且つ働きつゝあるか、肉眼に見へない程の小さな一個の細胞の中に一個の身體を造る程の力があるのみならず、子々孫々無限の代の無數の體を造る力も含んで居ると考へねばならぬ、此力は唯元素の組織即ち一種の化學的組織であらうか若くは此の組織を支配する處の靈的の者があるであろうかと考へられ、考ふる程困難の問題である一個の卵細胞は分れて二つとなり、二つが四つとなり、四つが八つとなると云ふ樣に段々殖へて來ると、各細胞が分業を始め、自已の爲でなくして全體の爲に職分を盡す樣になるのである、斯かる事實を如何に說明するか、同じく哺乳動物の卵の細胞であれば化學的の分拆を以てしても、顯微鏡の檢査を以てしても、同一のものと見へるけれども、其が成長すると或者は犬となり、或者は猿となり、或る者は牛となり豚となる、斯樣に細胞の成長の方向及經路を定め、各細胞の職分を極めるものは何であろう、又細胞が種々の者を造るに其細胞の數の割合は丁度其必要に適合して居る、例へば眼を造るには丁度眼に適ふ程の細胞が出來、其以上には出來ないのである、此はどうした譯であるか、又身體に傷を受け多少の肉皮が失せると其邊りの細胞が丁度失せた丈けの細胞を造つて補充する、蛸や蝦や蟹のやうな類は手足を他者に奪われても、邊りの細胞が別に新しい手足を造り出す斯る事實を如何に說明すべきであるか。

斯く考へて來ると、各細胞には全體に就ての模型的觀念とでも云樣な者があつて、恰も一大工事に從事する數百千の職工が一定の模型に從ふて各受持の働をなす如く、全體に對する自已の位置を知り職分を知つて働く如く思わる、これを一方から云ふと全體に一致力とか、又は統一とか云ふ者があつて、之が總ての部分を支配するかの如くに考へらゝる然し此の模型なる者、統一なる者は、物質の者と考ふるより、心靈的の者と考へる方、適當でなかろうか、果して心靈的の者であるならば、動物の進化を唯、物質的、機械的、外部的に考へて居ては幾ら精密に研究して見ても、適當な解釋に達することは難かしい、所謂、遺傳及び物の生長を支配する處の、所謂統一なる者を知らんには、生命夫れ自身を知らねばならぬ進化の根本的、積極的原因は、生物の生命其者の中に求めねばならぬ、然も生命其者は何であるかと云へば、其は大なる秘密と云ふに外はない、之は實に進化上の最も重要な中心問題であるから次に述べる事にする。

生命の起原

ベケレルは生命なる者は、水も空氣も又た瓦斯體の交換もなく、剩へ生物體の主成部なる原形質の膠質狀が失われても、尙存續し得る者とす。

生命が此の世界に始まつた頃を「ダーウイン」は凡そ二三億年前であつたと云ふが、吾は無機物地層時代、若しくは原始岩時代だと考へらる、近年の物理學者は、地球が火の球として燃へて居たのは五六千萬年前であるから、生物の起つたのは四五千萬年前とせねばならぬ、此說の起は、突然異常變說が唱へられ、生命の起原以來の年數を非常に長く考へる必要が無い、比較的短い年數としても、突然異常の變化があつたとすれば、宜しいのであると論ぜらる。

以上時間の點から、理化學的の生命起原論を述べる、現在の生物の體は悉く、炭素、窒素、水素、燐素、硫黃の六元素によつて成立つものであるが、此等の元素は種々の方面から理化學的に調べらるゝものであつて、其分量と掛目さへも精密に計算せられる、勿論此等の元素が化合すると實に奇妙な現象を現わすので、普通に之を生命と稱するが、然しこれは化合に由て元素の內に潛在する所の性質が發顯するのである、所謂生命とは畢竟この六元素內に宿る所の潛勢力に外ならぬものであつて、元素固有の性質が化合を機として發現したのをいふのである獨逸の「フオイエルバツハ」が肝臟が膽汁を分泌する如く、腦髓は思想を分泌す」と云ふた、所謂生命といふ現象は之を根本的に見れば化學的であつて、畢竟これは原形質といふ化合物の造り出す元素の潜勢力に外ならぬと。

植物が空中の炭酸瓦斯を吸收して日光の化質力に依て原形質となると、其炭素と酸素とに潜在した、一種の心理的性質を現わして來る、其植物を牛が食ふて原形質になると植物のとは異る潜在の心理的性質を現わす、其牛の肉を人間が食ふて此の人間の原形質となると、牛のとは異なる潜在の心理的性質を現わす。

而して人間が働いて居る中に、已の原形質を解き崩して再び炭酸瓦斯を造り、之を吐き出すと、其は又空間に浮遊する者となる、左様なると人體中に於て現わした處の心理的性質は、元のまゝの潜在的性質となる。

斯様に元素が這入つた所の物に依て色々の性質を現わすが其は前に無かつた新らしい性質を外から受けたのではなくして、唯潜在の性質が適當なる境界を機會として現れ來たつた迄である。


（以上進化論より）

生命に就て

木村德藏博士著生物と生物進化より

第一、生物とは生命を有する個體なり、故に動物植物及び人類の一個一個を以て生物と稱する。

第二、其の所謂生命とは何ぞやと云ふに、是は重要にして最も興味に富む大問題なるも、今簡單に生命とは生活現象を起す或るもの、又は原動力なり。

第三、生活現象とは何ぞや、生活現象とは。
（一）榮養を取りそれを消化して吸收し、體内に於て呼吸せる酸素によりて。
（二）酸化し、そこに力と熱とを生じ、その結果
（三）炭酸瓦斯、尿、並に汗等の老癈分を排泄する、斯くも生物は。
（四）生育し。
（五）繁殖する、而してその環境の刺戟に對して
（六）感覺し。
（七）適應する。
以上の諸作用は生活現象の主要なる者で、それ等の各作用は個々別々に、又は順次繼續して行はるゝを見るのである然るにそこに不思議に感じるは、生物が榮養を取るに際し盲目的ならずして自から限度があり、而してその攝取せる榮養分を或る程度迄消化する、消化要素が生物自體にも消

化し得る能力あるにも拘らず、之を消化しないのである、之を彼の有名なる獨逸の動物學者「ルー」は自己不同化といつてゐる、又其酸化する作用も攝取せる榮養分の悉くに對してではなく、從つて老癈物の排泄さるゝ量が當然酸化の程度に比例してゐる、更に又た其の生長と云ひ、繁殖と云ひ凡て或る局限の下に行われ、溫度や水分、光線若くは敵生物などの刺戟に對してもそれ〳〵能率を擧げて適應してゐるのである、そこで斯うした諸作用を分力とし、それ等分力の總和即ち合力を見るときに。各作用の間に自ら局限あり調和あり統一ありて、專ら自己保存、即ち自から生きんがためなりといふ歸結を見出すのである、之は凡ゆる生物の普遍的機能で、斯うした機能は生物體の基礎物質なる原形質内に行はるゝ如く見ゆるのである、さうした意味に於て生物を特徵つけるものは、

第一、形態的には原形質を主成分とする個體で。

第二、生理的には生命を有するが故に生活現象を見せてゐることである。

【潜伏生命】

今玆に原形質の物質狀態が著しく變更又は破壞され、生活現象が全く停止されたかの如く見へて、而も尚その生命を持續する、不可思議の生物がある、斯うした生命は特に潜伏生命と唱へられる、かゝる潜伏生命の持主は即ち次項の如き動植物である。

(一)糊鰻《ノリウナギ》及び酢鰻《スウナギ》、これ等は共に顯微鏡にて見得る透明にして細長なる動物である、前者は「カビ」の生へたる糊の中に發育し、後者は栓も施さず放擲せる酢瓶の底に發生するもので、動物學上、蠕形動物、線蟲目の鰻蟲科に屬するものであるが、他の同科動物と共に著しい潜伏生命を有するのである、即ち彼等は全く乾燥し毫も生きてゐると思われぬ狀態に數年間放置されても、再び水分と適當の環境とを與ふるときは、蘇生して活動するのである彼等の中に十四年間も斯うした狀態を持續し、それ以上になると死するものがある、同科に屬する一種の線虫は小麥の穗に寄生し胡麻病(秩父地方の方言　を起す鰻蟲であるが、その幼蟲(長〇、八乃至一ミリメートル)は二十年以上も、その蟲瘦穀中に潜伏生命を持續し二十一年とな

れば死するのである。
(二)長命蟲又は「くまむし」之は蜘蛛類の緩歩類に屬する、體長一ミリメートル、を超えない、無色透明の小蟲にして水中とか濕地、苔蘚若くは地衣の上などに棲息し、その形が熊に類似するよりその名がある、能く乾燥に堪ふる性を有して一旦乾きて塵の如くなるも、濕分を得れば容易に蘇生するのである。
(三)輪蟲類、及び葉脚類の「ミヂンコ」類、これ等の小蟲に於ても潜伏生命の現象を見るのである。
(四)右の外葉脚類中の兜蝦の卵は、チヤール　教授によれば十二年間乾燥狀態の中に生てゐたといふ。
(四)植物種子に於ける潜伏生命は動物の如く珍らしい者でない、佛國の生理學者「エム、ボール、ベケレル」の注意深い實驗によると植物腊葉に保存されてゐた、種子二十種の中にて、長期の者は採取後八十七年、短期の者は二十八年目に尙克く發芽せしと云ふのである。
更に同氏の試みし實驗は頗る興味あるものである、それは生理作用の中心である、生活力の持續に全く反對なる事情の下に種子を置いて、而もその代謝機能の停止は致命を來さないことを物語つてゐるのである、即ち氏は「むらさきうまごやし」「なたね」及び小麥の種子を
第一、に三週間、液體空氣の中に入れ次で。

第二、に七十七時間、液體水素中に移し入れた、その時の溫度は零下二百五十度であつた、斯うして、最後の。

第三次に一年間、眞空內にそれ等の種子を入れ置いた。

斯ふした連續的の迫害、即ち激烈なる低溫と乾燥との影響によりて、種子を構成する生命の本體とも見るべき原形質の膠質狀態を失わしめたに拘らず、大部分の種子は發芽したのである、それで、「ベケレル」は生命なる者わ、水も空氣もなく、又瓦斯體の交換もなく、剩へ生物體の主成分なる原形質の膠質狀が失われても、尙よく存續し得るものであるといつてゐる、そうした意味から同氏は次の如き、最も興味深い暗示を與へて居る。

太陽が消え去り、地球上の凡ゆる氣體が失われても、生物の種子と胚種及び卵子と胞子とが、尙克く潜伏生命の狀態に於て、吾が遊星即ち、暗黑なる空間をさまよい、凍結して生物の跡さへ絕へたる、吾が地球上に永い間彷徨するのであろう、」

要するに生物の特徴として、生命ほど世に不可思議と見らるゝものは無いかも知れない、而してその生命は原形質の中にあると思われて居る。以上

靈魂に對する心理學の說明

「エルンスト、ヘツケル」宇宙の謎

靈魂の生活、或は心理的活動と云ふ題下に網羅せらるゝ諸現象は一方に於ては極めて重要なる興味の深い問題であり又他方に於ても吾々の知れる限りの現象の中で一番複雜した異論の多ものである、自然の智識、即ち現在の哲學的研究の目的は、それ自身が既に靈魂の活動の一部分であるが上に人類學乃至宇宙論に於ても、心の精確なる智識と云ふ者が必要條件としてゐるのだから、靈魂の科學的研究、即ち心理學なるものは、一切の科學の基礎であり要件である之を研究するには第一には觀察及び實驗である、第二には進化の理である、而して第三には演繹的歸納の推理によつて出來得るだけ現象の核心に徹底せんとする哲學的考察であるが、先づ斯學の二元的解釋と一元的解釋との對立を讀者の前に明にするが第一の急務である。

二元的心理學、二元的心理學で普通に行われて居る觀念は靈魂と肉體との二個の離れた實體と思惟することである、即ち此の二個の實體は互に獨立して存在することの出來るもので、此の二者の結合は本來の必要條件でないと云ふのである、肉體は一時的の物質から出來てゐるもので、生きた原形質及び其複合物が化學的に結合して成立したのである、靈魂は、不老な、非物質的な、精神的主體にして其神秘的活動は、吾々には全然不可解である」と云ふ彼の說である、故に此の思想を言葉の上から判斷すれば、一面は精神的であり、其反對した一面は物質的である、これは全然物質的基礎なしに存在し、活動する力の存在せることを豫定せる者なるが故に其基礎とせるところは、自然界以外に一の精神的、非物質的な世界が存在して居ると說くのである。

【一元的心理學】　心的活動に對する吾々の自然科學的觀念を云へば、矢張りこれを生命の現象として觀察するので、而も此の現象は矢張り他の自然現象と同樣に、何か一定の基礎無しに、實現されないと見るのである、心的活動は物質的基礎無しに到底想像することが出來ないから吾々は此

の物質を名け假に心的原形質と名けて置く、之を斯く名付けた理由は、吾々が之を分析して見ると云ふと、それは矢張り總ての生活現象の根底と成つて居る「疑類似蛋白質と炭素との集合體」なる原形質と同じものであるからである神經系や感官を有してゐる高等動物になると、此等の神經の基礎となる神經原形質なるものが、別に心的原形質から分れて出てゐる、其神經なる者は、經驗的な、同時に又自然的なものである、蓋し吾々の科學的實驗によれば、物質的基礎と、沒交涉な力や、又自然界と懸け離れた別の精神界なる者は、決して存在しないからである。

心的現象なる者は矢張り他の自然現象と同樣に、最高萬能なる實質の法則に從ふものである、此の領域に於ても此の最高の宇宙的法則と背馳せるところは少しも無い、單細胞有機物や、植物や、高等動物の下等なる心的現象、即ち彼等の感應性や、反射機能や、自己保存の感情や本能等は、直接其細胞原形質の生理的活動によつて生ずるもの、換言すれば遺傳と適應とに基く物理的及び化學的變化によるものである。而して高等動物及び人間の高等なる心的活動、即ち觀念や、概念や、又は理性意識等の驚くべき現象についても　矢張り此道理は同樣に適用さるゝのである、何となれば高等動物も畢竟下等動物から系統的に進化した者であつて、下等動物にあつては夫れ〴〵孤立してゐた諸機能が、高等動物にあつて完成されて統一され、聯合し、合同して其位置を進めたものに外ならぬのである。

【靈魂發生に關する神話】

(一)輪廻の神話、靈魂は以前に他の動物の身體に棲息してゐたので、それから人間の心體に移つて來たと云ふが、此說の主張である、例へば埃及の僧侶は「人間の靈魂は肉體の死後各種の動物を經廻つて、三千年間の輪廻の後ち、再び人間に戾つて來ると敎へてゐる。

(二)靈魂移入の神話、此の說に據ると靈魂は獨立に他の場所即ち靈魂發生の本源地に於て、胎生的或は潛伏的の狀態の下に存在してゐて、これが鳥の爲に搬ばれて(此鳥は或時は鷲であるとされ、普通には白い鸛《こふのとり》とされてゐる)人體の中に移入されるのだと云ふのである。

(三)靈魂創造の神話、神は靈魂を創造されて、或は之を浮遊生物のやうにして地中に置き、或は果實のように樹上に貯へらるゝ、それで必要の時之を取り出して、受胎作用の最中に、之を人間の胚種の中へ挿入すると云ふのである。

(四)靈魂裝塡說の神話、ライプニツクの主張した說で前述の通り。

(五)靈魂分裂の神話ルドルフ、ヴァグネル」が一八五五年唱導した、之に據れば、豫造の際に兩親の、非物質的な靈魂から、其一部分が分裂する、これで母から分裂した靈魂は卵に入り、父から出た靈魂は精蟲に入り此の兩個の生殖細胞が融合する際、之に伴ふ二個の心の斷片が合一して新に非物質的な一の靈魂を形成するのである。

【靈魂起源に關する生理的觀察】

最近二十五年間に卵の受胎及び發生の作用に關する精到な研究が行われた結果、此等の神秘的現象は全く細胞生理學上の顯象である事が立證せられた、雌の成分たる卵と、雄の成分たる精液或は精蟲とは、共に單純なる一個の細胞である、此等の活きた細胞は孰れも其中に或る分量の生理的財產を保有してゐるので、吾々は是に對して、矢張り永久的單細胞有機物に對すると同樣に、細胞精神なる名稱を與へるのである、而して此雌雄兩個の胚種細胞は共に運動及び感覺の能力を有してゐる未熟な卵即ち卵細胞は、アミーバ狀の運動を營み、極微なる精蟲は一滴の中に何百萬と群生してゐて、恰かも鞭毛蟲等の普通の滴蟲類に於て見るが如く、其絲線或は氈毛を揮つて、自由に精液の中を泳ぎ廻つてゐるのである。

此の兩個の細胞が、交合の結果又は魚類に於ける場合に於て見る如く、人工的媒介の結果、相合ふと云ふと、彼等は互に相牽引して確りと結合する、此の細胞引力の主なる原因は、匂ひ或は味に伴ふ原形質の化學的、感覺的動作であつて、吾々は取敢へずこれに「色情的化學傾向」と云ふ名稱を附して置くが、又た細胞の親和力又は細胞の戀愛と呼んでも宜いのである、則ち精液中に遊泳せる一群の氈毛細胞は、靜止せる卵細胞を目蒐けて突進し、只管其中に突き入らうとする、「ヘルドウヰツヒ」の一八七五年に發見したところに據れば、通例此精蟲の中の雌一個だけが幸に其目的を達するものである、それで此幸運な精蟲が卵の中へ其頭、即ち細胞の核を突き込むや否や、卵は直ちに一種の粘液膜を以て蔽われ、其れ以外の精蟲の侵入を妨げて了ふ「ヘルトウヰツヒ」は溫度を低めて此卵を硬ばらせるか、或はクロロホルム、阿片、ニコチン等の魔醉劑を用ひて之を痲痺させたところ「多數妊娠」或は「多生的現象」が生じて澤山の精蟲が感覺を失つた卵細胞の中へ突入したことを發見した、此の驚くべき事實は偶々以て此等の生殖細胞の中にも、程度の低い「細胞的本能」なるものが宿つてゐて、(少なくも種の活きた感覺なる者が働いて)其内部に於て、其後に行はれる重要なる現象に顯れるのと同じ働が行われる者で有ると云ふことを證明して居る、而して其卵と精蟲との核は、互に相牽き相近づき互に接觸して全く合一する、斯樣にして受胎した卵から基本細胞と稱すべき重要なる新細胞が生じ、之が尙ほ再々分裂を重ねて、全體の多細胞有機體が發育して行くのである。

最近二十五年來漸く正當なる觀察を獲るやうに成つて來た此の注目すべき受胎作用に關する心理的の說明は、頗る重要なる意味に是迄十分承認せられて居た、吾々は主なる硏究の結果を次の五個條に約說しようと思ふ。

(一)各個人は、他の高等動物と同じく、其存在の初めは一の單細胞であつた。

(二)此の基本胞細は、孰れの場合に於ても同じ方法で形成せらるゝ者である、即ち起原の異つた二個の別々の細胞換言すれば女性の卵と、男性の精蟲との混交、或は交合に依つて生ずるのである。

(三)各個の性的細胞は各々特異の「細胞精神」と云ふ者を有してゐる、即ち各個とも其特殊の形式を有する感覺及び運動を備へてゐる。

(四)妊娠或は受胎の瞬間に於ては、此等兩個の性的細胞の原形質と核とが合體するのみならず、此等の細胞精神も亦合體する、換言すれば此の兩個の細胞に潛在してゐる可能的勢力は、原形質の物質とは離るべからざるものでこれが合體して新なる基本細胞の胚種靈魂なる新可能的勢力を作るのである。

(五)それ故に各人は皆、其身體的精神性質を兩親から負ふてゐる、即ち遺傳によつて卵の核は母の性質を傳へ、精蟲の細胞は父の性質を傳へるのである。

以上の受胎と云ふ實驗的事實から、左の如き極めて重要なる事實が確められた。

曰く人間は他の動物と同じく存在の始めがある、即ち雌雄兩種の細胞の交合が、單に肉體のみでなく、新基本細胞の精神の現われる最初である、人間の起原は全く兩親の相愛と云ふこと、即ち一切の多細胞動物に通有なる交合を求むる力强い衝動に發するのである　（以上）

ヘツケルは一元論の主張者であるから、靈魂は雌雄の細胞の合一により、兩親の遺傳と細胞の原始的潜在的力の發顯により、腦及び神經の組織となり、意識、感覺、觀念、理性等の發達を遂げたのであると斷言した。

【生物進化論結文】「シドニー、ギユリツク」

故「ハーバートスペンサー」氏は五十年餘りもかゝつて進化論哲學を建て、理化學的原則を以て萬有を説明し盡さんとしたのであるが、生涯の終りに其考への誤りを自白し、彼の有名なる總合哲學の最後の出版に於て自分一生涯を通じて思想上最も變化した事は、唯生物は理化學的に説明せられない事であると言つた」それで今日に於ては、生物は物理的の者であつて、又心理的のものである、故に之を完全に説明せんとせば兩方面を見なければならぬ、昔しから哲學者や宗教家は、其物理的方面を無視する傾があつた、近來の公平なる科學者は生物の進化の根本的積極的の要素は、物質的のものでなくして心靈的の者であることを承認するやうになつたのは實に幸福である、然もこの兩方の關係如何といふ事は、現今科學上の困難なる問題であつて、これに就ての智識は殆んどないと言ふて差支ない、畢竟之はなほ一の大秘密として殘つて居るところのものである、如何なる問題を研究するにも淺く之を考ふれば説明は容易いやうに思われるが、深く考へて來ると終には解く事の出來ない秘密に突き當つて唯〻頭を垂れて手を拱いて、人間の智力の實に小さく且つ弱き者であることを感ぜざるを得ないのである、　以上

【生物進化の結論】　慶應大學教授木村徳藏博士

要之、生物を唯一對象とする生物學と生物進化とは人類文明史に於ける、斯學者智識の總和結晶にして、特に現代に於ての之が檢討はその自然の觀察に於て、將た人爲的實驗殊にそれに適用する理化學的原理を以てするの點に於て實に微を盡し細を極めて居る、然れども廣大なる未知の自然に當面する今日既知の人智は餘りに寡少に過るのである、とはいへその小なる智識の範圍に於てすら苟も生物を解し人類を知らんか、玆に始めて吾人人類が如何にも生物殊に動物であつて、而も又特徴ある人間であることを徹底的に

諒解し得るのである、人類は形態即ち身體に於て、生物界中最も複雜を極むるものなると同時に、その習性、就中精神作用に於ても亦然るべき者である、其精神作用中にやがて理想を釀成し、理想の中に哲學を思索し科學を組織し、文學藝術を鑑賞し道德を吟味し、更に宗教に歸向するに至りしは、生物學上極めて重要なる人類特徵の一大異彩である。乃至

吾人は身體と精神とに即し、更に神より直接に賦與せられたる人間特性としていとも貴き、靈魂の所有者なることを信じ以て天上地獄の兩界に處し、七轉八倒の苦悶中にも尙よく、進化の一途に永遠の光明を認めて不退轉の步みを進むべきである、それが人生の眞意義であり、唯一の目的ではあるまいか、吾々はその然ることを確信して、そこに一點の疑ひを狹まざるものである、尙ほ斯うした見方を以て他の方面より生物界を見んか、即ち自己の存在と、その存在の意義とを意識せざる生物界の物象及び事象は造物主の意志そのまゝであろう、乃至

詳言すれば自然界の物象及び事象は神意の象徵であり、物象と事象とは相關的の現象で同一實在の二方面ともいふべく、更に現代物理學說の第一線に在る電子說を受容すれば物象と事象とはエネルギーの表現ともいふべきであらう、然れども電子說の根本たる電子の驚くべき賦性はいづこより來り又その機能は何を動機として活動するものであるかといへば、それは神より來り神の意志によりその支配の下に動くといふのである、斯うした說明の歸結に逢着して初めてそこに原子を解し、原子の集合するヂーンス（或形質內に在る生ける單位にて次代に遺傳すべき單位）を想定しヂーンスの授受を常規とする生物その者の本質を推理するのみならず、それ等生物と共に萬物に對する創造說の特別なる意義の神意にあることを了解することが出來るのである、そうした解釋の立場は宇宙は神の象徵であると云ひ又神は宇宙を造り之を支配するといふ純宗教の視野に入るものでそれは今日の非科學的態度の考察のやうに見へるが、恐らくそうした處に絕對的科學の眞相が横つてゐるのではなからうか。

【科學の革新と哲學及宗教、結文】　田中龍夫博士著

我等今日この五尺の身體にあつて、すでに我が心の存在を認める、同樣の理を以て、その天地宇宙の心として神を認

識する、これ以外には神の存在を證する道はない、或る人は一私は既に我が中に存する心なるものを認めない、同様に天地宇宙の神なるものを認めない、私は徹頭徹尾、無神論者である」と云ふかも知れない、されど我が五體の中に心なしと斷言し得る者は、既に其人自身の心でなくてならぬ、心も無い動物は、心なし神なしなぞ立派に斷言し得る權利を持たぬ。人は何人もその本心に立歸り、徒らなる空理空論を避けて、智情意一切の心を引きからげ、天地宇宙の本相に直面するときに、そこに洋々と流れ行く天地一貫の生命と、その生命を導き、そのめざすところに携へずんば止まざらんとする、父なる神の主旨を拜することが出來るであろう、今や我等は惠まれて、萬物の靈長とし神の子として、此の地上に立つ、而して神こそ我等の親である、基督こそ我等の道である、一切の聖者は我等の先達である我等の高天原は我等の前途に横わる、我等の祖先の千年の畏き、待ちに待ち焦れたる淨土の天國は我等の眼前にあり「貧しき者は幸なり、天國は汝等のものなればなり」我等此世に在りて、神を知りその救を味ひ、この世に爲すべき職場を走り天國めがけて勵まうではないか、全能の神我等と共なり、基督こそ我等の道なり、我等の力なり、釋迦と孔子こそ我等が導きなり、いと近き助けなり、我等は西洋的小乘の基督を打ち越へて、洋々乎として大乘の救の道を仰ぐべきである。

以上

電子と宇宙　自然科學と宗教

佐藤定吉博士著

電氣は太古より雷電として現象を認められて居つた、後にフランクリンが雷鳴の時に凧を揚げて、空中の電氣を試驗した有名の話もある、其後ち多くの學者が電氣現象に就て研究し、電氣の物理的性質を闡明し、且つ之を應用して數多の發見を完成し、其結果として、電信、電話、電燈、電動機、電車、ラジオ等今日の文明を産んだ譯である、然るに斯かる偉大なる發明が續出したにも係らず根本問題たる電氣其物の本質に就ては全く不明であつた、即ち顯るゝ諸現象の相互關係に就ては理論的に明かにされたが、その本體自身に就ては諸現象を説明するだけの假説を以て滿足し何等徹底的に本性そのものに關しては知見を有せなかつた是れ獨り電氣のみならず、他の學問に於ても同樣である、今日の科學は根本的本質の不明に屬する物が甚だ多い、然るに他面電氣學と全く沒交陟と見えた、眞空に關する研究が進み「トリチエー」の眞空及びゲーリケの眞空ポンプ等が完成され「カイスレル」の玻璃眞空中の放電となり「クルツクス」の更に高度の眞空中に於て高壓の放電に依り發する螢光は、螢光板を通して人の手を見る時に、筋肉は透視され骨のみが陰を生ずる一種不可思議の光の發見である是れは從來の知識にて證明し能わざる故に、X光線と呼んだ、時に西紀一八七九年（昭和五年）今より四十九年前である。

クルツクヌは眞空內に於ける放電を研究し、遂に其本體に觸れた、彼れは陰極より放射する美麗なる燐光は、普通の光に非ずして、極めて高速度に運動せる有電の微粒子なる事に氣が附いた、而して彼は考へた、微粒子である以上物體でなければならぬ、然るにこの微粒子は固體に非ず、液體に非ず、氣體に非ず、未だ甞て人類の經驗せざる物體である、彼れはその說明に窮して止むを得ず、之を物體の第四狀態と命名した、而して彼は前人未踏の境地に履み入つて、獨り思ひを潛め、想を凝らし、第四狀態の未知の物質に就て研究に耽り、苦心の結果、彼れの卓越したる實驗方法に依り六つの新しい事實を發見した。

元來電氣と磁石とは離るゝべからざる密接なる關係がある電氣に依つて磁石は起り、磁石に依つて電氣は起る故に若し眞空內に不思議なる微粒子が、有電の物體ならば、强力の磁力のもとに何等かの變化が有る可きを豫想してその實驗を試みた、然るに果せる哉、管內の微粒子は磁石の陰極に對して反對の方面に外れて屈曲した、つまり「マイナス」の磁力と相反撥した結果を認めた、是れ第一の實驗である。

次に彼が考へた事は、同性相反撥し異性相和すは既知の事實であるが、然らば陰極より發する同性の微粒子を互に接觸せしむれば、若し有電微粒子ならば互に相反撥する筈であると考へ、眞空管內に飛ぶ此の如き性質を有するや否やを試驗した「マイナス」の電氣の出る方に一つの壁を設けその壁の穴を二ヶ所設けて放電したつまり二つの行列した微粒子が飛ぶ譯である、すると果して同性相反撥する事實を實驗した、是第二の實驗である。

次に第三に試みた事は、管內に飛ぶ電氣は一種の光である然らば影があるだらうと察して、投影の實驗を行つた、光の透らぬ「アルミニユーム」の板で十字形を作り、眞空內に置いた處が、是亦果して影を生じ同形の十字形が管內に顯れた、之が第三の實驗である。

第四は是れ丈の速度で、且つ是れ丈の勢で或る物體が飛ぶのであるから、風車の如き者を裝置すれば、その風車は廻轉するだらうと考へ、それを實驗した、雲母製の車を作り管內に軌道の如き二筋の線を裝置して、その上に雲母の車を置き、そして放電した處が、是れ亦豫想の如く廻轉した即ち機械的の運動を起し得る事を實驗した。

第五に、陰極より燐光及び螢光を發する事實を確めた、

第六には、太陽の光線が彎曲した鏡面に當ると焦點が出來で赤熱さるゝ理論を應用して、眞空內に凹面鏡を備へ、陰極より發する光を一點に集め、その焦點に白金板を置いたすると白金板は、强熱されて赤くなつた、故に「マイナス」から出た線にも熱力の在る事が分つた、即ち以上の諸實驗に依つて、クルツクスは左の六つの新事實を發見した。

(一)磁力の作用する實驗

(二)同性相反撥の實驗

(三)投影の實驗

(四)機械的運動力の實驗

(五)燐光及び螢光放射の實驗

(六)熱力の實驗

以上の實驗により眞空管內に於ける電氣の微粒子、即ち、電子は、磁力と相反する力もあり、同性相反撥せる力もあり、發熱の力もある事が發見された譯である、故に其當時迄現象だけ認めて居つた電氣の性質と相一致し、然も今日迄不明に屬して居つた電氣の本質が何であるかの根本問題に觸れる事が出來たのである、是れ實に「クルツクス」の爲した人類への一大貢獻である。

その後、英國の理論物理學者として一世に名を轟かした「ゼゼトムソン」は、彼れ「クルツクス」の後を享けて「クルツクス」の實驗を理論的に精査巧究して、遂に「トムソン」の手に依て電子論は完成され、新世界は吾人の眼前に手に取る如く展開せらるゝに至つたのである。

トムソンは暗室に於て獨り靜かに默して、眞空管內に發する螢光を凝視し、而して沈思した、この眞空內の陰極から放射する有電の微粒子が電氣の本體であるならば、その電壓及び質量は測定し得るものでなくてはならぬ而して或る質量と電壓を有するならば、その結果から、それを電氣の

微粒子であると結論し得る譯である。

「トムソン」は眞空管內の未知の有電物質の質量を測定する目的としては、吾人が熟知して居る元素の內、最も輕き量を有する水素の質量を一として、それに比較して測定せんとし、又電力を測るには、水素一原子が電氣分解の時に有する電力を比較標準として研究を進めたのである非常なる苦心犧牲とを拂ふて、遂に彼は陰極より放射する電氣の微粒子（電子Electron《エレクトロン》）の質量を測定し得た、其結果に依れば、電子の質量は水素原子の千七百分の一に相當する、極めて微少なる粒子である、この微粒子が陰性の電荷を有して、光と同樣の非常なる高速度を以て飛んで居る事を確めた、而して「クルツクス」が發見した眞空管內の諸種の不可思議なる現象は何れも此電子が高速度で管內を飛ぶ結果にして、機械作用、熱作用、磁力に對する作用が起る事を確めた、螢光を發するのも、高速度で飛ぶ電子がガラス面に衝突する時に起る現象である事も判り、又光線も管外に放射されたる光線が螢光板に當つて生ずる結果であると判つた、此の偉大なる發見は千八百八十九年に行われた者で、此年を以て人類の物質觀は根本的に改革さるゝに至つたのである、即ち物質の根元は元素であると考へ、元素中にも水素が最少のものと考へて居た、然るに電子の發見により、從來の原子說は根本より覆され、曾て不可分解なりと認めて居つた原子夫れ自身も、實は更らに微少なる電子の集團に依て成る事を知つたのである、要するに物質界一切は電子の集團に外ならず。

【電子論確定の結果】各原素の構造が研究せられ、八十有餘の元素は金銀銅鐵等の根本差別があるのでなく、單に集團せる電子の數と配列の差に基く事が明かになつた、故に原子核と電子の組み合せさへ適當に案配すれば一元よりあらゆる元素が合成さるゝ理である。

電子は眞空管內の陰極から放射せられるのであるが、近頃は更らに、陽極から放射する陽電子に就ても其研究は、長足の進歩し、其質量は水素原子の四倍である事が確められた、即ち陰電子の六千八百倍の大さである、同じく眞空管內の放電でありながら、陰極より極めて微少なる水素原子の千七百分の一の電子が飛び、陽極から非常に大きを陽電子の六千八百倍の陽電子が飛び出るとは、不思議の現象である、一八九六年「ファンデー」は光は實に電子の振動の結果起ることを證し得た。

元素の構造に附て

不可分と考へられし元素が如何なる狀態に於て存在するかを學術的に說明を加ふれば、トムソン、は彼れ自身は恐らく元素を構成する微分子は球狀體の者なるらしいと考へた高速度の回轉によつて强固の安定を保てる球狀運動の一系態であると考へた、恰も太陽系を見る如く、太陽を中心として數個の惑星が其周圍を回轉し、而して太陽系は一不可分解物であつて、安定を有する如く、原子も亦廻轉を有して釣合を保つ者と考へたのである、尤もそれは單に一つの考案に過ぎぬので實際上の結論で無かつた、次に思わぬ事からその考察を確むる事實を得た、それは「メーヤー」の磁石の針に關する實驗により糸口を得た事である、是は誰にも試驗し得る面白い實驗である。

メーヤーの磁石の實驗法は小さい磁石の針を作るのである磁石の針を作る方法は婦人の用ゆる木綿針を磁石を以て磨擦すると、針に磁氣は移る、プラスの磁石にて擦られし一端は「マイナス」の磁氣を帶び、他の一端の「プラス」の磁氣を帶ぶる、此針をコルクに突き差し、夫れから數個を洗面器に水を盛り、その水上に浮ばせる、コルクは舟の如く針は檣の如く浮び、最初は一定の形を保たず五個乃至十個のコルクは隨所に散在してゐる、而して圖の如く、二つ近いた際は水面に出でし兩尖端は何れも「プラス」の磁氣を帶びて居る故に互に相反撥して近寄らず、相離れんとする、然るに其中間に磁石を近くれば、NとNとは相反撥せんとする際、上なる磁石は双方を引きこれを分離せしめず遂に三つの力は釣合ひて、二つの『コルク」は磁石に對し均等の間隔を保つ、更にコルクを三個とし四個とし五個とし六個とし試むるに左圖に示す如く、正三角形、正四角形乃至五角六角等、規則正しき形狀をなしコルクは靜止するのである。

又四個の場合は四つのコルクは四角形を爲す時と、三角形を描きその中心に一點が來る時と二種類がある、三角形を描く場合はコルクの內の一個は磁石の下に隱れて殘り三個が三角形を爲すのである、五個六個の場合も同樣である、安定を得る方法が數種ある譯である、而して數を加ふるに隨い圖の如く幾層かの層を描くのを見る、そして一定の法

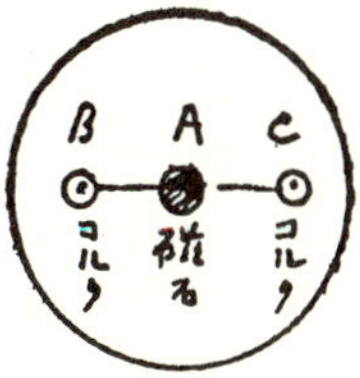

ARAC同一間隔なり

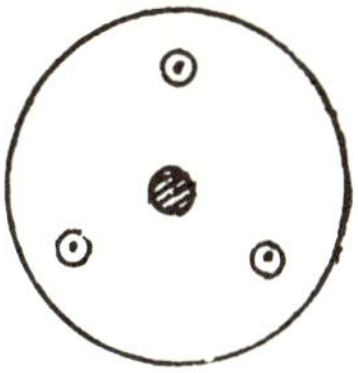
三個ノ場合

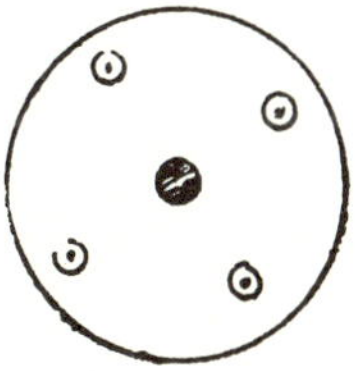
四個ノ場合

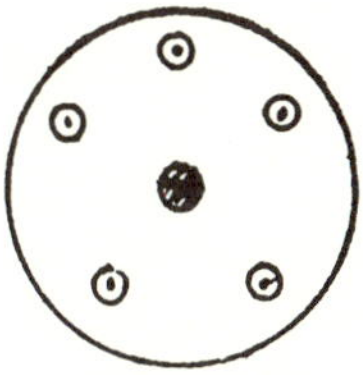
五個ノ場合

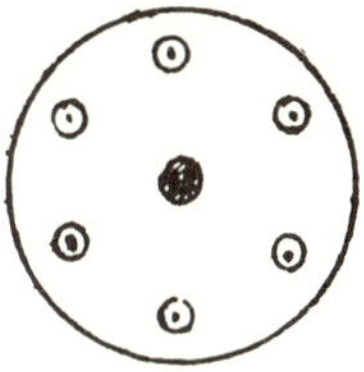
六個の場合

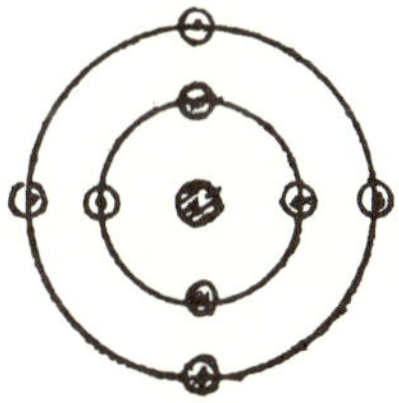
八個ノ場合

則があるのを見出だす。

「トムソン」は此の實驗に依て啓示を與へられ、電子が互に相集り元素を構成する有樣もこれと似たるものでなきかに着想したのである、其着想を理論的に導きし結果が不思議にも三百年前發見されし「メンドレーフ」の週期律の法則と符節を合する如く一致したのである、「トムソン」も亦決して偶然でなかつた。

「メーヤー」の磁石の實驗により敎へらるゝ事は多くあるが各自の立場に於て考ふるに、宇宙は常に二つの要素から成つて居る、その二の要素は互に反撥する如く見える、天地、水火、明暗、善惡、憎愛、其他常に性を異にする二要素があつて然もその二つは相反する如くにして、實は調和して居る者であると云ふ眞理を發見することが出來る。

再び原子の構造に附て「トムソン」は考へた。獨樂《コマ》は早く回轉する時は倒れない、回轉の止む時倒れる電子の構造にも此の理が行われる、電子より成る原子の構造は第一圖の如く一の球狀の陽電子ありて、其中に數個の陰電子があつて、一の原子を構成するものであると考へた、又第二圖の如く三の陰電子のものもある、含有する電子の量に依つて、原子量に差を生じ、第三第四圖に示す如く陰電子を含む程度に從つて、各異なる原子を構成するものと考へた。

(圖は裏面にあり)

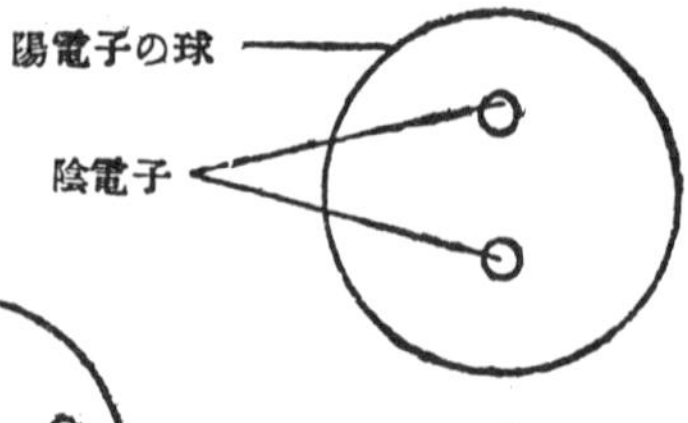

第一圖

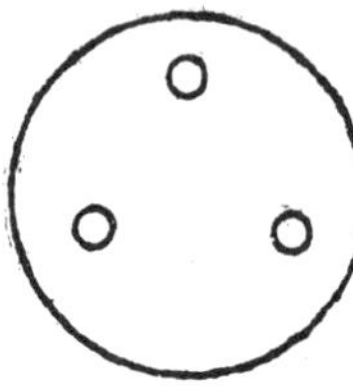

第二圖

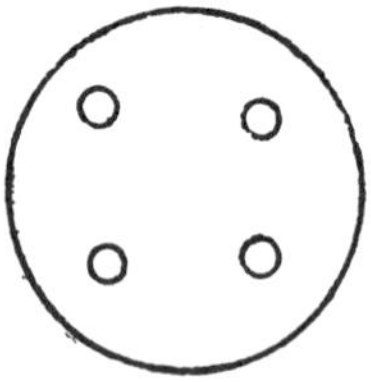

第三圖

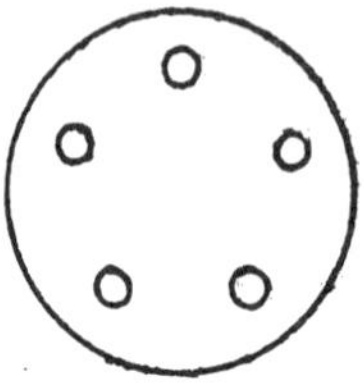

第四圖

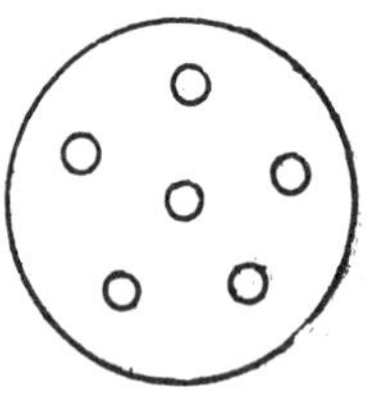

第五圖

又第四圖と第五圖に示す如く、此兩圖に於て陰電子の數は異つて居るが、中心に有する性質は同一である、かゝる共通性を有するものが、メンドレーフの所謂八大別の同種類に屬するものであると考へた、然るに「トムソン」博士の說の如く、外部が陰電子の周壁に包まれて居るものとすれば、內部の陰電子が飛散し、或は外部から侵入するに大なる抵抗を受けて、陰電子の變化が頗る困難となる、從つて陰電子の放電も亦原子の化學的變化も甚だ難澁となる、從來の眞空放電の事實、或は化學變化の容易に起る事實より觀て、周圍は粗雜で破壞され易い狀態にあると考ふるが至當である、そこで我國の長岡半太郎博士がトムソンの說に對して新說を提唱した、長岡博士は反對に考へた、即ち一つの陽電子が中心に存在し、その周圍を陰電子が恰も太陽の周圍を地球が廻轉する如く廻轉すると考へた、而して此說も多くの學者が研究して事實間違なきものと承認さるゝに至つた。

共後「トムソン」「ラサフオード」「ミリカン」等有名なる學者が精密なる研究を遂げて、現在では恰も太陽と惑星との關係の如く陽電子を中心として、その周圍に多數の陰電子の集合配列されて、各々原子を構成して居る事實が確められた、例へば一の陽電子の外部を一の陰電子が廻轉するものは、原子中最も小なる水素原子である、二つの電子の廻轉するのは「ヘリウム」(太陽素)三つは「リシウム」四つは「ベリウム」五つは硼素。六つは炭素、七つは窒素、八つは酸素と順次陰電子の增加さるゝに從ひ、その電子圈の性質を異にするに至る、即ちその電子團が原子なる故に各異れる八十有餘の原子を生ずるのである、是等の陰電子が釣合を保ちつゝ非常なる高速度を以て回轉して居る故に電子團は非常に安定の釣合狀態にある故に、在來の化學方面に於ては、不可分割物即ち元素なりと考へた事も決して無理ならぬ事である、此の理論が單に理論のみならず、事實として證明さるゝに及んで、金が銅に變化し、鉛が錫に變化する、所謂元素轉換の說明もなし得る事となつた、今日は電子の數と構造さへ換ゆれば、金銀銅鐵任意の元素を作り得ることも明かになつた、唯、電子の集團を大より小に移すは易いが、小より大に移すは困難である、即ち破壞は容易であるが、創造は至難である、金より錫を造るは易いが、錫より金を造るには努力を要する、ラヂウムの自然崩壞の如き天然に行はるゝは元素の轉換として周知の事實である、人體の如きは複雜であるが結局陰陽兩電より成つて居る草木、岩石、動物其他あらゆる物が陰陽の電子より成る、即ち電子一元論、宇宙の物質觀が說明せらるゝ事となつた、更に觀察を一轉して宇宙の開闢を論ずるに、天體は最初如何にして構成されしか、又有史以前の物質は如何なる物體なりしか、今電子論の立場より、一言略說すれば、目に見ゆる地球上の諸現象の元素の構成さるゝ狀態は最初星雲が廻轉して居つたと信ぜられて居るが、其星雲の內容は一向不明であつた、是を電子論より觀察するに星雲は現在吾人の知れる金銀銅鐵の如き安定なる狀態に非ずして、甚だ不安定なる然も陰陽兩電子が高速度に回轉して居つた、例へば幾本かの糸の先に玉を結び附け、これを束ねて廻轉したる時、切れ易い糸は漸次切れて、最後に强き糸のみ殘る、宇宙の構造さるゝ初めに於ても陰陽兩電子は何れも高速度に回轉し、雲の如く飛び散り任意の形に於て兩電子は結び附て居つた、その內稍安定なりしはアルファ粒子と稱し、四の陽電子と二の陰電子より成るものであつた尙一つの物は陰電子で其れ等が非常の高速度を以て回轉して居つた金銀銅鐵その他の元素は無論當時存在し得なかつた、これが星雲時代である、其れ等のアルファ粒子、或は電子が衝突して、人で云わば爭闘し、或は利害に依て相反し、後に一致し得る者は、一致して家族を作り部落を作り國家を作り、安定を得たる如く、電子も廻轉中に離るべきは離れ、壞るべきは壞れ、結合すべきは集團して、遂に太陽系の如きものが出來た、故に元素は前述の如く電子の不安定の集團より漸次安定時代に移りて、遂に極めて、除々に變化すべき殘骸となりしもの、是が今日の元素である、ラジウムの如きも何十萬年前の分解狀態を今尙靜かに續けて居る者に過ぎない、昔は元素は不可分解であると考へたが、最近の學說では、分解せぬではない、唯だ分解の速度が比較的遲く、人類には其變化が認め兼ぬる程遲いのである、それを今日迄誤つて不可分解であると信じて居つた然るに新しい世界の立場より見るに、金銀銅鐵、其他の原素も皆變化しつゝあるのである、從來永久不變と信じた元素に對し、今日に於ては年齡を附するに至つた、結局元素も陰陽兩電子の結合の不安定より安定に移る進化の一道程に在るものである、星雲時代は恰も砂の上に建てられたる家の如く、今日の元素は磐の上に立てられた家の如くである更に永劫不變なるは陰陽の電子のみである。

原子內部の構造は、陽電子を中心として、外輪に存在する陰電子の外輪を廻轉するに依て成立する、一の時は水素となり、二の電子の時が「ヘリウム」となり、三の時は「リシウム」順次斯くの如く金銀銅鐵を經て最後の九十二電子の外輪に集團する最大量を持つ「ウラニウム」の元素となる、恰も小兒の弄ぶ卵を重ね合せた玩具の如く、陽電子を中心とする幾つかの球が重なり合ひ、その球面に幾つかの電子が高速度で廻轉しつゝあるが原子內部の構造である、或は太陽系の如く、太陽を中心として、その周圍に水星、金星、地球木星等の惑星が一定の軌道の中を、釣り合を保ちつゝ回轉する如く、原子內の構造は陽電子を太陽とし一より九十二迄の陰電子を惑星とする一大星團であるとも觀ぜらる、即ち若しも人間が宇宙の一角から右の眼で太陽系を望遠鏡で觀察し、左の眼で一元素の原子內部の構造を極めて精密な顯微鏡で(假りにかゝる顯微鏡があるとすれば)觀測するならば、何れが太陽系か、何れが原子內の電子の運動か區別がつかぬであろうと思ふ、以上是が電子論の概要である。

華嚴經第三舍那品に曰く。

一毛孔中、無量佛刹、莊嚴淸淨、「曠然安住」乃至一塵內に於て微細國土一切等悉く中に於て住す。

【是迄書た現代科學に於ける】宇宙の創造より、地球の進化、生物の起原、進化、生命、靈魂說より、最近の電子一元論迄の大略を抜萃し、科學者が其歸趣を宗教に求めつゝある事を諸君に示した、科學の何等も御存じない諸氏に靈魂の大問題の解決の豫備智識として照會したのである、然し元來科學智識の無い著者の仕事として不備の點や、意の通せざる點も多いであらうが余の老婆心に免じて寛容を乞ふ、不審の點は各專門の原書に依て御研究を願ふ、次に佛典に依て是等を比較研究し、最も不可解不可説の神秘たる生命靈魂の大問題を解決せんとす。

日蓮大聖人御詠

草木國土悉皆成佛

草も木も佛になると聞く時は
心ある身はたのもしき哉

佛教

佛教に說ける世界の起原と生物の初

佛教には宇宙の現象を說くに時間的には萬物は悉く變化し進化し又退化し、決して常住不變の物でない、前滅後生、常に流轉する之を、諸行無常（萬物は轉變する意）と云ふ、又た空間的には萬物は常一主宰の我と云ふ者はなく法に依て成立すると說く、丁度科學の原素と原素が集合して物質を造る如く、法が（原素）因緣に依て結合して結果が出來ると說く之を、諸法無我と云ふてある、語を代へて云へば、目に見得る一切の物質は原素の集合故、元の原素に分解すれば物質の姿はない、即ち萬物は因緣に依て成立する。

宇宙の現象は有限にして、宇宙の本體は無限である、此の無限の本體より、如何にして有限の現象を生じたのであらう、是を說明するのが緣起論である、即ち原素は如何にして物質を造るやとの說明が緣起論である、又た原素とは如何なる者なるや、其本體の說明が實相論である。緣起論には、業感緣起、賴耶緣起、眞如緣起、法界緣起。六大緣起。等あり。

實相論には、法體實有論、諸法皆空論、超絕無象論、三諦圓融論等あり、然れども此實相と。緣起とは、密接の關係ありて、即ち實相論には緣起論を含み。緣起論には亦實相論の理を含有して。二者須臾も相離れざるや論なし。然れども其勝るゝに隨て分類せしなり。

次に業感緣起より說く。

業感緣起

（世界の起原色法の說明）

倶舍論に依る世界の實質、即ち世界は何を以て構成さるゝと云ふに、色、香、味、觸の四塵より成ると云ふ、其四塵は極微積集と稱して、至極微細なる物質的元子の所成であると云ふ、其極微分子の大さから、說き其性質に及ぼさん

極微は論第十二、初ニ分折シ二諸色一至二極微一故一極微爲レ色極少とありて色法中、最も微細なる者なり、其細微の相は一隙遊塵（即ち日中肉眼に見得る空中の一微少なる遊塵）之を

七分せし量は牛毛塵（即ち牛の毛頭に止住すべき程の塵）牛毛塵を七分せし量が羊毛塵、羊毛塵を七分せしが兎毛塵、其の七分せしが水塵（水中を自在に通行し得べき程の塵）水塵の七分せしが金塵（黃金の內を自在に通行し得る程の塵）金塵の七分せしが微塵なり、其微塵を七分せしが極微塵なり故に極微塵は一隙遊塵の八十二萬三千五百四十三分の一に當る（科學の元素の大さに似たらずや）其極微分子が各四個の性質を固有する、其四とは、一に堅性、二濕性、三煖性、四動性、堅性とは堅强なる性質にして能く物を持つ作用を備へ、濕性とは潤濕なる性質にして能く物を引き攝むる作用を具し、煖性は溫煖なる性質にして能く物を成熟する作用を具へ、動性は活動する性質にして能く物を生長する作用を具ふ、此の堅濕煖動の四性を亦地、水、火、風の四大とも云ふ、極微は此の四個の作用を具するが故に能く一切萬物を構成す、即ち極微に固有する四個の性質互に偏增することあるが故、其變造する極微の積集するに隨ひ、種々不同なる物體を成し來るなり、換言すれば四性の中、堅性の一部增勝を極めて勢力を恣にし、餘の三性は有れども無きが如く勢力を潛めて、現ずること少なき極微積集する時、大地金石瓦礫等の固形物を造り、又た濕性の一部盛んなる時は水を造る、又煖性の盛なる時は、火即ち炎熱猛焰等となり、又動性の盛んなる時は、風即ち黑風團風等と成る、是の如く極微に四個の性質を固有するが故に、如何なる物體と雖も皆之を積集し、今現に住む、世界を創造せしと說く。

其極微が何に依て、最初の運動を起し物質を造り初めるかの說明が業感緣起である。

其の四大即ち地水火風に、三性を具す、即ち善性と惡性と無記性（中性）を保有す、惡性が動じて動く時は惑となり、惑が實現した時、業となり此の業因に依て結果の、苦を得又苦に依て惑を起し、又業を造り苦を得、斯く流轉し、世界の自他一切の萬象は、業因により惑生せりとする者、

【之を科學に配當すれば】極微分子は、原素に當り。惑は元素が運動を起す時に當り。業力は元素の結合して物質となる力、即親和力に當り、其結果が苦。即ち物質となる何故に苦は物質なるや　元素の時は自由なり　物質となれば自由を失ふ　故に苦なり、世尊曰く、受は苦なり。此苦の物質が又次の惑を起し　業を造るは　木材が集つて　人の力（業）により家屋を造る如く　次第に變化し　流轉し萬物

となる。

又縁起とは事物の縁を持て起る者、一切の有爲法は皆縁より生ずと、此の苦より出來た世界を三界と云ふ、即ち欲界色界、無色界と云ひ、欲界を分類して、下から地獄界、餓鬼界、畜生界、修羅界、人間界、天上界の六道に分類する欲界とは愛着の心が深く、貪欲の念の盛んなる世界を云ひ色界とは煩惱を斷したる聖者の住所。此界には未だ體あり無色界は煩惱を斷し盡し。肉體なき識心のみ存して。深妙の禪定に住する、境界の世界を云ふのである。

人は迷から煩惱を起し、惡業をして惡果を招き、三惡道、（地獄、餓鬼、畜生）を流轉する、此の苦を救わん爲めに、佛は四諦の法を說き衆生を敎化されたのである、是が業感縁起の大略である。

世界成壞の時期

此の世界は何れの時に成立し、又何れの時に、破壞するや是の說明に四大時期がある、即ち成住壞空の四劫なり、成劫は世界の成立する時にして第一期なり（科學の星雲の凝結せし時代）　住劫は世界の成立せし後ち破壞に至らず安住する第二期なり（現在の世界）壞劫は安住の時期旣に去りて漸々破壞に歸する時にして是れ第三期なり、（破壞し星雲さなる）空劫は破壞に歸せし後ち久しく虛空となる時期にして第四期なり（全部元の星雲となりし時）此の四大時期、各々二十劫あり、合して八十劫となる、此の八十劫の間に世界は大變動を起して成住壞空を繰り返し、繰り返して無限に流轉するのである、其一劫とは何年であるか。

印度に於て時間の最も短きを刹那《せつな》と稱し、此刹那の量を重ぬること百二十なるを恒刹那と爲し、此の恒刹那を六十集めたるが、一の臘縛と爲し、此臘縛の量を重ぬる三十なるを一の牟呼栗多と爲し、此牟呼栗多の量を三十重ねしが一晝夜と爲し、晝夜を三十重ぬるを一個月とし、月を重ぬる十二なるを一年と爲し、此年を積み劫量となすなり。

【劫量とは種々の說あるも】吾人の壽命短縮して一期僅かに十歳の時より百歳に至る每に一歳を增加し八萬歳に至り又其八萬歳より復た百年に一歳を減じ十歳を以て定命とする時に至る、此一增一減の間を總して一小劫と云ふ、即ち數に直して一小劫は千五百九十九萬八千年となる、此小劫を重ぬる二十劫を中劫と云ひ、更に中劫を重ぬること四回

なるを大劫の量とす、

以上述ぶる所の時劫の量を、現今の日時に配當すれば、

刹那	〇秒〇一三三
恒刹那	一秒六
臘縛	一分三十六秒
牟呼栗多	四十八分
晝夜	二十四時
月	三十日
年	十二月
小劫	千五百九十九萬八千年
中劫	三億千九百九拾六萬年
大劫	十二億七千九百八十四萬年

是に由りて之を觀れば、成住壞空の四大時期は各中劫の量にして、其中劫の量は三億一千九百九十六萬年となる、現世界は何の時代に成立し、何の時代に破壞すべきかを、案ずるに、今は第二の住劫の時期にして而も其住劫の時期に二十小劫ある中第九の滅劫なる故、科學の星雲時代より地穀の出來た時代、即ち成劫の三億千九百九十六萬年を過ぎ科學の生物發生時代、即ち住劫の八小劫と、第九の小劫の一分を加ふれば即ち一億四千三百九十七萬餘年は即ち現代に當る故に星雲の初より今日迄四億六千三百九十三萬年以前となる（科學は地球の成立より今迄壹億五千萬年或は壹億年經過したりと云ふ）

又破壞の時期を推算すれば、成劫の中の十小劫と、一小劫の一部分及壞劫の中の初の十九小劫との約二十九小劫の量を經過せざるべからず、之を年數に換算すれば四億六千三百九十四萬餘年で破壞し其全く滅盡するは、尚是より一小劫を經過せざるべからず、然して空劫、即ち星雲時代となる斯くして再び成住壞空を永遠に繰返すのである、成劫及び壞劫の順序等に付詳細の說明あるも略す。

法體實有論（生物の起源心法の說明）

此論は小乘經の說で、宇宙の萬象を分拆して其實體を說きし者にて、主觀的に分類して、五蘊、十二處、十八界とし客觀的に、五位、七十五法とするのである、是は小乘有部の議論で、倶舍論に尤も明に說明してある。

（法とは能持自相（相とは性）と云ひ具さに能く自性を持ち。可軌物解を生ずる義あり）

先づ人に就て說明する。

【五蘊】（蘊とは積集の義、物を集むる意）

我々の身心は五つの元素即ち、色、受、想、行、識の五つの集りで造らる。

【色とは】見得べき物質、即ち地水火風の四大元素で造し者此の肉體は、眼耳鼻舌身の五の和合體、

【受とは】領納の義とあり、即ち受くる意味で、眼で色を見。耳で聲を聞き、鼻で香を嗅ぎ、舌で味ひ、身で觸れ意で思ふて、これを心に受込作用、故に六識と六塵と相應じて、六受の和合積聚あり、故に受蘊と云ふ。

【想は】思想の義で思ふと云ふ意味、即ち受けたる事を思想する力

【行は】遷流造作の義と有つて、思想した事に就て身を動かし口を動かし、意を動かし、行動すること。

【識とは】了別の義で眼に見、耳に聽いた事を一々分別して行く作用、

以上の五の內最初の色が肉體で、跡の四つは精神作用である、佛敎では此の精神作用も元素であると說かる。

我等の體は五蘊で造られ、內に眼耳鼻舌身意の六根存し外

に色、聲、香、味、觸、法の六境の刺戟するあり、此の十二處、內外相應じて玆に因緣和合して、眼識、鼻識、舌識身識意識の作用を呈し、玆に人間と云ふ者が出來上つたのである、此の六根、六境、六識の三つを合して十八界と云ふ、又た宇宙萬象を客觀的に二大別して、有爲、無爲の二法とし、五位七十五法を說きあるも略する。

（此說は科學で云へば八十餘の元素が萬物を造ると說くと同一で未た電子の一元を知らざる境遇で、佛敎では小乘の部である）

倶舍論に於ける死より生に至る流轉

有情には（生物）三界五趣の別あれども、今且らく人類に就て四有輪轉の相を述ぶ、吾人前世の業力により現世界に生じ來るや、其生に、胎、卵、濕、化の別あり、母胎に托して出來するを胎生と云ふ、其の生れ來るや必ず、死有、中有、生有、本有と次第す、死有は吾人前世に在りて起造せし煩惱と業との力によりて、今世の果報を招かんとする前世の最後臨終の一刹那なり、中有は其前世の業力に依りて今世の果を招かんとする死有の後より、今世に正しく母

の胎內に托するに至る、其中間に起る有情の身體なり、此の中有に就て、大衆部及び化地部等は無なりと立つ、されど薩婆多部は、經證及び理證を以て其存在を證明せり、而して此中有の身體は人類に在りては其形量小兒の五六歲の頃の如く、而も眼耳鼻舌心意の六根具足して缺減することなし、然れども至極微細なる淨色を以て組織するが故に肉眼にては見ること能わず、肉眼にて見ること能わざれども若し極淨なる天眼を修得する時は能く見ることを得る者とす、殊に中有に住する仲間合にありて自他互に相見ること恰も、我人自他互に相見ることを得る如しとす、然して此中有に住する時限は幾何なるやと云ふに、異說頗る多し、毘婆沙師は極少時なりと云ひ、世友論師は中有に住する極めて多きは七日なりと云ひ、設摩多羅論師は中有に住する極多は七七日なりと云ひ、法救論師は中有に住する時量に定限なし、產生すべき因緣に遭遇せざる時は中有は恒に存すと云へり（我等の實驗は最後の說を證す沒後二千年以上中有のものあり）又た極善、極惡、無中とて、極惡人は直ぐ地獄に陷り、極善人は直ぐ極樂に行く、

而して此の中有を去りて將に生處に至らんとするに當りては、業の勢力最も强盛なるが故に、何かなる堅牢の物體ありて之を遮り、又何かなる有力者ありて之を抑へんとするも到底之を遮止し、抑制すること能わざるなり、故に生るべき因緣相合し應に其生處に到らんとする時は、人の中有は必ず人趣に往きて生を受け、牛馬犬鷄の中有は必ず傍生の趣に往きて各其生を受くる者とす、

次に生有は。中有の者が、母胎に托し來る其托生の始を云ふ、此の中有を沒して母胎に托するには、彼れ必ず先づ妄想顚倒の心を起こし、欲境に馳趣するなり、彼が具ふる眼根は業力の起す所なるが故に。設ひ其身は遠方にありとも能く生所の父母を視て、而て倒心を起す、即ち男子は母を緣して愛欲を起し、女子は父を緣して愛欲を起す、若し此に反對せる二緣は瞋意を起すなり、彼れ此の二種の倒心を起すに依りて遂に中有を沒して母胎に托し來る、之を已結生と名く、此の結生の初念を指して生有と名く。

次に本有は其母胎に托する初念の生有より、後ち漸々增大となり、月滿ちて母胎を出で人間一生の壽命將に終らんとする死有に至る迄の間を云ふ、此の本有の中に胎內、胎外の別あり、其胎內に五位の別あり。

一に羯刺藍《カララ》、此に譯して凝滑と云ひ、又は和合と云ふ、托胎以後、初七日の間なり。

二に安部曇《アブドン》、此に譯して胞と云ふ、第二の七日の間なり

三に閉尸《ヘイシ》、此に譯しに血肉と云ふ、第三の七日の間なり

四に建南《ケンナン》、此に譯して堅肉と云ふ、第四の七日の間なり

五鉢羅奢佉《ハラシヤカ》、此に譯して支節と云ふ、第五の七日已後、出産する迄三十四個の七日の間なり、此の五位總じて三十八個の七日あり、即ち日數貳百六十六日にして始んど滿九ケ月なり此の九個月、胎內に在りて、最初托胎の時より日を逐ひ、月を重ねて漸々發育して胎外に出るに至る、其胎外に出るや、又五位の不同あり。

一に嬰孩、出生以後六歲に至る間を云ふ。

二、童子、七歲より十五歲に至る。

三、少年、十六歲より三十歲に至る。

四、盛年、三十一歲より四十歲に至る。

五、老年、四十一歲より以後を云ふ。

斯くの如く死有より中有に至り、中有より生有に至り、生有より、本有に至り、胎內、胎外の別ありて、更に亦煩惱を起し、善惡の業を造くる故、本有より死有、死有より中有、中有より生有、生有より本有と次第して輪廻轉生、暫くも止むことなし、之を生死流轉と云ふ。

【死相】人の死相を驗して善惡の生處を知ること大小乘論の通說なり。

智度論に、惡業人は風大先づ去る故に身動く、火大先づ、去るが故に身熱す、善行人は地大先づ去故、身靜なり水大先去る故に身冷ゆ。

【瑜伽論】死相の六驗、一に驗生人中、若し作善の人、將に死せんとする時、先づ足より冷へ、臍に至り臍の上猶溫にして後に煖氣盡くる者は、人中に生ず、

二に、驗生天上、若し作善の人頭頂皆溫にして、後ち盡くる者は天上に生ず。

三に、驗生餓鬼、若し頭冷へて臍に至り、腰下猶溫にして後ち煖氣盡くるは、餓鬼に墜つ。

四に、驗生畜趣、若し頭べ冷へて膝に至り、膝下猶溫にして而も後に煖氣盡くるは後ち畜趣の中に生ず。

五に、驗生地獄、若し頂より冷へて足に至り、足の底猶溫

にして而して後ち煖氣盡くれば、後ち地獄の中に生ず、六に、驗入涅槃、若し羅漢、聖人、涅槃に入るは、或は心或は頂。數日皆溫なる者是れなり。

十二縁起

前記の如く吾人は四有の爲に輪轉して暫くも止むこと無きは、惑と業との力に依る、而して其惑と業との力に依り招く所の果を苦と稱し、之を惑業苦の三道と云ふ、其三道展轉相生じて盡過去際より盡未來際に至る迄、恰も環の如く端なく、過去、現在、未來と三世を流轉して、輪廻無窮なりと示す者を、十二縁起と云ふ。

十二縁起とは、一に無明、二に行、三に識、四に名色、五に六處、六に觸、七に受 八に愛、九に取、十に有、十一に生、十二に老死との十二支なり。

【一に無明支】とは宿惑の位を稱し、過去前世の中に於て諸の煩惱を起す位なり、一切の煩惱は皆な無明と相應じ、智明無きが故に總じて宿惑の位を無明と稱す。

【二に行支】とは行は行業と熟して、前の無明煩惱によりて過去前生に造作せし善惡の諸業なり。

【三に識支】とは過去前生の無明行によりて、現在今世に母胎に托し來る諸生の結生の初念を云ふ、此の結生の初念の位は即ち前に陳ぶる四有の中、生有にして此の生有の位は色心二法の中、心識の力、偏に勝るゝが故に、此の結成の初念の位を唯だ識と名く。

【四に名色支】とは結生已後凡そ四週間餘にして、胎內五位の中の羯刺藍《カララ》、頞部曇《アブトン》、閉尸《ヘイシ》、健南《ケンナン》の前四位の全分と鉢羅奢佉《ハラシャカ》の一少分の間なり、此の間を名色と名くるは、名は心にして、此の位に於ては胎內に在ること、未だ久しからざるが故に、啻に身體支節の完備せざるのみならず、心の作用も亦た味劣なるが故に、此位を心色と喚んで名色と名く。

【五に六處支とは】胎內五位の中、正しく鉢羅奢佉の位にして、前の名色支以後出胎に至る迄の間を云ふ、此の位にありて、身體支節、已に其形を構成して眼耳鼻舌身意の六根創て圓備するが故に六處と名く。

【六に觸支とは】出生後凡そ二三年の間なり、此間は心識發達十分ならざる故、如何なる時が苦なりや、樂なりや、將た非苦非樂なるや等の苦樂捨の三受の因を了知せず、猥りに外界の水火刀劍の境に觸對して身を損し體を傷くることあるが故に唯、觸と名く。

【七に受支とは】四五歳より十二三歳迄の間なり、此間は心識漸次發達して、斯くの如き事を爲せば苦なり、斯の如き事は樂なりと、苦樂の因の差別を爲せど未だ、婬欲を起さゞれば、唯受と名く。

【八に愛支とは】十四五歳前後の間にして、此間には貪愛婬愛、資具愛等を起すと雖も、只貪愛するのみにて、未だ四方に追求して勞倦を辭せざることを爲さゞるが故に此位を愛と名く。

【九に取支とは】取は貪なり年漸く長じて、上妙の資具を貪り得んが爲に、四方に追求して、多大の危險ありと雖も勞倦を辭せざるが故に取と云ふ、此の取と愛との二支は共に煩惱にして前の無明支に同じ。

【十に有支とは】前の貪愛の力によりて能く未來當有の果を引く、善惡の業力を積集する位なり、之を有と名くるは善惡の業力能く當來の果を有するが故なり、即ち前の行支と同じ。

【十一に生支とは】前の愛取有の起惑造業によりて、未來に生を結する結生の初念の位なり、即ち前の識支の位に同じ。

【十二に老死支とは】未來結成已來死滅に至る迄の間を云ふ即ち前の現在世の名色 六處、觸、受の四位を總じて未來世に於て老死と名けしなり。

故に此の十二支の中に無明、行の二支は過去世の起惑造業にして、現在世の果を招く所の因なり、識、名色、六處、觸、受の五支は過去世の起惑造業により招く所の現在世の果にして、又た愛、取、有の三支は過去の無明、愛、取、行、有と同じく現在世の起惑造業にして、未來世の果を招くの因なり、又た生、老死の二支は、現在の起惑造業、の因に依りて招く所の未來世の果報なり、故に之を三世兩重の因果と云ふ　（以上多分佛教概論に依る）

賴耶緣起

惑業を以て生死輪廻の根本とし、十二因緣の說を立てたのは、先に述べた業感緣起である、是は未だ其惑の根本を充分に說明した者といへぬ、彼の業感緣起論にありては。萬物開發の原因を自己の業力に歸したれども、此緣起論にありては然らず、更に進みて。其業力を保持する、阿頼耶に就て、萬物開發の旨を論ずるのが此の頼耶縁起說である、是は宇宙の本體を阿頼耶識なる元素と認め、之を根本として萬有開發の狀態を示すもので、純粹の唯心論である、是を唯心とすれば、先の諸法實有論の如き七十五の元素を說き、更らに極微分子によつて成り立つと云ふのであるから當然唯物論であるが、單に物質原素のみでなく心の方も含まれて居るから、二元論に近いようである、是に反して頼耶縁起は即ち唯識論の唱ふる純唯心である、（宗旨としては法相宗之を唱ふ）我々衆生は八つの識を持つて居る、是は、眼識、耳識、鼻識、舌識、身識、意識、末那識、阿頼耶識と云ふ、其中第八の阿頼耶識が一切萬法の種子を包藏して居る根本であるから、又本識とも、種子識とも云ふ、元來阿頼耶とは梵語で藏と云ふ義で（能藏所藏執藏の三義を兼）納めると云ふような意味で、一切萬有の種子を藏して居るに外ならぬ、然らば其種子は何かと云ふに、一切萬有の潛在的狀態にあるものゝ名で、其れが第八頼耶の中に存在して居るのである、此の種子が一度其潛在的狀態より轉じて、顯勢的狀態となり、眼前耳後の山河大地の如き萬有を爲したるを現行と云ふ、此の種子と現行とが互に因果の關係を爲し、潛在的狀態種子より轉じて現勢狀態（現行）に變現し、此に因果の關係を爲し、更に其現勢狀態に轉ぜんとする際、該現勢（現行）的萬有が原因となりて、新種子を頼耶本識に薰附す、此の薰附せられたる新種子は、現行の結果にして之れやがて、後々の萬有開展（現行）の原因たるものなり、此くして本識中の種子と、吾人の認むる外界、即ち現行と及び新生の種子と此の三法が互に因果となり會々に萬有を開展起滅し、脩環的關係にあるものとす、唯識論に「種子生現行、薰種子三法展轉、因果同時」と云ふ句がある、此の現行がまた八識に新薰種子を薰するといふことになる第八識即ち阿頼耶の種子は前七識の現行となり、前七識の現行が又た阿頼耶に新薰種子を薰するの本となるので、種子は現行を生じ、現行は種子に薰じて、萬法こゝに變現するのである、其現行を生ずる種子を本有の種子と云ひ、後に現行に依て薰する種子を、新薰の種子といふ。

【末那識】と云ふは梵語で、譯して意と云ふ義で、思量といふことになる、それで第六の意識と同じでないかと云ふに、六識の方は一起一滅、常なき思量であるが、此識は常に思量するので、根本平等なる第八識の上に差別を起して我と云ふ考を執して放さぬが第七末那識（普通稱ふる靈魂に似て居る）で第六識は其上に起るに過ぎない、故に眼耳鼻舌身の五識は感覺作用である、斯く此の八つを心王として宇宙を五位、百法に分類するが、唯識論の宇宙觀でる、此の五位百法が、萬有を造るに付き、其因緣關係の詳細の説明あるも略す。

之を要するに、心に、心體と心象の二ある中、唯現象心の一邊に就て唯心の理を説くが故に、其唯心なりと謂ふは、唯自己心識の所變に對して之を論定し得るのみ、未だ平等無差別なる心體に就て論ずる無きを以て、完全なる唯心論とは稱し難し、是に於て眞如緣起論起る。

眞如緣起論

されば宇宙萬有は何物より、現象し來るかと云へば、前段に説ける賴耶緣起論にありては、我が精神界裡に阿賴耶と名くる一種の心ありて、其心より變現開出すと説けども、此の眞如緣起は然らず、更に一歩を進めて、其所謂阿賴耶とは抑も如何なる者なる乎、彼れは畢竟現象界に屬する一箇の心象たるに過ぎず、已に一箇の心象なれば現象には必ず其實體あるべきは、猶煙あれば火あり、波あれば水ある如く、物心兩界の諸現象には必ず、其依りて生ずべき實體無くんばあらず、而して其所謂實體とは何物ぞ、即ち此に論ずる眞如にして此眞如能く天地萬象を變現開出するが故に眞如緣起論と云ふ。

【眞如緣起とは】宇宙の實質を眞如と名づけ、又如來藏、又は心と名づけ、萬有一元論である、即ち我等の心、及び身體、其他の萬物、即ち動物、植物、礦物の一切は此の眞如の造作する處と説く、即ち宇宙の本體たる眞如の説明は

【大乘起信論に】心、眞如とは、即ち是れ一法界の大總相法門の體にして、所謂、心性は不生不滅なり、一切諸法は唯妄念により而も差別あり、若し心念を離るれば則ち一切境界の相無し、本より已來、言説の相を離れ、名字の相を離れ、心緣の相を離れ、畢竟平等にして變異あることなし破壞すべからず、唯だ此の一心、故に眞如と名く。

【即ち宇宙の本體は】口で述べ、心で量り、目にも見ることの出來ない、一切の萬物を造る力、即ち體、相、用（後に詳説する）を保有して居る不思議の一原素である、是れ

が眞如と名けられ、又た心と名けらる、此の眞如の説明の方法として、二つに分つ、一を離言眞如、一を依言眞如と云ふ。

【離言眞如とは】義記に觀智境を明すとあり、一心の出體門、凡夫、二乘の智慧では觀察し難い、眞如に名けらる、

【依言眞如とは】義記に言に依て德を辨じ、生信の境を明すとあり、釋義門で、暫く言説を假りて、説明する場合を言ふ。

【依言眞如の説明】

依言眞如を又た二つの義に別つ、一を如實空と云ひ、他を如實不空と云ふ。

【如實空とは】眞如の上には一點相對差別の闇黑が無い、即ち論に

當知、眞如の自性は有相に非ず、無相に非ず、非有相に非ず、非無相に非ず、有無倶相に非ず、一相に非ず、異相に非ず、非一相に非ず、非異相に非ず、一異相に非ず。

とあつて一切差別の妄念なき境界即ち、觀智所見の境界にして妄念の所見に非ざる境界、即ち能く究竟して實を現すを以ての故に如實空と云ふ。

【如實不空とは】眞如には一切の差別の妄念なき故、無漏の性功德を具足し淨法滿足するが故に、光明輝き、眞善美の圓滿を具足する、即ち論に

眞如自體に無漏の性功德を具するを以ての故に、如實不空と云ふ（賴耶縁起には如實空のみ説き不空を説かず）

此の二つが、眞如其物の言に依ての説明である。

又た眞如即ち一心が如何にして萬有を造るに就て二つの義がある、一を心眞如、一を心生滅と此の二門に分れる天地萬象の本體は心眞如と名けられ、其現象を心生滅と名けらる、例へば、水が風に依て波を起す場合、水は眞如で、波が現相である、水と見る時は不生不滅で、波と見るには生滅がある生滅があるから、萬象樣々の差別が起る、波には樣々の變化が有るが、水は少しも變化しない、水其儘、波であり、波即ち水である、故に眞如が其儘縁に遇ふて生滅を起し萬物を造るので、眞如即ち生滅、生滅即ち眞如である、其眞如が如何にして生滅の萬象を造るに附ては阿《ア》黎《リ》耶識《シキ》の説明を要する。

阿黎耶識

論に心生滅者、依如來藏故有生滅心所謂不生不滅與生滅和合、非一非異名爲阿黎耶識

【如來藏とは】前の眞如が生滅門に來りて名を改めたるなり依如來藏故有生滅心とは眞如即ち不生不滅心が、無明の風に依て動搖し生滅心となるものなれば、生滅心は不生滅心に依ると說く、然れども二者別體あるに非ず、前記の風と波の如し、

斯の如く、生滅心と、非生滅心と和合して、之を一とせんとすれば、義は非一なり、之を辨別せんとするに體は非異なり、妄の生滅と眞の不生滅と二者和合して一に非ず、異に非ざるところを呼んで、阿黎耶識と云ふ。

阿黎耶識とは梵語にて、眞諦三藏は之を無沒識と翻し、玄將三藏は義に就て藏識と譯す。

【阿黎耶識は】眞と妄との混和物にして、中に覺と不覺の兩者を含藏して沒失すること無きが故に無沒識と名け、又藏と譯するは其藏には、包含と出生との兩義を有す、

(阿黎耶識は緣に遇ふて萬物を造る力を保有す)

阿黎耶識は其本體たる眞如が生滅の方に一轉し更に千狀萬態の諸現象を生ぜんとした位で、眞如開發の初步で、天地萬象は、此の識の一轉し二轉し三轉し乃至無數轉々して細より麁に移り萬象を出すので、眞如の外に萬象なく阿黎耶の外に萬象なし。

此の識が二種の性質を以て居り、又た一切の法を攝し、一切の法を生ずる力を持て居る、其二種とは、一に覺二に不覺の義とする。

【覺の義は】謂く心體念を離る、離念の相は虛空界に等し偏せざる所無く、法界一相、即ち是れ如來の平等法身、此の法身により、說て本覺と名く。

【不覺の義】とは、謂く、實の如く眞如の法、一なりと知らず、故に不覺の心起る、然も其念あり、念に自相なく、本覺を離れず。

阿黎耶識が、覺と不覺の二つの正反對の性を以て居るは丁度、光明、燦然たる「ダイヤモンド」も、黑き木炭も、同一の純炭素の構成する所と科學者が說く如く、識が緣に遇ふて萬物に變化する性質を、玆に大別して正反對の二つに分類したので、眞如と無明と、佛と凡夫と、動物も植物も

根本に於ては同一である故に、覺と不覺、善と惡、靜と動、不生滅と生滅、悟と迷、淨と染との如く、善、靜、不生滅、悟、淨が覺で、他は不覺の義となる。

【覺を別ちて二とす】始覺と本覺とす、又始覺を分類して凡夫覺、隨分覺、相似覺、究竟覺とし、本覺を、隨染本覺、性淨本覺の二に別ち、隨染本覺を、智淨相、不思議業相に分ち、性淨本覺を如實空鏡、因薰習鏡、法出離鏡、緣薰習鏡に分類するが（要するに吾人が修行に依て、向上し進化するは何に依るか、還滅による、還滅何に依て起るか、即ち覺に斯くの如き、性、本有の働が具つて居るを示されしなり）

【不覺】之は流轉の方面の說明で、阿黎耶識が、隨緣眞如の性の故に、根本無明が緣となつて、萬物を造る順序を詳細に說いたので、先づ、不覺即ち無明を、根本不覺と枝末不覺の二つとする、根本不覺とは、無名共物の本體に名けらるゝ名で、枝末不覺とは、此の根本無明が妄念となり動き初めた場合を三細と說き、之に三つの相がある、業相、轉相、現相とす。

【業相】とは不覺無明が眞如の中に動きだした最初の狀態で、業とは動作の義とあり動き出した形で。

【轉相】（能見相）は業相起れば同時に見照の主觀的作用を起す。

【現相】（境界相）とは心起動して見照作用を呈すれば、又必ず之と同時に主觀上に境界を現ずる、其動作は頗る微細であるから、之を三細と云ふ、聖者に非ざれば知る事能わざる境界（科學の宇宙に於ける星雲時代に當るか）

此の主觀的作用に於ける境界を緣として以下の六種の相が生ずるのである、即ち智識相、相續相、執取相、計名字相起業相、業繫苦相の六麁とす。

（一）智相とは境界に依て現れたる現象を、染淨、善惡、是非、邪正、愛憎、等の種々の分別を起すが智相なり。

（二）相續相とは、前の智相の分別する妄情は一念一刹那に止る者に非ずして、自己の好愛する境には樂を起し、自己の憎惡する境には苦を感じ、妄分別の智相を後々に繼起相續して斷えざることを相續と云ふ。

（三）執取相、前の妄分別の相續するに隨て、苦樂の境に固執すること益々堅く、取著する愈々深きに至るを云ふ。

(四)計名字相、前の倒想の固執凝て解けざるに至るとき、更に、其上に種々の名字言句を立てゝ、諸の妄想分別を生じ様々の苦惱を起すに至る。

(五)起業相、既に倒想に依て接觸する所の事物を元來個定し、未來にて亦永々保存する者と思ひ、苦樂怨親、愛憎等の種々の名目言字を構造し、貪瞋等の諸種の煩惱を惹起するに至るときは、其煩惱の力に依て身口に發動して千種萬様の業を造るに至る、其業を造る狀を、起業相と云ふ。

(六)業繋苦相、既に業を造り因を成せば、之に相當する果を招感するは因果必然の理にして免るべからず、故に此の業の力に依て生死に輪廻し吾人を束縛し不自由の身體を感ぜしめ、不自在の境遇に棲息せしむる狀を業繋苦相と云ふ以上を六麁とす。

以上の三細六麁は一切の染法を攝するものにして、即ち根本無明が一切の染法を生ずる順序を示されたのである然りと雖も此の染法は多種ありと雖も、皆な眞如の無明に緣せられて造りしなれば、宇宙萬象の本體は眞如に外ならず、即ち眞如の一元論である。

此書は緣起の方面の比較を為すのであるから、實踐方面は略する、詳細は大乘起信論に依て研究を乞ふ。

眞如の三大

眞如は宇宙の本體に名けられたる名にして、其性質の説明が、三大である、即ち體大、相大、用大、である、是の說明は必用に付詳記する。

【體大】論に曰く、眞如自體の相とは、一切の凡夫と、聲聞と緣覺と菩薩と諸佛と增減あることなし、前際に生ずるに非ず、後際に滅するに非ず、異竟して常恒なり。

體大とは、一心即ち眞如の實體は、佛陀となるも、其體增すに非ず、凡夫となるも其體減ずるに非ず、菩薩となるも優れるに非ず、餓鬼となるも劣るに非ず、盡過去際を討ねるも其體今も殊らず、盡未來際を窮むるも其體、今の如く常恒不變にして、横に就き、竪に就き、一切萬有の本體實性となる、無限絕對の法體なり、故に體大と云ふ、一切凡夫等とは空間的に普遍なるを說き、非前際等と云ふは、時間的に通貫することを顯すなり。

【相大】論に曰く、從本已來、自性に一切の功德を滿足す所謂、大智慧光明の義あるが故に、徧照法界の義の故に眞實識智の義の故に、自性淸淨心の義の故に、常樂我淨の義の故に、淸凉不變自在の義の故に、是の如く恒沙に過たる不離不斷不異不思議の佛法を具足し乃至滿足して缺くる所の有ること無き義の故に、名けて如來藏と爲す、亦た如來法身と名く、問て曰く上に眞如は其體平等にして一切の相を離ると云、何ぞ復た體に是の如き功德有りと說くや、答、實に此の諸の功德の義有りと雖も、然も差別の相なし、等しく同一味にして唯一眞如なり、此義如何、無分別にして分別の相を離るゝを以て、是の故に無二なり、復た何の義を以て差別を說く事を得るや業識生滅の相に依りて此を示すを以てなり、如何が示す。一切の法、本來唯心にして實に念無し、而も妄念ありて覺せず、念を起して諸の境界を見るを以ての故に、無明と說く、心性起らざれば即ち是れ大智慧光明の義の故に、若し心、見を起せば、則ち不見の相あり、心性見を離るれば則ち是れ徧照法界の義の故に、若し心動あれば眞の智識に非ず、自性有ることなし、常に非ず、我に非ず、樂に非ず、淨に非ず、熱惱衰變は自在ならず、乃至、具さに過恒沙等の妄染の義あり、此の義に對するが故に心性動、無ければ、則ち過恒沙等の諸の淨功德の相を示現すること有り、若し心起すること有て、更に前法の念ずべきを見れば、則ち缺くる所あり、是の如き淨法の無量の功德は即ち一心にして、更に念ずる所無し、是の故に滿足するを法身如來藏と爲す。

【相大を釋す】此の無限絕對の眞如の自體には、無始以來の無量の功德を圓滿具足す、無明の闇を破する、大智慧光明の義あり、無明の妄想無ければ貞實に識智す、惑染を離るゝを以て常樂我淨の四德あり、惑の熱惱無ければ淸凉なり、報の生滅無ければ不變なり、業の繫縛無ければ自在なり、其他恒沙等の功德を具足し、其功德は眞如の體を離れず、三世に亘りて斷へず、眞如即ち德、德即ち眞如に異ならず、是れ實に不可思議の佛說なり、此の如く平等にして差別の萬德を具有し、下凡夫より上佛陀に至る迄悉く同一なるが故に之を如來藏と云ひ、果にありては如來法身と云ふ。

【用大】論に、復次に眞如の用とは、所謂、諸佛如來、本と因位に在て大慈悲を發し、諸波羅密を修し、衆生を攝化す、大誓願を立て、等しく衆生界を度脱せんとす、亦劫數を限らず、未來を盡す一切の衆生を取て己身の如くなるを以ての故に、而も亦衆生の差別の相を取らず、此れ何の義を以てか、謂く如實に一切の衆生及び己身を眞如平等にして別異なきことを知るが故に、是の如き大方便智有るを以て、無明を除滅して本法身を見る、自然にして而も不思議の業、種々の用有り、眞如と等しく一切處に徧す、又亦用相の得べき有ること無し、何を以ての故に、謂く諸佛如來は、唯だ是れ法身智相の身、第一義諦にして、世諦の境界有ることなし、施作を離る、但衆生の見聞して益を得るに隨ふが故に說て用と爲す。

【用大の釋】無間の空間に亘り、無間の時間を貫いて、眞如の用を論ずるのであるから、是を人格的にあらわして諸佛如來と云ひ、諸佛如來の妙用として說くのであるから、諸佛如來の本と因地に於て菩薩たりし時、大慈悲心を發し諸波羅密を修して一切衆生を攝化せられ、一切衆生を、佛の彼岸に度さんと、大誓願を立てゝ劫數を限らず未來を盡す迄、時間的に限りなく、空間的には無邊の衆生を等しく度せんと思ひ給ひ、一切の衆生を見たもうこと己が身の如く、一切衆生と己身とは眞如平等にして別異なく、一切の衆生の相を取らず、即ち差別せず、同一眞如にして皆悉く無相なり、誰をか能度とし誰をか所度とせん、故に衆生の相を取らざるなり、斯くの如く大方便智、即ち因位の慈悲誓願を以て、遂に無明を除滅し本有の法身を證見す、玆に不思議の業種々用を爲す、此の用の利他、自利利他の用共に眞如の體にして一切處に偏滿して居る、一切處に偏滿すと雖も別に用相として一の定りたる相あるに非ず、之を用大と云ふ。

論に、此の用に二種あり、云何んか二と爲す、一には分別事識に依て、凡夫二乘の心の見る所の者を名けて應身と爲す、轉識の現ずるを知ら不るを以ての故に、外從り來ると見て、色の分齊を取る、悉く知ること能わざるか故に、二者は業識に依る、謂く諸菩薩、初發意より乃至菩薩究竟地の心の見る所の者を名けて報身と爲す、身に無量の色有り、色に無量の相あり、相に無量の好あり、所住の依果、亦た無量種々の莊嚴有り、示現する所に隨て即ち邊有ること無し、窮盡すべからず、分齊の相を離る、其所應に隨て常に能く住持して毀せず、失せず此の如き功德、皆諸波羅密等の無漏の行薫、及び不思議薫之成就する所に、無量の樂相を具足するが故に說て報身と爲す、又た凡夫所見は是れ其の麁色なり、六道に隨て各々見ること同じからず、種々の異類、受樂の相に非ず故に說て應身と爲す、復た次に初發意の菩薩等の見る所は、深く眞如の法を信ずるを以ての故に、少分に而も見る、彼の色相莊嚴等の事は、來無く去無く、分齊を離る唯心に依て現じて眞如を離れずと知る然も此の菩薩猶ほ自ら分別して未だ法身の位に入らざるを以ての故に、若し淨心を得れば、見る所微妙にして其用轉た勝る乃至菩薩地盡に之を見ること究竟す、若し業識を離れば則ち見相なし、諸佛の法身は彼此の色相迭に相見ること有ること無きを以ての故に、問て曰く諸佛の法身色相を離れなば云何ぞ能く色相を現ずる、答て曰く即ち此の法身は是れ色の體なるが故に、能く色を現す、所謂る本と從り已來色心不二なり、色性即ち智なるを以ての故に色體形無ければ說て智身と名く、智性即ち色なるを以ての故に說て法身一切處に徧すと名く、所現の色は分齊あること無し、心に隨て能く十方世界無量の菩薩、無量の報身、無量の莊嚴、各々差別して皆分齊無し、而も相妨げざることを示す此れ心識分別の能く知るに非ず、眞如自在の用の義なるを以ての故に、

是に由りて之を觀れば、眞如は唯だ能薫となるのみならず所薫處なりと謂ふべし、蓋し彼れ賴耶緣起論は、性相差別即ち本體現象の差別を本とするが故に、眞如に能薫及所薫の義あることを許さざれども、眞如緣起論は、性相融通を本とするが故に、本體と現象と永く差別すべからず、是を以て現象上より更に進みて實體上に其力用ありと論ずるに至りしなり。

前來論辨する所に依れば、宇宙の千界萬象一として眞如界中より變現開出せられざるものあることなし、彼の業感緣起論に在りては、吾人の造業力に重きを置くが故に、自己の身體を始め、自己の居住する國土の如きも、皆業力の變現する所とし、又賴耶緣起論に在りては自己の心識に重きを措くが故に、宇宙の萬象は皆阿賴耶と名くる心より變現開出せるものとなせども、此等は畢竟現象界に就て能緣起の體を定めたるが故に、萬象中自己の所變以外に屬する者あることを容認せざる可からざるに至る、即ち賴耶緣起論に於ては、萬法賴耶所變と云ふと雖も、能變の自體、各々

差別して、同じからざるが故に、甲の變現せる者にして、乙の變現に非るあり、乙の變現せる者にして、丙の變現に非るあり、例へば自己の身體の如き、唯自己の阿賴耶より變現せる者にして、他の變現に非ず、又他の身體は、唯だ他の阿賴耶より變現する所にして、自己の變現に非ざるが如し、然るに此眞如緣起論に於ては、能變の自體を定むるに、之を差別的現象界に求めずして、自他平等一味なる、普遍的實體界に就て論ずるが故に、能變其者に二も無く三も無く、唯一なる眞如界中より一切萬法悉く變現開出するものとす、依之自己の身體も他人の身體も、齊しく眞如界中の所變に非ざるなし、されば此論旨を以て、彼の業感緣起論等に比對するに、其進步發達の程度に至りては、到底同日の所論に非ざるなり。

然りと雖も、其所謂實體なるものは、現象と如何なる關係を有するか、既に實體は能變にして、萬象は是れ所變なりとせば、現象無き已前に實現の存在を豫想せざる可からず現象無き已前に實體存すとせば、數論の所謂自性冥諦の如くにして妄情分別の戲論に墮せん、依之實體の存在と共に現象亦存ずとせば、實體の能變たる意味、何れの處にか求むべき、是に於てか、從來現象界より進みて實體界に入り以て眞如一體中より萬象開發せりと云ふ論旨も、更に轉じて現象即實在の見地に基き、宇宙の全體に就て、其能緣起の體を定めざる可からざるに至る、是れ即ち法界緣起論の起る所以にして、此論旨の未だ盡さゞる所あるが爲なり。

然りと雖も、此論旨が、亦宗教的方面に於て、偉大の功力あることを忘るべからず、何故なれば、今日吾人が煩惱を起し惡業を造りて生死の苦海に沈淪しつゝあるは、是れ唯現象にして其本體に至りては、恰も玲瓏たる玉の如く、自性淸淨なる眞如を以て體としつゝあるなり、其自性淸淨なる眞如を以て體としつゝ、而も其自性淸淨なる本體を覺悟せざるにより迷ふものなれば、吾人にして一たび自已の本性如何と顧み、深く進修工風を凝らすに於ては、釋迦已成の諸佛と何の擇ぶ所が之れあらん、然るに彼は悟りて覺者となり、我は迷ふて凡夫となる、是れ唯だ無明妄念の有無に依りて分るゝのみ、然れば吾人たる者、努めて自己の本性を開顯せざるべからずと、玆に猛然として進修力行すべきことを促がす、されば此眞如緣起の論旨が如何に宗教方面に於て、偉大の功力あるか十分推知することを得べき也

法界緣起

法界緣起とは、總收法界爲一緣起と稱して、限りなき宇宙萬物を收め取りて一團とし、此一團の萬象、皆互に密接の關係ありて、須臾も孤立獨存すること無く、此一物は他の一切萬物に望みて緣となり。他の一切萬物。此一物に望みて亦悉く緣と爲り、自他互に相資け相待ちて、圓融無礙自在ならざる無しと論ずる者是れなり、之を彼の賴耶緣起論や、眞如緣起論に望むるに、賴耶緣起論は、宇宙萬物の發生する原因を、唯現象界に屬する第八識に歸し、又眞如緣起論は、其現象界に屬する第八識より、更に進みて實體界の眞如に歸して、其眞如より一切萬物緣起すと說けども、斯の法界緣起論より之を觀れば、此等は一相孤門にして、圓融無礙自在の緣起と稱し難し、然るに此緣起は、其能緣起となる者を、唯現象界に屬する第八識や又唯實體界に屬する眞如のみとは云わず、宇宙萬物皆互に因と爲り果となりて顯じつゝ有るもの故、暫く自己を以て所緣起即ち結果とせば、餘の總ての者は、皆能緣起即ち原因と爲り、又他の一物を取りて結果とせば其他の總ての者は皆悉く原因となりて、決して一個一物を以て能緣起の體とせざるなり。例へば網の目は一見關係する所無きが如きも、其實網全體に普及して互に交接しつゝあるが如く、宇宙萬有中の一物は、忽ち見れば其關係する所至つて少きが如きも、宇宙全體と離るべからざる關係を有するが故に、一切萬物は皆悉く一個の物の爲に能緣起となり、復た所緣起となりて、無礙自在ならざる無し、故に此論は彼の賴耶緣起や、眞如緣起と日を同じうして語る可きに非ざるなり。

【法界緣起は】華嚴經の所說で、佛、成道後、二七日摩竭提國、寂滅道場に於て說かれたので、宇宙を以て、一大精神の顯現とし、是を一心法界と云ひ、總該萬有心と云ふ其の謂ふ所の心は有限差別の心に非ずして、無限絕對の心である、萬象は皆な此の心の上の實現である、此の一心法界萬有總該心の中に於て、重々無盡に緣起して居るのを觀察するに、四法界の分類を立てる。

【四法界】

【事法界】事と云ふは、客觀界のことで日常我等の眼に見る如く、土は土、水は水、犬猫、魚等各々差別して其儘、其姿を存在と見て行くので、此時の界とは、分界差別の義

で、事相を別々に見て行くのである（形ある者のみを認める）

【理法界】是は眞如法性平等の一理の上に住して觀察するので、天地、萬物一體である、但空の觀察である、

（物質は原素より成る、故に物質を元素と見る）

【理事無礙法界】事と云ふ宇宙の現象も、理と云ふ、宇宙の本體も別な物でない、水を離れて波は無く、波を離れて水は無いように、此の理と事は相通じて礙るもの丶無い無礙である、即ち元素が物質を造る、故に物質は其儘原素の集合である、是を無礙圓融と云ふ。

【事事無礙法界】宇宙萬象、悉く法性の理體から現われたとするなれば、其現れたる諸法も亦相融通して無礙ならねばならぬ、水と波が無礙ならば、波と波とは亦無礙であらねばならぬ、即ち原素が物質を造る、物質が原素の構成ならば物質と物質は同一であらなばならぬ、華嚴の立脚點は玆に在る、即ち佛と凡夫、禽獸と草木、液體と固體、無機物と有機物と同體にして、相即相入無礙自在である、即ち萬物は總該萬有心の一元論で此の差別の現象は如何にして起るかゞ、十玄の說明である。

十玄門

此の法界緣起の事々無礙の話をするには、豫め承知せねばならぬ、二個の原理がある、一は萬物一體の理で、二は萬物相關の理である、萬物とは元と一心法界の上の現象で決して別の物でない、斯く樣々の者と現われしは、悉く眞如の變形に過ぎないのである、而して其物は互に孤立して居るのでなく互に圓融無礙に關係して居り別々の物でない、例へば空氣にしても動物は之を吸て、其中の酸素を取り、不用の炭酸瓦斯を吐き血液を清淨にし生命を保つ、植物は空中より動物の吐た炭酸瓦斯を取り、自分の營養にし、動物の必要なる酸素を吐く、木は土に着し、太陽の光と熱と、水に養わる、水は空中より雨となつて降り、木に營養を與へ其の果實は動物を養ふ、此の理が萬物相關、圓融無礙の法である、之を相即相入と云ふ、此の關係を說くのが、十玄門で十種の觀察法である。

【第一、同時具足相應門】以下十門の內此の一門は總說で餘の九門は別門とする、同時具足相應とは、宇宙萬有が其差別の儘、各自の性質を具足しながら、時間的（同時）にも空間的にも（具足）密接に關係して一體の關係を爲して

居る（相應）のを云ふので、具足圓滿無礙の相を示す。

【第二、一多相容不同門】是は一は多を攝し、多は一を含み相互無差別なるがまゝに、差別歴然として同じからざるを云ふ、一切諸法が同時に具足相應じて一緣起を成ずると共に又た其力用の邊より見れば、自他互に相含容して、一は多に入り多は一に入り無礙ならざるなし、然るに此の如く一多互に相含容受して無礙なれども而も其體不同にして、一多の相を失ふことなし、此の一門に同體相入と異體相入あり。

茲に金製の獅子の像あり、此の金と獅子とは不同であるが金を離れて獅子なく、此の獅子を離れて此金は無い、即ち相容れて無礙なので、一即多、多即一、相容れて然も相異なるのが宇宙の力用である、是が昔からの說明である、余は之を現今一般の建築用の「コンクリート」で說明する、「コンクリート」は砂利と砂と「セメント」の混合物で造らる、人造石である「コンクリート」を一つの物と見れば其內に砂利、砂、セメントが含まる、一即多である、然も各自の砂利、砂、セメントは各別々に存在して、セメントの、凝結力で一個の石を構成する即ち、多即一で、即ち相容れて然かも相異り、建築の用を成して居る。

【第參諸法相即自在門】前のは彼此差別の上から自他の互に融入すべきことを說いたのであるが、今は更に互に相即して無碍自在なる方面を說示したので、一塵一切法に即し一切法亦一塵に即す、金製の獅子の各一毛が獅子の全體で而して目も鼻も皆な等しく金にして、其金なる點から見れば目も鼻も耳も同じく相即自在である、先きは相容れてしかも不同と區別があるをいひ、今は區別あるも亦、相即自在なるを見たのである、此の相即に就ても、同、異體の二あること知るべし。

前の第二は「コンクリート」の性質の說明であつたが、今度は其の力用の說明で、七階建の大ビルデングも「コンクリート」で造られ、小家屋の柱の下も「コンクリート」で造らる、即ち「コンクリート」は型の大小に依て如何樣にも造られ、橋梁ともなり、道路ともなり種々に變化し、種々に働をするが、其性質は同一である。

【第四、因陀羅微細境界門】凡そ一切の諸法は、相即相入すること、唯一重なるのみならず、重重無盡に即入するものなり、然るに上に相即相入の義を說けども未だ重重無盡に即入無礙なることを說かず、依て今其義を示さん爲玆に一門を立てしなり、因陀羅とは帝釋天の宮殿の寶網ては寶珠を掛けてあるが、それが一々照し合ふと無數の寶珠相映じて重々無盡なるに喩へたので、宇宙の事々物々互に融通して無碍なること、多くの鏡が相映じて互に其影を現わして居る狀態を指し、其關係、網の目の如く、無限に連り無限に相影響してをるを示したのである、即ち上の第二第三は漫然諸法の相入相即を示したのであるが、此の門に於ては更に帝網況喩を籍りて相即相入は一重だけでない、重重無盡に相即相入なるものを示したるなり。是を「コンクリート」の說明ですれば、其の造りし材料の砂利は岩石が碎かれ、河川を流れ下り角が取れ丸くなつたので、砂は其の最も細かく成つた部分で「セメント」は粘土と石灰を混合し燒いて粉末にした者で、是を調合し混和し水を加へ凝結して人造石となる。岩石が何故に碎かれるか、是は水が岩の割目に浸入し嚴寒の氷の作用で碎かるゝが多く、其他化學作用にも依る、砂利一粒でも研究すれば遂に宇宙的となる此の關係の重々網の目の如く無限に連り相影響するを示すのである。

【第五微細相容安立門】前に諸法の體用相即相入重重無盡の義を示せるも、未だ一切諸法は、大小の相を壞せずして而も一門の內に同時に顯現する義を明さず、依て今其義を示さんとして此の一門を立つ、而して微細相容安立門と名くるは、一微塵の如きは是れ小相なり、國土の如きはこれ大相なり、大小其相異なれども微塵大ならず、國土亦た小ならず、而も能く互に容受するこれ甚だ深妙にして微細難知なる故、微細相容安立門と名く、一塊の小「コンクリート」も七階建數千坪の大建築物も、其コンクリートで造られたるは同一で、小塊が集つて、大家屋を造るも、其小の相を壞せずして、微細の小塊が相容して一軒の大家屋を造る如きを云ふ。

本經第三舍那品に曰く、

一毛孔中、無量佛刹、莊嚴清淨「曠然安住」乃至於一塵內微細國土、一切等悉於中住

【第六秘密隱顯俱成門】既に即入無礙微細安立の義を說けども、未だ諸法の陰顯俱時成就の相を明さず、依て今其義を示さんと欲して、此の一門を立てたるなり、而して秘密隱顯俱成門と名くるは、秘密は甚深微妙に名く、隱顯は隱

覆顯了なり、一多を攝する時を顯とすれば、一 多に攝せらるゝ時を隱とす、又た用に就て相入するを顯とすれば、體に就て相即するを隱とす、之に反し體に就て相即するを顯とすれば、用に就て相即を隱とし、又異體門の相即相入を顯とすれば、同體門の相即相入を隱とす、此の如く一切の諸法甚深微妙にして隱覆顯了俱時に成就するが故に秘密隱顯俱成門と名く、

先の獅子の例により獅子を見れば、獅子のみ有て、金は隱れ、金を見れば金のみ有て獅子は隱れる私と云ふ時は私であつて、人と云ふ時は裏となる、人と云ふ時には私と云ふ事が裏となる、土瓶と云ふ時は土は隱れ、土と云ふ時は土瓶は隱れる。

東京の丸の内に林立する、大ビルデングも其構造の材料は鐵と、コンクリートである、此の異體が相集つて、大家屋を構成して居る、即ち異體の相即相入である、又た出來上つた大家屋其物を見れば、其造つた、鐵と「コンクリート」は隱れ、家屋の存在を見る、之が秘密隱顯俱成である。

【第七、諸藏純雜具德門】前に一切諸法、重々無盡に即入し且つ隱密俱時に成就する義を說け共、未だ諸法の互に攝藏して純雜自在に具足する義を明さず、依て其義を示さん爲、此一門を立つ、但し之を諸藏純雜具德と云ふは、諸藏の言二義あり、一は諸藏は即ち諸行なり、一一の行の中に一切の諸行を攝し、又能く果德を出生して窮竭すること無きが故なり、又一義に曰く諸藏とは一切諸法なり、一切諸法、互に相攝藏するが故に諸藏と名く、前は狹義を以て解する故に唯だ行とし、後は廣義を以て解する故、直に一切諸法とす、要するに唯行のみに非らず、廣く一切諸法の純雜無礙自在なるを示すにあり、其純雜無礙自在とは上の敎義、理事等の一切諸法の中、若し布施の一行に就て說かば一切の萬法、皆悉く布施の一行となる、故に純と名く、而も此の布施の中に一切の諸行を具足する故に雜と名く、若し人に就て說かば一切皆人なる故に是れ純なり、此人が具に餘の一切を具足するが故に雜と名く、此の如く純と雜と混亂することなく、同時一念に具足して無礙自在なるが故に、諸藏雜具德門と名く、

之を科學で說けば、元素の化合、親和力を說いたので此の物質を造る力を法と說いたので、コンクリートで說明すれば其原科たる砂利、砂は元素の化合物で個々の體を成し、

即ち純なり「セメント」の化合力によつて、混合して堅き人造石となる、故に雜なり、故に純雜無礙自在に物質を造る。

【第八、十世隔法異成門】既に一切諸法の相即相入、純雜無礙なることを說けども、未だ諸法の時間的無礙なるを說かず、依て今其義を示さん爲め此一門を立つ、其所謂十世とは、過去現在未來の三世に各過去現在未來の三世ある故に九世となる、此の九世迭に相即相入するが故に一の總句を成す、此の總別を合して十世とす、即ち一に過去の過去二に過去の未來、三に過去の現在、四に現在の現在、五に現在の未來、六に現在の過去、七に未來の未來、八に未來の過去、九に未來の現在、十に總じて此の九世を攝して一念と爲す、是れなり、此の十世各別して區分があるが故に隔法と名く、此十世隔法互に相即相入して而も前後長短等の差別の相を失はざるが故に異成と名く。

此の如く長短無礙自在に念劫融即するは如何と云に、元來時世なる者は時、無別體依法而立と稱して、別に其體あることなく唯諸法の纔起相續する上に假りに附けたる記號に過ず、即ち諸法の巳に作用を現わし終りし位を過去とし、正しく作用を呈せる位を現在とし、未だ作用を現ぜざる位を未來とせしに過ぎず、故に三世を開て九世とし、或は十世とするも皆諸法に離れて別體あることなし、而して諸法の體相如何といへば之を作用の點より見れば、自他互に有力無力となりて相入し、又體の上より見れば自他互に有體無體となりて相即せざるなし、諸法の體相既に此の如くなれば此の諸法の上に附せし記號たる九世十世、亦長短無礙自在に即入すべければなり。

之を「コンクリート」で說明すれば、其原料たる砂利、砂の各一個一個に付ても過去一億年の歷史がある、現在では砂となり砂利となつたのである、又た「セメント」は泥土と石灰石の混和物で、之を燒て粉末にした者である、此の原料の泥土と石灰には久遠の歷史があるが、現在には人が混和して釜に入れ燒たので、化學作用を起し水を加ふれば凝結する力が生じたので、是は過去と現在の結果で「セメント」が出來た、此の三つを混和した時に「コンクリート」が出來る、故に十世隔法異成である。

【第九、唯心廻轉善成門】既に萬物は時間的にも亦相即相入無礙自在なる旨を說けども、未だ此の諸法は唯だ如來藏自性清淨心の變作する所にして、此の如來藏の一心を離れて外に別の自性無き義を明さず、故に今其義を示さんと欲して此の一門を立てたるなり、凡そ一切諸法は善と惡とを問はず、皆悉く如來藏眞如心より轉變して成ぜられたる者に非ざることなし、故に唯心廻轉善成門と名く、本經第十一に曰く、

心如工畫師　畫種々五陰　一切世界中　無法而不造
如心佛亦爾　如佛衆生然　心佛衆生　是三無差別

　第二十六に曰く、三界虚妄但是一心作

前の「コンクリート」の説明にすれば其構造する砂利、砂、セメントも分解すれば各元素に歸す、現代科學は宇宙九十餘種の元素にて造らると説明されしが、最近「エレクトロン」の發見により、各元素は「エレクトロン」の構造する所と確定し、宇宙一元論に歸着した、此の「エレクトロン」は如來藏眞如心に相當する。

【第十、託事顯法生解門】前九門に諸法の相即相入、及び其自性を明せども、未だ諸法即ち是れ法界の法門なることを顯さず、今此の義を示さんとして、此一門を立しなり、所謂、事に托して法を顯わし解を生ぜしむるので、先の「コンクリート」の説明、「コンクリート」は事物で、是に托し法を説きし如く、一事一物即ち是れ法界の法門なるを顯す一華一枝一葉の如きものと雖も皆甚深微妙の法門ならざるなし。

如是教義理事等の一切の諸法は皆各此の十門を具足して玄妙ならざること無きが故に、設ひ一塵の土、一滴の水と雖も仔細に觀察するときは、實に奇々妙々にして、玄の中の玄、妙の中の妙と云わざるべからず、是れ宇宙に於ける諸法の眞相なり。

【十玄門の次弟】

斯く十玄次弟するは如何といふに、十玄門の次弟を觀るに大に總別の二に分つことを得、即ち第一の同時俱足相應門は總明にして、後の九門は別明なり、其別明門の九門の内初めの一多相容不同等の八門は境に就て明し、後の託事顯法生解門は智に就て明したるなり、其境に就て明す八門の内、前の七門は緣起現前の當相に約して明し、後の唯心廻轉善成の一門は緣起の諸法の自體を擧て示したるもの、又其緣起現前の七門の中、初の六門は所依に就て明し、後の十世隔法異成の一門は能依の時に就て明す、又其所依に就

て明す六門の内、前の五門は別して、諸藏純雜具德の一門は總なり、又其五門の中、前の三門は眞顯にして後の微細相容安立等の二門は重釋なり、又其眞顯の三門の中、初の二門は法說にして、後の因陀羅網境界門は喩說なり、又其法說の中、初め一多相容不同門は諸法の用に就き說き、後の諸法相即自在門は諸法の體に就て說く、此の如く、總別の次第、境智の次第、當相自體の次第、所依能依の次第、別總の次第、眞顯重顯の次第、法說喩說の次第に依りて十門を列ねしなり、是の高尚幽遠なる法門も、目前の事物の上に於て此理を了解することが出來るので、是が事々無礙の法門の特色で一塵法界を盡し、法界一塵に攝るのであるから、眞に目前の事物を以て此の幽遠なる理を知ることが出來る、以上十玄は、微に入り細を極めて、空間的にも時間的にも宇宙萬象は相即相入して、然も差別の法歷然たるを示したので、事々無礙の妙はこゝにある、更に六相圓融のことを示して、今一應此の理を明にすることにしよう。

六相圓融

先きの十玄緣起は諸法の無碍即入を示したのであるが、六

相圓融は衆相の無碍即入を示したのである。

一【總相】總とは一、多を含むが故とあつて、一塵にも法界の諸法を含むで居るやうな者で、例へば、家屋のやうな者で、家屋と云ふ相の中には壁あり、柱あり、棟あり梁あり、さまざまあるが、其の總合せられた一つが家屋と云ふ相を成すので、是を總相と云ふ。

二【別相】多德は一に非ざるが故に、とあつて、一つの家屋の中にも柱あり壁あり棟あり梁あり、しかも皆同一でなくして柱は柱、梁は梁と別々で、是を別相と云ふ。

三【同相】多義相違せず、同じく一總を成すとあつて、棟と梁とが別々の者が、各力を合せて、一つの家屋を成して居るやうな者である。

四【異相】多義相望めて、各相異なるが故にとあり、力を同じうして、一つの家屋を成して居る、柱は柱、壁は壁と皆異つた者である。

五【成相】是により諸事緣起を成すが故にとあつて、棟梁等相集て一の家屋を成すやうな者である。

六【壞相】諸義各々自法に住して移動せざるが故にとあり、柱は柱、梁は梁と相集まつて一家を成すも其各守る所

に住して動くことの無いを云ふ。

右の六相の內、總相と別相とは一對を爲し、異相と同相とは一對を爲し、成相と壞相とは又一對を爲して居るので總と同と成とは平等の上から見たので、別と異と壞とは差別の上から見たので、此の二つが圓融無碍なるのが、此の法界緣起の主旨とする處で、總を離れて別は無く、同を離れて異はなく、成を離れて壞はない、此の相の平等無差別なるところを圓融門といひ、差別なところを、行布門と云ふ圓融とは其字の如く平等で、行布門とは行列分布のことで差別である、此の圓融の中に行布あり行布の中に圓融ありとするのが、事々無礙の特徵である是れで諸法が相に於ても亦相即相入して居るのが解りませう　以上

緣起と性起

佛敎敎理として緣起を論ずるに、業感緣起、賴耶緣起、眞如緣起、法界緣起の別あり、前に既に說く、業感緣起は宇宙萬物は何より生じ來りしやの間に對し、吾人の行爲に重きを置きて、業力より生じ來るとし、又、賴耶緣起は其より一歩を進めて、吾人精神界に阿賴耶と名くる一種微細の心あり、其心より宇宙萬象は開發して來るとし又眞如緣起は、其より更に一歩を進めて、凡そ物には實體あり、現象あり、阿賴耶は現象界中の事心なり、此の事心には必ず實體なかるべからず、今萬物何物より生じ來るかに對して、眞如實體より來れりとする者、眞如緣起論なり、又法界緣起論は、總收法界爲一緣起と稱して限りなき萬物を收め取りて一團とし、此の一團の萬物、互に密接の關係ありて、須臾も孤立することなく、此一物は他の一切萬物に望みて緣となり、他の一切萬物は此の一物に望みて亦悉く緣となり、自他互に相資け相待ちて圓滿無礙自在ならざるなしとする者是なり、然ば法界緣起は其能緣起となる者を、唯吾人の精神行爲に屬する業力や阿賴耶、又た實體界に屬する眞如のみなりとせず、宇宙萬物皆互に因となり果となりて現じつゝある故、且らく自己を以て所緣起即ち結果とせば餘の總ての者は皆能緣起即ち原因と爲り、又他の一物を取りて結果とせば、其他の總の者は皆悉く原因と爲りて決して一個一物をもて、能緣起の體とせず、前に說く十玄緣起の如きも此法界緣起の相を示したるなり。

此の緣起に對して、性起と云ふことあり、緣起は緣は因緣

起は生起にして種々の因緣によりて生起し來るに名く、然るに性起とは、性起品の性起を釋して、不レ改名レ性、顯レ用稱レ起と云ふてあれば、他の緣を待て生ずるに非ず、本來自性に備ふる本性より顯現するを性起と云ふ、此の性起は佛及び衆生のみならず、山川草木にも通ずとす、次に緣起は染淨の二に通ずと爲すので、是は華嚴宗の說明である。

六大周遍論

是は眞言宗の宇宙觀で、外の宗敎の見方と違ひ、理に屬して本體を論ぜず、事に屬して本體を論ずるから、宇宙の現象其物に對して直に之を神なり佛なりと見て行くのである そこで宇宙の現象を物質的に見て行くと六個の元素に依つて成立する、其六は、地大、水大、火大、風大、空大、識大である。

【地大】とは萬物には固ると云ふ性質を持つて居る、語を替へて言へば宇宙萬物には凝集力がある、人の身體は一つの固つたる所の骨から出來る、それで宇宙萬象は堅いと云ふ性質を持つて居る。

【水大】とは即ち濕ふといふ性質を持つて居る、火を焚た上に冷たい者を持て行けば水が溜る、凡ての萬象何物とし濕ひ濡れるといふ性質を持て居らぬ者はない。

【火大】とは宇宙萬有悉く煖ると云ふ性質を持て居る、所謂、熱を持て居る、冷い氷や雪にさへ潛熱がある、故に宇宙萬有に悉く煖ると云ふ性質を持て居る。

【風大】とは風である、風は動く、宇宙萬象に動くと云ふ性質を以て居らぬ者はない、地球には引力がある、萬物は皆引力に依て動く、吾人の心臟肺臟も皆な動いて居る、萬物靜まつて、居るが動かぬ者は無い、之を稱して風大と云ふ。

【空大】とは虛空の義で、虛空の無い者は天地萬有何もない、即ち物は分子と分子の集合であるから、其の分子と分子の間に些少の空間がある、佛敎の虛空とは其の空間を云ふ、膨れたる者を打てば小さくなる、空間が無かつたら縮る筈が無い大にしては宇宙の空間、遮る者が無ければ自由に動く、之を天地萬物無碍の性と云ふ。

【識大】是は心と云ふ事である、天地萬物悉く心を持て居る心を持て居らぬ者はない、識とは分別の義とあり、萬物生育進化するは此の心の働に依る、草木にも礦物にも心が有る、即ち有情非情に通じて心がある、之を天地萬物に皆識大があると云ふ、此の六大の內、前五大は物の上、後の一は心の上、此の六つは互に地大は、水大と涉入し、又風大は火大とも各々此の六が互に涉入して一切の萬物を生ず故に佛も衆生も、體共儘無碍同一である、眞言宗にては斯く宇宙を人格的に大日如來の顯現として一切萬物を悉く佛と見、神と見て、此の身體共儘が大覺位即ち佛位であると說くのである、又六大と五智の關係あるも略する、是が眞言宗の宇宙生起論である。

三諦圓融論

是は天台宗の宇宙觀で一元論である、是は法華經の方便品の世尊が難信難解、三止三請の後ち說かれた、諸法實相、即ち萬物起原の解釋である、即ち其一元たる心、即ち妙心が如何にして宇宙萬物を生じたかの原理が三諦圓融、一念三千論である、即ち萬物の現象、實在を、萬物は時々刻々變化して少しも常住の姿は無い、例へば蠟燭の火は肉眼で見れば一點の光明と見へるが、實は蠟が燃へ一秒一秒に變化して蠟は燃へて減少し常住の姿は無い、又小兒が一年に五寸の脊丈けが延る、此の延た丈は一日に延たのでわない即ち一年間三百六十五日の間に延たので、嚴密に云へば一分一秒、脈一つ打つづつ成長すると觀察することが出來る然らば常住の姿は無い時々刻々に變化し、壯年となり老年となり、遂に死滅する、萬物は斯くの如く、時々刻々變化する、其現象が即ち實在である、此の觀察の法が三諦圓融論である。

【三諦とは】空諦、假諦、中諦を云ふ。

傳に依れば北齊の慧文禪師、中觀論を得、觀四諦品に至り因緣所生法、我說即是空　亦名爲假名　亦是中道義、と云ふ偈に會し恍然として三諦の妙旨を悟り以て、南岳の慧思に授け、慧思は之を天台の智顗に授け、此智者大師が大成されたのである。

【妙樂大師は始終心要に於て】三諦の性德を述べて

三諦は天然の性德なり、中諦は一切法を統べ、眞諦は一切法を泯じ、俗諦は一切法を立つ、一を擧ぐれば即ち三、前後にあらざるなり、含生本より具せり造作の得る所に非さるなり。

【俗諦】とあるは宇宙萬象を有と見るので、有と云ふ觀察から行けば、森々羅々として山高く水長く、柳は綠、花は紅、萬法悉く差別されてある、併し是は皆因緣に依て有るので、因緣を離れて有るのではない、故に共有は假有であつて實有ではない、故に俗諦を又假諦とも云ふ、此の假諦の方から云へば一切法を立つて、萬象の區別歴々たりだがもと〳〵因緣生のもの故、因緣を離れてあるべきもので無いから空な者である、是を眞諦又は空諦と云故に一切法を泯じと云、泯とは亡ぼす意味である、即ち科學で說明すれば一切の物質は元素の集合故、物質は假の姿である、又現象（現れたる物質）の方面より見れば現象は元素の集合に依て造られしなれば元の原素に分解すれば現象（姿）は無い故に空である、又原素が集合して物を造る力を親和力と云ふ、是が緣に當る。

さて因緣の故には有、因緣を離れて空であるから、空とも云へぬ、有ともいへぬ、非有非空であるが、又有で無いとも云へぬ、亦有亦空である、是を中諦と云ふ、此の非有非空、亦有亦空の中道を立つるのが天台の所談で、宇宙萬象悉く此の中道實相の理に背く者はない、一色一香無非中道、一糸の柳條、一片の梅花、悉くこれ此の顯現に外ならぬ、これを以て中諦は一切法を統ふといふたので、此の空假中の三諦は決して別々なものでない、互に圓融無礙のもので一を擧ぐれば即ち三、前後あらざるなりといはれた通り、此の三つの間に一髪の境界線だも容るゝことを許さない、此の三つは眞理即ち眞如の三方面であるので、一空一切空一假一切假、一中一切中、で渾融して居るのである。

此の三諦の妙理の立脚點を明にせん爲に藏通別圓の四教に照して判釋する。

【藏教に於ては】宇宙人生に關して諸現象を見て實有なりと思ふが俗諦で、是等現象と關係を斷ち再び人生の由て來ること無き斷滅の域を以て眞諦と見るので、之を生滅の二諦と云ふ、小乘經の所說である。

【通教に於ては】此の宇宙人生の諸現象は皆な因緣生で、因と緣との關係によつて出來た物で、因緣を離れてあるべきでない、即ち幻の如く炎の如く、實の物でないと見るのが俗諦で、巳に實のものでない以上、空なものと見るのが眞諦である、之を通教無生の二諦と云ふ。

【別教に於ては】必有と思ふも、空と思ふも共に俗諦で、眞理は此の宇宙人生の外に超然として實在して、しかも無量の功徳を圓滿して居るから中道と云ふ、之を別教無量の二諦と云ふ。

【圓教に於ては】有と云ひ空と云ひ、又中道と云ふも、此三つは決して境界の分つべき者があるのでない、有空中の三諦は其儘天然の性德、宇宙の眞理の當然であるといふのが、圓教相即の二諦である、天台は實に此の二諦の上に三諦圓融論が立つのである。

【釋籤に】圓教の義に依らば、三千の諸法、彼此融通して別なきを、空諦と云ふ、別教の如く眞如に歸せしめて空なるに非ず、三千諸法本來に具するを假諦と云ふ、別教の如く無明の緣を待て始めて假相を生ずるに非ず、又た此の二を俱するを中諦とす、別教の如く空假の外に中あるに非ず故に三千の法は假諦のみに非ず、空にも中にもあるなり、又中は中諦のみならず假にも、空にもあるなり、是れ一空一切空、一假一切假、一中一切中に依て然るなり、性具の三千は本有なるも、事造の三千は迷悟に依て成ると云はゞ亦是れ賴緣假にあらずやと云ふに、假令、迷悟の緣に依るも、別教の如く之に依て本來一味の性を起すと云ふに非ず本來性具の三千が事造と現るゝ迄なり、故に假生と云ふべからず、然して此の三諦圓融は觀者を待て初めて圓融するに非ず、諸法天然として法爾自然に圓融して居るなり、三觀を脩するは但其性德に達せん爲なり、とある、此の義を明にせん爲に、十如、十界互具、一念三千の法を知らねばならぬ、故に次に說く、

十界互具

十界とは大乘經に說ける一切衆生、即ち吾人及び動植物が境遇により依止する住所の分類で之を十界とする、下から擧ぐれば、地獄界、餓鬼界、畜生界、阿修羅界、人界、天上界、以上の六を六凡と名け、其上に聲聞界、緣覺界、菩薩界、佛界の四界がある、此の四界は悟の世界故四聖界と云ひ合せて十界となる。

【十界の相貌を略說すれば】

【地獄界は】地下四萬由旬の下にあり五逆十惡を行ひし大惡人の住所にして寒熱叫喚の苦を受くる境界。

【餓鬼界】慳貪の念盛んにして常に饑餓に苦しむ、人が餓鬼道に墜る五つの因緣、一 慳貪にして布施を欲せず、二 竊盜して二親に孝せず、三 黑闇にして慈心あることなし

四　財物を積聚して肯て衣食せず、五　父母兄弟妻子奴婢に給せず。

【畜生界】互に相呑噬して休息なく、弱者は强者に食わる禽獸蟲魚の境界で、此界に墮する原因は、一、戒を起して竊かに偷盜す、二　債を負ふて償はず、三　殺生して身を以て償わず。四、經法を聽受することを喜ばず、五　常に艱難に因り緣る。

【阿修羅界】常に猜忌の心を以て相爭ふ境界である、此に行く因緣は、人あり仁義五常を行ふとも、唯他に勝らんと欲し、嫉妬、自慢、自大、高擧の心强き者此道に落つ。

【人界】苦樂相半ばする吾人の境界、此に、生るゝは、五戒又は中品の十善を修せし者、玆に生れ、人の苦樂を受く

【天上界】苦無く樂多き境界、上品の十善を修し兼て禪定を修せし者、玆に生れ靜妙の樂を受く、次は。

【聲聞界】入涅槃の爲に、佛の聲教に依て四諦の觀法を修する者の境界、次は。

【緣覺界】入涅槃の爲に十二因緣觀を修す境界、次は。

【菩薩界】無上菩提の爲に六波羅密、萬行を修する境界。

【佛界】自覺、覺他、覺行共滿の境界を云ふ、以上十界である、又た十法界とも云ふ。

以上記述せし十界の內の各一界に又十界を具有して居る即ち人間界に畜生界あり、餓鬼界あり、地獄界あり、佛界あり、又た佛界にも他の九界を具し、十界各々十界を具す故に百法界となる、要するに吾人及び萬物が業により、移住すべき住所が百界有るのである、吾人が惡を造れば地獄、餓鬼、畜生道に生れ、善の功德を積めば、佛界に入ることを得るは、吾人の本體心が此の百界に流轉する特性を有して居るのである、以上で百法界の說明は終る、次に心が善惡の業に依て百法界を流轉する法理を說かれたのが十如是である、次に說く。

【十如是の說明】

十如又は十如是とも云ふ、法華經の方便品に諸法の實相を說かれたので、一念三千の大法理の基礎である。

佛、成就する所、第一希有難解の法、唯、佛と佛と乃ち能く諸法實相を究盡すとあつて、其次に十如是が列擧さる。

如是相、如是性、如是體、如是力、如是作、如是因
如是緣、如是果、如是報、如是本末究竟等

如是といふは如は異ならず、是は非ならずと云ふ義で、

『この通』である『ありのまゝ』である。

【如是相】相以レ據レ外、覽而可レ別とあり、善惡等の外に顯れたるを相と云、即ち形相、容貌を云ふので、佛には佛の相あり、鬼には鬼の相ある、即ち姿に現れたる身を云ふ籤の六に相は唯、色にあり（應身に當る）

【如是性】性は心なり、玄の二に、性以レ據レ內、自分不レ改、性とは不改の義で、自分に改めることの出來ない潜在的性質、木の燃るべき性質は見るべからざるも、鑽を以てもむ時は火の出る如く、各自の持て居る性分、性質を云ふ籤の六に曰く、性は唯心にあり（報身に當る）

【如是體】體は身と心なり、玄の二に、主質ヲ名ヲ爲レ體とあり十界各自の色心を指す、人で謂へば肉體と精神を保有する本質を體と云ふ、籤の六に、體は色心を兼ぬ、（法身に當る）

以上の三は、萬物の根元妙心が、色と心に別れ、物質と（目に見得る狀態）なつた姿を云ふ、人間で說くならば產れた許の赤子、宇宙的ならば地球の出來た時、即ち形體の出來た時、其姿を三方面に分解されたのである、何物と雖も此三を具備し是が根本となつて、次の七如是の働を起して十界を流轉するのである。

【如是力】功能を力と爲すとあり、既に物あれば其働を起す力がある、力とは任に堪へ用を爲す、人は善惡の業を作す力を持て居る、土は草木を育てる力がある、穀物は人を養ふ力がある。

【如是作】構造爲レ作とありて、潜在的力が用を起せば即ち作業する、人で云へば身口意の三業の爲す所作を云ふ。

【如是因】習因爲レ因とあり、力が用を起して作業した事が次の結果を起す原因となる、之を因と云ふ、止に曰く因とは果を招くを因と爲す、亦名けて業と爲す。

【如是緣】助因爲レ緣とあり、因と緣との不同は、五穀で云へば種は因なり、雨露水土は緣なり、五穀の種の成育するのは雨露水土の助緣による、止に曰く緣とは業を助くるに依て緣とす、新譯家は異熟因と云ふ。

【如是果】習因爲レ果、從來の因が其果を得るにて、直接の結果を指す、止に果とは剋獲を果とす、又た習因習果は過現の二世、現未の二世を隔る者あり、又現在一世中因果共にあることあり、新譯家は等流果と云ふ。

【如是報】報果爲レ報、とあり今生の善惡の業因に酬ひて未來の苦樂の報を受くるを云ふ、止觀に報と者、因に酬するを報と曰ふ、新譯家は異熟果と云ふ、是れ報因に依て報果を成するは必ず一世以上隔るなり、即ち現世に於て溫厚篤實の人が不幸に暮し、强欲非道の人が榮ゆるは、過去世の報に依る。

【如是本未究竟等】初相を本と爲す、後法を未と爲す、歸趣する所を究竟等と處すとありて、其本未の諸相の落ち附く所を究竟と云ふ、此の意は前の九如是は皆事なり、今の究竟等は理なり、九つの事がつまるところは理なれば等と云ふなり、而して其理に三諦あり、空諦の故に本未悉く眞空なり、假諦の故に本未皆妙假なり、中諦の故に本未凡て中道法界なり、此の究竟等の三諦即ち實相なり、故に佛、諸法實相の四字を釋し給ふに此の十如を說き給ひしなり。

【解し易からしめん爲に、地獄界と、人界と、佛界との相を示す】

【地獄界の十如是】

相如是、は惡人には後に地獄に墮ちる前相が現る、凡夫は知らざれども佛菩薩の目には能く見ゆ。

性如是、專ら惡を習ふ人は、其習ひが離れ附の樣になりて改變し難きなり。

體如是、摧折麁惡色心以㆓爲體質㆒とありて地獄に墮て獄卒に責めらるゝ荒惡の身心の體、是れなり。

私記云、問、體者即指㆓受報身㆒與㆑報何異　答　陰身爲㆑體苦樂を報とす。

力如是、地獄有㆓登㆑刀止㆑劍之用㆒、地獄には劍の山に登り刀の林に登りて、身體を裂き破る力用あるなり。

作如是、構造經營とあり、身口意の三業に惡を造るを云ふ私記云、作是造業與㆑因何別　答　構造爲㆑作、約㆑外約㆑色習因爲㆑因約㆑內約㆑外

因如是、惡習因なりとあり、過去に惡を習ひしを云ふ。

緣如是、惡を作す緣助なり。

果如是、過去に習ひたる惡事が地獄の身を受けても能く起るを云ふ。

報如是、銅柱鐵床の苦とあり、地獄に銅柱に取り附き、熱鐵の床の苦を受く。

本未究竟等とは、相如是も報如是も皆空諦なれば等しと云ふなり、又惡の果報が本の性相の中にあり、本の性相が惡の果報の中にあれば、假諦等しきなり又、地獄の理體

が佛果と異ならざれば、皆中道法界なり、是れ中道の等しきなり。

【人界の十如】

相如是、相表清昇とありて四悪趣の沈淪に望むれば、格別清淨にして、昇り上る相あるなり。

性如是、とは性覺白法とありて、淸白なる善法が其性となれるなり。

體如是、體是安樂身心とありて、三途等の苦報と違ひ安樂快樂の身心なり。

力如是、堪忍善器とありて、善を勤むる器に堪ふるなり、

作如是、造止業二善、とありて、惡を止め善を行ずる二善を作すなり。

作如是、因是白業とありて、淸白の善因を成就するなり。

緣如是、作善我我所とありて、我能く善を作すと思ふなり是れ白善の緣なり。

果如是、任運修善心生とあり、前來善を脩し、習用に依て善心生ずるなり。

報如是、自然の愛樂とありて、自然に人果の快樂を受く本未究竟等は前の地獄の如し。

【佛界の十如】

佛界の十如是を明さば、十界十法者、皆中道に約し分別也とありて、佛界の十如其體皆中道なり、一の中道なれども義理の相違により十如、分かるなり。

相如是は緣因佛性なり、是れ外に萬行を修するなり。

性如是は了因佛性なり、是れ內に眞智を生ずるなり。

體如是は正因佛性なり、是れ眞如法界なり。

力如是は初發菩提心　超二乘上爲力とありて、之は發菩提心なり。

作如是、四弘誓願なり。

因如是、智慧莊嚴なり。

緣如是、福德莊嚴なり。

果如是、一念相應の大覺朗然たる無上正覺なり。

報如是、大般涅槃三德秘藏なり。

本未究竟等は、三諦法界の體、等しきなり　　以上

【十如三轉】

十如是の句の切方により空假中三轉の讀方がある。

三轉は一に、如ㇾ是相、如ㇾ是性乃至如是本未究竟して等しと讀みて、假諦の義を顯すなり、相性體力等の不同なる

は假諦なる故なり。

二に是相如ナリ是ノ性如ナリ乃至本末究竟等如ナリと讀みて、空諦の義を顯す、相性體力等の諸法皆如にして一味平等なるは空諦なるが故なり。

三に相ハ如レ是ニ性ハ如レ是ニ乃至本末究竟等ハ如レ是ニと讀みて中諦の義を顯す、此の時、如をかなふと訓じ、是は非に對す中道實相は諸法皆是にして非なきが故なり、即ち性相等の法一一に其の是法に如《かな》ふなり、以て佛の知見し給へる所は、一心三諦なり。　以上

【三世間】

釋に、過現未に遷流するを世と云ひ、彼此間隔するを間と云ふ、有爲法（佛法に說ける吾人の目前に在る所の、生滅變化する萬象の一切を含む法を、有爲法と云即ち因緣に依て作られし一切）の別名なり一切の有爲法を三種に分類す
一、五陰世間、又は五衆世間、五陰とは色、受、想、行、識の五法なり、十界の五陰各々差別するを五陰世間と名く、是は萬物は色受想行識の五元素で造らる即ち色と心の二つに依つて作られし世間。
二、衆生世間、又假名世間、五陰和合の上に假に衆生と名けし者、上は佛より下地獄迄各々差別ある生物一切に名く。
三、國土世間、又、器世間、衆生所依の境界、（即ち吾人の住む國土も其一部）十界各々差別するもの、是れ五陰中色陰の中に假立するもの、
要するに第一は實法にして、第二第三は假法、假性の中に正報の內身と、依法の外器とを分けしなり（智度論止觀）

【一念三千】
天台宗の觀法、一念の心に三千の諸法を具すと觀す、天台大師、法華經に依て得らる、三千とは、前に詳說せし十界即ち地獄界餓鬼界畜生界阿修羅界、人界天界、聲聞界、菩薩界佛界の十界の境界に、圓融の妙理により十界互に十界を具する故、相乘して百界となる、此百界の各々に相、性、體、力、作、因、緣、果、報、本末究竟の十如の義を具すれば、相乘して千如となる、此の千如、各、衆生、國土、五陰の三世間の別あれば相乘して、三千世間となる、是に一切の法を盡すなり、此の一切法の三千一念の心に具せり
摩訶止觀第五に云く、夫レ一心ニ具ス十法界ヲ一法界ニ又具ス十法界ヲ百法界ナリ一界ニ具ス三十種世間ヲ百法界即具ス

三千種ノ世間ヲ、此三千在リ一念ノ心ニ若無心而已《ヤミナシ》、介爾《ケ》セ有心、即具ヘ三千ヲ又曰く問一念具ヘ十法界ヲ爲作念具、爲ル任運具、答、諸相自爾非作ノ所成ニ、如キモ一微塵、具ヘ十方分ヲ乃至所以ニ稱シ爲不可思議境ト云々

亦一心前にあり一切法後にありと言はず、亦一切法前にあり、一心後にありと言はず、少しでも心が起れば三千の理法は現われるので、此の三千、そのまゝ、迷とも成れば悟ともなる、三千の諸法迷悟の差別さま〴〵に現れてをるが元來これ一念の心に具へてをるのを、理具の三千と云ひ、三千の諸法差別して居るのが事造の三千と云ふ此の理事は一にして二でない、即ち理事不二である。

【一念三千理事】（日蓮大聖人御遺文二〇〇）

止觀の五、心ト與縁合スレバ則三種世間、三千ノ性相皆從心起ル。弘の五云、故ニ至止觀ニ正ツ明ヘ觀法ツ竝ニ以三千ヲ而爲ス指南ト乃是終窮究竟の極説也故に序の中に説已心中所行法門と云ふ良に故あるなり、請ふ尋ね讀ん者異縁無れ又云く妙境の一念三千を明さずんば、如何ぞ一に一切を攝ること を識る可ん。三千は一念の無明を出でず、是故に唯苦因、苦果のみ有り、又云く一切の諸業、十界百界千如三千世間を出でず籤の二に云く假は即ち衆生、實は即ち五陰及び國土即ち三世間也、千の法は皆三なり故に三千あり弘の五に云く一念の心に於て、十界に約せざれば事を收ること徧からず、三諦に約せざれば理を攝る周からず、十如を語らざれば因果備らず、三世間無くんば依正盡きず記の一に云く若し三千に非ざれば攝むること徧からず、若し圓心に非ざれば三千を攝せず玄の二云く但衆生法は太た廣く、佛法は太た高し、初學に於て難と爲す、心は則ち易と爲す、　以上

此の説は天台智者大師が法華經を立脚點として立てられた一元論である、宇宙の本體を心と見、其心は宇宙の萬象を造る三千の大法を性質として具へて居る、故に縁に隨て一切の萬物萬象を造つたのである、其心其物の本體を妙と名け之が説明が迹門の十妙、本門の十妙、十不二門等の幽遠なる説明あるも略する。

前の華嚴の十玄縁起は、萬有總該の一心が十玄の理により萬物を起すと説く、故に之を性起の法門と云ふ、天台の一念三千は、一心が此の三千の法を具有する故、縁に隨て萬象を造る、之を性具の法門と云ふ、次に日蓮大聖人の説に

より、佛教の一元論を統一する（以上說は、佛教概論、佛教要義其他の佛書より取要拔萃せり）

佛學專門の大家が佛教を概論し、又其要義を省略して說き進めて猶四五百頁を要する。然るに概論の內より、又拔萃し唯の五十余頁にて佛教の甚深の義を說かんとするは無謀であり意の通ぜざるわ當然である然れども此書は靈魂の問題の解決が目的故、唯其項目を出せしのみ。篤學の士は專門の書に依て研究されん事を乞ふ。

著者誌

日蓮大聖人の佛教統一

釋尊の說法は應病與藥である、其教化された國の聽衆の智識程度と其國態に依て種々に說法されたので、其說法を釋尊の御入滅後、弟子達が集つて結集したのが經典である、故に經には小乘經あり大乘經がある、梵文を支那に譯した譯者又は其持者は其得たる經を以て、最上の教理なりと主張し廣布した爲め、遂に八宗十宗を生じたのである、桓武天皇の御時、傳教大師が天台宗を興し法華經に依て、各宗を統一されしが、弟子慈覺大師、智證大師各入唐して眞言の法を學び尊重し之を混和し、台密宗を稱へ、法華經の眞意は失われたのである、其後、日蓮大聖人世に出て給ひ

各宗の佛教を研究され、末法五濁惡世の今日、日本國に最も適應せる經は法華經にあることを直覺され、多年研究の結果、唱題成佛の易行を唱へられたので、其教義の深遠なる天台の一念三千の大法を解するにも彼れは理なり、我は事なりと解釋され、摩訶止觀の最高觀念たる觀不思議境の境智を彼れは境なり我れは妙なりと、題目の五字に宇宙の眞理を發輝され靈界統一さる、其の深理を宗祖の御遺文より拔萃して、前に撰み出した、各種の緣起論を統一する先づ最初に末法の初まりに衆生を救ひ得べき經は何なるやに附て、教機時國鈔を拔萃する。

【教機時國鈔】遺文錄、四二四、

【一に教とは】釋迦如來所說の一切の經律論五千四十八卷四百八十帙、天竺に流布すること一千年、佛の滅後一千一十五年に當て震旦國に佛教渡る、後漢の孝明皇帝永平十年丁卯より、唐の玄宗皇帝開元十八年庚午年に至る六百六十四歲の間に一切經渡り畢ぬ、此の一切の經律論の中に小乘大乘、權經、實經、顯教、密教あり、此等を辨ふべし、此の名目は論師人師よりも出でず、佛說より起る、十方世界の一切衆生、一人も無く之を用ゆ可し、之を用ひざる者は

外道と知る可き也、阿含經を小乘と說く事は方等、般若法華、涅槃等の諸大乘經より出でたり法華經には一向に小乘を說きて法華經を說かざれば、佛、慳貪に墮す可しと說き給ふ、涅槃經には一向に小乘經を用ひて佛を無常なりと云ん人は舌、口中に爛る可しと云々。

【二に機とは】佛法を弘むる人は必ず機根を知るべし、舍利弗尊者は金師に不淨觀を敎へ、浣衣の者に數息觀を敎ゆる間、九十日を經て所化の弟子佛法の一分も覺らず、還て邪見を起し、一闡提と成り畢ぬ、佛は金師に數息觀を敎へ浣衣の者に不淨觀を敎へ給ふ故に須臾の間に覺ることを得たり、智慧第一の舍利弗すら尙ほ機を知らず、何に況や末代の凡師、機を知り難し、但し機を知らざる凡師は所化の弟子に一向に法華經を敎ゆ可し、問て曰く無智の人の中にて此の經を說く事莫れとの文は如何、答て曰く機を知るは智人の說法する事也、又謗法の者に向ては一向に法華經を說くべし、毒鼓の緣と成さん爲也例せば不輕菩薩の如し、亦た智者となるべき機と知らば必ず先づ小乘を敎へ、次に權大乘を敎へ、後に實大乘を敎ゆべし、愚者と知らば必づ先づ實大乘を敎ゆべし、信謗共に下種となれば也

【三に時とは】佛法を弘めん人は必ず時を知るべし、譬へば農人の秋冬田を作るに種と地と人の功勞とは違わざれども一分も益なく還て損す、一段を作る者は小損也、一町二町等の者は大損なり、春夏に耕作すれば上中下に隨て皆分分に益あるが如し、佛法も亦復是の如し、時を知らずして法を弘めば、益なき上還て惡道に墮する也、佛出世し給ふて必ず法華經を說かんと欲するに、縱ひ機有れども時無きが故に四十餘年此經を說き給はず、故に經に云く說時未だ至らざる故也等云々、佛の滅後の次の日より正法一千年は持戒の者多く破戒の者は少なし、正法一千年の次の日より像法一千年は破戒の者は多く無戒の者は少し、像法一千年の次の日より末法一萬年は破戒の者は少く無戒の者は多し正法には破戒無戒を捨てゝ持戒の者を供養すべし、像法には無戒を捨てゝ破戒の者を供養すべし、末法には無戒の者を供養すること佛の如くすべし、但し法華經を謗せん者は正像末の三時に亘りて、持戒の者をも、無戒の者をも、破戒の者をも共に供養すべからず、供養せば必ず國に三災七難起り必ず無間大城に墮す可き也、法華經の行者の權經を謗するは主君、親師の所從の子息、弟子等を罰するが如し

權經の行者の法華經を謗ずるは、所從の弟子等の主君、親師を罰するが如し、又當世は末法に入て二百一十餘年也、權經念佛等の時歟、法華經の時か、能能、時刻を勘ふ可き也。

【四に國とは】佛敎は必ず國に依て之を弘むべし、國には寒國、熱國、貧國、富國、中國、邊國、大國、小國、一向偷盜國、一向殺生國、一向不孝國等有之、又一向小乘國、一向大乘の國、大小兼學の國も之れ有り、而るに日本國は一向に小乘の國か、大乘の國か、大小兼學の國なるか、能々之を勘ふ可し。

【五に敎法流布の先後とは】未だ佛法渡らざる國には、未だ佛法を聽かざる者あり、既に佛法渡れる國には佛法を信ずる者あり、必ず先に弘まる法を知て後の法を弘むべし、先に小乘權大乘敎弘まらば、後に必ず實大乘を弘むべし、先に實大乘弘まらば後に小乘權大乘を弘むべからず、瓦礫を捨てゝ金珠を取る可し、金珠を捨てゝ瓦礫を取ること勿れ、已上の此の五義を知て佛法を弘めば、日本國の國師とも成る可き歟、所以に法華經は一切經の中の第一の經王也と知るは、是れ敎を知る者也、但し光宅の法雲道場の慧觀等は涅槃經は法華經に勝れたりと、淸凉山の澄觀、高野の弘法等は華嚴經大日經等は法華經に勝れたりと、嘉祥寺の吉藏、慈恩寺の基法師等は般若、深密等の二經は法華經に勝れたりと、天台山の智者大師只一人のみ一切經の中に法華經勝れたりと立つるのみに非ず、法華經に勝れたる經之れ有りと云ん者を諫曉せよ、止まずんば現世に舌、口中に爛れ、後世は阿鼻地獄に墮す可し等云々、此等の相違を能々之を辨へたる者は敎を知る者也、當世の千萬の學者等一一之に迷へる歟、若し爾らば敎を知れる者は之れ少なきか敎を知る者之れ無ければ法華經を讀む者之れ無し、法華經を讀む者之れ無ければ國師となる者無き也、國師となる者無ければ國中の諸人、一切經の大小權實、顯密の差別に迷ふて一人に於ても、生死を離るゝ者之れ無し、結句は謗法の者となり、法に依て阿鼻地獄に墮する者は大地の微塵より多く、法に依て生死を離るゝ者は爪上の土より少し、恐る可し恐る可し。

日本國の一切衆生は桓武皇帝より自來四百餘年一向に法華經の機なり例せば靈山八ヶ年の純圓の機の如し（天台大師、聖德太子鑑眞和尚、根本大師安然和尚、慧心等記有之）是れ機を知れる者也、而るに當世の學者の云く、日本國は一向に稱名念佛の機也等云々、例せば舍利弗の機に迷ふて所化の衆を一闡提と成せしが如し日本國の當世は如來の滅後二千二百一十餘年、後五百歲に當て妙法蓮華經流布の時刻なり、是れ時を知れる者也、而るに日本國の當世の學者、或は法華經を抛ちて、一向に稱名念佛を行じ、或は小乘の戒律を敎へて叡山の大僧を蔑り或は敎外を立てゝ法華の正法を輕しむ、此等は時に迷へる者歟、例せば勝意比丘が喜根菩薩を謗じ、德光論師が彌勒菩薩を謗りて阿鼻の大苦を招きしが如し日本國は一向法華經の國なり、例せば舍衞國の一向に大乘なりしが如き也、又天竺には一向に小乘の國一向に大乘の國、大小兼學の國も之れ有り、日本國は一向大乘の國なり、大乘の中にも法華經の國となる可き也、是れ國を知れる者也、而るに當世の學者日本國の衆生に一向に小乘の戒律を授け、一向に念佛者等と成すは、譬へば寶器に穢食を入たるが如しと云々、日本國には欽明天皇の御宇に佛法百濟國より渡り始め、桓武天皇に至て貳百四十餘年の間に、此の國に小乘、權大乘のみ弘め法華經ありと雖も其義未だ顯れず、例せば震旦國(支那)に法華經渡て三百餘年の間、法華經有りと雖も其義未だ顯れず、桓武天皇の御宇に傳敎大師有まして小乘大乘の義を破して法華經の實義を顯せしより已來、又た異議無く純一に法華經を信ず、設ひ華嚴、般若、深密、阿含、大小の六宗を學する者も、法華經を以て所詮と爲す、況んや天台眞言の學者をや、何に況んや在家無智の者をや、例せば崐崘山に石無く、逢來山に毒無きが如し、建仁より以來今に五十餘年の間、大日佛陀、禪宗を弘め、法然、隆寛は淨土宗を興し、實大乘を破して權宗に付き一切經を捨てゝ敎外を立つ、譬ば珠を捨てゝ石を取り、地を離れて空に登るが如し、此は敎法流布の前後を知らざる者也、佛、誡めて云く惡象に値ふも惡知識に値わざれ等云々、法華經の勸持品に後五百歲二千餘年に當つて法華經の敵人、三類あるべしと記し置き給へり、當世は後五百歲に當れり、日蓮佛語の實否を勘ふるに、(三類の敵人とは、俗衆增上慢、道門增上慢、僭上增上慢)三類の敵人有之、之を隱さば法華經の行者に非ず、之を顯さば身命定めて喪わん歟、法華經第四に云く、而も此經は如來の現在すら猶怨嫉多し、況や滅度の後をや等云々、同第五に云く一切世間、怨多く信じ難しと、又云く我れ身命を愛せず、但無上道を惜むと、同六に云く自から身命を惜まずと云々涅槃經第九に云く譬ば王使の善能く談論し方便に巧なる、命を佗國に奉けて寧ろ身命を喪ふも終に王の所說の言教を匿さざるが如し、智者も亦爾なり、凡夫の中に於て身命を惜まずして、要必《かならず》大乘方等を宣說すべしと云々、章安大師釋して云く寧喪身命不匿教者、身は輕く法は重し、身を死して法を弘めよと云々此等の本文を見れば三類の敵人顯れずば法華經の行者に非ず、之を顯すは法華經の行者也、而れども必喪《ハン》二身命《ヲ》一歟例せば師子尊者、提婆菩薩等の如くならん云々

【小乘大乘分別鈔】一〇〇一頁

夫れ大小定めなし、一寸の物を一尺の物に對しては小と云ひ、五尺の男に對しては六尺七尺の男を大の男と云ふ、外道の法に對しては一切の大小の佛教を皆大乘と云ふ、大法東漸通指佛教以爲大法等と釋する是也、佛法に入つても鹿苑十二年の說、阿含經等の一切の小乘經をば、諸大乘經に對して小乘經と名けたり、又諸大乘經には大乘の中にとりて劣る經を小乘と云ふ、華嚴の大乘經に其餘樂小法と申す文あり、天台大師はこの小法と云は、常の小乘經にあらず十地の大法に對して十住、十行、十回向の大法を下して小法と名くと釋し給へり、又法華經第一の卷方便品に若以小乘化乃至於一人と申す文あり、天台、妙樂は阿含經を小乘と云ふのみに非ず、華嚴經の別教、方等般若の通別の大乘をも小乘と定め給ふ、又玄義の第一に會小歸大是漸頓泯合と申す釋をば、智證大師は初め華嚴經より終り般若經に至る迄、四教八教の權教諸大乘經を漸頓と釋す、泯合をば八教を會して一大圓教に合すとこそ、ことわられて候へ、又法華經の壽量品に樂於小法德薄垢重者と申す文あり、天台大師は此經文に小法と云ふは小乘經にもあらず、又諸大乘經にもあらず、久遠實成を說かざる華嚴經の圓乃至方等般若、法華經の迹門十四品の圓頓の大法まで小乘の法也、又華嚴經等の諸大乘經の教主の法身、報身、毗盧舍那《ビロシヤナ》、盧舍那《ロシヤナ》大日如來等をも小佛也と釋し給ふ、此心ならば涅槃、經大日經等一切の大小權實、顯密の諸經は皆小乘經、八宗の中には倶舍宗、成實宗、律宗を小乘と云ふのみならず、華嚴宗法相宗、三論宗、眞言宗の諸大乘宗を小乘宗とし唯天台の一宗計り實大乘宗なるべし、彼々の大乘宗の所依の經經には絕へて二乘作佛、久遠實成の最大の法を說せ給わず、譬へば一尺二尺の石を持つ者を大力と云わず一丈二丈の石

を持つを大力と云ふが如し、華嚴經の法界圓融四十一位、般若經の混同無二、十八空、乾慧地等の十地、瓔珞經の五十二位、仁王經の五十一位、藥師經の十二の大願、雙觀經の四十八願、大日經の眞言印契等、此等は小乘經に對すれば大法秘法也、法華經の二乘作佛、久遠實成に對すれば小乘の法也、一尺二尺を一丈二丈に對するが如し、又た二乘作佛、久遠實成は、法華經の肝要にして、諸經に對すれば奇たりと云へども、法華經の中にては未だ奇妙ならず、一念三千と申す法門こそ奇が中の奇、妙が中の妙にて、華嚴大日經等に分絕へたるのみならず、八宗の祖師の中にも眞言等の七宗の人師、名をだにも知らず、天竺の大論師、龍樹菩薩、天親菩薩、は內には珠を含み外には書きあらわし給わざりし法門なり雨衆《ウス》が三德、米齊が六句の先佛の敎を盜み取れる樣に、華嚴宗の澄觀、眞言宗の善無畏等は、天台大師の一念三千の法門を盜み取て、我が所依の經の、心佛、衆生の文の心とし、心實相と申す文の神とせる也、是の如く盜み取て我宗の規模となせるが、又た還て天台宗を下だし華嚴宗、眞言宗には劣れる法也と申す、此等の人師は世間の盜人にはあらねども、佛法の盜人なるべし此等をよくよく尋ね明らむべし。　以下略

爾前の成佛往生等は水中の星月の如し、爾前の成佛往生は體に隨ふ影の如し、本門壽量品を以て見れば、壽量品の智慧をはなれては、諸經は跨節、當分の得道共に有名無實なり、天台大師此の法門を道場に獨り覺知し、玄義十卷、文句十卷、止觀十卷等かきつけ給ふに、諸經に二乘作佛、久遠實成絕へてなき由しを書き置き給ふ、是は南北の十師が敎相に迷ふて、三時四時五時、四宗五宗六宗、一音半滿三敎四敎等を立てゝ敎の淺深勝劣に迷ひし、此等の非義を破らん爲にまづ、眼前たる二乘作佛、久遠實成をもて、諸經の勝劣を定め給し也、然りと雖も餘界の得道許すに非ず、其後華嚴宗の五敎、法相宗の三時、眞言宗の顯密等は佗《タ》師の事なればさてをきぬ、又自宗の學者が天台、妙樂、傳敎大師の御釋に迷ふて、爾前の經々には二乘作佛、久遠實成計りこそ無れども、餘界の得道は有りなんど申す人人、一人二人ならず日本國に弘まれり、佗宗の人々便を得て彌々天台宗を失ふ、此等の學者は野馬《ドンマ》の蜘蛛の網にかゝり、渴ける鹿の陽炎を追ふよりもはかなし、云々

【諸法實相鈔】九五八

問て曰く、法華經の第一方便品に云く、諸法實相乃至本末究竟等云々此經文の意如何、答て云く下も地獄より上み佛界迄の十界の依正の當體、悉く一法も殘さず妙法蓮華經のすがたなりと云ふ經文也、依報あるならば必ず正報住すべし、釋に曰く依報正報常に妙經を宣ぶ等云々、又云く實相は必ず諸法、諸法は必ず十如、十如は必ず十界、十界は必ず身土云々、又云く阿鼻の依正は全く極聖の自心に處し、毗盧の身土は凡下の一念を逾へず云々、此等の釋分明なり誰が疑網を生ぜんや、されば法界のすがた妙法蓮華經の五字にかわる事なし、釋迦、多寶の二佛と云ふも、妙法等の五字より用の利益を施し給ふ時事相に二佛と顯われて、寶塔の中にして、うなづき合ひ給ふ、かくの如き等の法門日蓮を除きては申し出す人一人もあるべからず、天台、妙樂、傳敎等は心には知り給へども言に出し給ふ迄はなし、胸の中にしてくらし給へり、其も道理なり、付屬なきが故に、時のいまだ至らざる故に、佛の久遠の弟子にあらざるが故に、地涌の菩薩の中の上首唱導、上行、無邊行等の菩薩より外は、末法の初の五百年に出現して、法體の妙法蓮華經の五字を弘め給ふのみならず、寶塔の中の二佛並座の儀式を作り顯すべき人なし、是れ即ち本門壽量品の事の一念三千の法門なるが故也、されば釋迦、多寶の二佛と云ふも用の佛也、妙法蓮華經こそ本佛にて御座候へ、經に云く如來秘密神通之力、是なり、如來秘密は體の三身にして本佛也神通之力は用の三身にして迹佛ぞかし、凡夫は體の三身にして本佛ぞかし、佛は用の三身にして迹佛也、然ば釋迦佛は我等衆生の爲には主、師、親の三德を備へ給ふと思しにさにては候わず、返て佛に三德をかぶらせ奉るは凡夫也、其故は如來と云ふは、天台の釋に、如來とは十方三世の諸佛、二佛三佛、本佛迹佛の通稱なりと判じ給へり、此釋に本佛と云ふは凡夫なり、迹佛と云ふは佛なり、然れども迷悟の不同にして生佛異なるに依て、倶體倶用の三身と云事をば衆生知らざる也、さてこそ諸法と十界を擧て實相とは說かれて候へ、實相とは妙法蓮華經の異名なり、諸法は妙法蓮華經と云ふ事也、地獄は地獄の姿を見せたるが實の相也、餓鬼と變せば地獄の實の姿に非ず、佛は佛の姿、凡夫は凡夫の姿、萬法の當體の姿が妙法蓮華經の當體也と云ふ事を諸法實相とは申す也、天台曰く實相の深理本有の妙法蓮華經也と云々、此釋の意は實相の名言は迹門に主づけ、本有の妙法蓮華經と云ふは本門の上の法門也、此釋能々心中に案じさせ給べ候へ、日蓮末法に生れて上行菩薩の弘め給ふべき、本門壽量品の古佛たる釋迦佛迹門寶塔品の時涌出し給ふ多寶佛涌出品の時出現し給ふ地涌の菩薩等を先づ作り顯し奉る事予が分齊には、いみじき事也、日蓮をこそ惡むとも、內證にはいかが及ん云々、　以上

宗祖大聖人は前記の緣起論、否、世尊の一代の說法八萬四千の法門を妙法蓮華經の題目の五字で統一さる、宇宙萬物は妙法に依て構成され、其原素たる一元は、妙である、其力用即ち構成さるゝ組織が法であり、妙の一元である、是より其詳解を、祖書及び先師に求める。

南無妙法蓮華經　天台釋

天台云く、妙は不可思議、言語道斷、心行所滅、法は十界因果不二の法也、三諦とも云ひ、三觀とも云ひ、三千とも云ふ、不可思議の法とも云ふ。

妙一念法三千蓮本果佛界華本因九界經三千常住

一秘密の奥藏を發く之を妙と爲す

一權實の正軌を示す故に法と爲す

一久遠の本果を指す之を喩ふるに蓮を以てす

一不二の圓道に會す之を譬ふるに華を以てす

一聲、佛事を爲す之を稱して經と爲す

玄義の一に云く、明に心を觀するに、心は幼炎の如し、但名字あり之を名けて心とす、適、其れ有りと云わんか、其色質を見ず、其れ無しと云わんか慮想起る、有無を以て思度すべからず、故に心と名け、妙と爲す、妙心軌可なり之を稱して法と爲す、心性は因に非ず、果に非ず能く理の如く觀じて即ち因果を辨ず、是を蓮華と名く、一心に依て觀を成ず亦教余の心を轉ず、之を名けて經と爲す云々、釋に曰く一心は萬法の總體なり、五字の體は十界なり我等衆生の體也

傳教大師云く、一心の妙法蓮華經とは、因果、果因倶時に增長する、當體蓮華なり　以上

【聖愚問答鈔】五七八　日蓮上人の宇宙の統一、妙の一元

夫れ妙法蓮華經とは、一切衆生の佛性なり、佛性とは法性

(眞如)なり、法性とは菩提なり、所謂、釋迦多寶十方の諸佛、上行無邊行、普賢文殊、舍利弗目連、大梵天王、釋提恒因、日月、明星、北斗七星、二十八宿、無量の諸星、天衆地類、龍神八部、人天大會、閻魔法皇、上は非想の雲の上、下は那落の炎の底迄、所有一切衆生備ふる所の佛性を妙法蓮華經と名くる也、されば一遍此首題を唱へ奉れば一切衆生の佛性が皆呼ばれて玆に集る時、我身の法性の法報應の三身ともにひかれて顯れ出る是を成佛とは申す也

【女人成佛鈔】五三三

阿鼻の依正は極聖の自心に處し、地獄天宮皆な是れ果地の如來也、毗盧の身土は凡下の一念を逾へず、遮那の覺體も衆生の迷妄を出でず、(十界互具即身成佛の理を現わし給ふ)

【草木成佛口決】七四五

口決に云く、草にも木にも成る佛也云々 此意は草木にも成り給へる、壽量品の釋尊也、經に云く如來秘密神通之力云々法界は釋迦如來の御身に非ずと云事なし。

(現代科學は、動物も植物も起原は一なりと說く)

【生死一大事血脈鈔】七四二

夫れ生死一大事血脈とは、所謂、妙法蓮華經也、其故は釋迦多寶の二佛、寶塔の中にして上行菩薩に讓り給ふて此妙法蓮華經の五字、過去遠遠劫より已來寸時も不離血脈也、妙は死、法は生也、此の生死の二法が十界の當體也、又此れを當體蓮華とも云ふ也、天台云く當レ知依正因果は悉く是れ蓮華の法也と云々、此釋に依正と云は生死也、生死之れ有れば因果又た蓮華の法なる事明けし、傳教大師云く生死の二法は一心の妙用、有無の二道は本覺の眞德と、天地陰陽日月五星地獄乃至佛果、生死の二法に非ずと云ふことなし、是の如く生死も唯、妙法蓮華經の生死也、天台の止觀に云く起は是れ法性の起、滅は是れ法性の滅云々、釋迦多寶も生死の二法也、然れば久遠實成の釋尊と皆成佛道の法華經と、我等衆生との三ツ全く差別無しと解て、妙法蓮華經と唱ふる處を生死一大事血脈とは云ふ也、此事、日蓮が弟子檀那等の肝要なり、法華經を持つとは是れ也

世尊は如何にして此妙法を得給しか

【日妙聖人御書】八六二

妙の一字に二つの舌まします、釋迦多寶の御舌なり、此の二佛の御舌は八葉の蓮華なり、此の重なる蓮華の上に寶珠あり妙の一字也、此の妙の珠は昔釋迦如來の檀波羅密と申

して身を飢たる虎に飼し功德、鳩にかひ(貿)し功德、戸羅波羅密と申して須陀摩王として、そらごと(虛言)せざりし功德等、忍辱仙人として歌梨王に身をまかせし功德、能施太子、尙闍梨《シヤウシヤリ》仙人等の六度の功德を妙の一字にをさめ給ふて、末代惡世の我等衆生に一善を修せざれども、六度萬行を滿足する功德を與へ給ふ、今此三界皆是我有、其中衆生悉是吾子、是れなり、我等具縛の凡夫忽に敎主釋尊と功德ひとし、彼の功德を全體にうけとる故なり、經に云く如我等無異等云々、法華經を心得る者は釋尊と齊等なりと申す文也

【一言の妙法】立正觀鈔　一〇六九

問ふ一心三觀に勝たる法とは何なる法乎、答、此事誠に一大事の法門也、唯佛與佛の境界なるが故に、我等が言說に出すべからず、故に是れを申すべからず也、是を以て經文に我法は妙にして思ひ難し、言を以て宣ふべからず云々、妙覺果滿の佛すら尙不可說、不思議の法と說き給ふ、何に況んや等覺の菩薩以下乃至凡夫をや、問ふ、名字を聞かずんば、何を以て勝法有りと知ることを得ん乎、答、天台已證の法とは是也、當世の學者は血脈相承を習ひ失ふ故に之を知らざる也、故に相構へ相構へて可ㇾ秘可ㇾ秘法門也、然りと雖汝の志、神妙なれば其名を出す也、一言の法是也傳敎大師の一心三觀傳於一言と書き給ふ是也、問ふ未だ其法體を聞かず如何、答、所詮一言とは妙法是れなり、問ふ何を以て妙法は一心三觀に勝れたりと云ふ事を知ることを得るや、答、妙法は所詮の功德、三觀は行者の觀門なるが故也、此の妙法を佛說て言く、道場所得法、我法妙難ㇾ思是法非思量、不可以言宣云々、天台云く妙は不可思議、言語道斷、心行所滅也、法は十界十如、因果不二の法也、三諦とも云ひ、三觀とも云ひ三千とも云ひ、不思議の法とも云ふ、天台の己證は天台の御思慮の及ぶ法門也、此の妙法は諸佛の師也、今の經文の如くならば、久遠實成の妙覺極果の佛の境界にして、爾前迹門の敎主、諸佛諸菩薩の境界に非ず、經に唯佛與佛乃能究盡 者迹門の界如三千の法門をば迹門の佛が當分究竟の邊を說ける也、本地難思の境智の妙法をば、迹佛等の思慮に及ばす、何に況や菩薩凡夫をや止觀の二字をば、觀名佛知、止名佛見と釋すれども、迹門の佛智佛見にして妙覺極果の知見には非ざる也、其故は止觀は天台己證の界如三千、三諦、三觀を正と爲す、迹門

の正意是れ也、故に知りぬ、迹佛の知見也と云ふ事を、但止觀に絶待不思議の妙觀を明すと云ふとも、只一念三千の妙觀に且らく與へて、絶待不思議と名る也、問、天台大師眞實に此の一言の妙法を證得し給わざるか、答、內證は爾る也、外用に於ては、之を弘通し給わず、所謂內證の邊をば秘して外用には三觀と號して一念三千の法門を示現し給ふ也、問ふ何が故ぞ、知り乍も弘通し給わざるや、答、時到らざる故に、付屬に非ざるが故に迹化なるが故也、問、天台此の一言の妙法、之を證得し給へる證據之れ有りや、答、此事天台一家の秘事也、世に流布せる學者之を知らず灌頂玄旨の血脈とて天台大師自筆の、血脈一紙之れ有り、天台御入滅の後は石塔の中に之れ有り、傳敎大師御入唐の時、八舌の鑰を以て之を開き、道邃和尙より傳受し給ふ、血脈とは是也、此書に云く、一言の妙旨、一敎の玄義と、傳敎大師の血脈に云く、夫れ一言の妙法とは、兩眼を開て五塵の境を見る時は隨緣眞如なる應し、兩眼を閉て無念に住する時不變眞如なるべし、故に此の一言を聞くに萬法玆に達し一代の修多羅一言に含す此の兩大師の血脈の如きならば、天台大師の血脈相承の最要の法は妙法の一言也、一心三觀は所詮の妙法を成就せん爲の修行の方法也、三觀は因の義、妙法は果の義也、但し因の處に果あり、果の處に因あり、因果俱時の妙法を觀するが故に是の如き功能を得る也、爰に知ぬ、天台至極の法門は、法華本迹未分の處に無念の止觀を立て、最秘の大法とすと云へる邪義大なる僻見也と云ふ事を、四依弘經の大薩埵は既に佛經に依て諸論を造る、天台何ぞ佛說に背いて無念の止觀を立て給わんや、若し此止觀、法華經に依らずと言はゞ天台の止觀、敎外別傳の達磨の天魔の邪法に同せん、都て然るべからず哀れ也、哀れ也、乃至

夫れ天台の觀法を尋ぬれば、大蘇道場に於て三昧開發せしより已來、目を開て妙法を思へば隨緣眞如也、目を閉て妙法を思へば不變眞如也、此兩種の眞如は只一言の妙法にあり、我れ妙法を唱ふる時、萬法玆に達し、一代の修多羅一言に含す、所詮迹門を尋ぬれば迹廣く、本門を尋ぬれば本高し、不ㇾ如已心の妙法を觀せんにはと思し食されし也、當世の學者此意を得ざるが故に、天台已證の妙法を習ひ失ひ、止觀は法華經に勝り、禪宗は止觀に勝たりと思ひて、法華經を捨てゝ止觀に付き、止觀を捨てゝ禪宗に付く也、

云々以下略（此文は宗祖が天台の極意を妙法に統一し給ふのみならず天台の後學者が止觀は法華經に勝れたりと云ふを破し給ふ）

【妙心尼御前御返事】一九四七

此の妙の字は佛にておわし候也、又此の妙の文字は月也日也、星也、かゞみなり、衣也、食也、花也、大地也、大海也、一切の功德を合せて妙の文字とならせ給ふ、又は如意寳珠のたま也、（要するに妙は萬物の起原なりと說き給ふ）

【南無妙法蓮華經】の解釋

御義口傳に云く、南無とは梵語なり、此には歸命と云ふ、人法之れ有り、人とは釋尊に歸命し奉るなり法とは法華經に歸命するなり、又歸と云ふは迹門不變眞如の理に歸するなり、命とは本門隨緣眞如の智に命《もとづ》くなり、歸命とは南無妙法蓮華經、是れなり、釋に云く隨緣不變一念寂照と、又た歸とは我等が色法なり、命とは我等が心法なり、色心不二なるを一極と云ふなり、釋に云く、一極に歸せしむ、故に佛乘と云ふと、又た云く、南無妙法蓮華經の南無とは梵語、妙法蓮華經とは漢語なり、梵漢共時に南無妙法蓮華經と云ふなり、又た云く梵語には、薩達摩《サツダルマ》芬陀《ブンタ》梨《リ》伽《キヤ》蘇《ソ》多《タ》覽《ラン》、此には妙法蓮華經と云ふ、薩は妙なり、達摩は法なり、芬陀利伽は蓮華なり、蘇多覽は經なり、九字は九尊の佛體なり、九界即ち佛界の表示なり、妙とは法性なり、法とは無明なり、無明法性一體なるを妙法と云ふなり、蓮華とは因果の二法なり、是れ又因果一體なり、經とは一切衆生の言語音聲を經と云ふなり、釋に云く、聲、佛事を爲す之を名けて經と爲すと、或は三世常恒なるを經と云ふなり、法界は妙法なり、法界は蓮華なり、法界は經なり、蓮華とは八葉九尊の佛體なり能く能く之を思ふべし、已上

【妙法蓮華經の五字を眼と云ふ事】日向記七〇

仰に云く、法華經第四に云く、佛滅度後能解其義（是諸天人）世間之眼と云々、此の經文の意は、法華經は人天、二乘、菩薩、佛の眼目なり、此の眼目を弘むるは日蓮一人なり、此の眼に五眼あり、所謂、肉眼、天眼、慧眼、法眼、佛眼なり、此の眼をくじりて別に眼を入れたる人あり、所謂る弘法大師是れなり、法華經の一念三千即身成佛、諸佛の開眼を止めて、眞言經にありと云へり、是れ豈に法華經の眼を抽《くじ》れる人に非ずや、又此の眼を閉ぢ塞ぐ人あり、所謂法然上人是れなり、捨閉の閉の文字は、閉眼の義に非ずや、所詮能弘の人に約しては、日蓮等の類ひ、世間の眼な

り、所詮眼の一字は一念三千の法門なり、六萬九千三百八十四字を此の眼の一字に納めたり此の眼の字顯れて見れば煩惱即菩提、生死即涅槃なり、今末法に入て眼とは所謂未曾有の大曼荼羅なり、此の御本尊より外には眼目無きなり云々

【女人と妙と釋尊と一體の事】日向記

仰に云く、女人は子を出生す、此の出生の子又た子を出生す、此の如く展轉して無數の子を出生せり、此の出生の子に善子もあり惡子もあり、端嚴美麗の子もあり、醜陋の子もあり、長のひくき子もあり、大なる子もあり、男子もあり、女子もあり、云々、所詮、妙の一字より萬法は出生せり、地獄もあり、餓鬼もあり、乃至、佛界もあり、權教もあり、實教もあり、善もあり、惡もあり、諸法を出生せり云々、又た釋迦一佛の御身より、一切の佛菩薩等悉く出生せり、阿彌陀、藥師、大日等は悉く釋尊の一月より萬水に浮ぶ所の萬影なり、然らば、女人と妙と釋尊との三、全く不同無きなり、妙樂大師の云く、妙即三千、三千即法云々提婆品に云く有一寶珠價値三千大千世界、是なり云々

【法華經極理の事】日向記

仰に云く迹門には二乘作佛、本門には久遠實成、此を指して極理と云ふなり、但し是も未だ極理にたらず、迹門にして極理の文は、諸佛智慧甚深無量の文是れなり、其の故は此の文を受けて文句の三に云く、竪に如理の底に徹し、横に法界の邊を窮むと釋せり、さて本門の極理と云ふは、如來秘密神通之力の文是なり、所詮日蓮が意に云く、法華經の極理とは南無妙法蓮華經是れなり。一切の功德法門、釋尊の因行果德の二法、三世十方諸佛の修因感果、法華經の文文句句の功德を取り聚めて、此の南無妙法蓮華經と成し給へり、爰を以て釋に云く、惣じて一經を結するに唯だ四のみ、其の樞柄を撮つて之を授與す云々、上行菩薩に授與し給ふ題目の外に、法華經の極理は無きなり云々

【妙法蓮華經五字の藏の事】日向記

仰に云く、此の意は、妙法の五字の中には、一念三千の寶珠あり、五字を藏と定む、天台大師玄義の一に判ぜり所謂る此の妙法蓮華經は、本地甚深の奧藏なり云々、法華經の第四に云く是れ法華經の藏と云々妙華嚴法阿含蓮方等華般若經涅槃又云く、妙涅槃法般若蓮方等華阿含經華嚴已上妙法蓮華經の五字には十界三千の寶珠あり、三世の諸佛は

此の五字の藏の中より、或は華嚴の寶を取り出し、或は阿含、方等、般若の寶を取り出だし、種々說法し給へり、加之、論師人師等の疏釋も悉く此の五字の中より取り出して一切衆生に與へ玉へり、此等は皆五字の中より取り出だし玉へども、妙法蓮華經の袋をば持ち玉はず、所詮五字は上行菩薩の付屬にして、更に迹化の菩薩諸論師いろはざる題目なり、仍て上行所傳の南無妙法蓮華經は藏なり、金剛不壞の袋なり、此の袋をそのまゝ日本國の一切衆生に與へ玉へり、信心を以て此の財寶を受取るべきなり、今末法に入ては、日蓮等の類ひ受取る所の如意寶珠なり云々

【授職の法體】日向記

仰に云く、此の文は唯佛與佛の秘文なり、輙く云ふべからざる法門なり、十界三千の諸法も一言を以て授職する所の秘文なり、其文とは神力品に云く、皆於此經宣示顯說の文是れなり、此の五字即ち十界同時に授職する所の秘文なり十界己己の當體本有妙法蓮華經なりと授職したる秘文なり云々

【如說修行鈔】遺文錄、九六六

夫れ以れば末法流布之時、生を此土に受け此經を信ぜん人は、如來の在世より猶多怨嫉難、甚だしかる可しと見へて候也、其故は在世は能化の主は佛也、弟子又大菩薩阿羅漢也、人天四衆八部人非人等也といへども、調機調養して法華經を聞かしめ給ふ、猶怨嫉多し、何に況や、末法の今の時は敎機時刻當來すといへども、其師を尋ぬれば凡師也、弟子又た鬪爭堅固白法隱沒、三毒强盛の惡人等也、故に善師をば遠離し惡師には親近す、其上眞實の法華經の如說修行の行者の師弟檀那とならんには三類の敵人決定せり、されば此經を聽聞し始めん日より思ひ定むべし、況滅度後の大難の三類甚しかるべしと、然に我が弟子等の中にも兼て聽聞せしかども、大小の難來る時は今始て驚き肝をけして信心を破りぬ、兼て申さゞりける歟、經文を先とし、猶多怨嫉況滅度後、況滅度後と朝夕敎へし事は是也、予が或は所を追われ、或は疵を蒙り、或は兩度の御勘氣を蒙りて、遠國に流罪せらるゝを見聞くとも、今始て驚くべきにあらざる者をや、問て云く如說修行の行者は現世安隱なるべし何が故ぞ三類の强敵盛んならんや、答て云く釋尊は法華經の御爲に今度九横の大難に遇ひ給ふ、過去の不輕菩薩は法華經の故に杖木瓦石を蒙り、竺の道生は蘇山に流され、法

道三藏は面に火印をあてられ、師子尊者は頭を刎られ、天台大師は南三北七にあだまれ傳教大師は六宗ににくまれ給へり、此等の佛菩薩大聖等は法華經の行者として大難に遭ひ給へり、此等の人々を如說修行の人と云わずんは、いづくにか如說修行の人を尋ねん、然るに今の世は闘爭堅固白法隱沒なる上、惡國惡王惡臣惡民のみ有て、正法に背きて邪法邪師を崇重すれば、國土に惡鬼亂れ入りて、七難三災盛んに起れり、かゝる時刻に日蓮佛敕を蒙りて此の土に產れけるこそ時の不祥なれ、法王の宣旨背きがたければ、經文に任せて權實二敎のいくさを起し、忍辱の鎧を著て妙經の劍を提げ、一部八卷の肝心妙法五字の旗を指し上げて、未顯眞實の弓を張り、正眞捨權の箭をはげて、大白牛車に打乘つて、權門をかつぱと破り、かしこへおしかけ、こゝへおしよせ、念佛、眞言、禪、律等の八宗十宗の敵人をせむるに、或は逃げ或は引き退き、或は生取られし者は我が弟子となる、或はせめ返し攻め落しすれど、敵は多勢なり法王の一人は無勢なり今に至て軍やむことなし、法華折伏破權門理の金言なれば、終に權敎權門の輩を一人もなく攻め落して法王の家人となし、天下萬民、諸乘一佛乘と成つて、妙法獨り繁昌せん時、萬民一同に、南無妙法蓮華經と唱へ奉らば、吹く風枝をならさず、雨壤を碎かず、代は義農の世となりて、今生にては不祥の災難を拂ひ、長生の術を得、人法共に不老不死の理り顯れん時を各各御覽ぜよ、現世安穩の證文疑あるべからざる者也云々

此御書は文永十年佐渡の配所より弟子達に與へられし如說修行鈔の前文なり玆に統一の結文とす、

佛敎の說ける、宇宙創造說たる各論は、妙法蓮華經に依て統一さる、萬物は妙の一元より發展す、玆には唯、一優婆塞が盲蛇的に其筋道の大略を拔萃せし故、宗祖の深甚なる義を傳へる事出來ず、慚愧恐縮して居る願くは、篤學の士は宗祖の御遺文に依て直接に御硏究を乞ふ、現代科學は二元論より遂に電子の一元論に歸し、佛敎の色心二法の二元論は妙の一元に統一さる。

靈魂

現今一般の科學者の稱する靈魂と、佛教に示された靈魂の名稱及び實質の說明

科學者が地球構造の材料として發見せし九十餘種の元素が最近極微分子、即ち電子の發見に依て一元に歸した（詳細は前に說）此の一元たる電子に相當する者を、佛法では法身、眞如、如來藏、萬有總該の一心、心、佛性、法性、妙と種々の名に依て說かれて居るが、同一の者を指したのである、其體は不可思議と名けられ、言語道斷、心行所滅で即ち言語で說明し、心で測ることの出來ない。そして萬物の色（物質）心（心性）と善惡を造る性質、即ち三千の諸法を具備して居る、完全無缺の不可思議の一大原素で、世尊は是を妙法と名けられ、日蓮上人は、釋して妙とは法性なり法とは無明なり、無明法性一體なるを妙法と云ふなり（御義口傳）と說明された、此の妙法が緣に引かれ十界と別れ、一念三千の法理に依て萬物が造られたのである、故に心。佛。衆生。此の三差別なしと說かれたのは此の一元から流出した故である。

科學者の二元論に稱する靈魂は、佛教の如何なる部分に當るかを比較すれば。

十二因緣に於ては、萬有の一元が無明を起す（無明とは宿惑位とあり心の動く方面に動きかけた時）次位、行（行とは行業と熟して運動を起した位）次位、識（無明行に依て母胎に托す結生の初念）此の識が靈魂に當る。

賴耶緣起說では、阿賴耶識が靈魂に當る

眞如緣起說では、阿黎耶識が靈魂に當る

華嚴の法界緣起說では、萬有總該の一心、即ち心が靈魂に當る

眞言宗の六大緣起では、識大が靈魂に當る

天台宗では、一念三千の一念が靈魂に當る

是迄比較して說た靈魂は、科學的には、電子が、各原素と變化した時に、一種の支配權を持つた靈魂も一元素として其頃發生したのである、其時期は、地球に於ては星雲時代佛說では無始と說かれた、然し新しく靈魂と云ふ者が發生したのではない、水が氷に形が變る如く、電子共儘變形したのである、即ち九十餘種の元素も電子の變形に過ぎない永い永い年月の間、靈魂なる一元素は他の元素を集め、無

機物より有機物と段々進化し、動物、植物を造り人類を造り遂に今日の社會を造つたのである、故に礦物にも植物にも動物にも靈魂は含まれて居る、其物質が破壞して元の原素に歸つた時、靈魂は分離する、譬へば木が枯れた時、動物が死んだ時、靈魂は遊離し、生前の最後の姿となる。此の遊離した、靈魂は、因緣の引く處に隨ひ、時を待つて入胎して體を作り出生する。斯くの如く、生じては死し、死しては生じ、其都度進化し、退化し、變化し永遠に流轉し社會を作る。其最も進化した者が吾々人類である。

宗教では遠く印度吠陀時代又は古代エジプト、バビロニア等にては七千年前に既に靈魂の存在を認めて居つた、歐洲でも昔は見認めて居つたが、百年程前から科學が進步し心理學が發達して一切を遺傳と腦の作用に歸し、靈魂の存在を認められなくなつたが最近有無に就て一元論と二元論が有るが科學的に證明が出來ない爲に、確定しない、然し最近發見された、重大なる不思議の作用をする「ラジウム」も大古から存在して居つたのであるが今迄發見されなかつた、三十年前には科學界は三十六元素で萬物を構成すると說明して滿足して居つたが、今日では進步して五十餘種增加し總體で九十餘種を認めて居る、今一步進んで科學者も靈魂を一の元素と認める時期が來るであらう。

現在吾人が心眼で見、日夜交通する靈魂は、肉眼には見えぬが、瓦斯體で樣々の姿をして居る。此姿は數千萬年の間流轉し動物、植物と樣々に變化した最後の生存時の姿である。此姿は靈魂の化生であり即ち佛敎で謂ふ戒體に當る、此の姿は入胎して再生しない限り、何千年經ても其儘變化しない、父母又は雌雄の緣を借りて入胎し社會に出る時、父母の姿を遺傳する、そして生存し、死後は其の死の時の姿を靈は保有する。

是を佛說の三身に配當すれば、電子の一元は法身で、各元素及び靈魂となつた時が報身で、物質となり生物と成つた時が應身である、即ち三身即一の理で統一さる。

次に十如是の第二、性如是の解釋に、性以ㇾ據ㇾ內、自分不改、性如是を三身に配當した時、報身に當り、三諦には空諦、界如三千の法にては、千如に當る、即ち元素は自身のみにては變化することが出來ない、即ち性不改で、姿は肉眼に見へない即ち如で、如は空の義である、然も不思議に種々の物を造る働がある、之を千と名づけたので、即ち種々の物を造る働があるが姿は肉眼に見へぬ、元素は千如である、止觀には理性にして佛性の性なり、とあり予の見解に味方して居る、

此の靈魂と元素との關係に付て如何にして説明せんかに就て考へた、佛祖は斯くの如く明に解決を與へ給ふた、佛祖の大慈悲を深く感謝する、又た佛世尊は一切衆生が一時に成佛しても佛界增さず、衆生界減ぜず、又た草木も國土も悉く皆な成佛する、即ち動物も植物も礦物も皆な進化し最も完全なる狀態即ち成佛すると、世尊は三千年の昔に於て妙法一元論を說かれた、次に祖書に依て靈魂の說明する。

【日蓮上人の二元論の統一】色心二法鈔　三十四

生ずるは心法なり、滅するは色法なり、色心の二法が、不二なりと云は、譬へば、もみを種におろすには、もみは去年の果なれば心法なり、此心法を今年種に下すには、此種子、苗となる、心ろ色と成るが故に、心法の形見へず、但色法のみなり、然りと雖も、此の色法の全體は心法なる故に日月の過行に隨て生長するなり、故に色心不二なり、色心不二なりと雖も又而二なり、此色法の苗の中より秋に至て又本の心法の種を生ずるなり、故に不二にして而二也、是の如く十界の依正、色心の二法、一法二義の理にして生死常住の故に三世に改ることなし、

【十二因緣御書】一三四

第六の意と云ふ者は、一切衆生、我等が心中に持ちながら都て之を知らざる也、我心さへ知らず、見ず、況んや人の上をや、當座の人々知し食れんや、佛も心は不思議と仰られたり、況んや其以下をや、知らざる故は、此心は長短方圓の形を離たり、青黃赤白黑の色に非ず、言語道斷、心行所滅の法なり、行住座臥、語默作作、因緣表白の喩ふべきに非ず、繪に書き作り出すべき物に非ず、是を脩學する者に非ず、佛より記別せられたることもなし、神の託宣に承る事もなし、親、師匠の手より讓られたる事もなし、天より降り地より涌きたる者に非ず、極大不思議の者也、かゝるくせ物(奇異)なるも、天台妙樂二聖人の御釋玄文に云く心は玄焰の如く但名字のみ有り、之を名けて心と爲す、適其れ有と云わんか色質を見ず、適、其れ無しと云わんか復た慮想起る、有無を以て思度すべからず、故に心と名け妙と爲す、妙心可軌也、之を稱して法と爲す、心法は因に非

ず果に非ず、能く理の如く觀じて因果を辨ず、之を蓮華と名く、一心の觀を成するに依て、亦た轉じて餘心を敎ゆ、之を名けて經と爲す矣

籤に云く、有りと言へば則ち一念都《すべ》て無し、況や十界の質像あらんや、無しと云へば則ち復た三千の慮想を起す、況や一界の念慮をや、此有無を以て思ふべからず、故に、則ち一念の心、中道なること冷然也、故に知ぬ、心は是妙也爰に知んぬ、我等が心は法華經也、法華經は我等が心也、法華經を知らざるは、即ち我身を知らざる也云々、止の三に云く、如來無礙智慧の經卷は具に衆生の身中に在り。顚倒して之を覆て信ぜず見ざる也。倩《ツラツラ》ら物の心を案ずるに、一切衆生の六根は悉く法華經の體なりけりと、能く能く目を閉ぢ心をしづめて、つくづく御得意候へ、心が法華經の體ならんには、五根が法華經の體にてある事は疑なし、心は王也、五根は眷屬也、目に見、耳に聞く等の事は、心が見て聞かせるなり、五根の振舞は併しながら心が計らいなり、物を見る心が所作なれば、眼も法華經なり、耳に聞くも心が計なれば耳則ち法華經なり餘根以て之に同じ、死ねば五根も去る、五根の當體は死ねど、其形は滅せず、然れども心無ければいつか死人の物を聞くや、譬に合せん、法華經を謗る者亦た是の如し、我等が心、法華經にてあるを而も法華經を謗て心を失するは六根不具也、法華經の心を失して、爾前の經立つ可き哉、法華經を謗り不信にては、爾前諸宗等の小乘權法等は心去りたる死骸にてこそあらめ云々、今法華宗は法華經と云ふ心を捨てざれば、死骸六根隨て失せず、心則ち五根、五根即ち心なれば、心法成佛すれば色法共に成佛す、色心不二にして內外相具せり云々、

以上

【結文】靈魂の本體及現象、實在に付て、說明の爲に、宗祖の御遺文から前記の通り拔萃した、各緣起論と對照して法華經の眞理、即ち靈體(妙法)を能く能く御勘考されたい是れで科學の云ふ靈魂と、佛敎の靈魂の本體たる妙法との靈魂の根本的說明は終りとする。

是から詳說する靈魂は、普通一般に認識されて居る、人類の死後の靈に就てゞある、一般に死靈と稱へらるゝ靈は、瓦斯體にして肉眼に見へざるも、其生前の最後、死の刹那の姿を其儘現ずる、之を戎體と云ふ、神も同一である、修行が出來て眼根淸淨を得た人は肉眼に見得る、又數人一室

に集つて居つて同時に同一の姿を見ることもある、然し是は靈の本體でなく、生前に得た假の姿である、本體は前に說明した通り妙法であり、瓦斯體の姿は死後の道程の一現象である。靈魂の實在に付ての說明は三諦圓融の深義を以てせねば說明し難い、然し此の靈魂が期來つて父母（動物にては雌雄）の緣を借りて入胎し再び體を得て出世する、斯くして死しては又產れ、又死す、之を生死流轉と云ひ、此の流轉に依り、萬物は進化し退化し變化する、其理由は妙法即ち靈魂の性具の三千の大法理に依る、次に靈魂の死後の生活、及び生死流轉に附て因果の大法を祖書に依て說明する。

死後の生活、生死流轉

人は死後、如何なる境遇となるかに付き、祖書の說明

【十王讚歎鈔】五四

先づ人一期の命盡きて、死門に趣かんとする時、斷末磨の苦とて、八萬四千の塵勞門より色色の病起て、競ひ責むること百千の鉾劒を以て其身を切割が如し、之に依て眼闇く成て見度き者も見得ず、舌の根すくんで云ひたき事も云ひ得ざるなり、又莊嚴論に命盡き終る時は大黑闇を見て深岸に墮るが如く、獨り廣野を逝て伴侶有ることなしと云て、正しく魂の去時は目に黑闇を見て、高き處より底へ落入るが如くして終る、さて死して行く時、唯獨り渺渺たる廣き野原に迷ふ、此を中有の旅と名くる也、されば路に行かんとすれど求むべき資糧もなく、中間に住して止らんとすれども止るべき處もなし、又た闇き事闇夜の星の如しと云只星の光を見て行程の闇なれば、前後左右明かならず一人としても添わず、是非を訪ふ人もなし、其時の有樣思ひ遣るこそ心細し悲しけれ娑婆戀しく妻子見たけれど、立歸るべき道ならねば、彌々道遠くなる、行方覺へねば思ひ分たる道もなし、彼につけ此に附け、身にそふ者とては悲の涙也、此の如く指ともなしに行く程に途中にしに獄卒の迎を見る人もあり、又初七日の王の前にて初て見る人もあり、此等は罪業の淺深と見へたり、此外極惡、極善は中有なし極善の人は直に成佛す、極惡の者は直に惡趣に墮つ、此善惡に中有之れ無し、只尋常の體にて、若しは佛道修行に趣くと雖も、其法成就する程の行業もなさずして、暮せる人に中有あり、今は斯の如き人の相なり、以下略

【生死の流轉に付】女人成佛鈔五三〇

一切衆生は、法性眞如の都を迷ひ出でゝ、妄想顚倒の里に入しより巳來、身口意の三業になす處の善根は少なく惡業は多し，されば經文には、一人一日の中に八億四千念あり念々の中に作す所、皆是れ三途の業なり等云々、我等衆生三界二十五有のちまたに輪廻せし事鳥の林に移る如く死しては生じ生じては死し、車の場《ニハ》に廻るが如く、始め終りもなく、死し生ずる、惡業深重の衆生なり、爰を以て、心地觀經に云く、有情輪廻して六道に生ずること、車輪の始終なきが如く、或は父母となり、男女となり、生生、世世、互に恩あり云々、法華經卷二に云く、三界は安きこと無し猶火宅の如し、衆苦充滿せり云々、涅槃經二十二に云く、菩薩摩訶薩、諸の衆生を觀するに、色香味觸の因緣の爲の故に、昔し無量無數劫より、常に苦惱を受く、一一の衆生一劫の中に積る所の身の骨は王舍城の毘富羅山の如く、飮む所の乳汁は四海の水の如く、身より出す所の血は四海の水より多く、父母兄弟、妻子眷屬の命終に涕泣して出す所の涙は四大海の水より多し、地の草木を盡して四寸の籌《ガズトリ》と爲して以て、父母を數ふるも亦盡すこと能わず、無量劫より巳來、地獄、畜生、餓鬼に在て受る所の苦。稱計すべからず、亦一切衆生の骸骨耶云々是の如くいたづらに、命を捨るところ骸骨は毘富羅山よりも多く、恩愛あわれみの涙は四大海の水より多けれども、佛法の爲には一骨も投げず一句一偈を聽聞して一滴の涙をも落さぬゆへに、三界の籠樊を出でずして、二十五有のちまたに、流轉する衆生にて候也

【六道の輪廻】大井莊司入道御書、一五三五

有情輪廻生死六道（地獄、餓鬼、畜生、修羅、人間道を六道と云）と申て、我等が天竺に於て獅子と産れ、漢土、日本に於て虎、狼、野干と生れ、天には鵰鷲、地には鹿蛇と生れし事數を知らず、或は鷹の前の雉、猫の前の鼠と生れ、生ながら頭をつゝき、ししむらを咬まれしこと數を知らず、一劫の間の骨は須彌山より高く、大地よりも厚かるべし、惜しき身なれども、云ふに甲斐なく奪れてこそ候けれ

【野干帝釋となる】阿佛房鈔、一九五九

尸陀山の野干は佛法に値ひて、生を厭ひ死を願ひ、帝釋と生れたり

【植物が動物となる】本尊供養御書

法華經の文字は六萬九千三百八十四字一一の文字は、我等が眼には文字と見へ候へども、佛の御眼には一一に皆な佛也、譬ば金粟王と申せし國王は沙を金となし、釋摩男と申せし人は石を珠と成し給ふ、玉泉に入りぬる木は瑠璃となる、大海に入りぬる水は皆鹹し、須彌山に近く鳥は金色となる、阿伽陀藥は毒を藥とす、法華經の不思議も亦是の如し、凡夫を佛と成し給ふ、燕は鶉となり、山の芋はうなぎとなる、世間の不思議以て是の如し、何かに況んや法華經の御力をや

（現代科學の進化論に松の木と狐とは其源は同一の原形質なり唯分離せし時代が遠き昔故、今日の如く變化せりと說く、詳細は科學の所に說く）

【魚が人と生れて國王となり敵討せし物語】

世尊の御在世、毘瑠璃王が迦毘羅城の釋種の男女を虐殺せし、世尊九横の難の一、昔の因緣

興起經上、過去ノ久遠世、於テ羅閲祇ノ大城中ニ、時ニ穀貴飢饉乃至、其ノ時羅閲祇ニ有リ大村數百家 名テ曰フ吱越ト 村東不遠有池、名ヲ曰多魚ト 吱越村人、將テ妻子ヲ 詣ラ多魚池ニ止リ於地邊ニ捕魚食ツ之ヲ、時ニ捕魚ノ人、採魚著シ岸上ニ 在ア於陸ニ跳ル、我爾ノ時爲リ小兒ト年適四歲、見テ魚ノ跳ルヲ而喜ブ、時ニ池中ニ有兩種ノ魚、一種ヲ名ケ麩ト、一種ヲ名ク多舌ト、此白相ヒ謂テ曰、我等不ズ犯サ人ヲ 横ニ被見ハ食、我等後世要ス當ニ報ヘ此ヲ、佛語タマハク舍利弗ニ 汝識爾ノ時ノ吱越村人男女大小不則チ今ノ迦毘羅越國ノ諸釋種是ニ、爾ノ時ノ小兒ト者我カ身是ナリ爾ノ時ノ麩魚ハ者毘樓勒王是ナリ爾ノ時ノ多舌魚ハ者、今ノ毘樓勒王相師ノ波羅門ノ名ル惡舌ト者是カリ、

明に知ぬ、魚が進化し遂に人類となり、國王となつて、過去世の仇討せしに非ずや、現代の進化論を世尊は三千年の昔に說き給ふた（此詳細は釋尊九横の難の所にて說く）

【草木成佛】草木成佛口決、七四五

口決に云く、草にも木にも成る佛也、此の意は草木にも成り給ふ壽量品の佛也、釋尊也經に云く、如來秘密神通之力

【回々敎コーラン】黃牛品三十二章

爾曹見ずや數千人は死を畏れて、故國を棄てしを、神は之に死と云ひ（て皆死せしが）のち復之に、生を與へぬ、神は人間に慈悲なれば、然るに其多くは感謝せざりき、

回々敎にも死後の再生を說く

埃及の宗敎も死敎の再生を說くも詳細は略す

是迄は靈魂が死後の生活及び再び生れ變り種々の物に變化するの證明に祖書及佛說を拔萃した、佛教は進化論、又退化論、即ち流轉論であり、世尊は其本體を妙法と說かれた人が生存中爲したる行爲により死後變化を生ずる論は後の因緣果で詳說する。

薰發した靈の姿及び靈魂との交通と物語

過去十年間、千人以上の靈魂と交靈して、死後の狀態に付き實驗した結果を綜合して發表する。

生物は死の刹那、其の靈魂は其體から脫出する、瓦斯體で肉眼には見へないが、其姿は生存中の最後の姿を化生し保有して居る、即ち戒體である、普通の人の戒體の大さを、倶舍論には六七歲の小兒の如しとあるが、我々の心眼に映る姿は、殆んど生前と同一の大さで、其着衣も其人の平素好んで着て居つた者が多い、昔し戰爭で討死した靈は、鎧武者の姿で血に塗れ、刀を杖にして居るのも有れば又疫病で苦悶して死んだ靈は、其儘苦悶の姿で現れる、頸び縊りはブラ下り頭が充血し眼が痛み咽喉が痛み苦悶した姿で出て來る、其形は千姿萬態である。

死後靈魂の冥界に存在する期間を、經典には中有とある、極善極惡、無中有と云ひ、極善人は死後直に苦痛なく、善神に導かれて靈山淨土へ往き、極惡人は直に地獄に墮ちるから、此の二つは中有は無いのである、中有又は中陰とも名けるが、經典には定說なく、四十九日、百ケ日又は一年三年等の說がある、又日時に制限なしとの說も有る、實驗に依れば、遠きは印度吠陀《ベタ》時代、支那の三皇、日本に於ても神代の靈が出現され、又最も近き靈は死後、七日又は一ケ月一ケ年位で、出て物語する靈も澤山ある、要するに中有の期間は其靈魂の因緣即ち罪の淺深に依て不同であると言はねばならぬ、

【死靈の住所】靈魂は死の刹那の一念の處へ行く、譬へば旅行先で災難で死んだ時、父母妻子に遇ひたいと思つた一念は直に其家に歸る、又た人を恨み、怨念を以て自殺した場合其靈は怨念となつて直に先方へ行き恨を報ふ、自分の家で安靜に死んだ者は其家に留る、行處ない行路病者は其の死んだ土地に殘る、斯くの如く靈は死の刹那の一念に依

て働き、後は自由に一人歩きが出來ない故に臨終の時の觀念が最も必要である、故に臨終の時正念を要するのである。此の臨終正念を極度迄利用したのは、西方阿彌陀念佛觀であるが、實は阿彌陀は無い故迎に來る事がない。

此の中有の期間、自然の支配を受け、時に從て向上、向下し、入胎し再び社會へ出るのである。生前善事も行わず、信仰もしなかつた靈は向上することが出來ない、畜生界に墮ち、犬猫牛馬等になる、靈魂は子孫の追善を受くる事が出來れば、其功德により、解脫し向上する、先祖の靈は其家に留る、子孫は追善供養を怠つてはならぬ、家に佛檀の必要あるは、靈魂に一定の住所を與へ、朝夕に讀經するのは朝夕食事を奉り給仕するに當る。普通の靈魂は、六識を具すれど六根なく、故に物を見る事出來ず闇黑なり。耳に聽く事も口に食ふことも出來ず、法華經の功德により六根具備す。故に先祖には報恩の爲、朝夕讀經回向せねばならぬ。

靈魂は瓦斯體の故に、水中にも、廣野にも、木の中にも土の中にも居ることが出來る、又た電氣の如き者故、何れからでも出入は自由なるも死の刹那一念の處に留り、又因緣の引く處へ行けば後は自由に好む所へ行く事が出來ない、丁度電氣の中和した狀態になるので、闇黑の中に、出生する緣の有る迄、百年でも千年でも其儘眠て居るのである。

生前法華經を信じ常に題目を唱へ、行の正しかつた靈魂は死後の靈體に六根を具備し、光明を認め、苦痛なく耳に聽き眼に見ることが出來る、斯くの如く冥界は千姿萬態複雜すること現社會に似て居る。

死靈と如何にして交通し交話するや

靈魂が物語するには生て居る人の機關(六根)を借りねばならぬ、經典には童男童女の心淸き者に靈魂を移して其人の口を借て物語するとある、現代では此の靈の仲介者を靈媒と云ふ、日本にても神は巫女《ミコ》に憑り勅を降され、又た歷史にも　天皇が神靈と物語された事蹟が澤山ある、德川時代には巫女の口寄とて死人の靈を呼出し物語さす職業があつたが、生活の爲に未熟の者が僞を告げ金錢を貪り害毒を流した爲、禁止された事がある然し世界に於ける宗敎の起原、猶太敎、基督敎、回々《フイフイ》敎、波斯《ペルシヤ》敎、婆羅門敎は皆な神の示現、神人の交通より初まる、世界を通じて昔の人は靈感が現今の人より鋭敏であつたようだ。

【人の身體を靈魂が如何にして使用するか】 譬へば生た人の身體を完全なる自動車とする、靈魂は運轉手で、ガソリンが食物で、「エンジン」が內臟機關で、四ツの車が手足の四本である、運轉手が車を自由に動かす如く、靈魂は身體を動かす、又運轉臺に助手が居つて共に二人で運轉出來る如く自分の靈と他と靈が一ケ所に居つて二人で身體を使ふことも出來る、其運轉臺は人間の何處ぞと云へば、心臟の下である、休憩中の靈の住所は下腹部臍《ヘソ》の下である、昔から臍下丹田と云つた、自動車なら客席であらう、靈が働かうと思ふ時は、運轉臺即ち心臟の下に來る、玆で意志を發表すれば、言語となり、又腦を通じて、諸機關は働く、運轉手が運轉臺に居て自由に車を操縱するに異ならない、他の靈が人の體を借て發言するは、運轉臺に助手が乘つて運轉手に代り車を運轉する如く、即ち心臟の下の運轉臺に他の靈が乘つて意志を發表すれば、腦の働によつて言語となつて現る。

不意に驚いた時、心で思つても聲が出ない事がある、是は咄嗟の間で靈が發言する場所即ち運轉臺に行く間が無かつた時である。

【昔から魂の所在を】 臍下丹田とて下腹部の臍《ヘソ》の下とし。思は胸にある、合點だと胸を打つ、西洋では「ハート」心臟を心と示して居る、又胸三寸とも云ふ、今の醫學の教ゆる如く智識の全體は腦の働のみでない、諸君各自に魂の所在を研究して見給へ、決して意志は腦から出ない、腦は記臆の貯藏場である、今日の醫學は靈魂の問題迄進んで居らない。

佛教では靈魂を八識、脊髓を七識、腦を六識に配當し、腦の命令により眼、耳、鼻、舌、身の五識が働くので、又た腦は記臆の貯藏場とされて居る。

他の靈魂が、生た人の體を借て物語する其代人を靈媒と云ふ、靈媒が修法讀經の力に依て、沒我入神の三昧境になつた時他の靈魂が其心臟の下の發音機關へ這入つて、意志を發表すれば、腦を通じ手足の運動、言語となる、又其人の眼を通じて現界を見ることが出來る、又た畜生の靈、即ち犬猫の靈が發音機關へ這入つた時、其意志の發表は人の言語となつて出る又た外國人の靈が出ても、日本語に變化する、然し健全なる意志の强い靈で其國語で問ふ者があれば其外國語で語る、此際、外國語を知つて居る靈媒ならば充分の物語が出來る、又た發音機關、即ち運轉臺に他の靈と本人の靈と共に居り交替に使用することが出來る、故に物語中に、自分の己心が雜ることがある、故に靈媒者は多年の練習と誠實、順良なる素質が必要である、又練習が積めば、自身の體に靈を移して、此の靈と胸中にて互に物語することが出來る、運轉臺に二人が語る如く、双方の意志の發表は腦の機關を通じて双方の意志が言語となり、互に口より出て物語する、丁度一人の落語家《はなしか》が二人の話を一人でする樣に、此時腦は、電話の交換手の如く双方の話しを聞き記臆する。

【神と人との關係】前述の發音機關に神靈が居れば、其神の意志は、其人の意志、言語となつて發する、國家の大事に付ての天皇の勅語は、天祖の仰であり、戰爭の時の元帥大將の命令は、神の意志である、例へば日露戰爭の時、對馬海峽に東鄕大將が、バルチツク艦隊を迎へ擊つた時の策戰は、其時の大將には日本國の神が乘つて居られて、大將の意志は神の意志であつた、又各自の守護神は各自の助手となつて、日夜共々働き、共存共榮さるゝのである、又惡魔の靈は惡人に乘つて、其人の意志以外の極惡を行はしむ。

【心の所在に付き】婆羅門教說

ウパニシヤツト全集第四卷一三四マーハーウパニシヤツト

第三章

讃歌第三

而して心臟は蓮華の蕾の如く、實に花の蕾の如くシートの快音（合唱）に依て開敷せんとして下に向て垂る、その中心に大火焰聚あり、一切の火焰聚なり、一切の方面に向へりその中心に頂炎あり、纖微にして上方に向て立てり、かの頂焰の正中に、プルジヤ（原人）あり最上我ありて存す彼は即ち梵なり、自在主なり、彼は因陀羅なり、不壞なり最高の自主なり、　以上

是れ則ち靈魂の所在と、靈魂の說明に外ならず。

【他の靈が我等の肉體へ何處から這入るかに附て】我々の肉體は靈の分子より非常に粗く、靈の分子を水とすれば、肉體は海綿位の粗體故、何れの部分よりも浸入が出來る、大概手先より腕を通ずる者が多いゝが、此の靈の移る時、

弱い電流の通ずる如く感じることもある、又た荒き靈の時は其局部に痛みを感ずることもある、又た體内の何處にも居住することが出來る、居住と云ふても、海綿が水を吸ふ如く積は大きくならないで、水は存在し得る如き狀態である、惡靈が止住した場合其場所に故障が起る之が一種の病氣となる。

死靈を靈媒に移し物語をさせるには、普通に死んで苦痛を持て居らぬ靈魂でも一週間乃至二週間、生た人の體に移し其人の耳より法華經を聞かせ、經力と人の精力を附與せねば、靈魂は物語する力がない、非業の最後した靈は其苦痛から先に取らねばならぬ、譬へば縊死した靈は先づ第一に繩を解き咽喉の苦痛を取らねばならず、姙娠七八ケ月で子を產まずして死んだ靈、又は難產で子を產まずして死んだ靈は、其靈體に子を產せ、身二つにしてやらねば苦痛は取れぬ、隨て得道しない。

一二週間、讀經を聽かせなければ靈が物語の出來ない理由は、靈魂は六識を具備して居るが、完全の六根無き故（戒體あれども粗なり）自から見聞覺知することが出な來い、故に生て居る人の六根を依用し、讀經を聞き經の功德力により解脫得道した時、戒體の六根完備す故に物語が出來る

解脫得道に從て靈魂の姿の變化

吾人は道場に來る死靈の着衣及び姿が時を經て變化するを見る、譬へば戰死せし武者が、鎧兜の武者姿で血に塗れて刀を杖によろ〳〵と來るが、此靈が二三週間の聽經の威力で得道した時、其時代の白の社袴の禮服を着て、髮も奇麗に結て居る、又殿上人は衣冠束帶、夫人は其位置の禮裝する、此變化は靈界に於て何に依て起るや不審し神に問ふ、曰く法華經の功德に依る、彼の解脫、一念三千の大法に依り、彼の戒體は變化す、汝等の所作も應に斯くの如し、日夜に戒體を作りつゝあり、謹まずんばあらず、勤めずんばあるべからずと仰らる。

人が道德を守らねばならぬ根底は玆にある。

死靈の冥界物語

予の知人で二十歲で死んだ、山本秀治と云ふ人は、信心者であつたが、病氣の爲め病院で片足を切斷し一時快復したのですが、一年後再發して、大正七年十二月七日に苦痛も

なく歿しました、此靈が大正八年二月十五日に靈媒の體に出て來たので、是に死後の有樣を聞きました、其の物語、死の刹那、闇黑の中を下へ下へ落ちて行く心持です、ドンと止まつた時死んだだと自覺しました、其後葬式してくれた事も、燒かれた事も知りません、自分は生前の家に居る心持です、其内漸く佛前の燈明と鈴《リン》の音と、讀經の聲が聞へるようになり、父が死んで家中ゴタ〳〵して居ることが判りました、(父の死は大正七年十二月十八日で此間十一日經過)一切暗黑で外の光や音は聞へません、食欲もありません、其内神樣に玆に引出され、毎日御經を聞て居る内心持も能くなり、切斷した足も段々出來て元の通になり、歩行に差閊へなくなりました、御經の聲は靜粛なる音樂を聞く樣で誠に有難い者ですと語りました、得道が出來たから、三月四日靈山淨土へ神に依て送つた。

知人の彫刻師で深川仲大工町に住んで居つた小川文慶と云ふ人は、大正七年十一月流行感冒で突然死にました、生前用達てあつた金が有つたので、死んで一週日目に來て其時宅に居つた、平野ことと云ふ靈媒婦人に憑り物語をしました、借金の言譯に來たのです、突然の死で跡の繼手もなく、長男は今迄自分の稼業がきらいで、未熟ですから如何とも致し方なく、暫時返濟を待てくれと云ひ、自分は是から長男に乘つて仕事を仕込み、一人前にすると言ふて歸りました、其後不思議にも伜は彫刻が上手になり、親父が得意の鬼子母尊神の等身大の生毛を植た像を造る迄になり獨立して行けるようになつた、是れで安心せしものが三年經て出て來て伜も一人前になりました故、漸く安心して玆に來る事が出來ました、どうぞ靈山へ送つてくれと頼みました此人は日蓮宗の信者でして鬼子母神の彫刻が得意でした信仰の力が強い人故、早く出られたのです、

昭和三年三月中旬薫發

曹洞宗前管長、新井石禪氏の靈來らる(靈媒前田ぎん)朝夕讀經され、懺悔して曰く、今迄水中の月を眞如の月と思へり、玆に來りて、光明を認め、眞の佛法は法華經にあるを悟れり、珠數も捨て、袈裟も脱ぎ、法華に歸依すると云はれた。

三月二十七日夜、禪師に死後の狀態を問ふ、曰く、死の刹那、一丈位の高き處よりドンと落し如き心持し、死を自覺す、暗黑裡にあり、其體は生前と同一の如き心持す、

飲食の念も起らず、六識あれども用を成さず、玆に來り（曹洞宗の守護神、大滿迦樓羅王連れて來らる）朝夕法華經を聞き、妙法の力により耳通じ、讀經の聲を聽て眼開け、光明を認め、世尊を拜することを得、解脱を得たり、幽冥界を異にし相語る事を得るは法華經の威力なりと感歎さる、
其他幾多の靈に死後の有樣を聞きしも、殆んど同一であり經證と相違ないから後は略する。

靈魂の入胎と出生と壽命

靈魂は出生すべき時機が來た時、一族其他緣の有る所へ生れ更るのである其時を佛敎には、
父母交會の時、赤白の二諦、集て一諦となる、大さ豆子の如し、此內に識神を宿す、
是は婦人の月經の後の交會の刹那、因緣の熟した靈が、其中へ這入り宿るので是が入胎である、此の機會の揃ふのが困難なのである、壯健な若夫婦で、身體に故障無きに係はらず子供の出來ないのは、入胎する靈が無いのである、是が醫術と佛敎の見方の相違であり、夫れから其靈が母體から營養を受けて體を造るのであるが、其姿に兩親の形と、性質が移るのである。

【更生迄の期間】普通死んでから、再生迄中有の期間を今迄薰發した因緣を綜合して見れば約百五十年以上參百年位かゝる、然し罪を犯さない信仰の強い人、又は善の功德を積んだ靈は四五年の內に再來することも出來る、祖父が孫の腹に出る話しは能く聞く、靈魂は其體を縮少すること自由である、水が蒸氣となれば千二百倍に增し、又た蒸氣が元の水に返れば千二百分の一になる、靈も變化することを得る故に卵子の中に入る、
此時、隔世即忘、入胎すると同時に、入胎の大苦を感ず今迄自由の境遇より、微少なる卵子の中に閉ぢ込められ自由を得ない故に非常の苦痛を受く、此の苦により、既往の一切を忘る、經に曰く生を隔るれば、悉く前世の事を忘れて記憶せざること、凡夫は云ふ迄もなく、天台六即の內、觀行即の位に至りても爾なりと、
玄義六下若シ相似益ハ隔レ世不レ忘、名字ト觀行益ハ隔世即忘、
然れども、生長するに隨て、前世の宿因薰發す、過去世に得たりし才能は、最も速に發達す、譬へば五六歲の小兒が將棋の初段を指し、小女の音樂に巧なる、天才とは皆な過

去世に得意なりし能力の發揮による、又人の好める道は、過去の薫發に因る、之に依て見れば八十の手習、最も必要である、現行は未來を作る。

又靈は入胎すると同時に戒體が變るから（母體の造る姿即胎兒）若し出産迄に死亡することがあれば、夫れは恐るゝべき靈の一大事で未成品の合の子で、此の靈は再び入胎する力もなく、又向上する力も無く其姿の儘で永遠に迷ふのであり、靈として最も悲惨なる位置になるのである、故に墮胎は最も重き罪惡である。

觀世音菩薩が、胞衣の着た、赤子を抱き、寶瓶より乳を出して與へて居らるゝ圖が有るが、是は斯かる最も哀れむべき靈を、大慈大悲の手を以て救育されてをる姿である。

【死は如何にして起るや】

死とは肉體の命根（壽命、倶舍には一つの法、として說てある）が盡きたる時、靈魂の分離するに依て起る、譬へば、自働車の全體を人とすれば。ガソリンが食物で、發動機が命根で。車臺一切を身體とし、靈魂を運轉手とする、物を食わねば人は死ぬ、ガソリンが無ければ自働車は動かない、人は物を食ふても時が來て老衰すれば死ぬ、自働車もガスリンが有つても、發動機が磨損したら動かない、運轉手は此の古自働車を捨てる、是れが人間ならば普通の老衰死であり、又た天災戰爭で又は他より傷害に依て死するのは、自働車が衝突し大破損し復舊の見込が無い時、見捨てる、是が人の橫死に當る、又小破損は修膳する、人が病氣で入院すると同樣で人には過去の行に依て與へられた壽命があり大切に人道を守り善を行ひ生活すれば、與へられた壽命以上長命する、自働車も大切に注意して使へば命數以上保つ又た車が破損して捨てた時、心懸の善い運轉手で、平素貯金してあれば直ぐ替りの新式の自働車が買へる、心懸の惡い人は貯金して置かないから、早速買ふことが出來ない否永久に買へない、之を法に當てれば心懸け善き貯金する人は、正法に歸依し善事を行ひ功德を積んだ人に當る、其德に依て、望の時再び娑婆へ出生が出來る、德を積まない人は永劫出られない、世尊は佛法を得れば世法を得、宗祖は宮仕へを法華經と思し召せと仰られた、故に人間と產れた以上處世術として妙法に歸依し心を正しく正法に順じた職業に從事し善を行ひ未來の爲に功德を積まねばならぬ、又た、再生後其の過去の判明するのけ、生前信仰して居つた神、又は冥界に共に居つた靈が、其人の生前を知つて居つて物語するので判明する、此神を經典には倶生神とある靈魂は元來非常に微妙に完全に出來て居つて、自己其物であるから、感覺や、意識に上らぬ者である、地球の自轉運行を感ずる人はなく、自己の身體を吸引せる引力の存在を意識する人はない、ラジオの電波を肉體に感じる人はない、人は空氣を吸呼して生て居るが、其存在は肉眼に見へぬ、靈魂も凡人の肉眼では其形を見ることが出來ないが、其不思議の本體は實在する、

神と魔

神とは如何なる者なるや

日本に於ける神の語原を尋ぬれば

神とは靈異なる者を云へる古語

(一)神代口訣には「カムカミ」の略稱にて、神慮は、明鏡の萬物を照すが如く、清明なる故なりとし

(二)圓珠菴雜記に、カヾミの略とし

(三)東雅は、尊尙の義、故に君上の如き、官長の如き、頭髮の如き皆之を云ふ、即ち人の神聖なるを「カミ」と云ふ。

(四)貞丈雜記は、カミとは上なり、貴ぶべき物なる故、上におわします名にて、カミと云ふなり。

(五)書記通證、赫見《カヾミル》也、與レ鏡訓通、有ニ神明照臨之義一」とし倭訓栞、亦た之に同じ、

(六)槻の落葉は、かしこみ恐るゝ意とし。

(七)傍廂は隱身の略なりとし。

(八)加微二言考は、加は目にも認め難く、手にも取られぬ意、微は滿ちたる象にて、神とは目にも見とめ難く手にも取られぬ者にて、慥に滿たる義なり。

(九)本居宣長、古事記傳に、凡てかみは、古の御典ともに見へたる、天地の諸諸の神たつを始めて、其を祀れる社にます御靈をも申し、又、人はさらひも云わず、鳥獸草木のたぐひ、海山など、その餘なにまれ、尋常ならずすぐれたる德ありて畏るべき物を「かみ」と云　以上

日本に於ける太古に出現されし神は、天神七代、地神五代の神々であるが、今日でも一般に知られて居る神は、天ノ御中主の尊、國常立の尊、伊弉諾《イザナギ》、伊弉冊《イザナミ》の二尊、天照大神、其他八百萬神が認られ、中間出現されし、八幡大神、住吉大神、三十番神等は有名である、天皇は神の末孫故、神と祭る、又た忠臣は神として祀らる、和氣淸麿、菅原道眞、楠正成等である、其内道眞公は天神樣とて各所に祀られ、最近に乃木神社、又國家の爲に盡した忠臣は皆悉く靖國神社に神靈として祀らる、是等は人の死靈を祭つたので、眞の神と區別せねばならぬ、玆に神と云ふは、

本居宣長の直毘靈に云ふた、吉凶萬の事みなことごとに神の御所爲なり斯の如き神通力即ち働のある靈を神と云、さて神には善もあり惡もありて、所行もそれに從ふなれば、一

大かた尋常のことわりを以ては、測りがたきわざなりかし以上、宣長は日本の神にも善神と悪神の有るを認めて居る此の解決は神の原籍の所で説明する。

佛教には、神とは靈妙の徳に名くとあり、即ち善神に名けらる、悪神は魔と名けらる。世界に於ける各國各宗の神々は。上世印度の神神と關係する故先づ印度より始む。

【上世印度、吠陀《ベダ》時代の神】（約西紀前千五百年）宇宙創造の神として、婆羅門教では、韋紐《キチウ》天と名けた、又た「ナーラーヤナ」とも、毘濕笯《ビチス》天とも云ふ、祖書開目抄にも、婆羅門教の主神として、韋紐天、摩醯首羅《マケイシユラ》天（大自在天）を認められて居る、大智度論の八に、劫燒盡時、一切皆空、衆生福德因緣〳〵故、十方の風來り相對し相觸れ大水を持つ、水上、一千頭、二千足の人あり、名けて韋紐と爲す、是の韋紐の臍中に千葉の金色の妙寶蓮華出づ、其光大に明にして萬日の倶に照すが如し、華中に人あり、結跏趺座す此人亦た無量の光明あり、名けて梵天王と云ふ、此の梵天王の心《ムネ》に八子を生ず、八子天地人民を産む。

【マハーウパニシャツト】（ナーラーヤナーさ萬有の開展、ウパニシャツト全集四卷）

ナーラーヤナー韋紐天

第壹章人々は言へり、太初、實に「ナーラーヤナ」（原人の出）は唯獨り存したりき、梵（ブラフマン）もなく、自在主（イーシャナー大自在天）もなく、水なく、蘇摩《ソーマ》（酒）なく、この天地もなく、星宿もなく、太陽もなく、月もなかりき、（科學の星雲時代、太陽も地球と月も無かりし時代）彼は孤獨にして樂まざりき、彼が禪定の中に在りし時、彼に依て祭歌は歌ひ出されぬ、而して、その中に十四のブルシヤ（人）は生れ出でぬ、而して更に一人の女も生れたり、即、十根あり、第十一は意なり、光明《ギーシヤス》は十二、我執《アハンカーラ》は十三、氣息は、十四、これ即ち、我《アートマン》なり、而して覺《ブテイ》は（女性）第十五なり、かくて諸の存在あり、五唯と五大となり。これ即ち二十五分一體のブルシヤ（人）なり、根本ブルシヤ（原人）はかのブルシヤ（人）を（造化主として）任用せり。されど、本因（自性）の歲（複數）は彼より生ずるに非ず歲（單數）より生ずる者なり、

第二章、爾時、再、ナーラーヤナは、他のものを欲求して意に依て冥想せり、彼、禪定に在りし時、その前額より三眼ありて戟を手にせる「ブルシヤ」（人）産る、彼は吉祥と光榮と眞實と梵行と苦行と離欲と意識と主權とを有す、而してかの聖音（唵《オーム》）と共に宣詞、梨倶《リグ》（讃歌）夜柔《ヤジユー》（祭詞）

沙摩《サーマ》(歌詠)阿達婆《アダルバ》暗擬羅《アンギラス》(壌災呪咀)一切の神歌など、皆彼の肢分に於て輳れり、故に彼は自在主なり、大天なり眞に彼の大天なり、(三眼にして戟を執るものは濕婆神なり)

第三章、爾時「ナーラーヤナ」は更に他の者を欲求して、意に依て冥想せり、彼れ、禪定に在る時、前額より汗落ちたり、そは彼の原水撒かれたるものなり、而してその(原水より)かの光《テシヤンス》、即ち金色の凝泡あり、而もそれより亦かの四面を有せる梵天生れ出でたり。

彼(梵天)は思惟せり、而して東方に面せばプールなる宣詞となり、ガーヤトリー調(音階の名稱)の讃歌となり、梨倶《リグ》(讃歌)主神アグニ(火神)と成り、西方に面せばプバルなる宣詞となりトリシユトウブ調の讃歌と成り、夜柔《ヤシユー》(祭祀)主神バーユ(風神)と成る、北方に面せばスワル、なる、宣詞と爲り、ジヤガテイー調の讃歌となり、沙摩《シヤーマ》(歌詠)主神スーリヤ(太陽神)と成る、南方に面せばマハルなる宣詞となり、アヌシユツトウブ調の讃歌となり、阿闥婆《アダルハ》(壌災)主神、蘇摩《ソーマ》(酒神)と成りぬ、

(一)千頭ある神をも、一切を惠める千眼の神をも、一切を越へて最高、常住、一切なる、ナーラーヤナ訶梨《ハリ》(排除者即ち罪惡排除神《ヴイシユヌ》)をも

(二)彼等一切、この一切(宇宙)なるプルシヤ(原人)は受用す、主なる一切主宰の神を、海に於て一切の形相を有せる神をも、

(三)而して心臟は蓮華の蕾の如く、實に花の蕾の如く、シートの快音(合歡)に依て開敷せんとして下に向て垂る

(四)その中心に大火焔聚あり、一切火焔聚なり、一切の方面に向へり、その中心に頂炎あり、纎微にして、上方に向て立てり(著者曰靈魂の所在也)

(五)かの頂炎の正中《たゝなか》に、プルシヤ(原人)あり、最上我ありて存ず、彼は即ち、梵なり、自在主《イーシヤーナ》なり、彼は因陀羅《インダラ》なり、不壌なり、最高の自主なり(著者云プルシヤは靈魂なり)

以上大奧義なり

第四章(大奧義の功德)

婆羅門あり、この大奧義を常に讀誦するときは、吠陀に未達なる者は通達者となり得べく、未、入敎せざる者は入敎することを得べし、彼はアグニ(火)の淨むる所となり、ヴーユ(風)の淨むる所と成る、ソーマ(酒)の淨むる所、眞理の淨むる所、實に一切の淨むる所と成らん、彼は一切諸神

の智識する所たるを得べし、一切の聖津に浴せるものとなり、あらゆる天神に依りて、顧念せらるゝものたるべし、一切の意志のまにまに、所願を果し得たるものたらん、カーヤトリー調の六萬頌を念誦したる果あるべし、史話神話の十萬頌を念誦したる果あるべし、聖音(唵)一萬遍《ヘン》の唱へしものたるべし、眼界の限を盡してその同衆を淸むべし、第七人代迄もその同族を淸むべし、かく福ある、金胎は語れり、この讀誦に依りて、不死性に達し得べし、これ、即ち奥義なり。終

譯者文學士渡邊楳雄氏の解

第一章「ナーラーヤナ」(那羅衍天原人)を宇宙最高の神とし、それより起る萬有の開展を叙する文、これに亦三段の細別がある、その一。萬有の本原又た本體としての「ナーラーヤナ」を叙し、第二はその本源から萬有の開展を數論的順序を以て解説し、第三の歳を形而上學的の者に見立てゝ、それと根本原人、即ち初生ナーラーヤナとの關係を述べてゐる。

第二章、前章萬有展開の説明の後を受けて、同じくナーラーヤナ」から生るゝ諸の神格、殊にジヴ神の誕生と諸の吠陀の發生を説く、

第三章、同上梵竝に諸の讚歌の發生を叙す、

第四章、本奥義の諷誦者、持者に對する功德功能を説明する、

本書の所屬は阿闥婆吠陀に屬し、毗《び》紐《ちう》主義を奉じ、毗紐天の權化を以て我(アートマン)の實現なりと信ずる教派の本典とせらる。

【アートマボーダ、ウパニシャット】

文學士池田澄達氏譯

【ナーラーヤナ八字神咒】

唵なる聖音はア、ウ、ム、と云へる三音より成る、内心の歡喜なり、梵なり、原人なり、發音を自相とせゐものなり瑜伽の行者は是を唱へて、生の輪廻の縛より解脱す唵、螺寶と大戟を持する、那羅衍那天に歸命す、されば唵、南無那羅衍那天の眞言を唱ふる信者は、毘濕笯《ウイシユヌ》天のヴイクンタ、(不可抗)宮殿に至るべし。

而して此の天宮は蓮華の梵城なり、故に單に光明のみにして燈火の如く輝けり。

敬虔なるデーワキー妃の子、敬虔なる マドウスーダナ

（マドウ鬼の殺者）敬虔なるプンタリーカークシ（蓮眼）敬虔なる不滅の毘濕笯《ウイシユヌ》は、皆一切有類の中に住める那羅衍那天の一神を原人とし、非因とし、最高梵なりとして崇敬せり。自憂苦、迷妄より解脱して、かの毘濕笯天を念ずるものは滅亡することなく、相對にして絶對（二而不二）而して無畏となるべし（以下略）

譯者の說は、此書は阿闥婆吠陀に屬する毘濕笯主義の奥義書であつて、今は毘濕笯天を那羅衍那天として、那羅衍那天の八字神咒を中心に、其の天德を讃歎したのである。

【印度哲學宗教史】九十五、高楠木村兩博士著

この神（毘紐笯天）は印度の特産で、歐洲にもペルシヤにもその形跡なく、字義も判然しない、オルデンベルヒ氏は此の神の本性を空間の擴大であると解し、シエロエーデル氏は、即ち「働く」より來たと解して居る。　以上

此の韋紐天が、日本の神代の初にキンナラ族を連れて日本に渡られ、後ち國土、土着の神、天の御中主の尊の再來たる天照大神と衝突して、素戔嗚《スサノウ》の尊と共に出雲に降られ、後ち出雲神道を起さる、後ち丹波の與謝の比沼の直名井に鎭座あり、雄略天皇の時、皇大神の託宣により、伊勢の山田に移し奉る、外宮之れなり、最近、金光教、天理教の尻押しゝ最後に大本教を興さる、大本教で云ふ、ドヱライ、丑寅の金神とは此の韋紐天を指したので、大本教の眞言、唵は玆に源を發する、此神が大正十二年九月一日大震火災即ち世の立直し建替へに際し我が道場に出現され、法華に歸依さる、さしも盛んなりし大本教は主神を失つたから忽ち速に滅亡したのである、是迄の當道場の主神は、韋紐天に主席を讓らる、時は大正十二年十二月震災直後の燒トタン葺の極めて貧弱なる道場にて行わる、是迄我道場の主神荒熊菩薩（大三輪の神後の叡山山王權現）は過去に韋紐天の眷屬なるに依る、今我等が奉仕する道場の主神最上位妙雲菩薩は實に韋紐天の後身にして玆に出で給ひ、世尊、宗祖と協力し、世界の神々を集め、法華經を以て靈界を統一さる、故あるなり、余の久遠の過去此神と宿因あるに依る、詳細は後に說く、

【法華經に現れたる守護の善神】即ち八部衆、天。龍。夜叉《ヤシヤ》。乾達婆《ケンダツバ》。阿修羅《アスラ》。伽樓羅《カロラ》。緊那羅《キンナラ》。摩睺羅伽《マゴラガ》の衆が示さる、此の詳細を書く、

天部の善神は、梵天王、帝釋天王、四大天王、即ち大持國

天王、大增長天王、大毘沙門天王、大廣目天王を四大天王と云ふ。

【梵天王】法華經序品には、婆婆世界の主、尸棄《シキ》梵天法華文句二に、尸棄者此翻爲二頂髻一又外國呼レ火爲二樹提尸棄一、此王本修二火光定一破二欲界惑一從レ德立レ名彼れ深く正法を信じ、佛の出世每に必ず、最初に來つて轉法輪を乞ひ、又常に佛の右邊に在りて、手に白拂を持して以て帝釋に對す、（婆羅門教の梵天に三種あり後に說く）

【帝釋天王】忉利天の主、須彌山の頂、喜見城に居て他の三十三天を統領す、梵名、釋迦提桓因陀羅、略して釋提桓因と云ふ、能天帝と譯す。

帝釋天の過去、（智度論五六）昔摩訶陀國の中に婆羅門あり名は摩伽、性は憍尸迦、福德大智慧あり、知友三十二人共に福德を修し命終して、皆須彌山の頂、第二の天上に生ず、摩訶婆羅門は天主となり、三十二人は輔臣となる、此の三十三人を以ての故に三十三天と爲す、其本性を喚ぶが故に憍尸迦と云ふ、或は天主と云ひ、或は千眼と云ふ、

【因陀羅《インダラ》】（帝釋天）印度哲學宗教史、一〇二吠陀の神界で最も雄大で人氣があり、殆んど印度國民の保

護神とも云ふべき地位を占めたのは因陀羅である、印伊時代より引續き、アヴエスタ（波斯教）では惡神であるけれど、佛教では釋提桓因として、佛教歸依の神となり、印度教では喜見城の主として豪奢なる天部とせられ、永く崇拜された神である、梨倶吠陀讃歌の約四分の一强はこの神に呈せられたに徴しても人氣の程度が推測さる、彼は其の母たる牝牛の脇腹を破りて生れ、生後直に一個の勇者として振舞ひ、その恐怖の爲に天地が震動したと云ふ、全身茶褐色にして同色の毛髮と鬚とを備へ一度怒る時はその髮も鬚も竪立し、常に武器として手に金剛杵（電戟）を持つ所から一名金剛手とも名けられる、二疋の茶褐色の軍馬に引かるゝ車に乘り風伯マルツ、及び風神ヴーユを從者として、飛ぶが如くに空中を驅け廻つて戰爭に從事する、性來好んでソーマ酒を飲む乃至因陀羅の功能は頗る多方面に渉り概括に苦む所であるけれども、其主なるは惡魔退治、就中ヴリトラの征服である、ヴリトラは水を堰き止め河の流を斷ち雲を隱して降雨を妨げる、恐るべき惡龍であるが、因陀羅は之を怒り、蘇摩酒の餘威に乘じて金剛杵を振りかざして之を討伐するのである、その爭鬪は頗る激烈で遂にヴリト

ラは大樹の仆るゝが如く倒され、天地も爲に恐れて震動するのである、乃至

此外彼に依て征服せらるゝ惡魔中、九十九手の怪物中、ウラナ、三頭六眼の一切形《ウイシワルーパ》、鐵城によれるシンバラ(執杵者)窟居蹤跡を暗ませるヴラ(窟)吝貪者パニなどある又たダーサ、若くはダスユの征服もその功業の一に數へらる所であるが之を色の黑き者、鼻無き者としてあるのは確かに印度先住の非アリヤ人種を意味するので此の中に歷史的事實を暗示して居る。

かく因陀羅は印度民族の特に武士的保護の軍神となつて、先に婆樓那《バルナ》の所有して居た支配的方面も之に移り、屢々インドラ、パルナの結合詞を以て呼ばれ、遂に梨俱吠陀の第十卷に至れば婆樓那の僅かに影を留めたのに反し因陀羅は益々優勢となり、世界の大王諸神の第一と目せらるゝに至つた、然れども因陀羅の特色は飽く迄强力の勇者の方面に存じ、婆樓那の如く道德的方面に發達しなかつた、到底眞面目なる宗敎的主神たる資格を有して居ない、以上、印度宗敎史

【基督の稱へた天】は此の忉利天で、天帝「ゴッド」「天主」とは、此の帝釋天を指したので、基督の過去は此の帝釋天の臣三十二人の中の一人である、因陀羅が基督舊敎を興し殺されし惡龍ヴリトラが敵討に基督を十字架に殺し後ち回々敎を興したアルラーの一神となる、基督舊敎と回々敎の慘憺たる永き戰爭は此の昔の因緣の薰發である後に詳說する、又因陀羅が率ひしアーリヤ人種が、印度の原住人を虐殺した因緣は昭和三年十月薰發した、是が因陀羅と愛染《アイゼン》明王の關係になる後に說く。

【四天王】帝釋の外將なり、須彌山の半腹に一山あり、由揵陀羅と名く、山に四頭あり四王各之に居り、各一天下を護る、依て護世の四天王と云ふ、其所居を四天王天と云ふ是れ六欲天の第一にて天處の最初なり、東は持國天。南は增長天。西は廣目天。北は毘沙門天なり。

【龍】梵語那伽《ナーカー》、長身蛇屬の長なり、神力を有し雲雨を變化す、法華經に八大龍王あり、難陀龍王、跋難陀龍王、娑伽羅龍王、和脩吉龍王、德叉伽龍王、阿那婆達多龍王、摩那斯龍王、優婆羅龍王、を擧ぐ

難陀、跋難陀、摩訶陀國に住む兄弟の二龍の名、難陀、譯して歡喜と云ふ、跋難陀、譯して善歡喜と云ふ、兄弟常に摩

訶陀國を護る、

【娑伽羅《シヤカラ》龍王】娑伽羅は海の名、譯して鹹海と云ふ、住所に依て名を得（天照大神嚴嶋神は此の一族）

【和修吉龍王】九頭龍と譯す、九頭の龍王、日本神代の八岐の大蛇は此の一族、

【德叉伽龍王】此に現毒と云ふ、亦た多舌、或は兩舌と云ふ、

【阿那婆達多《アナバダツタ》龍王】住所の池に依て名を受く、此に無熱と云ふ、無熱池は雪山の頂にあり阿耨達《アノクタツ》池と云ふ、中に五柱堂あり、龍王常に其中に處す（此龍四足あり、此の一族淨土宗を興し又回々敎の主神なり。

【摩那斯《マナシ》龍王】大身、慈心、高意など譯す、威德あり、意。餘龍より高し故に高意と云ふ（此龍恒河の神、印度敎を興す）

【優婆羅《ウハラ》龍王】花の名、紅蓮華と譯す、又文句には、漚《ウ》鉢《ハ》羅《ラ》、此に黛色（靑黑色）蓮華池と云ふ、龍此の池に棲む、池に依て名を得（此龍は背、靑黑色にして腹部の赤き龍なり）

以上、龍王、其一族及百千萬の眷屬あり。

【夜叉《ヤシヤ》】又た藥叉羅刹婆と云ふ、譯二能噉鬼、捷疾鬼一ト、謂食二噉人一又は傷者と云ふ、能く人を傷害する故、羅刹ハ暴惡と譯す、亦可畏と云ふ、三種あり一は地に在り、二は虛空に在り、三に天夜叉なり、夜叉は鬼道なり、破壞の神、歸佛して佛法を護る、鬼子母神、十羅刹女は其の主なり。

【毘《ビ》沙門《シヤモン》天】は夜叉八將を從へて北方を護る、又十六大夜叉將あり、各々七千の眷屬を有す、

【乾達婆《ケンダツバ》】樂神の名、酒肉を食わず、唯、香を求めて陰身を資け、又其陰身より香を出だせば、香神又は尋香神と名け、緊那羅と共に、帝釋天に奉待して音樂を奏するを司る乾達婆は俗樂を司どる、法華經序品に四乾達婆王を擧ぐ、樂乾達婆王、樂音乾達婆王、美乾達婆王、美音乾達婆王、各百千の眷屬あり。

【阿修羅《アシユラ》】又阿須羅《アスラ》、容貌醜陋の義、無端正と釋し、又非天とも云ふ、其果報勝れて天に似たれども、天に非ざる義又無酒と云ふ、その果報、酒無き義、又不酒神と云、住所は妙光山の北大海の下二萬一千由旬を過ぎて、羅睺《ラゴ》阿修羅王の宮あり、其他略

智度論十、阿修羅、惡心鬪爭すれども、戒を破らず、大に施福を修す、大海の邊に住す、法華經序品に四阿修羅王を

擧ぐ、婆稚《バジ》阿修羅王、(獨逸に於ける基督新敎の主神)佉羅《キヤラ》騫駄《ケンダ》阿修羅《アスラ》王(波斯敎の神)毘摩質多羅《ビマシッタラ》阿修羅王、羅睺阿《ラゴア》修羅《シュラ》王、常に帝釋天と闘ふ(基督敎に禁酒の制あるは此の無酒神の建てし宗なる故か)

【伽樓羅《カルラ》王】舊譯金翅鳥、新譯妙翅鳥、四天下の大樹に居り龍を捕て食とす、密敎にては此神を主として降伏の呪咀す、法華經序品に、四伽樓羅王を擧ぐ、大威德伽樓羅王(讃岐の金比羅愛宕山の主神)大身伽樓羅王、大滿迦樓羅王(小田原の道了秋葉山曹洞宗の守護神)如意伽樓羅王(日蓮宗の守護神身延の妙法二神)以上百千の眷屬あり

【緊那羅《キンナラ》王】舊譯人非人、疑神、新譯歌神、什曰く秦に人非人と云ふは人の面に似て頭上に角あり、人之を見て、人耶非人耶と故に以て之を名く、亦天の伎神なり、小にして乾達婆に及ばず、十寶山に居す、法華經序品に四緊那羅王を擧ぐ、法緊那羅王、妙法緊那羅王(日本に渡り八幡大菩薩となる)大法緊那羅王、持法緊那羅王、各百千の眷屬あり。

【摩睺羅伽《マゴラガ》】大蟒神なり、人身蛇首、眞言宗にては胎藏界第三院の一尊にして、釋迦如來の眷屬とす。

以上にて法華經の序品の八部衆の解終る。

次に上世印度に出現されし後ち、各宗敎を興されし神を擧ぐ。

【婆樓那《バルナ》】婆樓那吠陀神界で最も有力なる神を擧ぐれば、天の婆樓那空の因陀羅《インダラ》、地の阿耆尼蘇摩《アギニソーマ》とである、就中、因陀羅よりも稍早き時間に於て、司法神として非常に畏信せられたのは婆樓那である、此の神の起原も甚だ古く、希臘《ギリシヤ》のウラノースと同一で無いとしても、アヴエスタ(波斯敎の)アフラマツダとその性質の酷似して居る點より遲くも印伊時代の物と見て宜しい、その名稱は「包容する」より來たもので蒼空自身を神化したものらしい、この神は天を以て其座所となし、金色の衣を着し、阿耆尼を顔とし、蘇利耶《スーリヤ》を眼とし、ヷーユを呼吸とし、星を其使者とし、時に馬車に乘じて大空を馳け廻ることがある、されどこの神の性格はその形相よりは、寧ろ偉大なる支配的活動の方面に發揮せられて居る、詩人は之を讃して曰く、彼の威力の範圍には、空飛ぶ鳥も、流るゝ河も達すること能わず、空飛ぶ鳥とは太陽で、流るゝ河とは天地を包容すると云はれてゐる天河を意味するのであらう、又その全知の力は能く海行く舟の道、空翔る鳥の道、天上を拂ふ風の道を知り、人々の瞬《マタタキ》の數を暗らんじ、隱たる心の奥を洞見す、凡そ立てる者、行

く者、彷徨ふ者、歸る者、突進する者、二人相座して語ること等、悉く大王婆樓那の知らざることなし。

斯の如き智慧と力とを以て宇宙の大王として、規律の保護者として自然界にありては、天空地を支持し、四時晝夜の運行を司り、人事界にありては祭事を裁し道德を維持するは、その主なる作用である、從つて其の命令は頗る峻嚴にして若し人。彼の命令に反し不眞實を敢てし規律を破ることあらば、その恐るべき繩索を以て縛し、病（主として水腫病）と死とを以て罰し、毫も假借する所なしと云ふ、然れども眞實を行ひ罪を悔いて歸崇する者に對しては、その祖先の犯したる罪をも許し、長壽福德を與ふる、恩惠的方面にも富んで居る、實にこの神に於て古代印度民族がその道德の最高理想を表現したものであつて、天地に通ずる、普遍的道德神、之が遵奉に對する幸福、その背戾に對する災禍の信仰、人をして覺へず襟を正さしむるものがある。以下略

此の著者は假裝的の神と思考すれども實在の神で、後の基督新教の主神であり、佛教の阿彌陀佛は、世尊が此の神を指されたのである、觀世音菩薩は此神と同體である詳細は後に說く、

【提婆《デーバ》】（天と譯す光明の義）

印度人が「イラン」人と分離する前に最も尊崇せし天を父と仰ぎ、又主（アスーラ）とせしドヤウスにして、之が對なる地の母を副へて最大の神なりき、然るに其後國土風土の變遷につれて、天象光明の崇拜盛んにして、奇幻出沒の神多きに及び最上嚴肅の神は漸次裏面に隱れ、主として日月等光明現象の萬物を生育する妙用神力は人格的の神に出るとして崇拜せられぬ、即ち此等の神格は一般に、提婆即ち光者として以後印度宗教に於ける神の總稱となりぬ。（此神々は婆樓那即ちアスラー王の眷屬にして、此神が佛の出世の時、布教に最も反對し佛法の魔となる）

【ルドラ】梨俱吠陀では左まで著しい地位を有して居ないけれども、阿闥婆吠陀《アダルバベダ》、夜柔吠陀を經て漸次發達し、後世の濕婆《ジバ》神（大自在天）となつた點で、注意すべき神である時に群神として十一のルドラ、など丶せらることあれども之を一神格とするは通例である、梨俱吠陀の說く所に依れば、その色褐色にして金色の裝飾を着け、辮髮を被り、手に弓と矢を持つ、後の吠陀に依れば千眼を有し、その腹黑く、背赤く青頸にして山に住す、其作用の特質は一度怒る

時はその武器たる霹靂の矢を以て普く人畜を殺害し草木を損傷する所にある故に荒神として人人はその身に近かづかざらんと祈り敬遠的供養を此神に捧ぐるを常とした然し此神の全然悪神とせられず、後に大神となつた所以は、恩惠的方面を有する爲で治療者の尊號を與へられ、人畜の病を治する神として尊敬せられて居る、此神のジバ（吉祥恩惠）の名を擧げ、夜柔吠陀のワーチヤサネーヤ本集には三母を以て尊號とし、又獸主、有、殺者、司配者（伊奢那《イシヤナ》）大天（摩訶提婆《マカダイバ》）荒神など後のジバ神特有の稱號たるべき文字が悉く此神に關し使用せられて居る『クラスマン』氏はその字典にて RUD（輝）より來たと解して居る、佛教に顯れたる、魯達羅《ロドラ》 Rudra 譯暴悪、黑天、自在天の別名あり。

倶舍光記七、恒以二苦具一逼害有情、名恒逼害、或時樂二食血肉髓、故名二魯達羅一此云二暴悪一大自在天異名、大自在天總有千名、今現行世、唯有二六十一魯達羅其一

大日經疏二黑天、梵音、嚕多羅、是れ自在天眷屬、

（疏十）魯多達、亦佛所化身、是摩醯首羅化身也、亦名伊舍那

【大自在天】 佛教に說ける

自在天外道の主神なり、梵語、摩醯首伐湼《マケイシバラ》、大自在と譯す、色界の頂にあり、三千界の主たり、此自在天に二種あり、一を毘舍闍摩醯首羅と云ひ、一を淨居摩醯首羅と云ふ、毘舍闍とは鬼類の名にて、摩醯首羅論師の祀る所、三目八臂ありて白牛に乘るもの色界に住す、密教には之を大日如來の應現となす、中古以來今に至る迄印度に盛んに崇拜さるジバ派のジバ神は即ち大自在天にして牛又は男根を以て標幟せらる、大自在天は萬物の生本たる義に依て、自在天派は人の男根を天神の神實として祀る、

次に淨居摩醯首羅とは第十地の菩薩、將に成佛せんとする時、色界の頂、淨居天の上に於て、大自在天子の勝報を現じ、勝妙の天形を以て佛法（眞言宗を）紹く灌頂を行ふなり

以上は印度に於ける、上級の神々の大略である、此神々が基督舊教、新教、回々教等の世界的大宗教を與す、其詳細は後の薫發因緣に讓る。

魔とは

魔とは、梵語魔羅《マラ》の略、能奪命、障礙、擾亂破壞など譯す人命を害し、人の善事を障害するもの、欲界の第六天主を魔王とし、其眷屬を魔民魔人とす、又た他化自在天子魔、新譯には自在天魔とも云ふ、

神と魔とは其體同じ、印度婆羅門敎の神、提婆、自在天は婆羅門敎の守護神にて、其信者には福德を與へ守護する故婆羅門敎の人々には善神なり、此神、佛法の廣布を妨げ、信者を惱亂する故、佛法の方より見れば魔神なり、波斯敎に於て阿修羅は善神にして提婆は惡神なり、婆羅門敎にては、提婆は善神にして阿須羅は惡神なり、各其の所屬により善ともなり惡とも成る。又宗敎に關係なく人類を惱亂し苦痛を與ふるを樂と爲す魔神もあり、是等の惡神も改心懺悔し正法に歸し人を護れば善神となる、法華經に現われたる、鬼子母神、十羅刹女は是に當る、要するに正法を護り人を善道に導く神が善神で、破壞を樂とし邪法を弘め、人を惡道に陷る者を魔神と云ふ次に魔神の大將毘那夜迦《ビナヤカ》、及び鬼類を擧ぐ。

【毘那夜迦《ビナヤカ》】譯して常隨魔障礙神とも云ふ、人身にして象鼻常に人に隨待して障礙を爲す惡鬼神、一切の殊勝事業を障害す、

眞言宗にて此の毘那夜迦を退治する法を、誐那鉢底《ガナハツテ》、即ち歡喜天と稱す、人身象頭の雙身抱合にして男神は實の毘那夜迦、女神は觀世音菩薩が彼を退治せん爲に毘那夜迦の女身を現じて彼を敎化し、抱合し歡喜心を生ずる相なり之を大聖歡喜天と云ふ、之を本尊として修法す。

【鬼】梵語、薜茘多《ヘーレータ》 P.e'a 舊譯に、餓鬼、新譯に鬼、婆娑云、鬼者畏者、謂虛怯多レ畏、又威也 能令三他畏二其畏一也、又希求爲レ鬼、謂彼餓鬼、恒ニ從二他人一希二求ニ飲食一以活 生命、鬼に種類多く夜叉羅刹の如く通力を有し、人を害する者、又餓鬼の如く常に飢渴に苦しむ者あり、

順正理論に九鬼を擧ぐ、鬼の種類三あり、一無財鬼、二少財鬼、三多財鬼なり、此三各三あり、無財鬼の三、其一に炬口鬼、二鍼咽鬼、三臭口鬼。少財鬼の三、其一に鍼毛鬼其毛針の如く以て自から刺し他を刺す、二に臭毛鬼、三に癭鬼なり、多財鬼の三、一に希祠鬼、常に祉祠の中に居り

其食物を希ふ、二に希棄鬼、常に人の棄るを希ふて之を食す、三大勢鬼、大勢大福あり、天の如きなり、又正法念經の三十六鬼あるも略する、
【富恒那】譯して臭穢と云ふ、身體臭穢なりと雖も、是れ餓鬼中最も福の最勝なる者、熱病鬼なり。
【吉庶】譯して所作と云ふ、起尸鬼なり、死 人を弄び苦惱を與ふるを樂とす、又た戰爭及び疫病にて死人の山を築くを樂とす。
【鳩槃荼】譯して甕形鬼、冬瓜鬼と云ふ、南方增長天の領鬼、人の精氣を食ふ鬼、陰嚢の形ち冬瓜の如し之に依て名く厭魅鬼なり。
【毘陀羅】咒咀鬼、西土に咒法あり死屍を起たしめ、去て人を殺さしむ、之を毘陀羅法と云ふ。
【阿跋魔羅《アバッマラ》】瘧鬼の總名
【阿婆多《アバタ》鬼】疫神疱瘡《ホーソウ》神なり、其痘痕を「アバタ」と云ふは鬼神の名より來る、
首楞嚴經の十鬼の說及び鬼となる原因、
一、【怪鬼】所謂金銀草木等の精怪なり、宿世貪欲多く非理に物を貯ふる者、此報を受く。
二、【魃鬼】所謂旱神《ヒデリ》なり能く風に託す、宿世に淫欲多き者此の報を受く、
三、【魅鬼】即ち狐狸の精、能く人を魅惑する者之れなり。多く畜類に托して質を成す、宿世に詐僞多く人を惑亂する者、此報を受く、
四、【蠱毒鬼】即ち蛇蠱毒蟲により人を蠱害する者是れなり此者毒類に托して其質を成す、宿世に怨恨結固して捨てざる者、此報を受く、(實驗に婦人の怨念は多く蛇となり、障害す、人頭蛇身なり)
五、【癘鬼】癘疫の類是れなり、宿世瞋恚多き者此報を受く
六、【餓鬼】飲食に遇わず、常に饑餓に苦しむ者是れなり。氣に寓して其質を成す、宿世に慢多くして人を凌ぐ者又は物を施さずして貪欲なりし者此報を受く、
七【魘鬼】虛空に凴り暗冥に託し昏睡の人を惑す、宿世に欺誑多く常に異議を懷き詐て有德と現じ人を僞瞞せし者、此報を受く、
八、【魍魎鬼】山川に遇して其形を託し木石の怪を爲す。宿世に邪見熾にして、妄りに執着を生じ自分から明悟なりと謂ふ者、此報を受く、

九、【役使鬼】明顯の境に遇し託して以て形を爲す、能く擔砂負石の勞を執る、宿世に狂曲多く、無辜を撓害する者此報を受く、

十、【傳送鬼】人身に附託して、吉凶禍福の言を爲す、宿世訴訟を好む者此報を受く（易者の判斷力は此鬼神が其人と合一して鬼の神通にて調べし事項を卦の表へ現わし、感應を以て敎ゆるなり、此の鬼神の通力自在の者と結びし易者の易は當るなり）

諸經に揚くる鬼類多けれども大同小異に付略す、

前述の如く、神と魔の大略を擧ぐ、人間界にも階級がある如く、靈界にも世界的大宗敎を興せし神もあり、國を興せる神もあり、宗敎を守護する、神もある又各家各人を守護する神もある、魔にも百萬の眷屬を引連れし大魔王あり、單獨の者もある、千姿萬態、吾人と共に雜居す、次に此の神と魔の原籍を靈魂不滅を立脚點とし、現代科學に依て說明する。

神と魔の原籍　科學的説明

世界に於ける何れの宗教にも必ず神を立つ、又た是と同時に魔を認める、吾人は日夜之に接觸して居る、又各所に神社佛閣があり諸人は之に參拜して居るから、其實在を認めて居るのであろう、然し之を科學的に説明する者が無い、之を説くには進化論と、靈魂の實在と、靈魂の不滅に依て説明せねばならぬ、其根底は靈魂が得たる戎體は再び入胎して出生する迄、何萬年でも其儘保有して居る、即ち前世紀に生じて居つた巨大なる動物の靈は、再生しない限り其儘の姿を保有して居る、即ち報身である、報身は應身に變ずる迄、其報身の姿を保持する、即ち法華經方便品の十如是の第二の性如是の性を不改と解釋し、之を報身に配當されしは眞理である其應身と變化するは、因果の大法、十界互具一念三千の大法理に依る故に、神も佛も衆生も一つである、階級の上に於ては「神は所從なり法華經は主君なり」とあり、姿は樣々に變化する、其變化の順序を科學の進化論、生物學に求め、其證を地質學の化石に於てする。

生物の發源

自然科學雜誌第二卷小久保淸治氏述拔萃

生物、最初の發源は海洋である、即ち生命の濫觴は海に違ひないと云ふ事は、マルカム氏の有名な説で多くの學者に承認せられ、生物の地球發源説として何人も異存の無い所であろう、之が立證として地質學者は最初の生物と見認むべきものは、水棲生物の一種である事を説き、生理學者は動物の血液と海水の相似性を説き、動物學者は海洋の原始生物より陸上の高等動物への系統を説き、また科學者方面からは水、炭酸の生物發生に適合して居たかゞ説かれ、また物理學者方面からは、水の密度、比熱、潜熱が如何に海洋の生物環境を溫和に且つ平等不變に保つて、生物發現の際の條件を惠んだかが説かれてある、扨て原始の生物が海中に發生したとしたら、其狀態は如何なるものであつたと云ふに、之は推論であるが、或る人は海水中に溶けた種々の鹽類、窒素、酸素、炭酸及び其他陸から運れて來た物質が海の泥線附近に集合し、忽焉として原形質の一塊となり凝足運動を起して、アメーバの樣な生物となつたと偶發的に考へるけれ共、實際は斯く簡單な者でなく、凡て進化の途中は間隙と云ふ者が無いのが通則であるから、無生物から生物への變遷も緩慢な連續的なもので、先づ無機物質から簡單な有機質を生じ、有機質は次第に複雜さを加へて、生命を有する化合物になつたもので、恐らく最初は蛋白質の膠狀分子の樣な者を生じ、之が膠質液に次いで膠質塊となりて物質同化の力を生じ、從て成長を行ふ樣になり、膠質塊が或る程度迄大きくなれば、自然物理的に分裂せざるを得なくなり、玆に簡單なる分裂生殖が始まり、更に進んでは此の膠質塊中には（靈魂が存在し）核の作用を營む物質を分化し、此の物質が定形を取るに及んで、遂に膠質塊に立派な生きた有核細胞となり、吾人が現今以て生命の單位とする所の者になつたと稱せらる、然し乍ら生物の此の時代は地質學上の生物として論證される樣な化石等は無論殘すことはなく如上の單細胞生物が、ラヂオラリアの如く骨片を有する樣になり、コツコリソフオラの樣に化石としての最初の影響を地學上に印するに至る迄の進化歷史は其後の生物進化の歷史から推察する時は非常に永いものであつたろうと云われる

「以上」

【地質學の證明】生物發展の順序を地質學の化石に依て說明する、地球が瓦斯體より初めて固體となつたが熱を持つて居つて、水の出來なかつた時代を無水紀と云ふ、此の無水紀の繼續年數を「アルルト」は參千六百拾萬年と推し、次に海が出來て生物の無い時代、之を海洋紀間と云ふ此間が八千二百六十五萬年、此の合計年數壹億千八百七十五萬年を徑て、始生代即ち生物の初めて出來た時代となる、此の時代の化石には藻、放散蟲、海綿、海百合、腕足介、蠕蟲、三葉蟲等が發見される此の期間が六百拾八萬年を徑て、寒武利亞紀となる。（横山博士地質學撮要）

【寒武利亞紀】此繼續年數二百八十四萬年

此期間に出來た地層は硬砂岩、粘板岩、石灰岩等である、生物は動物が主で、植物が副である、植物には藻あるのみ陸生らしい者は全くない、之に反して動物は多樣多岐で既に壹千種も發見されて居る、中で脚足介と三葉蟲とは最も重要なものである、他の動物は海綿、水母、翼足介、蠕蟲等の類である、次は、

【志留利亞紀】五紀の繼續は六百十八萬年

此の系は寒武利亞と能く整合して居るので、之をその一部

と見る人もある、岩石は粘板岩、硬砂岩、石灰岩等で、前系と大した相違もないが、石灰岩は一層多くなつて居る。化石の內には植物には藻の外に少許の陸生のものもある、鱗形類のシクロスチグマ、羊歯類のエオプテリス、スフエノフテリヂウム、石松類のプシロフイン等は其主なる者である、

動物には前記に比べて十倍も增加して居る、主要なる者は腕足介、筆石類、三葉蟲、鸚鵡具、珊瑚、海百合、海林檎等である、次は

【泥盆紀《デボン》】此紀の繼續は六百十八萬年

此の系は下の志留利亞とは概ね不整合であるに反して上の石炭系とは多く整合して居る、岩石では前系と大差ないが米國のペンシルバニヤ州の本系に多量の石油が含んで居ることを特に述べて置く、

化石の內には、陸生植物は稍增加し、且甲冑魚の全盛を極めた時代である、筆石は既に全滅し、珊瑚、海百合、腕足介、三葉蟲等あるが、海百合は一層盛んで、此の部類は蓋し古生代中此の紀に最も多い、腕足介と三葉蟲とはその多いのに拘らず、前紀より大に衰へて居る、魚類には羽魚、粒骨魚、楯頭魚、肺魚、軟骨魚等もある、兩棲類には米國の泥盆上部に遺した一足跡で知れて居るチノプスァンチクウスと云ふ三寸位の者がある、次は

【石炭系】此紀の繼續年は四百二十七萬年

此の系は歐米で多量の石炭を產し、其石炭は當時陸上に大繁茂を極めた植物から來た者である、系の名稱も此の石炭に做つたものである、動物では或る種の有孔蟲、海百合、珊瑚、腕足介等である、

植物は全盛を極めたとは云へ、其種類は意外に少ない、即ち其大部分は管束隱花類で、一部分が裸子類である、隱花類では、鱗形、芦木、羊歯の三種類がある、

動物の化石には鸚鵡貝類、菊石類もある、昆蟲、多足蟲蜘蛛類も發見されて居る、

魚類は軟骨魚、光鱗魚、肺魚の三種に別れて、歯を產する米國の上泥盆に足跡のみ遺した兩棲類は此の紀に至つて確な骨格を遺して居る、蓋し空氣呼吸の四足動物の始めて稍多くなつたのは此の紀である、次は

【二疊紀】此紀の繼續年間は二百八十五萬年

此の相には海相陸相の外氷相といふ者がある、氷相とは椎

石の凝固した礫石を挿む累層である、

植物は普通相産では前紀の者であるが、氷相の植物には羊齒、松柏、木賊、銀杏等の諸類を混じて居る、

動物では有孔蟲以外に最も肝要な者は、脊推類で、殊に兩棲は甚だ多く、魚と蝕蟲とは決して少なくない、但し蝕蟲の全盛は此の後にある、次は

【三疊紀】此の紀の繼續年間は九十五萬年

植物は主として蘇鐵松柏であるが尙銀杏類もあり、又隱花の羊齒、木賊の二類もある、場所に依れば石灰藻が集つて岩石をなして居る、

下等動物では珊瑚が多い、外に海百合、腕足介もあるが菊石は此期に至て俄に增加して種々の種類を產する、魚類は主として軟骨魚、歪尾魚、光鱗魚、肺魚に代表されて居る硬骨魚は此の紀に初めて顯れて居る鰯の如き者である、兩棲類は、前紀に多かつた、堅頭類で、その數が多い、其の大なる者はマストドンソウルス（蝦蟇龍）は巨大の者で頭の長さ四尺もある、蝕蟲は次紀に發育の頂上に達するが、其代表を此の紀に出して居る、魚龍類、鰭龍類、長頸龍、喙頭龍、貂龍、楯齒龍、魚龍、鉅齒龍、鰐龍、箭齒龍、鷲龍、龜龍等もあつて空中飛翔する翼龍も既に痕跡を止めて居る、次は

【儒羅《ジュラ》紀】此紀の繼續年間は九十五萬年

此の系の成立した時代は、中生代動植物の最も其の特色を發揮した時代で、其種類も前の三疊や後の白亞より遙に多い、中で此の系の特別の色彩を帶ばしむるは菊石、箭石、珊瑚、蝕蟲等で、殊に蝕蟲に在ては、奇形巨大のもの少なくない、此の系に初生の鳥を藏するので有名である、蝕蟲は本紀の大主人公である、蓋し其發育は空前絶後である、先づ魚龍と長頸龍との二種は全盛を極め大なる者は四十尺にも及んだ、

鰐類も多くミストリオサウルスの如きは長十七八尺の巨物である、空中飛翔の翼龍類にはランフヲリンクス（嘴口龍）ヂモルフヲワトン、蝙蝠龍プテロタクチルス、翼牛龍等の所屬がある龜類も此期に可なり多い、恐龍類もコンプソグナサスヤ、メガロソウルスの諸屬あるも、其全盛期は次の白亞紀である、

鳥は此期に初めて現われて居る、然し極めて稀で今日迄發見されたのは僅々二個で、而も二種に屬する、一はアルケ

オプテリックス、一は同シーメンシロと云ひ兩ながら、南獨のババリヤの上部儒羅の產である、アルヂヲプテリックス、とは始祖鳥の意で大に爬蟲に似た性質を帶て居る、その見易き者は二十個の脊推から成る長い尾を具へて、その各脊推に一對づゝの羽を着け、又口には鋭齒が生へ推骨の形は現生鳥の如く鞍狀でなく兩凹形である事である、實に此鳥は爬蟲と鳥とを從來考へられたより、一層密に連絡するものである、

哺乳類は尙極めて微々として僅に小形の多峰類（有袋類の一部類）を產するものである、次は

【白亞紀】此の紀の繼續年間は九十五萬年

此系は白亞、（白墨）を產する唯一の系統で又綠色、砂石を產すること他よりも、遙に多い、他の岩種は前系と殆んど同じ、生物の上からは本系は中生代式化石を產する最後の系統で、又初めて多數の被雙子葉植物（俗に濶葉樹）を產する特色を帶ぶ、

動物では、有孔蟲が夥しく產する、即ち白亞も其大部分此の虫の穀屑である、

爬蟲には魚龍や、長頸龍が尙出沒し、恐龍は全盛を極めて又空前絶後の大さに達して居る、イグアノドン（禽龍）チプロドクス（梁龍）プロンドサウルス（雷龍）ステコサウルス（劍龍）アロサウルス（異龍）アトラントサウルス、（裁域龍）ハドロサウルス（匕嘴龍）等其數種類多く、身長は雷龍五十五尺、梁龍七十尺で、裁域龍は未だ完全の骨格を產しないが、恐らく梁龍以上の大さに及んで居つたとの說である（龍の大さ其他の詳細は橫山博士著古生物學綱要を參考とされたし）

【海の蛇で白亞紀にのみ產した一類がある】之を蜥形龍と稱へてモササウルス（滄龍）の如きは四十尺に及んで居る空中飛翔の翼龍類も尙出沒してプテラノドン、ニクチダクチルスの如き屬も產する。

白亞中の出來事で特記すべきは、セノマニヤン期（白亞紀の中頃）に陸上に海水の大氾濫を見たことである、之をセノマニヤン、の大氾濫と稱へて空前の大氾濫であつたようである、是は白亞紀前半の地層の分布の狹いに反して後半のものゝ廣く全世界に產するので判る、此の大氾濫もチウロニヤン期末まで續いたのでエムシヤ期から、大體次第に引いたのである、次は

【第三紀】此の期の繼續期間は七十六萬年

此の系は海成、半鹹成、淡水成の三地層の數回相重つて出來て居るもので、海成層は殆んど淺海の者である、斯かる次第故、弘く世界的に產する化石は甚だ少ない。

動物には、長鼻類、象族の開祖「メリテリウム」、と、パレオアトドン、有蹄類、最古のフエナゴダスは奇蹄とも偶蹄とも、その區別が明でない、奇蹄として明なるはブロントテリウム、プロパレオデリウム、等で、偶蹄として明なるはアノプロテリウム、ジフヲドン等

【食肉類】アルクトシオンの如きは現在のものより腦が小さく裂齒が無く門齒が少ない、

【鰭脚類】大有齒鯨のズーグロドンと大海中のハリテリウム、

【猿】擬猿は弘く蔓延し、近來プロプリオ、ヒテクスと云ふ類人猿も發見された、

此の末期、近成統に於て、哺乳類中最も注意を要するは、【象科】である、その主屬はヂノテリウム（兇猛獸）マストドン（乳房齒類）ステゴドン、エレファス（正象）の四屬で、チノテリウムには下顎に下垂したる一對の牙があり、マストドン、には上下兩顎に前方に向ひ二對の牙があり、（此象四牙）ステゴドンと、エレファスとには上顎に一對の牙しかない、ステゴドンは既に滅亡しエレファスは今僅に二種を產する、

馬科も亦肝要で「アンキテリウム」と、「ヒツパリオン」とは今の馬と違ひ三本づゝの趾を有つて居る、

犀科には河馬科、鹿科の動物も可なり多く、食肉類では猫犬熊等の外、銳牙を有つてゐた、マカイロダス（劍齒の虎）と云ふ者がゐた、次は

【第四紀】此期の繼續年間は拾九萬年

此期は最新の前世界で、その末は現世界である、地層は二別され、舊い者は洪積統、新しい者は中積統と稱へて居る

【洪積統】此の時代の水陸の分布は現在と非常な違ひないとはいへ、その初期の歐洲の如きは、今と其觀を異にして居た個所が少なくなつた、例へは英國は佝佛國と連り黑海は無論の事、バルチック海も蓋しまだ存在せず、今のシシリー嶋は、阿弗利加と連つてその一部であつた、一說に洪積の初めには、北歐、北米の大部分は海面上甚しい高さに達してゐたから、或はそれが此等の地方に大氷河を出現さ

した原因ではなかつたかといふこともある、

そは兎も角洪積世は歐米では寒冷の時代であつた、尤も此の寒さは急に出現したのではなく、英國のクラグ層が示すように、鮮新中から徐々に進んで來て、洪積に入つて始めて其度が強くなつたのである、之が爲に北歐、アルプス山北米等には、今のグリーンランドの內陸氷同樣のものが現われて、その解けた跡には推石、饅頭石、栗子石掻き傷や研磨面ある石等の如き、氷河特有の遺跡を殘して居る、

此の時期は氣溫の甚しく低下した時期であつたばかりでなく、又降雪の多かつた時期である、然し此寒濕氣候も全洪積世中、變化なしに繼續したのではなく、寧ろ暖な氣候と互に交代して、その都度氷は伸びたり縮んだりしたのである、即ち氷の伸た時期を氷期と云ひ、その間の暖時期を間氷期と云ふことになつて居る、氷期と間氷期との回數に至つては、場所に依て違ふようである、即ちアルプス山と北米とでは四氷期と其間に三間氷期とがあつたと云ひ、此獨逸では三氷期と二間氷期とがあつたと云ひ英國では六氷期と五間氷期があつたと云つて居る、氷の延た時にはその區域には必ず無層理の含石塊壚坶が成立した、是は今の氷河の底推石と同じものである、

又氷以外の土地には氷の融解から出た水の沈澱した成層の砂や礫がある、此等は無論氷期の成立である、亦間氷期の成立に係る層もある、例へば粘土、泥灰岩、淡水石灰岩、珪藻土、泥岩、海成の粘土や砂等の如しである、前述の如き強き寒氣が生物の上に影響を及ぼしたことは勿論である乃ち第三紀から生存した動物は氷の爲に南に驅逐され、間氷期になつて再び北上したが、再度の氷に又々驅逐さるゝといふ次第故、結局第三期から生き延て來たメリヂオナリス象、アンチクス象、河馬、マカイロ、ダス（劍齒虎）等は次第に滅亡して之に代て出現したのは「マンモース外廣鼻犀、洞熊、馬、馴鹿、麝香牛その他北方の產の者であつた、此等は洪積世の殆んど全期に生存して南はピレテース山、アドリア海沿岸、黑海邊迄徘徊して最後の寒氣候が過ぎ去つた後、始めて今の故鄕、北氷洋地方に退いた、

【洪積世の人類】

洪積世中人類の產したことは久しくその手になつた石器で知れてゐたが、今はその骨も諸方に發見されて居る、蓋し其最も古いのは、獨逸ハイデルベルヒ附近の下顎骨で之を

產した地層は洪積最舊の層である、その形は高等猿の者に酷似して居るが齒は人的である（以上横山博士地質學攬要より拔萃）前述の如く生物發生進化の有樣を地質學の古生物の化石に依て證明した、次に此の進化を構造の上に少し說明する、

【海より進化した四肢類】

西紀一八六四年、比較解剖學者「カールケーゲンバウル」の出版に係る「有脊推動物の比較剖解學的研究」に於て陸棲四肢類の「五趾を有せる肢」は恐らく石炭化石時代より古くないと思わるゝ、或る魚類の「放射狀を爲してゐる鰭」（脊鰭及腹鰭）から發達したものであることを指摘した、彼は又た一八七三年の出版に係る「有脊推動物の頭蓋骨研究」と云ふ名著に於て、更に後年の發達に係る四肢類の頭蓋骨は、魚類殊に古代の鱶の頭骨から由來したものなる事を推論したのである、

石炭化成時代に於ける是等古代の水陸兩棲動物に於て、始めて發達した四肢の五本の趾が、正確なる遺傳に依て今日の人類に至る迄、保存されて來たと云ふことは特に注目すべき一大事實である、其他手足の關節や靱帶や筋肉など極めて自然的に調和的な一定の型に準據した發達は人間も他の四肢類も一向異なるところは無い、

哺乳類なる者は太古の蜥蟲類或は兩棲類から分派した者に相違ないので、其發達の時代は最も新しく積つて三疊紀時代即ち千二百萬年以前にある、（新進化論より）

【人類の發生したる時代を化石地層により推定した年代】

原人（ジヤヴア人）の時代は今より約四十七萬五千年前

第四期洪積世に於ける第一期、氷河期原石器時代

ハイデルベルグ人の時代、約二十五萬年前（同上第二期氷河間期）

ピルトダウン人及び前ネアンデルタール人の時代約十五萬年前

第三期氷河間の前期舊石器時代

ネアンデルタール人の時代、約五萬年前（同上の後期舊石器時代）

クロマニヨン、及びフリユン人の時代約貳萬五千年前

第四期氷河期の後、即ち舊石器時代の後期

新石器時代は約壹萬貳千年前、第四氷河期後の舊石器時代の後（以上木村德藏博士著生物學と生物進化）

上記地質學が說た如く、我等は寒布利亞紀より今世迄約貳千六百拾貳萬年の長い間、生れ代り〳〵進化して人間迄來たのであると、生物進化論は敎へる、佛法では是の原理を如何に敎へるか、

【日蓮上人御遺文】 大井莊司入道、一五三五

有情輪廻生死六道と申して、我等が天竺に於ては獅子と產れ、漢土日本に於て虎狼野干と產れ、天には鵰鷲、地には鹿蛇と生れし數を知らず、或時は鷹の前の雉、猫の前の鼠と生れ、生ながら頭をつゝき、ししむらを咬まれしこと數を知らず、一劫の間の身の骨は須彌山より高く大地よりも厚かるべし、惜しき身なれども云ふ甲斐なく奪れて候けれ

以上

然らば吾人の過去にも蝕蟲の時代、龍の時代、象の時代が有つたことは否定出來ない、吾人の身體中に、解剖學は過去動物時代の遺傳で現在必要なき機關が殘存すると證明す

神と魔の原籍

茲に神と魔の原籍を釋明するに、前にも說た通り生存中に得た戒體即ち死後、靈の保有する、生存中の姿は、再び入胎して產れ代る迄何萬年でも其儘の姿を保有する、

【諫曉八幡鈔に曰く】 日蓮上人御遺文

夫れ馬は一歲二歲の時は設ひつがいのび、まろ脛にすね細く、うでのびて候へども、病あるべしとも見へず、而れども七八歲なんとになりて身も肥へ、血ぶとく上から下をくれ候へば、小船に大石を積るが如く、小さき木に大なる菓のなれるが如く、多くの病出來して人の用にも合わず力も弱く壽も短し、天神等も又かくの如し、成劫の初には先生の果報いみじき衆生生れ來る上、人の惡も候わねば、身の光もあざやかに、心もいさぎよく、日月の如くあざやかに師子象の如くいさみをなして候し程に、成劫漸く過ぎて住劫になるまゝに、前の天神等は年かさなりて下旬の月の如し、今生產れ來る天神は果報下劣の衆生多分生來す、然る間一天に三災やうやく、をこり四海に七難粗ぼ出現せしかば一切衆生始て、苦と樂とをもい知る、此時佛出現し給いて、佛敎と申す藥を天と人と神とにあたへ給しかば、燈に油を添へ、老人に杖を與へたる如く、天神等還て威光を增し勢力を增長せし事成劫の如し云々

宗祖は住劫の上代の神の勢力、盛んなるを說て居らるゝ、吾人が過去十二年間、努力して發見した神の原籍即ち前世紀

の三疊紀より儒羅、白亞紀に求めたのと符節を合せた如き證明を宗祖は六百五十年前に與へられたる事を驚嘆する、

前に述た、神と魔の原籍を前世紀の靈に依て說明する、

吾人が常に殿堂の裝飾又は畫に見る、枝角の生へた四本足の龍は、白亞紀の終り頃に生存した龍である、法華經にある八大龍王は皆な此の紀の產である、

羅馬、希臘神話時代の畫にある、翼ある龍は、儒羅紀から白亞紀の頃に盛んに生存した、

龍族は三疊紀の終りに尨大なる爬蟲類の頃より、龍の時代が初まり、儒羅紀より白亞紀に至る、三疊記には「マストドンサウルス」(蝦蟇龍)頭の大さ四尺に達するもの、其他魚龍鯖龍、長頸龍、喙頭龍、楯齒龍、龜龍、鉅齒龍、鰐類筍齒龍、鷲龍等が生存して居つた、白亞紀には恐龍が全盛を極め空前絶後の大さに達して居る、イグアノドン(禽龍)チブプロトリス(梁龍)プロントサウルス(雷龍)ステコサウルス(劍龍)アロサウルス(異龍)アトランドサウルス(裁域龍)バドロサウルス(七嘴龍)等多くの種類を產し身長は雷龍は五十五尺、梁龍は七十尺で、其他蜥形龍と稱へ、モササウルス(滄龍)の如きは四十尺にも及んで居る、

之等の龍族が死後、再生せず其時の靈の儘今日迄永い間修行して神となつたので、是が辨才天及龍神の原籍である、

次に

【夜叉族の原籍】

前述の爬蟲類の盛んな時代には、現在產する三四寸の毒蟲蝎《サソリ》は其頃七八尺の姿であつた、是の靈魂が夜叉族となる、

此靈は此の太古の猛毒を保有する故に人に接觸すると人が苦惱を受ける、夜叉族を暴惡と云ふて恐れるのは、此の毒害に依る、

又此の頃には大きな蜈《ムカデ》が住んで居つた、長さ五六十尺の者も澤山住んで居つたと思ふ、此の姿で日本に現われ祭られたのは近江の三上明神である、傳說に俵藤太秀卿が琵琶湖の龍神に賴まれて、三上山を七卷半。卷て居つた大蜈を退治た物語は、此蜈の姿を何人が感得して作つた傳說であろう、原因は三上明神と、竹生嶋辨才天の勢力爭であつた、

(詳細は後の因緣物語の所で說く)

【毘沙門天王】は夜叉族の頭梁である、其紋章に蜈。を用ゆるは、此の遠き遠き過去を現したのである、

ギリシヤ正教の主神は、前世紀の尨大なる蜘蛛の靈である

回々教の一神アルラーの神は大龍神である、

【菩薩の乗物と過去の關係】文殊菩薩の過去は獅子、普賢菩薩の過去は象、六牙の白象である、第三紀の近成統には「マストドン」と云ふ四牙の象がある、

大魔王の毘那夜迦は、象鼻人身である、

【摩醯首羅天】即ち大自在天は三眼である、即ち二つの眼の中央の上に亦一つの眼がある、又六臂である、

【三眼に就て生物學の説明】(木村博士生物生物進化より)

松菓線、之は人類の大腦後部の下位、四疊體上の部に存在する小指大の紅灰色體であつて嘗て近世哲學の父と呼ばるゝ佛國の碩學デカルトによりて「魂の居所」といわれたものである、されど今や研究の結果、生理學者によりて一種のホルモンを分泌する、有要器官と認められて居る、ところで此の松菓線は從來比較解剖學者によりて「松菓眼」即ち腦中に隱れたる第三眼の退化せるものならんと云われてゐた器官である、その理由として特に蜥蜴類に於て然るべき證跡を擧げてゐるのである、即ち蜥蜴類の中にて米國加州などに產する「つのがま」即ちホーンドトード、の如きはその松菓線が簡單なる眼の構造を成して頭上に達し、眞珠狀の鱗片に被包され、所謂顱頂眼と呼ばるゝものをなしてをるのである、而して最も著しきものはニーズエランド特產の蜥蜴類スフエノドンに於て見らるゝのである、それは眼球構造主要部である水晶體をはじめとして硝子體や網膜並に視神經が大體に具備されて居る、併し厚い被膜でこれ等が覆はれてゐるが爲に視官の作用を爲し得ないのである、(是に依れば人にも三眼の時代が有つたのである)

【比較解剖學上の事實】

人類の體構が脊推動物の一種として、他動物殊に哺乳類に密接なる交涉を保ち、共に共同の祖先より進化せしものなるべしとの解剖學上の事實は既述の如く脊推動物に於る心臟の構造比較及び四肢の相同、哺乳類の頸推骨數の七個あること、人類と猩々類との全骨格、若くは上下顎の類似、猿類と人類との頭骨、又は腦の類緣より更に進んで鳥類以下との腦比較等により、到底人類の孤立存在は許されない隨つて人類祖先の特別創造說(基督教說)はその根據を失わざるを得ないのである、

【獨逸の進化學者「ヘッケル」の生物發生の法則】

個體發生即ち個體の發育なるものは、畢竟系統發生即ち其

種族の進化過程の短縮された總括である」更に詳言すれば生物個體が最初卵子から發生して、種々なる變化を經て成育を遂るに至る迄の發生現象は、その生物の屬する種や屬などが、永い年月經過して進化せし、過去の歴史を短縮して見せたるものに外ならぬ、との意である、簡言すれば生物の個體發生と系統進化とに於ける變化は單に時の問題で、形態差の問題でないと云ふ意味になるのである、マーシャル教授は更に之を常識化して「凡そ發生中の個體はそれ自身の系統樹を餘儀なく登らせられたり」と云つて居る右の實例

【人類の退化機關としての耳殼と動耳筋】

耳の前後、殊に上部に動耳筋の痕跡を存して、居ると云ふ事實は、過去の人類祖先が今日の他の哺乳類即ち牛馬犬猫などの如く之を使用せし昔を語る者であつて、今日の人間が別に耳殼を動かすことなくして、然も能く音響を鼓膜に受け得るに至りし上は何等耳殼の必要なく、さうした意味に於て退化したのである、

【皮膚の運動筋】これ亦人間にありて、顏面の或る部分を除いて、他は一切使用されずに只痕跡として、皮膚なる眞皮の部分に殘存してゐるのである、

【尾推骨】これは尾を形成する尾骨である、胎兒にはその數が八個ありて尾を成すも、發生の經路に於てその數を減じて且つ萎縮して全體が内曲し僅に骨盤下に名殘を留むるのみである。

【尾の有る人】古事記神武天皇東征の時

吉野の川尻に至る時　筌《ウヘ》を作り魚を取る人あり、爾天の神の御子問玉わく、汝者誰ぞや答て曰く僕は國つ神名は贄持の子と共地より從ふ、行幸せば尾生る人、井より出で來る其井に光あり、爾問ふ汝は誰ぞや、答て曰く僕は國つ神なり、井氷鹿《イビカ》と謂ふ、鄕其山に入り給ふに亦尾生る人に遇ふ此人巖を押し別け出で來る、爾問、汝は誰ぞや、答て曰く僕は國つ神名は石押分の子と云ふ、今聞く天の神の御子の幸行聞く故に參り向ふ耳乃至　又忍坂の大室に至る時、尾の生る土雲、八十建、其室に在て侍伊那流云々（神武天皇の頃に日本に尾の有る人種在りし證さす）

【盲腸と蟲樣垂】此の兩者は人間にありて不用器官であるのみならず、所謂、盲腸炎疾患の起るべき根據地たるを以て寧ろ有害器官と見らるゝものである、元來此の器官は成

人よりも寧ろ胎兒若くは猩々類に於て發達し、下等猿類として印度地方の南部に産する狐猿の一種、懶猿《ナマケ》にては其發育更に著しく哺乳類の下等なるカンガルーに至りては一層克く發達して盲腸と蟲樣垂の區別も明かならず、正しく有用器官となつて居る、それが遂に人間に於て有害の退化器官となつてしまつたのである。

【第三眼瞼】吾々は上下兩眼瞼を有して、之を使用する外に、更に第三眼瞼を有してゐるのである、即ち眼頭に小さく三角形をなして殘存するのがそれである、鳥類などにてはそれが能く發達して、現に使用されつゝあることは周知の事實である、

此外多毛人又乳房の五個、或は十個、男子にして四對八個の乳房があり、女子は其各乳房より乳汁を分泌する者もある。

【發生學上】過去に於て人類が脊推動物の全五綱に包含さるゝ四萬七千二百種と共に水棲の共同祖先を有しそれより漸次分岐進化したものであろうといふ考察は、それ等五綱の動物が何れもその發生過程の初期胎兒に於て鰓孔並に鰓弓を見るといふ事實により理由づけらるゝのである。

そうした體構を見せて發生の徑路を進む人間の胎兒は、漸次內臟諸器官の分化を來し、或る部分は進化し他の部分は退化すると云ふ變化の下に全體を複成しつゝ約十ケ月を經過し、玆に初めて母體を去り更に其生長を胎外に繼續し成熟するのである、斯うした生長の過程に於てその胎內に於ける變化の著しき者は、外形にありては尾の萎縮することで、又五ケ月の頃の胎兒時代には、全身濃淡の差なき一樣の毛髮に被われたるものが、是亦次第に變化して、頭髮は濃くなり、他の部分は反對に薄く所謂、産毛となつてしもうのである、而して胎兒が一時その一樣なる毛髮を全身に見せる現象は、是れ即ち人類の多毛時代が過去に存在せしことを胎內に物語るものであると云われて居る、是等は人類進化を證する所以たるにあらずやといふてある、(以上生物と生物進化より取要)

人類と動物と雜婚時代及雜種時代

神話學概論（西村直次氏著）より取要

神話白鳥處女、羽衣物語に付き、日本、朝鮮、蒙古、シベ

リヤ、ロシヤ、北海沿岸、地中海沿岸、西南亞細亞、太平洋南北兩米の六大地方に於ける、物語四十八例、(物語の大略は日本の三保の松原天人羽衣の物語と大同少異にして、唯だ天人が白鳥と代り白鳥が衣を脫で水に浴し美麗なる小女となり、漁師に其衣を奪われ夫婦となると云ふ物語り、)を擧げて、綜合研究の結果左の五項に歸す、

(一)白鳥が羽衣を取つて天女(人間の女性)になり沐浴する、

(二)人間の男性主として獵師或は漁夫が羽衣を盜みて天女に結婚を迫る、

(三)結婚後若干の子を擧げる、

(四)產兒の後ち夫婦間に破綻を生じて、天女は昇天する、

(五)破綻の原因は結婚の原因であるところの、匿された、羽衣を發見することである、

以上の五箇條が白鳥處女說、一名羽衣說話の本來形である要するに人間と動物との結婚を物語つてゐるものと云へる何故人間と動物と結婚するかと云ふに付ては、そこに色々の說があらうけれど、原始時代の「トーテミズム」(Totemism)に源を發してゐるといふことが出來る、

「トーテミズム」とは「トーテム」(Totem)の構成に外ならない「ジエヴオンズ」は「トーテミズム」を說いて人類と人類以外のものとの血液同盟(Blood-covenant)であると云つたが、それをもう一層分り易くいへば、人と外の物とが「トーテム」を造ると云ふことになる、「ジエームス」は、「トーテミズム」に於ける人間とトーテムの關係に於て三つの重要なる姿相があることを擧げていふ、

(一)トーテムは一定の社會群を以て結合せられ、そして此社會は共制度の型式的形體に於いては、族外結婚的即ちトーテム社會群以外と結婚する、此群は屢々トーテムそれ自身を、トーテムの名稱、或は紋章とする、

(二)トーテム群の各員は、自分達がトーテムと一體であることを信じ、また屢々自分達が「トーテム」の後胤であることを信ずる、

(三)トーテムとトーテム起原の間には神秘的な結合がある

然らば何故かうした、トーテムが構成せらるるに至つたか「ジエヴオンズ」はそれを說明していふ、野蠻人は生物でも非生物でも、すべて意志、人格、精靈によつて活かされると信ずる、それ故に野蠻人は、自分達を周匝し

自分達に活かされると信ずるところのものについて超自然の概念を有ち、從つてそれらに超自然力を設定する、人間は超自然力と友誼關係を保たうと希望するが、其希望は精靈即ち遊離魂と交通することによつて遂げられる、かうして人類は、單に自然物の人格を認めたのみならず人類が家族、氏族などを作つてゐる如く、自然物や種や族を作つて生活してゐる、人類に在つては其家族や氏族やの關係が血液同盟の手段によつて作られてゐる如く(即ち二の契約部族がすべて同胞兄弟であると思つてゐる如く)人類と動物との間に血液同盟を作らうと努力して其努力から産れたのがトーテミズムである、

トーテム、祖先は大方動物であるが、植物の場合もあり、また其他の自然物の場合もある、トーテム祖先はトーテム群の保護者であるところから見ると、それが初めてトーテム群と好都合な關係にあるもの、或は畏怖、尊敬してゐるもので在つたろうことに疑の餘地がない、トーテムと神話との關係についてジエヴオンズ、は說いて云ふトーテム動物は、其人間のトーテム團員であり、人間のトーテム團員は動物の團員であるが故に、人間とトーテム動物とは一つの共同祖先から出て來たものだといふこと、また其共同祖先は原始的トーテム團員によつて、一般に人間ではなくて動物であると云ふことが信ぜられてゐることを當然と見なければならない、從つて神話はトーテム動物が人間に進化したといふ事實を說明する爲に工夫せられたものである例へばイロクオイス族の海龜トーテムは肥へ太つた海龜から血筋を引いてゐるが、海龜は其の甲の重さの爲に歩く時困難を感ずるから、どうかして其の重荷を捨てたいと考へた結果、遂に段々と人間の形に迄發達したと見るやうなものである、トーテミズムが衰へると、神話は反對の目的を以て、祖先が曾て動物形を有つてゐたといふことを說明しようとする、ギリシヤ神話に於ける神々の變態はかうした考へから、初めて說明せられる、以上、神話學概論より拔萃

神話を斯く解釋すれば、進化論の示すが如く、人類は軟蟲類、獸類、鳥類より進化せし事を證することを得、又進化の行程として、水陸兩棲時代、又他動物と雜婚時代隨て雜種の在りし事を惜める事を得、歷史に依りて其例を示せば、

【史記】三皇本紀（支那の太古）

太皡庖犧氏は風姓、燧人氏に代り、天に繼ぎて王たり、母を華胥と曰ふ、大人の迹を雷澤に履みて、庖犧を成紀に生む、蛇身人首、聖德あり、

女媧氏も亦風姓、蛇身人首、神聖の德あり、宓犧に代りて立つ、

夏の帝孔甲立ち、方鬼神の事を好み婬亂なり、夏后氏の德衰へ諸侯之に畔く、天、龍二を降す、雌雄あり、孔甲食《ヤシナ》ふ能はず、未だ豢龍氏を得ず、陶唐既に衰ふ、其後、劉累といふもの有り、龍を擾《なら》すことを豢龍子に學び、以て孔甲に事ふ、孔甲之に姓を賜ひ、御龍氏と云ひ、豕韋の後を受く龍の一雌死す、以て夏后に食はしむ、夏后求めしむ懼れて遷り去る、

【秦本紀第五】大廉の玄孫を孟戲中衍と曰ふ、鳥身人言、帝太戊聞いて之に御たらしめむとトす、吉なり、遂に致して御たらしめ、之に妻す、以上史記

【吠陀にトーテム崇拜の形】印度宗教史

吠陀にトーテム崇拜の形跡があるか否かに關しては學者の意見が一致しないけれども尠くも、或る種族、又は家族が動物の名稱を冒して居る處より察すればその形跡が有つたに相違ない、例せば婆羅門姓迦葉波の龜を意味し同じくマツヤの魚を意味し、僑族瞿曇の最上の牡牛を意味し、同じくヴァツァの犢牛を意味し、シエナカの犬を意味し、「カウシカ」の梟を意味する類である、後世佛教の傳說中にも犢牛の子孫（犢子部）家雞の子孫（雞胤部）などを舉げた所のあるのは、やはり動物を祖先とする家族があると云ふ信仰が有つたことを示す者である、以上

【舍利弗、目蓮尊者の過去】法華取要鈔

舍利弗、目蓮等は、現在を以て論ずれば、智慧第一、神通第一の大聖也、過去を以て之を論ずれば、金龍陀佛、青龍陀佛、未來を以て論ずれば華光如來、靈山を以て之を論ずればば三惑頓盡の大菩薩、本を以て之を論ずれば內祕外現の古菩薩也云々

【釋迦牟尼佛の三十二相の內禽獸と關係の相】

五に手足縵網相、手足共其指と指の間に縵網の織緯ありて交互連絡すること鵝鴨の如き者、之を鵞相と云ふ、

八に腨如鹿王相、腨は股肉なり、佛の股肉纖圓なること鹿王の如き者、

九に手過膝相、手長くして膝を過るもの、
十に陰馬藏相、佛の男根體內に密藏すること陰馬の如き者
十三に身毛上靡相身毛の頭右施し上に向ひて偃伏するもの
十九に身如獅子相、身體平正威儀嚴肅、獅子王の如き者
二十五に頰如獅子相、兩頰隆滿獅子の頰の如き者
二十七に廣長舌相、舌廣くして長く柔軟にして細薄、之を展ぶれば面を覆ひ、髮際に至る者
二十九に眼色如紺青相、眼睛の色紺青の如き者（西洋人の眼色か）
三十に眼睫如牛王相、眼毛の殊勝なること牛王の如き者以上斯の如き禽獸類似の相は過去に各動物に生れられたる時各其長所を殘されしに非ずや、

埃及に於ける古來より動物崇拜に就て歐洲人の觀察

埃及に於ては太古邈遠なる昔時より動物崇拜の跡がある女神「ハルト」の像は牝牛の角を有し、男神セブの像は亦鷲を頭に頂けり、ホルスは鷹頭にして、バストは猫頭なりオシリスは牛頭にて、クヌム及びアモン又羊頭を有せり其他神鳥「フォイニックス」を以て頭と爲す者あり、半人半獸に非ずして、總て全身獸體も亦是れあるなり、

埃及人は何故に斯く動物を崇拜せしかとの疑問に關して諸說紛々たるも其二三を擧ぐ、

【第一】動物崇拜はインカ以前のペル國に於ける如く、各動物の一種の顯著なる性質が人類に勝るものあるより此に之を神視し崇拜するに至りし者にて、犬の家門を守る、鷹隼の沖天遙に疾飛する、牝牛の乳を與へて人生に資せる、恰も慈母のその子を鞠養するが如くなる是れなり、各種動物に斯かる特性あるが故に神視し、神事するに至りしならん、

【第二】各動物が各自或神を代表して居りしに由る、例せば狼はアヌビス神を代表しをりし故、此に崇拜せしなり、また之と同じく各動物の崇拜はその代表せし諸神を拜する意を以て、或は狼、猫、鰐魚を崇拜せしなりと、

【第三】埃及太古の諸王戰爭攻伐の際に當り、某動物を擇びて以て其軍旗とし、或は割據せる各地方人心の一致團結を謀らんとの目的を以て各地方をして、各其一地方特有の一動物を擇びて、それに神事せんことを命じたるに由り、

此に動物崇拜生ぜり、或は曰く太古神々は皆な動物の形狀を以て地上に來降せり、是れ各動物の神事さるゝ所以なりと、

【第四】神は元來無形なるが故に、有形の者の體內に宿りて表現せざるべからず、然れども神にして若し人體を假りて現われんか、人間は各自頗る相類似しをりて容易に區別し得ざるが故に異動多き動物の形を假りて表現せりと、

以上

以上の諸說は、動物崇拜の起原を說明するに足らず、要するに「トーテム」の崇拜なり、

【結論】神とは、前世紀の動物靈魂が、其當時の戒體を以て、今日迄入胎變化せず、善を修して、自在の神通を得、國を興し、人民を救濟する神と成つたので、吾人人類の遠き、遠き祖先である、

神と魔の經證

【神人の關係】(印度哲學宗敎史)

吠陀宗敎の所に神人の關係を說いて、

宗敎の本領は神と人とが交渉すると云ふ意識にある、この意識なくして單に神々の事跡を說くが如きは、一種の物語であつて生きた宗敎ではない、吠陀の諸神はその初に於ては決して構想の產物ではなく印度人が日常の經驗に於て感得した活き〳〵せる神々であつた、日常絕へず人類との交渉が行われた神々である、

【埃及《エジプト》死人書】ラーの登る時奉る歌

男神トトと女神マアアとは日々又日每に(汝の行路)書記す、汝の敵たる蛇は火に投棄せられたり、蛇鬼セベラ、は眞逆樣に墜落して兩腕は鎖に繫がれ、兩脚はラア、之を斷ち去りぬ、無數の反亂の子等は復び蜂起することなからん

(後に蘇發する、アッシリヤと埃及の太古の戰爭と關係ある故茲に記す)

【回々敎コーラン】黃牛品第二十章(龍神アルラー)

今、天地の創造に於て、晝夜の運行に於て、人間に利益ある者を積める海洋の船に於て、神が天より注ぐ雨水に於て死せる地上に流るゝ水、地上のあらゆる家畜の繁殖に於て風の變化に於て、天地の間に用を爲す雲に於て、人をして神の表識を知らしむ、

【惡魔の馮附に付き】回々敎コーラン、黃牛品第二十一

惡魔は實に、爾曹に罪惡を命じ、爾曹の知らざる事を、神に對して言わしむ、

【死より再生】黄牛品、三十二章

爾曹見ずや、數千人は死を畏れ、故國を棄てしを、神は之に死といひて皆な死せしが、のち復之に生を與へぬ、神は人間に慈悲なれば、然るに其多くは感謝せざりき、

【神の威德】回々敎イムラン品、第三章

噫、神、王國の主、爾は爾の思ふ者に王國を授け、思ふ者より王國を奪ひ、思ふ者を尊くし、思ふ者を卑くす、善は爾の掌裡にあり、爾は全能なれば、爾は夜を以て晝に踵ぎ死より生を生じ、生より死を出し、爾の思ふ者に無限の食物を給す、

【善惡の行處】回々敎猶奈須品、第三章

神はその欲する者を平和の棲所に招き、正しき道に導く行正しき者は、最優良なる報償と豐澤なる追加とを併せ受く可く、黎黑と恥辱とはその面を掩はざるべし、これ天堂の住人なり、其處に在るべし、然れども行惡しき者は恰もそれに均しき惡報を受くべし、渠等は恥辱を以て掩わるゝべし、其面は夜の深黑を以て塗らるべし、これ地獄の火の住人なり、其處に在るべし、以上回々敎コーラン

【神と惡魔】（パウロ、羅七）

（パウロ）吾が欲する處の善は之を爲さず、反つて欲せぬ惡は之をなすなり、我れ若し欲せぬ事をなさば之を行ふは我に非ず、我が中に宿る罪あり、然らば善をなさんと欲する我に惡ありとの法を我れ見出せり、われ中なる人にては神の律法を悅べど、わが肢體の中に他の法ありて、我が心の法と戰ひ、我を肢體の中にある罪の法の下に虜とするを見る、噫我れ惱める人なる哉、此の死の體より我を救わん者は唯ぞや、我等の主イエスキリストに賴り感謝す、然れば我れは我れ自身の心にては神の律法に仕へ、肉にては罪の法に事ふるなり（パウロ、體内に魔神の入りたるを悟りしなり）

【宗祖御遺文に現れたる神と魔】

魔鬼災を起す、安國論に云く、世皆な正に背き、人悉く惡に歸す、故に善神國を捨て而去り、聖人所を辭して還らず是を以て魔來り鬼來り災起り難起る、乃至

仁王經に云く人、佛法を破らば、復た孝子なく六親不和にして天龍祐けず、疾疫惡鬼日に來り侵害し、災怪首尾し連禍縱横し死して地獄餓鬼畜生に入らん、

【善神擁護鈔】帝釋は三十三天の善神王をつかわして二十の善神王をさしそへ、持經者を擁護せしめ給ふ、此の神王は百億恒沙の眷屬あり、形を隱し番々に相代て、守護せしめ給ふ、持國天は水火の災を除き、廣目天は怨敵の難を退け、增長天は衆病を消除し、多聞天は夜叉の害を除かしむ、皆是れ帝釋の敕なり、天諸童子、以爲給使と云々可レ秘、可レ秘

【第六天魔は何故に佛法の妨げするか】四恩鈔

釋迦如來世に出でましませしかば、或は毒藥を食に雜て奉り、或は刀杖、惡象、獅子、惡牛、惡狗等の方便を以て害し奉らんとし、或は女人を犯すと云ひ、或は卑賤の者、或は殺生の者と云ひ、或は行合奉る時は面を覆て見奉らじとし、或は戶を閉ぢ窓を塞ぎ、或は國王大臣の諸人に向ては、邪見の者なり、高き人を罵る者なりなんどと申せし也大集經、涅槃經に見へたり、させる失も佛にはおはしまさゞりしかも、只此國のくせかたわとして惡業の衆生が生れ集りて候上、第六天の魔王が此國の衆生を佗の淨土へ出さじと、たばかりを成して、かく事にふれてひがめる事をなす也、

【行者佛天守護鈔】

釋迦佛ある經の中に、此の三千大千世界の梵天、帝釋、日月、星宿、四大天王、阿修羅、龍神を一人も洩さず集めさせ給ふて、又十方無量世界の佛菩薩乃至堅牢地神等を集めさせ給て、我滅後正像末の持戒、破戒、無戒の弟子等を、第六天の魔王惡鬼神の人王、人民、比丘、比丘尼、優婆塞、優婆夷の身に入かわりて惱亂せんを、見ながら聞ながら對治を加へず、いましめずんば、佗方の梵釋四天治罰すべし、若し然らずんば、三世の佛の出世にももれ、永く梵釋の位を失て無間大城にしづむべし、

【八幡大菩薩】法華經を供養し給ふ　持法華問答鈔

傳敎大師、法華經を講じ給しかば、八幡大菩薩は紫の袈裟を布施し、空也上人之を讀み給しかば、松尾大明神は寒風をふせがせ給ふ、

【大魔王の力】富木殿御返事

三者、大惡鬼、三類の心中に入り梵天、帝釋も力及ばざるか、

【惡鬼入其身】最蓮坊御返事

予、日本の體を見るに第六天の魔王、智者の身に入て、正

師を邪師とし、善師を惡師と爲す、經に曰く惡鬼入其身とは是也、日蓮智者に非ずと雖も、第六天の魔王、我身に入らんとするに、兼ての用心深ければ、身に寄せ附けず、故に天魔力及ばずして、王臣を始めとし良觀等の愚痴の法師等に取附て日蓮をあだむなり、

【神の守護】眞言諸宗違目

心の固きに假りて神の守り即ち强し、汝等努努、疑ふ勿れ決定に於て疑ある可からざる者也

【行者遭難】兄弟鈔

摩訶止觀第五の卷の一念三千は、今一重立入りたる法門ぞかし、此の法門を申すには、必ず魔出で來るべし、魔競はずば正法と知るべからず、第五の卷に云く、行解既に勤めぬれば三障四魔、紛然として競ひ起る乃至隨ふべからず、畏るゝべからず、之に隨へば人をして惡道に向は將む、之を畏るれば正法を修するを妨ぐ等云々此の釋は日蓮が身に當るのみならず、門家が明鏡なり、謹んで習ひ傳へて未來の資糧とせよ、此釋に三障と申すは煩惱障、業障、報障なり、煩惱障とは貪瞋痴等によりて障礙すべし、業障とは妻子等に依て障礙すべし、報障とは、國主父母等によりて障礙すべし、

【神が兵亂、風雨、饑饉を起す】撰時鈔、一二四二

問て云く第二の文永八年九月十二日の御勘氣の時は、いかにとして我をそん(損)せば自他の軍起るべしとは、知り給ふや、答大集經五十曰若し復た諸の刹利國王、諸の非法を作し、世尊の聲聞の弟子を惱亂し、若しは以て毀罵し刀杖を以て打斫し及び衣鉢種種の資具を奪ひ、若くは他の給施に留難を作す者、有らば我等彼をして自然に卒に他の怨敵を起さしめ、及び自界の國土にも亦た兵を起し、飢疫饑饉、非時の風雨、闘諍言訟、譏謗せ命め、又其王をして久しからず、復當に已れが國を亡失せ命む等云々夫れ諸經に諸文多しと雖も此經文は、身にあたり、時にのぞんで殊に尊くをぼうるゆへ、それを撰しいだす、此の經文に我等とは梵王と帝釋と大六天の魔王と、日月と四天等の三界の一切の天龍等なり、此等の上主、佛前に詣して誓つて云く、佛の滅後正法像法末法の中に、正法を行せん者を邪法の比丘等が國王に訴へば、王に近き者王に心よせなる者、我か尊しと思ふ者のいふことなれば、理不盡に是非を糾さず、彼の智人をさんざんに恥ぢにをよばせなんとせば、其故ともな

く、其國に卒かに大兵亂出現し後には佗國に攻らるべし其國王もうせ、其國もほろびんとすと。かゝれて候

【宗祖諸天神の擁護を認らる】撰時鈔

法華經の行者は貧道なる故、國こぞつて賤しみ候はん時、不輕菩薩の如く、賢愛論師の如く申し强らば身命に及ぶべし、此が第一の大事なるべしと見へて候、此事は今の日蓮が身に當れり、予が分齊として弘法大師、慈覺大師、善無畏三藏、不空三藏なんどを法華經の强敵なり、經文誠ならば無間地獄は疑なしなんど申すは、裸體にて大火に入るは易し、須彌山を手に取て投げんは易し、大石を負ふて大海を渡らんは易し、日本國にして此の法門を立てんは大事なるべし、靈山淨土の敎主釋尊、寶淨世界の多寶佛、十方分身の諸佛、地涌千界の菩薩、梵釋日月、四天等、冥に加し顯に助け給わずば、一時一日も安穩なるべしや、

【惡鬼入神】高橋入道殿御返事

其時十方世界の大鬼神、一閻浮提に充滿して、四衆の身に入り、或は父母を害し、或は兄弟等を失わん、殊に國中の智者げなる、持戒げなる僧尼の心に此の鬼神入つて國主竝に臣下をたぼらかさん、

【戰爭と神の關係】報恩鈔

金光明經に云く、時に隣國の怨敵、是の如き念を興す、當に四兵を具して彼の國土を壞らん等云々又云く、時に王見終て即ち四兵を嚴にし彼國に發向し、討罰を爲さんと欲す我等其時に眷屬と無量無邊の夜叉諸神と各々形を隱し護助を爲し、彼の怨敵をして自然に降伏せしめん等云々最勝王敎の文亦た是の如し、大集經云々仁王經云々此等の經文の如きんば正法を行ずる者を國王あだみ、邪法を行ずる者のかたうどせば、大梵天王、帝釋日月四天等隣國の賢王の身に入りかわりて、其國を攻むべしと見ゆ、例せば訖利多王を雪山下王のせめ、大族王を幼日王の失しが如し、訖利多王と大族王は月氏の佛法を失し王ぞかし、

【天子魔の障礙】三澤鈔

生死出で佛にならむとする時には、必ず影の身に添ふが如く、雨に雲のあるが如く、三障四魔と申して、七の大事出現す、設ひからくして、六はすぐれども、第七にやぶられぬ、佛になる事難し、第七の大難は天子魔と申す者也云々釋迦佛の佛にならせ給し事を經々にあまた說かれて候に、第六天の魔王のいたしける大難いかにも忍ぶべしともみへ

候わず、提婆達多、阿闍世の悪事はひとへに、第六天の魔王のたばかりとこそ見へ候へ、まして如來現在猶多怨疾、況滅度後云々

【天台大師を魔王障碍せし事】日向記

仰に云く此の事は隨分の秘藏なり、其故は天台大師一心三觀、一念三千の觀法を說き現さんとし玉ひしかば、父母左右の膝に住して惱まし奉り障礙し玉ひしなり、是れ則ち第六天の魔王が父母の形を顯して障礙せしなり、遂に魔王に障礙せられ玉はずして、摩訶止觀の法門起れり。

【鬼魔人を惱し又護る】日女品々供養

人に三十六物あり所謂、糞、尿、唾、肉、血、皮、骨と五臟六腑と髮と毛と氣と命等なり、而るに下品の鬼神は糞等を食し、中品の鬼神は骨等を食し、上品の鬼神は精氣を食す、此の十蘿刹女は上品の鬼神として精氣を食す疫病の大鬼神なり、鬼神に二つあり一には善鬼、二には惡鬼なり、善鬼は法華經の怨を食す、惡鬼は法華經の行者を食す、今日本國の去年今年の大疫病は何と心得べき、此を答ふべき樣は一には善鬼なり、梵天、帝釋、日月、四天の許されてありて法華經の怨を食す、二に惡鬼が第六天の魔王のすゝめによりて、法華經を修行する者を食す、善鬼が法華經の怨を食ふことは、官兵が朝敵を罰する如し、惡鬼が法華經の行者を食ふは、强盜、夜討等が官兵を殺すが如し。

【佛法傳來の時、疫病の流行】日女品々供養

例せば日本國に佛法渡りてありし時、佛法の敵たりし、物部の大連、守屋等も疫病にやみき、蘇我の宿禰の馬子等も病みき、欽明、敏達、用明の三代の國王は心に佛法、釋迦如來を信じまいらせ給ふてありしかども、外には國の禮にまかせて天照大神、熊野山等を仰ぎまいらせさせ給しかども、佛と法との信は薄く、神の信は厚かりしかば强きに引かれて、三代の國王、疫病疱瘡にして崩御ならさせ給き、此を以て上の二鬼をも今の代の世間の人人の疫病にも日蓮が方の病み死ぬこと心うべし、されば身を捨てゝ信ぜん人人は病ぬへんもあるべし、又病むとも助かるべし、又た大惡鬼に値ひなば命を奪るゝ人もあるべし、例せば畠山重忠は日本第一の大力の大將なりしかど、多勢には遂に亡びぬ又日本國の一切の眞言師の惡靈となれる、竝に禪宗、念佛者等が日蓮をあだまん爲め國中に入り亂れたり、又梵釋日月十羅刹の眷屬日本國に亂入せり、兩方互に責めとらんと

はげむなり、而るに十羅刹女は總じて法華經の行者を守護すべしと誓せ給ひ候

【佛法傳來の時、神と佛の爭】本尊問答鈔

日本國は人王三十代、欽明天皇の御時、百濟國より佛法始めて渡りしかども、始めは神と佛との諍こわくして、三十餘年は過にき、三十四年推古天皇の御宇に、聖德太子始めて佛法を弘通し給ふ。

【野干、帝釋となる】阿佛坊鈔

尸陀山の野干は、佛法に遇ひて生を厭ひ、死を願ひて、帝釋と生れたり。

【毘沙門】修羅に攻めらる　上野鈔

鷹は鷲につかまれ、毘沙門はすら（修羅）に攻めらる。

【叡山と園城寺の戒壇の爭に付神の關係】諫曉八幡鈔

園城寺は叡山より以前の寺なれども、智證大師の眞言を傳へて今に長吏と號す、叡山の末寺たる事疑なし、而るに、山門の得分たる大乘の戒壇を奪ひ取りて園城寺に立てゝ叡山に隨じと云々、譬へば小臣が大王に敵し、子が親に不孝なるが如く、かゝる悪逆の寺を新羅明神、みだれがわしく守護する故に、度々山門に寶殿燒かるゝ此の如し。

著者云ふ叡山の戒壇を死守せしは山王、日吉權現なり、新羅大明神は、戒檀建立を、思ひ留まられ、後ち法然と結び淨土宗を興す此關係により天台と淨土と爭しなり、山王權現は今道場に在す、荒熊菩薩なり、過去の宿因により玆に本門の戒檀を建て給ふ、後に詳說す。

【日本國土の神は釋尊の所屬なり】妙法尼御返事

今此三界、皆是我有乃至唯我一人能爲救護と說いて、此の日本國の一切衆生の爲には釋迦如來は、主なり、師なり、親なり、天神七代、地神五代、人王九十代の神と王とすら猶釋迦佛の所從なり、何に況や其神と王との眷屬等をや、今日本國の大地山河大海草木は皆釋尊の御財ぞかし。

【神の位置】三澤鈔

神は所從なり法華經は主君也。　以上

十如是の因果の大法の中に於ける、神の衆生敎化の位置は緣如是に當る、即ち助緣である、妙法の持者に幸福を與へ之を守護し導き、共に佛道を成ずるのが、正法の神の目的である、故に神は助緣である、其位置に階位あるのは、人間界に異ならず、軍人に元帥より兵卒迄あると同一である詳細は祈禱の所で述べる。

【神にも盛衰がある】

國家を守護する神の盛衰は、其國家の盛衰となる、又た宗敎を守護する神の盛衰は其の宗敎の盛衰となる、印度に於ても一般信仰の對照たる神が時代に依て替る故、マックスミュレルは其崇拜の對照たる唯一神格の隨時隨所に變轉する點より吠陀の宗敎を、交替神敎と云ふた、日本にも古來流行して崇拜の的となつて居つた神も衰へ、新規に流行神が出來る、神の食物は經典讀誦の音聲である、法華經を以て供養すれば、神は神通力を增し衰へることが無い、故に神に供養するのは、法華經の醍醐味に限ると宗祖は仰せれ、安國論の中にも充分述べられてある。

【法華經に現れたる神の原籍】

法華經、提婆品の內、智積菩薩と文殊菩薩の問答に於て文殊菩薩は龍宮に於て法華經を說き、其所化の衆生の數。無量にして稱計すべからず、其證明に、無數の菩薩、寳蓮華に座して海み從り涌出し、靈鷲山に詣でゝ虛空に住在す、此の諸の菩薩は、文殊師利の化度せる所也云々

此の海より涌出せし菩薩は元と魚龍の族に非ずや、次に八歲の龍女が出でゝ即身成佛を示す、既に龍女の成佛を證せらる、龍の中間に於て神たる、當然ならずや、以上

【結文】

神と魔の原籍を靈魂不滅の立脚點より、古生物學の儒羅《ジュラ》紀白亞紀、第三紀の化石の間に求めた、科學の生物學、發生學、比較解剖學は人類も動物も植物も皆な一つの共同祖先より進化した事を證明する、

佛敎、法華經には、草木國土悉皆成佛と說かる、即ち人類も、動物も、植物も礦物も皆な妙の一元より發生した故に其本源に歸すれば、皆平等に最完美、最高位たる佛の位に向上し得ると說かれ、妙の一元である、然も其妙が如何にして萬物と分類したのであるかの說明が、妙其物の性質が萬物を作り得る素質と、變化する性質、即ち一念三千の大秘法を具して居る故に進化し退化し、宇宙萬物となつたのであると、三千年の昔に釋迦牟尼如來が說かれ、六百五十年前に日蓮大聖人が裏書され、玆で現代科學の最高威嚴たる電子一元論と一致した、

神の位置を下げ、其の尊嚴を損じ何の益があるかと云ふかも知れぬが、古來より世界各國及日本に於ける神の神秘的變形の姿、又動物の姿を崇拜した解決は、其本體の生存時

代に溯り、祖先關係と靈魂不滅を以て說明しなかつたなら古來よりの動物崇拜と神話の說明は何に依てするであらう皆な祖先崇拜、遠き遠き祖先崇拜から來たのである、玆で千古の神秘的の大疑問が明かに解けたのである、　以上

天台曰く、經彌々權なれば位彌々高く、經彌々實なれば位彌々卑し、又曰く、十界の依正（宇宙、萬物）妙法蓮華經の當體也　金錍論に云く一艸、一木、一礫、一塵、各一佛性、一因果ありて具足緣了す、云々、故に宇宙的にも、社會的にも個人的にも

南無平等大慧一乘妙法蓮華經

因緣果

因とは、果を造る者、即ち原因にしに、婆娑に造は是れ因の義、大乘義章に、親生を義とすとあり之を目して因と爲す。一物の生ずるに親しく強く力を與ふる者を因となし疎く弱く力を添をふる者を緣とする。例へば稻の種子籾は因であり雨、露、日光、土、農夫等は緣であつて此因緣の和合しての結果が米となり、即ち果となつて、通稱之を因果と云ふ。

此の法理は前に說きし、十界互具一念三千の大法理に依るものであつて曩に詳細に說明せし故に玆では略する。

吾人が因緣に依て其果を受くるに現在に於て受くるものと未來に於て受くるものとの兩者がある、今夫れを詳說する。

【因果經に】前世の因を知らんと欲せば、則ち今世に受くる所の者是れなり、後世の果を知らんと欲せば、則ち今生に爲す所の者是れなりとあり此の因果に四通りある。

(一)順現受業、これは現在に業因を造つて其の果が直に現在に現はれて來ると云ふ事であり、若い時働いて老年に富豪になるやうなのは此の例であつて通常人の見て居るのはこれだけである。

(二)順生受業、是は現在に造つた業因の結果を、現在に受けずして、次の生に受けるのである。

(三)順後受業、是は次の生に受けずして、次の世の次ぎとか、其又た次とかに受けると云ふのである。

(四)順不定業、是は時期も定まらねば、受けるか受けないかも解らぬのである、例へば一つの惡事をしても、これを消すだけの善業があれば、其惡の果を受けずに濟むやうな者である。

【三世】(過去、現在、未來)と云ふても、生前死後とのみ見るに及ばぬ、只今を現在とすれば、今より前を過去、今より後は未來で、一生の中にも、一年の中にも、一月の中にも、一日の中にも、一時間の中にも、一秒の中にも三世はあり、吾人は日夜之に支配されて居るのである。是より因果の關係を祖書に依て說明する事にする。

祖書に現れたる因果の關係

【南無妙法蓮華經】法華經二十重勝諸教義、一六六六
東春に云く問ふ何が故に經を謗じて無間（地獄）に入るや答、一乘は是れ極樂の經なり、極妙の法を謗る故に極苦の處を感ずる也、初には極法及び尊人を謗る、故に賤獸の報を受く、二には平等大慧之經を謗する故に愚獸の報を受く三には佛に權實の二教あり、權に執して而も實を破る故に一目の報を得、四には法を誘り人を毀るの時心に瞋恚を生ずる故に蛇身の報を受く、經に其形長大とは大法を瞋る故に大苦の身報を受く、對て法を聞かざるが故に聾病の報を受く、行法を受けざるが故に無足の報を受く、愚痴にして經を謗ずるが故に暗鈍の報を受く、憍慢の心にして謗ずる故に矬陋の報を得、微妙の法を謗ずる故に醜陋の報を得、正直の經を謗ずる故に背傴の報を得、經に貧窮、下賤爲人所使とは經に萬德を備ふるを福貴とす、富貴の經を謗ずる故に貧賤の報を得、一乘に乘じて而も四方に遊び大自在を得、今自在の經を謗ずる故に不自在の報を得る故に人の爲に使わると、此經は能く凡夫二乘菩薩の病を破る、下の經に若人有病、病則消滅と云ふ、無病の經を謗ずる故に多病の報を得、以下略

法華經に云く、若人不レ信、毀ニ謗此經一則ニ斷一切世間佛種一乃至其人命終入ニ阿鼻獄一 已上

【十法界明因果鈔】御遺文、三〇九

八十華嚴經六十九に云く、普賢道に入ることを得て、十法界を了知すと、法華經第六に云く地獄聲、畜生聲、餓鬼聲阿修羅聲、比丘聲、比丘尼聲（人道）天聲（天道）聲聞聲。辟支佛聲、菩薩聲、佛聲と 以上十法界名目也 第一に地獄とは觀佛三昧經に云く、五逆罪を造り因果を撥無し、大乘を誹謗し、四重禁を犯し、虛く信施を食する者此中に墮す（阿鼻地獄也）正法念經に云く、殺、盜、婬、飲酒、妄語の者此の中に墮す（大叫喚地獄）正法念經に云く、昔し酒を以て人に與へて醉わしめ已て。調戲して之を翫び、彼をして羞恥せし命る者此の中に墮つ（叫喚地獄）正法念經に云く殺生、偷盜、邪婬の者此の中に墮つ（衆合地獄）涅槃經に云く殺に三種あり、謂く下中上なり、下とは蟻子乃至一切の畜生也乃至下殺の因緣を以て地獄に墮し乃至具に下の苦を受く、問て云く十惡五逆等を造りて地獄に墮するは世間の道俗皆な是を

知れり、謗法に依て地獄に墮するは未だ其の相貌を知らず如何、答、堅慧菩薩の造、勒那摩提の譯究竟一乘寶性論に云く、樂て小法を行じ、法及法師を謗じ、如來の敎を識らずして說こと修多羅に乖て、是れ眞實義なりと言ふ　此の文の如くんば、小乘を信じて眞實と云ひ大乘を知らざるは是謗法也乃至法華經譬喩品に云く若し人信ぜずして此經を毀謗せば、則ち一切世間の佛種を斷ぜん乃至 其人命終して阿鼻獄に入らん、以下略

【第二に、餓鬼道とは】 正法念經に云く、昔し財を貪り、屠殺せる者此報を受く、亦云く丈夫自ら美食を噉ひ、妻子に與へず、或は婦人自食して夫子に與へざる者此報を受く、亦云く名利を貪るが故に不淨說法する者、此報を受く、又昔酒を賣るに水を加る者此報を受く、亦云く若人勞して而少物を得たるを誑惑して取り用ふ者此報を受く、亦云く、昔行路の人病苦有て疲極せるに其賣物を欺き取り直を與ふること薄少なりし者此報を受く、亦云く昔し刑獄を典主し人の飮食を取りし者此報を受く、亦云く、昔陰涼樹を伐り、及ひ衆僧の園林を伐りし者此報を受く、法華經に云く、若し人信ぜずして此經を毀謗せば、常に地獄に處すること園觀に遊ぶが如く、餘の惡道に在ること己が舍宅の如し慳貪偸盜等の罪に依て餓鬼道に墮することは世人の知り易し、慳貪等無き諸善人も謗法により亦た謗法の人に親近し自然に其義を信ずるに依て、餓鬼道に墮することは智者に非れば之を知らず、能能恐る可き歟。

【第三、畜生道と者】 愚痴無慚にして徒に信施の他物を受て之を償わざる者此報を受く、法華經に云く、若人不レ信セ毀謗此經。當に畜生に墮す、已上三惡道

【第四に修羅道とは】 止觀の一に云く若其心念念に常に彼に勝れんと欲し、彼に耐ざれば人を下し、他を輕しめ己に珍り、鵄の高く飛んで下視するが如く、而も外には仁義禮智信を揭げて下品の善心を起し阿修羅道を行ずるなり。

【第五に人道とは】 報恩經に云く、三歸五戒は人に生ず。

【第六に天道とは】 二有り、欲天には十善を持ち色無色天に生れ、下地は麤なり苦なり障なり上地は靜なり妙なり離なりとの六行觀を（有漏智を以て下地の惑を斷ずる法）を以て生ずる也、問て曰く六道の生因は是の如し、抑同時に五戒を持ちて人界の生を受くるに何ぞ、生、盲、聾、

瘖瘂、矬陋攣躄《レンビアク》、背傴、貧窮、多病、瞋恚等の無量の差別有りや、答て云く、大論に若は衆生の眼を破り若は衆生の眼を抉り、若は正見の眼を破り、罪福無しと云はん、此人死して地獄に墮し罪畢て人と爲り、生れて從り盲也、若は又佛塔の中の火珠及び諸の燈明を盜む、是の如きの種々の先世の業因緣を以て眼を失ふ、聾とは是れ先生の因緣、師父の敎訓を受けず、行せず、而も反て瞋恚す、此の罪を以て聾となる、復次に衆生の耳を截り、若は衆生の耳を破り若は佛塔僧坊、諸の善人福田の中の揵推《ケンチ》、鈴具及び鼓を盜む者、此の罪を得る也、先世に佗の舌を截り或は其口を塞ぎ、或は惡藥を與へて語ることを得ざらしむ或は師の敎、父母の敎敕を聞き其語を斷つ、世に生れて人となり啞にして言ふ事能わず、先世に他の坐禪を破り、坐禪の舍を破り諸の呪術を以て人を呪して瞋らし鬪諍し婬欲せしむ、今世に諸の結使厚重なること、婆羅門の其福田を失ひ、其婦復た死して即時に發狂し裸形にして走らんが如くならん、先世に佛、阿羅漢、辟支佛の食及び父母所親の食を奪へば、佛世に値と雖も、猶故に飢渴す罪の重を以てなり、先世に好で鞭杖、栲掠、閉繫を行じ種々に惱すが故に今世に病を得るなり、先世に他の身を破り其頭を截り、其手足を斬り種々の身分を破り、或は佛像を破り、佛像の鼻及び諸の賢聖の形像を毀り或は父母の形像を破る、是の罪を以ての故に形を受くる事多く具足せず、復次に不善法の報、身を受くること醜陋なり法華經に云く、若人信ぜずして此經を毀謗せば、若し人と爲ることを得ては諸根闇鈍にして盲聾背傴ならん、口の氣常に臭く鬼魅に著せられん、貧窮下賤にして人に使れん、多病痟瘦にして依怙する所ろ無く、若は他の反逆し抄劫し竊盜せん、是の如き等の罪、橫に其殃に罹らん　又た八の卷に云く、若復此經典を受持する者を見て、其過惡を出さん、若くは實にもあれ、若しは不實にもあれ、此の人は現世に白癩の病を得ん、若し之を輕笑すること有ん、當に世々に牙齒疎缺、醜き脣、平める鼻、手脚繚戾し眼目角睞に身體臭穢にして惡瘡膿血水腹短氣諸惡重病あるべし、問て云く何なる業を修する者が六道に生じて其中の王と成るや、答て云く、大乘の菩薩戒を持して而も之を破る者は色界の梵王、欲界の魔王、帝釋、四輪王、禽獸王、閻魔王等と成る、心地觀經に云く諸王の受る所の福樂は往昔、曾て三の淨戒を持し、戒德熏修して招き感ずる所、人天の妙果、王の身を獲、中品に菩薩戒を受持すれば福德自在の轉輪王として心の所作に隨て盡く皆成じ無量の人天悉く遵奉す、下の上品に持すれば、大鬼王として一切の非人卒伏す、戒品を持して缺犯すと雖も戒の勝るゝに由るが故に王となることを得、下の中品に持すれば、禽獸王として一切の飛走皆歸伏す、淸淨の戒に於て缺犯あるも戒の勝るゝに由るが故に王となる事を得、下の下品に持すれば、閻魔王として地獄の中に處し常に自在なり、禁戒を毀り惡道に生ずと雖も戒の勝るゝ故に王となることを得、若し如來戒を受けざる事あれば、終に野干の身をも得ること能はず、何に況や、能く、人天の中の最勝の快樂を感じて王位に居せんや、安然和尙の廣釋に云く、菩薩の大戒は持して法王となり、犯して世王となる、而も戒の失せざること譬へば金銀を以て器を爲すに用ゆるに貴く、器を破りて用ひざるも而も寶は失せざるが如し乃至此等の文を以て之を思ふに、小乘戒を持して破る者は六道の民となり、大乘戒を破る者は六道の王となり、持する者は佛と成る是也、

【第七に聲聞道とは】此界の因果をば阿含小乘十二年の經に分明に之を明せり、諸大乘經に於ても大に對せんが爲に亦之を明す、聲聞に於て四種あり、一には優婆塞俗男也、五戒を持し苦、空、無常、無我の觀を修し、自調自度の心强く、敢て化他の意なし、見思を斷盡して阿羅漢と成る、此時自然に髮を剃るに自ら落つ、二には優婆夷、俗女也、五戒を持し髮を剃るに自ら落ること男の如し、三には比丘僧也二百五十戒具足戒を持して苦、空、無常、無我の觀を修し見思を斷じて阿羅漢となる、此の如くするとき髮剃らざれども生ぜず、四には比丘尼なり五百戒を持す、餘は比丘の如し、一代諸經に列座せる舍利弗・目連等の如き聲聞也、永く六道に生ぜず、亦佛、菩薩とも成らず灰身滅智し決定して佛に成らざる也、小乘戒の手本たる盡形壽の戒は一度依身を壞れば永く戒の功德無し、上品を持すれば二乘となり中下を持すれば人天に生じ民となる、之を破すれば三惡道に墮し罪人となる、安然和尙の廣釋に云く三善の世戒因生じて果を感じ業盡きて惡に墮す、譬ば楊葉の秋至れば金に似たれども秋去れば地に落るが如し、二乘の小戒は持する時は果拙く、破る時は、永く捨つ、譬へば瓦器の如し完くして用ゆるに卑く、若し破れば永く失するが如し。

【第八に緣覺道とは】二あり一には部行獨覺、佛前に在りて聲聞の如く小乘の法を習ひ、小乘の戒を持し見思を斷じて永不成佛の者となる、二、麟喩獨覺、無佛の世に在りて飛花落葉を見て、苦、空、無常、無我の觀を作し、見思を斷じ永不成佛の身と成る、戒も亦聲聞の如し、此の聲聞緣覺を二乘と云ふ。

【第九に菩薩界とは】六道の凡夫の中に於て、自身を輕んじ、佗人を重んじ、惡を以て己に向け、善を以て佗に與へんと念ふ者有り、佛此人の爲に諸の大乘經に於て菩薩戒を說き給へり、此菩薩戒に三あり、一には攝善法戒、所謂八萬四千の法門を習ひ盡さんと願す、二は饒益有情戒、一切衆生を度して後に自も成佛せんと欲する是也、三は攝律儀戒、一切の諸戒を盡く持せんと欲する是也、乃至菩薩と云は二乘を除て一切の有情也乃至　以下略

第十佛界とは、菩薩の位に於て四弘誓願を發するを以て戒と爲す、三僧祇之間六度萬行を修し、見思、塵沙、無明の惑を破して佛となる、故に心地觀經に云く、三僧祇耶大劫の中に具に百千の諸苦行を修し、功德圓滿して法界に遍く十地究竟して三身を證す、因位に於て諸の戒を持て佛果の位に至て佛身を莊嚴す、三十二相八十種好は即ち具足の功德の感ずる所也、但し佛果の位に至れば戒體失す譬へば華の果成て華の形無きが如し故に梵網經の疏に云く佛に至て乃ち廢す、乃至

【三惡道】（地獄、餓鬼、畜生）の人は現身に於て戒無し、過去に於て人天に生れし時、人天の楊葉。二乘の瓦器、菩薩の金銀戒を持ち退して三惡道に墮す、然りと雖、其功德未だ失せず之れ有り、三惡道の人法華に入る時、其戒之を起す故に三惡道にも亦十界を具す、故に爾して前の十界の人法華經に來至すれば皆持戒也、故に法華經に云く、是名持戒と、安然和尙の廣釋に云く、法華に云く、能く法華を說く是を持戒と名く、爾前經の如く、師に隨て戒を持せず、但此經を信ずるが即ち持戒なり、爾前の經には十界互具を明さず、故に菩薩、無量劫を經て修行すれども、二乘人天等の餘戒の功德無く、但一界の功德を成ず、故に一界の功德を以て成佛を遂げざる故に、一界の功德も亦成ぜず、爾前の人、法華經に至りぬれば、餘界の功德を一界に具す、故に爾前の經、即ち法華經なり、法華經即ち爾前の經なり、法華經は爾前の經を離れず、爾前の經は法華經を離れず、

是を妙法と云ふ、此の覺り起りて後は阿含小乘經を讀むも一切の大乘經を讀誦し、法華經を讀む人也、故に法華經に云く、聲聞の法を決了すれば是れ諸經の王なり、阿含經即ち法華經と云ふ文なり、一佛乘に於て分別して三と說く、華嚴、方等、般若即ち法華經と云ふ文也、若し俗間の經書治世の語言、資生の業等を說かんに、皆正法に順ず、一切の外道、老子孔子等の經は即ち法華經と云ふ文なり、梵網經等の權大乘經の戒と、法華經の戒とに多くの差別あり、一に彼の戒は二乘七逆の者を許さず、二には戒の功德に佛果を具せず、三には彼は歷劫修行の戒也、是の如き等の多くの失あり、法華經に於ては、二乘七逆の者を許す上、博地の凡夫一生の中に佛位に入り妙覺に至て、因果の功德を具する也。

【謗法罪に付】災難對治鈔、三〇七

順現業は、法華に云く、此人現世に於て白癩の病を得ん乃至 諸の惡重病を得ん、仁王經に云く、人佛法を壞らば復た孝子なく、六親不和にして天神祐けず、疾疫惡鬼日に來り侵害し災怪首尾し連禍せん、涅槃經に云く若し此經典を信ぜざる者あらば、若しは臨終の時、或は荒亂に遇ひ、刀兵競ひ起り、帝王の暴虐、怨家の讎隙に侵逼せられん、順次生業は、法華經に若し人、信ぜずして此經を謗せば、命終して阿鼻獄に入らん、仁王經に云く、人佛法を壞らば、死して地獄、餓鬼、畜生に入らん。

【因果の報】天台に云く今我が疾苦は皆過去による、今生の修福は報、將來に在りと云々心地觀經に云く、過去の因を知らんと欲せば、其現在の果を見よ、未來の果を知らんと欲せば、其現在の因を見よ、等云々、開目鈔、八一五

【佐渡御書】八三二

般泥洹經に云く善男子過去に無量の諸罪、種種の惡業を作す、此の諸罪報は或は輕易され、或は形、醜陋、衣服不足、飮食麁疎、財を求め利あらず、貧賤の家及邪見の家に產れ或は王難に遭ふ等云々又云く及餘の種々の人間の苦報、現世に輕く受くるは、護法の功德力に依る故等此經文は日蓮が身無くんば、殆んど佛の妄語となりぬべし。 以上

佛敎に說ける病氣の原因

【十種の病惱】一肉病、二心病、三兇病、四鬼病、五魔病、六神病、七靈病、八業病、九試病、十慈病、以上十種

(一)【肉病とは】四大不調より起る病氣、即ち寒暑、食物の不養生等により起る病氣、
(二)【心病とは】神經病にて憂怖悲哀、憤怒喜悦の度を過すより起る、
(三)【咒病とは】他人の咒咀力によりて鬼來り惱すより起る、
(四)【鬼病とは】之に五種あり請望、報仇、玩戯、寓食、遊寓、是れなり、鬼が望む所あつて病ましむ之を請望と云ふ、甞て傷害を加へし者を惱す之を報仇と云ふ、快を取らん爲に魅す之を玩戯と云ひ、口腹を養わん爲に着す之を寓食と云ふ、故なくして着す之を遊着と云ふ、鬼病は佛力に非ずとも諸天の力之を攘ふことを得。
(五)【魔病とは】魔王魔民、欺誑若くは玩戯の爲に人身に惱觸し、能く善業を捨離し惡業を増進せしむ、或は吸精の爲もあり、諸佛の神咒に非ざれば治する能わず、
(六)【神病とは】下劣の天神祭祀を求めん爲に人身に沴觸す、
(七)【靈病】生靈(生た人の怨靈)死靈(死人の靈)の起す病氣、例へば肺病にて死せし人の靈が移れば、肺病の徴候を呈し、熱病にて死せし人の靈が移れば、熱出で倦怠を感じ狂氣の靈移れば、精神に異狀を起す等、其靈の持つて居る苦痛を感ず。
(八)【業病】宿世多くの生類を毆打殺生し、又た病者を虐待せし者、又正法を謗りたる者、其苦惱を受け、醫藥針灸の得て治する所に非ず、經に若し醫道を修して方に順じて病を治せば、更に他の病を増し、或は又た死を致さん若し病あらば人の救濟する事なく、設ひ良藥を服するも復た增劇せんと說けるは是なり。
(九)【試病】行者の深信を試さん爲、護法の善神之を病ましむ。
(十)【慈病】行者の所作、現に成辨せん時に臨んで、善神共の五欲の侵亂を防がん爲め大慈力を以て之を病ましむ、
以上十病、

【唱法華題目鈔】云く、(三三四)　善神は法味をなめざるが故、威光を失ひ利生を止め此の國を捨て佗方へ去り給ひ、惡鬼便りを得て國中に入り替り、大地を動かし惡風を起し、一天を惱し五穀を損す、故に飢渇出來し、人の五根には鬼神入て精氣を奪ふ、之を疫病と名く。

【呪詛】呪詛とは呪は言を以て鬼神に告るを云ひ、詛とは神に請ふて他に殃を加ふるを云ふ、即ち怨狀を鬼神に告て殃害を其人に加るを云ふなり、故に呪詛の惱害は鬼神の所爲なり、邪鬼邪神、祭祀を欲して呪詛人の委託を受け他に惱害を加るなり、藥師經に云く諸の有情好んで乖離を喜び更に相鬪爭し自他を惱亂し、身語意を以て諸の惡業を造り、展々として遂に不饒益の事を爲し互に相謀害し、山林樹塚の神を告召し諸の衆生を殺し、其血肉を取り夜叉羅刹等を祭祀し怨人の名を書し或は形像を造り惡呪術を以て之を呪詛す、云々

【太田入道殿御返事】一三二一

病の起る因緣を明すに六あり、一に四大順ならざる故に病む、二に飲食節ならざる故に病む、三に坐禪調はざるが故に病む、四には鬼便りを得る、五に魔の所爲、六に業の起る故に、云々、大涅槃經に世に三人の病、治し難きあり、一には大乘を謗す、二には五逆罪、三には一闡提、是の如き三病は世の中の極重なり云々、又云く今世に惡業成就し乃至必ず地獄なるべし、乃至、三寶を供養するが故に地獄等に墮せずして現世に報を受く、所謂、頭と眼と背との痛云々、止觀に云く若し重罪あつて乃至、人中に輕く償ふと此は是れ業が謝せんと欲する故に病むなり云々、止觀に云く、法華能く治す、復稱して妙と爲す云々、妙樂云く、治し難きを能く治す、所以に妙と稱す。

【結文】人が道德を守り法華經を信仰せねばならぬと云ふ根底は實に此の三世流轉の因果の大法に依るのであつて善惡の行は時々刻々晝夜に未來を作りつゝある。謹まずんばあらず、勤めずんばあるべからず。　以上

信仰と懺悔滅罪

前に因緣に依て果を生ずる事を說いた。而て吾々は過去世に於てかなりの惡業をなしたと云ふ事については何人も否定は出來ないであらう。即ち惡の方面に發展した吾々が如何にして、元の善性に歸り、萬物の最高尊たる佛と成る事の出來るかに就ては其は一の法に依てである、夫れは信仰の力と、法華經と佛の大慈大悲の救護と、自己の懺悔に依て滅罪し後に成就するのである。(法華經讀誦の功德は如何にして起るやは後に詳說する)

【信仰に付】

法華經法師品に、是の法華經を見聞し讀誦し書持し供養すること能わずんば、當に知るべし、是の人は未だ善く菩薩の道を行ぜざるなり、若し此の經典を聞くことを得ることあらば乃ち能く菩薩の道を行ずる也、其れ衆生の佛道を求むるもの　あつて、是の法華經を若は見、若は聞き已つて信解し受持せば當に知るべし、是の人は阿耨多羅三藐三菩提に近くなり。

【法華題目鈔】五八三、　法華經の題目は八萬聖教の肝心一切諸佛の眼目なり、汝等之を唱へて惡趣を離るべからずと疑うか、正直捨方便の法華經には以信得入と云ひ、雙林最後の涅槃經には、是の菩提の因は復無量なりと離も、若し信心を說けば、則ち已に攝盡す等云々

【日女抄】佛法の根本は信を以て源とす、されば止觀の四に云く佛法は海の如し、唯信のみ能く入ると、弘決の四に云く佛法は海の如く唯信のみ能く入るとは、孔丘の言尙ほ信を首と爲す、況んや佛法の深理をや、信なくして、寧ろ入らむや、故に華嚴に信は是れ道の源、功德の母等と、止の一に云く云何か圓の法を聞き、圓の信を起し、圓の行を立て、圓の理を證す、弘の一に云く、圓信と云は、理に依て信を起す、信は行の本と爲す云々、一六二六

【妙一尼御前御返事】夫れ信心と申すは別にはこれなく候、妻のをとこ(夫)をおしむが如く、をとこの妻に命をすつるが如く、親の子を捨てざる如く、子の母にはなれざる如くに、法華經、釋迦多寶十方の諸佛、諸菩薩、諸天善神に信を入れ奉りて、南無妙法蓮華經と唱へ奉るを信心とは申候也、しかのみならず、正直捨方便、不受餘經一偈の經文を女の鏡を捨てざるが如く、男の刀をさすか如く、すこしも捨る心なく案じ給ふべく候　　以上

懺悔滅罪

懺悔とは止觀の七に、懺とは先罪の陳露に名け、悔とは往を改め來を修するに名く、是れ、已造の罪を洗除する唯一の要法なり。

【法華經の結經】觀普賢菩薩行法經に時に三大士、異口同音にして佛に白して言さく、世尊如來の滅後に云何してか衆生、菩薩の心を起し、大乘方等經典を修行し、正念に一實の境界を思惟せん、云何してか無上菩提の心を失わざらん、云何してか復煩惱を斷ぜず五欲を

離れずして諸根を淨め、諸罪を滅除することを得父母所生の清淨の常の眼、五欲を斷ぜずして而も能く諸の障外の事を見ることを得ん乃至（佛即ち普賢の行を行じ六根清淨、滅罪懺悔の法を說き給ふ）詳細は經典參照
此の如き等の六法をば名けて六情根となす、一切の業障海は皆妄想より生ず、若し懺悔せんと欲せば端坐して、實相を思へ、衆罪は霜露の如く慧日能く消除す、是の故に至心に六情根を懺悔すべし、以上經文
【光日房鈔】夫れ鍼は小なれども沈み、雨は空にとゞまらず、蟻子を殺せる者は地獄に入り、しにかばねを切れる者は惡道をまぬかれず、何に況んや人身受たる者を殺せる人をや、但し大石も海に浮ぶは船の力也、大火を消す事水の用に非ずや、小罪なれども懺悔せざれば、惡道を免れず大逆なれども懺悔すれば罪きゆ、人の親は惡人なれども、子善人なれば、親の罪赦さるゝ事あり、又子惡人なれども親善心ならば、罪ゆるさるゝ事あり。
【顯謗法鈔】又懺悔すれども、懺悔の後に重ねて罪を作れば、後の懺悔に此の罪消へ難し、譬へば盜みして獄に入ぬるものゝ、且く經て後に御免を蒙りて獄を出でたれど、又重て盜をして獄に入ぬれば、出でゆるされがたきが如し
【千日尼御返事】譬へば女人の一生の間の御罪は、諸の乾草の如し、法華經の妙の一字は小火の如し、小火を衆艸につきぬれば、衆艸燒け亡ぶるのみならず大木大石皆燒け失せぬ、妙の一字の智火、以て此の如し、諸罪消ゆるのみならず、衆罪還て功德となる、毒藥變じて甘露となる是也
一八一六
【聖愚問答鈔】只南無妙法蓮華經とだに唱へ奉らば、滅せぬ罪やあるべき、來らぬ福やあるべき、眞實也、甚深也是を信受すべし。

【結文】

法華經を信仰するに付、懺悔の必要なることは、例へば日常使用する、瓦斯、水道も、鐵管に故障が出來て塵芥が詰つては瓦斯も水道も通じないのと同様で其故障の箇所を修理し塵を取り去らねばならず、過去の罪業は鐵管を塞いで居る塵の如き者で、先づ懺悔して此の罪の根を剔き去らねばならぬ、妙法の大威力は變りはないが罪障があると通じなく、其故に働が起らない、丁度、水や瓦斯の効力に變りはないが、パイプが塞つて居つては利用出來ないのと同様で

磁石は鐵を引くが其間に妨ぐる者が有れば引かない。即ち是れ懺悔滅罪の必要なる所以である、此の鐵管を解剖し中の塵を取り疏通させるが、祈禱法で、其仕事に從事する職工は、祈禱の修法師に相當する。故に懺悔滅罪には祈禱と之を取扱ふ修法師が必要である。

得　益

法華經を宗祖大聖人の仰の如く、信仰した時は如何なる大功德を得るかを、祖書に依て說明する。

【法華經二十重勝諸教義】

南無妙法蓮華經

「法華經の功德利益の勝たる說明」記の四に云く、今義に依り文に附するに略して十變あり以て異相を辨ず、一には二乘に近記を與ふ、二には如來の遠本を開く、三には隨喜は第五十の人を歎ず、四には聞益は一生補處に至る五には釋迦は三逆の調達を指して本師と爲す、六には文殊は八歳の龍女以て所化と爲す、七には凡そ一句を聞くも咸く授記を與ふ、八には經の名を守護する功量るべからず、九には品を聞て受持すれば永く女質を辭す、十には若し聞て讀誦すれば不老不死、十一に五種の法師は現に相似を得、十二に四安樂行は夢に銅輪に入る、十三には若し惱亂する者は頭べ七分に破る、十四に供養すること有る者は福十號に過ぎたり、十五には況や已今當は一代に絕へたる所なり、十六には其教法を歎ずる十喩を以て稱揚す、十七には地從り涌出せしを阿逸多一人をも識らず、十八に東方の蓮華をば龍尊王、相の本を知らず十九には況や迹化には三千の墨點を擧ぐ、二十には本成らば五百の微塵に喩へたり、本迹の事の希なる諸經に說ずと（此の次に宗祖の詳釋あるも略す）

【法師功德品に】若し善男子善女人、是の法華經を受持し若しは讀み、若しは解說し、若しは書寫せん、此の人は當に八百の眼の功德、千二百の耳の功德、八百の鼻の功德千貳百の舌の功德、八百の身の功德、千二百の意の功德を得べし、是の功德を以て六根を莊嚴し、皆清淨ならしめん

【藥王菩薩本事品に】佛は爲れ諸法の王なるが如く此の經も亦復是の如し、諸經の中の王なり、宿王華、此の經は能く一切衆生を救ひたもう者なり、此の經は能く一切衆生をして諸の苦惱を離れしめ給ふ、此の經は能く一切衆生をして、諸の願を充滿せしめ給ふ、清凉の池の能く一切

諸の渇乏の者に滿つるが如く、寒き者の火を得たる如く、貧しきに寶を得たる如く、民の王を得たるが如く賈客の海を得たる如く、炬の暗を除くが如く、此の法華經も亦復是の如し、能く衆生をして一切の苦、一切の病痛を離れ、能く一切の生死の縛を解かしめ給ふ。

【藥草喩品に】云く、是の法を聞き已つて現世安穩にして後世善處ならん。

【三世諸佛總勘文鈔】爰に凡夫の我等が此の穢土に於て法華經を修行すれば、十界互具法界一如なれば、淨土の菩薩の變易の生は損し、佛道の行は增して變易の生死を一生の中に促めて、佛道を成ず。

【觀心本尊鈔】に曰く釋尊の因行果德の二法は妙法蓮華經の五字に具足せり、我等此の五字を受持すれば、自然に彼の因果の功德を讓り與へ給ふ。

【妙力病を治す】止觀に曰く法華能く治す、復た稱して妙と爲す、妙樂云く治し難きを能く治す、所以に妙と稱す

【依法華經可延定命】

夫れ病に二あり、一者輕病、二者重病、重病すら善醫に値ふて急に對治すれば命猶存ず、何に況や輕病をや、業に二あり一には定業、二は不定業、定業すら能々懺悔すれば必ず消滅す、何に況や不定業をや、法華第七に云く此經は則ち爲れ閻浮提の人の病之良藥なり等云々此經文は法華經の文也、一代の聖教は皆な如來の金言、無量劫より已來不妄語の言也、就中、此法華經は正直捨方便と申して眞實が中の眞實なり、其上最第一の秘事はんべり此經文は後五百歲二千五百餘年の時、女人の病あらんとかれて候文也、阿闍世王は御年五十の二月十五日に大瘡身に出來せり、大醫耆《ギ》婆《バ》が力も及ばす、三月七日必ず死して無間大城に墜つべかりき、五十餘年の大樂一時に滅して一生の大苦三七日に集れり、定業限りありしかども佛、法華經をかさねて演說して涅槃經となづけて大王に與へ給ひしかば、身の病忽に平癒し心の重罪も一時に露と消へにき、佛滅後千五百餘年陳臣と申す人あり、命、知命にありと申して五十年に定まりて候しが、天台大師に値て十五年の命を延て六十五迄をわしき、其上不輕菩隱は更增壽命ととかれて法華經を行じて定業を延べ給ひき乃至されば日蓮悲母をいのりて候しが現身に病を癒すのみならず、四箇年の壽命を延べたり。

【行者佛天守護鈔】法華經を持つ人をば釋迦多寶十方

の諸佛梵天、帝釋、日月、四天、龍神、日本守護の天照大神、八幡大菩薩、人の眼をおしむが如く、諸天の帝釋を敬ふ如く、母の子を愛する如く守り、おぼしめし給ふべき事影の身に隨ふが如くなるべし、經文に云く、諸天は晝夜に常に法の爲の故に而も之を衛護し給ふ。

【單衣鈔】　法華經は、今生には祈りとなり、財となり、御臨終の時には月となり、日となり道となり、橋となり、父となり母となり、牛馬となり輿となり、車となり、蓮華となり、山となり、靈山淨土へ迎へ取りまいらせ給ふべし

南無妙法蓮華經

經の讀誦の功德は如何にして起るや

法華經を讀誦して功德を生ずるのは、吾人の說明の出來る範圍でない、不可思議の現象で、所謂、唯佛與佛、乃能究盡の境界であつて言說に現すことの出來ない、天然の性德本具である、

經を讀誦し其眞理を感得して、自身に修得するのは、別として玆には文字の意味も知らない、愚鈍の人、又は馬鹿や氣狂いが讀經を聞て功德を得て得道する道理を少し述べる

【四信五品鈔に】　其義を知らざる人、唯、南無妙法蓮華經と唱へて解義の功德を具するや、否や、答、小兒乳を含むに其味を知らざれども、自然に身を養ふ耆婆が良藥、誰か辨へて之を服せん、水心なけれども火を消し、火は物を燒く、豈に覺あらんや、云々

【科學で說明すれば】　呼鈴に使用する乾電池は、電池の兩極に充塡された藥品が化合して、藥品自身に見出し得ざる、一種不思議の働を起す電氣を送り出す如く、人と經と讀誦が化合する時、人及び經典の文字に於て見出し得ざる功德が人の口より迸り出るのである。倶舍論には聲を色法即ち物質の內に入れて說明して居るが、然し肉眼には見へぬ。ラジオは遠隔の地より吾人に言語音樂を傳へる、然し其電波は肉眼に見へず、感覺にも上らない、即ちラジオの構造原理を知らなくとも、其受信の設備をすれば、愚人にも聽き得る如く、經の眞理を覺らずとも、信仰すれば功德を受ける道理はラジオがよく證明して居る。法華經は釋尊が宇宙の眞理を說かれた言語を文字に綴つたので、之を

讀誦するのは、釋尊の説法を轉説するのである。其眞理が音聲に依て物質化され（眼に見へぬ不思議の體）之が神佛の糧ともなり、又經を受くる者の耳より又は毛孔より入つて營養ともなる、故に神が經を聽て神通增益し死靈が聞いて得道するのである。經に曰く「此の經は即ち閻浮提の人の病の良藥となる、人若し病あらば此經を聞く事を得ば、病即ち消滅して不老不死ならん」以上

【讀經が神靈の糧食となる宗祖の證明】

諫曉八幡鈔、此時佛出現し給ひ、佛教と申す藥を天と人と神とに與へ給しかは、燈に油を添へ、老人に杖を與へたるが如く天神等還て威光を增し勢力を增長せし事、成劫の如し、佛教には又五味のあじわい別れたり、在世の衆生は成劫ほどこそなかりしかど、果報いたう衰へぬ衆生なれば五味の中に何の味をもなめて威光勢力をゝまし候き、佛滅度の後ち正像二千年過て末法になりぬれは、本の天も神も阿修羅、大龍等も、年もかさなりて身もつかれ、心も弱くなり又た今生れ來る天人、修羅等は、或は小果報、或は惡天人等なり、小乘權大乘等の乳酪、生蘇、熟蘇味を服すれども老人に麤食をあたへ、高人に麥飯を奉るが如し、而るを當世此を辨へざる學者等古にならいで、日本國の一切の諸神等の御前にして阿含經、方等、般若、華嚴、大日經等を法樂し、倶舍、成實、律、法相、三論、華嚴、淨土、禪等の僧を護持の僧とし給へる、唯老人に麤食を與へ小兒に强飯をくゝめるがごとし、以上祖文

【科學の音樂で整ふ全身の調節】

最近音樂で整ふ全身の調節と云ふ事が發見された、夫れは音樂を聞く人に感動を與へる理由は其調節が腦の「ピチュイタリ」腺に影響する所があるからだと云ふ、

音樂の調律に刺戟されると此腺は身體各部の調律に影響し玆に快感乃至不快な感情を經驗せしめるのであるが、若し一歩を進めて適當に此の作用を利用すれば、憂欝性また狂暴性などは治療することができると或る學者は主張して居る、ピチュイタリ腺とは腦髓の內面殆んど中央に位する卵形の小さな物體で、往昔は痰の粘液の製造場だらう位に思ひピチュイタリ（即粘液樣）などゝ云ふ名稱を附けられたので、近來の硏究によると此腺は其樣な卑しい者でなく、却つて人體の最高尙な一部である事が判明して來た、身體は呼吸でも脈搏でも又は胃壁の伸縮でも凡て一種の調節運

動で生命を保つて居る者だが、是等の調節運動一般を監視し調節する事が此の粘液腺の重要な職務の一であることも判明して來た、身體を一國の音樂隊とすれば、粘液線は樂長に等しいのである、ところが此の粘液腺は音樂に對しては受感性が非常に鋭いと云はれて居る、聽神經及聽覺中樞とは直接に聯絡が着いているので粘液腺は音樂が耳に響くと直に共鳴して居る、

さうして此の共鳴の結果は迷走神經に傳はり、迷走神經は心臟及胃の調節運動に影響するのだが、心臟、胃などの調節運動は全身の調節運動の基礎であるから、粘液腺の變化は即ち全身の變化を引き起さなければ止まない、或る音樂が粘液腺を刺戟してそれが作用を促進する時、吾々は其の音樂が愉快であると感じ、それに反して他の音樂が粘液腺の作用を鎭壓するにをいては、吾々は之を不快な音樂と感じるのである、それから腎臟の上にある副腎が各人の性質の勇懦を決定して居るは既に證明されてる事だが、米國の或る學者はこの副腎と粘液質との間に直接の神經聯絡が存在してることを主張して居る、果して、さうとすれば粘液質の共鳴は副腎にも直接の影響を及ぼし、其人を憂欝または狂暴ならしむるに與て力あるに相違ないと云はれて居る是が音樂が身體に關係する科學的說明である。

佛法には法門は毛孔より入つて遠く菩提の緣となる、即ち理解の出來ない人でも、御經を聽て置けば、其經の功德が音聲によつて物質となり、毛孔より這入つて菩提の種となる、

讀誦に依て發する此の不可思議の經力は、平素何れに潜在するやについて之を經典の上に求める。

【無量義經十功德品】第三に曰く

善男子、汝是の經は何の所よりか來り去つて、何の所にか至り、住《とゞま》つて何の所にか住すると問はば、當に能く諦に聽くべし、善男子、此經は諸佛の宅室の中從り來り、去つて一切衆生の發菩提心に至り、諸の菩薩所行の處に住す、善男子是經は斯くの如く來り、是の如く去り、是の如く住し給へり、是故に此經は能く是の如き無量の功德、不思議の力を有して衆をして、疾く無上菩提を成ぜしむ。

此の經の讀誦の功德の起るのは、不思議にも電氣に似て居る、電氣は平素空中にも、地の中にも、又萬物の體內にも潜在する、經典の功德も平素は潜在して居ること前の無量

義經に說かるゝ通りである、潛在的電氣が摩擦に依て分解され發生する如く、經の功德は讀誦に依て性具の妙法が發揮して起る、熱烈なる信仰の許に讀誦して起る大功德は、大なる摩擦が大なる電力を起し得ると同一である、

【印度ウパニシャット、大自在天の讚歌】

第八節タパス（熱禱）に依て梵は繁殖し、それより食は生ず、

第九節かの一切智者、一切の明者そのものゝ智はこの熱禱なり、それよりこの梵、即ち名色及び食は生ず、

【草山要路に曰く】

叙して曰く、誦經の利甚だ大ひなり、諸經に皆曰く無量の珍寶を以て布施するも、誦經一偈の功に及ばず、要す須らく一心專念にして音吐遒亮に文句分明なるべし、謂はゆる法音を歌誦して此を以て音樂とする者か、智者大師の曰く凡そ誦經の時は座下に皆天龍八部四衆有つて圍繞聽法す乃ち我能く法師となつて佛の正法を傳へ四衆の爲に之を說くと觀せよ、誦經既に竟らば此の功德を以て一切衆生未來世に於て共に正覺を成ぜんと願すべし、南岳大師の曰く、散心に法華を誦し禪三昧に入らず坐立行一心に法華の文字を念ず、行若し成就すれば即ち普賢の身を見る、荊溪尊者の曰く、一句も神に染ぬれば咸く彼岸を資く、思惟修習永く舟航に用たり、隨喜見聞恒に主伴となる、若は取、若しは捨、耳に經ては緣となる、或は順或は違遂に是に依て脫す無盡居士の曰く、佛は無上の法王なり、金口の所說、聖教の靈文一たび之を誦すれば、則ち法輪となつて地に轉ず、夜叉空に唱へて四天王に報ず、天王聞き已つて是の如く展轉して乃ち梵天に至る、幽に通じ明に通じ、龍神悅懌すること猶、綸言の如し、孰れが欽奉せざらん誦經の功、其旨是の如し、

以上

祈禱

【日本神道の祈禱の解】

祈禱とは冥助を蒙らんことを神明に希願するを云ふ、祈禱は又た「イノル」又「コヒ」と訓す、日本に於ての起源は天照大神、天の岩窟に幽居し給ひし時、群神天の安川に集り、天の兒屋根尊、太玉尊の二神をして大神の出で給はん事を祈禱せしむ、是を初めとす、崇神天神の時、疫病天下に行われ凶歲頻繁なりしを以て、天皇沐浴齊戒して神祗に

祈り又、神功皇后の三韓を征伐し給はんとするや、自から神主となりて神祇を祭り、彼國を征服せんことを祈らる皇極天皇は南淵の河上に雨を祈り給ひ、桓武天皇は幣を五幾七道の名神に奉りて、國家の安寧を祈らる、清和天皇貞觀八年七月三日祈雨せられ、後一條天皇萬壽參年閏五月后妍子の安産を祈らる、其他人毎に子孫の繁榮を祈り、富貴を祈り、才藝の上達、航海の安全、雨を祈り、五穀の豐穰を祈る是れ皆祈禱なり。

【猶太教ハシデイ派祈禱】世界宗教史より、

靈的の賜を獲る方法の内で、祈禱は最も有効である、祈禱とは、單にものを哀求する事でなく、神と人との間の障壁を撤し、神人一如の三昧境に達することにして、その醍醐味は不言不語にて、筆舌の克くすべからざる祝福を齎し、眞に神を禮拜するのに缺くべからざる要素である（吾人の意を得て居る）

【佛經の祈禱】

小乘經には祈禱なし、大乘經に至りて現はれ、密教に至り最も盛んなり、其法千差萬別なるも、要するに四法を出でず、一には息災法、二には增益法、三には敬愛法、四には調伏法（咒咀法）佛、菩薩、明王、諸天等各々本誓あり、其本誓に應じて、法を修す感應空しからず、之を祈禱と云ふ、（是は眞言宗の邪法なり）

【日蓮上人の祈禱】道妙禪門御書

御親父御祈禱の事承り候間、佛前に於て祈念申すべく候祈禱に於ては顯祈顯應、顯祈冥應、冥祈冥應、冥祈顯應の祈禱ありと雖も、只肝要は此經の信心致し給ひ候はゞ現當の所願滿足あるべく候、法華第三に曰く、魔及び魔民ありと雖も皆佛法を護らん、第七に曰く、病則消滅して不老不死ならん、之を疑ふべからず、妙一尼御前當山御參詣有難く候、卷物一卷（祈禱肝文經）之を參らせ候、御被見あるべく候、南無妙法蓮華經、

建治二年丙子八月十日　日蓮花押

道妙禪門

宗祖は鎌倉開宗の頃盛んに祈禱をされた。此の祈禱に依て病者が本復する其現證の利益をまの邊り見せられて歸依した信者は多かつたが、法門の高尚崇遠の教理を知つて信者となつた人は割合に少なかつた、其の昔余の過去は宗祖の御在世に鎌倉に生れて居つたが、其又昔の過去の多殺の罪

により足腰の立たない不具者となつて生れて居たのであつた。父は之を悲しみ、背に負つて、松葉ケ谷の御草庵に行き、宗祖直々の御祈禱を受け救われて本復した一人なのであつた。宗祖が祈禱をされた事は道妙禪門への御書に依ても證明される。此の大秘法は、二世日向上人が之を受けられ、後ち代々身延の住職が相承し十三世日傳上人に至つて祈禱加行所を積善坊と名けて之を本院以外に獨立せしめ積善坊加行所の開基となられた。後ち本院二十二代日遠上人は積善坊の師範として相承を確定され樣々の盛衰ありしも引續き相承し明治三十六年寂されし妙眞院誠師より今日に至る、余が過去は延山十七世日新上人に敎養され、祈禱の秘法を相承され、後ち十八世を繼きしも大魔王の爲に早逝せしものにして、此過去の緣に依て現世に祈禱法を得たのである。

【祈禱の相承に就き】延山二十二代心性院日遠上人

夫れ先づ其人體器量を簡み、夫れ〳〵切紙口傳等致すべき事肝要也、縱ひ拙僧は御祈禱熱心にて數座利益の功有り、去りながら無相傳にては恐れある故、冥加報恩の爲め加行仕りたし杯、申し來るの砌り、是は好き志しなりとて左右なく傳授すべからず、扨は已前に何程の行功之れあるとも堅く一百日の加行を致させ、當流の行儀作法加持一通り切紙を以て相承致すべし、相構へ〳〵意安く一度二度に御祈禱函内を明すべからず、又不信不學の僧に傳授すべからず所以者何とならば、相承し畢て實信之れ無き時は、妙經の力用を顯わさず、剩へ信心の道俗をして猶豫の心を生ぜしむ、然るときは信心の檀越、不信の修法に依て、現世に御罰を蒙り末來墮獄の因となすも量られず、尙亦自己に於て、慚愧の心無くば我が不信實を悔ず、還て修法加持力、並に妙符等現益之れなき時は、法寳相承の金言を疑ひ、他の誹謗に逢ふ、是れ却て不信に由て、妙之咒術の大怨敵となり師檀共に冥罰を蒙ること必然なり、恐る可し愼しむべし、經に曰く、其の習學せざる者は此れを曉了すること能わず云々

又有解有信の仁も、無相傳にて修法抄、妙符抄等を見て、恣に加持祈念致す者、是れ亦相違の事出來し、意得違等出來自然と妙之咒術を疑ふこと有り、是れ即ち冥罰を蒙る可き也、若し碩學宏才にして强信の僧に、深秘口決相承せば修法抄等の肝文を見て、自ら義理を觀察し正理に契當し、

速に無有虚妄の現益を得せしむこと、果を掌に握るが如くなるべし、假令學解あらざるとも、信力强盛なるべし、返すく〱も能授の師、所受之仁體を簡み中事專要也文に言く慚愧清淨にして佛道を志求する者あらば、當に是の如き等の爲に廣く一乘の道を讃むべし云々　以上

佛教には教義と實賤の二方面がある、即ち學校で敎へ、又說敎して導くのは教義を說くものであり、祈禱は實踐方面である、此法は尊貴秘奥にして昔しより妄に人に傳へず、身延積善流の祈禱を相承するには、苦行千日の修行を要する故容易の事で無かつた、然も其相承を唯授一人として極秘とした爲に、中古より學問の出來る僧は祈禱に遠ざかつて居り又た祈禱法は學問が無くつても熱心と誠意があり、方法さへ敎はれば或る丁度迄成就するものである、丁度昔の漢法醫者が學校もなく、碌な修行もしないで、親や先生の仕方を見様、見まねで覺へ、經驗で投藥する如く或る程度迄成効することもあり、又恐るべき間違が起ることもある。昔の僧侶の內にも學問の出來ない連中や寺の收入で食へない連中が內職的に祈禱をやつた、故に偶々靈の發現を見て質問する人が有つても說明が出來ず、又間違つた說明する爲に知らず識らず祈禱は迷信と云ふ觀念を一般に與へたのであつて此は德川の末期から明治時代の現象である、現今は日蓮宗宗務院に於て、入行の資格が規定され、僧位は大講師以上、法﨟十年以上、世壽二十五歲以上六十歲以下を規定され、中山法華經寺の荒行堂にて寒百日の修行して初行の修法師となり、五回入行、即ち五行にて滿行となる、故に現今の修法師には前記の如き人は無い、然し又自分が薰發させた、靈魂の說明し得る人は少ない、

【教義と實踐は車の兩輪である】　教義のみ有て實踐が出來なかつたら、世尊の金言たる法華經の功德を證明することは出來ないから虚妄となる、余には疑ふ人に對して其人の兩親か血緣の者か又知人の靈を引出し、其靈魂と物語させ、靈の實現證明をすることは極めて容易である、然し靈魂に物語をさせるには、靈に精力を與ふる爲に讀經の必要があるから一週間乃至二週間、拙宅へ通ふ必要がある無論無報酬で、特に疑問のある人を歡迎する。祈禱は法華經の威力の實現法であり、此の祈禱に依て大にしては世界各宗の關係及び世界各國の興亡の因緣、小にしては個人の靈肉兩體の救濟、又其人の過去の宿因を解き、祖先の迷

へる靈を得道せしめ、自己の佛性を發輝して安心立命を得せしめて得入無上道の佛祖の大慈悲に浴せしめ、健全なる心身を得て、國の爲、君の爲め、社會の爲、最も意義ある生活を爲し、人生最後の目的たる佛果を得せしむるのである。是が日蓮大聖人の祈禱の目的であつて、又妙經の威力の發輝である。要するに、一切の罪障を消滅し、本門の大戒壇を踏み、授職灌頂を受け心身を清淨にし、妙經を色讀するのにある、人類が悉く法華經の行者となれば、如說修行鈔の

「天下萬民、諸乘一佛乘となつて、妙法獨り繁昌せん時、萬民一同に南無妙法蓮華經と唱へ奉らば、吹く風。枝をならさず、雨壤を碎かず、代は義農の世となりて、今生には不祥の災難を拂ひ、長生の術を得、人法共に不老不死の理り現れん時を御覽ぜよ、現世安穩の證文、疑あるべからざる者也」

とある如く、現世が其儘極樂となるのである、祈禱法に依て因緣が薰發し靈界の統一が出來なければ、諸乘一佛乘にならぬ、故に祈禱法を迷信と云ふ人は、法華經の功德の實現方面を知らない人である。

【守護神の勸請に就て】

祈禱により先祖の關係、又は自分の過去に信仰し緣を結んだ神が出現し、法華に歸依した場合に此神を本人の守護神と勸請する、之に附て諸天神の勸請を迷信と云ふ人があるが、其人は此神を本尊と誤解する事より起るのであると思ふ、故に之を說明せねばならぬ、先づ國の行政機關の組織に順じて神の位置を說明する、國家を統轄さるる、一人は天皇であり、靈界の主は釋尊である、故に釋尊を帝の位置に置く、日蓮大菩薩は總理大臣に當る、此許に文武百官が統轄さる宗祖にも文武の守護神があつた、文の方は淸澄山で出現された虛空藏菩薩であり、武の方の神は今身延に勸請しある妙法二神、即ち其原籍は如意伽樓羅王であ　其他多くの護法の守護神が常に守護して居られた、さて文の方で說明すれば、文部大臣は六老僧其他の高僧で、次官局長は現在の上紗僧侶諸氏に當り、各專門學校は、寺院、教會に相當し、學校の教師が布教師に當り學生は、若僧及信徒諸氏に相當する、是が現在の組織である、次に司法大臣は梵天王、帝釋天王、上世印度のバルナ天章紐天《イチノテン》等に相當し警視總監は妙見大菩薩、鬼子母大善神位に當り、裁判官は

閻魔法皇、各警察署が各寺院教會、警部巡査が護法守護の善神に當り、陸軍大臣は毘沙門天王等の四天王、海軍大臣は八大龍王、農商務大臣は稲荷總督伏見が相當し、海陸軍人は護國護法の守護の善神、然して各信者の守護神は、請願巡査の位置に當り、特に其人及び其家人を護る、人としては吾人も大臣も同一である通り、神として同一なるも請願巡査を大臣と同一にしてはならぬ、神にも斯く階級があり、又盛衰がある。

【因緣の鬼畜を守護神とする經證】

十界互具、一念三千の妙法なれば、鬼畜野干も亦佛界に入ることを得、提婆品の龍女の成佛之を證す、十界の依正妙法蓮華經の當體なり、鬼畜の靈も元は妙心なり、因緣に依て變化せり、明と無明と其體一なり、止觀の五に曰く心と緣と合すれば、即ち三種の世間、三千の性相、心に隨て起る、鬼畜所得の戒體は其業障に依る流轉の境に過ぎず、故に妙法に依て懺悔滅罪、得道すれば、妙法の光明に照されて本有の尊形となる、祖書に曰く、故に此經の妙は當位即妙と讀めり、當位とは地獄若くは餓鬼若くは畜生と一心が十界となる外に一物もなし、此心を三世常住の法報應、三身即一の佛ぞと說き聞かする時、餓鬼、畜生の形體一も改めず、我身心は法身なりと知り定めて、我心の外に妙覺究竟の佛、無しと知るを當位即妙不改本位と云ふ、無作本佛即身成佛、當體蓮華、因果同時の妙法、鬼畜即ち佛身、業通變じて神通となり、感應利益を與ふることを得、此の理に依て、因緣の鬼畜を得道せしめ守護神とし、然して他より來る障害を拂ひ、信力不退ならしめ、共に佛道を成ずるを目的とす。

以上

次に余の得たる祈禱法に依て、大正七年二月より昭和四年八月迄に薫發したる因緣、日本國に於ては神代より大正時代迄、又支那、印度、歐洲各國及米國等の大因緣、及び支那の儒教、印度婆羅門教、其他基督新教、舊教、回々教、波斯教等の大因緣解け、本門の戒壇、玆に實現し靈界統一さる、此の空前絶後の事績、即ち世界各國の興亡、世界各宗の神々の隱れたる裏面史を玆に發表し、偉大なる法華經が現代の物質文明と宗教に如何の歸結を與へ、如何に世界の人類を文明裡に救濟するを示すのである、其順序として初に薫發したる因緣を日時の順序により示し、次に之と綜合し遠き古き因緣より、歷史の順により詳細を發表する。

薫發因緣に附て

從是、本門の戒壇に於て、釋尊、宗祖、諸天神に依て、解かれた因緣、即ち薫發した靈魂が、靈媒人（靈媒は婦人にて數名あり）の體に移り、沒我入神の三昧境に入つて、其人の口を以て物語した。大正十年二月より昭和四年八月迄過去十二年間に爲された數千回の物語の內、個人の分は特殊の者の外除き、歷史宗教關係の樞要なる因緣を撰び、最初に薫發の日時の順序に項目を列記し、次に之を綜合し、日本、支那、印度、世界各國に分類し、古代より近代に及ぼし、歷史、宗教の隱れたる靈界の關係、空前の裏面史を發表し、妙法蓮華經の威大なる不可思議の實現と、本門の戒壇の世界に超越するに足る威嚴を示さんとするものである

薫發因緣の項目

大正七年二月より祈禱を初め八年十二月迄に千四百八拾參人の靈を得道せしめ靈山淨土へ往詣せしめ、守護神を勸請すること百四十三體、其內主なる因緣は、現住所深川東森下町百五番に於ける、松平家に元祿以來絡る因緣を解く、八年七月、浮田中納言秀家の因緣解け、秀家初め一族郎黨八百人の靈得道す、

【大正九年中】に薫發せし靈壹萬貳千七百壹人、神を勸請すること百四十四體、其內主なる因緣、

五月、臺灣膨湖嶋馬公、日清戰役出征軍人の疫病にて死亡せし、千人塚の靈を得道せしむ、

五月、余の過去源義經の臣たりし緣にて、源平兩氏の大因緣を解く、源賴朝初め義經一族郎黨參千五百人、平淸盛初め一族郎黨、五千人、木曾義仲一族郎黨貳百參拾人、和田義盛一族郎黨貳百八十人、比企能員一族郎黨百貳拾人、和解得道し兩軍戰死軍馬千六百頭を共に靈山に送り、賴朝の守護神を大光明天王、義經の守護神、鞍馬大僧正を大勢力天王、平家の守護神を大莊嚴天王と道場に勸請す、

六月、北條の因縁解く、時宗出でゝ宗祖に謝罪し一族郎黨八百人、戰死軍馬ニ參百頭得道す、此關係の神を、蓮德天王と勸請す、

八月、日蓮宗慶長の法難の因縁を解く、

【大正十年中薫發】せし死靈六千貳百五人、神を勸請すること八十八體、其内主なる因縁

二月、深川淨心寺の因縁より、豐臣、德川の大因縁解け秀吉初め一族郎黨、千五百人、家康初め一族郎黨千五百人兩家の戰死軍馬壹千頭を靈山に送り、多年結んで解けざりし最も困難なりし大因縁解く、秀吉の守護神を豐明天王、家康の守護神黑本尊を淨德天王と道場に勸請す、

六月上旬、織田信長と明智光秀の確執を解き、各一族郎黨二千人及び戰死軍馬八百頭と共に靈山に送る、

斯の如き大因縁の容易に解くるは、宗祖大聖人直々の御教化に依ると道場の神より告げらる、

六月下旬、鎌倉一の鳥居前の地所の關係より、大塔宮護良親王、南の方の因縁解く、續て著者過去の父の關係より、今川の因縁を解き、今川義元一族郎黨參百人の靈を得道せしむ

七月、深川鶴歩町二番地の地所の因縁、享保の頃老中、田沼意次、意知の因縁を解く、

九月、蘇我祐成弟時致仇討の因縁解け、工藤祐經及父祐義母滿江出でゝ得道す、

十二月、弓削道鏡の因縁解く、

【大正十　年中薫發】せし死靈五萬六千六百貳拾人、神を勸請すること八拾六體、其内主なる因縁。

一月、由井正雪の慶安の變の因縁解け、丸橋忠彌外十三人及び家族得道す、

一月、十二月中旬より佛法傳來の時の因縁薫發す、蘇我氏と物部氏の確執を解き百參拾人の靈得道す、佛法に最も反對されし國の大神出で給ふ、護國天王と法華勸請す又此時佛法の守護神、大威德伽樓羅王、大自在天出で給ふ、續て淨土眞宗の因縁解け、親鸞上人初め蓮如、顯如上人外百參拾人の僧侶の靈出でゝ法華に歸伏し、又寒行中に菅原道眞と藤原時平、楠正成と足利尊氏の因縁解け正成正季、一族五百人、尊氏初め一族郎黨千貳百名、兩軍の戰死軍馬五百頭得道す、淨土眞宗を興し親鸞を守護せし神を叢雲天王と勸請す、茲に於て王佛一乘となる、

二月初旬より曹洞宗の因縁解く、道元禪師外百五十名の僧侶の靈出でゝ法華に歸依し、曹洞宗を興されし神大滿伽樓羅王出で給ふ、之を大滿天王と勸請す、

三月初旬　眞言宗の因縁解く、弘法大師及眞義派の覺鑁《ガクバン》大師外百八十名の僧侶出で降伏し、眞言宗の守護神大自在天及金剛、密迹の二神出でられ之を道場に勸請す、續て天台宗、山門、寺門の因縁を解き、慈覺大師、智證大師出でゝ懺悔し給ひ、山門の僧貳百人、寺門の僧四十五人得道し、山門の守護神を妙吉祥天王と勸請し、寺門の守護神、新羅《シラギ》明神を阿耨《アノク》天王と勸請す、淨土宗を起されしは此の神也、故に引續いて淨土宗の因縁解く融通念佛宗の良忍上人外二十六人、法然上人外五十八人の僧出でゝ法華に歸依し、玆に於て日本の靈界略統一され、宗祖の御本懐の一部達せらる。

四月一日より清國傳來の釋尊の像の因縁より、清國皇室の因縁薰發し、清の太祖初め皇室の一族百貳十人、及明末の忠臣鄭成功《テイセイコウ》外戰死靈參百人出でゝ佛果を得、

弘安の役、元寇の玄海灘溺死の元の將卒の靈五萬人を引出し得道せしむ、是より釋尊當道場に止り給ひ因縁を解き給ふ、故に當道場は世界的となる、

七月宗祖小松原の法難の因縁解け、東條左衛門出でゝ懺悔す、

八月末、神武天皇、東征の因縁を解く、皇軍五瀬尊外參百人、長髓彦《ナガスネヒコ》、兄猾《エウカシ》、八十梟師等の八百餘名の靈出でゝ得道す此關係の神を、觀自在天王、護法天王、妙智天王、能施天王、救苦天王と勸請し日本建國の因縁を解く、

十月、淨心寺大黑天の因縁より壬申の亂の因縁を解く、

十月末、島原の亂の因縁解け、天草四朗外百八十名の靈得道す、

【大正十二年中薰發】せし死靈貳萬貳千三百八十八人神の勸請五拾七體、其内主なる因縁、

一月、鬼子母神と清正公及び文祿征韓の因縁解け、韓皇室の靈百參拾五人及び加藤主計頭外一族郎黨六百參拾名及び韓國戰死の武人關熗《カンキ》外三百八十七名出でゝ佛果を得朝鮮の守護神秦王出でらる之を道場に勸請し玆に日韓の靈界統一さる一月九日より日本神代の因縁薰發し、國常立尊、伊邪那岐《イザナギ》の尊伊邪那美の尊及び外神出で給ひ、神代の物語を聽き又聖德太子と物部尾興との因縁を解く、

去年十一月下旬より基督敎、回々敎の因縁薰發す、十二月

十三日基督十字架に釘附されし儘の姿にて出づ依て釘を抜き修法し苦痛を除く、弟子ポウロ、ペテロ、ヨハネ、外五百名及び日本切支丹の信者の靈百五十五人出でゝ歸佛す、

十二月二十五日、基督教の守護神「ビルパクシヤ」(大廣目天王)出で給ひ三十一日回々教を興せし「アルラー」の神出で給ひ、二月十日迄に「マホメツト」外四百名の教徒の靈出でゝ得道す。

二月十三日、基督教の神を大廣目天王、福音天王(エンゼル)勇勝天王(羅馬の飛龍神)又回々教の主神を興教天王と勸請し何れも法華の守護神とならる、玆に於て世界の二大宗教法華に統一され、世界的宗教の紛騷の大因緣を解く。

二月下旬、中山法華經寺の因緣として富木氏の祖先、神代出雲に於ける因緣、及び眞間《ママ》の手兒奈《テコナ》の因緣を解く。

四月初旬、中山第二回の因緣を解く、此時十羅刹女各自の御姿を拜す、黑齒天王より靈の苦惱を除く法を授けられ、佛敕により鬼子母尊神に大菩薩號、十羅刹女に最上位天王號を贈り奉る。

五月二十一日、基督教、回々教の神、法華各道場百日見學修了歸來され、我等の威力を發輝する時、到れりとて歐洲各國の因緣を解き給ふ。

五月、宗祖龍の口の法難に付薫發す。

六月中旬、四谷怪談、お岩の因緣を解く。

是迄薫發せし因緣を綜合して靈界の統一と題し八月一日出版す。

五月下旬より歐洲大戰爭の因緣を解き其戰爭の靈界に於ける發端として支那の神出現され道教の因緣解け、仙人の靈百八十人及び義和團《ギワダン》の亂の死者六百二十人得道す、續て西藏の喇嘛《ラマ》教の僧千二百人出でゝ得道し、續て希臘《ギリシヤ》正教の神出で給ひ、又獨逸に於て基督新教を興されし婆稚《バヂ》阿修羅王出で給ふ。

六月十六日、佛國舊教の女神出で給ひ「ナポレオン」「ジヤンダルク」外、佛國革命の時の横死者の靈五千貳百人出で、十八日英國新教の神出で給ひ、「ネルソン」、外三千二百人の靈出でゝ得道す。

二十一日西班牙舊教の神出で給ひ「イサベラ」外八百人の靈出づ。

七月八日基督舊教の總督、天主、「ゴツド」(帝釋天)出で給ひ二十九日露國「ポーランド」及虚無黨の靈百七十四人出

づ、此關係より、印度の「ウパニシヤツト」の神、出で給ひ議論され、普賢菩薩出でゝ之を解き給ふ、玆に於て尸棄《シキ》梵天《ボンテン》出でられ此の戒壇を踏み給ひ、婆羅門敎と佛敎の因縁一部解け九月一日印度敎の因縁薫發す。正午大地震起り、續て大火災起り大施風の爲め、美觀の市街一夜にして瓦礫の荒地と化し、座して富士と筑波を一望に見る、未曾有の大災なり、燒死者七萬人以上、物質の損害百億圓を超ゆと云ふ、各橋梁燒け落ち交通不能となり、食ふに食なく、飮むに水無し。死屍到る處累々として、慘狀筆舌の盡す所に非ず、一日午後四時道場燒失す、庭前の小池に避難すれども池水沸て湯の如く、幸に天神の加護により身命を全ふし、六日燒跡へ燒トタン板を以て假小屋を造り、七日より假壇に佛神を祠り奉仕す、神の仰により引續き因縁を解く、「ウパニシヤツト」の神出でゝ言く「人の力で造つた一切は皆亡びる、其の樣に自然の造つた一切も亦亡びると」我れ廣漠たる燒原を眺めて感慨無量、佛曰く世は無常なりと、九月八日印度敎の神、摩那斯《マナシ》龍王出で給ひ、道士仙人の靈千六百餘人得道す、十六日是迄薫發せし因緣一切得道す、十七日死靈合計一萬九千餘人を靈山に送り、各國の出現されし神十神を道場の守護神と勸請し、玆に於て世界の靈界略統一されしも、大震火災直後の急造バラック、膝を容るゝに足らざる假小屋のみならず、附近に人家も無き荒野故神許を得て一時道場を解散す。

十二月初旬より、震災橫死の靈の內附近の罪輕き者便り來又道場に緣ある者便り來る故に、假道場を開き之を救ふ、燒死の靈參百參拾八人苦痛除かれ得道す。

十二月十日、佛法傳來の時の殘りの因緣、物部尾輿の一族六十人の靈出でゝ得道す、之に關し出雲の神出でらる、

十二月二十八日、出雲神道統一され、道場の主神荒熊大僧正主席を此神に讓らる、此神は天孫降臨の時印度より共に渡られし神にて國家と最も深き因緣ある神なり、此神を、我が道場の主神最上位妙雲天王と勸請し奉る。

【大正十三年中薫發】せし死靈拾五萬千貳百五人、神の勸請拾參體、其內主なる者、

八月下旬より上世印度、及提婆達多の因緣を解き、續て波斯《ペルシャ》敎の因緣を解く。

九月二十九日、釋尊御在世の頃の因緣、頻婆沙羅《ビンバシャラ》王、阿闍《アジャ》世《セ》王、善星、迦留陀夷《カルダイ》、遊遮波羅門《センシャバラモン》女、波斯匿《ハシノク》王、毘瑠璃《ビルリ》

王、釋種の虐殺されし靈五千人出でゝ得道し、世尊の布敎を妨げ、種々の災を起せし摩醯首羅《マケイシュラ》天出でゝ懺悔し給ふ、之を大古久天王と勸請し奉る。

十二月二十六日、吠陀《ベタ》仙人及釋尊御在世の頃の靈九千拾人を靈山に送る、續て、埃及《エジプト》「アッシリア」「バビロニア」の古代の因縁解け、又希臘の因縁解け、「ソクラテス」等の哲學者の靈出で二千人の靈を送る、玆に於て希臘古代の哲學が佛敎より出でたるを知る、又た「イスラエル」猶太《ユダア》の因縁解け、「アブラハム」「モーゼ」等の靈出で、又神エホベ出で給ふ。

十二月三十一日、十二萬人の靈を淨土に送る、玆に於て猶太敎及地中海沿岸の太古の因縁解く。

【大正十四年中薰發】せし死靈參萬八千七百參拾壹人神の勸請拾七體、其内主なる因縁左に、

二月三日、基督新敎の主神、婆樓那《バルナ》天王百日見學修了歸還され、直に米國排日の因縁を引出さる、黑人の神出で給ひ黑人の靈一萬八千人佛果を得、又米國獨立戰爭及南北戰爭の因縁を解く「ワシントン」「リンカーン」外九千百人の靈出で、又此神の關係にて佛國「ワーテルロー」の戰の因縁を解き「ウエリントン」外戰死の靈七千人出づ、又基督舊敎ローマ敎會の因縁を解き、大敎司十人出でゝ歸佛す。又日本神道の一派、金光敎、天理敎の主神引出され各敎祖出でゝ降伏す。又身延の因縁を解き六月二十三日死靈計參萬四千餘人を送る。

六月二十四日より佛敕により支那太古の因縁を解く、殷を起し秦を起し萬里の長城を築きし支那太古の神出で給ひ、殷《イン》の紂《チウ》王、秦の始皇帝、楚の項羽《コウウ》等二千三百人の靈出で、又漢の高祖をして天下を定められし神出で給ふ、高祖外五千人、及び日清戰爭黃海海戰の死者、及び旅順にて虐殺されし靈八百人得道す、此神日清戰爭を起さる、古來より此の二神の爭が支那の戰國時代を現せしなり、九月二十八日關係の一切の靈八千百人を靈山に送り神は當道場の守護神とす。

二月二日、武田信玄、身延攻めの因縁薰發、信玄外千五百六十四人得道す。

六月二十三日、關ケ原の戰の因縁薰發、大谷刑部、石田三成等參百五十人得道す。

九月二日、西永町地所の因縁より柳澤吉保、眞田大助の因

緣薰發す、

【大正十五年中薰發】せし死靈貳拾貳萬七千二百六十七人、神の勸請四十體、其内主なる因緣

一月、元寇の因緣。乃木將軍、神武天皇東征の頃の過去、及戊申の役、西南の役、旅順の役。及建武中興の因緣解け、寒行中薰發せし靈八萬四千參百七十二人を二月三日送る、

三月、妙莊嚴王と魔王の關係。不動明王、大日如來の原籍發顯し、眞言宗の龍智三藏、金剛智三藏の因緣解け、眞言宗傳燈の僧十八人得道し、佛法傳來の時の疫病の死者千人、得道す。

三月二十日、柳生但馬守、柳生十兵衛の關係より、荒木又右衛門外、伊賀越敵討の死者其他百五十人出でゝ得道す、又た鬼怒川の怨靈、累《カサネ》の因緣を解く。

四月十日、鴦崛摩羅《アウクツマラ》外九百九十九人、苦行波羅門道士外壹萬人、十字軍及土耳其軍合せて參萬人の靈を送る、

六月二十二日迄に吉庶大魔王の關係にて日持上人、震災横死者、十字軍、身延山、大野山、加賀騷動、大山家、日淸日露、歐洲戰爭の一部、松嶋艦爆發の因緣を解き、死靈計八萬千五百餘人を送る。

七月、鎌倉葛原神社。錢洗辨天。及び雜司ヶ谷威光山の因緣、阿部貞任外楠氏一族十六人。藤原俊基朝臣外三人。玉笹の前外二十一人得道す。

七月末より十月初旬迄に、身延、神代熊野、那智、南都の佛法、佛法東漸の先驅八幡大菩薩。高野山。竹生嶋の因緣解く。

十二月、波木井實長、四十七義士、熱原法難、平の左衛門と阿彌陀佛と、婆樓那天の關係、等を解く。

【昭和二年度、薰發】死靈、百六拾萬貳千九百九人、神の勸請四拾壹體、其内主なる者左の如し、

一月、大目犍蓮《モクケンレン》と鹿嶋香取明神の關係。奈良朝の佛法と身延の妙法二神の關係薰發す。

二月より地獄の因緣を解く、之に關し閻魔法王、秦山王、秦廣王、牛支迦大將出で給ふ。安政の獄。世尊九惱。武烈天皇。坂上田村麿と妙見大菩薩の關係。林道春外漢學者の靈出で四月一日五萬百六十人を送り、五月六日、壹百壹萬九千四百人を送り、閻魔大王を圓滿天王、泰山王を泰山天王、廣秦王を廣秦天王、牛支迦大將を盛德天王と道場に勸請す、

五月、印度、支那に於ける佛法破却の大因縁薫發す、遭難の靈、師子尊者外壹萬八千人、惡王檀彌羅《ダンミラ》王外四百人。支那の僧壹千人、惡王武帝外千六百人得道す、續て支那太古の因縁、夏の傑《ケツ》王、周の幽王、道教の莊子其他六百人の靈を七月二十一日送る。

六月薫發、奈良大佛鑄造の因縁、光明皇后と玄昉僧正、藤原廣嗣等の關係を解く七月二十一日靈山に送る、

七月より十月迄の間に、大三輪神社と山王權現。一闡提の人五百人の得道。二荒山修驗道の因縁。石山本願寺と信長の戰の因縁を解く。

【昭和參年中薫發】　死靈、九萬千八百六拾貳人、神の勸請、貳拾壹體、其内主なる因縁左に

一月末、宗祖御在世の極樂寺良觀の因縁、高天原の所在及因縁を解く。

三月、久遠成院日親上人と足利義教の因縁。

四月十日、會津白虎隊の因縁を解く。

五月二十五日、道善御房の因縁解く。

八月、安政の地震の死者回向院埋葬の靈二萬人を引出し得道せしむ、又佛法傳來の時、疫病の死者二千參百人得道す

十月三日　宗祖佐渡御在中、危害を加へんとせし者の靈七人出づ。

六月、釋尊御在世の阿羅漢の因縁を解き成道を得せしむ、馬鳴菩薩、無着菩薩、世親菩薩の過去薫發す。

十一月十一日、笠間紋三郎稲荷の因縁を解く。

十一月二十日、印度原始時代、印歐時代、印伊時代（西紀前四千年頃）愛染明王と因陀羅《インダラ》（帝釋天）久遠の因縁解け六萬五千人の靈を送る。

【昭和四年八月迄】薫發　因縁の死靈、四千五百四十八人

神を勸請すること貳拾壹體、其内主なる因縁左に

二月十七日、日本建國ヲノコロ嶋の因縁薫發す、

四月十五日、叡山、慈覺大師の過去薫發　台密の根本因縁薫發す、

五月四日、禪宗、臨濟宗の因縁薫發し、達磨大師榮西禪師外千七百二十人の僧侶の靈得道す。

六月四日、安土問答、靈譽上人の因縁解く。

六月二十四日、相州江の嶋、辨才天の因縁及び、田邊池の因縁薫發す。

大正七年二月より、昭和四年八月迄に靈山に送りし死靈貳百貳拾壹萬五千九百拾九人、神を法華勸請にすること六百七拾壹體也。　以上

次に以上薫發せし因縁を、薫發の年月日等に關係なく、古きより歷史の順序に組替へ、其詳細を發表する事とする。

薫發したる因緣の綜合

順序として、個人關係の內、筋の異つた者、又は有名なる者一通りを拔萃し、此部を雜と名ける。

【雜之部】

人が現在に造つた罪に依て、現に其報により苦惱を受けて居る者は、其人が信仰に基き、懺悔し其因緣が解ければ滅罪する。例へば若い時、婦人を欺て弄び、捨てゝ省みなかつた爲め、其婦人が怨念を以て病死し、又は變死した場合其の怨靈は、人首蛇身の姿に變化し、其人に纒り大概は肺病になる。其實例は澤山あるが、本人が現に生存して、信仰の道に這入つて懺悔して居るから是の如きは發表を見合せる。（祈禱者の內には此の變體的蛇身を心眼に見た時、之を敎化して元の人の靈に戾さず、其儘誤て龍神と認め守護神に勸請することがある けれども此の場合には其人に積て不祥事が起るから大に注意を要する）　之より順逆の因緣を拔萃する。

信仰に入る順緣と逆緣

【大正十年八月十九日薫發】　願主　山崎與三郎

本人の遠き先祖にみさ、と云ふ八十六歲で沒せし老婆あり宗祖清澄山御在學の頃、其麓に茶店を出す。宗祖蓮長の頃初めて鎌倉に遊學に立たるゝ時、老婆は若き僧の遠方へ獨り旅びされるに同情し、澤山の草鞋を贈り、蓮長喜んで之を受け給ふ。此の功德により今日子孫、法華を信仰する樣に成るとみさ、（靈媒の體を借りて）物語す。（是は順緣）

【大正十年十月薫發】　願主　澤部友明

本人の過去薫發す、神告げ給はく本人は宗祖御在世の頃北條時宗の祐筆にして權太夫正國と云ひ、松葉ヶ谷御草庵、燒討の時先達となり、眞先に火を附けし者にして、宿因の引く處此の時の兩親が現在の兩親なり。此大謗法の罪により、現世に生れ出でしも成年に近づき此の業病（肺病）になり良醫を求め良藥を服するも回復せず、本人自身懺悔せざれば病癒へずと云はる。兩親は日夜苦心し宗祖に祈念し强情に信仰せしも、本人信仰心薄く救われず、遂に歿せり。（是は逆緣）

【大正十五年十二月薫發】　願主　岡崎まさの

家に三寶尊あり、裏に葵の紋章ある立派なる品にして、夫が古道具屋より買求めしものなり。此の因縁薫發す。

本人の先祖しげ出でゝ三寶尊に就て物語す、自分は紀州様に奉公し、賴宣公の乳母、澤野に召使はる。主人澤野歿せらるゝ時、此の三寶尊を取出して是は自分が御萬様から頂いた一番大切にした寶で、永く實貞に勤めてくれた御禮と御前が御題目を唱へる故、此の三寶尊を御讓りする、之を子孫に傳へて御信心させよと云はれ形見に賜はつた大切の寶で、澤野殿は六十六歳にて歿せられた後ち御奥を退いて實家に歸るも家計の事にて種々の面倒の事起つて自分も三十九歳にて死し、其後、三寶尊は所々へ渡り遂に今の夫の手に渡る。自分は三寶尊を御守りして居りし故、自分の血を引く「まさの」を嫁にし御佛前で拜ませるようにしたのであつて、主人の澤野と云ふ人は公方様の御守役をして一生奉公せし故身内もなく、今自分と共に居らるるから成佛させん事を賴まる。

松原六左衛門七十八歳、伜、助二郎三十八歳

六左衛門出でゝ懺悔す、自分は「まさの」の實家の先祖に當り娘しげを紀州様へ奉公に上げし父親にして、元は武士にて越後の者なり。駿州に土着し松原に小屋を造り住みし故其儘松原を性とす、娘が頂載して歸りし三寶尊を娘の歿後、伜助次郎が持出し僅かの金に替て申譯なし、伜は道樂者にて博徒の群に入り駿州の助と云ひ、遂に酒の爲に川に落て死す、救われん事を乞ふ。(是は順縁)

【大正十一年十月薫發】　願主　梅田とき

【本人の過去の因縁】

西田藤八五十九歳、伜利八、二十八歳

藤八は本人の實家の享保の頃の先祖にして、其頃備後の尾の道に住み、酒造家なり。主人藤八癩病に罹り、其内妻病死す。娘と伜あり、娘は心ろ悪しき者にて病人の父を捨て金を集めて男と逃亡し、後には子利八、十五歳にて病父の世話をなすも家追々貧となり、父は子の苦勞するを見兼て縊死す。娘りゑは其後男に捨てられ、全身に悪瘡出でゝ死す。此「りゑ」が今の「とき」の前身なり、故にときは此過去の因縁により幼少より兩親の縁薄く里子に遣られ、其後所々轉々し種々の苦勞あり、漸く夫を持ちて安心すれば、結婚の日より三日目に病起り、腰抜けとなり三年間姑、夫に氣兼苦勞し遂に今の如き業病(脊骨前に曲る)となり是も過去に親不幸せし罪なり。今信仰に入り懺悔し漸く過去の因縁

解けたりと、先祖の祀りし備中高松の神の眷屬出でゝ物語され、此神を本人の守護神とし、以後此人健康となる。(是は自分の過去に造りし罪の報)

【大正十一年十一月薫發】　願主　母壁ひで子

正兵衞(四十一歳)は本人實家の先祖にして、日蓮大聖人、伊豆配流の頃、伊東に住みしものなり。尊き僧と知らず、漁師が流人を匿ふを見て褒美の金を得んと訴人なし、此の罪により間もなく熱病に罹り苦悶して死す、今漸く御詫の時を得苦痛を免ると謝罪懺悔す。

【大正十二年八月薫發】　願主　古本庄兵衞

本人は夏になると「ぜんそく」が起りはげしく苦しむ。此因緣薫發す。過去は北條時宗の頃土岐播摩守の臣にして土岐氏宗祖に歸依され中山に道場を建てらるゝ時、極力之に反對し獨り障碍し、後ち無斷にて家出し博徒の群に身を投じ横死をせるものにして、現在に法華經を信じ中山を信仰するは此の過去の逆緣に依ると、本人の過去より逆緣を結びし中山の宇賀神出でゝ物語さる。(現在の信仰は過去の逆緣)

【昭和三年三月薫發】　願主　遠藤萬之助

本人の過去は加藤肥後守清正公に仕へし身分卑しき者なれど、朝鮮征伐に從ひ忠勤を勵みし旗持なりきと、其頃より本人と緣を結び給し神物語さる。本人現世に法華を信仰ずるは此の過去に依る。

現世に於て法華を信仰する過去に於ける順逆の因緣は是で止める。次は

先祖の造つた因緣の子孫に絡る者

【大正八年四月薫發】　願主　海保寅藏

此の人は肺病で祈禱を受けに來られ、其に關して先祖の因緣薫發し、瀧二郎と云ふ小供出づ。其子供は過去に大なる蛇を殺し其蛇の怨念が絡り、產れ代つて瀧二郎となつた時繼母にかゝり常に虐待され十一歳の頃鐵の中へ一日縛て置かれ、咽が乾いて水を求めたら、口をあけと云ひ熱湯を注ぎ込まれて燒傷させられ夫れが元で口が腐爛し食物も通らず苦悶して死し、此の苦惱の靈が本人に憑附せし爲、此の病氣を起し、此の靈の得道せし後本人は全快す。

【大正八年七月薫發】　願主　榎本正明

延寶三年の頃の先祖に「りき」と云ふ人あり、姑「まさ」を惡み日々之を苦しめ、まさ病氣となりし時、食物迄呑み

姑の歿後、姑の里より持來りし守護神及び本尊の曼荼羅を竈の下に焼く。守護神大に怒り「りき」を苦しめ一年經ぬ內悶死せしむ、此因緣便りし故本人病氣となる。

大正八年八月薫發　　　願主　數井かつ

【山神の祟】

天正の頃の先祖に數井市郎右衛門と云ふ人あり、越後の春日城を去る東へ參里、其所に神代より斧を入れし事なき大森林ありて其邊に住み、其森林中の最も巨大なる木に山神を祀り子孫に此木は如何なる事ありとも伐るべからずと戒む。

市郎右衛門より三代後に彌右衛門と云ふ人あり、江戸城御造營にて木の御用始まり、田安の藩士岡田久米之進、來り彌左衛門に嚴命して多額の金を與へ之を伐らしむ、彌左衛門先祖より言ひ傳へあるに係らず黄金に眼眩み遂に此の神木を伐る。其祟にて彌左衛門は發狂し、妻は出産の時死し岡田久米之進は歸路雷に撃たれて慘死し、此の因緣子孫に纒り、數井家に不祥事多し、玆に解く。

大正八年九月薫發　　　願主　楠本きやう

【刀の祟り】

寛永の末頃、實家の先祖に新居正左衛門正俊と云ふ人あり。濱松に住み、秀康切腹せし時殉死す、此時四十五歳なり、娘あり初江と云ふ忠義の人にて或る御奥に仕へ手柄を現はし短刀を賜ふ、後に御家騷動起りし時、奥方の身代りとなり毒を飲んで死す、此時寛永十年四十六歳なり、後ち、新居の娘みつ、此の短刀を持て村上正吉に嫁す、此みつに横戀慕せし者あり、思を遂げん爲に正吉を暗打にす。此時一子あり正太郎と云ふ、十五歳の時、母みつ病死し、(此時三十七歳、正保の頃) 死に臨んで正太郎に短刀を與へ父の横死の物語をなし、仇の名を告げ仇討せん事を遺言す、正太郎は道場に通ひ劍道を修行せしも、技未だ熟せざる內師の止むるも聞かず、仇討に出で、箱根にて仇に會しも反り討となる。此時箱根權現の眷屬と緣を結ぶ。

みつの兄の子に新居國太郎と云ふ者あり、或る藩に仕へ御前仕合の時、偶然正太郎の仇を討ち短刀は村上の家に歸り其後轉々して、今の「きやう」の手に戻る、きやう此短刀にて自殺せんとし後ち之を甲州七面山に納む、玆に關係の靈出でゝ得道す。此の物語は正太郎と緣を結びし箱根權現の眷屬出でゝ物語さる。

大正八年十月薫發
願主　八代由松

【先祖の關係】
元祿の初頃の先祖に八代八五郎と云ふ人あり五十三歳にて歿せり。遠き先祖は里見の臣なりしも、里見滅亡後、浪人して下總成田山の奥に住み代々獵師を業とし、或る年大雪の爲に山中にて癩氣起り雪の爲に埋められ凍死す。此因縁薫發して子孫が法華經を信ずるに依り玆に出ることを得たるを喜び、自分が成佛の出來るに付き、自分が殺せし無數の禽獸の靈が自分に絡つて居るから、共に是等の苦痛を除き成佛させせん事を賴まる。本人は此の靈が賴りし故足が常に痛み苦しみ、此因縁が解けし爲苦しみをぬぐひし如く忘る。

【大正八年六月薫發】
願主　山本いわ

齋藤六左衛門寛永二年五月四十二歳妻みね寛永二年十二月二十日四十二歳
本人の實家齋藤の六代前の先祖なり、上役の密話を立聞きし爲め毒殺され、妻は後で世を悲感して井戸に投じて死す。本人は胃病が持病で年中藥を服するも、其くせ甘い物を澤山食べて別に障りなし。是は胃病でなく此の毒殺されし靈が便りしため、靈の持て居た服毒の時の苦痛を感じて居りしものにして、此の因縁が得道せし後は胃病を忘る。

【大正八年十月薫發】
願主　藤田安三郎

寛永の頃の先祖に藤田源左衛門と云ふ紀州藩に仕へ馬廻り役を勤めて三百石を戴きし人あり。此の人は養子にして妻「たよ」は家附の娘なり、源左衛門召使に手を附け二男源次郎を生む、たよ嫉妬煩悶して死し、其祟により、源左衛門毎夜亡妻の怨靈に攻められ苦み、妻「わか」を亡靈と見て之を切り殺す。二男源次郎は十一歳より盲目となり、長男幸太郎は暴馬に乗り落馬して肋骨を折て死す。今の糀町下二番町に其屋敷跡あり、其後元祿の頃より町人となると藤田家の屋敷に祀りありし稻荷出でゝ此の物語さる。

大正九年七月薫發
願主　和田やす

【家の因縁】
本人の住居は京橋區南八丁堀なり。安井敬之 明治三年三十八歳と云ふ靈出で來る、此人は本所の割下水に住みし浪人にして、貧に迫り縊死せし人なり。其家屋の取崩した古柱を今の家に使用せしに依り、因縁が此柱に絡て居り法華經の功德で薫發せしものなり。

大正十一年十一月薰發　　願主　森　たき

【墮胎の罪】

德川四代將軍の初の頃、實家の先祖に四谷箪笥町に産婆を營む「つね」六十一歳と云ふ人ありて常に墮胎を行ひ不義の金銀を蓄へ家倉を建て祐福に暮す。娘いまに養子せしも放蕩者にて家出し、悪運盡き近火の爲全燒す、此時「いま」姙娠中にて逃げ出せしも途中にて流産し三日苦悶して死すと此因緣を連れし「つね」の信仰せし豐川稻荷の眷屬出でゝ物語す、後ち「つね」出でゝ懺悔す。自分の墮胎せし子六十五人連れてあり共に助けん事を乞ふ「たき」は小供が出來ても出來ても死ぬ故、祈禱を受けに來り、此の因緣薰發せし以後男子出生して壯健に育つ。

先祖の造つた因緣で子孫に纒る例は最も澤山薰發して居るが大同小異故是れで止める。

地所に絡る因緣

【東京深川東森下町百五番地】　現在住所の因緣

大正六年十二月薰發、此地所は先代の主人が、明治三十九年値段が安いとの事で買入れ後に知つた事なるも、此の地所は今迄住む人も住む人も不幸續にて住人無く、怪物屋敷と云ふ評判で、夫れで安く、敷地は六百坪、大木が繁り廣き庭園にして、家屋新築中主人は四十年八月に歿せられ、四十一年八月建築落成し移轉せしも四十四年隣家から火災が起り全燒し、大正元年に再築せり、大正六年に二男が歿せられ、其他種々の不祥事が起つた爲め、六年十二月から祈禱を初め、次の因緣薰發す。

元祿元年の頃　此地所は松平大膳正貞正の下屋敷なり。松平家の腰元に梅か枝と云ふ美人あり、父は麴町で小間物渡世し諸家へ出入し、其緣で娘の梅を行儀見習の爲め奥女中に出す。梅は三歳の時母に別れ父の手に人となりて、十七歳には養子を取る事に極り、夫れ迄見習奉公に上りしもので、殿樣に戀慕され日々云ひ免れて居りしも、折柄奥方病氣になられ此下屋敷へ出養生遂ばさるゝ爲め、梅御供して來る、間もなく奥方は御全快になり御歸邸され、入替つて殿樣が御出になり、前の行掛り上日夜苦しめられ、一度は逃げ出せしも途中にて捕へられ引戻され押込らる、强情を張り通せし爲十二月十四日、雪の降る日、庭の松に縛され攻められて、此間一心に庭の稻荷樣を念ぜしも願叶わず强情を張り通せし爲、遂に殿の御怒に觸れ池に切り込まる時は元祿元年十二月十四日、梅十七歳の時なり（靈媒平野三日間に渉る物語綜合）

飯田庄兵衛、元祿二年七月十八日、行年五十八歳の物語り、

梅の父なり、祖先は眞田の臣にして豐臣滅亡後浪人せしも槍一筋の家柄なり、屋敷より梅は若武士と不義せし故、手討にせりと通知あり、昔堅氣の庄兵衛大に、梅の不都合を怒る、梅の靈は此の濡衣を乾さん爲、夢に姿を現わし一部始終を物語る。庄兵衛大に怒り屋敷に掛合ひ、用人野村彌太夫と爭論し頑固なりし故、遂に切り殺され、死體は水葬され、此の怨念二つの火の玉と化し毎夜轉び廻り種々の怪を爲す。庄兵衛、恨み骨髓に徹し日頃念ずる、象頭山金比羅を賴み、殿を發狂せしむ。

あやめの方、松平大膳正貞正の妻、元祿三年四月十二日行年二十六歳

殿（貞正）梅、殺害後ブラ〳〵病になられ、役に出仕も成さらず、爲に日々心痛し諫言するも聞入れられず、思ひ餘て書置を殘し（白裝束に膝を結び心臟を突く姿を靈媒は見る）死を以て諫めしも其甲斐なく、殿は發狂さる。

野村彌太夫、用人五十八歳の物語り

當松平家は三州矢矧に於て貳萬參千石の家柄なり、當主貞正は幼名を松之亟と云ひ、妾勝江の子にして父を貞宗と云ひ、奥方にも一男あり松太郎と云ふ、松太郎九歳、松之亟八歳の時、父親歿せられ、續て奥方も歿せらる、松太郎殿、貞義となりて相續さる一年ならず、妾勝江は松之亟に相續させん爲、自分に相談し、遂に謀て貞義を毒殺し松之亟を當主とし、此功により自分は家老となるも、積惡の報にて殿亂心の折り手討にさる。

勝江、元祿六年八月二十五日行年四十七歳の物語り。

貞宗の妾、松之亟貞正の母、彌太夫の物語にある如き大惡を爲す。其罪により過て當邸の池に落ちて溺死し、今龍體にて現る、之を人に戻す。大いに前非を悔悟す。

松平大膳正貞義、天和三年行年十六歳

貞宗の長男、本妻の子幼名松太郎と云ふ、父の歿後主人となりて一年ならず、用人の惡計にて毒殺さる。其苦痛を除く。

松平大膳正貞正、元祿九年八月二十九日行年二十九歳

貞宗の二男妾勝江の子、幼名松之亟、腰元梅が技を殺害後

發狂し、小性二人、用人、外腰元二名を殺す、是は皆其人が梅が枝の亡靈に見へる故、己れ又來をつたかと切殺したるものにして、元祿九年八月大海嘯の時、家屋と共に流され溺死し（大正七年十一月十四日發狂の姿にて出づ、之を正氣に戻す）此殿子なく一家斷絶す。

沼田金彌、（元祿三年五月行年二十四歲）の物語り。

小性なり、元國勤めなりしが、若殿松太郎殿相續さるゝに付御供して出府し若殿御他界後、松之亟に仕へ、殿の亂心中切り殺さる。殿御兄弟は日頃中睦じく、兄よ弟よと互に御慕ひ合ひ遊ばされしを惡人の爲に非業の最後を遂げられしは殘念の至りと云ふ。

きく（十八歲）たけ（十六歲）市之亟（十五歲）出ず。

腰元と小性なり殿の亂心して手討にされしものなり。

野田清七郎（四十六歲）ゆき（十八歲）大海嘯の時溺死す。

松平大膳正貞宗（三十八歲）奥方早苗（三十六歲）

十一月十五日松平家の守護神連れ來らる、

十一月十八日朝、金彌、大殿の仰によりとて物語に出ず、若殿正氣に還られ自からの所業を恥ぢ、武士が切腹でもせし事か、一婦人の爲に狂氣し、水死を遂げ、祖先の家を斷絶せしめしは面目なしと詫び居られ一同妙經の功德により成佛の出來るは滿足の至りと一同を代表して禮に出でらる。

解決、庄兵衛の賴みし金比羅の眷屬は道場に勸請す。

松平家の守護神にして家康より賜りし黒本尊の眷屬あり此神は庭に祀り、大正七年十一月十八日死靈は靈山淨土へ送り神は勸請す。靈は一人づゝ、順に禮儀正しく出立す。

此の因縁を解くに一年近き日數を要せしは、梅の父庄兵衛が象頭山と緣を結び居り、此因縁の初まりし時、松平家の守護神は之を拂しにより、又琴平神社より相當の鬪將來り松平家の守護神を押伏せ、遂に結で解けざる因縁となり、附近の浮浪の靈集り妖怪屋敷とせしによる。

大正八年十月薫發

【小石川區久堅町九十二番地因縁】　願主　橋本しげ

本人前記の所に住み、頭常に痛み苦惱を受け、爲に祈禱を受けに來り、地所の因縁薫發す。同所は元旗元屋敷にして後ち御家人池田清之進住めり、安政の大地震の時、家倒れ一家壓死し、娘「ぬい」は頭を梁に押へられ逃げること出來ず、其内に火災起り生ながら燒かれ苦悶して慘憺たる死に方をなす。ぬいは緣附の約束が整ひ明日結納と云ふ前晩此災に遇ふた氣の毒の人なり。他に長男光太郎（二十五歲）下男作兵衞（五十九歲）下女はな（二十三歲）ゆき（二十歲）等壓死の靈出でて得道す。此苦惱を持つ人の靈が乘りし故、本人其苦を感ぜしなり、因緣を解きしにより苦痛を忘る。

大正九年五月十六日薰發

【深川東元町十六番地の因緣】　願主　上坂きん

元祿の昔此の所は旗元長井の屋敷にして、永井梅代元祿三年十八歲歿は二歲の時母に別れ後、繼母に育てられ常に苦しめられ十六歲の時養子定り婚禮せぬ内に父歿す、繼母「まき」は自分の子に跡を繼がせんが爲、梅代を狂人扱にし遂に座敷牢に入れ毒殺し、親類其他には狂死せし旨披露し家を横領す梅代の怨念は繼母まさ元祿五年四十歲及其子を殺し、此因緣地所に絡る、玆に解く。

大正九年十月三日解決

【京橋區南八丁堀三丁目三番地因緣】

願主　和田やす子

元祿の昔同所は伯耆大和守の屋敷なり。元祿八年八月二十九日の大海嘯にて、大和守の室貞子の方（三十九歲）姫葉子（六歲）腰元靜子（二十六歲）家屋と共に流され死亡す。其頃同所は海岸に近く防波堤も非ざりし頃故、多くの船押し上げられ、押し潰されし人、約千人共に引出され得道す。此因緣は同所に伯耆大和守が祀りし嚴嶋神、白瀧大明神此靈を連れらる。玆に解く。

大正十四年九月二日解決

【深川區西永町參番地因緣】　願主　松本光太郎

同所は寛永の昔茅地にして落人の住みし所なり（俗に蒲鉾小屋。乞食の住し處）豐臣滅亡後、眞田大助德川家康を討たんとして忍びし所にして、妻桔梗（十八歲）は夫の跡を慕ひ江戸に來り夫の手先となり、常に隱密を勤め多くの同志と連絡を取る。發覺して大助は德川の討手に殺され、此時桔梗は不在にして歸て夫の死せしを見て池に投じて殉死す、此の因緣地所に絡る。此物語されし神は桔梗の信仰せし七面尊天の眷屬なり。

後ち柳澤吉保の下屋敷となり、此の所は惡事の相談する所にして、有名なる朝妻船の古跡は玆なり、德川大奥以上の豪奢の生活を爲す、柳澤亡びし時、「さめ」發狂して池に投じて死す。

其後享保の頃、田沼の臣、山田正之進の屋敷となり、主人を見習ひ、賄を取り豪奢の暮しをなす、妾「みち」を自宅に置き、正妻花江を虐待し再三家人の見る前に裸體にして恥辱を與へ（此婦人は陰毛無かりしなり）しも一子に引かされ離縁も求めず苦悶の末遂に池に投じて死す。怨念龍體と爲り正之進を發狂せしめ、酒を呑ませ多くの人を殺し、田沼改革の時取潰さる。此花江の實母が今の松本の妻、蝶の過去なり、此の宿縁により茲に住み、此因縁を解く。
其後漁師彦右衛門住む、夜々九ツ時、東方より光り物を示し、妻に乘つて不思議を現し、東光稻荷と勸請され、其後材木商集り、木場となり今日に至る。
眞田大助、桔梗、外豊臣の殘黨十八人
柳澤吉保、妻さめ、彦右衛門
山田正之進、妻花江、妾みち、以上の靈得道し靈山に送る
大正十年七月六日解決

【深川區鶴歩町貳番地の因縁】　願主　杉浦由太郎

此處は享保の頃老中田沼意次の下屋敷にして、其頃常に茲に集り惡事の相談し又飲酒亂舞する處なりき、此屋敷に奉公せし女あり、「かな」と云ふ、其先祖は二代將軍に從ひ大阪陣に戰ひ、眞田の地雷火に罹り秀忠の身替となり戰死し感狀を頂きし家柄なるも、跡を繼ぐ者女のみなりし故、又其上系圖紛失せし爲其儘となる、其先祖は田沼兵庫と云ひ其人の子孫なり、十六歲より田沼の奥に勤め、實家に感狀ありと同性の故に主人に告ぐ、主人曰く弟あらば一萬石に取立てんと欺き、感狀を取り上げ、同性なるを奇貨とし自分の先祖の手柄として增祿を受け、「かな」は其後度々感狀の事を聞くも其都度調べ中と言はれ、奥方よりは嫉妬の眼を以て見られ、常に苦しめらる。遂に意に隨わざるとて庭にて弄り殺しにされ井戸に投ぜらる、此の怨念により意知殿中に切られ、意次は退けられ、後ち發狂して死す。かなの殺されし時は二十二歲なり。

お豊の方四十二歲、田沼意次の室にして、極て嫉妬深き夫人にして初めての妾、とせ（二十四歲）を妊娠せし時毒殺なし次の妾はるを咒咀し氣病となして殺し、次に殺せしが前記の「かな」なり此の諸人の怨念により、豊の方、狂ひ惡鬼の如く暴れ遂に縛され、猿轡を嵌められ、晝夜怨靈に責められ狂ひ死にして、龍體となり今日迄此地所に絡り、今漸く解く。此の出來事は享保の中頃より初まり、天明の大饑

鐘の時終ると、此地所に田沼の祀りし益富大明神出でゝ物語し、以上關係の薰發の靈得道せるをもつて大正十年七月六日、靈山に送る。

地所の因緣は古戰場の跡又は寺、墓地の跡、其他人の住みし處は何れにもある、薰發した因緣は他に多數あるも後は省略する。

四谷怪談の因緣

靈媒前田ぎん

【大正十二年六月薰發】

六月十九日毒を飮み非常に苦悶する靈出づ。女の靈なり。其苦痛を除く。二十日、靈出でゝ聽經す。

二十一日、神出でゝ云く我は京橋越前堀に祀らるお岩稻荷なり、民谷神社の主にして多くの眷屬を率ひ、男女の緣切の神として諸人の願を叶へ岩の先祖より緣を結びし者なり伊右衞門は岩を離別し追出さん爲め、あらゆる虐待を爲すも岩克く之を忍び、遂に欺て毒を飮ませしも死にきれず苦悶中、伊右衞門之を慘殺す。時、岩、姙娠八ケ月にして、岩の怨念惡鬼となり祟を爲す。其後此因緣其儘神に祀られ、解く事能はずして今日に至る、願くば此怨靈を度して因緣を解き、自分も正法の神として世に出たき由希望さる依て之を解く。

代て伊右衞門の靈出づ、蛇に胸部を卷かれ苦悶して出づ、此の怨念を引離す、苦痛除かれ非常に悔悟す。蛇になり卷き附き居しは岩の怨靈なり、二十二日靈、靈媒に乘つて聽經す。

二十三日、岩の靈を引出す、怨念未だ解けず苦悶す、之を除き教化し、夫と及び怨みの一切の人を殺し其目的を達せし後ち神に祀らる、何故にいつ迄怨念を殘すやと云ひしに岩云く神と祀るに何故民谷神社とせしや、民谷は怨敵の性なり、どうして怨が解けようぞと云ふ、淳々として妙法の理を説き、强て經の威力を以て降伏せしむ、岩、潜々と泣く。

二十四日、岩出づ法華經の功德により怨念解け、說教により因果の理を悟り、長く怨念を殘せし事を懺悔す。殺されし時は三十六歳なり。代て坂田左門出づ、岩の父なり、御家人にして岩は三歳の時母に別れ、男の手一つにて育てられし一粒種にして跡取りなり、岩の二十二歳の時、釣に行き人手に懸り殺さると語る。

二十六日、非常に恨みを持つ女の靈出づ、物語なし、
二十七日、昨夜の靈出づ、みつゑ十八歳なり、民谷の爲に欺かれ、恨み死にせし人なり。

二十八日、岩出づ自分の我儘より民谷と夫婦になり、是の如き有様となると泌々懺悔し、姙娠八ケ月なりとて分娩させん事を乞ふ、依て修法して出産せしむ、女兒生る。岩之を懐て潸々と泣く、二十九日、三十日靈出でゝ聽經す。

七月二日、みつゑの關係の神出でゝ物語さる。民谷とは勝手に附し名にして、伊右衞門は江州彦根に生れ、小宮清之進と云ひ、十八歳の時劍道を上村甚右衞門に學ぶ。術は達せしも性來多情にして、酒食に身を持ち崩し遂に金に窮し、種々の惡事を爲す。又師の娘みつゑと通じ之を妻に申し受けんと云ひしも師許さず。上村の圍碁が道樂なる事を幸として或る日碁會より夜遲く歸るの時、途中待伏して暗殺す時に甚右衞門六十五歳なり。之を秘し、「みつゑ」を欺き有金殘らず持ち二人して出奔し、東海道を江戸に下る、時に淸之進二十二歳なり。途中に大望を起し光江を邪魔にし、由井の宿に置き去りにす。跡にのこされし光江は一文の貯へもなく國に歸ることも出來ず、途方に暮れ初めて親の許さぬ、いたづらの罪を感じ、淸之進を恨み川に投じて死し、此因緣淸之進に絡まる。淸之進江戸に入つて惡事の露現を恐れて民谷伊右衞門と僞稱し、諸々彷徨ひ有金殘らず使ひ果し遂に腰の者迄賣るに至る。

お岩の父は御家人なり三十五人扶持にて坂田左門と云ふ釣道樂なり、二三度伊右衞門と釣にて懇意になり、伊右衞門は腰の者欲しさに、一日船で釣に誘ひ出し船中にて殺害し其兩刀を奪ひ死體は水葬となし、仕官する積りにて所々流浪し此間參年を經たり。

因緣の引く所、廻り〳〵て左門の娘岩の許へ入婿となり、御家人となる。其後、組頭の伊藤瀨左衞門に取入り、其娘はなと懇になり、出世せん爲に之を妻とせんとし、前記の如く岩を虐待し之を殺し、はなを後妻とす。時にはな十九歳にして、岩の怨念一年經たぬ内祟を爲し、はなの姿が岩に見へ伊右衞門之を切り殺し、又親父、瀨左衞門を殺す、時に伊右衞門三十七歳なり。後ち發狂して岩の父より奪ひし刀にて自殺す、此物語せし神は、江州彦根上村の屋敷に祀りありし稻荷にして、此因緣は斯く入組めり爲に解けざりしなり。

七月三日、伊右衞門出でゝ一切を懺悔す。

四日、瀬左衛門出づ、娘の我儘を通さんとせし爲、遂に此の因縁を造ると、自分の不明を詫る。

五日、はな出づ自分の我儘より皆様に御迷惑かけて申譯なし殺されし時は妊娠八ケ月なり、分娩させん事を乞ふ、修法して出産せしむ、はな懐て潸々と泣く。

是にて前記關係の靈得道せり、依て七月六日夜死靈は靈山淨土へ送り、神は、お岩稲荷改め、行法大善神、上村の稲荷を説顯大善神と道場に勸請し、高松最上位經王大菩薩道場に於て百日の法華修行を命ぜらる。

鬼怒川堤累の因縁

靈媒　平野琴

【大正十五年三月二十日薫發】　祐天上人の靈出で來り累の因縁を解く事を依頼さる。牧野武左衛門（四十歳）出でゝ物語す。元と豊臣の臣にして矢倉の番を爲し、大阪落城の後ち妻はやを連れ關東に志せども、路銀不足にて苦心の旅をつゞけ箱根峠に至りて癪氣に苦しむ夫婦の旅人ありて其の妻の身重にて介抱するのを武右衛門見兼て介抱す、懐中の黄金包が手に觸れ急に惡心を起し、不意に斬殺す、妻驚て逃げ崖より落つるも見向きもせず金を奪ひ、はやと共に逃げ江戸に至りしも住む事出來ず、流れ〳〵て鬼怒川の邊に其金にて田畑を求め土着す。妻妊娠して産みし者が累なり、常に物怪に襲われ兢々として世を渡り、其内に妻はや病死し、其後武左衛門箱根にて武士を殺せし同月同日物怪に襲われ驚き恐れ夢中に逃げて堀に落ちて死し、累《カサネ》は孤兒となり、村人の情にて育てらる、

篠田左門（三十五歳）物語す木村又藏の臣なり、大阪落城後妻くにを連れて關東に志し、箱根峠にて持病の癪起り苦しみ、通り懸りの旅人の爲に介抱される如く欺かれて殺さる、此時三十五歳なり、妻之を見て驚て逃げ崖より落ちて氣絶す。樵夫の情により救けられ三嶋に連れられ、男子を産むも産後の肥立惡しく間もなく二十六歳にて歿す、此の子が後の與右衛門となる。孤兒となり樵夫の情により育てらる長ずるに及び兩親の横死の趣を聞き佛門に志し六部となりて諸國を脚行する中に鬼怒川の邊、累の家近傍にて癪氣の爲に苦悶す、累之を見て介抱し家に誘ひ宿泊せしむ、累は醜女にして村人にて養子に來る人もなく、一人淋しく農を爲して暮す、時偶々收獲時にて非常に多忙なりし故、與右衛門報恩の爲め手傳す、斯くする内、戀愛關係生じ、村人は幸

の緣なりとして表向き養子とす。時過るに隨ひ與右衞門其醜を厭ひ他の婦人と關係し、累を虐待し、遂に殺意を起し欺て鬼怒川堤に引出し、突き落し上らんとする處を鎌にて頭部顏面を目茶目茶に切り殺す、

累（二十三歲）出でゝ云く過去の因緣にて一族地獄に墜ちしも今救われし事を禮を述ぶ。以上の靈悉く得道す、三月二十七日靈山淨土に送る、

祐天上人出でゝ曰く、吾は此の因緣の根本を解く事不可なりき。今斯く解けたるを喜ばる、祐天上人の靈は他に重大なる因緣あるにより其儘道場に留む。

【人の靈を神道にて神とする誤】

大正十四年八月四日　　願主　坂入とり

佐藤豐吉（六十三歲）本人の實父なり。御嶽の信者にして遺言して自分を神に祭らしめしも、時を經るに從ひ苦痛堪へ難く故に神の勸請を解きくれと賴む、依て之を解く。云く自分は國常立の尊の御傍へ行けば極樂淨土と思ひしに日々苦痛を受け、今迄自分の考への違つて居つた事をつく〴〵悟るどうぞ此の趣を發表して人を神に祭らぬ樣に廣布してくれと云ふ。

神道にて死靈を神に勸請せし者、多く薰發せり、皆な苦痛を訴ふ、是は其一例なり。

加賀騷動の因緣

【大正十五年六月一日薰發】　道場の關係として解く。

越前秀康の弄り殺しにせし妊婦出づ、百姓與右衞門の妻、きよ（二十四歲）なり妊娠し臨月に近し、罪無きに捕へ、惡戯の爲に爼上に縛し腹を裂き、胎兒を出して見る、此の婦人の靈、怨靈となり後ち秀康を悶死せしむ。秀康を滅亡せしめしは天海僧正の毒舌に依り、此の因緣が加賀の前田に傳りしは、其領地を相續せしによると神仰らる。

二日夜、女の縛され非常に苦悶せる靈出づ、縛を解き苦惱を除く、ふゆと云ふ、加賀騷動の時、蛇責に遇し淺尾の局なり、其罪を受けし譯を聞きしに、御家の大事と欺かれ惡人に加擔し主君に毒を盛薦めしなりと。

三日夜、女の靈出づ、縛され身體中傷き苦悶す、苦痛を除き安靜ならしむ、みつ、と云ふ、淺尾局の召使ひなり、此女が毒を盛りしなり、拷問され悶死せしものなり。

四日、頭べ痛み嘔氣を催す靈出づ、頭痛み眩惑す、修法して苦を除く、前田の毒殺されし殿なり、此因緣は曾て中山に於て祈禱せしも解けざりし故、中山へ留め置かれ時來つて茲に解く。

五日、神出でゝ懺悔し給ふ、大槻傳藏を出世せしめし、俱利迦羅龍王なり。

九日朝、大槻傳藏出でゝ懺悔す、主君の恩寵に報ゆるに毒藥を以てす、謝するに辭なしと伏拜す。代て神出で給ふ皐諦《ヤキウタイ》と仰らる、十羅刹女の第九の神なり、吉德外十三人の靈得道せり靈山へ送るべく命ぜらる。

以上六月十六日靈山に送る、

六月二十八日、淺尾稻荷出でゝ物語さる、今迄死靈と共に勸請さる、因緣解けたるにより茲に出づ、前田家先祖利家の頃より關係すと云はれ、次の因緣を解かる、

前田の三代頃の主君が江戶詰の留守中の出來事

奥方久野の方に男子あり、一坊丸と云ふ、妾あり淺井と云ふ、又一男を産む、淺井は自分の産みし子を相續させんと謀り、先づ奥方を毒殺し續て一坊丸を毒殺す、茲に因緣を造る。此の久野の再來が淺尾の局となり、遂に周知の騷動を起す。其因緣を茲に解く。　以上

鍋嶋之因緣　　道場

【大正十五年六月二十五日薫發】靈媒　平野　琴

關係の神、物語し給ふ、鍋嶋の横領せし龍造寺家は、元と韃靼より渡りし者にて、廣く土地を領有し豪族となりしものにして、鍋嶋の爲に漸次横領され遂に鍋嶋の食客となり又七郎吉孝の代に至る、又七郎は盲目にして十七歳の時、茶會に事寄せ毒殺され遂に其家を絕さる。又七郎の怨念猫となり鍋嶋の家に仇す、今日に至るも代々不祥事起り家庭の治らぬは龍造寺の因緣に依るものにして、又七郎を引出す故敎化せよと仰らる、

又七郎出づ、武家でありながら茶會と欺き呼集せ毒を飮ませ、盲目の者を殺し家を奪ふ、どうして恨まずに居られよう、怨念猫に纒り鍋嶋の家に祟る。今此の法席にて元の人に歸され物語させらる、茲に怨念解け得道の出來し事を喜ぶ。代て

母萩野出づ、又七郎の歿せし時は三十七歳なり、淋しく菩提を弔ひ居りしに、殿に無體の戀慕され應ぜざりし故、猛

に命じて殺さる、此の二つの怨念鍋嶋の家に祟を爲す、今漸く解く。

二十六日、龍造寺關係の神出でゝ物語し給ふ、龍造寺は昔し韃靼より朝鮮を經て日本に渡る。其人を龍造子と云ひ、後ち龍造寺とし姓とす、島津の日本へ渡りしより以前にして褒族となり、後ち鍋嶋の爲に奪はる。其後の出來事は鍋嶋の猫騒動とて世間周知の事故略す、左の靈得道せり。

鍋嶋丹後守持輔、龍造寺又七郎、母、萩野

鍋嶋の妾、さだ、忠臣小森の母禎、妻さく、小供七之亟、

殿の亂心して手討にせし臣十五人。

以上六月二十八日靈山に送る。

大山家の因縁

道場

【大正十五年五月二十八日調】

日清、日露戰役の因縁に關し、總司令官大山巖出で乞に依り大山家の因縁を解く、地所の關係なり。

大山家の住居の内、西洋館にて不祥事起る爲、使用せざる室あり其因縁の爲不幸に終る、同所は元と旗元青山主膳の屋敷跡なり。主膳に妾あり喜代野と云ふ、不義の疑を受け主膳の爲に井戸に斬り込まれ、其怨念井戸に殘る、其の井戸を埋めし場所が今の西洋館の下に當り、此因縁の障りにより大將の室けい子夫人肺病の如き病氣になり五年病で歿せらる。けい子の靈を靈媒に移し其苦痛を除く、更て若き夫人の靈出づ、胸痛あり苦痛を除く、信子と云ふ、信子は此の地所の因縁の乘りし爲肺病となり、離縁され此の屋敷で歿せられしものなり、六月一日左の靈を靈山淨土に送る。

大山巖、室けい子、子信子

青山主膳、妾喜代野

巣鴨刺ケ抜き地藏尊の由來

道場

【昭和二年八月薫發】　靈媒　前田ぎん

今の巣鴨は足利の末、奥州街道に當り武藏野の中央に當りし故に目標に石地藏尊が建てられ、故に峠の地藏と云ふ。其頃中國の武士にして渡邊五左衞門と云ふ人あり。娘を連れ流れ〳〵て同所に小屋を建て獵師をして暮して居る中に、太田道灌が遊獵して放したる流矢で胸を擊たれ絶命し、其後同所で三年の間に七人流矢に當り死す。娘「こう」は父の三年忌に地藏尊に供物を供へ父の靈を回向し嘆き居る處を

一人の僧通りかゝり、其事情を聞きて氣の毒に思ひ、玆で死んだ八人の靈に回向し、是から後ち流矢に當る人皆無となる。其僧は一休和尚にして、其娘は太田道灌に山吹の花を示した娘なりき。一休和尚の過去は世尊の太子の時出門されし時會われた老病人で太子に助けられた人の再來なり。此後時移り星變り江戸となり、峠の地藏が間違われ刺げ拔き地藏となると地藏尊が出で物語され法華經の威德で此因緣の解けし事を喜ばる。此地藏尊の本體は武藏野に太古より住んで居つた白狸の靈にして、太田道灌に矢で討たれ後ち地藏に絡り、太田道灌が名將で有り乍ら浴室で刺し殺さるゝ如き最後を遂げしは此復讎の因緣による。此靈法華に歸依されしに依り道場の守護神祐德大明神と勸請し高松へ百日修行に立たる左の靈を二十八日靈山へ送る。

一休禪師、渡邊五左衞門(三十四歲)娘こう(四十歲)外七人以上にて雜の部終る、是より日本國の因緣を歷史の順序により、神代より、昭和に至る迄、薰發因緣を綜合して次に出す。

日本國土の因緣　史傳に現れたる日本國土の成立

古事記取要

天地《アメツチ》の初めて發《ヒラ》くる之時、高天原に成る神の名は、天《アメ》の御《ミ》中主《ナカヌシ》の神、次に高御産巣日《タカミムスビ》の神、次に神産巣日《カミムスビ》の神、此の三柱の神は、並《みな》獨り神と成り坐而《マシマス》、身を隱し玉へり、次に國稚《ワカ》く浮脂の如く而、久羅下那洲多陁用幣琉《クラゲナスタヾヨヘル》之時に葦牙《アシカビ》の如く萠し騰る之物に因て、而て成る神、名は宇麻志阿斯訶《ウマシアシカ》備比古遲神《ビヒコヂノカミ》、次に天之常立《アメノトコダチ》神、此二柱神も亦並《ミ》な獨り神と成り坐し而、身を隱し玉へる也

上件《カミツクダリ》五柱の神は別天の神なり、

次に成れる神の名は、國之常立《クニノトコダテ》神、次に豐雲野神、此二柱の神も亦獨り神と成り坐して、身を隱し給へる也、次に成れる神の名は宇比地邇《ウヒチニノ》神、次に妹須比智邇《イモスヒチニ》神、次に角材《ツノタビ》神次に妹活材《イモイクタヒ》神、次に意富斗能地《イフトノチ》神、次に妹大斗乃辨《イモオヽトノベ》神、次に游母陁琉《アモタル》神、次に妹阿夜志古泥《イモアヤカシコネ》神、次に伊邪那岐《イザナギノ》神、伊邪那美《イザナミノ》神

上件國常立神より以下伊邪那美神以前《イデ》、拜《アワ》せ神代七代《ナヽヨ》と稱ふ、

於是天の神諸命を以て伊邪那岐命。伊邪那美命の二柱神に是の多陀用幣琉《タダヨヘル》之國を修理《ヲサ》め固め成せと詔ちて、天の沼矛を賜ひて、言依し賜へり也、故《カレ》、二柱の神、天の浮橋に立ちて、其沼矛を指し下して以て畫きたまへ者、鹽、許袁呂《コヲロ》許袁呂邇《コヲロニ》、畫き鳴し而、引き上る時に、其矛末より垂り落たる之鹽累り積りて嶋となる、是れ淤能碁呂嶋也 以下略

尊、其嶋に天降りて伊邪那美の尊と共に、日本國を造り給ふ、之を大八洲《オホヤシマ》と云ふ、既に國を産み、更に神を生み給ふ參拾五神、伊邪那美尊、終に火神を産み給ひ、遂に神避ります、尊跡を慕ふて黃泉の國に行き給ふ、後ち産み給ふ三神、天照大神、月讀命、建速須佐之男命。

天照大神に高天原を所知せよと事依て賜ふ、後ち須佐之男の尊の天上となり、天照大神の窟隱れとなり、須佐之男尊の出雲流罪となり、八岐の大蛇退治となり、出雲にて産ませし大己貴命後に大國主命と云ふ、天下を經營し蒼生蓄産の爲に醫療の方を定め權勢諸國に及べり、是れ出雲民族の祖先なり。

天照大神に御子坐す、忍穂耳尊と云ふ、高皇産靈尊の女栲幡千千姫を娶りて、彦火瓊々杵尊を生み給ふ、高皇産靈神特に此の孫を隣愛崇美し之を立てゝ葦原中國の主と爲さんと思ぼすも、出雲は既に大國主命の權勢下にあり、事代主の譲國により、天孫瓊々杵尊、三種の神器及び諸神を率ひて日向の高千穗の峯に降り給ふ、後ち地を四方に選び、吾田の笠狹岬を定めて都とし給ふ、今の薩摩の加世田港是れなり、木花咲夜姫を娶り、火闌降命《ボスセリノ》彦火火出見尊《ヒコボボデミノ》を生み給ふ、此尊、綿津見に至り、海神の豐玉姫と婚し鵜萱葺不合《ウカヤフキアヘズノ》尊を生み給ひ、葺不合尊、御姨、玉依姫を娶りて四子を産み給ふ、長を五瀬《イツヒ》尊、次稻永尊、次を御毛沼《ミケヌマノ》命、季を磐余彦《イワレヒ》尊と云ふ、是れ神武天皇なり以上史傳

日本國土の成立に關し科學的説明と薫發因縁綜合

日本國は太古石炭地層の出來た頃（古代有機物地層、千七八百萬年前の頃）亞細亞大陸と連續して居つたと云ふ事は石炭地層が九州より北海道、樺太迄、所々に存在すのが證明する、專門家は之を推定して日本の炭田は大部分中新であると言つて居る、乃ち常磐炭田は中新で、北海道臺灣等は大部分同期であり、古成統の始新統の内高嶋の炭田は一部は曉新なるも一部は始新であろう（約百五十萬年貳百萬年以前）。白亞紀の中頃セノマニヤン期の大氾濫の時の地球の大變動で陷沒し海底となつたのであろう、九州の石炭が海底に存在するのが證明す、又た陷沒後、何十萬年の間、海底に在つた時、其上に沈澱して溜つた泥土が土丹岩であつて神奈川縣三浦地方、横濱地方、東京京橋區日本橋區の一部房總地方、其他所々に見る靑い泥土の固つた軟岩で、現今セメントの原料に採取して居る者である、此の昔の海底の泥は今海面より百尺以上の高所にもあり、又發鑿して百間以上も奥へ進行しても其所から貝や魚の化石が出る、房總鐵道線路の土氣の切割から（海岸を去ること約六里海拔二百尺以上のヶ所）鯨の完全なる化石が出で、又た最近（昭和三年五月）福島縣四倉町盤城セメント原料採取の山より長さ十一間の巨大な化石を發見し、學者の鑑定では百二三十萬年前の有齒鮫の化石と判定された、又東京日本橋の橋臺基礎堀鑿中此の岩層から六尺以上の「マンモース」の牙

が出て骨が無いので疑問の種で今も博物館に在る、マンモースは氷山時代の終期迄生存した動物で西べリヤに最も多く盛んに產し今日迄も氷に塞じられ腐敗もせず其姿を殘して居るのも發見され珍標本は露國ペトロクラードの博物館にある。日本橋のマンモースの牙は其頃氷山に運ばれ日本に落附いたのであろうと言はれ此の動物の生存時代より推測すれば二萬年前位で在つたと思われる、其他秩父の山中或は勿來關にも貝の化石が澤山あり其他水中に在つた證據は所々にある、是れが火山の關係で再び吹き上げられ陸地と成つたと云ふ事は火山脈が縱貫して居る事で證明が出來る、又日本が地震國であるのは此の原因に依るのであつて其湧出した、時代は支那の帝舜の頃であろう。史上有名な禹の治めた大洪水は此の日本の湧出に依て起つたものと思われる、歷史は推算して皇紀前千五百年の頃として居る。

其國土に初めて住んだのが、龍族の大將で神代史の初にある天の御中主尊で、其神の管轄時代が天神七代に當り其頃の住所が房州で今の房州御厨の大神宮は此神の遺跡である此天神七代の間が日本原住民即ち現今學者の云ふコロボツクル人種時代である此の故に日本は湧津嶋と稱へられたが後ち轉化して秋津島と呼ばれたのである。

其後千年位過ぎ植物が成育し國中大森林となつた。今より三千年以前、皇紀前五百年の頃、印度の高原から一族を引連れ日本に飛來移住された(キンナラ族翼ある人種)其主宰者が後に云ふ國常立の尊であり一族八人四夫婦で渡られ是が地神の初となり、森林中に生活され一族增殖し給ひ約四百年の間に一族約五百人位となる。土族の穴居の民の服從せし者參百人、合計八百人位の大家族となり、其頃が伊邪那岐、伊邪那美の二神の時代である。此時代に伊邪那美の命に天の御中主尊の靈が入胎され、玆に血液同盟が出來人の姿を以て出現されしが天照大神である、(過去は龍神)故に此神は外神に勝れて尊く威光が有り自然に一切の神を統一されるに至り、日本神道に於て天祖に就て種々の議論の有るのは、此の入り組んだ關係を知らぬ爲である。

國常立尊が日本に飛來され、初めて着陸された所は日向の高千穗であり、其後所々住所を探られ定められた巢居が高天原である。天照大神も素盞鳴《スサノウ》尊も玆で誕生され、後の天照大神と素盞鳴尊の衝突も玆で起つたのであつて是には深い原因がある、初め國常立尊が日本へ移らるゝ時此の一族を守護して共に日本に渡つて來られた上世印度吠陀時代の最高の神が有つた、土着の神天の御中主が、國常立の一族の中に産れられ非常の勢力を得給し爲、此神が素盞嗚尊を以て反對され、遂に岩戸隱となつて、後ち尊と共に出雲に降り出雲民族を造り、後世出雲神道を起され、後ち丹波に出現され、雄略天皇の頃伊勢に移られ外宮となられたのである內宮と外宮の神官が今日迄融和せなかつた原因は此の神代からの關係である、（此神の原籍は印度の韋紐天、神の原籍の所に詳記）其後、瓊々杵尊、再び日向高千穗に降られた以後の事蹟は歷史が示して居る、地神時代の都なりし高天原は何處であらうか？

（此の久遠の關係により現今に至るも天皇を龍に譬へ御顏を龍顏と稱へ御身體を龍體と稱ふ、御立腹の時を逆鱗ましますヽ等、又御乘物は昔し翼ある時代ありし故、鳳輦と云ふ埃及《エジプト》建國の神、猶太敎のヱホバの神、基督敎のエンゼル、皆な翼ある人なりし事は詳細後に說く）

高天原の所在

昭和二年十月、二荒山及中禪寺湖の因緣より、相模箱根、芦の湖畔、東七面山の因緣を解き、十一月下旬箱根權現の因緣薫發す、

史傳、箱根神社は相模國足柄下郡元箱根村にあり、箱根權現とも、箱根二社權現、又は權現堂とも云ふ、祭神は日子火能瓊々杵尊、彥火火出見尊、木花咲夜姫尊の三座を祭る、

起原、天平寶字七年、滿願上人靈夢により勸請す、又緣起に依れば、延曆の頃、坂上田村麿が蝦夷征伐の時に參詣し、弘仁八年嵯峨天皇の敕により駿豆相の內を社領に寄せ、鳥羽上皇、相模、酒匂鄉を寄せしとあり、以後源賴朝より、北條及び室町時代足利氏の崇敬衰へざりぎ、以後武將多く參詣せり、

十二月十日、法師の體に瓊々杵尊出で給ふも物語なし、西に向て飛行す、大爆音を聽き空氣の大波動を感じ墜落せんとす、省みれば、過にし山嶽重疊たる連山に大噴火あり、黑烟天に冲し、閃々たる大火柱の立てるを見る、其所は今迄住居されし山なり瞬間の差を以て此の災を兔る、懍然たり、

十一月十二日共朝夕、尊出でゝ聽經し給ふ、心澄めり、

十三日、尊出でゝ物語し給ふ高原に住めり地大に震動せしをもつて一族を連れ避難すべく準備し我等西に向て飛行す其後間もなく大鳴動爆發す、黑烟天に漲り火光閃々燒石を降らす、我等の巢居し高原は火に埋められ、逃げ後れし一族は皆燒死す、(國常立尊の移住し給しより噴火迄の期間は暦なき故知るを得ざるも約二百年間位ならん)

此時、尊と共に逃げられし神あり、史傳に於ける天孫降臨の時御供せし、天の兒屋根命《コトネノ》、布刀王命《フトダマ》、天の宇受賣命《ウスメ》、伊斯許理度賣命《イシユリトメ》、王祖命《タマノオヤ》の六人なり、

此時天照大神の靈は伊勢へ、伊邪那美尊は紀州熊野へ、其他の諸神は諸國へ散住し給ふ、中にも瓊々杵尊の兄、天の火明の尊は大和へ避難され、其子を饒速日尊と云ふ、長髓彦と共に居られ、神武天皇東征の時、長髓彦を討ち、天皇を、迎へ臣下となられ、是れ物部氏の祖なりとなる。

(此頃の尊の御名に火の字の附くは此の噴火に因る)

【高天原所在の傳説】

大和民族の故郷なり、高天原は天なり、天神の坐す國なり我國の創世紀は皆高天原に於ける出來事に係り、天孫瓊々杵尊、九州に降臨ありしより以來、始めて現在の國土に、我大和民族の成立せるものとす、

所在、古來より高天原の所在は、今日何れに當れるや、定說なし、

(一)大和高市郡となす者、山崎闇齋、谷重道、吉見幸和、河村秀根、伊勢貞丈等之を主唱し、論據は紀記神代の卷に見へたる天香山、天高市と同稱の天香山が大和高市郡に在るに依る、

(二)常陸國多珂郡となすもの、新井白石之を唱ふ、其據は古通史に「高の字讀んで多珂と云ふ、古に云ふ高國(舊年紀に見ゆ)多珂國(常陸國風土記)即ち今の常陸國多珂郡の地是れなり天の字、古事記に讀んで阿麻と云ふ上古の俗に阿麻と云ひしは海也阿女《アメ》と云ひしは天なり天亦稱して阿麻と云ふは其悟音の轉ぜしなり原の字讀んで播羅と云ふ上古の俗に播羅といひしは上なり、されば古語に多珂阿麻能播羅といひしは多珂海上の地と云ふが如し

(三)朝鮮と爲す者、藤井貞幹、橫山田淸之、之を唱ふ、前者は神祇の名は大抵朝鮮の官令にして、古語又朝鮮語多きを證とす、後者は明に之を書かざるも、隱に韓土なるを示す、

(四)伊勢と爲す者、(大日本時代史)久米邦武氏之を唱ふ、

是れ地理上より之を觀察す、

(五)吳國と爲す者、林羅山之を唱ふ（羅山文集）魏史、倭人傳に倭人を以て、吳泰伯の後と記したるを因襲せるなり、

(六)「バビロン」と爲す者、「ケンプル」之を唱ふ、言語相似たる處あるを以てなり、

(七)馬來半島と爲す者、「ドヱニイツ」之を唱ふ、家屋及び風俗の相似たる處あるを以てなり、此外アツカド「トルキスタン」の西南、後の名を「カルデン」と云ふ其國早く亡びたり、其他ヘブリユー、滿州等に宛てたるあり、

(八)昭和二年十二月發行、三島敦雄氏著、天孫人種六千年史研究には、高天原ば「アツシリア」地方の「スメラ」國にある即ち天孫人種は「スメラ」人種が海を渡つて日本の南九州に上陸され、高千穂に居を定め、後ち長屋の笠狹に王都を定められたのである。以上

古來より所在不明の神秘たりし高天原は、此の因緣の薫發により明瞭となる。前述の如く、國常立尊の撰定し給ひし地神時代の巣居にして、大爆發の爲に遺跡は全滅し此時諸神は各地へ移り給ふ。高天原は實に相模國足柄郡箱根一帶の高原なり、然れども噴火の燒石に埋められ遺跡を知ること能わず、

「相模の語源」相模サの迫り相向ふ、クの引附くるを締むるムに働かせたる音義語、サクム、祝詞の磐根木の根踏みサクミてとあるが、それである、相模は地勢、急峻にして「サクム」の地と云ひ習したのが國名となる、

言語學は斯く解するも、余は國常立の尊が巣居を求めん爲磐根、木の根踏みサクミて求められし地故、相模と解す、

余は十二月十日より一月二十日迄の間に朝夕讀經中、火に燒かれ、燒石に擊たれし靈を引出し、其苦痛を除き、其の時の狀態を感應せし故明に確信する、此の薫發した靈は昭和貳年十一月十日より參年一月二十一日迄に箱根山で罹災死亡されし天人百參拾人と、同じく同地方で罹災死亡の土着の穴居の民五百人と又た同時に噴火した九州霧島山噴火の罹災土民貳百人の靈も神の關係にて茲に引出し給ひ、皆得道せし故一月二十一日夜靈山淨土へ送る、

此の因緣薫發中、余の二男侃治、發熱し苦痛を訴ふ。修法せしに、過去此の頃高天原に生存せり。噴火の時逃げ出せしも空中飛翔中大石に擊たれ死せしなり。其時の因緣薫發

し過去の狀態になりしなり、修法して苦痛を除く。

昭和參年五月二十五日、鎌倉の因緣にて（靈媒平野）箱根大噴火の時、逃れて鎌倉に至り永住せし神人、及安南より漂流せし人、合計三十二人の靈を連れられし神出で給ふ。死靈を靈山に送り神は妙顯大明神と道場に勸請す。

斯く時を隔て靈媒を異にし箱根大噴火の因緣薰發し、高天の原の所在確定す、然れども歷史上の一大事故、科學的實證を得んとす、諸君の內足柄山一帶に於ける神話及び發鑿の古器あれば、其心を以て硏究されん事を乞ふ。

天神時代の因緣

昭和參年十二月初旬薰發

十二月八日夜、天照大神、御降臨あり。建國、天神時代の因緣を解き給ふ、祈禱中、青色の大龍神を見る、頭べの大さ長三尺位巾尺五寸位なり。

九日、枝角ある大龍神を拜す、天照大神の過去の御姿なり。

十日、大龍神に弓を引く者あり、矢は頭に立ちしも、龍神に呑まるゝ所を見る、道場の神語り給ふ、日本國湧出の後ち、初めて飛來移住せし、印度太古の婆羅門族と、後の天照大神、其頃の天の御中主尊の前身の關係なり、此因緣を解かずして死靈と共に神と勸請せし爲め、國家に今迄種々樣々の事起り、其內にも南北朝の爭は、是に起原す、此人種は國常立尊より遙に前、印度より群を成して日本に飛來して（翼ある人種）各地に散在し、移住の原因は氣候の寒冷となりし故、適當の地を尋ねて日本に渡られたるものにして、大和國に散在せし梟師も此一族なり。是が日本土着人種の最初となり、此時共に日本に渡られし婆羅門の神ありて、種々の姿を以て世に現はれ、此の關係に依て本地垂迹の義起る。

十一日、靈出でゝ聽經す、十二日普賢菩薩の尊容を拜す、此久遠の因緣に關係あり、解かん爲玆に來り給ふ。

十三日より十六日迄、靈出でゝ聽經す、カルラの姿を見る
十七日より、神代の頃の疫病にて死せし靈出づ。

十八日夜、讀經の時、聲枯れ、惡寒を感じ、苦惱を受く、（感冒の如き症狀）修法して苦を除きしも、終夜苦悶し眠れず十九日朝、靈出づ、苦痛薄らぎしも聲出でず枯れる、夜靈媒の體に、荒れる强情なる神出づるも物語せず。

二十日の夜、姿を示さる、顏面猿の如き赤色なり、後に物語すると云、以後朝夕、聽經さる、以後一月十五日迄物語せず。

一月十六日、神語らる、神代に印度より日本に渡りし疫神なり、今日迄朝夕聽經し修行せり。因緣の片附きし時、世尊出世の本懷たる、本門の戒壇に於て勸請を受け、當道場の守護神たらん事を希望さる。

十七、十八兩日共、印度上世、吠陀前の原住人の燒殺されし因緣出づ、兩眼は煙の爲に痛く、修法して苦を除く。

十九日、叢雲《ムラクモ》天王御降臨あり、今迄薰發せし靈の內得道せし者左の如く、靈山淨土へ送るべく命ぜられ、夜式を行ふ。

日本神代、疫病の死者　參百人
印度吠陀前、原住人燒死者　五百人　以上

以後引續き死靈出でゝ聽經す、二十四日朝、神曰く、地神時代の間に於ける疫病の靈を引出す故、苦痛を除き得道せしむべく命ぜらる、以後朝夕靈出でゝ聽經す。

二月二日、寒行修了の前日なり、此日迄に得道せし靈貳百人あり、之にて神代の疫病關係一段落とし、神は道場に勸請す、夜式を行ふ。

神昭天王　神代の疫神、見學隨意
地神時代疫病の死者、貳百人

疫病の流行は、此の上世印度の頃、燒き殺されたる、人か鬼か不明の靈の苦痛を持つて居る者を、人に憑附せしむれば其人其苦を感じ疫病となりしなり。佛法傳來の時、流行せし疫病は此神の所爲にして、天神時代よりの疫病の因緣玆に解く。　以上

オノコロ嶋の因緣

昭和四年二月二日、前記神代、疫病の死靈を送り、七面大明神、續いてオノコロ嶋の因緣を解くと仰らる、夜、妖怪に似たる異容なる靈、群集し來り、頸筋痛み、頭べ痲痺し、夜中、悶々轉々す。

三日朝、怒れる靈出づ、地震、海嘯を起すは心の儘なり、此世界は我領分なりと、意張る靈出づ、肩より頸にかけ押し附けられ居り、苦悶す。以後二月十七日迄、多數の怪靈日夜聽經す、此靈は前世紀人類發生前の大古に生存せし異容の動物にて互に鬪爭呑噬を事とし、國土陷沒の時、死せし無數の靈なり。其後ち國土湧出成立の後に種々の災を起せし故、神代の頃オノコロ嶋に封ぜられ、時到り玆に引出され、法華經の大功德を以て得道せしめ給ふ。七面大明神此因緣に關係あり故に玆に引出し、前世紀時代の怪異の靈

を得道せしめ日本の國土を淨め給ふ。

二月十七日、オノコロ嶋前世紀の靈無數、

天平勝寶の頃の海嘯の死人、無數、以上靈山へ送る。

【昭和貳年八月薫發】

孝德天皇、攝津、長柄豐崎宮、地所の關係より薫發す、神代の關係、神武天皇東征の時、最も反對されし神にて玆に出でゝ懺悔得道さる、此神は神代出雲、簸の川上の關係なり、此神を

最正位、天祐天王　と勸請し奉る、　以上

神代より神武天皇東征

大正十一年十二月十二日、佛法傳來の因縁薫發し、十二月十八日、伊邪那岐尊《イザナギノミコト》出で給ひ、佛法に附き論義さる。（詳細は佛法傳來の項に記す）

大正十一年一月二十一日、第一回の佛法傳來の時の關係を解き、大正十二年一月第二回佛法傳來の因縁薫發す。一月九日夜八時、祈禱中寒中なるに大雷鳴り降雹あり、此時大神降り給ふ、御姿を拜するに、丈け七尺以上にして骨格逞しく腰部に布を卷き、赤色にして、白色の翼あり、一見二王尊の如き容貌偉大なる體格なり。

十日朝、讀經中法師に神移り給ふ、久遠偈、神力品偈を讀誦し奉り、後ち語らる。國常立尊《クニトコダチノミコト》と仰あり、昨夜、雷を起し之に乘じ來る、佛法傳來の時の因縁を解かん爲め玆に來ると仰られ、神殿に上らる。

十一日朝、國常立尊移り給ふ、讀經し奉る唱題の時、兩手を延し飛行の姿とならる、感應に往昔日本に飛來し、吾等の子孫人となる、是れ皇族の始めなり、又此神が神武東征の時、金鵄となりて皇軍を導かる。

十五日夜、天の御中主の尊の後裔火闌降尊《ホスセリ》出でらる、佛法傳來の時反對されし神なり。

十六日、物部尾輿と緣を結び給し神出でらる、佛法傳來の時、佛像を堀江に投ぜしめしは我なり、最も反對す、我は日本の往昔よりの神にして皇室の祖先と緣を結び、日本の礎を建てし者なりと仰られ後ち、我は伊邪那美尊《イザナミ》なり古來より二柱の神として祀らると仰せられ、祭壇に上らる。

十九日、火闌降尊出で給ひ、天祖、天の御中主尊と云ふは日本太古人類末到の頃より此國土に棲み給し神なり、國常立尊は外國より一族を引連れて飛來され、後ち天御中主の

尊の靈は國常立の尊の一族の胎を以て現世に出生され、天照大神と示現し給ひ、玆に血族合一さる、永く國家と皇室を護り給ひ、國常立の尊が皇室の祖先にして、又國民の祖先なりと仰せらる。

二十日朝、國常立尊御降臨あり、仰に曰く、往昔天竺より一族を連れ飛來す、(其頃の人は翼あり飛行自在) 日向の高千穂の峰に降り、其後處々探し求めし巣居が高天原にして、玆に一族增殖すと仰られ上らる。天照大神と素盞鳴尊の爭も玆で起り尊は出雲へ降られ、出雲民族の祖となられ、瓊々《ニニ》杵《ギノ》尊が箱根山爆發の後ち、高千穗に住まはれしは此の最初の着陸されし土地なるに依る。大正十二年二月三日結了

大正十四年二月藁發

【天照大神の御降臨】

二月十三日、顯本法華宗の因緣藁發す、日什上人出でゝ懺悔され (詳細は後に記す) 上人の守護神出でらる、日の神の眷屬なり、上人と過去より緣を結び、明日、日の神を迎ふと大に歡喜さる、以後十八日迄讀經し給ふ。

十八日、朝。日の神を迎ふと云わる、依て身淨偈を唱へ心淸くし讀經す、日の神降り給ふ (龍神の如し) 後ち語り給ふ、天照大神《アマテラス》なり、法華の威德は兼てより知る、玆に靈界統一なる依て來ると仰らる、夜も出で給ひ聽經さる。

十九日、朝讀經後、日の神降り給ひ、姿を示さる龍體なり天の御中主の尊の頃の御姿なり、曰く、日本國は海中より湧出せし國なり、太古我來て住む、後ち國常立尊來り給ひ我と緣を結び、其後出世せし時が天照大神なりと仰らる、三種の神器に付て其起原を伺ひしに、曰く八坂瓊の勾玉は我が天の御中主の頃より持ちし寶珠なり、八咫鏡は天照大神の頃、胸に懸し鏡なり、叢雲劍は、素盞鳴尊が出雲に降られし時、八岐の大蛇を切りし尊の佩刀十束の劍なり、此劍は斯かる悪神を討し、顯著《イヤチコ》なる劍なり國の護りとせよと尊より贈りし劍なり、然れども此劍は、是の如き因緣絡る故史傳の如き種々の物語を生み遂に熱田に祀らる、今一切の因緣解たり、國家は永久に榮へ末長く盡くること無けんと大に歡喜され昇殿さる。

【大正十五年八月二十九日】 神代の因緣藁發す

九月四日、道場の神より、今上陛下 (大正天皇) 御腦平癒の爲一週間、壽量品十卷讀誦し祈念することを命ぜらる。

五日夜、神降り給ふ、伊邪那美《イザナミ》尊と仰らる、熊野の關係なり、神代より闇黑面を掌ると、懺悔さる。(依て史傳に求む)

【古事記】に伊邪那美《イザナミ》尊、黃泉の國に至り給ふ、伊邪那岐《イザナギノ》尊跡を慕ふて黃泉の國に行き給ひ、伊邪那美の命の姿を見られ、其醜惡なるに驚き逃げ給ふ、(以上取意、以下本文)是に於て伊邪那岐命《イザナギノミコト》見そなわし、畏《カシコ》みて、逃げ還り玉ふ之時、其妹《イモ》伊邪那美命《イザナミノミコト》言はく、吾《ワレ》に辱を見せ命《シ》め玉ふと、即ち豫母都志許賣《ヨモツシコメ》を遣はし、追は命《シメ》め給ふ、爾《チ》伊邪那岐《ノ》命、黑き御鬘を取り投げ棄て玉ふ、乃ち蒲子《エビノコ》と生れり、是を拾《ヒロ》ひ食《ハ》む之間に逃げ行き給へども、猶追ふ、亦其右之御美豆《ミミツ》良《ラ》に刺し玉ふの、湯津津間櫛《ユツノツマクシ》を引き闕《カ》きて投げ棄て玉へば乃ち笋《ダケムナ》と生る、是を拔き食之間に逃げ行き玉ふ、且後に者《ハ》其八雷神《ヤツサノイカツチ》に、千五百之黃泉軍《チイホノヨモツイクサ》を副へて、追は命《シ》め玉ふ、爾ち御佩所《ハカセル》之十拳《トツカ》の劒《ツルギ》を拔き而後手《シリエテニ》布伎都都《フキツツ》逃げ來《キ》ます、猶追て、黃泉比良坂《ヨモツヒラサカ》之坂本に到る時、其坂本に在るの桃子《モヽノミ》三箇を取て、待ち擊ち玉へば、悉く逃げ返れり也。爾ち伊邪那岐命、桃子《モヽノミ》に告ぐ、汝《イマ》じ吾を助くるが如し、葦原の中《ナカ》つ國に於て、所有《アラユル》、宇都志伎靑人草《ウツシキアヲヒトクサ》の苦瀬《ウキセ》に落ち而《テ》患惱《ウレヘナヤ》むの時、助く可しと告げ賜ひて、名を意富加牟豆美《オボカムツミノ》の命號《ミコトイ》ふ、最後に其妹、伊邪那美の命、身自ら追ひ來ます焉爾ち千引《チビキ》の石《イワ》を其黃泉比良坂《ヨモツヒラサカ》に引塞ぎ、其石を中に置て、各對立《ムカヒタテ》し而《テ》、事戸を渡す之時、伊邪那美命言はく、愛我那《ウツクシキワガナ》藝《セ》の命、此の如く爲し玉はば、汝の國の人草。一日《ヒトヒ》に千頭《チコウベ》を絞殺《クビリコロ》さん、爾《チ》ち伊邪那岐命詔はく、愛我那邇妹命《ウツクシキアガナニモノミコト》、汝じ然し爲し玉はば。吾一日に千五百産屋《チイホウブヤ》を立てん、是を以て一日必ず千人死《マカ》れども一日に心ず千五百人生る也故に其伊邪那美の命を號て黃泉津《ヨモツ》大神と謂ふ。　以上

此關係によりて伊邪那美命は神代より闇黑面を掌り給ふ。史傳に天照大神、月讀命、素盞鳴命の三尊は、崩御の後伊邪那岐命御一人にて御身を濺《ソヽ》ぎ給ふに依て得給ふとあるも如何と伺ふ、伊邪那美命答たまわくそは自からが生みしものにして、史傳は誤れりと仰らる(九月八日夜)命又出られ、後ち熊野三社と祀らる、其總督は我なりと仰らる、依て史傳に求む。

熊野權現、紀伊國牟婁郡にあり、

本宮は崇神天皇 十六年(紀元五百六十年)伊邪那美命を祀る、

新宮、景行天皇 五十九年(紀元七百九十年)東解男命《コトサカヲ》を祀

る、本宮より九里八町

那智、龜山帝 文應元年（紀元千九百二十年）速王雄命を祀る 新宮より四里半

嵯峨天皇の頃僧空海、兩部神道の敕語を賜る。

兩部とは金胎兩部の各尊は一切の諸天を攝し、日本の神を此意を推して、天照大神を大日如來、新宮を藥師如來、那智を觀世音菩薩とし十二所各本迹を立て熊野三所權現と云ふ。

十二日夜、新宮出でゝ物語し給ふ、我は病氣を治療するが專門なり、病氣は憑ける靈を追拂へば病氣は自然に平癒するも、然るに此道場の法は手緩しと仰らる。依て因緣關係の靈は追拂ふとも又々便る故に根本的に治癒せず、爲に其靈を得道せしむるなりと答へしに、尊は試驗に震災に燒死し苦悶せる二人の靈を引出し苦痛を取るべく命ぜらる、依て修法し其苦惱を除き得道せしむ、新宮之を見て大に感ぜられ讃歎され、祈禱は根本的に解かねばならめ事を適切に感ずと仰せらる。

十四日新宮出でられ、祈禱法にて病氣平癒に付傳授することあり後にす、明日より那智出づと仰せらる。

十五日（靈媒平野）神出でゝ語り給ふ、神代の頃天竺より日本に渡りし者なり、素盞嗚尊、出雲に於て八岐の大蛇を退治し給し時、傳記には奇稻田姬と尊と夫婦となるとあるも夫れは誤なり、其時、奇稻田姬となりしは我なり。

然れども人に非ず、姬と變化して、欽の川上の翁媼と共にあり、大蛇の害を除かん爲め素盞嗚の尊を導き討たせしは我なり、後ち熊野に來り姿を女身にて示せし爲觀世音として那智に勸請され今日に至る。

（此神文覺上人を連れ給ふ、是は源平の所に詳記す）

茲に出現されし神代の神を左の如く勸請し奉る。

伊邪那岐尊	最正位	護國天王
八岐の大蛇	同	叢雲天王
伊邪那美尊	同	創國天王
火闌降《ホスセリ》の尊	同	光輝天王
熊野新宮神	同	藥師天王
那智觀音	同	妙光天王

法華の守護神として勸請し、法華の各道場百日見學さる。

大正十五年八月七日薫發

【瓊々杵尊、高千穗へ降り給ひし後の因緣】

八月七日、神靈移られ朝夕讀經を聞かる、十九日迄同じ。

二十日、結髪せし女神出でらる、木花咲夜姫《コノハナサクヤヒメ》と曰ふ。御物語なし。

二十二日、神靈代り、夜非常に腹痛起り、苦悶し、死に瀕せり、冷汗出でゝ身體冷たくなり、修法して漸く回復す。最も困難の因緣の乘りし爲なり。
二十三、四日朝夕聽經し給ふも物語なし。
二十五日、靈媒平野の體に移り給ひ、代々に障りを爲せし事を懺悔さる、石長比賣《イワナガヒメ》なり。
瓊々杵尊、日向高千穗に降り給し後の出來事にて、古事記曰く
是に於て、天津日高日子番能邇邇藝能命《アマツヒタカヒコホノニニギノミコト》、笠沙《カササ》の御前《ミサキ》に麗《ウル》美人《ワシキヲトメ》に遇ひ玉ひ。爾ち誰が女と問ふ、答て曰く之れ大山津見の神之女。名は神阿多都比賣《カンアダツヒメ》、亦の名は木《コ》の花之佐久夜《ハナノサクヤ》毘賣《ヒメ》と謂ふ、又問て汝久兄弟《ハラカラ》有る乎《ヤ》。答て白さく我姉石長《イハナガ》比賣《ヒメ》在り、爾ち詔はく、吾れ汝に目合せんと欲す、奈何ん答て白く僕は白すことを得ず、僕が父大山津見の神白さん將す、故に其父大山津見の神に乞遣ふ。之時大觀喜而、其姉石長比賣《イツナガヒメ》を副へ、百取の机代物を持た命《シ》めて、出し奉る故爾其姉者、甚た凶醜《ミニクキ》に因て、見畏み而、返し送り、唯其弟、木花之佐久夜毘賣を留て以て一宿婚を爲す、爾大山津見の神、石長比賣を返し玉ふに依而、大に恥て白し送り言はく、我が女二《ムスメフタ》り竝べ立てゝ奉る由者《ハ》、石長比賣を使はせしは、天の神の御子之命は雪零《フ》り風吹くと雖も、恒に石の如く恒に而、常は堅く動か不坐ませ、亦木花之佐久夜毘賣を使わせしは、木の花之榮かふる如く榮へ坐せと、宇氣比而《ウケヒテ》貢進《タテマツ》りき、此に今、石長比賣を返し而、獨り木の花咲夜比賣を留めます、故に、天神の御子の御壽者、木の花之阿摩比《アマヒ》能《ノ》徽《ヨ》、坐《マシ》てん、故是以、今に至るまで天皇《スメラミコト》、命等《ミコトタチ》之御命、長から不る也。

以上

此の嫉妬に依り怒らせ給ふ石長比賣を導て玆に來らしめ久遠の大因緣を解くに盡力されしは七面大明神なり。
二十六日朝、石長比賣出で給ひ聽經され、後ち懺悔され心漸く澄む。(二十二日の苦悶は此神の毒を感ぜしなり)
二十七日、道場の主神、妙雲菩薩御降臨あり、建國當時の因緣一部解く、道場に勸請すべく命ぜらる。
二十八日、夜式を爲し左の如く勸請し奉る、神は百日間、法華道場へ見學に立たる。

最正位　天祥天王　　石長比賣
最正位　天德天王　　木花咲夜比賣
以上

【昭和二年二月十三日薫發す】十九日、物語さる。神代の奇稻田姫にして、天の御中主尊の子なり。(龍體)少女に變化せし時、素盞鳴命と緣を結び共に出雲に住み、後世日の崎天照大神として祀らる。天照大神、玆に出で給ひ法華を廣布し給ふ、我も共に法華を廣宣せん、勸請せんことを望まる。依て二月二十三日左の如く勸請し奉る。

最正位　日崎《ヒノミサヤ》天王
以上

大正十二年一月薫發

【神代出雲の關係】

正中山法華經寺の因緣を解く之に關し富木家の神代關係薫發す。

二月九日、中山の宇賀神出でられ、讀經さる、十日も同じ。

二月十一日、死靈移さる、頭充血し、眼飛出さん程痛む胸苦しく、壓死せし靈なり、其苦痛を除く、身の丈け七尺以上、頭髮蓬々として短衣を着け、四肢多毛にして今の「アイヌ」族の如く偉大なる體格の人なり。

十二日の朝、昨夜の靈出づ未だ快癒せず、太古に踏み殺されし人か、十三日も靈出づ苦痛薄らぐ。

十四日、神移り給ひ語らる、壓死せし靈は神代の頃の出雲の酋長なり「ハリウ」と云ふ。膂力人に過ぎ附近一帶の長となるも、素盞鳴尊、出雲へ降られ討伐し給ふ時、尊と戰ひ敲ぎ投げられ踏み殺さる、其怨念今日に殘る。我は二柱の神の眷屬なり、尊と共に出雲に行き此時より逆緣を結ぶ是れ富木家の遠き祖先にして、以後代々絡り今漸く解く。

十七日朝、神靈移り給ふも物語なし、高貴の神ならん。夜出で給ふ、大國主尊なり。

十八日朝、大國主尊出でらる、玆に祖、國常立尊居給ふ故に出雲より來つて經を聽くと仰らる。

十九日夜、酋長「ハリウ」出づ、苦痛漸く除かる、妻「ウバタ」共にあり、苦痛を取り助けん事を乞ふ。

二十日朝、「ウバタ」出づ、苦惱を除く、龍神に卷き附かる之を解く。

二十一日、「ウバタ」出づ、苦痛除かる夫、「ハリウ」尊に踏み殺さる、我れ復讐せん爲に尊に戰を挑み、尊の爲に何丈とも知れぬ谷に投げ込まれしも木の枝に支へられて死せず四方斷崖にして登ること出來ず、大蛇の爲に卷き殺さる其儘今日に至る今漸く解く、(解決、中山の因緣に記す)
以上

神武天皇東征と長谷觀世音因緣

大正十一年五月末、鎌倉に住む、平野琴(靈媒)平安大明神(京都平安神宮主神)の仰により鎌倉長谷觀世音に百日間日參し每日普門品一卷讀誦し、此因緣薰發す。

八月三十日、背ろ手に縛されし死靈出づ、神武天皇、東征の時討ち給し大和の兄猾《エウカシ》なり、皇軍に欺き捕へられ殺され我等が祖先より住居せし土地を奪われ部下殺さる此の恨を報ぜんと、長髓彥の靈と共に國家に種々の災を爲す、と云ふ、九月一日より十日迄朝夕讀經中死靈出でゝ聽經す、十一日夜、大なる海龜出づ大さ六疊敷位なり紀州熊野浦より大木を背負ひ海を渡り、十數日苦心努力して鎌倉に運ぶと云ふ此の大木が今の長谷の觀世音の像となる。

九月十三日、大木の精出づ、大和熊野川の上流、天の川の山中に育つ、千年餘經たる楠の精なり、神語り給ふ此の大木の精は元、神武天皇東征の時、降伏し皇軍を導し兄猾の弟、弟猾《ヲトウカシ》なり因緣の引く處、楠木となり千年餘り過ぎ、時の人此木を伐り船を造らんとし中央より二つに引割り河に流す、此時大洪水起り熊野浦に流れ其一を龜、鎌倉に運び觀世音の像となる、(他の一は難波津に流れ、後ち大和の長谷の觀世音となる)此の觀世音の本體は長髓彥を守護せし神なり神武以來種々の災を起す、後ち源賴朝をして覇府を鎌倉に開かしめ、明治維新に至る迄、約七百年、政權を武門の手に奪ふ、時來り玆に解く、(後に薰發す明治天皇は神武天皇の御再誕なり德川慶喜は源賴朝の再誕なり、大政を奉還す)

九月十四日、身の丈け八尺位、髮亂れ丸顏にして恐ろしき顏したる魁偉の人出づ、兩拳を握り振り廻す、我は「ナガズヒ」(長髓彥)なり、皇軍と戰ひ數々勝つも或時酒に醉ひ臥したる時に首を馘かる、後ち部下の從わざる者皆殺され之に依て恨を殘し今日に至る、(首を斬りしは饒速日命なり命は長髓彥の妹婿なり、此首を以て皇軍に降る、長髓彥の恨める宜ならずや。心眼に視る長髓彥の姿は東京上野公園に在る、西鄕

翁の銅像に粗髯を生じ、顔を少し丸くせし如き姿なり）

史傳、長髄彦、使を磐余彦尊（神武帝）に奉りて言さく此に天神の子坐す天の磐船に乗りて降り給へり、櫛玉饒速日命と曰ふ、吾が妹三炊屋姫を娶りて兒を生み給ふ、可美眞乎命と曰ふ、故に吾、饒速日命を以て君と爲し奉れり、天神の子、豈兩種めらんや、謂ふに尊には天神の子と稱して人の地を奪わんとし給ふなりと、磐余彦尊、宣わく「天神の子亦多し汝の君とする所實に天神の子ならば、必ず表物あらん以て示すべしと、長髄彦即ち饒速日命の天羽羽矢《アメノハバヤ》一雙及び歩靫《カチユキ》を以て示し奉る、是れ實物なり、磐余彦尊も亦其御する所の天の羽羽矢及び歩靫を以て長髄彦に示し給ふ、長髄彦其の僞に非ざるを知ると雖も猶ほ迷圖を改むる意なし、爰に饒速日命、天孫にして始めて能く此の如く慇懃なるべきを知り、又長髄彦の禀性復た狼にして敎ふるに天人の際を以てすべからざるを悟り、乃ち是を殺し其衆を率ひて磐余彦に歸順す、是れ物部氏の祖なり（帝國史略）

（案ずるに大和に於ける天孫は高天原爆發の時避難し給し天種の子ならん、其の示されし天の羽羽矢一雙は父の頃の翼ならん、神武天皇の示されし羽羽矢は彦火火瓊々杵尊の殘されし翼ならん、射る矢に非ず。一雙。に注意せよ）

十五日朝、長髄彦の靈（靈媒に）出でゝ語る、宗祖の御敎化により怨念解け得道す、自分と緣を結びし神は鎌倉の長谷に觀世音となり居らる、夜、長髄彦の守護神道場に上らる。

十六日朝、神靈と共に兄猾の靈出づ、皇軍に捕へられ殺さる、今日迄恨を結ぶ、玆に引出だされ朝夕聽經して今漸く怨念解け得道すと云ふ。

十七日、兄猾の守護神出でゝ經を聽かる。

十八日、兄磯城《エシキ》の靈出でゝ語る、皇軍と戰ひて殺さると。白馬あり疾走す、兄磯城の乘馬なり、皇軍に槍にて横腹を突かれ死せし馬なり。

十九日夜、右足の痛き人出づ（今朝來右足痛み歩行離澁なりし）

皇兄、五瀬命なり、長髄彦の軍に右足の關節を射られ、後ち進軍中傷所痛み、發熱して苦悶して薨ぜらる。

（史傳）長髄彦、皇軍の來襲を聞き、大衆を以て逆戰す五瀬尊　孔舍衙《クサカ》坂に於て流矢を肱脛に受け給ふ、磐余彦尊之を憂へ策を運らして、宜しく我等は是れ日神子孫なり、而るに日に向ひ虜を征す、是れ天道に逆ふなり退きて弱きを示し、神祇を禮祭し、日を負ひ影に隨ひて戰わんには若かず、則ち刄に血ぬらずして虜自から敗れん、僉曰く然りと、乃ち軍を還し給ふ、五月朔日皇軍海に依り芽渟山城水門《チヌノヤマキノミナト》に至る　時に五瀬命、矢創痛きこと甚だし劍を撫して雄語して曰く「慨哉大丈夫《ワレタキカモマスラヲ》、虜手に傷られ報いずして死なんや」因りて其處を號して雄水門《ヲノミナト》（和泉國日根郡）と云ふ、遂に軍中に薨じ給へり。

二十日、大龜出づ、道場の神因緣を解き、元の人の靈に歸さる、神曰く大龜となりしは弟磯城《ヲトシキ》なり、兄に反き、皇軍に降る爲に兄は敗れ戰死す、弟は恩賞を得て磯城の主となりしも後に因緣に依て龜となる、故に大木を運ばしむ今因緣解け元の人となる、我は兄磯城を守護せし神なり、今迄護國の神と常に戰ふ、今得道し懺悔すと云わる。

二十一日、弟磯城の靈出でゝ讀經を聽く（大龜となりし人）元の人に還りし事を謝す、兄磯城の守護神出でゝ聽經さる

二十四日、皇軍熊野より大和へ進軍の時、全軍を睡らし全滅せしめんとせし大魔王出でらる、頭べの大さ六疊敷位の大蜈《ムカデ》なり、毒氣を吐き皇軍を睡らしむ、危期迫る、天照大神、天より矛を投げ降し給ひ、其喉を刺し急を救ひ給ふ、皇軍漸く醒め事無きを得たるなり。

二十七日、大魔王出でらる（法師の體に）後ろに倒る、喉に大なる矛刺る、之を拔く、朝來頭痛み喉ど塞り聲出でず、玆に苦痛去る、神曰く今迄此苦痛を免れん爲に人に賴りしも其人は二三日で皆死す、（是は此の魔王に特殊の毒あるに依ろ）

二十八日、魔王に殺されし多數の靈出でゝ聽經す。

三十日朝、心持非常に善く淸く澄めり、大魔王、神の姿になる。

十月一日、兄磯城の守護神、語らる、長髓彥初め兄猾、弟猾、兄磯城、弟磯城其他戰死の靈五百人得道せり、元正天皇の頃、龜大木を熊野より鎌倉に運ぶ、此の龜の出現上聞に達し聖武天皇御即位の時ゝ神龜と改元さる、天平勝寶の頃堂宇完成す。

十月三日、神出でらる（靈媒平野）我は昔より弟猾と緣を結びし者なり、後ち大和の長谷の觀世音として祀らる、昔乙猾の靈　楠の精となる、弟猾に一子あり、之と共に楠に絡る、後ち約千年程經て楠伐採され二つに引割られ川に流さる、此時大洪水を起し熊野浦に流し、一は龜之を鎌倉に

運び、一は攝津の難波津に漂着せり、法道仙人に之を得せしめて、養老の頃、高麗の彫刻師、稽主勳、稽文會の兄弟をして二丈六尺の十一面觀世音、（十一面觀世音は六道觀音の內修羅道能化）の立像を作らし、後ち之を大和の長谷に安置せしめ、更に彫刻師を鎌倉に下し同木を以て同體の像を造らしむ、是れ鎌倉長谷觀世音なり、自分は大和の觀世音となる、後ち乙猾の一子は士地の豪族の家に生れ、乙彥と云ふ、野武士となり專ら武を練る、此子孫を楠多門と云ひ、夫れより代々多門と云ふ、楠正成の先祖なり。正成誠忠を盡せしも、妨ける者あり遂に湊川にて戰死す、此の乙彥の再來が、豐臣秀賴なり秀吉我（大和長谷の觀世音に參詣し祈念ず）に子を授けん事を乞ふ。依て乙彥をして出でしむ。弟猾は神武天皇に降り忠を盡す、其子孫又た楠氏となつて忠を盡す、足利尊氏は、役の小角の再來なり、小角の過去は神武東征の時討ち給し八十梟師の一人なり世々亂を爲す尊氏の反逆の因緣は其源遠く建國の時に發せしものなり。又大和の原住人種は、天神の頃（國常立尊の移らる前）印度婆羅門族の翼ある人種の移住增殖せしものにして是因緣に出現されし神々は其頃より共に日本に渡られしものなり後

世眞言宗豐山派の祖、覺鑁《バン》上人が大和の長谷寺を本山とし一派を立てしは久遠に於ける婆羅門と眞言宗の關係を示す者なり。

十月三日、道場の神、叢雲天王御降臨あり、神武天皇、東征の因緣玆に解く。

明治天皇は神武天皇の御再誕なり、故に王政復古、維新の大業を完ふされ、國威を海外に輝かさる。

左之通り解決さる。

長髓彥の守護神　最正位　觀自在天王
乙猾の守護神　最正位　護法天王
兄猾の守護神　妙智天王
兄磯城の守護神　能施天王
皇軍を眠らせし大魔王　救苦天王
皇軍五瀨命外戰死者靈　參百名
長髓彥外戰死者靈　五百名

以上十月三日夜、法要營み死靈は靈山淨土へ、神は當道場の守護神として勸請し各百日間法華の道場見學に立たる。

玆に長谷觀世音の因緣により神武天皇東征の因緣解けたり省みれば怨念結んで解けざること二千五百年、其間種々災

起る歴史を尋ぬれば慄然たる者あり、今玆に建國の因緣を解く、喜しい哉、是れ世尊宗祖直々の御敎化、妙經の大威力なり、皇室は永久に彌榮へ給ひ、國威は世界に輝き、宗敎は妙經に統一さるべし、喜しい哉、宗祖曰く鎭護國家の大白法也、宜なる哉、其證を得たり、皆成佛道の法なり二千五百年前の怨靈成佛す、賴もしい哉、妙經の大威力、不可思議の解說、祈禱法の威嚴。　合掌

【其後薰發したる神武天皇東征の關係】

大正十五年十一月十三日薰發　道場

神武天皇東征の時、薩摩灘にて一艘沈沒せし船あり乘組三十六人溺死す、此靈を連れ給ふ神あり、東征の時最も反對し、道を迷わせ、天日を暗くし樣々の障碍せらる、今因緣解けたる故、玆に出で懺悔され、其時の溺死の靈を得道せしめらる。

【大正十五年九月十九日薰發】　松本光太郎

神武天皇東征の時、土着の梟師の紀州にて高野山に追ひ込まれ、惡鬼の如くなり、皇軍に殺され怨靈となりし七十名の靈あり高野山の因緣となる、此の人種は木に登り山を行く事自由にして裸體なり、弘法大師も之を解くこと能わず其儘今日に至る時到り松本光太郎を緣として、當道場に引出し玆に得道す、依て靈山に送る。此物語されし神は、弘法大師入唐の時緣を結び給ひ、日本に渡られ眞言宗を弘めらる、病氣平癒に獨特の技倆ある神なり。松本光太郎の過去は弘法大師入唐の時の船頭にて大師と共に入唐し同地に於て歿せし者なり、此神、松本に乘つて病氣平癒の獨特の術を顯さる、此神法華に歸依さる依て法力大明神と勸請す

【大正十五年一月二十日薰發】

乃木將軍の過去薰發す、將軍は神武天皇の頃、日向に住み延岡の比羅夫と云ふ、東征の時苦心して船を造り、皇軍に隨ひ渡航す、上陸後、天皇の御傍離れず所々轉戰す、其頃大和にて殺せし、兄猾の父五十梟師の妻於兎女《ヲトメ》出でゝ語る夫五十梟師は皇軍と戰て死す、於兎女は夫の戰死後男裝し戰に出で、延岡の比羅夫に殺さる。此因緣乃木家に絡る、明治天皇は神武天皇の御再誕なり、世に出でませし時、比羅夫も共に出で仕へて忠勤を盡せり。天皇崩御の時御迹を慕ひ殉死せしは此の深き過去の因緣に依る。（乃木將軍の他の關係は日露戰爭の所に記す）

【昭和二年九月七日薰發】

佐藤鐵太郎氏の管理さる奉仕會の神、主事村田豊次郎の信仰に依て八月末より共に來られ、九月七日靈媒に出で次の物語りをさる。

奉仕會の主神曰く、我は人が心を清くし法華經を唱ふれば宜しいと考へ、過去の因緣を解く如き考へは無かりしが、今此道場に來り久遠の大因緣の解くるを見て大に感ず、我は日本へは紀元前より來り大和に留る、其頃大和は群雄割據の有樣にて殆んど戰國の如き有樣なりき、自分は神武天皇に感應を與へ東征なさしむ、史傳以上の苦心あり、大和の橿原に宮を建て即位する迄斯く云ふ自分が如何に尋力せしか、其後も常に國家の發展を計る。

佛法傳來の時、最も反對せし事を懺悔す、其頃印度より種々の神渡り佛法を守護せしも、反對する國土の神多く日本に礎を定むるに容易の事に非ざりき、此方の一身は道場の妙雲菩薩一切を知り給ふ、時を待て以後の物語を爲すと云わる。

昭和二年三月三十日地獄の因緣に關連して薫發

【神武帝東征の關係】（皇子手研耳命《タシキミミノミコト》と武烈天皇の過去）

三月三十日、大和の梟師出づ、我等を欺き殺し國を奪ふと大に怒る、二十三人一度に殺さると云、此因緣は神武帝東征の時大和の梟師の歸順せる者を集め、酒食を饗し共醉へるに乘じ欺し討されし因緣なり左に史傳を求む。

古事記、其地より幸行し忍坂《オシサカ》の大室《オホムロ》に到る、之の時、尾の生る土雲《ツチクモ》八十建《ヤソタケル》、其室に在りて待ち伊那流《イナル》、故れに爾ち天の神の御子の命（神武天皇の皇子手研耳命）を以て八十建に饗賜《ミアヘタマウ》、是に於て八十建に宛て八十膳夫を設け、人毎に刀を佩かしめ、其膳夫等に、誨へて曰く、歌を聞かば一時に共に斬れと、故に其土雲を討たんと將るを明す、之の歌に曰く、

意佐加能意富牟盧夜爾《イリカノオホムロヤニ》、比登佐波爾《ヒトサワニ》、岐伊理袁理《キイリアリ》、比登《ヒト》佐波爾《サワニ》、以下略（意譯時熟せり一同に立ちて彼等を打て）如此歌て而刀を拔て一時《モロトキ》に打殺す也。

以上

[redacted]

[redacted]

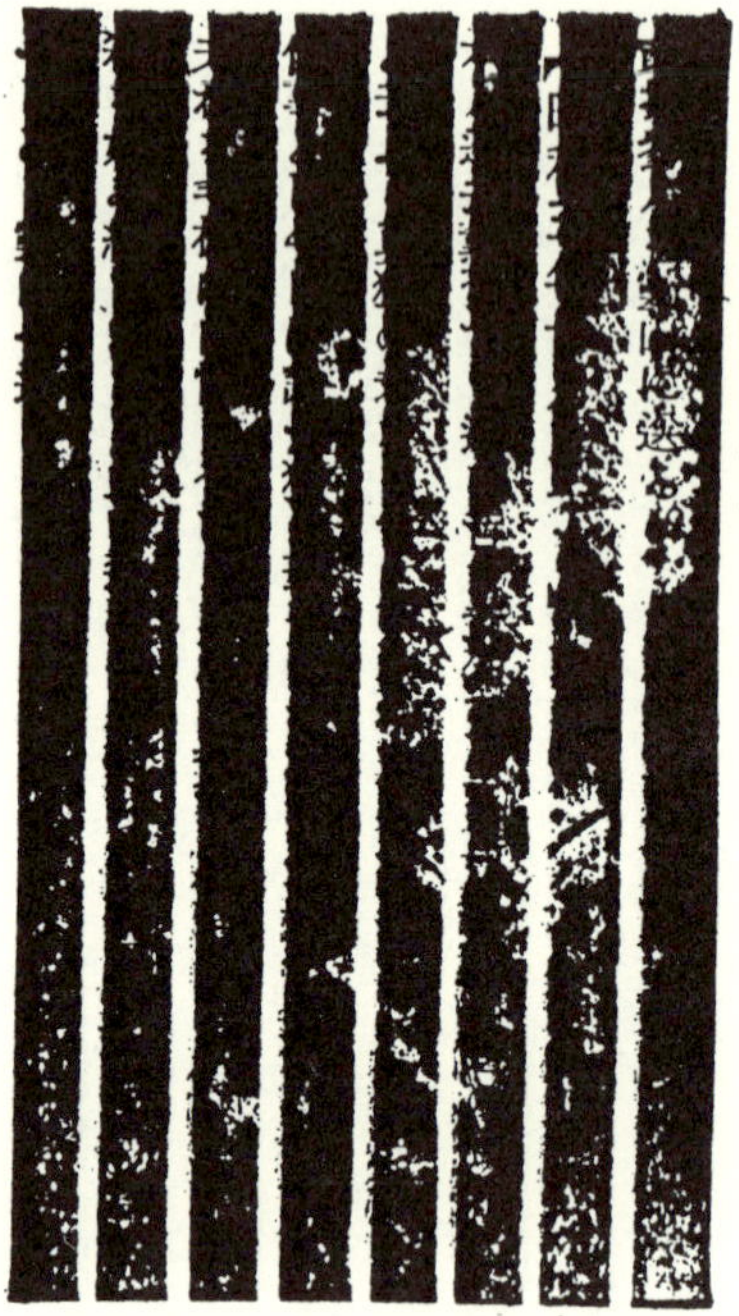

日本武尊と中山。眞間の手兒奈の關係

【史傳に曰く】紀元七百七拾年、景行天皇四十年六月東夷叛す、十月、日本武尊東征の軍、京を發す、吉備武彦、大伴武日、尊に從ふ、尊道を枉げて伊勢に至り、神宮を拜し倭姫の命に辭して曰わく、今大命を蒙り東征して致者を誅せんとす、倭姫の命、神詫を奉じ、叢雲劍を取りて日本武尊に授けて曰はく、愼みて怠ること莫れ、と、同年官軍駿河に至る、其國の賊、陽り降り、欺きて曰はく、「是の野に麋鹿多し、臨みて狩し給へ」尊其言を信じ野に入りて狩し給ふ時、賊火を放ちて、尊を殺さんとす、尊、佩ぎ給へる叢雲の劍を以に草を薙ぎ攘ひ、又燧を鑽りて向ひ火を放ち却りて悉く賊衆を燒き殺し給へり、因りて神劍を改めて草薙劍と云ひ、其地を燒津と云ふ、又進みて相模に入り上總に往かんとし、海を望み揚言して曰く是れ小海のみ踏りて越ゆべしと船に乘り給ふ。

（今の東京灣口なり潮流最も急にして横須賀の西に走り水、附近に小海と云ふ地名あり、尊は今の東京灣口を横斷せられ、急流と突風の爲に難航し、今の千葉縣船橋の附近に上陸されしならん）

海中暴風起り船漂蕩して渡るべからず、時に尊の妃、弟橘姫、啓して曰く、今風起り浪泌くして船將に覆らんとす、是れ必ず海神の祟なり、願くば妾の身を以て、尊の命を贖わん、と云ひ訖へて瀾を開き海に入り給へば、暴風即ち止み船岸に着くことを得たり。此の頃の因緣薫發す。

此の時上陸されし地は今の千葉縣、船橋に當り、今船橋に祀る太神宮は尊が上陸され、無事を感謝する爲造られし祭壇の遺跡に建てし者にて、中山法華經寺より程近し。

【大正十二年二月】中山法華經寺、地所の因緣薫發す、尊の同所に於て討ち給し、梟師《タケル》の靈なり、二月二十三日夜、睡りたる靈を起す、疾走す、背後より恐るべき怪物に追わるゝ如し、戰慄し夢中に走る。

二十四日、靈出づ、弓を射て命中せし感あり、夜、背より腹へ矢を打ち貫かれし狐靈出づ、其矢を拔き苦痛を除く。

二十五日、弓を引し人出でゝ禮拜し、以後三月二日迄、朝夕讀經の時出でゝ聽經す。

三月十一日朝、梟師の靈出づ、頭と胴と足に矢を負ふ、之を拔き苦痛を除く、他に多勢あり皆負傷す、梟師の一族なり、今の法華寺の山林に住み、日本武尊の爲に討伐さる、其因緣地所に絡る。

夜、梟師に討たれし狐靈出づ、太古より中山の深林に住む梟師來り我が一族を擊ち食ふ、遂に一族七體皆殺さる、之に報いん爲、尊（日本武尊）東征の時之を導き、梟師の一族十八人を悉く殺さしむ、夫れより因緣を結び今日に至る今迄中山の道場に引出だされ、水攻め火攻めに遇しも、梟師との恨み解けず、遂に今日迄殘る、今漸く解く。

次に眞間の手兒奈《テコナ》と尊との因緣を解く。

【市川眞間手兒奈の因緣】

大正十二年一月二十五日、若き婦人の靈出づ、眞間《ママ》の手兒《テコ》奈《ナ》なり、靜に禮拜す、以後朝夕出でゝ聽經す。

三十一日夜、中山の妙正大明神出でられ、是より手兒奈の因緣を解くと言はれ次の物語さる。

往昔（凡そ千八百年前）今の手兒奈神社の前面より、船橋迄は入江にして船舶の集りし所にして粗末なる家屋二十軒位あり、其内に手兒奈住めり（手兒奈とは娟美しき乙女）早く父に別れ母に育てらる、貧しく世を送る、後ち我れ之と緣を結ぶ（約千五百年前）其後此靈と共に手兒奈神と祠らる、我れ手兒奈の名に依て衆生に利益を與ふ、宗祖中山にて百日御說法の時出でゝ聽聞す、今手兒奈の因緣を解き成佛せしめんとす、依て勸請を解かん事を賴まる、依て勸請を解く、神曰く我は娑迦羅《シャカラ》龍王の一族なり、其の頃眞間の入江に住めり。

二月八日、手兒奈の靈出づ、水を吐き苦悶す、其苦痛を除く。

九日手兒奈の靈出づ、苦痛除かれ口を利くようになり、自分の名は「しがら」と云ふ、姉あり「さがら」と云ふ、共に眞間に住む、自分の後より入水せし手兒奈六人あり、其苦痛を除かん事を乞ふ、依て引出し其苦痛を取る、曰く今迄水底にあり、今茲に出ることを得たりと云ふ。

神、代て語り合ふ、昔、日本武尊、東夷征伐の時、上總に渡り給ふ時、難風に遇ひ、船覆らんとせし時寵妃弟橘姫是れ海神の祟なりと尊に代て身を海神に捧げ、波を靜め給ふ尊船を進め眞間の入江に上陸し給ふ、同勢七十人位なりき其頃眞間の附近は梟師多く住めり、住民を苦しむ、之を討伐し大に茲に働き給ふ、其頃眞間の民家に、尊、宿を求めらる、其家に「しがら」と云ふ娘あり、弟橘姫に其儘能く似たり、尊之を愛し給ふ、附近の討伐終り奥に進まる、訣に臨んで片袖を形見に與へ行き給ふ、跡に「しがら」嘆き悲しみ、懊惱し其片袖を懐て、遂に入江に投じて死す、夫れより因縁を引き、眞間に手兒奈が出來れば、皆年頃になれば江に引入れらる、度々大洪水起り住民苦しむ、是れ手兒奈の障ならんと之を祀る、是れ手兒奈神社の起原なり、其後年月を經て江は追々埋まり陸地となる爲に今の妙正の池に移る、宗祖御説法の時出でゝ聽聞し、其時姿を現す、是れが今の中山の妙正なりと仰らる、七人の手兒奈、得道せり二月二十四日靈山淨土へ送る。

【昭和二年十月薫發】

下野二荒山の因縁内神武帝東征の關係

神武天皇、東征の時、大和を追われ、東に逃れ移り移りて下野二荒山の麓の平野に住み、豪族となる者あり、兄猾の一族にして大和大椽と云ふ、勢を張りし者也、其子孫が安部の貞任となる、此宿因により前九年後三年の役起る。

大和大椽外百三十人の靈得道せり。

續て日本武尊東征の時、足尾より二荒山へ附近一帶に割據せし豪族梟師にて討たれ惡鬼の如くなりし靈貳百人出づ共に得道す、十月二十一日靈山に送る。

【日本武尊の過去は】

神代素盞嗚尊の再誕なり、史傳に尊、東夷征伐終り、越の國より信濃を經て、美濃路に至り尾張に入り、尊、尾張の連の女、宮簀姫を娶り、滯留月を踰へ給ふ間に、近江の膽吹山に暴神ありと聞き、又是に赴かんとす即ち神劍を解き宮簀姫に授けて曰く、我、京師に歸らば、必ず應に汝を迎ふべし、敬みて此の劍を持ちて、汝が牀幃《しやうゐ》を護れと、大伴武日連、諫めて曰く今、將に暴神を誅せんとせば、宜しく劍に籍るべしと、尊曰く、我れ徒手して之を搏ち、足を揚げて蹴殺さんと、遂に徒行して山に至りしに、大蛇、道に當れり、日本武尊、謂らく、是れ、暴神の使令ならん、今、將に其の神を殺さんとするに、使令《シレイ》、豈に問ふに足らんやと、蛇を跨へで行くに俄に雲霧晦暝、雨雹大に作りて、咫尺を辨ぜざるを、凌ぎ冒して前み、王倉部に至りしに、昏迷して醉へるが如し、因て、山下に憩ひ、泉を飲みて醒めたり、故に其泉を號して居醒井と曰へり、是より、初めて身に痛あることを覺へ、乃ち歎じて曰く、我が意、常に謂らく、天猶ほ翔るべし、然るに今歩むことを得ずと、乃ち杖に倚りて漸く進み、還りて尾張に歸りたれども、復た宮簀姫の家に入らず、便ち伊勢に移りて、尾津に至れり、初め東行の時、尾津濱に至りて食を進め、一劍を松に遺しけるが、此に至りて、猶殘せり、歌を作りて松を賞し、能保野に至りて、疾甚し因て、俘にせる所の蝦夷を以て(劍を)大神宮に獻じ、吉備武彦を遣わして、朝に奏せしめて曰く臣、命を天朝に受けて、遠く東夷を征し、幸に神恩を被り皇威を賴りて、叛逆、誅に伏せり、甲を卷き戈を戢《ヲサ》め、凱歌して捷を奏せんと冀へども、天命忽ち至り、獨り曠野に臥せり、臣敢て自から惜まず、唯一たび覲ゆること能わざるを恨むるのみと、疾革るに及び、歌を作りて曰く、少女の床の、邊に、我が置きし劍の太刀、其の太刀はやと、遂に能褒野に薨ず、年三十、實に景行天皇四十三年なり(以上大日本史)

【叢雲劍に就て】

前に說た如く、日本武尊の過去は、素盞嗚尊なり、尊が出雲にて八岐の大蛇を斬り給し十握の劍を、是れ大蛇を斬りし降魔の劍なり、以て皇室を護るに足ると、天照大神に獻じ給ふ、後に叢雲劍とて三種の神器の一となる、(傳說の八岐の大蛇の尾より出しと云ふは誤傳)日本武尊、東夷征伐の時又此の劍を伊勢大神宮に受け、種々の危難を免れ東夷を平定さる、然るに膽吹山の暴神を退治し給ふ時に當り、此の降魔の御劍を姫に預け、諫言ありしに係らず、空拳にて向ひ給ひ、遂に蛇毒に當りて薨ぜらる、是れ過去に於ける、復讐に非ずや、大正十一年二月、素盞嗚の尊と八岐の大蛇の因緣を解く、此神後に親鸞上人と結び淨土眞宗を興さる淨土眞宗の阿彌陀佛の外一切の神佛を排拆せしは此の久遠の宿因に依る、阿彌陀佛の原籍は後に說く。

【熱田神社の起原】

所在尾張國愛智郡熱田町字旗屋、官幣大社

祭神、日本武尊を祭り、草薙の劍を靈形とす、神殿二宇、東西に相並び、東を渡《ト》用殿《ヨヲデン》と云ひ神劍を奉安す、西を正殿と稱し天照大神、素盞嗚尊、宮簀姫命、建稻種尊を合祀し大宮五座と云ふ。

天智天皇七年、新羅の僧道行草薙の劍を盜み、本國に歸らんとし風波の爲に難波に漂着し、遂に殺さる、爾來神劍は天皇の大殿に在りしが、天武天皇、朱鳥元年六月御病あり是れ神劍の祟なりと云ひ、敕して熱田に奉還し社守七人を置き、尾張氏を、神主祝とす、以下略

【東京向嶋白鬚神社の因緣】

昭和四年六月向嶋の龍神來り、此因緣を解かる。日本武尊東征の頃。同所は島なり。都より、日本武尊の寵妃惠美姫臣輛の音人を連れて。尊の跡を慕ひ。東に下り向嶋にて尊と遭ひ給しも、病氣にかゝり奥へ御供も出來ず、同所にて養生せられしも回復せず、十八歳にて歿せらる音人跡に殘り、墓を建て之を守り、玆に歿す、後人輛の音人の靈の白鬚の姿を見て白鬚神社と祀る、今此因緣解く、死靈、靈山に送る六月二十四日

【昭和三年六月薫發】

野見宿彌、出でらる、別に物語なし、六月二十五日靈山に送る、史傳に出雲の人なり、天穂日命の十四世の孫なり、勇力を以て聞ゆ、垂仁の朝、當麻蹶速と力を角し、各々足を擧げて相蹴る、野見其脇骨及其腰を蹴て之を折りけるに蹶速遂に死せり、其地を以て悉く野見に給ふ、朝に仕ふること三十二年、皇后日葉酢姫崩じ、葬ること日あり、是より先、帝殉死を禁ぜり、此に至り拳臣をして皇后の葬儀を議せしむ、野見進みて云く、凡そ陵墓に生人を埋立するは誠に不仁にして以て後に示す所以に非ざるなり、臣以て事に征わん、乃ち出雲の土部百人を召して自から之を督し、埴を以て人馬及諸物を作り、朝に献じて云く、今より以後此を用ひて生人に易へ、陵墓に樹てゝ以て後世の法となさんと、帝之を嘉し、其性を土部臣と改む、是より土部連、世世相承けて大喪を司れり（以上）

此の善因に依て今玆に法華經に遇へるか。

佛法東漸の先驅と八幡大菩薩の關係

大正十五年八月二十八日、神代及び奈良朝の佛法の因縁を送る、八月三十日神代の殘りと神功皇后の三韓征伐の時の因縁薫發す、

九月二日、靈媒前田の體に、靈移る、武內と云ふ、武內宿禰なり、物語なし。

【史傳】武內宿禰は景行、成務、仲哀、應神、仁德の五帝に仕へ、壽參百歲以上にして棟梁の臣なり、神功皇后、三韓征伐の時、種々の神詫を受けらる。

神靈媒に依て告げ給ふ、仲哀天皇の御再誕が、今上皇帝、（大正天皇）なり。武內宿禰の遠き過去は、婆羅門族の祖伽毘羅《カビラ》仙人（數論派の祖）にして、釋迦族なり、次に出生せし時は、中印度、淨飯王の頃にして、迦毘羅城にて悉多太子を相せし、阿私陀仙人なり、相して曰く太子俗に在れば轉輪聖王となり、五天竺を統一し、出家し給はゞ三界の大導師となり一切衆生を濟度し給わん、然るに太子には出家の相あり、我老て大導師に就て法を聽く事能わずと嘆きし、阿私仙の再來なり、宿願漸く達し三千年の後の今日、世尊の說き給ひし、妙法に遇ひ宿因茲に解くと仰らる。

九月二日、神、曰く、神功皇后の過去は、釋尊御在世の時祇園精舍にて一燈を捧げし貧女なり、其又た遠き過去は日月燈明佛の時に還ると仰らる。

【史傳】 貧女一燈（阿闍世王授決經）阿闍世王、佛を請じて、飯食し已て、佛、祇園に還る、王、祇婆と議して曰く、今日佛を請じ、佛飯し已る、更に又宜き所ありや、祇婆曰く、惟た多く燈を燃さんと、茲に於て王乃ち敕して百解の麻油膏を具へ宮門より祇園精舍に至らしむ、時に貧窮の老母あり、常に至心ありて佛を供養せんと欲して資財なし、王が此の功德を作すを見て、乃ち更に感激し、行いて乞いて兩錢を得、以て麻油家に至りて膏を買ふ、膏主曰く母人大貧窮なり、兩錢を乞ひ得、何ぞ食を買ひて以て連繼せずして、此膏を用ひることを爲すや、母曰く、我れ聞く佛世值ひ難し百劫に一たび遇ふと、我れ幸に佛世に遇ひて供養なし、今日王が大功德を作すを見て魏魏無量、我が意を激起す、實に貧窮なりと雖も、故らに、一燈を燃して後

世の根本と爲さんと欲する者也、是に於て膏主其主意を知り、兩錢に與ふるに、膏應に二合を得べきに、特に三合を增して、凡て五合を得せしむ、母則ち往いて佛前に至りて之を燃し、心に計るに此膏半夕に足らず、乃ち誓て曰く、若し我れ後世道を得ること佛の如くならば、膏應に通夕、光明消へざるべしと、禮を作して去る、王燃す所の燈或は滅し或は盡く、人あり待すると雖も、恒に周帀せず、老母燃す所の一燈光明特に朗に殊に諸燈に勝れて通夕滅せず、膏も亦た盡きず、佛、目連に告ぐ、天、今已に曉す、諸燈を滅すべし、目連敎を承て、次を以て諸燈を滅す、燈皆既に滅するに唯唯、此の母の一燈、三たび滅するも滅せず、便ち袈裟を揚げて之を扇げば燈光益々明なり、乃ち威神を以て隨藍風を引て次を以て燈を吹くに老母の燈、實に盛猛乃ち上梵天を照し、傍ら三千世界を照して悉く其光を見る佛、目連に告ぐ、止めよ止めよ、此は當來佛の光明の功德汝が威神の毀滅する所に非ず、此母却後三十刦、當に作佛を得て須彌燈光如來と曰はんと（賢愚經に貧女の名を難陀と稱す）

神、又曰く、豐嶋岡護國寺（東京小石川乙羽の護國寺 眞義派眞言宗）に祀りある、觀世音の身籠像は、神功皇后の御姿なりと云ふも左に非ず、皇后三韓征伐の時、百濟より奉りし世尊の合掌の御姿なり、皇后は之を守り本尊とし給ふ、又此の時、法華經の屬累品一品此像と共に日本に渡る、是れ日本に佛像經典の渡りし初なり、後世、（此御姿を神功皇后の御姿なりと言ひ傳ふ、桓武天皇の頃、空海上人之を觀世音とし勸請し平安の都に祀り、後ち轉々として護國寺に祀らるるに至る此の尊像は世尊御入滅後、波婆城の鍛治屋の純陀が、世尊を御慕し紫磨金を以て心を込め造りし三寸位の合掌し給ふ立像なり。

十日の夜神出で語り給ふ、我は神功皇后の得給し釋尊の像を守護せし者にして、三韓征伐前より、神功皇后に乘つて種々の不思議を現わし、最も最初に日本に佛を傳へ、後ち應神天皇の時、支那の文學を傳へ、佛法東漸の先驅を作す應神天皇崩御後、欽明天皇の頃、世に出で、宇佐に八幡と祀られ、後ち大菩薩と勸請されて今日に至る、我は世尊御在世の時、常に隨從し、聽法し守護せし妙法緊那羅《ギンナラ》なり。今久遠の因緣解く、眞の菩薩となり法華を廣布し衆生を救ひ、國家を護らんと仰らる。

【大日本史】曰く四十一年春二月十五日　天皇明宮に崩ず、年百十一、河内の惠我藻伏《エガモフス》山岡陵に葬る、追諡して應神天皇と云ふ、元明帝の和銅五年（紀元一三七二年）天皇を豐前宇佐郡に祀り號して八幡大神宮と云ふ、淸和帝貞觀三年、山城の男山の石淸水に社を創め歲次に奉祭せり。

【八幡大菩薩】欽明天皇の御宇に於て始めて神とし、筑紫の肥後の國、菱形の池と云ふ所に顯われ給ふ、われは人皇十六代譽田の八幡麿なりと宣ひき、應神天皇即ち譽田天皇が始めて明神と現れ給ひ、其後、稱德、光仁（紀元一四二五、一四四二）の兩帝の頃、僧の開成に對する宜託に宜つて八幡大菩薩の稱號初めて世に顯る、神に大菩薩の稱あるは此に始まる。（元亨釋書開成傳）

【開成】攝州彌勒寺の沙門、光仁帝の子、桓武帝の庶兄天平神護元年正月一日、潛に宮を出でゝ勝尾山に入り修行す、甞て大般若を寫さんとして、八幡大菩薩の來降を感ず託宜の偈に「得道以來不レ動レ性、自二八正道一垂二權迹一能得レ解二脫苦衆生一故號二八幡大菩薩一」又た荒神を感ず、寫し終て道場を建て之を納め、彌勒寺と云ふ天應元年十月四日、西面して寂す、壽五十八。

【緊那羅《キンナラ》】樂神の名、八部衆の一、什曰、秦言二人非人一似レ人而頭上に角あり、人之を見て云ふ、人が非人か、故に依て以て之を名く、亦天の伎神なり。

此の因緣の薫發以前の八幡大菩薩は、應神天皇の御靈と、佛法の守護神妙法緊那羅王と合祠せし者にて、衆生に利益を與へ廣布せしは、妙法緊那羅王の力なり、此の關係が神道の勸請に大菩薩號を奉りしなり、玆に因緣を解き、分離し奉る。

【開目鈔】七四八、曰く、孔子が此土に賢聖なし西方に佛圖という者あり、此れ聖人なりといゐて、外典を佛法の初門となせしこれなり、禮樂等を敎へて內典渡らば、戒定慧を知り易すからしめんがため、王臣を敎て尊卑をさだめ父母を敎へて孝の高きをしらしめ、師匠を敎へて歸依をしらしむ、妙樂大師曰く、佛法の流化、實に玆に賴る、禮樂前に馳せて眞道後に啓らく等云々、天台曰く一切世間所有の善論は皆な此經に依る、若し深く世法を識れば則ち是れ佛法なり等云々、止觀に曰く、我三聖を遣わして彼の眞丹を化す等云々、弘決に曰く、淸淨法行經に曰く、月光菩薩彼に顏回と稱し、光淨菩薩、彼れに仲尼と稱し、迦葉菩薩

彼に老子と稱す天竺、此の震旦(支那)を指して彼と爲すと云々

我曩に靈界の統一(大正十二年八月出版 三百三十頁)に於て薫發せし因緣を綜合し日本人の祖先は印度の釋迦族にして國常立尊は一族を連れて日本に飛來さる、翼ある人にして「キンナラ」族なり、佛法の日本に留るは此種族の大因緣なりと說く、然るに三年經て佛法東漸の先驅の因緣薫發す、應神天皇、神功皇后、武內宿禰の過去薫發す、應神天皇の時、百濟より文教傳わり發展し、後三百五十餘年經て、欽明天皇の時佛法正式に傳わる、

佛法の護法神、妙法緊那羅王は、世尊靈鷲山に於て法華經を說き給し時の聽衆にして、弘宣流布を誓われし神であり又釋迦族(即ち日本人種)の祖先なり。宜なる哉、此神日本に渡られ、神功皇后に移り給ひ種々の不思議を現はし、三韓を血塗らずして降伏せしめ、皇后に佛像を得せしめられ。後ちに八幡大神と祀られ、僧開成、之を大菩薩に勸請す、威德は全國に及び、最も武將に信仰せられし神なり。又た宗祖大聖人、十界の大曼荼羅に天照大神、八幡大菩薩と勸請し給ふ、宗祖は此の久遠の關係を感應されしならん。

八幡大菩薩が全國的に尊敬信仰さるゝは此因緣に依るものなり。

九月十九日、最も崇嚴鄭重に式を行ひ左の御靈を靈山淨土へ送り奉る。

應神天皇、神功皇后、武內宿禰、開成上人　以上

玆に八幡大菩薩の因緣解け、佛法東漸の靈界の關係初めて明了となる。

【日本國は法華經の流布すべき國なり】彌勒菩薩の瑜珈論に「東方に小國あり、其中に唯大乘の種性なり」唯大乘の種性とは、日本人種は釋迦族也と指すなり、肇公の翻經の記に、大師左手に梵文の法華經を持ち、右手鳩摩羅《クモラ》什《ジウ》の頂を摩して授與して曰く、「佛日西に入りて遺耀將に東に及ばんとす、此經東北に緣あり、汝愼みて弘傳せよ、と印度より東北の國土は支那に非ざれば朝鮮、然らざれば日本あるのみ、傳敎大師之を擬釋して曰く「代を語れば則ち像の終り、末の初め、地を尋ぬれば即ち唐の東、羯の西、人を原ぬれば五濁の生、鬪諍の時也」是れ即ち日本國に於て、末法に入て、法華經の廣宣流布すべき、豫言に非ずや。

昭和二年一月薫發

【漢族の歸化と養蠶の初め】

一月四日、靈界の統一に掲げし世尊の立像を我が道場に奉安することを得たり。佛像の前所有者堀內高一氏の過去と此像を彫刻せし魏の張功勳の血緣の關係より次の因緣薫發す。

一月六日、本日より寒の入りなり、毎年信者集り毎夜、懺悔會執行す。

六日、靈媒平野の體に、二人の支那婦人出づるも、物語せず、以後朝夕靈出でゝ聽經す。

十日朝、神出でゝ語り給ふ、此二人の婦人は、應神天皇の頃、漢の一族と共に日本に歸化し、養蠶を教へし、昌蛾《ショガ》、洪蛾《コウガ》の二人なり、世尊の像を彫刻せし張功勳の妹にして、之に依て此の尊像に關係す。

【史傳】應神天皇二十年、漢人、阿智使王《アチノオミ》、其子、都賀使主と十七縣の黨類を率ひて歸化す、(續日本記には阿智王)阿智王は後漢の靈帝の曾孫なり、漢の祚、魏に遷る時國邑を建てゝ其人庶を育す、後ち父兄を召して告て曰く、吾聞く東國に聖主あり何ぞ歸從せざらんや、若し久しく此の處に居らば、恐らく覆滅を取らんと、即ち母弟迂興德及び七縣民を携へて歸化す乃至、漢氏の歸化より本邦絹綿の產は大に進歩したり。

十一日朝、神、語り給ふ。此時歸化せし人民は皆な一藝一能ある者(現在の各技術工の如き者)にして、日本各地へ教師とし配分され各其職を傳へしものなり、此の二人の婦人は、滋賀に置かれ、養蠶を司らしめらる。其時の滋賀の縣主が今の堀內高一(支那より木像を持ち歸りし人)の過去にして、其頃此二人の婦人の世話をなす。此釋尊の像を造りし張功勳は此二人の兄なり、此因緣により堀內が北淸の亂の時、支那より像を日本に傳へしなり。

十二日朝、靈媒平野の體に、二人の婦人出づ、日本に歸化せし時は姉は昌蛾と云ひ十八歳、妹は洪蛾と云ひ十六歳なり、日本に養蠶の道を傳ふ、其頃、蠶は不淨を厭ふと云ひ養蠶する者は皆獨身なりし故、七十歳迄獨身にて養蠶に奉仕し歿す、帝の御衣を織りしと云はる。

一月二十日、二人の靈を、靈山淨土に送る。

佛法傳來の因緣

大正十年十二月初旬より此因緣薫發す。

十二月十三日、讀經中、靈出づ、蘇我の稻目なり、代て佛法傳來の時、經像を守護し廣宣流布の爲に、日本に渡られし、佛法の守護神、迦樓羅王出でらる。此神、稻目を連れ給ふ。稻目云く最初日本に渡りし佛像にて自分の信仰せしは、阿彌陀佛なり、其歳大に疫病起り民苦しみしは是れ佛教入國の爲めなりとて佛像は堀江に投ぜらると、

（信州善光寺に祀る佛は是なり）

十四日、夕、勸經の時、聖德太子の尊容を拜す。

十五日、蘇我馬子の靈出でゝ曰く、自宅に佛を祀り、百濟の僧を招き供養す、爲に日本の神、佛教を妖教なりとして之を嫌ひ、之を退けん爲に種々の災を起さる。帝の崩御に當り、皇嗣に付爭起る、此時、神、物部守屋一味に加擔し兵を起し我一族及び佛法を亡ぼさんとせられしも、守屋遂に太子に討たれ、又、崇峻帝の過去の宿因に乘じて帝の我を惡み給ふを利用し、人に附し帝を害せしめ、是れ馬子の命なりと强ひ、我を逆臣と爲さんとせられしも、漸く免る此事には太子最も苦心遊ばさる、と云ふ。

十六日、朝夕、靈出でゝ聽經す。

十七日、蘇我入鹿出づ、得道せり、曰く自分は、さしたる咎も無く、帝、大切と勸め居りしに、中大兄皇子、中臣鎌足等我を惡み、公事に托し背ろより入り、我右足を切り、遂に帝の前にて殺さる、續て我一族討ち亡ぼさる、後に知る是れ國の神の業なり。

十八日夜、（常勝大明神曰く得道困難なる靈を引出す故教化せよとて笠原一郎の體に引出さる） 國の大神及び物部守屋の靈移る言く、

我豐葦原の瑞穗國は神のしろしめす國にして、國常立の尊より神彌益《イヤマシ》に在します、何ぞ外國の佛を迎ふべき要あらん、世々の皇帝《スメラギ》は神なり、神にして神に非ず、神ながらの皇帝なり、世々しろし召す、外國の教は帝を奉らず佛を貴む、かゝる妖教は我國に入れじと守屋をして之を退けしも及ばす、いかで佛を奉り佛に隨ふべき、やわか此儘置くべきやと大に怒らせ給ふ。

茲に於て本地垂迹を說く、豐玉姬、七面尊天と示現して法華經を弘め末法を守護され、應神天皇は八幡大菩薩と

なつて法華經を守護し給ふ、聖德太子皇室に產れ佛法を弘め給ふ、是れ時の然らしむるのみ、往昔は人皆純なり世の進化に連れ、衆生の垢重く、神道にては救ふべからざるに至る故に、佛、現れ佛教を說いて衆生を救ひ給ふ神曰ふ何れの經に說くや、後人の附說なるべしと云わる依て佛說なるを說く、又た聖武天皇の時、奈良に大佛建立を天照大神之を許さる、又我等日々皇帝の寶祚萬歲を祈ると云ひしに、ソハ「日蓮一人なるのみ」と云わる。

代て物部の守屋出でゝ言く、妖教を退け國家を安きに置かんと、神と共に妖教と戰ふ、太子の矢を股に受け、死す、爲に戰敗る、其後今日迄妖教を退けん爲に常に苦心すと云ふ、依て佛法と國體との關係を說き邪心を轉じ、正法に歸せよと說くも聞かず、今より汝に回向せんと云ふも、大音聲にて受けずと云ふ、其儘法席を閉づ。

十九日夜、讀經中、守屋の一味集合し、佛教徒を討たん爲め會議する所を見る、守屋、日天を指して曰く日の神常に我等を照し一切の物を育て給ふ、今此の神の教を捨てゝ、外國の佛など尊むべき、宜しく軍を起し、馬子一族を亡し佛教を國外に去らしむべしと、多人數會議する有樣を見る。

二十日夜、讀經中、兩軍の戰を見る、兩軍の上に雲あり、雲上に各多くの神あり、地上には守屋の軍と太子の軍と戰ひ、矢叫び聲、劍撃の光、戰正に酣なり、太子軍の上の雲中に佛法守護の神、充滿し弓を射、槍を構ふ、守屋軍の雲上に日本の神多く集り弓を射る、雲上地上の戰、熾盛なるを視る。

二十一日朝、讀經中、兩軍の戰、昨夜見る如く熾盛なり、神力品讀誦の時、兩軍の中間上部に紫雲起る、雲上に世尊金色にして金蓮華の上に趺座し給ひ、前面に宗祖日蓮大聖人立ち給ひ、兩軍の間に降り給ひ、兩軍引別けらる、雲散じ、戰場の跡、楯倒れ刀矢の縱橫に散亂するを見る。

二十一日夜、守屋出づ、曰く斯く成りては如何とも爲し難し、如何せんと、依て成佛せしめんと云ふ、守屋曰く成佛とは如何、反問す世の本元に溯り神代の初如何、守屋曰く渾沌たる宇宙の中に一の核生ず、國常立尊とす、輕きは上り天となり、重きは降りて地となり。之より諸神を造り萬物を造らる。問ふ然らば、汝も汝を守護する神々も、國常立尊の造り給ふ所が、曰く然り依て本地垂迹を說き、釋迦佛即ち國常立尊、國常立尊即ち妙法蓮華經、汝及び諸神も國常立尊の造り給ふ分身ならば、汝の體即ち妙法蓮華經なりと說きしに、守屋曰く我等未だ是の如き說を聞かず眞實なるや、答、萬物生々たり育々たり、是れ何に依て然るや皆是れ妙法の力なり、汝在世の佛敎は完き者に非ず、以後七百年、日蓮大聖人世に出でられ、眞の佛法を說き給ふ。今我等の唱へ奉る南無妙法蓮華經是れなり、玆に於て日本國の神も、佛法守護の神も本地融合して一なり、汝が身も天祖と同一になるを成佛と云ふ、守屋曰く然らば如何にして成佛するや、答汝の一念信解に依て即ち得、如何が信解せん、唯一心に南無妙法蓮華經と唱ふべし、玆に於て三度高聲に題目を授與す、守屋曰く佛を奉りて、帝を奉らざるや、答、轉輪聖王として我等十界の大本尊に勸請し朝夕拜し奉る、然らば宜し、我等一族郎黨、又は我等を守護せし神々を如何にするや、一族郎黨は共に成佛せしめ、諸神は法華の守護神となり、永久に皇國人民を護り給ふ、守屋首肯し得道す。守屋は稀なる意志堅固の愛國の豪傑なりき。御禮の爲、神力品讀誦す、佛法の守護神御降臨あり、守屋得道す、皆大に歡喜す、我は佛法傳來の時、日本に渡りし大威德迦樓羅王なりと、名乘られ上らる。

二十二日より二十九日迄、佛法傳來の時共に來られ、後眞言宗を興されし、摩醯首羅天の因緣を解く、詳細、眞言宗の所に說く。

三十日、三十一日、蘇我一族出でゝ經を聽く、

大正十一年一月二日、大威德加樓羅王の眷屬、蘇我の一族の靈を連れ聽經さる。

三日、蘇我一族の靈得道せり。加樓羅王の眷屬上らる、代て國の神出で給ふ、守屋の一族得道せしむ、今回の法會により佛法傳來の因緣解けたるに付天照大神初め國の大神皆な大に歡喜さる、其方の過去の宿因に依るとは云へ妙經の威力、日蓮大聖人の導き、道場諸天神の働に依る所なれども、其方の功は第一なりと讃辭を賜る。

四日より八日迄、朝夕靈出でゝ經を聽く。

一月九日朝、國の神、御降臨あり、汝の體にて得道せし者なり、蘇我、物部の因緣解け、殘るは藤原鎌足か蘇我入鹿を殺せし因緣なり、然るに鎌足は其後神代の龍神と緣を結び、親鸞上人と示現し念佛眞宗を起せり、此因緣を解かざれば、法華廣宣流布は困難なり、然も此の因緣を此道場に呼寄せるは最も困難なり故に一心に奉行すべしと仰らる、

九日夜より薫發し、十四日の夜迄に親鸞上人、蓮如上人、顯如上人外衆僧得道す、詳細は淨土眞宗の項に讓る。十五日より神の關係より左の因緣を引出し解かる。

菅原道眞と藤原時平、

楠正成と足利尊氏、詳細は各自の項に記す。

三十日朝、神御降臨あり、此因緣是にて一段落とす、後に是に關す因緣あるも、時未だ到らず、追て引出すと仰らる。

二月一日、道場の主神の命により左の如く解決し道場に勸請す。

最正位　大威德天王　　佛教の大威德加樓羅王

最正位　護國天王　　皇國の大神

外十三體

最初五十日備中高松、經王大菩薩道場、下五十日、能勢妙見山、七面山奥の院、熊野御見學の事。

蘇我、物部一族、合計、百參拾名。

二月三日夜、寒行の行人五十人と共に午後八時、最も莊嚴に最も鄭重に勸請し奉り、死靈は靈山に送り、神は高松に立たる。

道場の主神、荒熊大僧正仰に曰く、此の因緣の是く容易に解けしは、當道場の諸天は申すに及ばず、畏れ多くも宗祖大聖人の一方ならぬ御尋力に依る。此因緣の解けし爲め宗祖は御本懷の一部を達し給ふ、以後益々信心强盛に爲し、國の爲め、宗門の爲め、一身を犧牲となし、宗祖の大恩を報ずべし、毀譽に迷なく、名利を求めず、汝の使命を全ふすべし、今勸請せし諸天滿行歸來の時、諸道場の祈禱法を擣縱和合して、最も完全なる祈禱法となし、日蓮宗の祈禱法を統一すべし、是れ宗祖の敕なり、謹んで奉行すべしと仰らる。

以上

【大正十二年一月】

寒行中、皇國神代の因緣と、佛法傳來の大因緣を解く事を得し吾人の過去の關係、一周年後薫發す。

一月九日夜、大雷降雹あり、時に讀經中にして、大神、降り給ふ。

十日朝、大神出で給ふ。久遠偈、神力品偈を讀誦し奉り、後に語らる。國常立尊と仰られ、昨夜、雷を起し之に乘じ來る、佛法傳來の因緣を解かん爲なりと仰られ、上らる。

十一日、大神出で給ふ、國常立尊の如き心持す。唱題の時兩手を延し飛行の如き姿となり、感應に往昔、日本に飛來し吾の子孫、人となる。是れ皇室の始にして、又此神、金鵄となり神武東征の時、皇軍を導かる。

十五日夜、天の御中主尊の後裔、ホスセリの尊出で給ふ。佛法傳來の時、反對せし一人にして、汝の妻の過去は、物部の尾輿にして、最も佛法に反對せるものなり、と言はる。

十六日、物部尾輿と緣を結び、佛法傳來の時、尾輿をして佛像を江に投ぜしめ、最も反對せし神出でらる、尾輿は其罪により翌年疫病にて死す。釋尊、尾輿を婦人とし現世に出し、汝の妻とし、離れること能はざらしめ、此大因緣を解き給ふ、我は日本の往昔よりの神にして、皇室の祖先と緣を結び、日本の礎を建てし者なり、前に物部守屋と緣を結びし神にして、今の護國天王は伊邪那岐《イザナギ》尊なり、我は伊邪《イザ》那美《ナミ》尊なり古來より二柱の神として祀らると仰られ上らる。

信貴山毘沙門天王出でらる、佛法東漸の時、日本に渡り、日本の神、佛法に反對し流布困難なりしも、釋尊、皇室より聖德太子を出し之を弘め給ふ、汝の其頃の過去は後に話す、宿因玆に薫發し、現在夫婦となり、此大因緣を解くと仰られて上らる。

一月中旬、道場の主神曰く、佛法傳來の因緣の殘りを解くに付、笠原一郎（淺草住人）に寒行命じあり、其滿行の上其方と松本光太郎（深川木場住人）立會の上、其因緣を解くと仰らるゝ依て其儘置く。

二月二日笠原一郎、滿行に付、松本と立會法席を開く、神降り給ひて曰く、笠原の過去は、欽明天皇の御時、佛法を日本に渡せし、百濟《クダラ》の僧、羅契《ラケイ》と云ひ、僧形を爲すも俗人にして、元日本の者なり。壯年の頃、百濟に渡り、言語の關係上選ばれて日本に使し、其時渡せし經典は阿含經、勝曼經法華經にして、日本に來り弘敎の志し達せざる内に騷動起り佛像は江に投ぜらる、其前に敵の爲に夜襲され、武器は持たず、珠數を以て防ぎ、十數ヶ所の傷を受け落命す。以前より是と交りし者に、橘維勢《コレナリ》と云ふ者あり、其經典を拜讀し共に日本に弘めんと約し、弟子とも附かず交を結び、羅契常に經を傳ふる人無きに苦心する折柄、此の維勢に目を附け居りし時とて、其咄嗟の間に其經卷を托す。維勢、之を以て逃れ、後ち神道とも佛敎とも附かず、其經典を拜讀すること二十四年、是が汝の過去なりと。

神更に仰せらる。

此の橘系の後裔に、房州小湊に住せし貫名と云ふ者あり、此家に、日蓮上人生れらる。是れ上行菩薩が日本に於て本門の法華經を弘めん爲め、此の日本に於ける法華經の最初の持者の血統を選ばれたるものにして宗祖は橘系より出で給ふ、故に紋章、橘を用ひ給ひ、又た房州は天照大神の住み給し土地故之を撰び給しなり。

又た佛法禁止の時、蘇我の一族は奉仕せる佛像經典を奪ひ去らるゝ時、匿したる佛像を地下室を造りて之を祀り、其室燈明無きに常に光明を放ち不思議を現す。斯くして匿くるゝ事二十餘年、此間佛像經典渡りしも、其都度還され後ち漸く許されて、蘇我の馬子、佛殿を造るに至る、（蘇我氏の先祖は武内宿禰にして、血統は神武天皇に降伏せし大和の乙猾なり、入鹿に至て一族亡ぶ）

此頃聖德太子生れられ、汝は太子の傳役となり、太子六歲の御時、汝の護持せし法華經を太子に傳へ奉り、太子之を會得遊ばされしは是れ其權化なるに因る。

聖德太子は、普賢菩薩の應身なり。其皇弟妃、（敏達天皇の弟、豐日尊の妃）に御入胎の時、夢に其尊容を示され、日本の將來は、佛法を以て治めねばならず、自分が出世せざれば弘まらぬ故、體を借る事を賴まる、妃はかゝる高貴の御方を宿すは、畏れ多しと御辭退遊ばさるゝを强て御賴になり入胎さる、爲に精舍を廐の東南の淸淨なる土地に撰みて、之に產殿を造り玆に移り住み、精進潔齋し給ふ事、十四ケ月太子產れ給ふ、依て廐東《ウマヤトヲ》の皇子と云ふを、誤り傳へて廐戶と云ふ、四十九歲にて薨ぜらる。

普賢菩薩は、法華經二十八品の經末に出で給ひ、末法に於て廣宣流布の誓願をされ、此誓を全ふせんが爲め、聖德太子となりて示現されしものにて、太子が法華經の疏を造らるは宜ならずや、觀世音の再來とは誤りなり。

松本光太郎の過去は、信貴山毘沙門天、建立の時、其建築一切を引受け、報酬を求めず、獨力寢食を忘れ建立せしものにして、其頃は太子、守屋を亡ぼし給ひて後五六年の頃なり。

此の因緣を解くに付、道場の諸天は申すに及ばず、笠原の守護神、常勝大明神、平野家守護神平安大明神大に盡力さる。

二月二日左の如く解決す。

聖德太子の鏑の矢に射られし死靈　拾八人

物部守屋の部下戰死者殘り　三拾人

伊邪那美尊　最正位　創國天王
ホスセリ尊　最正位　光輝天王

神は道場の神とし勸請し死靈は靈山に送る。

悦しい哉、玆に王佛一乘となり、大正十一年一月佛法傳來の因緣解け、國の神と佛法の神と融合成る。不可思議なる哉、十月十三日、宗祖に今上天皇（大正天皇）より立正大師の御謚號を賜る、機自から玆に適せるか。

法華初心成佛鈔曰く、法華經を以て國土を祈らば、上御一人より下萬民に至る迄、悉く悅び榮へ給ふべき、鎭護國家の大白法也。我等幸に宗祖の敕により、諸天守護の許に妙經の威力を發輝し、佛恩、國恩の萬一を報ずることを得たり、歡喜何ぞ是に過ぎん。

二月三日結了　合掌

【其後に薫發せる佛法傳來の關係】

昭和參年八月薫發　願主　籔内作三

本人の住居は大阪市外柴嶋（東淀川區柴嶋町）にして、孝德天皇の都し給ひし、長柄豐崎の宮附近なり。佛法傳來の頃、同所は港にして、百濟よりの着船所なりき。其頃の先祖の因緣薫發す、籔内家の先祖に其頃同所の縣主たりし山邊吉彥なる者あり、出でゝ物語す、其頃は同所に千人以上の人住み船着場なりと。

佛法傳來の時、百濟より大船五艘にて佛像經卷を載て來り（舳の高き、今の支那ジャンクの如き船を見る）同所に上陸し、佛像を假屋に奉安し民衆に拜せしむ、我此時佛像を拜す。後ち佛像は都へ上られしも、佛法は禁止となり、佛像は浪速の堀江に投ぜらる。此の時重き像は沈み、木像は浮び流れ、其内貳體、我が地先に漂着す。前に拜せし像の內、釋尊と阿難尊者の二像にして高さ六寸位なり之を拾い密に祀るも、佛法禁止益々嚴重になりし爲め土中に埋み隱す、半年程經て、熱《ホトボリ》の醒めし頃、土中より堀出して祭る後ち夫れが知れて、佛像は取上げられ、惜しくも割られ燒き捨てらる、自分は佛法を信仰した御利益が、其頃流行せし疫病に家內八人、一人も罹らず、其時の一族は父吉加津《ヨシカツ》、母伊志野《イシノ》、妻佐々波《サヽナミ》、長男吉麻津《ヨシマツ》、二男吉麿、召使二人なりしと。

此時疫病を起せし神出で給ふ、難波を中心として近畿地方疫病死者二千三百人、出でゝ得道す、以上の靈を八月二十五日靈山に送る。

大正十一年二月八日　願主　平野　こと

【佛法傳來の因緣に關し此因緣薰發す】

二月八日朝、靈媒平野に、厩戸皇子を育てし乳母、葛城出づ、此の人は大和葛城山の麓に育ちし人にして、此人の子孫が、柏尾の中嶋の先祖となる、（平野琴の夫、直吉は神奈川縣鎌倉郡下柏尾に住み、父は惣兵衞と云ふ、祖先は柏尾に住みし豪族にして、隣に寺を建て、淨正寺と名づく。本尊は聖德太子なり。御丈四尺、明治三年一月十五日、火災起り、寺全燒す。此時直吉八歲なり、何人とも知れず、聖德太子の像を負わせ、下相尾の親戚菊地方へ避難し、爲に御本尊は無事なることを得たり。此の話は今も老人及び現住職は知れり。直吉は大正元年二月十日、五十歲にて歿す）　直吉の過去は乳母葛城の弟にて、國彥と云ひ、法華經を太子より直々受けずとも心に留めて居りし者なりしも現世に於ては本人頑固にて經典を知らずに終ると神仰らる。　以上

壬申の亂と淨心寺
大黑天の關係

大正十一年十月十三日、深川淨心寺祖師に參拜し、歸路大黑堂に參詣し、大黑天乘て來らる。此の大黑天は、傳敎大師の御作なりと云ひ傳へられ、立像にて步行の姿、高さ二尺餘にして何處にも落附給はず、遂に淨心寺へ祀る、

十月十九日、大黑天出でて語らる、人皇四十代天武天皇の頃より緣を結び、壬申の亂に關係す、之を解かんが爲に其人を求むる事旣に久しく、爲に所々流轉す、今時來り玆に出ることを得たり、此因緣を解かん事を賴まる。

【壬申の亂】紀元千三百三十一年九月天皇（天智）御不豫なり、是より先、皇弟大海人皇太子たり、常に大政に關與し中外に望みを嘱さる事旣に久し、玆に於て召して位を傳へんと欲し給ふ、大海人辭するに病を以てし給ふ、因て請ふて僧となり佛殿に入て髮を剃る、詔して袈裟を賜ふ、遂に吉野の宮に入り給ふ、（是は天皇位を御子大友皇子に讓り給はん御意の趣を大海人皇子察して是くし給ふ）時人語て曰く是れ虎を山に放すが如しと、大友皇子を立てゝ皇太子とし給ふ、同年十二月天皇崩じ、大友皇子位に即き給ふ（弘文天皇）天皇猶危まれけるにや、軍を徵して吉野を襲わんとし給ふ、大海人密に吉野を出でゝ伊勢に越へ、飯高郡に至り、大神宮を遙に拜し、美濃に入り東國の軍を召す

皇子高市、參り給ふて大將軍となり、美濃不波が關を守らしめ、自から尾張に越へ給ふ、國々皆隨ふ、不波關の軍に勝ち、勢田に臨みて合戰す、皇軍敗れて、皇自から縊れて崩じ給ふ、大臣以下誅に伏し、又遠流せらる、軍に從し者品々により賞を與ふ、壬申の時即位さる、大倭飛鳥淨原宮に在す、之を天武天皇とす時に、紀元千三百三十三年二月なり、天下を治め給ふこと十五年、朝廷の法度多く定めらる」此因緣薫發す。

十九日より二十一日迄、靈出でゝ聽經され、其苦痛を取り奉る。

二十二日、大黑天出でらる、我は佛法傳來の時、樂掌として日本に渡りし、乾達婆《ケンダツバ》なり。大友皇子、樂を好み給ふにより、我と緣を結び、大海人皇子は、大倭吉野にて藏王權現と緣を結び給ふ、此戰にて戰死せし者にて今殘る者百貳拾名あり得道せしめん事を賴まる、此神因緣の解くる爲め大に喜ばれ胡蝶の舞を見せしめ胸の皷を打ち給ふ。

二十三日朝、大友皇子の軍の內、瀨多川に追込まれ溺死せし者五十名出づ、其苦痛を除く。

二十四日、戰死者靈出でゝ聽經す。

二十五日、大黑天の像を彫りし人出づ、桓武天皇の頃、平安の都に住みし、彫刻師於莵と云ふ者にして、傳敎大師の命により、大黑天の像を刻す、時に三十二歲なり夢に御姿を拜し之を作る。

神出でらる、我は靈山にて法華會に連りし、樂乾達婆王なり、日本に佛敎傳來の時共に來り、後ち大友皇子と緣を結ぶ、傳敎大師出世の時、姿を現し叡山に祀らる、其後、織田信長燒討の時出でゝ民間に移り所々流轉す、此の因緣を解かんとせし爲なり、永く解く人を得ず、今幸に時到り之を解く、是より法華廣宣流布すべし、二十六日死靈靈山に送り、神は淨心寺へ歸らる。（大正十二年九月、大震火災の時此像燒失す）

南都の佛敎の因緣

大正十五年八月六日、身延の因緣を送る（詳細は後に記す之に關せし神出で給ひ、是より南都佛法の因緣を解く故、朝夕回向を命ぜらる。

七日より、神及び僧の靈出でゝ聽經す、興福寺を造らせし神にて、僧の靈を連れ給ふ。以後朝夕讀經の時出でゝ聽經さる。

十四日、身延の隱れたる神出でゝ過去を說き給ふ。

聖德太子の過去は普賢菩薩なりし事は旣に解く、太子御出世の時、佛敕により守護の爲、日本に渡りし、如意伽樓羅王なり、佛法を盛んにし、太子の滅後、南都に中心を移し法華を宣傳す、傳敎大師出で給ひ、迹門敎開くるに及び中心は平安に移り、時に我、身延に隱棲す。(是は叡山の守護神と法華の義を爭われ、叡山勝ちしに因る) 日蓮上人世に出で給ひし時、再び佛敕に依り日蓮上人を守護し、日蓮上人を身延に導き今身延に妙法二神と祀らるゝは我なり、後ち加藤清正と緣を結び所々の戰に勝たしめ歿後、清正の名によりて諸人に利益を與へ、九州に法華を盛んに流布せしむ、此因緣は旣に解く、(豐臣時代に記す) 今時到り、南都の佛法の因緣を解く、東大寺を建て大佛を鑄造せしめしも我なりと仰らる。

十四日朝、僧の靈出づ、道昭上人なり物語なし。

【道昭上人】傳に云く河內の人、元興寺に於て戒行の譽あり、白雉五年、孝德天皇の敕により、入唐して長安に至りて玄奘三藏に謁す、三藏意を加へて敎悔す、一日三藏告て曰く、經論、文廣くして勞多く功少し、我に禪宗あり汝此法を承て東土に傳ふべし、昭喜んで修習し早く悟解を得、又指して相州隆化寺の慧滿禪師に見へしむ、滿、委曲を開示し、且つ楞嚴經を付す、業就て三藏を辭す、三藏佛舍利經論、及び相宗の章疏を以て之に附す、昭、元興寺に歸つて盛んに相宗を弘む、此土初めて唯識の旨を開く、後世之を相宗南寺の傳と稱す、後に元興寺の東南隅に於て別に禪苑を草し、禪を學ぶ者多し、文武天皇四年寂、壽七十二、遺命して茶毘にせしむ、本朝火葬、昭より初まる、昭、唱道の外、判濟を勸め、路傍に井を穿ち、諸渡に船を儲く。

八月十六日、華嚴宗の道璿律師出づ物語なし禮拜す。

【華嚴宗】華嚴經を所依として開きし宗なり、故に名く支那には唐の杜順を以て始祖とし、至相を經て賢首に至り集めて之を大成す依て賢首宗とも云ふ、賢首より淸涼、淸涼より宗密、之を大唐の五祖とす、宋の淨源七祖を立つ、大唐の五祖に天竺の馬鳴、龍樹を加ふ、我朝には天平八年聖武天皇の時、唐の道璿律師、來朝して華嚴の章疏を齎らす、之より先新羅の審祥、大唐に行き賢首に從ひて華嚴を學び、來朝して大安寺に住す、良辨僧正、之を東大寺の羂索堂に請じて、初めて華嚴を講ぜしめ、共に興隆す、時に天平十二年なり、依て東大寺を本宗の本山とす、良辨僧正、華嚴を弘めん爲に、東大寺を建て毘盧舍那佛を勸進す、聖武帝、殊に此宗を崇め給ひ、此寺六宗を兼ぬると雖も、華嚴宗を以て其本宗と爲さしむ、東大寺、南大寺の額を大華嚴時と云ひ、大佛殿二階の額を、恒説華嚴院と云ふ。以上八月十七日、興福寺の僧兵出でゝ聽經す、十八日も同じ。十九日、神曰く、是より律宗の關係を引出すと仰らる。二十一日夜、鑑眞和尚出づ、律宗を傳へし人なり、語らる死して暗黑裡にあり、是れ涅槃なりと思へり、年月を知らず、今茲に引出され、法華經により光明を得たり。

【律宗】戒律は三藏三學の一にして諸宗に通ずれども、唐の南山道宣、殊に五分律の中、四分律によりて戒律を弘通せしかば之を律宗と稱す、即ち四分律宗なり、四分律は佛滅後百年、曇無德羅漢に依て別部を成し、支那の世に之を傳譯し、唐の南山に至て大成す、吾朝には、孝謙天皇、勝寶六年唐の鑑眞和尚來て之を弘通し東大、招提の二寺を本處として南都六宗の一なり、此律宗の特點とする所は、其深義の大乘に通ずるにあり、故に南山大師、大乘唯識を宗としながら、此四分律を弘め大乘徒をして之を受持せしめんことを望めるなり。

二十二日朝、衆僧出でゝ聽經す、終りに、衆僧三拜と命ずる者あり、衆僧三拜す。

靈媒(平野)の體に、神出で給ふ、白河天皇の頃、法隆寺の良覺興福寺の良禪等を使驅し禁闕を犯し、其他僧侶をして武を治めしめ、武士が城に籠るが如く、各寺荒法師を集め勢力爭を爲すに至らしめ、僧兵の原因を造りし事を懺悔さる。

二十六日迄、朝夕僧兵出でゝ經を聽く、神仰らる本日迄に僧兵壹千人得道せりと。

二十七日、道場の主神、妙雲菩薩出で給ひ、玆に如意加樓羅王の佛法傳來以來の因緣を解く。佛敕により既往の弘經護持の功德により、身延に勸請しある妙法二神大善神を改め、最上位如意菩薩と勸請すべく命ぜらる。

二十八日、崇嚴に式を爲し神代の關係の神と同時に勸請し奉り左の靈を靈山に送る。

道昭禪師　外　六十人
道璿律師　外　百五十人
鑑眞和尚　外　百六十人

興福寺 僧兵 良禪
法隆寺 僧兵 良覺 外壹千人

以上

奈良大佛鑄造の因緣

昭和貳年七月薫發

【光明皇后と玄昉僧正の過去】

六月二十五日頃より、靈媒前田の體に薫發す、讀經中、大佛を見る。

七月一日、光明皇后出で給ふ、物語なし、神曰く皇后の過去は世尊成道前、乳糜を供養せし牧女、難陀の再誕なり、(此時牧女十八歳供養すること百日) 此功德により、聖武天皇の皇后となり、大佛建立を成就す。

【傳に曰】 太子苦行六年、一日一食、顏色焦瘁、形容枯槁し、しばしば昏迷して地に倒らる、此時太子、思ひ給ふ、道は慧に依て生じ、慧は根によりて成じ、根は飲食により補る、食を斷つは道を得る因に非ず、我れ當に食を受けて道を成ずべしと起ちて尼連禪河に浴し、牧女、難陀の乳糜の供養を受け (此間約百日父の妨にて供養を留めらる) 體力復し、獨り河を渉りて (五人の從者は太子の食を求め給しを譏落せりさて捨てゝ北々西方に赴く) 西岸に立てる前正覺山に登り靜座工夫の地を撰ばれしも得られざりしかば、更に尼連禪川を渉りて河畔なる佛陀迦耶に赴き、菩提樹の下なる金剛座に淨く軟かき草を敷きて、結跏趺座し、我れ一切種智を得ずんば此座を去らじと、端座默然さる。以下略

【光明皇后】 藤原不比等の第二女、聖武天皇の皇后、幼にして聰慧、帝儲貳の時妃となる、年十六、帝即位に及び從三位を授け夫人と爲す、孝謙天皇及皇太子を產む、天平元年八月立て皇后となる、孝謙天皇授禪後、皇太后となる、天平寶字四年六月七日崩ず、年六十、大和國添上郡佐保村大字法蓮佐保山東陵に葬る、光明皇后、體貌殊麗、光耀あるに似たるを以て名づくと、天資慈仁雅閑禮訓あり、敦く佛教を崇信し、天皇に勸めて東大寺を建て、且つ諸國に國分寺を創め、悲田施藥兩院を置きて、天下の飢病を療養す又先妣の供養として山階寺に西金堂を造り、或は金字一切經律論を手寫して納む、皇后書を善くし又文を屬す、僧玄昉、唐より還り寵を蒙るや、頗る醜聲ありとの批評を得らる、(今昔物語、源平盛衰記) 興福寺所藏の年代記に皇后の崩を載せ

て玄昉僧正密に之に通じたりと、舊史に依るに、玄昉が榮寵日に盛んに、稍や沙門の行に乖きたれば、時人之を惡めり。（以上史傳）

【續日本記】仁慈、志在救物、創建東大寺及國分寺、本太皇の所勸也とあり、時に僧玄昉は皇太后の看病して朝廷の信望を集め居りし時代故、國分寺建立を皇后が天皇に勸められた背後に玄昉僧正が献策したに違いないと惡くまれた、是は天皇が佛法に歸依し大佛を造り國分寺を造られし爲、非常の費用を要し、國庫が空くなりし故惡まれしなり。

七月二日朝、靈媒前田の體に僧の靈出づ、大石に擊たる石を除き苦痛を取る、聖武帝の時大佛建立に尋力せし、玄昉僧正なり。

【史傳】玄昉は俗性阿刀氏、出家の後ち、義淵に隨ふて唯識を學び、靈龜二年八月入唐の命を拜し、養老元年遣唐使に附隨して西航し、撲陽の智周法師に調して、法相の蘊奥を極む、留ること十有八年、玄宗皇帝召見して其學才を愛し三品に叙し紫袈裟を賜ふ、天平七年遣唐使多治比廣成と共に歸朝し、傳來する所の經論章疏五千餘卷及び佛像等を以て尙書省に献ず、八年封百戸田百畝及び扶翼童子八人を賜ひ、九年僧正に任じ紫袈裟を賜ふ、皇朝賜紫の恩典ある、實に玄昉に初まる、之より內道場（內道場とは禁中の寺にて、天皇后妃、皇子女の禮拜堂にして宮中の婦人に近く）にありて寵眷を擅にす、加之其學藝才能を恃みて政治に參與し素行また修らずして世人の憎惡する所となる、後ち藤原廣嗣と隙あり、故に廣嗣の叛するや、玄昉と吉備眞備を除くを以て名としたり、天平十一年十一月筑紫の觀世音寺造營の監督を名として大宰府に追われ、尋て悉く其封物を收めらる、翌年六月大宰府に在りて寂す、要するに玄昉は才學世に秀でたるに相違なしと雖も、性格下等にして屢々沙門の行に背ける事多く遂に世の同情を失ひて失敗せしなり。

【續日本記】玄昉は藤原廣嗣の靈の爲に害せらる。

扶桑略記、流俗相傳へ曰く、玄昉法師は、太宰府觀世音寺供養の時導師となり、腰輿に乘りて供養する間に俄に大空より其身を捉へて忽然と失せ、後日その首は興福寺の唐院に落し置けり。

今昔物語、惡靈、赤き衣を着て冠したる者、（藤原廣嗣）來りて、俄に玄昉を攫み破て落したりければ、其の弟子等ありて拾ひ集めて葬りけり。

二日夜、玄昉僧正靈出でゝ語る、大佛建立の功徳を積しも過去の宿因により此の罪報を受くと懺悔す、神代て曰く、玄昉の過去は世尊成道前、乳糜を奉りし牧女の父なり、永く供養するを見て之を難じ、遂に供養を止めしむ。世尊は食を絶たれし爲め、去て佛陀迦耶に行き成道し給ふ、此宿因により、大佛建立に携りしも、其終を全ふせず、故あるなり。

光明皇后が玄昉に非常に親しまれしは、此の過去の親子の關係に依る、后は常に玄昉を見るを喜び給ふ、皇后の病中常に看護し、御脳重き時は宿泊せし事あり之等を誤られしか。

玆に光明皇后と玄昉僧正との過去の宿因薫發し、世尊成道前、親子なりしを知り最も感激を得たり、謹んで其關係を省みれば、皇后の度を越へて、玄昉を寵されしは過去に於ける親子の情の薫發に外ならず、常に見ることを喜び、會へば非常に喜悦を感じ障壁を除いて最も親しく語られ、僧正も亦た皇后の御病中看護に上り宮中に宿泊せし等が誤解を招きしならん、玆に親子の關係薫發すれば、最も明に了解す。牧女、難陀の皇后となりしは世尊に百日間乳糜を供養せし功徳に依り、玄昉の出世は、皇后の引立に依るものにして其終を完ふせざりしは、世尊に供養することを止めしに依る。其僧となりしは逆緣にして、前世下劣の牧人なりし故、現世に操行修らざりしは故なきに非ず、此の因果流轉の現證を見て、世尊の金言を證し、光明皇后の冤を濯き、懺悔滅罪の本門の大戒壇の建立の必要を泌々と感じ、無上の法悦を得たり。

七月五日（靈媒前田）奈良朝關係の大魔王出づ、大聖歡喜天なり、淳々として時なるを說き、得道を勸む。

六日朝、法師の體に、歡喜天移らる物語なし。

八日（前田體）平重衡出づ、大佛殿及び興福寺を燒きし事を懺悔せり。神曰く平重衡の過去は、藤原廣嗣なり、聖武帝の大佛建立に最も反對し遂に叛し九州にて殺さる。此の宿因により後世に大佛殿を燒く。

【藤原廣嗣】は宇合の長子、天平中從五位下に叙し、大養德守となり、尋て大宰少貳となる、時に廣嗣、吉備眞備僧玄昉と相諧はざりしが、天平十二年八月上表して政事の得失を論じ、天地の災異を陳じ、眞備、玄昉の二人を除かんことを請ふ、朝議許さず、是に於て九月遂に兵を大宰府に起し、營を遠河郡に造り兵弩を設け、烽燧を置く、朝廷即ち大野東人を大將軍に紀飯麿を副將軍とし、東海、東山、山陰山陽、南海の五道の兵壹萬七千餘人を率ひて、廣嗣を征せしめ、また佐伯常人、間部蟲麿に兵四千人を授けて之を援けしむ、旣にして、東人等進みて豐前に入り、廣嗣の將京都郡（豐前國）鎭長、小長谷常人を斬り、登美、板櫃京都三營の兵七百餘人を生虜にす、十月廣嗣自ら兵一萬餘人を率ひて筑後、板櫃川に到り佐伯常人と戰ふて利あらず廣嗣の軍之に依て振わず出でゝ降る者相繼ぐ、是に於て廣嗣、事の成らざるを知り、肥後値賀嶋より船に乘じ耽羅嶋に至り漂蕩すること一晝夜、西風忽ち起りて船進まず再び値賀嶋に吹き還され、進士阿部黑麿の捕ふる所となる、東人、命じて十一月一日松浦郡に誅す、明年正月餘黨竝に生虜の罪を決し杖徒流死歿入する者殆んど三百餘人、天平勝寶中、眞備貶せられて筑前の守となり尋で肥後守となりしが會々、廣嗣の墓に詣でゝ之を祠り遂に祠を立てゝ諡じて鏡尊廟（水鏡に鏡宮に作る）と號し、又た爲に無怨寺を創せりと云ふ、廣嗣、產れて魁偉、博く典籍に亘り兼て佛教に通じ、武藝絕倫にして兵法に練習せるのみならず、天文陰陽の書、管絃歌舞の伎、皆精微を究め才能を以て賞せらる、按ずるに廣嗣の擧兵は京都に於ける政權爭奪の結果に過ぎず、玄昉、眞備等は帝の謀臣にして廣嗣を大宰府に遠けしが遺恨の本なるべし、又京都にも內應同盟の徒黨あり十月官軍西へ向け出發の後ち俄に平城に留守官を置き、征西の諸將へも皆旨使を立てゝ報知し、帝は俄に大和を避けて關東を指し伊賀伊勢へ巡行さる、斯くして十二月廣嗣亡びて後ち還幸せらる、左れば內應の徒は其計策を見透され兵を動かすを得ず捕われたるなりと云ふは頗る當を得たり。　以上

十一日調、六日より常に怒氣を含む靈出で、朝夕聽經するも物語せず、今朝物語す、毘那夜伽《ビナヤカ》と云ふ、（眞言宗に祭る大聖歡喜天）世尊の成道の前より妨げし、常に佛法を破却し、東大寺大佛建立の時は之を最も障礙す。日本に渡りしは、婆羅門僧正と共に來ると云はる。

【毘那夜伽】譯して常隨魔、又は障礙神と云ふ、人身にして象鼻、常に人に隨待して障礙を爲す、惡鬼神なり、

其鼻の極長なるは、香塵を愛するに依る。
毘那夜伽は大自在天の長子にして、世界に暴惡を爲す、大荒神なり、咒咀は最も得意とする處なり。

十一日夜、靈媒前田に、六日より靈移る朝夜出るも物語せず、口を結ぶ、人の靈あり漸く發言す、天平の頃日本に渡りし婆羅門僧正なり、大安寺に止宿中、藤原廣嗣に頼まれ光明皇后及び玄昉僧正を咒咀すと、既往を懺悔す、

【元享釋子十五】天平年中南天竺、婆羅門僧、釋菩提仙那來朝す、天平勝寶元年東大寺の銅像成り、菩提に敕して開眼の導師と爲し、三年僧正とす、時に婆羅門僧正とす。

十二日朝、毘那夜伽王出でられ語らる、天竺に於て世尊成道前、乳糜の供養を止め妨げせしめしは我なり、宿因の引く處、大佛建立の時、日本に渡り又た妨げをなし、過去に溯り光明皇后と玄昉僧正を苦しめ、玄昉をして世間周知の如き慘憺たる最後を爲さしむと懺悔さる。

十六日、平重衡の臣、光秋出でゝ懺悔す、主命とは云ひ乍ら、大佛殿へ火を附し者なり、恐しき大罪を犯すと、伏拜し罪を謝す。

【東大寺大佛鑄造之詔敕】

天平十五年歲次癸未十月十五日を以て菩薩の大願を發して盧舍那佛の金銅像一軀を造り奉る、國銅を盡して像を鎔し大山を削りて以て堂を構へ、廣く法界に及ぼして朕が智識となす、遂に利益を蒙りて、共に菩提を致さしめん、夫れ天下の富を有する者は、朕なり、天下の勢を有する者も朕なり、此の富勢を以て此の像を造ること、事なり易くして心いたり難し、但恐くは、徒らに人を勞するありて能く聖を感ずるなく、或は誹謗を生じ、反て罪辜に墮らんことを此の故に智識に預る者は、懇に至誠を發して各介福を招かば、宜しく毎日三度び盧舍那佛を拜し、自から念を存じ各盧舍那佛を造るべし、若し人一枝の草、一把の土を持ちても、像を助け造らんと請願する者あらば、恣に之を聽せ、國郡等司この事に因りて百性を侵擾して强いて收斂すること勿れ。

【大佛鑄造の經過】

天平十五年十月十九日、紫香樂宮に御し盧舍那佛の像を造らんとて、始めて寺地を開く、行基は七十四歲の身を以て弟子を率ひて人人に大佛鑄造を勸誘す。

天平十六年十一月、甲賀寺に盧舍那佛の像體骨柱を建て聖

武天皇、御手づから繩を引き給ひ、四大寺の僧集り種々の樂を奏し、翌月百人を度し、金鐘寺と朱雀路とに燈萬杯を燃す。

天平勝寶四年四月九日、盧舍那佛の開眼す。

此の間の經過を、東大寺大佛記に、

天平十五年十月十五日、近江國信樂京に佛像を創め奉る、已にして止み、更に十七年八月二十二日、大倭添上郡に於て、同像を創め、帝御袖を以て土を入れ御座に持ち運び、然る後ち氏氏の人人土を運び築き堅む、十九年九月二十九日始めて鑄銅し奉り、勝寶元年十月二十四日鑄造畢る、三箇年に八箇度御體を鑄奉り、四年三月十四日始めて金を塗り、四月九日大會を設け開眼し奉る、約八年半の日數を費せり。

鑄造師は、大佛師從四位下國公麻呂、大鑄師從五位下高市大國、同高市直麻呂、同柿本男玉と云ふ、公麿の功工により成就せり。

佛像の大さ、結跏趺坐、高五丈三尺五寸、面長一丈七尺、廣九尺五寸、鼻高さ三尺、眉長五尺四寸五分、目長三尺九寸、外略す。

使用材料、熟銅　七十三萬九千五百五十斤
　白鑞　一萬二千六百十八斤
　鍊金　一萬四百參十六兩
　銅　五萬八千六百兩
　炭　一萬六千三百五十六斛

佛殿　二重造、十一間、高十二丈六尺
　東西長、二十九丈、廣十七丈
　基砌高七尺、東西砌三十二丈七尺
　　　　　　南北同二十丈六尺

天平十九年工を起し勝寶四年四月竣工、其廣大知るべし

開眼、紀元千四百十二年

治承四年十二月十八日、平重衡、燒く、紀元千八百四十年

建久元年十月、源賴朝、殿堂を建つ、

永祿十年十月、松永久秀の兵火に罹り燒失す、紀元二二二七年　以後露佛となる、紀元二三五二年德川綱吉、再建す、大正四年大修理す。　以上

七月十三日、靈媒前田に、婆羅門僧、菩提仙那出でゝ語る天竺の者なり咒を稱へ法を修す、支那に渡りしも用ひられず、日本に渡る、其頃大佛建立の時なりしをもつて迎へら

れて都に入り、大佛建立に關連す、自分の教は、(後の密教眞言宗) 毘盧舍那佛を本尊とす、日本に建立するは、華嚴經の釋尊、盧舍那佛なり、時人之を識別すること能わず、自分は世尊の御出世の天竺の產にして佛弟子なりと信じ我に開眼ぜしめらる、我即ち毘盧舍那佛(密教の本尊大日如來)として開眼す。

(玆に於て考ふれば華嚴宗の本尊を密教の大日如來の心にて開眼するの誤れること甚しからずや、其頃の僧は本尊に付ての見界無かりしか、又婆羅門僧との言語の疏通を缺きしや、密教を日本に傳へしは其後の延曆二十二年傳教大師及び大同元年に弘法大師(紀元一四六六年)之を渡せしものなり、其前に婆羅門僧正日本に渡り密教を修せしも、明に密教として傳へず)

【毘盧舍那佛の解】佛の眞身の尊稱、是を解するに諸家一準ならず。

【天台宗】毘盧舍那と盧舍那と釋迦と次第の如く、法、報、應の三身に配して毘盧舍那を徧一切處と譯し、盧舍那を淨滿と譯す、

法華玄義、境妙究竟して顯るゝを毘盧舍那と名け、智行究竟して滿るを盧舍那と名け、行究竟して滿するを釋迦牟尼と名く、以上天台の釋義は毘盧舍那と盧舍那を法報の二身即ち理智の二に分配す。

【華嚴宗】は此二を梵名の具略として報身佛の稱號とし、光明偏照或は偏照と譯す、其故は舊譯は盧舍那と說き、新譯は毘盧舍那と說けばなり。

【密教】には毘盧舍那佛を理智不二の法身佛の稱號とし、大日經疏に、梵音の毘盧舍那とは、是れ日の別名、即ち除闇遍明の義也、(十六)所謂毘盧舍那は日也、世間の日能く一切の闇冥を除く、而も一切の萬物を生長せしめ一切の衆生事業を成ず、今法身如來亦復是の如し、故に以て喩と爲す。

敕に依て建立せし大佛は華嚴宗の本尊なり、婆羅門僧正は其名の如く密教なり。密教の毘盧舍那佛と開眼す、婆羅門僧に附隨して來りし、密教の守護神、毘那夜伽大魔王あり。日蓮大聖人の教判に、弘法は久遠實成の釋迦如來を下して大日如來を立つ、國に二王あるが如し、是れ亡國の因なりと、宜なる哉、此大佛の度々種々の災に罹り給ふを、

【祖判】に曰く、眞言の開眼魔を造ると、木繪二像開眼事

今の木繪二像を眞言師を以て之を供養すれば、實佛に非ずして權佛なり、權佛にも非ず、形は佛に似たれども、意は本の非情の草木なり、又本の草木に非ず、魔也、鬼也眞言師が邪義、印眞言となつて、木繪の二像の意となる、乃至、今眞言を以て日本に佛の供養すれば鬼入て人の命を奪ふ、鬼をば奪命者と云ふ、魔入て功徳を奪ふ、魔をば奪功徳者と云ふ、鬼をあがむる故に今生には國を亡す、魔を貴む故に後世には無間地獄に墮す。

【淸澄寺大衆中】一三七

眞言敎と申すは、爾前權經の內の華嚴般若にも劣れるを慈覺、弘法之に迷惑して或は法華經に同じ、或は勝れたりなんどと申して、佛を開眼するにも、佛眼大日の印眞言を以て開眼供養する故に、日本國の木繪の諸像皆無眼の者となりぬ、結句は天魔入り替つて、檀那を亡ぼす佛像となりぬ、王法の盡きんとする是也。

七月十七日（靈媒平野）平重衡の室、繁野四十八出でゝ、語る、「夫と重衡の後を追ひ姿を變へ、乳母さだと、子一丸と從者六人にて關東に志す、相模にて捕へられ一丸殺され從者は斬らる、乳母と自分は免れしも、乳母は申譯なしとて自殺し、自分は獨り鎌倉に入り込みしも、源氏の武士に捕へられ、身を汚されんとせし爲自害す、其所は今の長谷前田別邸の裏山なりと」漸く玆に出ずるを得たることを喜ぶ。

七月十九日（靈媒前田）四五日後より苦悶せる靈あるも物語りせず、本日漸く物語りす、自分は高麗より招かれ大佛鑄造を司りし天華と云ふ者なり、苦心に苦心し漸く落成に近きし時、日本の鑄工長の爲に殺され功を奪わると非常に殘念がる。よつて之を敎化す。

七月二十一日一切得道せり左の如く解決す。

　毘那夜伽大魔王は當道場の守護神。

　　最正位、福惠天王、と勸請す見學隨意

光明皇后、玄昉僧正、婆羅門僧正、鑄金師天華

平重衡、妻繁野、一丸、從者、七名、　以上

七月二十一日夜、式を行ひ、神は道場の守護神と勸請し死靈は靈山淨土へ送る、此神は大正十年佛法傳來の因緣靈發せし時、來場され、今日迄得道せず、業通自在にして種々の障を爲し、信者を一人も寄せ附けぬ事さへあり、表向き戰はず、常に皮肉の妨げを爲し道場を廢滅せしめんと計ら

る時來り大魔王の因縁熏發し玆に得道され法華の守護神とならる、法界の歡喜之に過ぎん、省りみれば世尊宗祖道場の諸天神が過去六年間、此大魔王の障害の忍び難きを能く忍び、得道の最も困難なる、佛敵大魔王を正法に導き給ひし、大忍力と大神通と法華經の不可思議の大威德を讃歎し奉る。　合掌

大正十年十二月熏發

【弓削道鏡と橘一麿】

史傳、紀元千四百二十九年稱德天皇の御宇、宇佐の廟祝、阿曾麿、道鏡に媚び、神語に託して道鏡に即位せしめば天下泰平ならんと、天皇惑ふ、和氣清麿をして宇佐に遣し、神語を受けしむ、清麿還て神語を奏して曰く、我が國家君臣の分定る、敢て非望を企つる者は誅を加へよ、道鏡大に怒り、清麿を大隅に流す、寳龜元年天皇崩ず、是より先、道鏡帝に侍べり異味を進む、是により疾を得て遂に崩ず、藤原百川等、天智天皇の孫、白壁王を立てゝ皇嗣とす、道鏡を下野に流し、和氣清麿を召還し本官に復す。以上

道鏡の因縁熏發す、是より先、橘繁麿、天平勝寳八年沒五十八歲の靈、物語す、養老の瀧を去る北へ二里、赤里村に浪宅を構へ世を終る、世に在る時、都平城（今の奈良）にて加持祈禱をなし手柄話したくさんありたるも、邊土に住む樣になりたるは失敗が元なりき。自分は橘の系統なり、若き時子あり一麿と云ふ、夫れが其許の過去なり、橘一族百六十人の靈あり回向を賴まる。

十二月四日朝調べ（靈媒平野）前記養老年間、橘繁麿と共に祈禱し給ひし、神靖國《トスクニ》尊出でゝ物語さる、繁麿修法の爭より萬事意の如くならず、世を悲観して美濃の山中に引退せしも常に國家の安泰を祈る、一子あり一麿と云ふ、之を世に出し、國の爲に盡さしめんと傳手を求めて宮仕へなさしむ其頃二十歲なり、間もなく繁麿死す、時に天平勝寳八年五十八歲なりき、一麿、舍人より追々出世して、國司に至り、從前より父の意志を繼ぎ父の祭神に仕へ、國家の安泰を祈る、其頃（稱德天皇）宮中に惡人居り、弓削道鏡の騷動起りて、遂に和氣清麿、宇佐八幡に神宜を受けに行く事に迄なり、一麿は副使として共に行く。惡人の方にても途中にて清麿を殺さんと計るを知り、警護の爲に數手に別れ密に警戒し、無事八幡宮に至り三七日祈願す、清麿は一神官に過ぎず、一麿は國家を患へ道鏡に反對する者なり。是

を退けん爲一心に三七日斷食して祈念す、神敕を受くるに大力魔王ありて常に障礙せしかども、平安大明神、其他の神、盡力され神敕を下し、道鏡を退けらる、されども歸路備後の尾の道にて敵の爲に要撃され玆に小戰鬪となり一麿は淸麿を無事都に復命せしめんと、自から先頭に立ち戰ひ右足を討たれたるも、自から矢を拔き奮戰し、漸く戰に勝ちしも味方の死する者百六十人、淸麿と共に攝津に至る、時に矢傷痛み步むこと能はず、一人攝津に殘り、死に瀕しても淸麿の無事復命を一心に祈りて、淸麿復命せし時一麿命終る、時に三十二歲なり、死して帝の夢に入り惡人の計畫の一部始終を言上す間もなく道鏡一味の者下野に流さる。

君臣の分を定め國家を安泰にせしは、此神の神通力と一麿の獻身的働に依る、此一麿は汝の前身なり、又繁麿に妻あり芝戶と云ひ、一麿を世に出さんと一方ならず苦心し、常に神に祈りし者にして、一麿歿後翌年に死す、此再來が、驪娸平野翠なり、過去は親子なり宿因の引く所玆に集り此因緣を解く、道鏡は弓矢を造る者の子なり、今の眞言の如き修法を感得し、病氣を治すに妙を得たり、其名近鄕に擴まる、時の帝御腦あり待臣より言上し、道鏡召されて御祈禱申上げ御腦御平癒相成り、御感ましまし夫より御信用あり重く用ひられ、遂に歷史に殘る如き惡事を謀り、事敗れて下野に流され、後ち雷擊に遇ひ五體散亂して死す。神曰く「道鏡を引出す故、一週間特に回向すべしと」

十二月十二日午後調

道鏡の靈出づ懺悔して曰く、本名は橫川道太郞と云ふ、何とても國家に對して申譯なし、高祖大菩薩に懺悔し御赦を受く、雷擊に遇ひ五體散り〳〵になりしも今此の通り回復す、法華經の有難きを思ふ。自分の意の如くなるに任せ、惡心を起し又夫れに加ふるに一味の者も出來、誘惑され遂に恐ろしき望を起し、其爲罪無き多くの人々を殺して申譯なし、下野に流され雷擊に遇ひ、身體散々になり今日迄苦しみ、今初めて自分の惡しき事を知り懺悔す、猶、自分の相談相手となり共に流され非業の最後を遂げし、藤原藏人春道外十八名も共に救わん事を乞ふ。

又曰く病氣を治す術を得た初まりは、自分は劍術を好み常に深山に遊び木石を相手に劍道を修行中、或時白髮の老人より劍道の奧義を授けられ、其と同時に咒文を唱へ病氣を治すことを授けらる、以後病氣を治す事に妙を得、不思議を顯わし諸人に尊敬せられ。勝手に僧となり道鏡と稱し二十八歳の時召されて宮中に入り、帝の御腦を治し奉り、次第に重く用ひらる、今迄自分の所業が大恩受けし神に非常なる御迷惑を掛け居りし事を聞き慚愧に堪へず、謹で懺悔すと云ふ。夜修法し靈山に往詣せしむ。　以上

【弘仁の變と橘逸勢、及源氏の起原】

【史傳】紀元千四百七拾年、弘仁と改元す、平城天皇既に位を禪り、尙待藤原藥子を寵し常に左右に侍らしむ、其兄藤原仲成、勢を恃で驕恣なり、每に上皇の旨に託し政事に與る、藥子上皇に位に復せん事を勸む、仲成即ち上皇を奉じて東國に走る、物議恟然、天皇、田村麿を遣して兵を師て、美濃の要路を塞ぐ、上皇の衆潰散す、上皇事の成らざるを慮り宮に還て薙髮す、藥子毒を飲んで死す、仲成誅に伏す。

大正九年七月初旬薫發　　願主　平尾ゑつ

平尾家が今より三十年前、宗祖御眞筆の曼荼羅と、宗祖壯年の頃の畫像と、清和源氏の血統書の軸物を買入る。此曼荼羅に弘長三年八月橘妙秀に授與とあり、橘の先祖は此曼荼羅と緣を結びしに依り此因緣を解くべく七月三日より祈禱を初め八月十一日より死靈出でゝ物語をなす。

橘逸勢《ハヤナリ》(五十八歳)の靈出づるも物語せず、神、代て語り給ふ、人皇五十一代平城天皇の頃、尙子藤原藥子が其弟參議右兵衛仲成等と申し合せて上皇に申し進めて逆亂を起す、事敗れて、坂上田村麿に追討せられて仲成誅せらる、此亂に連れ座せられ、橘逸勢、筑紫の宇土に流さる(今の日向の宇土神社の附近)

十二日、靈媒に倭《ヤマト》姬出づるも物語せず、神、代て語らる逸勢の娘なり、十六歳にして父の跡を慕ひ筑紫に至り、所々流浪して父を尋ね、遂に蓄へも使ひ果して、喰ふに食なく着るに衣なく、辛苦艱難して漸く父の住む宇土の近傍迄來りしも、寒氣と飢の爲め死せんとす。其時、宇土神社の眷屬の神、翁の姿に變じて之を救ひ、親子を對面せしむ、其時の親子の喜びや如何ばかりぞ、然れども人跡稀なる山中故穀物もなく岩窟に親子住むこと十年、其間海より魚を捕り、木の實、草の實を食し殆んど仙人の如き暮しをなし、其困難名狀すべからずして、衣無き故木の葉を以て寒を防ぐ、神は此の孝子の志に感じ、翁の姿にて下僕の役を勤む

此間親子の情は至　濃かなりしも、其後逸勢、病氣となり藥とて無き山中故、翁は藥草を取り之を與へ種々手を盡せしも、遂に五十八歳にて死す、跡に一人姫殘り都に歸るにも傳手なく困り居りし打柄、嵯峨天皇の御代になり父の冤罪なりし事が判り呼び戻されしも、其時旣に父は死し姫一人都に歸る十一年目なり。翁は僕として共に都に登る、姫が先に戀せし人あり此人は敵方なるを知り、緣組もならず快々として樂まず、遂に世を儚み二十七歳にて自殺す、翁は姫の死せし時より姿を隱す、其後姫の妹、後を繼ぎ細々ながら朝廷に仕ふ。

【淸和源氏の起原】

宇土の神は橘系の子孫を世に出さん爲に盡力され、其孫に當る者、淸和天皇の妃となる、是より生れしが貞純親王にして、其子經基性を源氏と賜ふ、親王は帝の第六子なり、故に六孫王と云ふ、天慶の亂、平將門を討ち、其子滿仲を經て賴信より、賴義に至る、賴義に二子ありき長子八幡太郎義家と云ひ次を新羅三郎義光と云ふ、賴義、義家、前九年の役東夷と戰ふ、此時も此神大に盡力さる、後三年の役義家再び東征す、義光兄を助けんと東に下り、足柄山にて笙の極意を師の遺子、豐原時秋に傳へ陸奥に至り兄を助け戰に勝ちて後三年の役終る。

八月十三日、宇土の神物語さる、宇土神社は、神武天皇の御父鵜茅不合葺尊を祀り、今の岩窟は豐玉姫の住まはれし處にして、其儘祀る。然れども此宮の大將は開闢以前の神にして我も開闢以前よりの神なり、神武天皇東征の時此諸神守護され、日本の礎を定め給ふ、豐玉姫が神武天皇の祖母にして、後ち平淸盛之を安藝の嚴嶋に勸請す、我も世に出でんと橘妙秀をして日蓮大聖人より曼荼羅を頂かせしも世に出ること能わず今日に至る、又自分は橘の血統を世に出さん爲め、淸和源氏の子孫を守ると。

代て婦人の靈出づ秋子（二十一歳）と云ふ新羅三郎義光が宮中に仕へし頃、共に宮仕へせし女房なり。神代て語り給ふ此婦人は義光と想思の中となり二三年前より歌を以て意を通ぜしも義光、兄を助けん爲奥州に下るの時、秋子に形見として日頃愛する笙を贈る、其頃秋子に橫戀慕せし者あり秋子に迫りし故、秋子笙を懷にし義光の後を追しも、途中にて危難に遇ひ湖に投じて死す、其靈、奥州の義光の陣に至り物語す、義光其哀調あるを以て之を疑ふ、夜夢に其死せし始終を聞き、其後一生無妻にて終る。

【曼荼羅の關係】に付神語り給ふ源氏鎌倉に亡び、其頃一族各其性を更ゆ、其頃源氏より橘性に歸る、其子孫に鎌倉扇ケ谷と山の内の間に住み、代々管領屋敷に仕へし、橘俊氏と云ふ者あり、其子基氏、孫秀氏に至る、其頃は建長六年宗祖大聖人小町辻說法の頃にして、其頃謗法の者充滿し、日蓮上人を信ずる者は惡口罵詈さる。然れども橘一族は其際表向き歸依せしものなり、其頃鎌倉に種々の災起る弘長三年、秀氏病み自から杖にすがり、宗祖の庵室を訪ひ祈禱を願う、其頃宗祖は伊豆伊東の配所より御歸り忽々にして御取込中に係らず、喜んで御加持遊ばし、其時授けられしが此曼荼羅也。

宗祖の祖先は、平安朝の頃、左小辨經基と云ふ橘系より出し者あり。其子孫が貫名重忠にして、即ち宗祖の父なり。故に宗祖は橘系より出で給ひしものにして、藤原鎌足の後裔とは誤れりと神仰らる。

八月三十日　死靈靈山淨土へ送り神は道場の守護神

　　最正位　大忍力天王　と勸請し奉る、以上

昭和三年十一月二十八日　　　願主　鷲谷侃治

【源經基】の靈、出でゝ得道す、本人過去の關係なり。

史傳に經基は清和天皇の第六子、貞純親王の長子なり、世に六孫王と云ふ、後ち性を源朝臣と賜ふ武略あり、平將門異謀あるを知り密に京師に奏せしも用ひられず、幾くも無くして將門反す、表賞され從五位下を授けらる、弓馬に巧に和歌を喜くす、藤原忠文に隨ひて平將門を討たんとせしに、途に誅に伏すと聞て還る、後に追捕凶賊使となり、其他戰功あり、鎭守府將軍に進み應和元年四十五歲にて卒す。

昭和二年十一月八日靈發

源滿仲、妻かつぎ十八歲、侃治過去の兩親なり、母かつぎは產後の肥立惡しく死す、其時本人の名は、光義と云ふ七歲にて歿す、滿仲此の菩提を弔わん爲、箱根神社に名劍を納む。

【史傳】滿仲は源經基の長子なり村上、冷泉、圓融、華山の四朝に仕ふ、人となり勇略あり、和歌を善くす、王公より以下皆之を器量し、朝廷賴りて爪牙となす、滿仲、性漁獵を好み、殺生に忍ふ、其子僧源賢之を患へ、惠心院僧都源信と之を誘導せしかば、滿仲大に感悟し遂に剃髮し名を満慶と改む、遂に佛乘に歸し、頗る止觀の旨に通ず、長德三年八十六歲にて卒す、子は賴光、賴親、賴信、僧源賢あり、賴光の子に賴國、賴家、賴基あり。

坂上田村麿と妙見大菩薩

昭和二年四月七日薫發、靈媒平野

八日朝、鬼の靈出づ、坂上田村麿に討たれし者なり、復讎に彼が壽命を縮むと、語る。夜も出でゝ聽經す。

九日朝、蝦夷の酋長出づ、田村麿に討たれし者なり。

十日朝、韃靼より渡りし、高丸出づ物語せず魁偉の男子なり。

十一日朝、高丸出でゝ物語す、日本へは戰に來りしに非ず日本は善き國と聽き永住せんとはる〲日數を重ね氷を渡り又船に乘つて來りしに、行く處として追立てられ、わけも聞かずして討伐せし故、日本を恨みたるものなりと云ふ

十二日朝、田村麿出づ敕命により所々に戰ひ、多くの人を殺す、玆に出て見れば氣の毒の感ありと、紀州にて鬼退治せし事を聞くに、曰く鬼は多數居れり里に出で食物を奪ひ又若き娘を奪ひ亂暴狼藉せし故、敕によりて討つ。

【大正十五年春】京橋區出雲町に鬼の木伊乃《ミイラ》の見世物あり身長一丈三尺三寸、頭に二本の角あり徑根元にて一寸五分長八寸位あり、手及足指は三指にして爪の長さ二寸五分位あり、顏面人の如く齒は穀食動物の如く、眞正の木伊乃なり、傳說に文久元年八月紀伊國北牟婁郡九鬼村の住人、新家又五郎が、同國八鬼山に於て發掘せし者にて、傳說に坂上田村麿が敕命により退治した鬼の木伊乃《ミイラ》なりと。

【史傳】坂上田村麿は漢より歸化せし阿知使主の後にして左京大夫苅麿田の子なり、身長五尺八寸、身重貳百壹斤にして、之を輕くする時は六十斤に至ると云ふ、眼は蒼隼の如く鬚髯は金線の如し、頗る膂力あり、延曆中從五位下に叙せられ近衞將監となり少將に進み、越後守を兼ぬ、十三年正月、天皇初めて節刀を大使に授く征夷の事を以て伊勢大神宮に告げ給ふ、五月大軍を發し、六月蝦夷を征し首四百五十七級を斬り虜百五十人を得たり、十月諸將凱旋す、是に於て蝦夷一旦鎭定せり、此役功を奏するは一に田村麿の武勇に因れり依て從三位に叙せられ近衞權中將に任ぜらる二十年蝦夷又反て大擧して南下せんとす、田村麿討て之を退く、翌年膽振城を陸奥に築き鎭守府を玆に移せり、二

十三年、征夷大將軍に任ぜらる、弘仁二年粟田別業に薨ず年五十四、

一說に光仁天皇以來屢々我が北邊を侵しゝ者は大韃靼人にして五十年の後ち田村麿の爲に其巢窟を拔かれしなり、又云く賊の巨魁を高丸と云ふ、曾て駿州の淸水港迄寄せ來りしに田村麿進伐すと聞き退きたり。

十三日、田村麿を守護し武勇にさせし神出で給ふ、此神後に攝津妙見山に北辰妙見大菩薩と示現され、現在大阪地方の法華信仰の中心となれる神なり曰く田村麿を武勇にし國を治むるに努力せしも、多くの人を殺せし事を懺悔さる。

此因緣に關し妙見大菩薩の原籍及び半支迦大將と鬼子母神の關係薰發せり後に詳說す。

五月六日、左の靈得道す、夜、靈山淨土に送る。

坂上田村麿　鬼九四

蝦夷酋長高丸外其他　壹千人　以上

大正十一年一月薰發

【菅原道眞と藤原時平】

史傳　千五百六十一年延喜と改元す、此時藤原時平左大臣たり、菅原道眞右大臣なり、幷に朝政を執る、道眞既に殊遇を受け君を格し治を致すを以て自から任じ、政務を綜理し裁決流るゝが如し、天下風采を想望す、時平年少く、氣鋭く固く執て相下らず、是より先、法皇天皇と議し左右大臣兩立して統一する無きを以て、密に道眞に諭して庶政に關白せしむ、道眞固辭して退く、時平聞て懌ばず、源光、藤原定國藤原菅根と相謀り、道眞を讒して曰く、道眞、天皇を廢して、其女婿、齋世親王を立てんと欲すと、天皇震怒敕を下して道眞を貶し大宰權師とす、法皇聞て大に驚き天皇を見て、道眞を救わんと欲す、菅根門を戒めて法皇を通ぜず、道眞男女二十餘人皆配流せらる、天下之を寃とす。初め三善淸行、道眞に勸めて相を罷めしむ、道眞從わず遂に之に反へり、道眞博學文詞に敏なり、宇多天皇の識拔に遇ひ終に大に用ひらるゝに至る、其配所に在るや、門を閉て出でず、文墨を以て自から樂しむ、二歲を徑て配處に薨ず。

大正十一年一月十五日、神曰く、此の寒行中此機會を以て邪正曲直を別つに付き、藤原氏の內罪無き賢人を穽し入れし者あるにつき引出して懺悔せしむと仰られ、菅公と時平の因緣薰發す。

十六日夜、讀經中、御所車を牛に曳かせ、之に乘る貴人あり、數多の從者を從へ、御所の門に至る、俄に一天掻き曇り雷電閃き物凄き空となる、青衣に冠を載きし貴人と從者四五人と共に馳て御殿の前に至る、忽ち天空より火塊降り貴人を撃つ、雷に撃たれ燒死す炎々たる火、身を燒く、其上空に白の衣冠を附け笏を持つ貴人を見る、神曰く御殿は淸涼殿、震死せしは延喜の朝に仕へし大納言藤原時平なり雲中に立つは菅原道眞なり、罪なき賢人を讒し、筑紫へ流せし罪により此報を受く、得道せしめ懺悔せしむと仰らる

十七日、藤原時平出づ、永らく苦を受けしが、今法華經の功德により漸く元の身體となる、震死の時は四十三歲なり依て懺悔滅罪の法を說く（時平を震死せしめしは平安大明神なり）以後朝夕出でゝ聽經す。

二十三日、靖國尊出でゝ語らる、菅公に仕へし中老あり越路と云ふ、菅公配流の後を慕ひ大宰府に至り公に仕ふ、菅公常に法華經を讀誦し又書寫され、偶々文筆を玩も心常に皇室を思ふ、今一度世に出で國事に盡さんと思ひ居りしも其成らざるを知つて、後に木食すること五十日端座して冥さる、此時五十九歲なり、菅公の最後迄世話せし越路は六

十歲にて世を終る、是が此の平野琴の中間過去なり、又菅公の生れ更りが、楠正成にして此事を最近感ぜしは、水戸光國なり、日蓮宗を信仰せし於萬の方の孫なり、攝津湊川に嗚呼忠臣楠氏の墓と書しは故なきに非ず。

二月三日、藤原時平其他四名靈山に送る、　以上

大正十五年八月二十八日　願主　西澤吉一

本人の過去に付毘沙門天出でゝ物語さる。

延喜の朝に仕へし、菅原道眞は法華經を持ちし者也、國を憂ふる余り遂に讒者の爲に筑紫に流さる、其頃の關係、當人の過去は菅公の忘れ形見の一子、秀麿と云ひ、其時一歲なり、臣。江間晉人之を連れて逃れ、大和信貴山に隱れ養育し、秀麿長ずるに及んで、晉人より父の物語を聞き敵は藤原時平なりとて復讐の志を起し、毘沙門天を祈念し一心に武術を修行す、此時我と緣を結ぶ、又文學を治む、文武に達せしも不幸にして二十三歲にて歿す、是れ吉一の遠き過去なり、晉人も四十八歲にて歿す、其後生れし時、宗祖叡山勸學中御目通りし、其後南北朝の頃世に出づ其次の生が現在なり追々過去の因緣を解くと云わる（以上菅公關係終り）

天慶の亂

史傳、千五百九十八年天慶と改元す、千五百九十九年初め平將門、攝政忠平に仕へ檢非違使たらんことを求む、忠平省みず、將門走て下總に赴き徒黨を嘯集し、伯父常陸大椽平國香を攻めて之を殺し、遂に下總に據る、武藏權守興世王主たり、將門自から平親王と號す、府を猿嶋に開く、諸國亡賴の徒、爭て官吏を殺し之に應ず、初め將門藤原純友と親し、倶に比叡山に登り遙に皇居を指して曰く、大丈夫當さに此れあるべからず乃ち純友に謂て曰く他日志を得ば我は王族故天子と爲るべし、子は藤原氏我が關白たれと、此に於て純友、伊豫に椽たり、任滿ちて還らず、海島に據り遙かに將門に應ず、將門は上總介高望の孫なり、高望は葛原親王の孫にして始めて性、平を賜ふ。
千六百年、藤原忠文を征夷大將軍とし小野好古を山陽道追捕使とし以て東西の賊を討ぜしむ、三月、常陸椽平貞盛、下野押領使、藤原秀鄕と共に將門を攻め之を殺す、忠文等途にして還る、貞盛は國香の子なり、八月讃岐介藤原國風純友を討して大に之を破る、純友大宰府に走る、明春に至り、好古進んで純友を博多に攻めて之を破る、純友逃れて伊豫に歸る、尋で殺さる、是に於て東の賊盡く、平ぐ是を天慶の亂と云ふ。以上

大正十一年二月二十一日、中山地所因緣にて薫發
神語り給ふ、今の中山法華經寺の奧の院、即ち富木の屋敷跡は昔、天慶の亂を起せし平親王將門の住居のありし所也將門亂を起し猿嶋に御所を立てしも、其室「あやせ」は玆に住めり、後ち戰ひ敗れ負傷して從者と共に玆に歸り死す、其時奥方初め從者男女十七名殉死す、其時將門四十歲、室あやせ三十一歲殉死者の靈と共に玆に集る、富木胤繼の室とあやせの方とは先祖の關係あり、其因緣により、富木家玆に住む、今此の因緣解く、あやせ外十七名の靈を送る。

大正十五年九月二十二日
近江琵琶湖竹生嶋辨才天の關係にて此因緣薫發す。
二十二日夜、怒れる神出づ、平將門の關係の神なり。
二十三日、藤原秀鄕出づ、辨才天に賴まれ三上山に大蜈を討つ、蜈は大樹を七卷す、向ふの岡より射て殺せしも、晩年、此の蜈の爲に苦しめられ悶死す、秀鄕の靈の移りし爲腹痛を感す。

二十四日、神田明神（東京本郷區湯嶋に在）出でゝ語らる、世に神田明神は平親王將門を祭ると云ふも左に非ず、將門と關係あるも、是には深き因緣あり後に物語す、將門の謀叛せしは、彼は正統の者に非らずして、不義の中に生れし子なり、故に望みし檢非違使となること能わざりしなり、代て將門出でゝ懺悔し、又一族郎黨の靈を救わんことを乞わる、下總の八幡《ヤハタ》の藪不知《ヤブシラズ》は此の郎黨の殉死せし處なり、代て夜。秀鄕出づ、死して日夜、蜈の爲に嚙み苦しめられ免るゝことと出來ず、引離さん事を乞ふ、依て修法して退散せしむ。

二十六日、神田明神出で給ひ語らる、秀鄕と逆緣を結ばれしは、近江の三上明神なり、我は京都の愛宕山にて將門と緣を結ぶ、秀鄕の守護神は竹生嶋なり、宿因玆に解く（愛宕山の神は大威德伽樓羅王にして是れ神田明神の本體なり）竹生嶋の辨才天は神代の頃日本に渡られし龍神なり高野山に祀らる。

十月八日左の如く解決す、大威德伽樓羅王及三上明神は既に勸請す、竹生嶋辨才天を、當道場の守護神

最正位　天明天王　　勸請し

平將門外戰死の一族郎黨　貳百人

藤原秀鄕　以上十月十一日靈山に送る

前九年及び後三年役

史傳、千七百拾六年、八月陸奥の土豪安部賴時叛す、源賴義に命じて之を討たしむ、初め賴時祖父忠賴、父忠良世々酋長なり賴時に至る、諸部落を幷せて六郡の酋長たり、白河以北盡く叛て賴時に附從す、朝議以爲らく、賴義は賴信の子にして東人の心を得たりと乃ち此の任を命ず、賴義子義家及び二子義綱と俱に趣き伐つ、翌年、賴義、賴時の族阿部富忠を招降し、因て賴時を擊ち捕獲して之を誅す、然れども安部貞任の軍、猶張る、官軍屢々利を失ふ十一月賴義、貞任を河崎出羽に擊つ、大風雪に會す貞任精兵を以て鳥海に戰ふ、官軍敗績す、是より先き賴義援を出羽守兼長に請ふ、兼長敢て兵を出さず、貞任勢益々張る、貞任は賴時の子なり。

千七百二十二年、賴義出羽の酋、淸原武則を招降し兵萬餘を得たり進んで、小松柵を攻め之を破る、九月貞任精騎八千を以て來襲す、賴義迎へ戰て之を破る、貞任走て衣川の

險を保つ、頼義進んで之を攻む、貞任駭走る、頼義追つて厨川の柵に至る、柵水澤に據る、頼義上風に火を放ち因て急に之を圍む、賊免れて走る、終に貞任を獲たり千七百二十四年、頼義、諸降虜を以て京師に至る之を前九年の役と云ふ。

千七百四十七年、寛治と改元す、十二月陸奥守源義家、淸原武衡を討ちて之を平ぐ、初め淸原武衡鎭守府將軍を拜す子武貞、武衡あり、武貞の子直衡を生む、直衡の異母弟を家衡と云ふ、家衡の異父弟を淸衡と云ふ、家衡淸衡相協わず、義家陸奥守たるに及んで家衡を攻めて利あらず、武衡又家衡を救ふ、遂に兵を合せて金澤の柵に據る、義家數萬騎を師て之を攻む、武衡險に據し死闘す、義家之を攻め未だ降すこと能わず、義家令して戰を休め持久の計を爲す、已にして虜食盡く武衡降を乞ふ、義家聽かず、武衡等柵を燒て夜逃る、義家追擊して武衡を獲たり奥羽悉く平ぐ、義家武衡の首を献ぜんと欲す、朝議以て私闘とし將士を賞せず、遂に首を途に棄てゝ而して還る、此役乙丑に初まり丁卯に終る故に後三年の役と云ふ。

昭和二年九月薫發

【下野二荒山】の因緣に關し薫發す。

九月十四日、女體山の主神出でゝ語らる、遠く前九年の役及び後三年の役、安部貞任、宗任等の因緣を連れ女體山に居を定むと、此因緣を解かん事を賴まる、以後朝夜薫出で聽經す、（是の男體山女體山の神が後に山伏修驗道の一派を起さる）

二十日、怒れる死靈出でゝ、朝廷を怨む、二十一日安部宗任出づ、漸く得道し謀反せし事を懺悔す。

二十二日、阿部貞任出でゝ懺悔す。

十月一日、宗任の弟正任出づ、其怨念を解く。

十月二日、宗任の臣、佐藤忠秋出づ、勇士なり、後三年の役に大に戰ひ、馬倒れ討死す、以後死靈出でゝ聽經す。

十月十七日、男體山の主神出でゝ語らる、遠く神武天皇前印度より日本に渡る、波羅門の敎を弘めん爲なり、諸々靈場を求め、二荒山に籠る。神武東征の時、大和の梟師一族追われて東に移り渡り〳〵て二荒山の麓の平野に居を據へ豪族となる、是れ安部一族の祖先にして即ち兇猾の一族にて大和大椽と云ふ、其子孫が安部貞任なり、此宿因により謀反し前九年役、後三年役を起すと。

十月二十日、左の靈得道す靈山に送る。
安部貞任、宗任、佐藤忠秋
外前九年役、安部方の死靈、壹千貳百人
藤原清衡家衡外
後三年の役、死者　八百人　以上

大正十五年八月五日、雜司ヶ谷の地所の因緣薫發し死靈出づ、阿部遠治と云ふ、以後日夜、靈出でゝ聽經す。

八月十七日夜、死靈出づ、喜左衞門と云ふ、安部貞任の臣にして後三年の役に於て、厨川の柵も燒討さるゝに至り今は是迄なりと、覺悟せしも主君より一子遠治と日頃信仰する釋尊の像を托されしをもつて、柵を逃れ出でゝ諸々さまよい遂に遠く今の雜司ヶ谷の森林に入り木を伐り家を造り住む、時に遠治は七歲なり。玆に住むこと十年、遠治眼病に罹り失明し、遂に病死す、喜左衞門殉死す、時に六十八歲なり、此時共に落ち、玆に集りし者八十名あり皆附近に住む（遠治が玆に住むに附ては前九年の役の後に關係の神が此土地に關係あり故に引附けられし也。

八月二十八日、左の靈得道す、靈山に送る。

安部遠治、喜左衞門、外八十名、以上

平安朝の佛法關係

大正十一年三月
【天台宗と淨土宗】の因緣同時に薫發す。
天台宗、史傳、隨の智者大師天台山に入寂しければ天台大師と云ふ、天台大師の所立を天台宗と名く、此宗法華經を以て本經とし、智度論を以て指南とし、涅槃經を以て扶疏とし、大品經を以て觀法とし、以て一心三觀の妙理を明かす、是より先き、支那本宗の弟一祖、北齊の慧文、中觀論に依て始て此の妙理を發明し、第二祖、南岳の慧思に授け慧思之を第三祖天台の智者に傳ふ、智者曰く道を傳ふるは行にあり、亦說にありと、是に於て三部を講說す、一に玄義是れ一家の敎相を說く、二に文句是れ法華の經文を說く三に止觀是れ一心の觀行を示す一宗の敎觀此に備わる、依て此師を以て宗名を顯す、次に第四祖章安の灌頂あり、天台の講說を筆受す、三部の書此に成り、一宗の典型永く存す、章安より第五祖法華の天宮、第六祖左溪の三師を歷て第七祖荊溪の湛然(妙樂)に至る、荊溪中唐に崛起して、釋籤、疏記、補行を作る、次第の如く、三部を釋し、又金錍義例の諸書を著して他の邪解を排す、荊溪より八傳して宗の四明に至る、是の時台宗萎微して振わず、四明解行兼ね至り一宗を再興す、而も天台、初めて山家、山外の二流に分かる、山家は四明の正傳安心を以て觀境とし及び事造の三千を說き、山外は慈光の悟恩を祖として眞心を以て觀境とし且つ事造の三千を許さず、四明旣に山家の正宗を宣揚して之を受くるもの廣智、神照、南屏等源源絕へず、山外の流は夙に煙滅す。

日本天台宗の三派、延曆二十三年傳敎大師入唐し、天台山國淸寺の道邃和尙に値ひ台敎を傳へ、明年歸朝して之を叡岳に弘布す、其翌丙戌正月三日表を立て、新天台法華宗を別立して年分の度者を乞ふ、是れ本朝台宗の初めなり、後に慈覺、智證各入唐して密乘を傳へしより、一宗兩派に分かれ、慈覺は本山に居り、智證は出でゝ三井寺に居る、山門、寺門と稱す、其後天明年中、眞盛上人又叡山を出で、坂本の西敎寺に住し、專ら念佛を勸む、現今山門の流を單に天台宗と稱し、末寺三千有餘を有し、寺門の流を寺門派と稱して末寺六百有餘を有し、眞盛の流を眞盛派と稱して末寺四百有餘を有す。

日本の六祖、一傳敎大師、二修禪義眞、三圓澄、四慈覺圓仁、五安然、六智證圓珍、以上

【日蓮上人の敎判】慈覺大師事、一九四一

天台座主を見候へば、傳敎大師はさて置きまいらせ候ぬ、第一の義眞、第二の圓澄此の兩人は法華經を正とし、眞言を傍とせり、第三座主慈覺大師は眞言を正とし、法華經を傍とせり、其已後代々の座主は相論にて思ひ定むる事無し第五十五、竝に五十七の二代は、明雲大僧正座主なり、此の座主は、安元三年五月院勘を蒙りて伊豆國へ配流、山僧大津にて奪ひ取りて、後、治承參年十一月座主となりて、源の右府賴朝を調伏せし程に、壽永二年十一月十九日、義仲に討たれさせ給ふ、此の人生るゝと死と二度大難に値へり、生の難は佛法の定例、聖賢の御繁盛の花なり、死の後の恥辱は、惡人愚人誹謗正法の人、招くわざわいなり、所謂大慢婆羅門、須利等也、粗之を勘へたるに、明雲より一向に眞言の座主となりて後、今三十餘代一百餘年が間、一向眞言座主にて法華經の所領を奪へるなり、然れば此等の人々は、釋迦多寶十方の諸佛の大怨敵、梵釋日月、四天、天照大神、正八幡大菩薩の御讎敵なりと見て候ぞ、我が弟

子等、此旨を存して法門を案じ給ふべし、恐恐。

淨土宗

史傳、現今本朝二十宗の一、高倉帝、承安四年圓光大師、（法然上人）黒谷（叡山）を出でゝ洛東吉水に居り、專修念佛を唱ふ、朝野靡然として之に歸同す、之を本邦淨土宗の元祖とす、淨土宗とは彌陀の淨土に往生するを願求する宗なれば淨土宗と稱す、是れ支那に在つては、善導流の淨土にして、圓光大師之を相承し、教義は顯密の行業を抛擲し、專修念佛の一行に歸入す、其部下、根本四派に別る、鎭西派、西山派、長樂寺派、九品寺派等なり、京都智恩院を以て本山とす、末寺七千二百二十餘ケ寺あり。

【日蓮上人の敎判】念佛無間地獄鈔、一〇七

念佛は無間地獄の業因なり、法華經は成佛得道の直路也、早く淨土宗を捨てゝ法華經を持ち、生死を離れ菩提を得可き也、法華經第二譬諭品に云く、若人不レ信して此經を毀謗せば、則ち一切世間の佛種を斷ぜん、其人命終して阿鼻獄に入らん、一劫を具足して劫盡なば更に生れん、是の如く展轉して無數劫に至らん云々、此文の如くんば、方便の念佛を念じ、眞實の法華を信ぜざらん者は、無間地獄に墮す可き者也。

【當世念佛者無間地獄事】五〇五

問て云く當世の念佛者無間地獄と云ふ事、其故如何、答て曰く法然の撰擇に就て云ふ也、問て曰く其撰擇の意如何答て云く後鳥羽院の治天下建仁年中、日本國に一の彗星を出せり、名を源空法然と云ふ、撰擇一卷を記して、六十餘紙に及べり、科段を十六に分つ、第一段の意は道綽禪師の安樂集に依て、聖道、淨土の名目を立つ、其聖道門とは淨土の三部經等を除て自餘の大小乘の一切經乃至之を聖道門と名け、此諸經、諸佛、諸宗は正像の機に値ふと雖も末法に入て之を行せん者一人も生死を離るゝべからず云々、又曇鸞法師の往生要論註に依て難易の二行を立つ、第二段の意は、善導和尙の五部九卷の書に依て正雜二行を立つ、其雜行とは道綽の佛道門の料簡の如し、又此の雜行は末法に入つては、往生を得る者千中に一も無き也、下の十四段には或は聖道難行、雜行をば小善根隨他意、有上功德と名け、念佛等を以て大善根、隨自意無上功德等名けて、念佛に對して末代の凡夫、此を捨てよ、此の門を閉じよ、之を閣け

よ、之を抛てよ等の四字を以て之を制止す、而して日本國中の無智の道俗を始め大風に草木の從ふが如く皆此の義に從ふ乃至、法然に於ては、純圓の機、純圓の敎、純圓の國を知らず、權大乘の一分たる觀經等の念佛、權實を辨へざる、震旦の三師の釋、之を以て此の國に流布せしめ、實機に權法を授け、純圓の國を權敎の國と成し、醍醐を嘗る者に、蘇味を與ふるの失、誠に甚だ多し。　以上

【大正十一年三月五日】 曹洞宗と眞言宗の因緣を送り六日、謝恩の爲、深川淨心寺祖師堂に參詣す、讀經中、道場の神出でられ、御寶前にて他の因緣を呼寄せらる、大龍神と、僧侶の靈來る、夕刻讀經の時、伏鐘を叩き念佛を唱ふる、粗服を纒ひたる老僧を見る（本日より靈界の鐘の音を聽く事を得たり）

三月八日夕刻讀經の時、死靈出づ、左の前へ轉び、轉々として虛空を摑み苦悶す、空中落下する如き心持す、頭べ痛み吐氣を催す、良忍上人の靈なり玆に引出ださる（融通念念佛の開山）

三月九日朝、大龍神出でゝ語らる、叡山無動寺（貞觀六年相應和尙開基）に祀らる辨才天なり、良忍及び法然と緣を結び淨土宗を興す、後に詳細物語りすると仰られ、後ち讀經さる恐ろしき、氣位の高き神なり、道場の諸天神を睥睨さる。

九日夜、祈禱の時大龍神出でらる、されど角なし、然るに神力品讀誦の頃より頭に瘤出來る心持す、段々角生へ崇嚴の姿になり、步行さる（腹行に非ず）足あり、後語て曰く我は靈山阿耨池に棲し阿那婆達多龍王なり、法華會座に連りしも、後ち天台眞言より念佛を弘めし爲、謗法の罪により通力威德共に減少し今日迄苦しむ、今過去の宿因に依て此道場に來り法華經を聞く事既に久しと、此神大正九年融通念佛宗の信者を祈禱せし時より道場に來られ、妻に乘り、法華を罵り諸天神を嘲る、此の道場に勸請しある一切の神を捨て、我を祀れ、左なくば得道せず、汝の死ぬ時得道する等、椰《ヤ》楡《ユ》せしかば、攻め祈禱なせども用を爲さず退散もせず、常に猫靈、野狐靈を手先に使ひ困らすこと約貳年の間難題を云ひ、修法の妨げをさる、今漸く時來り本體を示し得道さる、此夜此神加持さる（此神智證大師と緣を結び園城寺に新羅大明神と示現さる）

十日朝、靈媒の體に僧侶の靈出づ、讀經の時、背に倒れ空

を摑み苦悶す、起上りしに又前に倒る、轉々す、普門品に至り漸く苦痛去る、起き上りて曰く我は源空（法然上人）なり、我の弘めし淨土敎は時に遇わざりしか、眞理ならざりしか、死して地獄に落ち、晝夜苦を受け止む時なし、今玆に來り初めて苦惱除かると、神曰く「汝撰擇集を作り捨閉閣抛の四字を以て、釋尊一代の所説の大乘經を捨て、念佛專修の敎を開き諸人を迷す、此大謗法の罪により地獄の苦を受く、是の如く轉々して無數劫に至り、地獄より出でゝ、畜生道に墮つべしと。法然上人戰慄す神曰く懺悔すべし上人鄭重に伏拜す、神、題目を授け給ふ。

十一日夜、神出でゝ靈を呼び寄せらる、死靈出づ、後ち代つて神靈出づ、爪を立て疾走す、獅子王の如し、久遠偈、神力品偈、普門偈を讀誦する間、大に疾走し後ち獅子吼さる、後ち神出でらる、我は文殊師利なり、山門（叡山）寺門（園城寺）の爭及び山門が京都の日蓮宗の寺院二十一ケ寺を燒討せし因緣（天文の法難）を解かん爲に玆に來る、前に出せし死靈は、智證大師なりと仰らる、夜、加持祈禱の時、此神出でゝ、台密の祈禱を示さる、病者の體へ大圓を畫き、眞言を唱へ、左右に拂ひ、獅子吼さる、弱き障礙ならば一度にて退散すべしと思わる、禪の一喝は是より來るか。

十二日朝、文殊菩薩出でらる心淸く澄む至極靜かなり、左手印を結び右手を一回轉され、死靈を呼寄せらる、此靈恐怖の狀を以て背に退く事四尺、前に倒れ轉々す、苦惱を感ず、頭べ痛む普門品偈に至り回復す、圓仁（慈覺大師）なり。

十二日夜、圓珍（智證大師）出でゝ語らる、自分の得たる佛法及入唐して學びし密敎を合せ、玆に顯密和合して最も完全なる敎法と思ひ之を弘めしも、我等唱題成佛の易行、本門壽量、當體蓮華の法には思ひ及ばざりき、今玆に來り明に既往の誤を知り謹で懺悔す、之より法華を廣宣流布すべしと誓わる。

十三日朝（靈媒平野）龍王出でゝ語らる、昔、佛敎により天竺より經典を守護して廣宣流布の爲め、東方の國（支那）に渡る、魏の文帝の代共に來りし、康僧鎧（天竺の僧）をして齎す所の大無量壽經を譯せしめ、佛法を興隆す、其後善導をして淨土敎を興さしめ、其後、最澄（傳敎大師）入唐の時、靑州龍興寺にて緣を結び日本に渡る、後ち貞觀六年相應和尙、叡山無動寺に辨才天として祀る、其頃、圓珍と縁を結び之を入唐せしめ、後ち園城寺の座主となし、我は境内に新羅明神と勸請さる、後ち良忍と結び融通念佛宗を興し又法然をして淨土宗を弘めしむ、良忍の過去は道綽なり、法然の過去は善導なり、善導の過去は康僧鎧なり、時來り法華に統一さる、山門、寺門の爭は、自分と共に最澄と日本に來りし文殊菩薩の眷屬は叡山を護る、後ち我は圓珍をして園城寺を起し戒檀を建つ、山門之を妨ぐ、茲に於て勢力爭となり、事々に紛擾起り、神輿振となり禁闕を犯し叡慮を惱し奉りしも戰ひ常に敗る、其勝つ能わざるを悟り、叡山に對抗せん爲に、過去に溯り、良忍、法然を世に出し念佛宗を興さしめ之を盛んにし、山門に勝つ、山門の念佛弘通を極力碍け、法然を苦しめしは故あるなり、又天文の頃、京の日蓮宗の二十一ケ寺を燒きしは、日蓮の弟子、諸宗を攻擊せし爲、各宗聯合軍を起し、山門の大衆を動かし、遂に燒討を爲さしむ、今改めて懺悔すと云わる、（山門の大衆の動きし裏面靈界の關係、南都佛法を興せし如意加樓羅王あり、平安の佛法起り、南都の佛法衰ふ、後ち此加樓羅王日蓮上人と縁を結び、平安朝の佛法を攻擊し日蓮宗を興す、山門は議論に勝つ能わざりし故、暴力を以て燒討せしは故あるなり）

代て文殊菩薩の眷屬出でらる、最澄入唐の時、五臺山にて縁を結び、歸朝の時共に來る、其後圓仁を入唐せしめ又叡山に文殊樓を建てしむ、叡山の守護神として今日に至る、汝の過去は、慈覺の弟子にして、常心と云ふ、陽成天皇御腦御平癒の祈念の際、大魔を退散させし時守護せしは我なりと語らる。

十三日夜、圓仁（慈覺大師）出でらる祖師（傳敎大師）より天台の義を受け、入唐して密敎を受け歸山後之を和合して最も完全なる敎と思ひ之を弘めん爲に祈念す、夢に日輪を射る、日動顚すと見、是れ余の目的の達する瑞祥なりと喜び、台密を開き天台の義を疎略にす、死して神より日輪を射しは大日經を打捨てよと示せしに大魔王あり之に逆に釋せしめ、遂に天台の義を亂すと聞き驚て悔るも及ばず、爲に多くの人を迷す、何の顏あつて祖師に見えん、嗚呼只慚愧あるのみと、懺悔さる。

十四日朝、讀經中、前に倒れ起き上りしに又左に倒る苦悶せる靈出づ、西塔坊覺範なり、語らく天文の頃、日蓮宗と山徒と法華宗の義を爭ひし時、山衆を率ひ都に入り暴力を振ひ二十一ヶ寺を燒却し、多くの僧俗を慘殺す、其罪により、今迄地獄に落ちて苦しむ、今漸く謝罪し苦を免るゝことを得たり、因果の報が天正の頃、織田信長の爲に叡山燒討さる恐ろしき事なりと云ふ。

十四日夜、文殊の眷屬出でらる、今迄獅子の姿なりしも、漸く元の姿にならる、獅子に乘る菩薩の姿なり、左手二本の指を立て印を結び、右手槍を構へ疾走さる、左手の印は攝受を示し、右手の槍は折伏を示す、圓仁、密教を弘めし爲、威力減少し前の如き姿となる、今元の姿に還る是れ法華經の威力なり、是より廣宣流布すべしと仰らる、代て圓仁出でゝ語らる、日蓮上人より、壽量本佛の開顯、事象の三千圓融、三大秘法、唱題成佛の義を聽て、迷夢醒たり、日蓮上人に依て大師（傳教大師）に見へ懺悔せり、大師默然として許し給ふ、今は何をか云はん、是より靈山に行き法を聽き、急ぎ再び人間に生れ、法華を流布し罪を償わん。其頃僧侶の入唐の盛んなりしは、彼地にて佛法を研究せんよりも新しき敎を得て之を日本に傳へ弘め開山となるを最大の名譽とせし時代なりしと、

阿那婆達多龍王出でゝ懺悔さる、永らく其方及び妻の體を借り種々の妨を爲せり、今眞に得道し、元の體となる、（金色莊嚴の姿にならる）是より法華の各道場を見學し、法華を廣宣流布すべし、今迄、圓珍、法然と共に働きしも、自分の意を表示するに、神と人との合一意の如くならず、漸く夢に知らせる位なりしかば、爲に多くの誤解生ず、汝の如く自由に感應する事を得るは、法華經の威力なり、衣食を憂へず、一心に弘敎すべし、諸天晝夜汝を守護し給ふ何ぞ憂ることあらん。

道場の神曰く、因緣全部得道せり、即ち左の如く解決し道場の神と勸請し奉る。

最正位　阿耨天王　阿那婆達多龍王
最正位　妙吉祥天王　文殊菩薩の眷屬

三月十五日勸請し奉り二十五日（佛敎傳來の時の神五十日祭相當）迄高松、以後前の諸天と共に七面山、能勢妙見山、熊野等各道場、御見學の事

融通念佛宗の開山	良忍上人外	三十六人
淨土宗開山	法然上人外	五十八人
台密寺門派	智證大師	外四十五人

台密山門派　慈覺大師外　貳百人

以上三月十五日、靈山淨土へ送る。

【昭和二年一月】寒行中、目連尊者と執杖梵志と鹿嶋香取の二神と靈山法華會五千人退座の因緣（詳細別記）の薫發中此の因緣薫發す。

一月十七日朝、讀經の時、傳敎大師來り給ふ、曰く世尊玆に居まし給ふ、我玆に來り法を修し衆生を救わんど仰らる。

十八日、願主、飯田民藏氏の祖先の因緣薫發す。

祖先飯田覺兵衛正則は織田信長の臣にて叡山燒討の時、諸堂に火を放ちし人なり、此惡因により、叡山の守護神赤山明神の爲に罰せらる、今、時來り玆に解く大師出でゝ赤山明神を呼び出し給ひ、宿因を解くべく仰らる。

十九日、赤山明神出でゝ、天文以來日蓮宗を迫害せし事を懺悔さる（天文の法難は叡山の僧俗三千人、大擧して京都日蓮宗の二十一本山を燒き、京都の半ば灰とす）

二十日、大神靈出るも物語なし、傳敎大師出で給ふ、世尊之を過去の天台智者大師に還し給ふ、讀經中横臥す、臨終の時の姿になる、以後二十七日迄、朝夕出でゝ讀經し加持し給ふ、心常に澄めり、此間に藥王菩薩と共に支那に出で天台宗を興されし神出で給ふ（二十日出で給し大神靈）大身迦樓羅王なり、佛勅により、藥王菩薩と共に支那に出で法華經を弘む、日本に傳敎と生られし時も共に出で法華を弘む。

此神日本に渡り、平安朝の佛敎を興し叡山に天台宗を立て、奈良朝の佛法を擊破さる、奈良朝の佛法を守護されしは如意伽樓羅王なり、玆に於て靈界に爭起る、然れども敎義は平安の佛法勝れたり、爲に勢力、平安に移る、議論に勝てざる故、僧兵起り腕力の戰となる、然れども、理の勝るゝ處、平安佛法は盛になり、奈良朝の佛法は衰退す。玆に於て、如意伽樓羅王は。身延に引退し給ふ。後ち日蓮上人出世の時。佛勅により守護し、叡山の迹門の法華を破る。此結果天文の法難となり。古來より天台宗と日蓮宗の爭は玆に基す。日蓮上人が身延に引退されしは。此神の導による。曩に天台宗の因緣の一部解けしも。此神出で給わざりしは、此因緣による、玆に天台大師の出現により玆に解けしなり。

二十八日夜、天台大師出で給ふ、我れ一念三千の大法を說く、本門を知らざるに非ず、之を同時に說けば混亂して衆生は解すること能わず、故に之を上行菩薩の出現の時に讓りしなりと仰らる、世尊神力を現じ大師を過去の藥王菩薩に還し給ふ、橫臥し、涅槃の時の姿にならる。

二十九日朝、藥王菩薩曰く、宿因玆に解け、世尊の御前にあり、是より法華を廣布すべしと仰られ。心淸く澄めり、現一切色身三昧に入り給ふ、大地六遍に震動す（船に乘つて靜かに、大まかに搖れる如き心持也）

三十一日、道場の主神、妙雲菩薩、御降臨あり、左の如く解決さる。

　藥王菩薩と共に支那に渡られし、大身迦樓羅王を當道場の守護神として勸請す、

　最上位　　妙諦天王

二月一日夜、式を行ひ勸請し奉る、見學隨意、以上

昭和四年一月薰發

台密の根本、慈覺大師と赤山明神の關係

一月寒行中、前に靈山へ送りし、金剛智三藏（詳細は後の

眞言宗に在）解くべき因緣殘りある爲道場に來らる、時に松本光太郞氏祖先關係より、織田信長の叡山燒討の時、赤山明神の社を燒拂し關係薰發し之を解く、此時赤山明神此道場に來らる、外に解くべき因緣ありとて日夜聽經さる、四月初旬に至り漸く關係判明す、赤山明神語らる、金剛智三藏の再來が慈覺大師なり、我は金剛智三藏と共に支那に入り、天台の一念三千の義を盜みて、大日經の義として弘宣せしのみならず、日本に渡り、慈覺となし天台の義を捨て台密を起すと、此大謗法の罪を懺悔し給ひ、最も鄭重に世尊を禮拜さる。

　傳に、慈覺大師入唐中、登川、赤山縣の神の援助加護を請し爲め、歸朝後、本朝に勸請せしも、生存中神祠を建つるに至らず、弟子遺命を奉じて、西坂本に神祠を建つ

　赤山明神是れなり。

赤山明神は慈覺大師の過去の金剛智三藏の昔より緣を結び給ひし摩醯首羅天の一族にて波羅門敎の神なり、玆に出で過去を語り懺悔し給ふ、台密の根本因緣解けたり。

四月四日より金剛智三藏の弟子の靈出でゝ聽經す、靈媒は常に苦惱を感ず、十四日に至り、藥明外三十四人得道す。

四月十五日左の如く赤山明神を道場の守護神と勸請す。

最上位　赤山天王　　見學隨意

金剛智三藏外築明外三十四名、靈山へ送る、　以上

昭和二年七月、薫發

【叡山日吉山王權現と】道場の主神荒熊菩薩の關係

日吉神社、史傳に、近江國滋賀郡、舊比叡山の西谷、と横川の間の小比叡に、大山咋神を祭り地主とす、後ち傳教大師歸朝の時之を神路山に移し小比叡と稱し地主とす、又大和の大三輪神社（祭神大物主神）を移し、山王と號し一宗の守護神とす、又、日吉大宮と云ふ一山二社を生ず、大山咋神を小比叡又は地主權現、波母山王と云ひ、大三輪の神を大宮、又は大比叡、大嶽山王と稱す、當時山王と云ふは此の二社に局り、此二社に對し神位を賜り、度僧を置かる其後五社を加へ山王七社と云ふ、尙其後に至り中七社、下七社を添へて都合二十一社となし、總じて、山王の名を附す、其山王の神、大三輪神とは如何なる神か、

【大三輪神社の緣起】

所在、大和國磯城郡三輪町の東三輪山、主神、大物主神二十二社の一にして、本國の一の宮と稱す、官幣大社也、大日本史曰く、崇神天皇七年春二月十五日、詔して曰く昔、我が皇祖、大に鴻基を啓きしより、聖業逾々高く、王風轉盛なり、意はざりき、今朕が世に當りて、數々災害あらんとは、恐らくは、朝に善政なく咎を神祇に取りたるならん、盍む神龜に命じて、以て致災の因る所を質さゞると、是に於て、天皇、神淺茅原に幸し、之を八十神にトし、乃ち大物主神を祭る、天皇、復た齊戒沐浴して、殿內を淸淨にし以て災を消さんことを祈る、夢に大物主神告て曰く、天皇何ぞ國の治らざるを憂へん、若し我兒、大田田根子をして我を祭らしめば、則ち國、速に治り、海外の國自ら當に歸服すべし、天皇、大に喜び、天下に布告して大田田根子と云ふ者を訪ひ求め、之を茅渟縣陶邑に得たり、（古事記に河内美努村）冬十一月八日、伊香色雄に命じて、神物を班つ者となして倭の大國魂神を祭らしむ、然る後ち、他の神を祭らんとトするに吉なり、乃ち八十萬の神を祭り天つ社、國つ社、神地《カムトコロ》、神戶を定む、是に於て、疫疾始て息み、年豐に、民安し、

八年冬十二月二十日、大田田根子をして、大物主神を祭らしめ、天皇之に臨めり、祭畢りて神宮に宴す。

神功皇后、韓國を討ち給ふ時、大三輪神社を筑前に建つ。

清寧天皇、幣帛を奉り皇子なき由祈禱せしむ、時に神敕により、小彦名命を邊津磐根に祭り給しかば、顯宗、仁賢の二王子を播磨に見得て迎へり。

稱德天皇、天平神護之年、大和、攝津、遠江、美濃、長門の地百六十戸を神封に充奉す。

文德天皇、嘉祥三年正三位を授け、尋て清和天皇、貞觀元年正一位を加へ、六月右兵庫頭藤原朝臣四時をして、神寶幣帛を奉り、九月幣使を差して雨風を祈る、凡て大神祭には四月、十二月上卯日を用ふ、初め瑞籬の朝祭を行ひしより後ち、醍醐天皇、昌泰元年三月に至つて敕して夏冬の祭を行わしむ、是後每年、內藏寮馬寮官人をして幣帛及走馬十疋を奉る、延喜の制、名神大社に列り、祈年、月次、相甞、新甞の案上官幣、祈雨の幣に預る。

一條天皇、正曆五年四月、中臣氏人を使して放火疫癘の御祈に幣帛宣命を奉り、長保二年七月、寶殿鳴動の故を以て幣を奉る、降りて明治五年官幣大社に列せらる。

大神氏又は大三輪氏、性は大己貴命（出雲大國主命と同人）五世の孫、大田田根子より出づ、其孫大友主、崇神天皇より大神君を賜ふ、或は單に三輪君と稱す、天武天皇十二年大三輪君に朝臣を賜ふ、元明天皇の時、大臣朝臣忍人氏上とす以下略、大神氏の胤、世々三輪神社の祀を掌り其本族は朝廷に仕へて、世々伶人となる。

大己貴命（大國主と同名素盞嗚尊の子又は六世の孫とも云ふ不詳）事代主神、天日方奇日方命、建飯勝命、健甕尻命、豐御毛主命、大御氣主命、健飯賀田須命、大田田根子命、大御氣持命、大友主命、崇神朝賜大神君、以上史傳終る。

八月十四日夜（靈媒前田）山王の大山咋命出でらる、我は叡山に昔より住し神なり、傳敎大師に、大三輪の神と共に祀られ、天台宗の守護神となると云わる。

十六日、道場の神語り給ふ、傳敎大師、歸朝の後、四天王を勸請し、持國天王を以て帝の守護神とし、後の三天王を叡山の麓に勸請し三王權現と云ふ。後世誤て山王權現と云ふ、大三輪の神との關係は、此神玆に來り、實地に働かる故に其名現れ、遂に史傳の如き誤を生ずと。

十七日朝、小比叡大山咋神出でゝ語り給ふ、我は神代より叡山に住し者なりとて本體を示さる、大なる白猿なり。

山王權現の眷屬は猿なりと云ふ原因玆に存ず。

代て大三輪神社の大物主神、本體を示さる、翼ある大龍にて頭に枝角あり黒雲の中に在り、曰く支那には有史以前西藏の高原より人類を導き黄河の上流に移住せしめ繁殖せしむ、之れ即ち漢族の祖先なり(詳細は支那の起原に詳にす)開化天皇の頃日本を慕ひ渡る、崇神天皇の時世に出づ、以後史傳の如し、と語らる、此神が我等を最初より導き給ひし我が道場の主神荒熊大僧正、今の荒熊菩薩ならんとは、省みれば、妙雲菩薩の原は出雲の神、又其原は國常立尊と共に日本に渡られし上世印度の最高神、韋《イ》紐《チウ》天なり。韋紐天は龍神及原人の母なり、玆を以て、大物主神は日本を慕て移り給ふ、其出雲系の子孫に出で給ふ宜なる哉、荒熊大僧正が主席を妙雲菩薩に讓られしは之に原く、又、我等と荒熊菩薩の久遠の關係は空王佛の頃、同族なりき。

十七日夜、荒熊菩薩出で給ひ、讀經され、忽ち黒雲を起し昇天さる、自分も連れらる、空中を飛行さるゝ事暫し轉輪聖王の許に行かる、聖王を拜す、王、寶輪を賜ふ、汝の思ふ如く爲せ、諸願を成就せしめんと仰らる、共に下界に降らる、

十八日朝、轉輪聖王出でゝ聽經し給ふ、右手に槍を取り、左手印を結び飛行さる、其何物も打碎く如き心持となる讀經後道場に上らる。

十九日二十日共、王出でゝ聽經し給ふ。

二十日夜、薫發の靈左の如く解決す。

最正位　日吉天王、大山咋命を道場の神と勸請す。

大田田根命を靈山淨土に送る。

【寺門と山門の戒壇の爭ひ】山王權現と新羅明神の爭史傳、後三條天皇三年冬十月二十九日、日吉社に行幸す、日吉社の行幸玆に初る、四年四月二十三日、初て日吉祭を修す。

五年、園城寺、戒壇建立の事を奏請したれども、延暦寺之を沮みたるを以て、其奏を可さず、大僧都勝範を以て天台座主となせり、故を以て園城寺の僧徒、之に平かならざりし。

法皇病まる、以爲らく新羅明神（園城寺守護神）の祟ならんと、自から祭文を作りて之を禱へども驗なし、五月七日法皇大炊御門弟に崩ぜらる。

白河天皇二年二月、延暦寺の僧、園城寺の僧と戒壇を建つることを爭ひて相闘ふ。

永保元年四月十五日、園城寺の僧徒、兵數百を率ひて、日吉祭使を凌辱し祭事を遂げしめず、二十八日、延暦寺の僧徒、兵を率ひて園城寺に赴く、園城寺の僧徒出でゝ之を拒ぐ、兵各數千、陣を列ねて未だ戰わず、晩に及んで、延暦寺の僧徒引き去る。

六月五日、使を遣わして日吉祭を修せしむ、園城寺の僧徒衆を率ひて之を邀ふ、九日延暦寺の僧數千、園城寺に入りて堂舍、房宇二千餘區を燒く、十八日使を園城寺に遣して檢察せしむ。

八月一日、園城寺の僧數千、將に延暦寺を燒かんとす、檢非違使に敕して之を禁ぜしむ。

六日、使を遣して幣を日吉に奉り、僧徒の戰爭を告げしむ山僧以て園城寺の僧と爲し邀へて之を射る、官使、禮を畢ふる能はず、僅に免れて還れり、十八日日吉祭を修す。

九月十三日、園城寺の僧三百ばかり、夜に乘じて延暦寺を攻む、延暦寺の僧、擊ちて之を殲す。

十五日、延暦寺の僧徒、園城寺を燒く。

長治二年正月朔、延暦寺の僧徒數千、祗園の神輿を奉じて闕に至り、園城寺の僧、證觀を訴ふ、二日敕して僧徒の請を許す、僧徒、神輿を奉じて還る。

崇德天皇、元永六年、閏三月二十五日、延暦寺の僧徒、園城寺の僧徒と鬪ひ、園城寺を燒く。

近衞天皇、康治元年三月十六日、園城寺の僧徒、延暦寺の堂坊を燒かんとす、延暦寺の僧擊ちて之を郤く。

十七日、延暦寺の僧徒、大津の民家を燒かんとす、園城寺の僧徒之を拒ぎて殺傷頗る多し（以上僧兵の關係より一部拔萃）

諸君、玆に天台宗の薰發したる隱にる靈界の神と神との關係と、此史傳を見て如何の感あるか、叡山の山王權現の荒熊菩薩は叡山の戒壇を守護し、玆に出でゝ本門の戒壇を作らる、園城寺の新羅明神は智證大師をして戒壇を建てんと努力されしも叡山に妨げられ、遂に之を放棄し、良念。法然をして淨土念佛宗を興し、叡山に對抗す、時來り玆に因緣解け本門の戒壇に於て統一さる、喜しい哉。　以上

眞言宗の因緣

史傳、眞言宗とは眞言陀羅尼を以て宗義とする故に名く、陀羅尼は之を總持と翻す、されば具には眞言總持宗と云ふ

べし、眞言とは眞實語言の義にて、眞とは眞實の略、乃ち虚妄の法に簡ぶ、其體即ち如義眞實語なり、法身如來、此の眞實語を以て一切如來秘密の義、自覺聖智殊勝の法門を說く、之を眞言と云ふ、總持とは、總は總括總該の義、持は攝持任持なり、眞言總持は、法佛の所主、秘機の所尊、一切衆生をして生佛不二の信解を生ぜしむる秘要の宗義にして、兩部大經所詮の義理、三三平等互相攝入の法門なり又即身頓成の內證法門なるが故に、密教、密藏、秘密教とも、秘密藏とも秘密一乘とも名づく。

起原、印度の摩訶毘盧舍那如來、從身流出の眷屬附屬、秘密金剛法界心殿の中に於て、自受法樂の故に、常恒不斷に自內證智の法門を說きしを始めとす、第五世金剛智、其弟子第六世不空と共に支那に來りて之を弘通せり不空之を第七祖惠果に傳ふ、我國にては、弘法大師空海を始祖とす、空海延曆二十三年入唐し、惠果に隨て密教兩部を受け傳へ大同元年歸朝して盛に密教を弘通す、空海の弟子に眞濟、眞雅、實慧、道雄、圓明、眞如、果隣、泰範、智泉、忠延の十哲あり、弘仁七年空海高野山を創し修禪の地となし、十四年嵯峨天皇、東寺を賜ひ、後ち經王護國寺の號を賜ふ

空海は之を以て本宗の根本道場とす、之を古義眞言と云ひ高野派、御室派、醍醐派、大覺寺派等なり、空海の入定を距ること三百年、正覺坊覺鑁、即ち興教大師出でゝ、高野に傳法院、大傳法院、密嚴院を創して學徒を教養せしが、後ち根來に退去して根來寺を再興す、正應元年、道曜大僧正賴瑜と協力して高野の大傳法院を根來に移して、之を新義眞言宗と公稱す、後ち專譽、玄宥の二師あり、專譽は道化を大和長谷寺に布き此流を豐山派と云ふ、玄宥は京都智積院に居り此流を智山派と云、根來の法派は遂に此兩山に傳わる、以上

【相傳に付き】台密は曰く善無畏三藏は胎藏界を相傳して唐土に將來し金剛智三藏は金剛界を相傳して唐土に將來す、仍て善無畏と金剛智と相謁する時、善無畏は金剛界の名を聞かず金剛智は胎藏界の名を聞かずと云へり、これ兩三藏互に兩界を習わざればなり、是の如く兩界の相傳各別なるが故に台密には二界各別の血脈を相承するなり、東密には此の間の消息を、金善互授の大事と稱し、善無畏、金剛智三藏は共に親しく兩部を傳授し對境に應じて一界のみを表とし說き居たりしも、弟子の疑惑を解かん爲、こと更

に互授を裝ひたるなりと解す。

【日蓮上人の眞言宗に對する敎判】七五三

開目鈔上、眞言宗とは、本は權經權宗なり、善無畏三藏、金剛智三藏（支那に渡り）天台の一念三千の義を盜み取て其上に印と眞言とを加へて超過の心を起す、其子細を知らぬ學者は、天竺より大日經に一念三千の法門ありけりとうちをもう。

【報恩鈔】一四八七　されば善無畏三藏は中天竺の國主なり、位を捨てゝ他國に至り、殊勝、菩提の二人にあひて法華經を受け、百千の石の塔を立てしかば、法華經の行者とこそ見へしが、然れども大日經を習しよりこの方、法華經を大日經に劣るとやおもひけん、始めはいたう其義も無かりけるが、漢土に渡りて玄宗皇帝の師となりぬ、天台宗をそねみ思ふ心つき給ひけるかの故に、忽に頓死して二人の獄卒に鐵の繩七つけられて閻摩王宮にいたりぬ、命未だ盡きずといゐ、歸されしに、法華經謗法とや思ひけん、眞言の觀念、印眞言等を投げ捨てゝ、法華經の今此三界の文を唱へて繩も切れ、歸され給ぬ、又雨の祈を仰付けられしに、忽に雨は下りしかとも大風吹て國を破る、結局死し給ひてありしには、弟子等集りて臨終いみじきようを、ほめしかど無間大城に墮にき、問て曰く、何を以てか是を知る答て云く彼傳を見るに云く、今、畏の遺形を觀るに、漸く加加縮少し、黑皮隱々として骨、其れ露也焉等云々、人死して後色の黑きは地獄の業と定る事、佛陀の金言ぞかし。

【强仁狀御返事】一三三五　大日本國、亡國たるべき由來之を勘ふるに、眞言宗の元祖東寺の弘法、天台山第三の座主慈覺なり、此の兩大師、法華經と大日經との勝劣に迷惑し、日本第一の聖人なる傳敎大師の正義を隱歿して已來、叡山諸寺は慈覺の邪義に付き、神護七大寺は弘法の僻見に歸す。其れ自り以來王臣邪師を仰ぎ。萬民僻見に歸す是の如き諂曲、既に久しく四百餘年を經歷し、國漸く衰へ王法も亦盡んとす、彼の月支の弗沙彌多羅王の八萬四千の寺塔を焚燒し、無量の佛子の頭を刎ねし、此の漢土の會昌天子の寺塔四千六百餘所を滅失し九國の僧尼を還俗せしめたる此等大惡人たりと雖、我朝の大謗法には過ぎず、故に靑天は眼を瞋らし、我國を睨み、黃地は憤を含んで動すれば天孼を發す、云々。

【報恩鈔】一四八一 高野山に本寺、傳法院といいし二の寺あり、本寺は弘法の建たる大塔、大日如來なり、傳法院と申すは正覺坊（覺鑁）の立てし金剛界の大日なり、此本末の二寺晝夜に合戰あり、例せば叡山、園城の如し、誑惑のつもりて、日本に二つの禍出現せるか、糞を集めて栴檀となせども、燒く時は但糞の香なり、大妄語を集めて佛と號すとも但無間大城なり、尼健か塔は數年か間利生廣大なりしかども、馬鳴菩薩の禮を受け忽にくづれぬ、鬼辨波羅門のとはり（帷）多年人をたぼらかせしが阿濕縛寠沙《アシフハクシイ》菩薩にせめられ破れぬ、拘留外道は石となつて八百年陳那菩薩に攻められて水となりぬ、道士は漢土をたぼらかすこと數百年、摩騰、竺蘭にせめられ仙經もやけぬ、趙高が國を取り王莽が位を奪ひし如く、法華經の位を取りて大日經の所領とせり、法王すでに國に失せぬ、人王あに安穩ならんや、日本國は慈覺、智證、弘法の流なり、一人も謗法ならざる人はなし。

【實現】

大正十年二月より十一年一月に亘り、佛教傳來の因縁熏發し、中間眞言宗の因緣熏發す。

十二月二十二日、眞言宗の因縁熏發す、大靈氣移る、夜風邪の如き心持になり、苦痛を感じ、涙出づ。

二十三日朝、頭痛起り終日苦惱す、夜讀經の時、大鬼神出でらる、頭髪逆立ち三眼にして赤色忿怒の相、白牛に跨り右手に三叉戟を持つ、曰く、我は摩醯首羅《マケイシユラ》天なり、佛法傳來の時共に日本に來る、汝の體にて得道せんとすと云わる。

二十四日朝、摩醯首羅天（以後、天と略す）出でられ大白牛に乘り右手三叉戟を取り之を脇に構へ、左手二本の指を立て印を結び、虛空を飛行す、其迅きこと疾風の如し、耳に風を切る音を聽く、斯くすること約二十分、身體疲勞し止む、午後淨心寺祖師に參詣す、天出でらるゝこと朝の如し。

二十五日朝、讀經の時、天出でられ飛行すること昨日の如し心持稍落附く、夜、死靈出でゝ聽經す。

二十六日朝、天出でゝ飛行さる、瞬時に戟の先に人の生首三つ、又人の生首十四五を連ね纓絡として首に掛くると見る、其首は生あるものゝ如く眼をパチパチさせる、餘りの無氣味に首を縮む、天に問ふ何故に斯かる慘害を加ふるや云く彼等は斯くなるべき所作を爲す、依て之を罰するなり首の珠數を掛けし儘聽經さる、二十七日朝夜共讀經の時天出でゝ聽經せらる。

二十八日夕、讀經後、天左右を顧みて曰く、我れ得道せんと欲す、我に隨わざる者は隨意に去れと眷屬に命令さる。

二十九日、天、得道され、神殿に昇らる、此天、體に在す時、三眼を以て物を視る、額の中央に視點を集める故に自己亂視となり物二つに見へ困りし、後ち回復す、以後二月二十一日迄の間に淨土宗と、曹洞宗と、菅公と時平、楠公と尊氏の因緣を解く。

二月二十二日、飛行する神出づ、摩醯首羅天の眷屬の如き心持す、語らく、元四國にあり弘法大師と緣を結ぶ者と云ふ、二十五日夜、此神出でゝ加持さる。

二十六日朝、讀經中、不快なり、移りし靈不快に思ふなり僧侶の靈なり。

二十七日、不快なる靈出づ、弘法大師なり、道場の神、大師に問わく、此土有緣の釋尊を捨て、大日如來を立て、最第一なる法華經を第三と下し、眞言の敎を開く、果して其所說の如く、即身成佛を得しや、汝の父母をして佛果を得せしめたりや、父母すら救ふこと能わずして、何ぞ衆生を救ふことを得ん、現に今最も困難なる白痴にして發狂して死せし靈(二十五日此死靈鎌倉の者なり引出し得道せしむ)を眼前に得道せしむ、法華經の現證、威神の力魏魏たるを如何に見る、速に本心に還り大謗法の罪を懺悔し、妙法に歸依し、眞に即身成佛すべし、弘法大師默然たり。

二十七日夜、荒ふる神出でらる、身體巨大にして滿身に力漲る、大股に歩き右手を揚げ體を構へ諸天神を睨み、名乘つて曰く我は金剛なり、前に出しは密迹《ミツシヤ》なり二神共に弘法大師の守護神にして、我は常に高野にあり、我等が主は摩醯首羅天なり前に當道場にて得道さる、今觀世音菩薩來り此因緣を解き給ふ(讀經中觀世音菩薩の尊容を拜し奉る、左手に寶瓶を持ち、右手柳の如き垂し枝を持ち給ひ、金色にして高さ三尺位の蓮華の上に立ち給)弘法大師茲に來り居らる、眞言の因緣は遠く天竺の龍樹菩薩に溯り、又釋尊御出世前の婆羅門吠陀に關係す、謹んで奉行すべしと云わる。

二十八日、死靈出づ、弘法大師の兩親なり聽經す。

三月一日、金剛神出でらる、我、得道す、と云われ禮拜さる、特に觀世音菩薩の御名を唱へ禮さる、大師の兩親得道す。大師之を見て默然たり。

一日夜、觀世音菩薩出でられ語らる、我れ佛敕により、眞言宗の因縁を解く爲に玆に來る、眞言の源は婆羅門敎の前吠陀の頃より起る、其頃より摩醯首羅天と共なり、釋尊成道前、敎を聽かれし婆羅門アララ仙人の產れ代りが、龍樹なり龍樹の後身が善無畏三藏なり、其後身が空海なり、龍樹が佛法を研究し、其要を取り大日經を造り眞言の敎を開く、過去の宿因、佛法を破折せん爲め起せしなり、我は其本尊とせられ、今日迄困惑す、今漸く時來り解く、と仰らる（偉なる哉日蓮上人の眞言亡國の箴言夫れ源遠し）

三月二日朝、讀經の時、心澄めり、撰法華經讀誦の時、叮寧に禮拜さる、後ち觀世音菩薩出で給ふ、法華經の現證を見て、空海得道す、他に引出す者あり、二三日かゝると仰らる。

三月二日夜、死靈出づ讀經中、頸に繩かけ背に引倒さる如き心持す、背に倒れ苦悶す、頭ベ痛み、吐氣を催す、覺鑁《ガクバン》なり（此人新義眞言宗の開祖）其苦惱を除く、神問て曰く汝の弘めし眞言にて即身成佛を得しや、死して如何の境を得しや、今現に其苦如何、自己の僻見より謬釋を作り、久遠實成の釋尊を、大日如來の草履取にも足らずと下し、諸人を欺き大謗法の罪を犯す、爲に死して地獄に落ち、今迄苦を受く、今法華經の威力により玆に引出し苦惱を除かる速かに既往の大謗法の罪を懺悔すべし、唱題の功德により救われん、覺鑁伏拜す、神三度題目を授けらる（覺鑁史傳參照）

三月三日朝、覺鑁出づ、過去の宿因とは云へ、大謗法の罪を犯し、長く地獄の苦を受く、今漸く脱することを得たり噫、唯慚愧あるのみ、と懺悔す。

代て金剛神出でらる、覺鑁得道す、覺鑁の過去は不空三藏なり、不空の過去は、釋尊成道前、問答せられし、火事婆羅門カラン仙人なり、他に僧多勢居るも皆得道せり、別に引出す用なし、摩醯首羅天及び自分は元と、天竺の高山に居りし者、四千年前より吠陀の守護神也。

三月三日夜、道場の神御降臨あり、一切得道す、左の如く解決す。

最上位　大自在天王　摩醯首羅天

金剛天王　金剛神

密迹天王　密迹神

三月五日當道場の守護神に勸請し各法華道場見學に立たる
　弘法大師、覺鑁上人、外僧侶、百八十名
三月五日夜八時、最も崇嚴に鄭重に式を行ひ、靈山淨土へ送る。
嗚呼、妙法の大威徳は思慮分別の及ぶ處に非ず、言說の盡す所に非ず、只默あるのみ、諸佛は微笑し給ひ、宗祖は歡喜し給ふべし、未だ得ざる者は罵り笑ふなるべし。

【大正十五年二月】眞言宗第二回因緣薰發す。

二月十二日夜（靈媒前田）神出でゝ語り給ふ、遠く世尊御在世の頃、摩竭陀國の阿闍世王と緣を結び佛法に反對し、王をして種々の惡事を爲さしむ、王の得道後、分離し後ち婆羅門敎を盛んにし佛法を破却す、後ち不空三藏と緣を結び唐に入り眞言の敎を弘め、日本に渡り、覺鑁（不空三藏の再來）をして、眞言宗、新義派を開かしむ、今、時來り玆に出づ、と既往を懺悔さる、黑色の枝角ある四足の大龍神なり、此神の示現が、倶利伽羅《クリカラ》不動明王なり。
倶利伽羅、龍の名、譯して作黑と云、伽羅は黑と譯す、則ち黑色の龍、此龍が劍を纏ふ形を以て不動明王の三昧耶形とす、倶利伽羅龍王經に時に不動明王の智火大劍、倶利伽羅大龍と變成す、四支有り。
之に依て省みれば覺鑁をして高野山に於て不思議を現ぜしめ、不動の姿に示現せしめしは、此神の所作なりし、又、覺鑁は高野に容れられず、新義派を立て反對せしは、此神と高野の守護神との爭なりし、大正十一年第一回眞言宗の因緣解けし時覺鑁出でゝ得道せしも、此因緣殘りしなり。

【大日如來の原籍】

十五日夜、神出で給ふ、最上位大自在天王なり（摩醯首羅天）曰く不動明王と大日如來の關係、及び大日如來の本體を說き給ふ、大日如來は摩醯首羅天、即ち大自在天の變化身なり、吠陀の昔に溯れば、大自在天、即ちラーガー（愛染明王なり、明王は身色日暉の如く熾盛輪に住する光明神、光明は一切を照す、故に毘盧遮那《ビルシヤナ》、即ち大日なりと仰らる我れ之を聞て啞然たり、思慮に及ばず、依て經證を求む。

【大日如來】密敎の本尊にして梵名を摩訶毘盧遮那と云ふ、摩訶は大の義、毘盧遮那は日の別名なれば大日と譯す又毘盧遮那は光明遍照の義、遍照如來と云ふ、又最高顯廣眼藏如來と云ふ。
大日經疏一に梵音、毘盧遮那《ヒルシヤナ》は是れ日の別名、即ち除暗遍明の義也、然れども世間の日は則ち方分を別つ、若し其外を照さば內に及ぶ能わず、明一遍にあり、一邊に至らず、又唯晝あり、光夜を燭せず、如來智惠の日光則ち是の如くならず、一切處に遍く大照明を作す、內外方所晝夜の別有る無し乃至世間の日、喩と爲すべからず、但是れ少分相似を取る、故に大名を加へ、摩訶《マカ》毘盧《ビル》遮那《シャナ》と云ふ。

【金剛界大日如來】　金剛界の曼荼羅五大月輪の中央輪五尊の中尊なり、色界の頂、摩醯首羅宮の不壞金剛光明心殿中に於て五相圓滿して始めて正覺を成する相にして修生の智德を顯したる智法身なり、其相は菩薩の像にして天人の狀に形り、頭は垂髮にして五智の寶冠を載き、手に智拳の印を結び、其色は淸白なり、𑖪𑖽《バン》字を以て種子とし三昧耶形とし密號を、遍照金剛と云ふ。

【胎藏界の大日如來】　胎藏界の中臺八葉院の中尊なり大自在天の廣大金剛法界宮に於て本有の理德を顯わしたる理法身なり、是れ菩薩形にして首に髮髻を載き、身に輕妙の衣を纏ひ、手に法界定印を結び、通身金色なり、（或は白色とも云ふ）𑖀字を種子とし率都婆を以て三昧耶形とし密號は遍照金剛

【自在天】　自在天外道の主神なり、梵語摩醯首羅は訛略正に摩醯濕伐湼、大自在と譯す、色界の頂にありて、三千界の主たり、此大自在天に二種あり、一を毘舍闍摩醯首羅と云ひ、一を淨居摩醯首羅と云ふ、毘舍闍とは鬼類の名にして摩醯首羅論師の祀る所、三目八臂ありて白牛に乘る者色界に住す、密敎には之を大日如來の應現となせり、此自在天種々の形を現じて種々の名を有す、韋紐天（？）那羅延天是れなり、淨居摩醯首羅とは第十地の菩薩、將に成佛せんとする時、色界の頂淨居天の上に於て大自在天子の勝報を現じ、勝妙の形を以て、佛位を紹き灌頂を行ふなり。

【不動明王】　梵名を阿遮羅曩他、不動尊又は無動尊と翻す、又阿奢囉逝陀、不動使者とも云ふ、密敎の諸尊を三輪身の分類に依て總別する時は、大日如來を一切諸尊の總體とし、之を自性輪身と爲すに對して、此尊を一切諸佛の敎令輪身と爲す、故に又諸明王の王、五大明王の主尊と稱せられ、密敎諸尊中大日如來と相並んで、最も廣く多數の祭祀を享く、不動明王は敎令輪身なる故大日如來の敎令を奉じて忿怒の形を示現し、一切の惡魔を降伏する大威勢を有する眞言王なる故、明王と稱す、又此尊は大日の華臺に於て已に久しく成佛すれども、本誓を以ての故に、初發身の

形を現じ、如來の童僕と成て諸務に給仕し、且つ眞言行者に給仕する故に使者と稱す。

【諸部要目に】此經中不動尊等は四十二地如來童僕使者此尊の密號は常住金剛と云ひ、其本地は大體に於て大日尊なる事勿論なれども、釋迦不動と稱する者に有りては釋尊を直接の本地佛と云ふべし、不動愛染の二明王は密教的本尊として最も廣多の祭祀を受くれども、就中不動は東台兩密に亘りて廣く重んぜらる、行法の祈禱的目的に至りては降伏、愛敬、鉤召等の一切に通ず。

【標幟の內】利劍、此に二義あり、一は中智の義、密宗の中道とは、諸法本不生、有空不二にして有の邊も本不生空の邊も本不生なるが故に本不生中道の劍を以て標幟とす、即ち中道の智は有の邊にも動せず、空の邊にも動せず故に不動尊と名く、二に降魔の義、魔は無始の間隔を以て其體とす、故に盡不二中道智の劍を揮ふときは、即ち無量の魔軍攻めずして自から降る故に標幟《シキ》とす。以上

玆に於て大日如來の原を知り、又不動尊と大日如來の關係及不動等に摩醯首羅系と倶利伽羅系の有る事を知る、此因緣を解かれし、當道場の最上位大自在天王は去る大正十一年眞言の因緣の解けし時、弘法大師を引連れ出で給し三眼六臂、白牛に乘られし摩醯首羅天にして、其時法華の守護神とならる、今時來り久遠の因緣を解き給ふ此神が即ち東密の大日如來なり、嘗て我に乘り給ふ、我亂視となり、既往を省みて戰慄す、嗚呼偉なる哉、法華經の大威力、此大因緣解く、驚歎し唖然たるのみ、眞言亡國の箴言、源夫れ斯の如し。

【實現】二月十六日夜

眞言宗の僧侶の靈、多數出づヱライコトニナツタ〳〵と云ふ。

十七日夜、眞言の僧多勢、大聲にて題目を合唱す、曰く不動尊より妙法眞言を唱へよとて、法華の題目を授け給ふ、故に我等合唱するなりと。

十八日朝、讀經後、大自在天王出で給ひ、汝の調べし如し我の久遠の因緣解けたりと大に喜ばる。

十八日、靈媒(前田)に苦悶する靈出づ(是より前十三日神より前田に引出す因緣あり特に每朝撰法華經讀誦を聽聞すべく命ぜらる)修法して苦惱を除く、金剛智と云ふ、神曰く汝の弘通せし眞言の法にて即身成佛を得しや、汝の現在の

境遇如何、三藏默然たり、神曰く今法華經の功德により瞬時に苦惱除かる、功德の較量如何、三藏伏拜す、神題目を授け給ふ、三藏唱題す。

傳に、金剛智は梵名跋日羅菩提《バサラボタイ》、三藏は尊稱、南印度摩賴耶國の人、婆羅門性なり、年甫めて八歲那爛陀寺に於て寂靜智により出家し三十一歲、南天竺に往き、龍智(龍樹の弟子)年七百歲にして、時に猶現存せし者に就いて七年承事供養し、一切の密敎を受學す、尋で獅子國に遊び楞嚴山に登る、支那の佛法の盛んなるを聞き、唐の玄宗開元七年廣州に達し、翌年東都に至る、慈恩寺に迎へ、尋で薦福寺に徙らしむ、住する所大曼荼羅壇を立てゝ四衆を度す、一行禪師、不空三藏皆其弟子なり、同二十年八月十五日洛陽の廣福寺に入寂す、壽七十一、灌頂國師と謚せらる、師は眞言宗八祖の第五、東夏に於ては之を始祖とす。

十九日朝、前田の體に、金剛智三藏出でゝ聽經す、物語なし夜も同じ。

二十日朝、法主の體に靈移る、聽經後、龍智と云ふ、體に苦惱を感ず。

傳に、龍智三藏は、龍猛(龍樹)の弟子、金剛智三藏、善無畏三藏の師にして密宗の第四祖なり、壽七百歲を踰へて、面貌少壯の如し、善無畏は胎藏界の相承を得、金剛智は、金剛界の相承を受け、支那に入つて法を弘む。

二十日夜、大自在天王出で給ふ、依て龍智の壽七百歲と傳にあるも誠なりやと問ふ、神答へ給ふそは誤傳、龍樹は百二十歲、龍智は九十歲にて歿す、其法を金剛智に傳へしは龍智の靈をして三昧中に色身を現ぜしめ說かしめしなり、善無畏に於けるも同じ、眞言宗の破綻の初まりは、善無畏と金剛智の相承の誤りより、兩部を立て、(兩部とは金剛界胎藏界)敎義を混亂せしに初まる、と云わる。

二十一日朝、前田の體に、金剛智三藏出でゝ過去に於ける謗法の罪を懺悔さる、後曰く釋尊御出世の本懷たる法華經により佛道に入ることを得たるは、優曇波羅華に遇ひたる如く、我即歡喜、諸佛亦然と大に歡喜さる、夜、龍智三藏出でゝ聽經し給ふも物語なし。

二十二日朝、大自在天王出でゝ語らる、大日經は、我れ龍樹に乘て作らしむ、蘇悉地經は、龍智をして善無畏に乘て書かしむ、金剛經は、龍智をして金剛智に乘つて書かしむ此時各自の已心より金剛界と胎藏界の二つの說出で、轉化して兩界の曼荼羅となり、釋尊を下げ、遂に謗法の大罪を造り今日に至る、今解くべき時到れりと仰られ上らる。

【大日經】は本名大毘盧遮那成佛神變加持經と云ふ、毘盧遮那は日の別名なるを以て大日と譯す、唐の善無畏三藏譯一部七卷、前六卷は經文、第七卷は其供養法なり、秘密部の一にして胎藏界の本經なり。

【金剛頂經】眞言敎、三部經の一、是れ梵本十萬偈十八會の惣名なれば現今流布の金剛界の諸經に通ずれども殊に三本を主とす、一に不空譯、三卷の敎王經、具名、金剛經一切如來眞實攝大乘現證大敎王經、十八會の第一會に四本ある內其一本、二に施護譯三十卷の敎王經、第一會の四品を悉く譯せし者、三に金剛智譯、四卷の略出經、且名、金剛頂瑜珈中略出念誦經已上三本共に金剛頂經と稱す、但し尋常指す所は第一本なり。

【蘇悉地羯羅經】譯妙成就業經、三卷、唐の輸婆迦羅譯（善無畏三藏の梵名）淨師子と云ふ義を以て之を譯して善無畏と爲す、中印度摩訶陀國の人）密宗三部經の一、蘇悉地の法を說く、眞言敎一百餘部の內、皆速疾成就の法を說けども、此經殊に至極なれば妙成就法と名く。

【覺阿問答抄中】廣名目六、秘藏記抄三、等に此の兩界は本來對立すべき者に非ず、後世の譯者が强いて兩界の一致をはかる爲に附會して秘傳とせる說多く、以て後世を迷わす者多し、胎藏の一門及金剛の一門各一多、因果、理智等を具せること明白なり、解釋の手段としては對立は不可なけれども、强て相對立せしむべきにあらず、（眞言家の內にも達觀せし人あり）

眞言家の內に兩部相對、兩部不二、兩部勝劣等の論あるも略す、神旣に其本源を告げ給ふ、故に探索の要なし。

意外なる因緣の薰發により調べた經證の一分を記す。以上

二十二日夜、讀經後、道場の神、大鳳天王出で給ふ（元支那の神）支那にて金剛智三藏と緣を結び、眞言の敎を弘む龍智、金剛智も得道せりと云わる、以後朝夜、讀經の時、僧の靈出でゝ聽經す。

二十八日、道場の神曰く、眞言の傳燈せし僧十八名得道せり、左の如く解決す、神は道場に勸請す。

最正位、俱利伽羅天王、不動と顯はれし俱利伽羅龍王
龍智三藏、金剛智三藏、眞言宗傳燈僧　十八人

以上三月二日夜、法要し神は勸請し、死靈は靈山に送る。昭和四年一月薨發、叡山慈覺大師と、赤山明神の關係解け金剛智三藏の再來が、慈覺大師にて、爲に台密を興せし因縁薰發す。前の天台宗の因緣に記す、綜合の故に前後せり

眞言宗に對する日蓮上人の批判

唱法華題目鈔（三四六）に曰く、疑て曰く唐土の人師の中に慈恩大師は十一面觀世音の化身、牙より放光、善導和尚は彌陀の化身、口より佛を出す、この外の人師通を現じ德を施し三昧を發得する人世に多し、何ぞ權實二經を辨へて法華を詮とせざるや、答て曰く阿竭《アカダ》多仙人外道は十二年の間耳の中に恒河の水をとゞむ、婆藪《バソ》仙人は自在天となりて三目を現す、唐土の道士の中にも張階は霧を出し欒巴は雲を吐く、第六天の魔王は佛滅後に比丘比丘尼、優婆塞、優婆夷、阿羅漢、辟支佛の形を現じて四十餘年の經を說くべしと見へたり、通力を以て智者愚者を知るべからざるか、唯佛の遺言の如く一向に權經を弘め實經をついに弘めざる人師又は權經に宿習ありて實經に入らざらん者は、或は魔にたぼらかされて通を現ずるか、但し法門を以て邪正を正すべし、利根と通力とにはよるべからず。

【開目鈔曰く】兩界の曼荼羅の二乘作佛、十界互具は一定大日經にありや、第一の誑惑なり、故に傳教大師曰く新來の眞言家は筆授の相承を泯し、舊到の華嚴家は則ち影響の軌模を隱す等云々

【大學三郞御書曰く】（一二六八）華嚴眞言の兩宗は天台以後に之れ有り、華嚴宗は則天皇后の時之を立つ、眞言家は玄宗の時善無畏三藏之を渡す、但し天竺に眞言宗の名之れなし、善無畏三藏、大日經を以て宗となす、之れ故に猥りに天竺の宗と稱するか、此二宗共に十界を立つ、但し天台宗以後なり智者大師の巧智を偸盜して自身の才財と號するか。

【祈禱鈔曰く】（九一一）大日如來は如何なる人を父母とし、何なる國に出で、大日經を說き給ひけるやらん、もし父母無くして出世し給ふならば、釋尊入滅以後、慈尊出世以前五十六億七千萬歲の中間に佛出でゝ說法すべしと云ふ事、何なる經文ぞや、若し證據無くんば誰人が信ずべきや

かゝる僻事のみ構へ申す間、邪教とは申す也。

【大日如來の有名無實】法華眞言勝劣事、四九八
又諸經には、始成正覺の旨を談じて、三身相即の無始の古佛を現わさず、本無今有の失有れば、大日如來は有名無實也。

【開目鈔下】然るに善男子、我實に成佛してより已來、無量無邊、百千萬億那由陀劫なり等云々、此の文は、華嚴經の始成正覺、阿含經の初成、淨名經の始座佛樹、大集經の始十六年、大日經の我昔生道場等、仁王經の二十九年、無量義經の我先道場、法華經の方便品の我始座道場等を一言に大虚妄なりと破る文なり、此の過去常顯るゝ時、諸佛皆釋尊の分身也、爾前迹門の時は諸佛釋尊に肩を並べて、各修各行の佛なり、かるが故に諸佛を本尊とする者、釋尊を下す、今華嚴の臺上、方等、般若、大日經等の諸佛は皆釋尊の眷屬なり。

偉なる哉、日蓮大聖人の六百年前の箴言は、今日、本門の戒壇に於て實現し、大日如來は、釋尊の眷屬となり、名を大自在天王と改め、因緣を解き、法華の守護神となり廣宣流布を誓はる、妙なる哉、法華經の威德、聖なる哉、本門の戒壇。

禪宗

史傳、禪宗、佛教の一宗、禪とは梵語にして具には禪那と云ふ、靜慮とも定とも譯す、乃ち禪定を修して、心性を悟得するを宗義とするが故に禪宗と名く、名相言教に拘泥せずして、佛陀の心印を單傳するものなるが故に佛心宗とも名く。

起原、釋尊成道後、四十九年の間、大小權實の諸經を說きし後ち一日梵天王靈鷲山に至り、金色波羅華を以て佛に献じ、大衆の爲に說法せん事を乞ふ、佛、法座に登りて其華を拈す、大衆解することなし、獨り摩訶迦葉尊者、破顔微笑す、佛曰く、吾に正法眼藏涅槃妙心あり、摩訶迦葉に附囑すと、禪宗は此に淵源すと云ふ、其後、阿難、高那和修、優婆毱多等二十八傳して、菩提達磨に至る達磨、其師般若多羅の遺志を奉じて支那に來る、實に梁の大通元年九月二十一日とす、北魏に行き、小林寺に止りて終日打坐面壁す慧可、儒を捨て師に投じ、雪夜臂を斷ちて法を求む、達磨爲に法を授け、並に衣鉢を遺して信を表す、爾來僧燦、道

信を經て弘忍に至りて、二派に分る、即ち慧能は南宗を開き、神秀は北宗を開く、慧能の下に二派を出す、一を南嶽懐讓とし、一を青原行思とす、南嶽の後ち臨濟宗となり、青原の後ち曹洞となる、而して本邦に於ける傳來は、文德天皇の御宇に、齊安國師の上足、義空禪師、橘皇后の招に應じて、我が邦に來り山城の西山に檀林寺を創して始めて禪宗を唱ふ、然れども時機未だ熟せず、傳法其人を得ず、終に支那に還る、此外、道昭、行表、傳敎、慈覺、覺阿等の諸師、皆禪宗を傳へたれども、皆其傳を失ふ、文治中、能忍弟子を宗に遣して禪宗を傳へ、榮西宗に入り、建久二年臨濟宗を傳へ、道元亦た宗に入り、安定二年禪宗を傳へたるより入宗傳法する者甚だ多く禪宗漸く弘通し、北條、足利二氏執政の間最も其隆盛を極め、京都、鎌倉に五山十刹の大禪刹競興したり、降りて江戸時代に入り、承應三年、名僧隆琦(隱元)歸化して臨濟の一派を傳へ、後ち黄檗宗と云ふ、是より禪宗に、臨濟、曹洞、黄檗の三宗あり。

【曹洞宗】支那の相承は禪宗にあり略す。

起原、承陽大師、道元、宋域に入り摩訶迦葉より五十代洞山より第十三世の祖、天童如淨に參得し、曹谿洞山の的傳即ち正法眼藏涅槃妙心を究竟證契し、歸朝、後ち四條天皇天福元年春、山城宇治に興聖寺を創め、始めて本宗を開く寛元二年秋、越前に永平寺を建立す、後嵯峨天皇敕願道場に定めらる、之を本邦、曹洞宗の起原とす。

日蓮上人の敎判

諸宗問答鈔

禪宗の法門は或は敎外別傳不立文字と云ひ、或は佛祖不傳と云ひ、修多羅の敎は月をさす指の如しとも云ひ、或は即身成佛とも云ひ、文字も不立、佛祖も不立、敎法にも依らず、修學もせず、畫像木像をも信用せずと云ふや、反詰して云く佛祖不傳に候はゞ何ぞ月氏の二十八祖、東土の六祖とて相傳せられ候哉、其上迦葉尊者は何ぞ一枝の花房を釋尊より授けられ、微笑して心の一法を靈山にして傳へたりとは自稱する哉、又祖師無用ならば何ぞ達磨大師を本尊とする哉、又修多羅の法無用ならば何ぞ朝夕の所作に眞言陀羅尼をよみつるぞや、首楞嚴經、金剛經、圓覺經等を或は談じ或は讀誦する哉、又佛菩薩を信用せずんば、何ぞ南無三寶と行住坐臥に唱る哉と責む可き也。

又云く禪宗は天魔破旬の說と云々、此れ又日蓮が私の言に非ず、彼の宗の人人云く、教外別傳と云々、佛の遺言に云く我經の外に正法有りと云わば、天魔の說なり云々 教外別傳の言、豈に此科を脫せん乎、（行敏訴狀御會通）

禪宗は下賤の者一分の德ありて父母を下るが如し、佛をさげ經を下だす、此れ皆本尊に迷へり、例せば三皇以前に父を知らず人皆禽獸に同ぜしが如し、壽量品を知らざる諸宗は畜に同じ、不知恩の者也、（開目鈔下）

禪宗と申す宗は、敎外別傳と申して釋尊の一切經の外に迦葉尊者に密にさゝやかせ給へり、されば禪宗を知らずして一切經を習ふものは、犬の雷を嚙むが如く、猿の月の影をとるに似たり云々、此故に日本國の中に不幸にして父母に捨てられ、無禮なる故に主君に勘當せられ、或は若なる法師等の學文に懶き、遊女の物狂しき本性に叶へる邪法なる故に、皆一同に持齊になりて、國の百性を喰ふ蝗虫となれり、然れば天は天眼を怒らし、地神は身をふるう。 撰時鈔

一二二〇

【實現】大正十一年二月初旬薫發

【曹洞宗と地藏尊の因緣】

深川區木場町九番地、松本光太郎氏宅に千年餘經たる、等

身大の木像の地藏尊の立像あり、右手錫杖を持ち、左手寶珠を受く、數年前讓受たる者にて、元と鎌倉にあり雲慶の作なりと云ひ珍藏す、此因緣薫發す（口繪參照）

二月七日より祈禱を初め二月十四日より物語あり。

地藏尊出でゝ（靈媒平野）物語さる、欽明天皇（紀元千二百十二年）の佛法傳來の時、佛像と共に百濟より來りし、地藏尊像にて身の丈一尺餘、鑄金にして座像なり、佛像と共に難波の堀江に投ぜられしも、其後聖武天皇天平十七年僧行基、難波の江を堀り此像を得、大和生駒菅原寺に祀り奉仕す、其後約百年嵯峨天皇の頃火災に遇ひて燒失す、其後、十數年經て聖德太子の後裔にして奈良に住む正眞《マサオミ》と緣を結び、正眞が精心込て三年の日を費し苦心して作りし像が、今松本の宅にある像なり、其時、興福寺の金堂の左方に祀らる、其後治承四年（此間約三百四十年）平重衡、興福寺を燒きし時持出され附近の寺に預けられ、建久六年、源賴朝南都大佛供養の時、畠山重忠、此地藏尊を懇望し鎌倉に還る、重忠歿後、今の建長寺の裏山に祀られ。後五十年餘經て、北條時賴をして建長寺を建てしむ、地藏堂は其後種々の災に遇ひ、後六百五十年維新の騷動にて堂は燒か

れ像は井中に投込まる、佛師屋之を拾ひ後、鎌倉の三橋（料理店）之を買ひ後東京の高橋（市川左團治）之を買ひ、又松本光太郎の手に渡り今日に至ると、

此の地藏尊の本體は、釋尊靈山に於て法華經御說法の時其席に連り給ひし、護法神、大滿伽樓羅王にして、佛敕により百濟より地藏尊の像に乘つて日本に渡られ給ひしなり、地藏の本願、大慈大悲を以て衆生を濟度すること、猶大地の一切の淨穢を保つが如く此の願を滿ぜん爲、大忍力を出して今日迄一切を忍び給ひ、今佛敕に依て玆に出で給ふ、是より法華廣宣流布の爲大に盡力すると仰らる。

二十日朝、大滿伽樓羅王出でゝ語らる、天智天皇の頃、僧行基と共に世に出で、諸國を巡り數十の寺を建て佛法を興隆す、又道路を造り溝渠を堀り、橋を架け、大に國を開發す、又行基をして靈異を行わしめ、病者を助け法を弘む、又行基をして難波の堀江を浚渫せしめ、地藏の像を出さしむ。

傳曰、行基姓は高志氏、百濟國王の胤、和泉大鳥郡の人天智天皇七年生る、十五歲出家して、藥師寺に居る、瑜珈唯識等の論を新羅の慧基に學び、又義淵に從て學ぶ、二十四歲具足戒を德光法師に受く、基、行化を事とし過る所、險難に遇へば、橋を架し路を治む、其地の耕墾すべきを指して、某水の溉灌すべきを點し、渠池を穿ち、堤塘を築く、計畫功績日ならずして成る、人民後世に至る迄之に賴る、王幾之內精舍を建ること四十九、其他諸州にも往々建立す、私に沙彌を度する罪を以て獄に入れらる、後ち赦に逢ふ、聖武天皇之を敬重す、天平十七年大僧正となる、大僧正任官の始なり、二十一年正月皇帝菩薩戒を受く、依て大菩薩の號を賜ふ、二月二日菅原寺東南院に寂す、年八十二、以上

二十一日、地藏尊を彫刻せし、正眞出づ、夢に地藏菩薩の御姿を拜すること連夜、之を彫刻せんと願を起し、三十六歲より作り初め三十九歲にて成就す、之を興福寺の金堂に祀り、自身奉仕し六十餘歲にて歿す、

代て大滿伽樓羅王出でゝ語らる、三河の奧山半僧坊として示現せしは我なり、又應永の頃、了奄明慧と結び、小田原最乘寺を建てしむ、道了の因緣を解くと仰らる。

二十一日夜、道了出づ、自分は怪力あるに任せ、大王の眷屬と共に大に働く、工就り後ち十七年、了奄上人六十九歲

にて歿せらる、其時大王我に乘つて永く山門を擁護し又八苦を拔濟し衆生を利益せんと仰らる、時人誤て我を大王の化身なりと思ひ、我が名を以て大王の像を祭り混合して、道了菩薩と勸請され、今日に至る、時に年五十歳位なり、我の死する時を知らず、今大王の出世に隨ひ、玆に出で此誤を訂す事を得たり。

案ずるに彼れ道了は、大王の移られし時、憑附狀態となりしも、彼れの未熟なりし爲、正氣に歸らず、半狂亂になり誇大妄想、自から神なりと思惟せしと寺僧は秘して奥の院に匿し、神秘を流布し道了菩薩と勸請せしならん故に彼れ道了の靈は發狂狀態の儘、死去せし故、其時を知らず、今に至るも深夜、御供とて、山上に飯を運ぶ式あり、是れ道了の發狂生存時代の食を送りしが、今日の式となりしか。此靈は强情にして自尊心高く、法華に入るを喜ばざる風あり、心常に穩かならず、大王に引出され餘義なく來りし心持す。

宜なる哉、昭和三年、小田原、最乘寺全燒す、(道了菩薩の祭ある寺) 神之を燒き給ふか。

二十二日、曹洞宗の開祖、道元禪師出でゝ語らる、佛法の奥義を究めんとし叡山に登り、又榮西禪師を師とす、其後、宗に渡り曹洞宗を學び日本に傳ふ、是を最も完全なる佛法と思へり、然るに星移り時變り、世は益々鬪爭の世となり、僧すら猶、禪を修する者稀にして、衣食の爲に僧となる、宗風亂れ念佛に傾く、之を改めん爲に苦心す、今漸く其緒を得たり、然るに思きや、突然、神の爲に玆に連れ來らる、是より法華三昧に入り唱題成佛の義を了せん、と云わる。

神曰く、道元禪師の過去は行基なり、行基の生家は百濟王の後裔なり、大王日本渡來前より緣を結び給ふ、道元禪師の再來が前の管長石川素堂なり、本山を能登より武州鶴見に移す、大土木工事を完成す、是れ行基の頃より土木建築に趣味を持つ宿因の薫發する所、出生の都度、大工事を起す、鶴見の設計を自から爲せしは故あるなりと仰らる。

二十五日夜、大王出でゝ語らる、地藏尊像鎌倉に移され畠山の邸に在る頃(約一年後)河津三郎の遺子、箱王、一幡(後の蘇我兄弟)由井ケ濱にて頸討たれんとす、如何にも不憫と思ひ、前夜、重忠に夢にて知らせ命請さす、其頃の幕府の勢力は强大にして一度出せし死刑の宣告は變更すること無かりしも、淳々として佛法の功徳を說かしめ之を救さしむ、又戊申の災以來像は諸々轉ぜしが、靈は鎌倉に留む現今一の鳥居前にある畠山重忠の墓は、其頃忠義な臣が、重忠の手にし居りし扇子一本を埋め建し墓にて、之に靈を止め、諸人の咳一切を治す。（此墓今道路の傍にあり墓標一つなれど參詣人常に絕へず、咳一切を治す、治りし者は御禮に茶を瓶に入れ供へあり）重忠は佛法信仰の人にて、多くの佛像を南都より持參し長谷寺に寄附す、然るに今散逸せんとすと歎かる。

【地藏尊の像と松本蝶の關係】

蝶女は松本氏の妻なり、此人の過去に付神語らる、蝶は源氏の頃、畠山重忠を幼少の頃より育てし乳母にて桐の谷と云へり、重忠、南都より多くの佛像及地藏尊を持歸り自宅に置くも後ち一族滅亡の時、散り〳〵となり、或は寺へ納められ、又在家に別かたれ、甚だしきは小供の玩弄物となる、乳母は地藏尊を此儘捨て置くことは重忠に申譯なく、又勿體なく思ひ、其頃鎌倉、山の內に寺と申す程ではなきも、或る武士の未亡人が念佛三昧せし庵室ありて是に安置せんと思ひしかど、荒れ果てゝ是を修理する蓄財もなく。遂に自分の櫛笄を賣て、自から茅を苅り屋根を直し板を張り替へ。雨露を凌ぐ迄に爲し、地藏尊を安置し、主家の菩提を弔ひ恩に報ひ、七十三歲迄奉仕して歿せり、時人之を附近の竹藪の中に埋む。其後世亂れ、日蓮上人御布敎の頃は住む人も晉づるゝ人も無く、其後淨光明寺へ納めらる、其後文祿年間、佛法に志す者あり堂宇を再興されしも、又暫くして雨洩り風荒れ、其後は不明にして、慶長年間に建てし堂が維新の廢佛毀釋の騷動の時、燒かれしなりと。此物語されし神は、本人桐の谷の頃、信仰せし、八幡境內の白旗神社の眷屬なり、是の神を本人の守護神とす、此過去の宿因にて、地藏尊松本に來らる。

三月三日夜、地藏尊の大滿伽樓羅王を當道場の守護神、

最正位　大滿天王、と勸請し

道元禪師外曹洞宗、僧侶靈　百五十名

三月五日夜、式を行ひ、神は見學に立たれ、死靈は靈山に送る。

昭和三年八月二十五日　願主　松本光太郎

八月十八日、松本參詣に來る、地藏尊出で給ひ解くべき因緣あり一週間、道場に通ふべく命ぜらる。

二十四日物語す（靈媒前田）宗祖御在世前、此像を信仰せし者あり、扇ケ谷の彦兵衛と云ひ、其後、鎌倉の淨光明寺へ納めしも（眞言宗）後ち住職、觀海之を賣却し、宗祖御在世の時の大地震にて堂倒れ住職觀海壓死す、此因緣を解かん事を乞わる、代て觀海出づ腰を打たれ苦悶して死す修法して苦痛を除く、又宗祖御在世、鎌倉に疫病流行し死する者多し、其内罪無き小供が疫病で死ぬを憐み、多くの小兒を助く、以後も小兒の疫病を助くべし、宗祖時代、三浦地方の疫病の死者六百人引出し得道せしめたるにより靈山淨土へ送るべく賴まる。

八月二十五日、彦兵衛、觀海、疫病死者六百人の靈を送る

昭和參年三月薫發

三月十七日、曹洞宗前管長、荒井石禪師出でらる、三月十日頃法師の體に、大滿天王連れ來られしものにして、朝夕聽經さる、（靈媒前田）、出でゝ語らる「池月を眞如の月と思へり、此の道場に來り法華經を聽き、大に得る處あり、袈裟も脱き珠數も捨て歸依す、と云わる、禪師に死後の有樣を聞く別記にあり略す」四月四日靈山に送る。　以上

昭和四年四月薫發

臨濟宗の因緣

四月十六日より臨濟宗の因緣薫發す、大滿伽樓羅王の關係なり、榮西禪師出でゝ聽經し給ふ、以後多勢の僧出でゝ聽經さる。

史傳、臨濟宗は、禪宗五家の一、曹溪の六祖慧能より南嶽、馬祖、百丈、黃檗を經て臨濟の義玄に至り一家を張り臨濟宗と稱す、即ち慧能六世の孫なり、又臨濟より六世の孫を石霜の圓禪師とし、圓禪師の許に、揚岐、黃龍の二派を分つ、吾朝には建仁寺の國師榮西、後鳥羽帝の御宇に入宗して黃龍八世の孫、東林寺の虛庵懷敞禪師に繼承し、東福寺の聖一國師辨圓、四條天皇の朝に入宗して揚岐九世の孫、經山の無準和尙に嗣法して歸り、爾後臨濟の家風、日東に滂沛せり。

四月二十二日、靈媒前田に無理に引出されし僧靈出づ。

二十四日、靈媒の體に、偉大なる體格の僧、手を衣の裏に入れ胸部にて印を結び出づ、其時、今此三界、皆是我有の經文を金字にて見る（大さ六寸位の字）後ち僧靈語らる、達磨なりと、達磨大師なり、曰く玆に來り日蓮上人より、

種、熟、脱の關係を聞き、衆生教化の機を誤りし事を、悟る、僧侶さへ内に修むることを忘れ、徒に外に求め、六欲煩惱の岐に迷ひ、餓鬼道に墮つ、思惟靜慮を以て涅槃の妙心を悟らしめんは、末法の衆生の堪へざる所、我等機を誤りし事を明に知る、是より日蓮上人の弟子となり、唱題成佛の義を究めん、と云わる。

史傳、達磨、具さには菩提達磨と云ふ、道法と譯す、南天竺の刹帝利種なり、父王を香至と云、磨は其第三子なり、もと菩提多羅と名く、後ち二十七祖、般若多羅に遇ひて法を嗣ぎ、多羅を達磨と改む、梁の普光元年、海に泛び廣州に着く、帝之を迎へて建業に至らしむ、問て曰く、朕即位以來寺を造り經を寫す、何の功德がある、磨曰く無功德、帝曰く何をか眞の功德と云、磨曰く淨智明圓、體自ら空寂、是の如き世を以て求むべからず、帝曰く如何が是れ聖諦第一義、磨曰く、廓然無聖、帝曰く朕に對する者は誰ぞ、磨曰く不識、帝悟らず、遂に江を渡て魏に之く、後魏の孝明正光元年なり、嵩山の小林寺に止て終日壁觀す、壁觀婆羅門と號す、光明帝之を聞き三召すれども起たず、後、慧可を得て法並に衣を付す、附法偈に曰く、吾本來二茲土一傳法救二迷情一、一華開二五葉一結果自然成、又曰く此に楞嚴經四卷あり、如來の極談の法要、今並に汝に付す、梁の大通三年寂す、其年熊耳山に葬る、梁の武帝碑を製して德を讃し、唐の代宗、圓覺大師と諡す。

【實現】四月二十五日朝、榮西禪師出でゝ聽經さる、代て神出でゝ曰く、榮西の過去は達磨より法を稟し慧可なりと仰らる。

二十五日夜、世尊御降臨まし自から加持し給ひ、多數の禪僧の靈を得道せしめ給ふ、後に神語り給ふ、達磨の過去は世尊の弟子ビンヅル尊者なり。

二十七日迄、朝夜、僧靈出でゝ聽經す、夜、神出でゝ曰く是より緣覺の靈を引出す故、勤め精進し修法すべしと命ぜらる。

五月四日、臨濟宗の關係の左の靈を靈山淨土に送る。

達磨大師、榮西禪師、外千七百貳拾人　以上

淨土眞宗

史傳、淨土眞宗は常に略して眞宗と稱し、又一向宗とも稱す、明治五年三月、眞宗と稱せしむ、現今本朝二十宗の一後堀河天皇元仁元年、見眞大師、親鸞上人、稻田に於て敎行信證文類を撰す、是に於て淨土宗より淨土眞宗の一派獨立す、本宗殊に彌陀眞實の敎を弘むるの意を以て淨土往生の正因となし、信後相續の稱名を以て佛恩謝德の行業とす且つ其宗規は、蓄妻噉肉を許し、別に持戒を要せず、倫理綱常通じて世の修齊に同似するなり、此宗今十派に別る、本願寺派、大谷派、佛光寺派、高田派、木邊派、興正寺派出雲路派、山元派、誠照寺派、三門徒派以上十派總じて淨土眞宗と稱す。

宗祖の敎判、宗祖御在世の頃は分派して間も無き頃なりし故、淨土宗と同一に見做され、此宗に對し別に敎判無し、淨土宗參照。

【實現】大正十一年一月、佛法傳來の因緣を解く、之に關連して、親鸞上人の因緣薫發す。

一月九日朝、神御降臨あり曰く、佛法傳來の因緣に對し蘇

我氏、物部氏の因緣は既に解け、殘るは藤原鎌足が蘇我入鹿を殺せし因緣なり、然るに鎌足は其後、神代の大龍神と緣を結び、親鸞上人と示現し、念佛眞宗を起せり、此大因緣を解かざれば、廣宣流布は困難なり、然も此因緣を玆に取ること最も困難なり、一心に奉行すべし、又今上皇帝（大正天皇御病中に付）御腦御平癒の祈念を命ぜらる（今夜より寒行の人三十人と共に二月二日迄專心誠意御平癒を祈念し奉る）

九日夜、道場の主神と、寒行の行人三十人と力を協せ、不自惜身命、一心に因緣を呼寄す、大龍神來り大に怒り頭痛み、醉へるが如し、眼眩み惱亂の體となる、終夜安眠を得ず悶々す。

十日朝、龍神出でゝ聽經さる、餘程靜にならる、夜も同じ

十一日朝、僧侶の靈出でゝ聽經す。

十一日夜、修法し殘りの因緣引寄す、呼出しの時、右手痲痺す、僧侶大勢來る、皆墨染の法衣を着せし、眞宗の僧なり、連りに南無阿彌陀佛、南無阿彌陀佛と連唱す。

十二日朝、親鸞上人出づ、如何にして玆に來りしやと問ふ、過去の宿因を解かん爲め玆に呼寄せたるなり、汝の弘

めし念佛にて汝の臨終の時、阿彌陀如來、來迎ありしや、默、問ふ汝の現在の境に極樂ありや、默、所依の三部經の教義に背き、肉食妻帶し持戒最も困難なる經を易行道と說き、得入無上道の法華經を難行道と說き、衆生を迷わせし罪最も深重なり、現に汝死して七百年今日の境遇如何、自から度する事能わずして何ぞ他を度する事を得ん、速に本心に歸り悔悟すべし、懺悔は諸罪を滅す、正に大乘妙法蓮華經を以て佛道に入らしむべし、親鸞上人困惑の體なり。

十二日夜、親鸞上人出づ、神問て曰く七百年間、稱へし念佛と、二日間聽聞せし法華經の功德の較量如何、答て曰く七百年間常に暗黑裏にあり、今初めて光明を見る、又釋迦牟尼佛を拜し、日蓮上人に面奉す、深く短才不德を愧ぢ、謹で玆に懺悔す、親鸞上人出でらるゝ前、讀經中釋尊を拜し奉る、高二尺位の座像にして金蓮華の上に趺座し金色身にして三昧に入り給ふ、宗祖御前に立ち給ひ諸天列座し給ふと見奉る、又親鸞上人我體に在す時、三昧に入るが如し心、靜寂にして澄めり、溫和にして至極靜かなる人なり、顏長く頭上平にして後に長く、身の丈け大なる方なり、七十歲位の翁にして墨染の法衣を着袈裟を掛けず珠數を手にし、至極質素の姿なり、後ち靈山へ出立の時は紫の法衣を着け拂子を持ち九十位の翁にて、眉毛白色にて垂下せり。

十三日朝、墨染の法衣を着たる衆僧の禮拜し懺悔するを見る。

十四日朝、眞宗の僧、高座に昇りて、數百の聽衆に說法する所を見る、後、僧の靈出づ、蓮如と云ふ、眞宗中興の祖なり、神問て云く他力往生と、自力妙法の成佛と何れが貴き、曰く祖師既に歸伏され、自分も亦現證を見る、我等又何をか云わん、今初めて無明の夢醒めたり、我が誤より多くの衆を邪道に導く、如何せんと戰慄さる、

十四日夜、代つた靈出づ、顯如上人なり、斯くなりては何も云ふ事なし、祖師既に歸伏さる、我等も幸に一乘道に入る事を得たり、衆僧皆得道すと云はる。

後ち壽量品讀誦の時、天より赤蓮華の花瓣が雪の降る如く、繽紛として降るを見る、其有樣は牡丹雪の降る如き速度にて降る。

十五日神の仰により、此因緣に引續き此寒行中の機會に邪正曲直を別つ爲め菅原道眞と藤原時平、楠公と尊氏の因緣を解く詳細別記にあり二月一日左の如く解決す。

浄土眞宗を興されし大龍神は、素盞嗚尊の出雲にて討ち給ひし八岐の大蛇なり、故に眞宗は阿彌陀如來の外日本の神も祭らず、正月も松飾せず故あるなり、玆に法華に統一さる、當道場の守護神と勸請す。

最正位　叢雲天王　　眞宗の守護神
親鸞上人外僧侶靈　　百參拾名

昭和二年十月二十八日、大坂森口に住む、藪内重松の住居地の因緣を解く、是に關し、石山本願寺と織田信長との戰の因緣蕫發す。

十月二十九日、地所にて行倒れせし森しげの靈出づ、代て石山本願寺の軍師、鈴木隼人出づ、苦痛を除く。

三十日（靈媒前田）に織田信長と戰を開きし證如上人出づ、説法せしも聞かすして、降伏せず、イヤダ〳〵と云ひ伏鐘を叩き熱心に唱名す、聾なり强情にして得道せず、親鸞上人、蓮如、顯如上人も既に法華に歸依さると説き强て降伏せしむ。

三十一日、鈴木隼人出でゝ懺悔す、衆を率ひて籠城し開戰せし爲め、多くの門徒を殺し、申し譯なし、自分が開城を贊せば戰に及ばざりしに、憍慢にも信長に對抗せしは智の

足らざりしによる、其上、加越能の門徒迄苦しめし事を懺悔さる。代て寺内重一出づ、寺侍にして、討死せしものなり。

十一月二日、死靈出づ、源次郎と稱し寺の者なり、佛像を負ひ、紀州へ落る途中捕へられ殺さる、以後死靈朝夕出でゝ經を聽く。

五日夜、加、越、能の一揆の殺されし靈出でゝ聽經す、代て寺方の戰死者、大村幸一、鳥部彌二郎出づ、苦痛を除き得道せしむ。

此因緣を連れられし神は、神代より中禪寺湖に棲みし龍神にて、國家と他宗門に反對し、眞宗の弘通を輔けし神にて時來り玆に懺悔さる。

十一月八日、左の如く解決し死靈靈山へ送る。

證如上人外戰死の門徒、鈴木隼人、外四百貳拾人

阿彌陀如來と、觀世音菩薩と、基督新敎を興せし上世印度に於ける、婆樓那《バルナ》天王との關係、阿彌陀如來の原籍は、後の佛法の因緣にて詳說す。

以上

源平時代

【源平の因縁】

大正八年十二月十日、鷲谷家先祖の靈を引出され、其後、道場に留まられし、源義經の守護神、鞍馬大僧正出でゝ語らる汝の過去は法華經に緣あるを以て玆に至らしむ、是より源氏一族、平家一族の隔執を和解せしめ、共に佛果を得せしめんとす、敵の平家の因緣を解くは、賴朝が大將軍と成ることの、出來しは、平治の亂、平家に捕へられ、斬られんとせし時、平相國入道の母、池の禪尼の情により賴朝初め兄弟三人助命されしに依る、故に之より和解せしめ、源平修羅の大因緣を解かん、勤めよやと仰らる、是より朝夕此因緣に回向し專心讀經を續け、三七日頃より解け初め以後鎧兜の武者、又は衣冠束帶の殿上人、又は龍神、又は緋の袴を穿たる女房を心眼に視る、斯くする事百四十日、五月一日神出でゝ曰く、源平和解成り大概得道す、大將連は別に語る事もなし故に一々引出さず、多少愚痴を云つて居る者を引出す故に敎化せよと仰らる。

五月三日（靈媒平野）百性林作五十八歲、妻いと五十四歲、娘たへ二十歲、若君三歲出でゝ得道す。

林作出でゝ言く鎌倉二階堂の奥に住む百性なり。一日、自分を使つて來た人あつて由緒ある人と思ひし故其儘留め置く内に娘 たへと仲善しになり娘は妊娠し、其後其人は鎌倉にて捕へらる、後ち聞けば平家の大將、惡七兵衛景清なりと、月滿ちて男子生れ、大切に育てしも、三歲の時鎌倉方に知れ、捕へられ原の臺にて首を切られ娘は之を哀しみて海に投じて死す、自分等老夫婦は世を儚み、笈を負ひ諸國巡禮に出で行倒れとなると、賴朝の無情を恨む。

五月四日午前調、太古より伊豆、蛭が小嶋に住む白狐の靈出づ、将三人眷屬一萬以上を率ひる靈にして、賴朝を蛭が小島より出し、諸國の軍兵を集めし、神なり、石橋山の戰ひ敗れ朽木の内に隱れし時、鳩となつて助けしは此神にして、賴朝を大將軍と迄なせしかも、自分が守護して出世させし事を知らず勸請せざりし故、守護薄くなり、平家の怨靈を見て落馬なし、病で死せり。此際源平の外、和田一族、比企一族も共に引出すと言はる。

五月四日午後調

【森平太成久】 六十八歲 範賴公の幼時より、附人なり捕へられて範頼公の行衛を調べらるも我知らざるが故に知らずと言ひ、遂に原の臺にて切らると云ふ、代て範頼の妾ふじ三十三歳、若君千丸四歳女中はつ十八歳女中なか二十二歳出づ、範頼公の御跡を慕ひ若君を連れ、伊豆の山中に迷ひ雪の爲に別れ〳〵に凍死せしものなり。

【五日午前調】まち五十三歳出づ、公曉公の御腹の母に當る者、公曉公、實朝公を刺されし時、逃れしめんとせしも果さず後に海に入て死す。

【常盤御前】出でゝ語る、三人の子を連れ伏見の里を出で、雪中に迷ひ平家に捕へられ、操を破て三人の子を助命す、其甲斐あつて一人は右大將と迄なり、跡の二人も相當に働きしも武運拙なく兄弟相爭ひ不運に終る、自分は平家より暇を乞ひ、山間に庵を結び世を終る、今法華經の功德により、兄弟父子會見し詫る者は詫び、謝する者は謝し和解し、玆に成佛の出來る事を喜び禮に出らる。

【五日午後調】政野二十五歳出づ伊豆の片隅に住み身は卑しき者にして、父は狩野川の鮎を漁し世を渡る、頼家公配所にあられし頃、度々漁に來られ給仕に出で御情を受け身重となり、公は御身の危きを御存じありて何れへか立退給わんとき紀念に短刀を賜ふ、其後消息なく、若君產れ給ひ、間もなく父歿し生活に困り巡禮の姿にて頼家公の行衛を尋ね、東海道を西に下り、古寺に足を留め露命を繋ぐ事三年、命數なりしか、若君を置て先立ち、其後若君は情ある人に救われ、紀念の短刀ありし故武士の胤ならんと云われしが、遂に出家され、今出家の姿にて御目に懸りしと云ふ、代て。

【丹羽三郎義久】三十七歳出づ、平家の大將なり檀の浦より、景清と共に逃れ、鎌倉に入り頼朝を討たんとせしも捕へられ、原の臺の牢屋に入れられ半年にて牢死す、代て、神出でゝ曰く、今回、源平の因緣和解に付、木曾義仲一族の靈も引出すと云わる代て。

【熊野神社】の眷屬出でらる、小松内府の守護神なり、今回源平の和解に付大に欣ばれ、重盛が一族皆玆にありと、依て禮を云われ、嚴嶋の神の引合せにより三日後より玆に來る、死靈送り後は本社に歸ると言わる。

【五月七日午前調】楓の前二十七歳出ず、自分は卑しき者、三位中將の御情を受け六代の君を產み、平家歿落後、兄左金吾と共に、奥方梅の前の御供して、非人に姿を更へ都を立ち嚴嶋神社に參詣し一七日參籠し、歸路大和に入り吉野の邊にて源氏に捕へられ最後を遂ぐ（兄は往きに源氏の手に掛り死す）、今聞けば嚴嶋の神の御守護にて六代の君は文覺上人に助けられ出家されし由と、代て。

【嚴嶋の神】出でられ、源平の因緣和解の出來し事を喜ばれ禮に出でらる、眷屬三人道場に殘さる。

【五月七日午後調】齋藤實盛 七十歳 出づ、時世、時節と云ひながら、自分の助けし木曾の冠者を敵として修羅の街に戰ふて戰死す、今回法華經の功德により木曾一族の成佛出來る事を喜び木曾一族を代表して禮に出でらる、代て平家の腰元、おざゝ外十七名出づ、檀の浦沒落の時、源氏に辱しめらるゝを厭ひ、海に投じて死す、其儘今迄海底にあり嚴嶋の神に引出され成佛の出來る事を喜ぶ、代て平宗重出づ、宗清の子なり、宗清源氏に捕へられ、九郎判官の情にて赦されしも切腹して死す、父死に臨みて家に傳わる寶刀を余に與へ成長の後ち、恨を晴せと命ぜらる、故に行脚僧となり鎌倉に下り賴朝を狙ふ、中に不審の僧として捕へられ、畠山重忠の情により赦さる、世の行末を考へ父には申譯け無けれども、復讐の志を止め雲水に身を託し、西國にて二十五歳にて歿す、今此席にて重忠殿に會ひ禮を述ぶる事を得たりと、法華經の有難き事を泌々と言はる。

五月八日神より仰あり左の因緣得道す。

源賴朝、其他一族郞黨、參千五百人
平相國入道初め重盛其他一族郞黨、五千人
木曾義仲一族郞黨、貳百參拾人
和田義盛一族郞黨、貳百八拾人
比企能員一族郞黨、百貳拾人
軍馬の戰死せし者、源平合計、千六百頭

以上靈山淨土へ送り、關係の神は左の如く我が道場に勸請す。

最正位、大勢力天王、鞍馬大僧正
同　大光明天王、賴朝に天下を取らせし神
同　大莊嚴天王、平家の守護神
外眷屬、六體

五月十二日夜、式を行ひ死靈を送り、神は高松へ百日修行に立たる。

【余の過去】と此因緣の關係に付神語らる。

汝の過去は一の谷合戰の時、義經を鵯越の間道に導きし獵師鷲尾義晴なり、汝が導きし爲に平家の沒落を早くす其時より義經の臣となり、義經と共に奧州に下る、後ち衣川館にて騷動起り義經は四天王を連れて蝦夷に渡らる、他の者は御供叶わず皆浪人となる、其後又獵師となり終身多殺の罪を犯し世を終る、後ち鎌倉在の百性の家に生れ腰拔となる、日蓮大聖人、小町辻說法の頃なり、父に負われて聽聞し、又松葉ヶ谷の御草庵に參詣す、宗祖其腰拔なるを隣み給ひ自から御加持下され、又御本尊を給ふ、御利益にて腰立ち步行出來る樣になりしも二十一歲にて歿す、其後永祿二年武士の家に產れしも早く孤兒となり、後ち僧となる、其後に生れしが今回なり、斯く源氏に緣深き故、常に鞍馬僧正の守護を受け、過去の宿因より此大法要を爲すことを得たり、當道場は宗祖直々の御守護、又、七面大明神は元と平家に緣あり故に非常に盡力され此七百年以來の大因緣が和解得道出來し次第故、難有心得、終身祈禱を爲し諸人を救ふべしと仰らる。感淚止めあへず過去以來、宗祖の大恩何を以て報ひ奉らん、應に命を法華經に奉り、生々世々已を盡して奉仕すべき事を誓ふ。

【大正十一年一月寒行中薰發】

一月十九日、神曰く、治承の頃、後白河法皇の院宣により平の淸盛を討たんとして事露れ、淸盛に捕へられ、備前に流され後ち慘殺されし、新大納言藤原成親及び淸盛の爲に口を裂かれ玩り殺しにされ、大怨念を殘せし西光法師。其他尾張に流され後慘殺されし加賀守師高、左衞門尉師平、右衞門尉師親の三人、以上此五人は怨みの深き者故、最も得道因難なるも敎化すべしと命ぜらる。

【保元の亂の因緣】

二十二日、大威德加樓羅王出でらる、保元の頃、新院、御謀叛され三井の僧、相模阿闍梨勝尊をして內裏を咒咀せしめらる、事顯れ讃岐に流され給ふ、之を崇德上皇とす長寬二年讃岐に崩ぜらる、時に御年四十六歲、配所にあらるゝ事九年、今此因緣解く。

【保元の亂】【史傳前略】上皇遂に知足院に入りて薙髮し、仁和寺に行く、覺性院親王、狀を以て聞す、後白河天皇乃ち式部丞源重成をして之を守らしめ、敕して上皇を讃岐に遷し、初め松山に置き、後ち志度に移し給ふ、上皇身血を以て五部の大乘經を寫し、三年にして功を畢へ京師に送り、覺性院親王に依りて以て安樂壽院に藏せんと請ひ給ひき、天皇許し給わず之を還し給へり、上皇大に怒りて曰く朕親ら佛經を書したるは、今生の爲にするに非ず、而も之を藏する事を許さゞるは、但、今生の仇たるに非ず、實に地下の怨なりと、乃ち自から舌を齟みて血を出し、軸毎に書し給わく、「願くば大魔王となりて天下を惱亂せん、謹しみて五部の大乘經を以て悪道に回向せん」是より復た髪を剃らず、爪を剪らず、衣を更めず、憔悴骨立、忿々として死を待ち、長寛三年八月に至り崩じ給ふ、御歳四十六歳なり、世に讃岐院と稱す、崩後逆亂、變災相繼ぐ世以て怨魂の祟る所とし、敕して廟を立てゝ奉祀せられき。

上皇御在中、所願成就滿足の爲、大威德の法を修し給ふ、依て大威德伽樓羅王、法皇を護り給ふ、此神の示現が讃岐の金刀比羅神社となる、玆に因縁解く。

【平時子】

一月二十四日、二位尼出でらる（清盛の後室、從二位平時子 六十八歳）時世、時節とは云ひながら、さしも榮へし平家の一門、源氏の爲に敗られ、僊なくも西海に追ひ詰られ帝を懷き奉り檀の浦の藻屑なる、自分の誤つた考へより、帝と云ふ事を忘れ、唯だ孫愛しと思ふ一念の爲に都に還し奉らず、共に沈め奉りし罪恐ろしなんど云ふ許りなし何卒許し給われと潸々と泣き給ふ帝は安德帝なり此時御歳八歳なり、御母は平清盛の女、建禮門院平德子なり。

二月三日此の關係の靈を靈山淨土へ送り奉る。

大正十五年五月薫發

【有馬水天宮の因縁】

六月十七日、有馬の因縁解く之に關し、水天、出でゝ語らる（靈媒前田）有馬家の先祖は平氏なり、檀の浦の戰の時嚴嶋の神より、安德帝の守護を命ぜらる、如何にもして御助け申上げんと苦心努力せしも、力及ばず、大魔王の爲に入水し給ふ（安德帝を苦しめ給しは崇德上皇の御怒なり、安德帝の御生母は平氏なり）以來緣を結び、久留米に水天宮として祭らる。

六月二十八日、高倉中宮德子、建禮門院出でゝ懺悔し給ふ主上を都へ御還しすることを拒み、遂に海に入れ奉りし罪を懺悔さる、（共に海に投ぜられしが救われ、大原の寂光院にて五十七歳にて歿し給ふ、平清盛の女、安德帝の生母）

二十七日、平の知盛の臣、左衛門尉助定出づ、此人檀の浦より逃れ筑前に住み、平家一族の菩提を弔ひ、安德帝を祀る、此人有馬家の先祖なり、是が久留米の水天宮の緣起なり。
六月二十八日、關係の靈を靈山淨土に送る。
大正八年七月十一日調　　願主　和田ヤス
【和田義信】三十六歲妻うた二十九歲長男義一六歲
義信は和田家の先祖なり、源義朝に仕ふ、平治の亂、義朝敗れて尾張に逃れ、家人長田忠致の爲に殺さる、其時、義朝の命により、常盤御前に使し、主君の死を報ず、後ち妻子を連れ、東國に行き相模足柄郡、秦野にて敵の爲に捕われんとし、白旗神社の境内に追ひ詰められ、切腹す、妻うた、は見現されし時夫と離れ逃れんとせしも、及ばず、長男を刺し殺し自殺す、此因緣薫發す。
昭和二年十月十八日　　願主　田中九郎
【本人の過去】は源義朝に仕へし大庭親重と云ふ、大黑天を信仰す、頼朝捕われ後ち伊豆に流さる、流すと云ふは表向き、途中にて無き者とせんと刺客を送る、親重、義朝の恩を報ぜん爲め、陰より之を護り、危難を免れしめし事再三、伊豆に落附く前、頼朝の身替となり殺さる時に三十七歲なり、其後其土地に身代り大黑と祀らると、大黑天出でゝ物語さる此神を本人の守護神とす。
大正十年八月十九日　　願主　山崎與三郎
【銀兵衛】山崎の先祖なり、壽永の昔、小松内府重盛公に仕へし、身分卑しき者なり、重盛公、熊野に參籠し水行して身を以て父の命に代らんと願わる、此時、銀兵衛御供して共に參籠し重盛公の出世を斷食して祈る、後ち重盛公の願叶ひ父の身代りに薨ぜられ後、銀兵衛身を退き一生を終る、一子林二郎百性となり、其血統今日に連る、銀兵衛が熊野にて緣を結びし神出でゝ物語らる。
大正十一年四月十九日　　願主　原　伸太郎
【平忠度】三十五歲　彌藤太四十八歲
彥山權現の眷屬出でゝ語らる、彌藤太は、原の先祖なり壽永の昔、彥山の麓に住み、後ち出でゝ平忠度に仕へ、股肱の臣となる。平家沒落の時、彌藤太は忠度と共に逃れて彥山の奥に隱れ、彌藤太は一族を集め再擧を計らんとし、時々里に出で食物を調へ主君に盡くせしも、忠度は柔弱の人にて再擧の志無く、只安閑として山中に暮し、彌藤太之を諫むるも聞かず、三年目に忠度病死せし時、殉死す、其頃彌藤太、彥山を信仰せしをもつて緣を結ぶと、此神を本人の守護神と勸請す。
大正十一年二月二日　　願主　高尾よし子

【三位中將維盛】


本人の過去に付維盛の信仰せし熊野の神出でゝ語らる。源平屋嶋の戰の時、維盛逃れて山間に匿る、其時隨ひし侍女なり、さゞ浪と云ひ、中將と共に讃岐の山奥深く潜み再擧の時を待つ事一年半、其間さゞ波は、木の實、草の實を取り又は樵夫を通じて米鹽を得、漸く露命を繋ぐ。然れども維盛は元來柔弱の生れ、遂に何事も爲さず婦人の養を受け悶々として死す、其時仕へしさゞ浪が本人の過去なり。代て維盛出でゝ懺悔さる、身は武將の家に生れ、父の志を繼ぐ事出來ず、戰場を逃れ一婦人の情に命を保ち、山中に病死せしは殘念の至りと恐縮さる。

此神を本人の守護神とす。

昭和二年七月三十一日　　願主　日野隆司

【源義經の夷蝦落ち】本人北海道旭川に住む、地所の因緣と本人の過去薫發す。

七月二十七日夜（靈媒平野）義經の守護神鞍馬大僧正（今道場に在す大勢力天王）物語さる。源義經、奥州秀衡舘に留る內、秀衡の娘、富貴姫と懇になる、其頃賴朝より義經追捕に付秀衡に命あれども、秀衡應せず、秀衡死後、泰衡義經と隙あつて、義經遂に夷蝦に落つ、其時、富貴姫妊娠中にて、共に行かんと乞へども、義經許さず、主從小人數にて夷蝦に立たる、後に姫は義經の跡を慕ひ家出し、義經の行衛を尋ね〳〵て今の北海道の旭川の附近にて追附き同棲す、義經は奥地へ進まんとし、身重の姫を玆に留め、身二つになる頃、迎ひをよこすと約し、紀念に一卷の法華經を與へ奥へ進まる、後ち男子生れ、旭丸と名け三歲迄育てしも寒中病氣に罹り、寒氣の强き上に、防寒の準備も少なき土地、醫藥の手當も出來ず、惜しくも病死す、姫は義經より迎へも來ず、故鄕へ歸ることも出來ず、世を儚み遂に自殺す、其屍を埋めし處が、今の住む屋敷なり。從者に左衞門行平と云ふ者あり、其墓標に石を積み五輪塔形を建て、其前に板を以て宮の形を造り奉仕す、此の行平の再來が今の汝なり此宿因により今の屋敷に住む、此宮に後ち日持上人宿泊さる。

七月二十八日、富貴姫出でられ懺悔さる、親に背き自分勝手の事せし爲、斯くなるは當然の事、家には歸れず、殿には奥へ進まれし儘二年待つても三年待つても便りもなく、獨り淋しく坊を相手にし再會を樂みしに、坊は三歳にて病氣にかゝり、手當するにも醫者もなく藥も無く遂に死し、跡に一人淋しく世を悲感し自殺す、行平が不自由の中に食料の心配其他何くれと深切にしてくれし事を感謝さる。姫義經の行衛を問ひしに依り、韃靼に渡り歿せらる、其途中足を留る地無かりし爲め、御迎にくる機會が無かりしにて不人情に捨てしに非ざるべしと答ふ、富貴姫得道さる、三十一日、靈山に送る。

大正十五年九月十七日

【文覺上人の因緣】　九月熊野の因緣を解く、詳細別記之に續て那智の觀世音に關し此因緣薫發す。

九月十七日、文覺上人の靈出で（靈媒前田）遠藤武者盛遠の昔に歸り物語す、生れは美濃一の岡にして、父は左馬頭義朝に仕へし遠藤武家なり、屋張にて義朝に殉死す、母は産後の肥立悪しく間もなく歿し孤兒となり、母の義理の伯母に當る厨川の家に育てらる、袈裟は此の伯母の養女なり生長の後ち一廉の武士となれば夫婦とすると約せしをもつて其目的を達せん爲め修行に出で、諸國を巡り武を練り相當の武士となり家に歸れば、袈裟は既に人妻となる、意恨止み難く遂に傳說の如き事を爲す、後ち剃髪して僧となり那智の瀧にて修行せしは、源家の再興を祈りしなり、望を達せし後ち因緣の爲に那智の瀧壺の傍にて歿す、時四十歳なり、袈裟は伯母の養女にして父は平家の公達、左馬頭を陷し入れし者の隱し子なりと、渡邊亘も、剃髪して諸國を巡禮せしも後に横死を遂ぐ。（大日本史に厨川を衣川とある）厨川禪尼出でゝ懺悔す、自分の所置の悪しかりし爲、騷動を起せし事を謝罪さる、以上の靈、文覺上人、渡邊亘、厨川禪尼、袈裟、靈山に送る。

大正十年十月十五日　　願主　上野五十四郎

【上野治郎太夫正純】　四十二歳

上野の先祖なり、治承の昔、木曾義仲の臣にして、自分の心得違より大事を起せし事を懺悔す。主君は癇癖强き人にて怒らば近侍を手討にし、自分も意に逆ひ、手討にされんとせしかば、茲に於て主君を恨み義經に心を寄せ內通して裏切りす、爲に義仲公は粟津に破れ、自分も重傷を負ひ戰死す、死して自分の心得違より不忠にも主君及明友を戰死せしめし事を悔るも及ばず、今日に至る、幸に當道場に來り主君、義仲公の成佛されし事を聞き、玆に懺悔得道が出來しなりと云ふ、此人は信州伊那郡の八幡を信仰す、此神出でらる之を本人の守護神とす。

鎌倉時代

大正九年六月薫發

願主　平野　琴

本人は此の頃、鎌倉一の鳥居前に住む、其の昔、北條の頃此附近一帶は一面に墓地として使はれ、其故に現今にても堀れば到る處、骸骨が累累として出て來る。其内北條の因緣先づ薫發す。

【北條の因緣】

六月十六日夜、北條さの江　十八歳　出で丶語る、自分は北條時政の娘にして、賴朝公伊豆の配所にありし頃、父時政の所へ度々遊びに來られ、其内に親しくなり、彌々旗揚げも近くなり、父は姉政子と二人の内、何れかを嫁せしめんと思ひ居りし折、姉が横戀慕をなし、自分の出せし文を途中にて横取りして書直し、姉上の名にして差出す等、種々の惡計を廻し、其の爲め、表面姉に讓らねばならぬ事になり遂に姉に取られ、そうこうする内に思わぬ緣談初まりし故乳母が小坪に住むと聞き、一人家を抜け出で尋ぬる途中にて惡者に殺され、姉が尼將軍と云はれし頃、往時を思ひ出し自分を憐と思ひしか、由井ヶ濱邊に塚を造り、傍らに庵室を建て六部などを宿らせ念佛等を唱へさせ供養す。今の庭内の座敷の前に在るものが其の當時の塚にして其後尼將軍が義經の妾、靜の生みし男子を賴朝が殺せしを憐み、此塚に埋め六地藏を建つ、今土中に半ば埋りたる者是なり、と語る。代て

【畠山さく】　三十九歳　畠山六郎重忠の妻なり出で丶語る菊の前と云ひ、夫は源平の因緣の解けし時靈山に行きたるも自分は遠慮して今日に至る。死の當時、屋敷は琶琶小路にありて、夫の戰死後、追手來りしに付、娘百々代（十五歳）を連れ敵の中を切り抜け其の内に娘と別れ別れになり松林の中にて死し、今日迄迷ふと。今成佛の出來る事を喜ばる

【北條時宗】　六月十二日引出ださる、今此法席にて法華經を聽き、前非を悔ひ、謝するに辭なしと言へり。

十三日時宗出で丶物語りをなす、昨朝より法華經の話しを神より聞き深く法華經の有難き事を悟る、過去日蓮上人を苦しめし事は今日に至つては唯々御詫するより致し方なく

是より靈山とやらへ詣り充分修行し、再び人間に生れ國家の爲に盡力せねばならぬ、又蒙古の賊船の大風にて覆沒せしは日本の武威とのみ思ひ居りしも、今法華經の大威力と聞き、其功德の廣大無邊なるにたゞく驚くに他なしと云はる。

十六日朝、時宗出でて語る、日蓮上人に御目に懸り、生前の罪業御詫せしに悉く御許しあり、上人にも御滿足に思し召され、玆に一族の成佛出來る事を謝すと。代て、北條高時出づ、發狂の姿なり、以後五日間にて本心に歸す、左の靈得道す、靈山に送る。

北條一族、時政初め義時、政子、泰時一族郞黨、八百人戰死の軍馬、參百頭

此黨發せる北條の因緣は愛宕山の神が之を連れられしものにして出でゝ語らる。承久の亂（泰時の時）京都にて後鳥羽法皇、北條を亡ぼさん爲め、愛宕山に調伏の法を修せられたるに依り、愛宕山より大勢鎌倉に行き北條を惱ませしも惡運强く時到らず、京都方敗軍し法皇流され給ふ。然りと雖も咒咀は解けしに非ず遂に高時に至り北條を亡ぼす。其後自分一人留り北條の因緣を引連れ今日に至り、高時の頃殿中に天狗舞等の種々の怪ありしは我等の作なりと。今法華經に遇ひ北條一族の成佛出來し事を喜ばれ此神を道場に勸請し、蓮德天王とす。

大正十年六月黨發

【大塔宮護良親王】前記地所の因緣

六月十日、神語らる、此の庭前の塚は（六地藏の塚より右に在）建武の昔、大塔宮護良親王の幽閉されし牢にて親王御年二十八歲にて、足利直義の臣、淵邊義博の爲に御生害遊ばさる、義博、御首しを擧げしも御顏の恐ろしき姿に憎れ其儘置き去る。側女南の方、御首を懷き由井ケ濱邊の政子の建てし庵室の後に埋め自害す、時に二十八歲なり。南の方は南朝の忠臣藤原藤房の妹、賴房妾腹の子にして、楠正成の室の妹に當り、御所に上つて居る内、大塔宮に御仕へ申す樣になり共に鎌倉に降りし女丈夫にして、生涯忠義を盡せし夫人なり。大塔宮の臣に極く卑き位置の者にて主理と云ふ者ありて王子御在京の頃、熊野詣の御供せし事もある御氣に入りの者なり。王子の土の牢に在らせらるゝ時、如何にしても御救ひ致さんと苦心せしも及ばず、世は足利の世となり、悲觀して淨土宗の僧となり道念と稱し諸國を行脚

す。王子の御最後も南の方の死も知らず、巡りて京都に在る時、夢に南の方に遇ひ詳細の有様を聞き、又御首の在る處を明に示され回向を頼まる。直に鎌倉に向ひ、夢に見し處を尋ね小松の下の石を除けば、王子の御首あり二年の年月を過しに關はらず御在世の儘の御怒りの御姿を拜し、如何にも殘念と憤慨せしも如何ともし難く、夫れより光明寺に行き僧を恃み回向し標を建て朝夕禮拜回向す。其後其事上に知れ、足利尊氏が今の塚を築きしなり、傳説に南の方王子の御首を以て鎌倉郡下柏尾四つ杭に至り井戸にて御首を洗ひ、玆に埋めたりとて、其所に宮を建て王子神社と云ふも之は誤りにして胴は土の牢の傍に埋め、御首は此塚に埋めたるなりと。

護良親王、南の方、道念三十七歳侍女三名、以上六月十日靈山淨土へ送り奉る。

【大正十一年一月寒行中薫發】

八幡前一の鳥居前より海岸迄左側、今淺野氏所有の地所にて以前に多數の人骨と六七百の首級と多數の軍馬の骨を出せし所は、元と北條の屋敷跡にて後ち墓地となりし所なりと、北條の頃此地所に祭りありし、海光大明神出でゝ語らる、江の嶋辨才天の眷屬なり。先頃、淺野が工事を爲せし時堀出せし骨は、和田一族を埋めし所にて其後北條の戰死者を葬る、其次に新田の骨を埋む、玆に迷ひ居る者を助けん事を頼まる。

一月九日、さぬき局二十八歳出でゝ語らる。

北條高時の側女なり、高時公は常に人の道に非ざる事を爲され、是を諫むる者は皆手討にさる。妾も其一人にして頼る者無き故、御經の聲を慕ふて玆に來る。先頃北條の一族助けられし時、妾の如き罪深き者は跡廻しにされ、今の島津公の屋敷の所が、妾の最後の處にして其頃は北條の下屋敷なり。殿の亂行募り亂心され遂に御手討となる、兼ての覺悟なる故恨には思はねど、妊娠七ケ月の時故、情なく、殿は其後も亂行止まず一生を終られしは氣の毒に思ふと言ふ。

一月十三日夜、梅香尼四十三歳直江七歳の靈出づ、

自分は新田の關係の者で今の地所の西方に池ありて（今も形を殘す）其傍に庵室を結び住ひし梅香尼と云ひ、元と都にて御所に仕へし頃は梅ケ香と云へり、二十三歳の時、左中將義貞公に賜り女子一人を産み、直江と名づけ後、天下

亦亂れ三年にして公は討死遊ばす。其後此子を連れ公の討死遊ばせし跡を慕ひ東に下り、遺跡を尋ね流浪する內、惡者に出合ひ直江は七歳にて殺され、其後、鎌倉に來り今の處へ庵を結び、夫の後世を弔ひ四十三歳にて世を終り、其後今日に至ると。

一月十四日、海光大明神出でゝ物語らる、北條高時の室を芙蓉の前と云、賢夫人なりき。今鎌倉延命寺に本尊として祀られ、傳說に高時多くの婦人を集め、圍碁の勝負を爲さしめ最後敗れし者は、裸體となりて碁盤の上に立つ約を爲し、奥方最後に敗られ、盤上に裸體にて立つべく强いらる。此時日頃念ずる地藏菩薩此難に替ると云ふは虛說にして夫高時の亂心を治さん爲め、日々長谷の觀世音に日參し、夫を諫め自害なしたるものにして、時に三十二歳なり。之を誤て本尊と勸請され、爲に困り居らるゝ故之を解き成佛せしめん事を乞はる。依て芙蓉の前を引出し即時に勸請を解く。

一月二十九日、神より仰らる、先般淺野の工事の時堀出せし骸骨の靈は、比企、和田、畠山の一族戰死者、約千名、と軍馬二百頭にして玆に引出し得道せり、池を越へて向ふ

に、今現に埋りある者は北條の最後迄戰ひし者、約五百人なり亦た玆に出で得道すと。以上

海光大明神の關係二月三日靈山に送る。

【昭和參年三月初旬薰發】

北條氏を守護されし江の嶋の辨才天出でられ、北條に天下を取らせん爲、公曉をして實朝を八幡宮の石段にて討たしめ、源氏の血統を絕せし事を懺悔さる。此神は、優婆羅《ウハラ》龍王の一族なり。實朝、公曉得道し、四月四日靈山に送る。

【大正十年四月二十六日調】　道　場

千代丸外二十五人の靈出づ。鎌倉妙本寺の裏山の洞にて此頃發見し改葬せし骨は、源氏の終り、公曉の殺さるゝ時其遺子千代丸と母、腰元きく十九歳と比企の一族二十四人は妙本寺の裏山に匿れしも逃るゝこと出來す、遂に自殺せし人人の遺骨にして、松方公爵邸に祭る權兵衞稻荷之を連て來られ、得道せし故靈山に送る。

昭和貳年五月薰發　　願主　松本善次郎

【本人の過去】

鎌倉西御門《ミガド》、如意輪觀世音出でゝ物語さる。本人の過去は畠山重忠の四男にして重政と云ふ、重忠、實朝の疑により一

族亡ぼされ、此時重政戰死す。重政に許嫁あり、大江廣元の娘綾香と云ひ、重政歿後、政子が大藏の屋敷にありし頃奉公す。頼朝の妾に伊豫局と云ふ者あり、政子は嫉妬極めて深く、之を悪み殺さんとし、茶會に事寄せ伊豫局を呼び毒殺せんと謀り、綾香に命じて毒茶を供せしむ。綾香と伊豫とは姻戚の間柄にして、加ふるに夫に死別し悲觀せし折柄故、自から其毒藥を飲み、苦悶して血を吐て死す。伊豫局は危難を免れしも、後ち政子の刀に倒さる、此因縁の薫發せし故、本人吐血し苦惱を感ぜしなりと。玆に因縁解け本人回復す。此の觀世音は政子の念持佛たりし觀世音にして、左の靈得道す。

綾香、伊豫局、大江廣元、妻みさわ、畠山一族七十人、五月十四日靈山に送る。

大正十年四月薫發

【梅の局】外老母一人腰元一人

局は北條高時の側女なり、高時の亂行を諫めん爲、書置して自殺す、老女及腰元一人殉死す。生前下馬に小さき寺あり觀世音を祭り、梅之に祈念せし故、觀世音此靈を連れ來らる。

大正十年九月十九日　願主　前田ぎん

【蘇我兄弟の仇討】

本人此夏箱根に行き蘇我兄弟の墓に詣で、歸來病氣となり依て祈禱せしに左の人々出でゝ得道す。

河津三郎祐義四十三歳妻滿江五十四歳蘇我十郎祐成二十七歳蘇我五郎時致二十五歳工藤左衛門祐經五十七歳矢部八右衛門、父勘兵衛六十歳 母みよ三十三歳

此仇討は世間周知の事故詳細の物語の要なく、其時と本人の過去の關係を述ぶ。本人の過去は三嶋在に住む百姓勘兵衛の娘にして母をみよと云ひ、母三十歳の時心得違して家出し三十三歳にて歿す。娘をしづと云ひ、蘇我十郎と懇になり一子秀丸を生む、夫の心願成就の爲宿外れの稻荷に願掛し、彌々敵討出立の時、手足纒なりと、秀丸としづを殺して出立す。此しづが本人の過去にして、心願掛し稻荷は十三年跡守護神と勸請せし教學大善神なり。此關係にて此因縁薫發し、死靈々山に送る。

大正十年四月中旬　道　場

【鎌倉佐助谷の因縁】佐助　小春外四十三人

佐助谷の稻荷、此の死靈を連て來らる、法華を慕ひ度々上

行寺の僧に祈禱の時便りしも調べもせず、拂一式故出る事出來ず、先頃平安大明神の許可を受けて當道場に來り漸く一同得道する事を得たり今の日龍の祀りある邊は昔一面山續の森林にして、賴朝鎌倉を開きし頃、平家の落武者、景清の一族に佐助と云ふ者ありて此谷に住居を作り源氏の消息を窺ふ。玆に集り來る平家の者四十六人、此山奥に蟄居し晝は隱れ夜は出でゝ食を求め、山の芋を堀り草の根を喰ひ僅に露命を繋ぐ。世は治まり源氏の勢盛にして再擧の望絶へたるにより四十六人切腹して死し、其後佐助稻荷として玆に祭らる。其後ち世に出でんと種々苦心なし。二十何年前、井上の妻に乘つて法華信心させ、日龍と勸請されしは、景清の生母小春にして龍體となり鎌倉に迷ひ來り此死靈を誤て日龍大善神と勸請さる。龍體を解き本體に歸さん事を乞はる。依て勸請を解き人の靈に戻し得道せしむ。此間三日を要せり。

佐助は元と備前岡山の者、其頃自分は岡山に祀らる小松稻荷と云へる、佐助の信仰せし者なり、四月二十六日死靈を靈山に送る、神は其儘元へ歸らる。

大正十二年三月薫發　願主　伊藤光子

【平盛久】本人が住し地所の因緣より薫發す。

鎌倉長谷の山手に住み半農、半漁して暮せし甚兵衞と云ふ者ありて其頃附近は一面の畑なりき、平盛久、源氏に捕へられ鎌倉に入牢し、妻明石、夫の安否を探らん爲め遥々京より艱難して鎌倉に來り、平家の殘黨と云ふ事が知れては一大事故、乞食の姿に身を窶して探る內、持病の癪氣起り甚兵衞の宅の前にて倒れ、甚兵衞に介抱され助けられし故其報恩の爲め甚兵衞方に女中奉公をなす。夫の安否を知らん爲め、長谷の觀世音に祈念し、晝は參詣能はざるにより夜丑滿頃、水垢離を取り、夫の無事助命を三七日祈れども消息は知れず、其內甚兵衞其姿色の美なるを以て八幡宮の背ろの遊女屋に賣らんとす。明石之を知り逃出せしも引き戾され、病氣の世話なせしを恩に着せ、無理押附に承知せしめんとし、明石は夫の安否の知れざるに身を汚すに忍びずと、遂に夜忍び出で庭前の井戸に投身す。時に二十七歳にして其死の時にも又自分の身を捨て、夫に代らんと觀世音に祈念せしかば、其利益にて盛久、刑に處せられんとせし時、不思議現れて助命され、行脚僧となる。此事跡は今も刑場跡の石に刻しあり、後ち甚兵衞妻子共火災に遇ひ燒死す。左の靈得道す。盛久を助命させしは長谷の觀世音なり出でゝ此物語さる。

明石、茜兵衞、妻ふゆ、悴一助、得道せり靈山へ送る。

大正十五年六月二十九日薫發

【鎌倉錢洗辨才天の因緣】

神出でゝ、此の辨才天の起原につき語らる。平家一族檀の浦沒落の時、新中納言知盛は、安德帝に殉死す。側女深雪との間に生れし子あり、太刀麿と云ひ、室、玉笹の前と共に從者二人と鎌倉に來り、今の辨才天の窟に隱れ一族を集め、賴朝を討たんと謀りしも遂に及ばず共まゝとなる。然れども賴朝の落馬せしは知盛の亡靈を見て驚て落馬し頭を打ちて病で死したるものなり。後ち此玉笹の靈と共に勸請され其まゝ今日に至り今分離することを得たりと。此神は嚴嶋の眷屬にして此因緣解くべく賴まれ、依て朝夕回向す。七月十五日（靈媒平野）玉笹の前出づ、夫、知盛の壇の浦にて討死の時、殉死せんと思しに、子を連れ大和の乳母の里に隱れ、時を待てと諭されて、遂に落ち延ぶ。日ならずして舊臣も集りし故、鎌倉に志し今の洞に隱れ、賴朝の隙を窺ひしも及ばず、次々と同志は捕へられて殺され、初めは外にある者糧を運びしも追々人は減り、不如意となり、饑と寒さに苦しめられ、遂に太刀麿を刺し殺し自刄す、從者も殉死す。此洞に住むこと約壹年、後ち神と祀られ、多くの人に禮拜され今迄苦しく煩悶せりと。今解け成佛の出來る事を喜ばる。

代つて神出で語り給ふ、北條の亡びし時、又玆に住し者あり三左衞門照秀外十八名あり、二年程住み志を得ずして玆に死す、此洞は其頃、けわい坂今の小袋坂迄貫通せしなり左の死靈得道せり七月十九日靈山に送る神は其儘とす。

玉笹の前、太刀麿、深雪外二人、三左衞門照秀外十八名

以上

日蓮大聖人關係の因緣

宗祖日蓮大聖人の御生家、貫名は、史傳に藤原鎌足の後裔と傳はる是は大なる誤なり。藤原鎌足は、佛敎の保護者蘇我入鹿を殺し、此の鎌足の再來が淨土眞宗の祖、親鸞上人となりしものにして、宗祖は此の大謗法の家系に出で給ふ事あらんや、貫名は橘系にして、貫名の先祖は平安朝の頃、橘左少辨經基と云ひ、其の子孫後ち貫名の姓を名乘る。其

祖先に橘維勢と云ふ者あり佛法傳來の時、最初に法華經を誦持せし者なり佛敎破却の騷動の時、法華經を持て逃げ密に護持し後ち此法華經を聖德太子に傳ふ。宗祖は此の日本に於ける最初の持者の血統を撰び給ひ、又房州は天照大神の日本國土湧出の後ち最初住み給ひし土地故、安房を撰み給ひしものにして故なきに非ざるなり、貫名の紋章は井桁に橘なり、玆に史傳の誤を正す。

大正十五年八月二十五日稟發　道場

【上總大原の八幡來り語り給ふ】

房州小湊を去る三里、興津と云ふ處ありて、其所に住せし女人にて「てふ」と云ふ者ありき。貫名の家に奉公なし、宗祖御誕生の時、取上げし人なり。長じて蓮長となり叡山へ修學に行かるゝ時は、てふは大願成就爲さしめ給へと大原の八幡に祈願し、老婆自身にて櫻を植へ、願成就すれば此櫻盛んなれと祈る、二度の大海嘯に洗はれ大滿潮の時は水中にあるも、今に花開く、然も此老婆が植し後ち三度も植替しが、今に威德を存す。此の老婆の孫が駿州熱原の法難の時、射殺されし神四郎にして、大石寺に在る楠の一枚板の御本尊は甚四郎の寄進せし板なり、代て神四郎出づ、苦痛は昔に除かる成佛させん事を乞ふ。外に二人あり供に靈山に送る。

大正十年八月十九日稟發　願主　山崎與三郎

【本人の先祖】「みさ」八十六歲と云ふ人なり、上總清澄山の麓に茶店を出し旅客相手に小商内せし老婆あり、宗祖、蓮長十七歲の頃、初めて鎌倉に遊學し給ふ時、此老婆は、若き僧の是から遠方に修業に行かるゝに同情し、澤山の草鞋を送る、此宿因により本人法華を信仰すと、神出でゝ物語さる。

大正十年六月二十日　願主　須藤長三郎

【宗祖二十六七歲の時】旣に唱題さる

本人の過去に付、箱崎八幡の眷屬出でゝ語らる、本人の實家の先祖は遠く壽永の昔、平家の殘黨にして、身分卑しき雜兵にて勘兵衛と云へり。平家の一門西海に滅亡せし時一門の跡を弔ひ僧とならんと思ひしも、心變り播州須磨を去る北へ參里、喜江村に土着して百性となる、其子孫に甚右衛門と云ふ者あり、是が本人の寶治の頃の過去にして、甚右衛門は女道樂にして欲の爲に女房を追出し、跡の女を迎へ、先妻は之を恨み自殺し、其後每夜此怨靈出でゝ甚右衛門を惱ます、其頃蓮長、播州巡遊中にて此家に一泊さる、夜間主人の魘さるゝ聲を聞き給ひ、其譯を尋ねられ此の怨靈を濟度さる、蓮長は、甚右衛門に一生題目を唱ふる事を敎へられしも、後ち忘れて唱へず、四十三歳に大地震にて其家倒れ壓死す。其後寛文の頃武士の家に生れしも元祿八年の大海嘯の時、發狂せる殿を助けんとして共に溺死し、其後生れ更りしが現在なり此遠因により現世法華の信者となると、此神は先祖甚右衛門の信仰せし神にして本人の守護神となす。

大正十年九月薫發　　願主　某　僧

【松葉ヶ谷燒討の時】宗祖を供養せし因緣

本人の過去に付鎌倉の御猿畑の山王權現出でゝ物語さる。松葉ケ谷御草庵燒討の時、本人は名越の里に住みし甚藏と云ふ農夫にして、地震の爲に家潰れ一家皆死し一人淋しく暮す。或る夕べ一疋の猿、臺所に入り來り飯櫃の蓋を取り飯を兩手に盛り持ち行かんとせしかば、之を懲し追ふ。其夜夢に僧が岩窟内に座し給ふ姿を拜せしも宗祖と知らず、唯の僧と思ひ、又昨日の刻限に猿來り食を求めしかば、夕べの夢と思ひ合せ、此猿は僧に供養する者ならんと思ひ、飯を握り兩手に持てるだけ持せて歸す。是くすること七日其時現れ出でしが鎌倉法性寺山上に祀る山王權現にして、貴き僧が食に饑へ居らるゝ爲、自分の眷屬を遣し食を求めしに、心好く與へし禮を述べらる、其頃甚藏は初めて松葉ケ谷にて日蓮上人が御遭難の事を知り、自分の方より猿が持行く飯は日蓮上人に奉ることを知り、猿の來る毎に握り飯に鹽氣の者を添へて與ふ。

本人の遠き過去は源平の頃、宗盛に仕へし新野直政と云へる人にして宗盛は兄弟中の暗愚なる人なり。運惡しくも之に仕へ忠義を盡し一廉の武士となるも、平家滅亡前、暇を取り北陸に住み獵師となり五十八歳にて死し、其後の生が前記の甚藏なり。過去の多殺の罪により、大地震の時家潰れ妻いそ、長男多助、二男仁助共に壓死し、自分獨り淋しく名越に住み、其時猿を通じて宗祖に供養す。其後關ヶ原の戰の頃、越後新潟の在に產れ、親に連れられ關東に出でしも不幸にして早く兩親に死別し、後厚木在、瀬谷村の百性に育てられ、八歳の時、妙光寺（宗祖身延に行かるゝ時一泊遊ばされし處、後ち寺を建つ、妙光寺）の弟子となり後住職となる。其後產れしが現在にして、宗祖御直筆の鑑定に獨特の眼識あるは此の過去の宿因により鑑定の時は宗祖が直々汝の眼を通じて照覽さるゝに依ると神語らる。此神を本人の守護神とす。

【鎌倉御草庵跡の爭に付解決】

宗祖の鎌倉に於ける古蹟の內、妙法寺、安國論寺、長勝寺の三寺、何れも最初の御草庵跡と云ひ本家爭いあり何れとも決せず、此解決に付山王權現に聞く。曰く最初の御草庵は妙法寺にして之が燒討されし跡、其時宗祖下總中山、富木氏へ避難され後ち鎌倉へ歸られし時、住み給しが、石井長勝の屋敷にて玆に居て說法し給ふ、故に第二の御草庵なり。安國論寺は宗祖安國論御起草の時、來客の煩を避けて同所の岩窟の中にて御起草遊ばす、其跡に建てしが安國論寺なり、各寺號の示す通りなりと明に示指さる。

【松葉ヶ谷燒討せし人々の因緣】

大正十年十月十五日　　願主　澤部友明

本人の過去は、宗祖御在世の時、北條時宗の祐筆にして權太夫正國と云ふ、松葉ケ谷草庵燒討の時、先達となり第一に火を附けし者なり、此時の兩親が今の兩親なり、大謗法の罪により現に業病となり、良醫を求め良藥を服するも回復せず、兩親をして日夜心勞せしむ、是れ過去の罪なり。

昭和三年一月二十一日　　願主　平野こと

本人の伯父、平野欣三郎明治四十二年八月八日水死す、元と相州金澤眞言宗、金藏院の住職にして觀善と云ふ。老年になり中風となり寺を出で、平野の宅に來り食客となり後ち世を儚み入水す、是より前、妻とくは實家に歸り縊死す、此の過去薫發す、宗祖御在世の頃、相州金澤の金藏院にあり所化三人と共に松葉ケ谷御草庵燒討の時加擔し、其罪により現世に斯の如き果を得、金藏院の開山、歡海上人出でゝ懺悔す共に靈山に送る。

【弘長元年伊東流罪の時の關係】

昭和三年一月二十日　　道場

上人伊東へ流罪と定り、鎌倉を出船されし時、別れを惜み日朗上人が纜を握み、共に行かん事を乞はれしを、棹にて打ち腕を痛めし、醫固の人、新之亟出でゝ懺悔し、斯かる尊き人々と知らず無禮せし事を、涙を流して謝す。

大正十一年十一月六日　　願主　母壁ひで子

正兵衞四十六歲本人實家の先祖にして伊豆伊東に住む、日蓮上人御配流の時、尊き僧と知らず、漁師が流人を嫌ふを見て褒美の金にせんと訴人せり、其罪か間も無く熱病にて死す。今御詫し苦痛を免ると、角藏外十二人の靈共にあり、下田に住み海嘯にて全滅す之を共に助けん事を乞ふ。本人は此逆縁にて法華信仰に入る。

昭和二年二月八日　　願主　母壁きみ子

本人の過去は弘長の頃、伊豆の伊東に住む、父を新左衛門と云ひ母をもよと云へり。日蓮上人流罪の頃、疫病流行し其時地頭病む。其頃の本人の過去は玉の井と云ひ地頭の家に仕ふ、地頭に勸めて、日蓮上人の祈禱を受けしむ、地頭疫病回復し、宗祖に歸依す、其時の兩親及び兄義作は疫病にて死せり。過去の兩親兄得道し、本人は此の過去の宿因により信仰に入る。

【清澄山道善御房の關係】

昭和三年五月　　道　場

五月二日、清澄寺の道善御房の弟子、持佛房出づ。蓮長の兄弟子にして、蓮長の立宗に最も反對し、東條左衛門と語ひ小松原にて殺さんと計りし者なり。此罪により翌年三十八歲にて歿し今迄地獄に墮つ、漸く引出され玆に出ることを得たりと既往を懺悔す。

二十日朝、宗祖清澄山にて旭に向て、初めて題目を唱へ給ふ所を拜す。後ち僧侶の靈出づ、宗祖の師、道善御房なり出でゝ聽經さる。

二十一日、御房出でゝ語り給ふ、蓮長が修行より歸り唱題即身成佛を說きしも、心底より信ぜざりき、と云はる、二十二日出でゝ聽經し給ふ、蓮長の導に依て成佛の出來る事を喜び、禮を言はれ得道さる、二十五日靈山に送る。

【道善御房の歿後に於ける宗祖の豫言】

本尊問答鈔、一八〇七

故道善御房は師匠にて、おわしましかども、法華經の故に地頭に恐れ給ひて、心中には不便とおぼしつらめども、外には敵のように惡み給ひぬ、後には少し信じ給ひたるようにきこへしかども、臨終にはいかにや、おわしけん、おぼつかなし、地獄迄はよもおわせじ、又生死を離るゝことあるべしともおぼへず、中有にやたゞよい、ましすらまんと、なげかわし。

報恩鈔に曰く一五〇〇、父母も故道善房の聖靈も扶かり給ふらん但疑ひ思ふことあり、目連尊者は扶けんとおもいしかども母の靑提女は餓鬼道に墮ちぬ、大覺世尊の御子なれども善星比丘は阿鼻地獄へ墮ちぬ、これは力のまやすく(救)はんとをほせども自業自得の果のへんは救ひ難し、故道善房は、いたう弟子なれば日蓮をば、にくしとはをほせさりけるらめども、きわめて臆病なりし上、清澄を離れじと執せし人なり、地頭景信がをそろしといゐ、提婆瞿伽利にことならぬ、圓智、實城が上と下とに居て、をどせしをあながちに、をそれて、いとをしとをもう年頃の弟子等をだにも、すてられし人なれば後生はいかんかと疑ふ、但一つの冥加には、景信と圓智、實成とが先にゆきし事、一つの助かりとは思へども、彼等は法華經の十羅刹のせめを、かほりて早く失せぬ、後に少し信ぜられてありしは、いさかいの後のちぎりなり、ひるの燈び何かせん、其上いかなる事あれども、子弟子なんどゝ云ふ者は不便なる者ぞかし力なき人には非ざりしかども、佐渡の國迄行きしに、一度も訪らはれざりし事は、信じたる事にはあらぬぞかし、それに附ても、あさましければ、彼人の御死去ときくには、火に入り水にも沈み、走りたちてもゆひて、御墓をもたゝいて、經でも一卷讀誦せんとこそおもへども、賢人の習ひ心には遁世とは、おもはねども人は遁世とこそおもうらんに、ゆへなくはしり出るならば、末へもとをらずと人おもうべし、さればいかに思ふとも參るべきに非ず、云々

大正十一年五月薫發　　願主　米澤ゑつ

【小松原の法難】

五月十七日、米澤太左衛門重矩 五十歳 出づ。米澤家の先祖にして宗祖御在世の頃房州東條に住み、東條左衛門に仕ふ。景信、日蓮上人を小松原に要撃せし時、供人を切りし者なり、其後其罪により熱病に罹り死し、今迄地獄にあり漸く玆に引出され救はる。

二十日、東條左衛門出づ、大に前非を悔い、何を以て日蓮上人に謝せん、何卒自分の指圖にて共に罪を犯せし者も助けられん事を乞ふ（穴あらば這入りたき心持になる）以後日々出でゝ經を聽く。

二十五日、長谷川又右衛門出づ、東條の臣にて、景信の片腕となつて働き、宗祖の御命を覘ひ、小松原にて弟子僧(鏡忍坊）を切る、法罰にて七日目に悶死す、小松原襲撃の時は、一天俄に掻き曇り怪雲起り物凄き空模様となり身體痺れ動けなくなりしと云ふ。以後日々死靈出でゝ聽經す。

六月六日、神出でらる。元房州清澄山の守護神なり、宗祖

入山の頃より縁を結び、小松原の難の時、我は東條の太刀を折り、身を縛し動けなくし、危難を免れしめ、後ち、彼の命根を絶ち、其儘逆縁を結び今日に至る、今漸く解く時到れり、一週間以内に東條に懺悔さすと云はる。

六月十日夜、東條景信出づ、懺悔して曰く、自分の誤つた信仰より、日蓮上人が折伏さるゝを憎み、之を除かんとし恐ろしき罪を犯せし事を、幾重にも御詫す、其後熱病に罹り死して晝夜苦を受け免るゝこと出來ざりしに、今茲に引出され我等の怨嫌せし法華經に依て救はる、何の面目あつて日蓮上人に見えんと懺悔し、小松原の當時を語る、日蓮上人の通らるゝを知り、小松原に待伏す、上人の姿を見て巳れ憎き日蓮め、茲安穩に通すべき、茲で會ふたが最後、汝の一命は我が手にありと、一心込て切込み眞二つと思ひきや、不思議にも太刀は鍔元よりポツキと折れ、柄を握つた儘、腕を右に捻じられ、五體痺れ馬上にすくむ、其時、工藤來り股を切らる、一天物凄く搔き曇り、恐ろしき模樣になり、家來皆逃ぐ、其時の疵口より發熱し苦悶して死す茲に得道の出來し事を喜び禮を云はる。

此危難を救はれし淸澄山の神を道場の守護神とす。

最正位　慧日天王

七月二日死靈々山へ送り神は勸請し奉る。
昭和參年一月二十日薫發　　道場

【極樂寺觀良の因緣】

種々御振舞御書、一三九一
詮するところは、六月十八日より七月四日迄、良觀が雨の祈りして、日蓮にかかれて、ふらし兼ね、汗を洗し涙のみ下して、雨降らざりし上、逆風ひまなくてありし事、三度迄使者を遣わして、一丈の堀を越ぬ者、十丈二十丈の堀を越へ得べきか、和泉式部、色好みの身にして八齊戒にせいたる和歌を讀みて雨を降らし、能因法師は破戒の身として歌を讀みて天雨を降らせしに、いかに二百五十戒の人々百千人集りて、七日、二七日せめさせ給ふに雨の降らざる上に、大風吹き候ぞ、これを以て存ぜさせ給へ、各々の往生叶ふまじきと、せめられて、良觀がなきし事、人々につきて讒せし事、一一に申せしかば、平の左衛門の尉等かたうどしかなへずして詰り伏しゝ事はしげければ書かず。（此良觀が讒言により龍の口の難となり佐渡流罪となる、此大謗法の罪により良觀地獄に墮つ昭和貳年二月地獄の因緣を解

く、茲に良觀地獄より赦されて茲に出づ）

昭和參年一月二十日　實現

極樂寺の良觀上人出づ。此人地獄にあり、非常の苦惱を受く、修法して苦痛を除くも、語ること出來ず一週間聽經し漸く物語す。日蓮上人の折伏を惡み、如何にして勝たんと日夜苦心し、雨乞の時ココゾと修法せしに、天之を聽かず日蓮上人に勝利を與ふ。之を恨み樣々の方面より迫害を加へ、弟子檀那を苦しめ、遂に龍の口に殺させんとせしも果さず、佐渡へ流さるる途中にて無き者にせんと策を廻らせしも能はず、つまる所は此大謗法の罪により死して地獄に墮ち日夜苦を受け今日に至る、今逆緣なる法華經に依て救はる、權化の聖僧たりし日蓮上人を苦しめし事を、恐縮して懺悔す。又自分(良觀)と共に日蓮上人に反對し罪を犯せし僧五十六人地獄より共に救はる。良觀云く自分等は幸に赦され救はる、願くば我等を扶助し共に謗法罪を犯し地獄に墮ちし檀家の者を救はれん事を乞ふ、依て修法す。

二月一日、森喜內、出づ樂極寺の檀家にて、衣帽子屋なり松葉ケ谷燒討の時參加し、其罪により養子力藏は病に罹りて死し、家は追々微祿となり、妻ちかは七歲の子與市を連れ所々流浪し其內與市病氣となる、日朗上人に敎化され病氣本復し二人は白衣姿になり諸國を廻る。

外檀家の者にて地震疫病にて橫死せし靈參百人得道す。

二月三日左の靈を靈山に送る。

良觀上人、外僧五十六人、檀家、森喜內外參百人

大正十年六月十日　願主　平野哲三

本人は盲目なり過去罪發す、本人は宗祖が極樂寺の雨乞の爭されし時、良觀の弟子にて良念と云ふ、良觀雨乞に負け恥しめらる、何とかして復讐せんと謀り、大聖人に敎義を承りたしと欺き、極樂寺に請じ、歸途夜に入らしめ、良念に送らしめ、極樂寺の坂にて切り殺さんと謀る、良念背ろより太刀に手を掛けしも宗祖の威德に打たれ、五體すくみ拔く事能わず、遂に御草庵迄送る、其後五體不自由になり眼潰れ遂に行倒れとなる。是が本人の過去にして、爲に現世に出でしも過去の宿因にて、又盲目に生れ、而も逆緣にて茲に信仰の道に入ると。此物語されし神は、鎌倉田邊か池(雨乞池)に住せし娑迦羅龍王の眷屬なり其當時より本人と逆緣を結ぶ之を本人の守護神とす。

昭和參年二月二十三日、罪發

文永五年、大饑饉の時鎌倉にて餓死せし靈、參百人

大饑饉の時房州小湊附近餓死靈、貳百人

昭和參年八月二十五日

文永六年の頃、鎌倉に於ける疫病の死者、六百人

其頃鎌倉に在せし、地藏尊(大滿伽樓羅王)救ひ給ひし靈

【龍の口の法難】　願主　前田ぎん

大正十二年五月薫發

本人は四月中旬、身延に參詣し歸路此の靈を連れ來る。

本田重時五十一歳出でゝ懺悔す、父は平家に仕へし者なり、一の谷の落去前逃亡し、世を忍び關東に來り後ち鎌倉扇ケ谷に住む、後ち北條に仕ふ、身分卑しき者なり。

日蓮上人龍の口刑場に曳かれ給ふ時、馬の口を取りし者にて、其夜、龍の口にて馬荒れ、横腹を蹴られ一時氣絶す。

其後妻は疫病に罹り死し、自分も病氣になる、其他天災地變連りに起り、日蓮上人の云はれし事が胸に當り、是は御罰ならんと思ひ、氣の附た頃は、上人身延御隱棲の後故、御詑せんと身延に行き、今の發軫閣の所にて頓死し、(今の腦充血) 里人其笈摺を負ひし姿を見て行脚の者ならんと、其處に埋めらる、其頃の妻を「をばな」と云ひ、邪智深く貪欲の者にして、其再來が本人の夫の母に當る、此因縁に依て本人に便り茲に來り懺悔すと云ふ。

其當時の物語、文永八年の頃には日蓮上人に眞に歸依せる人は指を屈する程より無かりし、然るに今天下に時めく執權に再三の諫言されしは、其身の危きこと累卵に似たるが如く、九月十二日執權の怒に觸れ給ひ、申の刻平左衞門頼綱の下知により小具足に身を固めたる者二三十人其他百名程率ひ、御草庵に捕方に向ふ、是に從ふ念佛禪宗の徒、僧俗約三四百名、御草庵を取り圍み、上人に繩打つて馬に舁ぎ乘せ、北條朝直の邸に小憩し、後ち鎌倉を引廻し、龍の口の刑場に曳き行かんとす、此時四條金吾は一生の御別れなりと、何度も蹴られ打たれても、馬の口を離さず、無理に馬の口を取て御供す、其途中八幡大菩薩其他天神地祇に向つて述べられし事は、世間周知の事故略す、町外れ迄行きし時、四條金吾は馬の口を離し、是より刑場に向ひ給ふにいかで自から馬を進め參らせんと別を惜しまる、馬動かず唯れも上人の威に打たれ馬の口を取る者なし、其時自分が手柄顏して馬の口を取り刑場に向ふ、馬の足取遲々として進まず、僅か二里の途を、今の五時間もかゝり漸く、辿り

着く、刑を行はるゝに臨んで上人自若として敷皮の上に座し給ふ。時に夜もいたく更け、今迄月明に晴たる空、俄に掻き曇り、大雨車軸を流すが如く、大風大雷となり、炬火は一時に消へ、すさまじき電光晝の如く輝き物凄き有様となり、見物人は皆な逃ぐ、其時上人はいざ頸刎よと仰らる折柄矢來の外に繋ぎありし上人を乘せし馬、大に荒れ矢來を破り亂入し上人の周圍を警固せし武士を悉く蹴り嚙附き殆んど手を負はぬ者無きに至る、其荒るゝや實に阿修羅王の荒るゝも斯くやと思ふ計りなりし。其時上人又も早く頸刎よと催促さる、太刀取りは滿身の力を込て切下せしも五體痺れ方向を過り、首桶を置く石に切り附け、太刀は三段に折れ其後に倒れ伏す（此石今龍口寺に在）其時、立會の面々五體痺れ、恐れ慄き足もしどろに走り退く、如何にしても上人の頸切る事出來ざるにより、此趣を鎌倉へ注進す其夜殿中にも怪異起り執權は夢に神より日蓮切るべからずと諭され、其赦免の急使を出す、此使者と、龍の口より注進の使と行逢し處が、今の行逢川なり間もなく夜も明け上人は依智へ行かる、此時迄上人の身の上を案じ留りしは、僧侶五六人信者二十名位なりしと語る。（大雷雨を起し光明を放たれ馬を荒させしは皆神の力なり）

大正十二年三月稟發　　　願主　平尾ゑつ

【越後高田八幡出でゝ語らる】　日蓮上人に縁あり故に茲に來る。日蓮上人佐渡流罪の時、途次越後の高田八幡に參詣ありて法華廣宣流布の祈願をされ、其時より縁を結び、佐渡御在中守護し、阿佛坊を引合せしは我れなり。又承久の亂にて佐渡へ流され給ひ、恨を呑んで御崩御ありし順德の帝を手引し、上人の眼に移し、又其御遺跡をも示す、上人は帝に回向し佛果を得せしめ給ふ。是れ皆我の手引せし事にして今茲に靈界の統一成るに依て廣宣流布をせん爲茲に出づと、依て此神を道場に勸請し奉る（平尾ゑつは上杉謙信の頃此神と關係あり）

最正位　大慧天王

大正十二年三月十八日調　　　願主　伊藤光子

【日朗上人と牢番】本人の過去に縁を結びし鎌倉長谷觀世音の眷屬物語さる。北條時宗の頃、宿屋光則の屋敷の門番に「きち」と云ふ者あり是が光子の過去の母なり、娘あり「たね」と云ふ十六歳にて病死す是れ本人の過去なり、日蓮上人御勘氣を蒙りて佐渡に流さるゝ時日朗は宿屋の屋敷に預けられ土牢に入れらる、光則其罪無きに牢に入れられ、其師を慕ふ情の切なるを憐み、佐渡に行く事を默許し、此時衣類を造り旅の支度を爲さしめ、握り飯と鳥目二十六文與へ出立させしは「きち」なり、其功德により現世に光子一人題目を唱ふるようになる。

又日朗旅行中、身代りに牢に這入りし者あり、門番の長男にして由藏と云ふ、日朗と同年にして、髮を剃り日朗の衣を着て不在中、常に牢に在りき。此由藏の再來が現在の母にして婦人と生れ、過去の兄弟が、現世に親子となると。此神を本人の守護神とす。

【佐渡流罪前後に於ける危難】の薫發

昭和參年九月十六日調　靈媒　前田ぎん

【玄達】余部《アマルベ》の眞言宗、覺林寺の僧なり、佐渡に行き日蓮上人と法論し負けて、國に歸り咒咀をなす、其罪により横死し地獄に落ち、今玆に救はると既往を懺悔す。

【容齊】越後新發田の長樂寺（淨土宗）の僧なり法論に行き負け、其後手を替へ品を替へ様々の妨げをなす、死して地獄に墮つ、今玆に救はると懺悔す。

【堤龍巖】山形の住人にして、修驗者なり、越後の寺泊にて日蓮上人の話を聽き、其連中に加はり多勢にて佐渡に渡り、法論に負け、悔しさに咒咀し、其罪により地獄に墮つ。

九月二十三日、神出でゝ語らる、宗祖佐渡御在中、他宗を折伏し給ふを聞き理非も辨へず、先祖の宗旨を惡し様に云ふ憎き坊主と罵り、罪を受けし俗の男女十八人あり、引出し得道せしむ、別に物語なし、懺悔す。

二十五日、幸作二十八歳佐渡の住人、陶器師にて、宗旨は禪宗なり、宗祖御流罪中、書き物をして居らるゝ處へ、犬をけしかけて妨げをなせども犬は上人の方へ行かず、突然自分に向て噛附き、其傷が元で死す、出でゝ懺悔す。二十八日、おさゝ、越後高田の者なり、夫に別れ孤獨になり、貧に追はれ煩悶する頃、修驗者に頼まれ、僅かの金にて日蓮上人の毒殺を引受け、佐渡に渡り、遠藤の家（阿佛房）に下女に住込み、一月許、様子を見る、上人の食事は主人夫妻が自からし、他の手を煩はさず、隙を見て毒を入れしが、反て自分が食して苦悶して死し地獄に落つ、漸く玆に出ることを得たりと喜び懺悔す。

宗祖が身延御入山後も阿佛房千日尼に特に懇情を以てせられしは此の献身的奉仕に報いられしか。

二十九日、角田元秋、鎌倉の浪人なり、良觀上人に頼まれ日蓮上人を殺さん爲め、佐渡迄附て行きしが、隙を得ず、道に迷ひ雪中に凍死す。

昭和四年二月薫發　　　願主　平野伊三郎

本人の過去、宗祖佐渡御流罪の時越後、寺泊に住し半農半漁を爲し、父を彦兵衛と云ひ、其悴彦太郎と云ふ、是れ本人の過去なり。宗祖寺泊に滯在さるゝ頃、檀那寺眞言宗淨妙寺の住職善道に欺かれ、日蓮と云ふ僧は惡僧故上の御咎めにより佐渡へ流さる、生かして置ては天下の害になるとそゝのかされ、三十人許、徒黨して各自得物を以て夜襲せんと計る、自分は日蓮上人の宿泊さるゝ家と遠縁の者故案内し家を圍む、初夜は手のしびれる者あり、足のすくむ者あり恐れを懷き討入せず、二日夜も同じく、手足のしびれにて恐れを懷き失敗し、三度目も不思議現れ恐れ果さず其内上人は佐渡へ立たる、其後自分は熱病で死に悴は聾となり口が利けなくなる、其他之に携りし者一人も滿足の死方せず、こうやつて玆に出て見れば、斯くなるは當然の事其頃はそんな偉い坊さんと知らず、善道にそゝのかされてした事を懺悔す。其頃の母が現在の母なり其時の宿因に依て現世に聾となる。

善道法師　外三十人　靈山に送る

昭和三年十月薫發　　　願主　田中九郎

本人の過去は善智法印と云へる、熊野の修驗者なり。鎌倉に在りて自分直接手を下さずと雖も弟子五人を使役し、宗祖に樣々の迫害を加へ、松葉ケ谷の燒討にも參加なし、身延御入山の時迄跡を附け危害を加へんとせり。遂に雷撃に遇ひ四十一歳にて死す、現世に信仰に這入るは逆緣なり。

昭和三年十月三日　　　願主　田中むめ

本人の過去は宗祖御在世の頃、南部實長に仕ふ。宗祖身延御入山の時、南部家に滯在され、其時衣類の洗濯等を爲して奉仕す、此緣に依て現世に熱心なる信者となり、又其頃眞言の法印が宗祖に危害を加へんとするを妨げ、說得せし事もありき。武左衛門吉兼、波江出づ其時の兩親なり靈山へ送る。

【中山法華經寺因緣】

大正十一年十二月、圓眞寺(芝區二本榎)の鬼子母神來場され加藤主計頭清正公の因緣を解き給ひ、玆に中山道場との融合成る。十二年一月六日寒行中當道場の諸天神、中山道場見學に行かれ、中山の守護神と祈禱に付議論されし結果、此因緣連れて來らる。

一月二十二日、神の仰により中山法華經寺の因緣を引出す
二十三日、身體倦し、死靈出づ非常に寒さを感ず。

二十四日、頭重くして腰痛む、死靈出で轉々とす。

二十五日、淨心寺祖師堂に參詣し、六老僧を拜せし時に、日頂上人の像に惡口する靈あり汝の所置の惡き爲め、今日に及ぶと罵詈す。

二十六日、暴れる靈氣出づ、中山の地主と言ふ。今迄に中山に樣々の障碍をなし、最も早口に題目を唱へ俗に云ふ「スレツカラシ」なり御經は耳に蛸と稱し得道困難の難物なり僧侶の事を蛸坊主、蛸が〱と云ひて踊り、讀經後も口、僻に蛸が蛸がと云ひ、通力自在の魔神なり。

二十六日夜、神出でらる、遠く行基菩薩、眞間に弘法寺を建てらる、其頃より寺の守護神にして、我は法華經を慕ふ者なり、故に富木常忍をして住職了性と問答せしめ、富木を勝たしめ、此寺を乘取らしめ其時より常忍と緣を結ぶ。其後、常忍法華經寺を建てし時出でしも、勸請に付其時の住職、日頂に相談せしも、日頂、肯ぜざりし故其儘となり今日迄出る期會を失ふ（此神を世に出さゞりし爲、頂師は一生、世に出でず父に勘當され不遇に終らる）今回、行基菩薩の守護神たりし大滿伽樓羅王、中山へ見學に來られ我は元と眷屬なり、故に中山の因緣を連れ來る。

代て中山の地主出づ、今の寺の敷地は往昔より我等の住居なり、然るに之を奪つて自分を捨て置く故、代々の住職の內、道心堅固ならざる者は、酒を吞ませ蛸踊を爲さしむ、是迄に鬼子母神は我を得道させんと種々御敎化され骨折られしも、引出す人無く今日に至る。此道場には自分の先祖の大神在す依て速に降伏し、旣往を懺悔すと伏拜さる、夜祈禱の時讀經さる、驚く程達者なり。

二十七日朝、地主出づ、僧の靈三十五人連れあり、追々引出す。中間、弘法寺の神と連合し千壽院を興し祈禱し、遠壽院の向ふを張し事ありと言はる。

二十七日、僧靈出でゝ讀經さる、二十八日、日高上人（中山二世）出でゝ語らる今の法華經寺の地所は、元太田の所有地なり、父乘明、宗祖に歸依し、自分を出家せしめ、又其後ち宅を改造して本妙寺を建て、後ち富木氏の建てし法

華經寺と合併し、妙法華經寺となる。此地所に過去より祀りありし神あり、其勸請に付、日常上人と相談し、又日頂上人に計りしに、頂師反對され、遂に其儘となり因緣の源を爲すと言はる。

二十八日夜、日常上人出でらる、自分が眞間山にて法論せし時より眞間の守護神と緣を結びたりとは知らず、後ち出現されしかば勸請に付き日頂に謀りしに肯ぜず、又地所の靈氣出でしも之も其儘とす、歿後其誤れるを知り憂慮す。今迄中山を保護する爲に心勞せり、今茲に、釋尊、宗祖在まし此因緣を解き給ふ、眞に歡喜の至りなり、我等の相承せし祈禱法は鬼子母神を頂き妙法の威力により障礙を退散さすを目的とす、されば自から壯健となり、妙經誦持の功德により成佛すべき者と思推し、守護神に就て重きを置かざりき、然るに今其誤を明に知る、障礙の靈氣を得道せしめ共に佛道を成ぜしむるに思ひ及ばざりし、又日頂を勘當し最後に至るも之を赦さゞりしは、餘りに頑固に過たりしを悔ひ、宗祖の仰により之を赦すと。（日常上人が何人が詫ぶるに係らず、最後迄頑固に赦さゞりしは、眞間の靈氣が上人に憑り頂師を勸請せざりし復仇されしなり）日頂上人出でらる、自分の非才より神の勸請を拒みし爲め種々の災を起して申譯なし、自分は法華經誦持の者には諸天晝夜に守護し給ふ、何ぞ他の靈神を祭る要あらん、是れ謗法なりと、勸請を遮る、今此席に出でゝ釋尊を拜し宗祖に見へ、各宗の統一を聞き、各宗と守護神の關係を見て靈界の組織を知り、既往を省みて慚愧に堪へず、謹で懺悔す、勸請せざりし爲め此の禍根を殘し、自分も一生不遇に終り、父の沒後、富士大石寺に興師を訪ひ、後大石寺の上二里、身延の山の見える山間に小なる庵室を造り日々身延を遙拜すること十三年、老僕と暮し世を終る、六十三歲なり今父より勘當赦され、宗祖に見ゆることを得たるを喜び給ふ。

二十九日、僧の靈出でゝ聽經し後ち伏拜懺悔す。

三十日、僧靈出でらる、自分の不德不覺より遂に今日に至り、茲に引出さる、既往を省みて慚愧に堪へず、謹で懺悔す、茲に三十二人を代表して出づと伏拜す。

二月一日朝、富木家の先祖と緣を結び給ひし神出でらる。此神は嚴肅なる神なり、日常上人の嚴格なりしは此神の守護に依るか、此神は出雲關係の神なり。此因緣と同時に富木家先祖、神代の頃出雲に於ける素盞嗚尊と酋長「ハリウ」

の關係を解く詳細前にあり、此因緣と平將門の因緣（前に記す）富木家に絡る、之を解かん爲め宗祖は百日間轉法輪なし給ふも（時到らず神代因緣と佛法傳來の因緣解けざりし故、國の神と連絡なし故に解けず）解けざりし故、鬼子母神の像を作り、日常上人に祈禱を授け自身に祈禱せしめらる、是れ中山祈禱法の起原にして、今此困難なる因緣の容易に解くるは、曩に神代の因緣、佛法傳來の因緣解け、王佛一乘となりしに依る、是れ時の然らしむるなりと。

十五日、白色の大龍神出づ、神代より伯耆大山に住み、其頃の酋長ハリウ（富木の先祖）と緣を結びし者なり此神中山に宇賀神として祀らる。

十九日夜、日久上人（遠壽院中山祈禱中興の祖）出でゝ讀經され、祈禱の時余に乘て信者に加持さる。

十六日朝、日久上人出でゝ語らる、日祥上人より祈禱法を相承し、其完全ならざるを悟り、身延に行き、日遠上人を師として千日の行を爲し、身延の祈禱法を相承す、歸來圓立坊の傳師となり、中山の祈禱法を改革す、然れども本尊を改めず、今此道場に來り、祈禱法と本門の戒壇の關係、及祈禱本尊に釋尊と宗祖を立て、守護神として鬼子母神諸天神を立る事は我等の思ひ及ばざりし處也、自分の短才より祈禱の法を誤り累を今日に殘し是の如き大因緣を解くこと能はざりしを愧づ、是より中山の祈禱法を改革し完全なる者とすると誓はる。

二十一日、神出でゝ曰ふ、中山の奥の院、即ち富木の屋敷跡は昔、天慶の亂を起せし平親王將門の住居の在りし所也將門は猿嶋に御所を立てしも、其室「あやせ」は玆に住み將門戰敗れ負傷して從者と共に玆に歸りて死す、其時奥方初め從者男女十四人殉死す、其時將門四十歲「あやせ」三十一歲なり。殉死者の靈と共に此地に留る、富木胤繼の室と、あやせと先祖の關係あり、其因緣により富木家玆に住む、故に種々の不思議起る、今玆に一切を解く。

二十二日朝、叢雲天王御降臨あり、中山の因緣一部解け左の通り解決さる二月二十四日神は道場に勸請し、死靈靈山に送る。

最正位　弘法天王　弘法寺の神
同　月光天王　中山地所の神
同　法隆天王　出雲の白龍神
僧侶の靈　三十五人

將門一族　十七人

續て第二回の因緣薫發す、日本武尊東征の時の關係なり、日本武尊東征の所へ記す。

以　上

昭和二年五月二十日　願主　田邊萬治

【本人の實家の先祖】上總八幡《ヤハタ》に住みて、宗祖御在世の頃富木播摩守の祐筆なり。主人が日蓮上人に歸依され、非常に信仰されし故、自分も據所なく唱題なせども、心から信仰に這入らず、今玆に出で法華經を聽き泌々と有難きを感ず。主君の富木の富の字を頂き、富田春之進と云ふ、何の因緣か、最初の妻は二十三歳で產で死し、次の妻さだは三十二歳にて肺勞で死し、三番目の妻「とよ」が子を產み、夫れが血統を繼ぐと、春之進出でゝ語る。

昭和參年六月薫發

【眞間の弘法寺の住職了性】と末祖日蓮の關係

大正十四年十月頃、法華經の本尊末祖日蓮と號し、東京市外池袋四六一番地に、皆歸妙法本部を造り、法華經の本尊と號し題目の下に自己の羽織袴合掌の座像を畫き、之を信者に拜ましめ、末祖日蓮と稱する小冊子を（五四頁）發行

し、大に宣傳し多數の信者を集め、大謗法の罪を犯す、大正十五年、法罰にて死し、此因緣薫發す

法華經の御本尊末祖日蓮（小冊子より拔萃）

此の世の中世界中の神、佛、菩薩樣は、天の神樣の御命令により皆殘らず、法華經の本尊末祖日蓮樣に歸依せられたこれにて此の世の中、世界中の神、佛、菩薩樣の統一、即ち靈界の統一がもはや出來たのであつて、今は此の世の中世界中の神佛菩薩樣は皆々、末祖日蓮樣の精神に宿られ、何處にも居ません、是より此の世の中世界中の神佛菩薩樣は、唯々末祖日蓮樣の御姿によつて働いて下され、此世界中の衆生に御利益を與へて下さるのである、從つて末祖日蓮樣に歸依する者には、天の神樣は如何なる御利益も與へて下さるのである、末祖日蓮樣に背く者は、天の神樣がゆるし給わぬのであるから、益々苦海に沈み行くとも安泰に導かるゝべき道理はない、乃至、世の中の衆生が殘らず末祖日蓮樣に歸依し奉り、萬民一同に實の信仰にもとづき、南無妙法蓮華經と唱へ奉る時、衆生は悉く救われて安泰となり、天下泰平、國家も安穩になつて、此の世には不祥の災難を拂ひ、裟婆即寂光、通一佛土の妙境と化すべきは、

もはや疑ふべからざる事實である。

茲に於て釋迦牟尼佛樣、御出世の御本懐、高祖日蓮大菩薩樣の大誓願も成就せられ、世界統一の實が擧るのである、噫尊き哉末祖日蓮樣、噫、威なる哉末祖日蓮樣、噫有難き哉末祖日蓮樣乃至以下略

吾々が滿腔の誠意を捧げて、天の神樣の御使、法華經の御本尊末祖日蓮樣を信解せられんことを、切に〳〵御勸め申上げる所以である。

合掌敬白

然して其天の神樣とは、高祖日蓮大菩薩樣と、釋迦牟尼佛樣とが伏見の稻荷樣に救ふてくれと御依頼され、伏見が自分より偉い御子を見立てられ、其御子は、妙榮自在大善神樣である。

(二)末祖日蓮樣は、大正九年より今日迄、妙榮自在大善神樣と共に飮まず、食わず、寢ず難行苦行をなされたのです

(三)末祖日蓮樣は諸天菩薩樣より一切の神通力を授けられ一切の神通力を具へられ給ふたのである。

(五)末祖日蓮樣は釋迦牟尼佛樣、高祖日蓮樣の生れかわりである。

(六)末祖日蓮樣は、天の神樣より印授されたる法華經の御本尊であり、此の世のあらん限り、法華經の御本尊である。

以上は此冊子の大要である。

末祖日蓮と號する者は本名、中條長吉と云ふ、此の袴大妄想は狂に等しい。大謗法の宣傳の許に集まる人も多勢あり盛大となり道場も立派に建築せしも、大正十五年に此末祖日蓮、中條長吉は法罰で死去し、死後地獄に墮ち、昭和三年五月、道場の神は彼の過去に付き解くべき要ありとて地獄より引出さる、非常に苦悶す、五月二十九日苦痛除かれ懺悔す、道場の神代て彼の過去を說き給ふ、彼は富木日常上人に說破され追出された眞間の弘法寺了性の再來にして、又た天の神と號せしは眞間の地所關係の神にして了性と緣を結びし者なり。過去の宿因より大謗法の罪を犯す。

此因緣薰發せし時中山より日常上人來場され此の宿因を解き給ふ。

六月二十五日、末祖の天の神樣の希望により道場の眷屬と勸請し名を妙榮大善神とし備中高松へ百日修行に立ち、中條長吉は罪を赦され靈山に送らる、是は最近の事跡故詳細に記す。

元寇の因縁

大正十一年四月、清國皇室に祀りありし釋尊の像、我が道場に來り給ひ、因縁薫發し、釋尊の像を作らせしは魏の曹操、曹操の再來が清朝の祖、愛親覺羅なるを知り清の皇室の因縁を解く（詳細は支那因縁に記）此佛像の關係より、元寇の因縁薫發す。

四月二十九日朝、建治元年、元より日本に使者に來りし杜世忠（三十一歳）鎌倉にて頸を切らる、大に日本の無情を恨む。代て弘安貳年大宰府に媾和の使に來り、頸切られし、安世贇《アンセイレン》（二十五歳）出づ、國を出る時、老母重病なり、袖を押へ出征を留むと追憶して哀しむ。

三十日朝、元の大將范文虎（四十二歳）出づ、自分等は、日本に戰に來り死するは覺悟なるも、罪なき多くの兵士を殺せしを非常に氣の毒に思ふ、故に一同を助けん事を頼まる

五月一日、二日、元の戰死者、溺死者の靈出でゝ經を聞く

二日夜、宗祖の守護神出でらる、宗祖は日本國を救わん爲に、餘儀なく調伏せられしにて、其時の元の將卒死靈約五萬人以上連れてあり、此死靈は宗祖、直々御教化あり、皆既に得道す。此事蹟を宗祖は何故に書き殘し給わざりし事に付、深き思し召しに依るものなり、如何に國の爲とは云へ、佛弟子が多くの人命を奪ふ、又此の調伏を公にすれば未來の僧は調伏を事とし法華の義に悖り惡道に堕せん、又宗祖は之を未然に防がん爲め、三度國諫を爲されしも用ひられず、遂に身延の奥に御隱栖遊ばされしも、元寇來り勢強く、國家の危期見るに忍びず、日本國を思ひ給ふ餘り、御自身の身を捨て餘儀なく行はれし調伏にして宗祖御一代の内、初めて造られし罪障なり、（此五萬の死靈が便りし爲宗祖は以後御病氣勝、御入滅早かりしに非ずや、例へ菩薩と雖も因果の大法は破るべからず、世尊の過去の師提婆達多は世尊に大逆を爲し現身地獄に墮つ）

此物語されし神は身延の妙法二神にして其原籍は如意伽樓羅王なり、此神之に關し給ふ。

五月三日、弘安の役、宗祖御關係の元の將卒五萬人の靈を靈山に送る。

大正十四年十一月　願主　前田ふみ

本人の過去薫發し全身膨張す、對馬に於て元寇の時捕へられ船に連れられ博多の戰の時舷側に倒に釣り下ろされし時

の状態となる、是に關し元軍の暴風波の爲め船覆沒し辛うじて陸に這ひ上り疲勞して動く事も出來ざる元軍の士卒、日本軍の爲に慘殺されし約壹萬人の靈出で、各々戰鬪力を失ひし者を慘殺せしを恨む。

大正十五年一月六日より例年の通り寒行を初め、毎夜懺悔會を修す、七日道場の神出で給ひ、今回を期して元寇の殘りの因緣、及皇室關係の因緣を解くに付勤めよやと激勵さる。

九日朝、元軍を守護せし神出で給ふ。今日迄道場の神と爭ひ種々の妨げせしも遂に敗れたり、玆に懺悔の時來れり、我の所爲を悉く懺悔せんは二三日に盡すべからず、最近皇室に障碍し又幸德秋水、難波大助をして大逆を企てしめしは皆、我の所作なりと懺悔し給ひ、三度伏拜さる、恐るべき哉、元寇の復讐の爲め日本に障碍さるゝ六百年、今玆に解く。

十日朝（靈媒平野）に東都兩國橋畔自彊術中井房五郎氏の守護神出でられ、玆に大勢の怨靈の爲に祟られ、身體膨れ發狂し、藥は血なりと云ひ、典醫を退け、苦悶して薨ぜられし靈あり、生前眞言の法を以て修法せしも、其時のみ退散し、亦纏る、此の最も困難なる御靈を玆に請じ、一遍の加持に回復得道させ得れば、眞言を捨て、眞に法華に歸依すると云わる、代て苦悶せる靈を請ず、頭べを抱へ苦悶さる、大秘法を修し瞬時に苦惱除かる、神出でゝ大に感歎さる、後に知る此御靈は畏れ多くも龜山上皇なり、神出でゝ語らる、元寇の役、身を以て國難に代らんと七日七夜、斷食して祈り給ふ、此の因緣に依て、元の數萬の亡靈、上皇に絡り爲に苦惱し給ふ、生前度々薫發し眞言の法にて退散させしも、其時限りにて時過ぎぬれば又も絡る、度々繰返せしも遂に之が爲に崩御遊ばさる、此因緣解けざれば眞に元寇の因緣解けしに非ずと云はる。

元寇の弘安四年は紀元千九百四十一年なり、龜山上皇の御崩御は千九百六十五年、嘉元二年九月十五日御歲五十七歲におわしましき、此帝の頃より後宇多天皇の頃迄宮中に於て眞言の信仰最も盛んにして、叡山、園城寺の爭等僧侶も跋扈し又種々の妖災の起りし時代なり。

十一日朝、龜山上皇の侍女にして、上皇の最後迄御側に勤めし老女、宮古出でゝ、今回の法席にて朝夕有難き御經を聞き一同成佛の出來る事を喜び禮を云はる。

又上皇の御腦御平癒の爲、石清水觀世音に日參し、途中にて蒙古の怨念の爲か、雷撃に遇ひ震死せし靈あり、其苦痛を除きくれと頼まる、代つて震死の靈出づ、修法して苦痛を除く、曰く藤原成義と云、法皇の御腦御平癒祈念の爲め日參す、途中にて雷撃に遇ひ震死す、玆に救はれし事につき禮を云はる。

十四日朝、元寇の時慘殺されし對嶋の城野村の住民、ヨネ出でゝ其當時の物語す、蒙古の軍兵上陸し、村中の穀類は申すに及ばず、牛馬雞犬、野菜類、其他好い者は皆な持ち去られ、男は皆殺され、女は手を縛り頸に繩かけ船に曳き行かる、自分は抵抗せし爲め打ち殺さる、母も姉も皆船に連れ行かる、今其時殺されし村の者多勢と、父與四郎、母はる、姉さの、も玆に居る、どうぞ助けてくれと頼む、依て此の横死の靈に回向す。

代て神出でゝ語らる、龜山上皇の御腦平癒の祈禱せし者は眞言宗の修驗者にて光照法印と云ふ、我れ之と緣を詰び共に働く、我は日本神代の頃より病氣平癒の祈禱を修せし者なり、されど今迄人の體を借り發言せし事無し、斯く自由に神人の交話を爲す事を得るは法華の威力なり、上皇の祈念せし時は眞言の法を以てす、其時の主神なり、其時の修法せし光照法印は今の中井房五郎の過去なり（東都兩國橋畔自彊術の創造者中井房五郎氏）其頃より緣を結ぶ、降つて徳川家康の頃、遍照阿闍梨と產れ、徳川の大奥に入り眞言の法を修し、日遠上人に敵對し、お萬の方を苦しめ、種々の災を起し法華と逆緣を結ぶ。（此神は過去より人の病氣を治し壯健にするを得意とさる）此因緣に依て光照法印を現世に出し獨特の治療法を創造せしめ、自彊術と名け、上は宮家より下は庶民に至る迄多くの人を助けしめ今日の位置を得せしむ、然るに今此道場に來り法華の修法を見て大に得る所あり、法華の威力の絶大なるを認む、之より共に修法せん、後に此神を法華勸請し、妙照大明神とならる。

十六日朝、道場の神曰ふ、今迄薫發せし、元寇の時の壹岐對馬の慘殺されし靈、及び元の虐殺されし將卒の靈得道す人數は調べ置くと仰らる。

十九日、神曰く元寇の因緣全部解く、壹岐、對馬の慘殺されし男女靈參千人、元の將卒約參萬人、得道す、一月二十日、修法して靈山淨土へ送る。

元寇の死靈にて薫發せし日時及び數

大正十一年五月、日蓮上人の關係、五萬人
大正十四年十一月、道場の神關係、壹萬人
大正十五年一月、龜山上皇御關係、參萬人
大正十五年一月、壹岐對馬の慘殺されし男女、參千人
元寇因緣終る　以上
大正十年一月三十日　願主　紺野藤四郎

【菊地武時】菊地家の先祖なり。弘安の役、蒙古の船に斬り込み、名を擧ぐ。日蓮上人より敎を受けて歸依し、此敎に依り、不自惜身命と敵船に斬り込む、此頃題目を唱ふる者は皆爪彈きさるのみならず、上の御用ひも重からず、爲に大功ありしも恩賞無く、世を儚み弓矢を捨てゝ唱題三昧に入る、藤西郎日々題目を唱へ之を慕ふて玆に出づ（紺野は菊地の別莊番なり屋敷に稻荷あり先祖を連れ來らる）

【元寇に付き高山樗牛博士の靈に與ふ】

高山博士は日蓮聖人の大鑚仰者にして日蓮上人を最も能く識れる偉人なり。然りと雖も、蒙古調伏に就ては、祖書に依て證を擧げ、思考鮮明にして論鋒嚴密、絕對に日蓮聖人の元寇調伏を否認せり。讀む者何ぞ疑わん、篤信の者は疑妄に墮つ、然るに今玆に因緣薰發し、宗祖は五萬の元軍の靈を連れ給ふ、會通無かるべからず、吾人も祖書を以て答へんとす左に要文を著書「高山樗牛と日蓮上人」より拔萃す

【身延隱退の理由に就て】八七、日蓮上人と日本國より、是を日蓮出世の因緣に見、上行菩薩の自覺に見、立宗以來二十餘年の行動に見て「三度諫めて聽かざれば逃る」と云ふ如き理由によりて、其從來の事業を放擲するが如きは、吾が日蓮に於て決して有り得べからざる進退なるを認む、彼れの順ふべき者は、釋尊の告敕あるのみ、其一生の事業は、靈山寄託の大使命を果すにあるのみ、國土玆に在り、衆生玆にあり、末法化導の大悲願を貫くに於て、日も亦足らざるべし、北條時宗何者ぞ、所謂「わづかの小嶋の主」に非ずや、其諫の聽かれたると、聽かれざると、彼に於て何の輕重する所ぞ、三度諫て去ると謂ふ如きは、腐儒循臣にして是を云ふ可也、上行菩薩の使命を自負する末法の導師の口にすべき言に非ず、是を以て吾人は斷ず、是の如き流俗に對する一片の辭柄のみ、日蓮の眞意決して玆に存ずべからざる也、然らば、日蓮の眞意何處にか存すと、吾人斷じて曰く、是れ蒙古襲來を豫想せるか爲のみ、

蒙古國の事既に近附いて候歟、我國の亡びん事、浅まし

けれど、是だにも虚事になるならば、日本國の人々愈々法華經を謗じて、萬人無間地獄に墮つべし、彼（蒙古）だにも強よるならば、國は亡ぶとも謗法は少くなりなむ譬へば灸治して病を癒すが如く、鍼治にて人をなほすが如し、當時は難くとも後には悅び也云々（異體同心鈔）

亡國は誠に悲むべし、而かも此の事無くむば、日本は永く謗法の國土に墮し了るべし、即ち是れ、一時の悲嘆にして永遠の歡喜也、日蓮是の危機に際し、暫く其生國を蒙古の膺懲に任せ、身は身延に退隱して、忍んで機緣の熟するを待つ、心事太た推察し難からず、文永十一年十月は蒙古軍太宰府に寇し、大に壹岐、對馬を却掠したる時也、同じく十一月日蓮が南條七郎二郎に復する書に曰く。

抑々日蓮は日本國を助けんと深く思へども、日本國の上下萬人一同に國の亡ぶべき故にや、用ひられざる上、度々仇を爲す、されば力及ばず、山林に交り候、又大蒙古國より寄せて候と申せば、皆人、當時の壹岐、對馬の様にならせ給はむこと、思ひやり候へば涙も留らす云々

是の文、亦日蓮が退隱の事情を暗示して、太た分明なる者也、讀者須らく「力及ばず山林に交り候」の一句に注意せらる可し、又曰く

後世は扨置きぬ、今生に法華經の敵となりし人をば、梵天、帝釋、日月、四天罰し給ひて、皆人に見懲りさせ給へと申し付けて候、日蓮法華經の行者に有る無しは是にて御覽あるべし、斯う申せば、國主等は此法師の威すと思へる歟、敢て惡みて申さず、大慈大悲の力、無間地獄の大苦を今生に消さしめむとや云々（王舍城事）

此文中に所謂今生に法華經の敵となりし人とは、即ち日本人なり、日蓮自から明言して梵、帝、日月、四天に對して是の日本人の懲罰を要請したりと曰ふ、取りも直さず、蒙古の襲來は、日蓮自からの希望を實現せる者に外ならず、彼は是に反對し、若しくは是を咒咀すべき何等の理由を有せざる也、隨つて彼は其の生國の滅亡を忍受するを以て、所謂る無間地獄の大苦を今生に濟さしむる大慈大悲の力となし、云々

又曰く二十餘年の間、法華經の行者を迫害し、三度の諫曉にも耳を傾けざるは、北條氏なり、其配下に生活し謗法の邪宗に傾倒し、末法の導師を苦しめたるものは日本人なり蒙古は梵、帝日月四天の力を假りて、是の謗法の國土を膺

懲せんが爲めに來らんとす、其來るは佛意なり、攝理なり將法華經の行者たる日蓮其人が、生國の安寧を犠牲として佛天に祈りたる大悲願也、然るに彼を調伏することは何の意ぞや、日蓮にとりて日本は大也、然れども眞理は更に大也、調伏者は、祖書綱要刪略を以て典據となす、其文に

至弘安四年六月、作小蒙古書、其旨乍反前來、所以然者是時時宗、頼綱既發悔心、委高祖干蒙古降伏之事也云々。

是の如きは曲解もしくは誤解のみ、毫も典據するに足らず云々。

以上取要

要するに之を以て樗牛博士は、日蓮上人が蒙古を調伏せしは妄誕也、後人が蒙古の襲來に對して調伏の祈禱を行じたりとの事實を揑造せり、荒誕無稽も甚だしと斷言せり。又博多に於ける日蓮上人の銅像は、日蓮上人の意志に反し、無意義の者たりと斷言す。又博士は蒙古が日本を膺懲せんは佛意にして、日蓮上人の願ふ所也と斷ぜらる。

佛は大慈悲にして忍に安住し給ふ、何ぞ兵を起して脩羅道を造られん、妄も亦甚し、他國侵逼難は、世尊の敕にも非ず、宗祖の意にも非ず、謗法者、自から造る因果の大法に依るものにして、法華經之を證す。

宗祖は大慈悲に住し給ふ、謗法の者を改悟歸依せしめん爲に、謗法する故國亡ぶべし、蒙古の爲に撃たるべしと威喝されし場合も多し、其眞意は安國論に在り、天下泰平、國土安穩は君臣の樂《ねが》ふ所、土民の思ふ處なり、夫れ國は法に依て昌へ、法は人に依て貴し、國亡び人滅せば佛を誰か崇むべき、法を誰か信ずべし、先づ國家を祈りて佛法を立つべし。

【宿屋入道許御狀】六〇七

正元二年庚申七月十六日附を以て（安國論）を御邊に附し奉り、故最明寺入道殿に之を進覽せり、其後九ケ年を經て今年大蒙古國より牒狀之れ有る由の風聞す等云々經文の如くんは、彼國自り此國を責る事必定也、然るに日本國の中には日蓮一人當に彼の西戎を調伏する人爲る可しと兼て、之を知り論文之を勘ふ、君の爲、國の爲め、神の爲め、佛の爲め、內奏を經被る可き歟、委細の旨は見參の上逐一申べく候、恐々謹言

【文永八年、平左衛門尉に】

貴邊は當時天下の棟梁なり、何ぞ國中の良材を損せん哉、早く賢慮を回らして異敵を退く須く、世を安んじ國を安ん

ずるを忠と爲し、孝と爲す、是偏に身の爲に述べず、君の爲、佛の爲、神の爲、一切衆生の爲に言上令むる所也。

【撰時鈔】に一二四〇いまにしも見よ大蒙古國、數萬艘の兵船を浮べて、日本國を攻めば、上み一人より下萬民にいたる迄、一切の佛寺、一切の神寺をば、なげ捨てゝ、各々聲をつるべて、南無妙法蓮華經、南無妙法蓮華經と唱へ掌を合せ、助け給へ日蓮の御房とさけび候はするにや。

【聖人知三世事】一三三七、設ひ萬祈を作すも、日蓮を用ひずば、必此國、今の壹岐、對馬の如くならん、我が弟子仰で之を見よ、此偏に日蓮が尊貴なるに非ず、法華經の御力の殊勝なるに依る也、身を擧ぐれば慢すと思ひ、身を下せば經を蔑とする、松高ければ藤長く、源遠ければ流れ遠し幸ひ哉、樂い哉、穢土に於て喜樂を受くるは但日蓮一人而已、（蒙古を調伏するは日蓮一人なるのみと仰らる）

史傳に、弘安四年五月二十一日、元兵大擧して來り寇す、六月五日太宰府を侵す、七月十四日、太宰府驛奏す、本月朔大風吹き、元の軍艦悉く肥前鷹嶋に沒したりと、此役京都にては、石淸水の八幡に祈念し、又春日社に幸し、又日吉社に幸し給ふ、龜山上皇は願文を御書して大神宮に奉り、身を以て國難に代らんと祈り給ふ。

來寇の兵十萬、敵の軍艦は我か船に比すれば、頗强大なりしが上に、銃砲を用ひたるを以て我軍對等の水戰を爲すこと能はず、唯勇悍の將士、敵隊に躍り入り、所謂拔け駈の高名爲すのみなりき、時に暴風俄に起り、元艦悉く破壞す我軍之に乘じ奮擊し、大に之を破る、元兵殆ど盡き生きて還る者僅に三人なり。以上

鎌倉にては北條時宗、元寇の强力、兵器の精鋭なるを聞き國難危期なるを覺り、前に度々諫曉せし日蓮上人に使し、敵國降伏の祈禱を依賴す、宗祖は國難を救わん爲に怨敵退散の祈禱し給ふ、法華經の行者、平等大慧、邪正一如、善惡不二の妙法を唱へ給ふ宗祖が豈に日本國の全滅を希望されん哉、前に國に滅ぼされんと仰ありしは、謗法の者を威喝されしなり、眞意は謗法の者の歸依にあるや明なり。

然るに上皇は最も恐るゝべき眞言の法を以て祈り給ふ、遂に大暴風となり元艦悉く覆沒し海に於て溺死する者五萬人此の靈、日蓮上人に絡る、海中より泳ぎ上陸せし武器も無く疲勞し饑餓に頻せる半死半生の虜を悉く慘殺す、此靈參萬人、龜山上皇に障り遂に前記薫發の如き結果となる。

要するに宗祖は怨敵退散の祈禱されしなり、然るに結果は眞言の祈りと混同し、退散に非ずして全滅となる、如何に上行菩薩の再來なりとも、何ぞ其報無からん、宗祖は恐るべき結果を自覺され。

【小蒙古御書に】二〇五五

小蒙古の人、大日本國に寄せ來る事、我が門弟幷に檀那等の中にて若し他人に向ひ、將た又自から言語に及ぶべからず、若し此旨を違背せば、門弟を離すべき等の由、存知する所也、此旨を以て人々に示すべく候也、

日蓮上人は修法の結果、怨敵退散が全滅となり、僧として多殺の罪を犯されしを恥ぢ給ひ、弟子等が他人に自慢するを止められしなり、又末來の僧が咒咀することを停止し給はん爲め、弟子に他言を戒しめられしなり、此消息を御書略註（日蓮宗宗學全書、史傳舊記部二九五）に元寇の箇所に陸と船との戰を記し。

六日より十三日迄晝夜戰て蒙古軍兵岸に着く事叶はず、船を鷹嶋に漕ぎ寄せたり、斯くて鎌倉への注進屆きければ、早速宇都宮彌三郎貞綱、上京して六波羅に於て勢揃して同月、晦日彼の八大龍王、兩面の大旗を眞先に押し立てゝ出陣せし處、晦日の夜半より風出で、閏七月朔日の朝風少し靜まるに由て、蒙古の勢は手立を更て押し寄する處に、巳の刻より風強く、午の刻には大烈風也、悉ち海上波荒く大山の如く涌き上り、大龍顯れ陽黃の氣涌き上り、異賊の船を追ひ返す事速かなり、或は南京に追ひ返され、或は蘇州或は登州、或は海州、或は靑州、或は百濟、或は遼東の地に追ひ返さるは不思議なる事とも也、此時大元の四十萬人高麗の二萬五千人、合戰の外には一人も不死、諸々に追ひ返されしは不思議とも有難き事ともなり等云々。

史傳に反し戰の外に一人も死なず悉く追反さる、云々。是は怨敵調伏多殺の罪を覆はん爲の後人の捏造に非ずや、又た眞言の人々は蒙古の全滅は、眞言の祈の威力なり、日蓮の關する處に非ずと云ふ、信者の問に對し、宗祖は蒙古の大王の首を取りしやと、苦しき御返事もありたり。

博多公園に建設されし龜山上皇と日蓮上人の大銅像は共に元寇の紀念に相違なきも、聖人の像は、敵國降伏の意味より、寧ろ蒙古軍死者供養の像たらん。

【蒙古軍供養塔の建設】

日蓮宗蒙古特命開敎師、高鍋日統師の盡力により、博多灣

外、志賀嶋大字弘宇《ヒロジ》蒙古首切塚の下に大供養塔を建て、昭和參年三月七日、除幕式を擧げられ、大供養をされしは宗祖の意を得たる者也。

【身延山の因緣】

大正十四年一月稟發

一月二十二日。神出でらる、聽經後語らる、身延の願滿(稻荷)なりと。夜死靈出づ、瀧にて修業中凍死せし靈なり、八十兵衞 三十五歳 と云ひ、罪障消滅の爲め、瀧にて修行せしに宿因深重なりしか、凍死せりと。

二十三日朝、願滿出でゝ讀經され後ち語らる、汝の過去延山在住中(十八世の頃)本山大改築の時共に働きし者なり玆に來り釋尊を拜し宗祖に見ゆ、世界の神集り給ふ、汝の過去の宿因により玆に本門の大戒壇建つ、法華經を讀誦せん者、何物か世尊久遠の弟子ならざる、願くば我の久遠の過去を知らんと欲す、汝に依て因緣を解かん、勸めよやと云はる。

二十三日、終日右の肩凝る、身體重く、夜死靈出づ、怒氣を含み、腕を組んで、物語せず。

二十四日、願滿出でゝ讀經され、後死靈出づ、信玄と云ふ身延攻めの時一時和解せしも如何にして身延を取らんかと苦心せり。故に願滿は信玄の壽命を縮め武田を亡ぼせり。

二十四日鎧武者の偉大なる體格の人、鍬形の兜を載きし大將出づ、武田勝賴なり、大身の鎗を構へ大に戰はる、背に數本の矢立てり、鎗を杖突き敵を睨む、武田の運も今日限り、多くの忠臣を犬死せしめしは殘念至極、見苦しき討死せんより、いざ介錯せよと、首差し延べらる。

二十五日朝、勝賴出づ、神より武田の滅亡の斯く速なりしは、身延攻をせし爲め法罰に依ると聞いて驚く、罪無き多くの將卒を討死せしめしは氣の毒の至り、共に救はれん事を乞はる、夜願滿出でゝ讀經され後ち死靈呼出し給ふ、多數將卒の靈來る。

二十六日朝、戰死將卒の靈出でゝ聽經す、夜も同じ。

二十七日朝、武田家の守護神、諏訪大明神出でゝ懺悔さる信玄の身延攻めは其源、天文の法亂に初まる、初め日蓮宗と叡山と法華經の義を爭ひ、山衆負けし結果、暴力に訴へ數千人大擧して京都の日蓮宗の本山二十一箇寺及洛外六十三箇寺を燒き、都の大半灰燼となる死傷多し、此因緣を造りし故、元龜二年織田信長の爲に叡山燒討され三千の衆徒と伽藍の全部燒盡す、玆に於て叡山の神々は元龜三年四月武田信玄をして身延の本據を衝かしめ身延を全滅せしめん計畫さる、要するに叡山と日蓮宗の爭にして、信玄は其手先に使はれしなり。（諏訪大明神は天台宗の守護神にて三十番神の一なり）

三十番神、淳和天皇、天長年中、慈覺大師、横川に如法堂を創して法華經を納む、其後、後三條天皇延久五年楞嚴院の長吏良正、國内の名ある神社三十體を勸請して日番に如法堂を守護せしむ、一日熱田大明神、二日諏訪大明神以下略

二十七日、朝夜共死靈出でゝ聽經す、

二十八日朝、讀經後、諏訪大明神出でらる、武田と身延の關係は叡山對身延の關係なり、我等も本迹の關係を誤り日蓮宗を亡ぼさんとせし事を懺悔す、法華經の廣大なる功德は兼てより知る、經の若復有人、以七寶滿三千大千世界、供養於佛、及大菩薩辟支佛、阿羅漢、是人所得功德、不如受持此法華經乃至一四句偈、其福最多（藥王品）此の現證を目前に見る、最も困難なる宗教上の大因緣が短日で解け多くの死靈が苦惱除かれ得道するを見て、本門の題目の尊貴秘奧なるを泌々と感ず、今此の道場の諸天と了解を得たり、依て玆に往來し本門を究め廣宣流布すべしと誓はる。

二十八日朝、諏訪大明神出でゝ讀經され後ち語らる、武田一族及將卒の靈千五百六十四人得道せり。

二十九日より叡山燒討の時燒殺されし多くの僧の靈出づ、終日涙出で眼痛み、咳出でて苦惱す、夜、死靈出づ、大なる殿堂の燒け落る所を見る、死靈は僧侶なり、信長叡山燒討の時逃げ後れ捕へられし僧が大講堂に押込められ、火を放ち燒き殺さる、逃出せし者は鎗にて芋刺にされ、其時の有樣を見る、加持して苦痛を除く。

三十日朝、叡山僧侶の靈出でゝ聽經す、苦痛稍や薄らぐ加持をなす。

三十一日朝、僧侶の靈出でゝ聽經し苦痛薄らぐ、夜も出でゝ聽經し、後ち懺悔す、我等天文の頃、京の日蓮宗の寺院を燒き僧俗を殺せし者なり、法論に負しとて理非を辨へず本心を失ひ惡鬼に憑かれしか、衆を恃み暴力を以て僧の最も愼むべき闘爭のみならず、殘忍なる燒討をなし然も八十箇寺を燒き拂ひ其上に多くの僧俗を慘殺し、佛祖の意に悖

る、叡山何ぞ安穏なる事を得ん、元龜二年織田信長に燒討され、我等捕へられ燒殺さる、逃出せし者は突き殺さる眞に焦熱地獄の苦を受く、因果の恐るゝべき事を懺悔さる。二月一日朝、燒死靈出づ、五百六十一人得道す、夜も出でゝ聽經す。

二日朝、願滿出で給ふ、關係の死靈全部得道せり、我は遠く昔より身延山に住む、宗祖、御入山の時より緣を結び、法華を受持し、宗祖御入滅後、正應二年四月二十三日佐渡阿闍梨、日向上人に願滿と勸請さる、向尊と共に祈禱法を修す、と仰らる、夜左の靈を靈山に送る。

武田信玄外一族郎黨　千五百六十四人

叡山燒死の靈　五百六十一人

以上

大正十四年四月薰發

四月十日、基督舊敎の神にして、最初日本に渡りし神出でゝ懺悔さる織田信長に乘り、赤山明神及び叡山、其他神社佛閣を破却し、又日蓮宗を滅亡せしめん爲、武田をして身延を攻めさせんとせしも、妙法二神の爲に妨げられ、其後大谷刑部と結び、關ケ原に戰ひ、後ち德川大奥に入り、日蓮宗を苦しめし、既往の罪を懺悔さる（詳細は豐臣德川の所にて記す）之に續て、

五月十四日、怒れる神出づ、我は昔より七面山の頂きに棲み附近一帶を領す、然るに日蓮上人來り身延を奪ふ、之を退去爲さしめん爲、種々の災を起す、汝の過去延山に在りし時四十歲にて沒せしは、祈禱修法に付我と爭ひ、我れ汝の命數を縮めしなり、汝死して過去の宿因により堂塔を保護し火災無からしむ、其間如何ともする能はず、明治八年汝出生す、其跡にて汝の建てし身延の堂塔を燒き祖書寶物を燒失せしむと云はる。今は時なるによつて得道せん事を乞ひしも、兩三日考へ置くと云、夜讀經の時、此神出づ、縛さる（道場の神威力を示さる）之を解く。

十五日朝、魔神出でらる、宗祖御在世の頃より種々の事を爲せしも、御在世中は如何ともし難く、逝去後は六老僧間に紛爭を起させ、其後身延に起りし一切の紛爭には悉く關係す、又祈禱法の妨げをなし、遂に積善流を衰滅せしむ、要するに身延より日蓮宗を追出さん爲なりと云ふ、夜臥したる僧侶の靈出づ、之を起す物語なし。

十六日朝、魔神出でゝ宗祖及身延の守護神に懺悔し、以後

法華を誦持し廣宣流布を誓はる、僧侶の夥多數連れらる。十七日、延山十三世日傳上人出でらる、上人の在世に此の神出現されしが、其傲慢不遜なるに依り之を勸請せず、益々隙を生ず。

十七日夜、日傳上人出で給ひ、讀經し後ち加持さる。

十八日夜、身延の魔神姿を示さる、猛悪なる形相の大狼なり三峯山の主神は我が眷屬なり、今迄日夜法華の守護神と戰ひ殆んど寧日なし、時來り玆に得道す。

十九日朝、山神出でゝ讀經さる心持淸し、夜代つた山神出づ夫、得道せり故に餘義なく得道すと云ふ。

二十日朝、山神夫婦出でゝ懺悔禮拜さる、二十一日も同じ

二十二日、夜切支丹の神出で給ふ、皆得道せり、近日一切片付くと云はる、此日より毎夜懺悔章を讀まさる、困難なる因緣を引出し給ふならん、二十三四日共朝夕神出で聽經さる。

二十六日朝、怒れる神出でゝ大に反抗さる、諸天神の威力を以て强て降伏さるゝ、夜も出でゝ聽經す、物語なし。

二十七日朝夜共昨日出でし神、聽經さる、物語なし。

二十八日朝、怒りし神、物語し給ふ、我は遠く神代の昔大和にありし、日本土着の神なり、長髄彦、兄猾、八十梟師等の守護神の上に立ちし者にて出雲の神とも關係あり後、身延に移る、最近大本敎とも關係ありと云はる、二十九日、朝夜共神出でゝ聽經さる。

三十日朝、日傳上人出でゝ讀經さる、後語らる、宗祖の仰により玆に來る、過去の因緣を解かん爲めなり靈界の統一を見て驚歎す、威大なる法華經の力、娑婆に恐るゝ者なし是より汝を補佐し祈禱法を改革し、釋尊、宗祖の御意に添ふべく努力し、又本門の大戒壇建立に力を盡すべし、怠るべからず、實に千載の一遇なり、時を失ふ勿れ、勸めよやと仰らるゝ三十一日朝夜共神出でゝ聽經し給ふ。

六月一日、讀經後、（靈媒平野）身延の山神出でらる、近日の内、宗祖の御壽命を縮めし、大和の神に懺悔さすと云はる、二日より四日迄朝夜共神出でゝ聽經され、毎夜懺悔章を讀まる。

五日朝、神代大和土着の神出で給ふ、曰く宗祖の御在世の頃より山神と連合して布敎を妨げ、内紛を起させ、元寇の因緣薫發するに乘じ、宗祖を苦しめ壽命を縮めし事を懺悔さる（此因緣無かりせば宗祖は八十九十迄も長命なりしな

り〕後ち切支丹宗渡來の時、其神と連合し、神社佛閣を破却し叡山を燒討ちし又身延を亡ぼさんと盡力せり、明治八年身延山の諸堂を燒き宗祖の御眞筆及寶物を燒きし時、我も山神と共に爲せり、今皆懺悔すと云はる。

六日より二十日迄、此神の關係にて、金光敎、天理敎の因緣を解く後に記す。

二十一日朝、大和の神出でらる、永らく共方を苦しめしも漸く一切を解く、元來、身延は靈地なりし故、神代より神の集られし所なり、日蓮上人以前に度々山籠せし者在りしが皆追ひ拂はれ、我れの大和より身延に移りしは、佛法傳來の時、佛法の守護神と戰ひに敗れ、夫れより身延に立籠り、最初に波木井をして日蓮上人を導かせしは、我なり、然るに宗祖の爲さるゝ事が氣に入らず、法華の守護神と隙を生じ追拂はん爲め今日迄戰ふ、今迄に中山に知らせし事ありしも解く事出來ず、遂に今日に至り漸く解くと云はる。

代て死靈出づ、清光法印と云ふ、德川の初期、妙法に敵對し眞言の法を修し、此山に法戰せん爲這入りしが、謗法の罪により雷に擊たれて死す、今漸く玆に出ることを得たり歿時四十五歲なり、既往を懺悔す。

二十二日朝、大和の神出でらる、武田の身延攻めの時の死靈百四十人殘りあり、得道せり靈山へ送るべく命ぜらる。

六月二十三日、左の如く解決す神は道場に勸請す。

最正位　德顯天王　大和の神
最正位　妙力天王　身延の山神夫婦を一體に勸請す。
武田身延攻め殘靈　百四十人
清光法印　死靈靈山に送る　以上

大正十五年四月二十六日
身延の妙法二神、御降臨あり、是より六老僧の關係、身延の因緣解くと仰らる。
二十七日（靈媒平野）七面尊天出でらる、汝の死ぬ時、懺悔せんと思ひしが、今六老僧の因緣解くに付、玆に出で追々物語する、汝の日賢の頃の關係なり、以後朝夕出でゝ聽經さる。
五月二日夜、七面尊天出でゝ物語さる、宗祖御入滅後、六老僧を分離せしめ、輪番制を癈せしめ我意の如くす、汝の代に至り、過去の宿因により、石割稲荷と連合し、汝を敗

り 後ち汝の命を斷つ、今漸く解く。

五月三日、日興上人の守護神出でゝ讀經さる、以後朝夕靈出でゝ聽經す。

七日夜、日向上人と結び祈禱し給ひし神出で給ふ、皐諦《キンウタイ》と仰らる、十羅刹女の第九の神なり。

八日朝、神より六老僧の關係、全部揃へりと告げらる。

十一日朝、七面尊天出でゝ既往を懺悔し給ふ。

此神は壽永の昔、平の清盛と緣を結び、嚴嶋の辨才天として世に出で給ひし（原籍は、前世紀の龍神）平家の守護神にして、宗祖身延にて說法なし給ひし時、婦人の姿又は翁の姿にて說法を聽聞し給ふ、宗祖は勸請し給ふ暇も無く其儘となる。（此關係は後に記す）余の過去は源義經の臣、鷲尾義晴なり、鵯越の案內して平家の沒落を速かならしむ、又其前の過去、陽成天皇の頃慈覺大師の弟子にして常心と云ふ天皇御腦御平癒の祈禱し、退散させし大魔王は、後の平清盛の信仰せし荼枳尼天なり、此神身延に出現し、我と修法を爭ひ石を割り石割稻荷の名を殘す、此の過去の宿因により連合して復讐されしが日賢時代の出來事にして、法華の守護神として、法華の行者を倒されし、公私關係を誤られしを懺悔され、又義經が韃靼に行きしも大望の叶ぬ様にされしも、此神の壇の浦の復讐なり、是等入組める關係の爲め家康が日遠上人を苦しめしなり、（家康の過去は源義經後に說）

【七面大明神の勸請と六老僧の分離】

宗祖身延にて御說法中出現されし嚴嶋の神を、宗祖は一切を片付て御勸請遊ばす思し召しなりき、然るに元寇の降伏より因緣を造られ、元の數萬の靈と、元の神の襲來、復讐の爲め多忙を極められ、此隙に乘じ身延の山の因緣助勢し遂に御他界遊ばす、宗祖は國の爲に身命を捧げられしなり爲に嚴嶋の神は其儘となる。六老僧輪番の頃、此神種々の不思議を現され、勸請を促されしも、六老僧の議論まち〳〵にて要するに、反對論は宗祖御在世に勸請せざりしは、諸天は常に法の爲に衛護さる、故に勸請の要なしと堅く執て動かざりしは、日興、日頂、日持師等、勸請に賛成されしは日昭、日向、日朗、師等にして議論盡きず。遂に宗祖七回忌の時、破烈して六老僧の輪番廢止となり、興師の下山となり、史傳に示す如く分裂するに至る、爲に荏然歲月を送り、神は勸請賛成派なる、最も温順なる日朗上人に夢に知らせ給ひ、勸請を乞はれ、朗師は左の置文の如き意味に於

て勸請し給ふ、文に曰く

明神は日蓮上人の御隨身なり、御長さ二寸八分の釋迦如來にて金佛なり、之は日朗に頂載し奉る者なり、或る夜御告げに曰く、之れ從り西に當つて高山あり、其山に我を勸請すべしと明神の御知らせあり、之に依て、予れ欽んで九月十七日身延を立ち、赤澤村妙福庵に一夜を宿り同じき十八日、師檀を引連れ、青木川の水上に草木を別けて高山に登り小池水を社とし、此處に勸請し奉り、七面大明神と號する者なり。

永仁五年丁酉九月十九日　日朗　御判

要するに朗師は他の老僧の攻撃を避けん爲、一切衆生悉有佛性、當體蓮華の妙法により、明神を釋尊として勸請し給ふも、本體は嚴嶋辨才天、神代前よりの神なり、皇國と深き關係あり、宜なる哉末法の鎭守なり、何ぞ朗師が釋尊を大明神に下し小池水に祀り給わんや、是れ明に反對者の異論を避けられしに外ならず、是に報ひられ朗師は後に宗祖と共に菩薩に昇格さる、菩薩號は六老僧中、日朗上人のみなり、斯くの如き勸請なりし故、世々の身延の住職は七面大明神を尊信せず、爲に關係薄くなり殆んど登山する人も無しお萬の方の登山より世に知られ現今の如く盛んになる。

當道場は本門の戒壇なり、既に梵天王、帝釋天王も此戒壇を踏み、諸天神も來て滅罪懺悔さる、昭和四年四月、宗祖より明神の久遠よりの因縁解けたるにより、菩薩に昇格勸請を改むる事を命ぜらる、依て明神に御名を伺ふ、曰く往昔より日本國を鎭め護る依て鎭護と望まる、四月十八日最上位鎭護菩薩と勸請し奉る、宗祖御降臨あり直々勸請さる

【大正十五年七月薫發】

七月十八日、身延の妙法二神出でゝ語らる、日本へは佛法傳來の時渡る、聖武天皇の頃、奈良の大佛を造らしめ、佛法を盛んにせしも、後ち平安朝の佛法起りし爲め身延に退隱し、山伏を集めて修法す、後ち日蓮上人世に出でられし故、緣を結び身延に導く、其山伏の內、最も横暴を極め因緣を造りし者を引出す故教化せよと云はる、代て山伏出づ慈眼阿闍梨と云ふ。陽成帝の頃なり、最も横暴を極め謗法を爲し七十三歲の時、七面山の奧の院の今ま人の行く事の出來ぬ池に入水して死す、此池に神代より棲みし、悪龍あり之と因緣を結び、身延の因緣となり、種々の障碍をなす。代て悪龍神出でゝ懺悔さる、今迄に樣々の法謗を起せし內

にも行學院日朝上人を盲目にせし罪を懺悔さる、依て久遠本佛、邪正一如、即身成佛の義を說く、龍神曰く、天晴ぬれば地明なり、今、眞に得道す、以後當道場に留り因緣より來る眼病は必ず平癒せしむと誓はる。

十九日此神を道場の神と勸請し死靈靈山に送る。

最正位　慈眼天王　見學隨意

此の因緣解けたるに付、七面山の奥へ入ることを許さる。

七月二十日より二十五日迄、朝夕、神靈出でゝ讀經さる。

二十六日朝、身延の八幡出でられ、六老僧を分離せしめし事を懺悔さる。夜、延山十七世慈雲院日新上人出でらる。余の過去永祿の頃に於ける撫育教養されし大恩を謝す、上人靈界の統一及身延の大因緣の解けたるに付き大に歡喜され、傳へ殘せし秘法を授け給ふと仰らる、二十七日八幡出で讀經さる。

大正十五年八月薫發

【七面大明神關係】

八月四日、七面大明神、御降臨あり仰に曰く、國家の前途は、佛法に依らざれば治らぬ事を知り、日蓮上人の時世に出で、元寇の時も大に努力す、我の久遠の因緣の殘りあり之を解かんとす、開目鈔の最も肝要なる所を讀誦せよと仰らる、依て明日を期す。

神曰く玆に忠臣にして世に顯れざる者あり、明朝引出す、又宗祖御入山前、七面山にて修法せし者あり、今引出すと代て靈出づ、肥後の產れにて武士なりしが世を感じ眞言の法を修し、自から得道と號し、弟子三人を連れ諸國を巡り七面山に入り一ケ年十ケ月修行せしも障碍の爲に四人一度に倒さる、時に四十一歲なりと云ふ、依て妙法を說き、直に信解せしむ。

五日朝、南朝の忠臣、藤原藤房出づ、世の成行を考へ、佛法、法華經に依らざれば、國家を治むること能はずと考へ自から修法し天下泰平を祈らんと志し、世を逃れ身延に入り積善坊にて三ケ月修行し、七面山に登り百日修行す、滿行の日天女より木劍を賜り、猶怠らず五十日修行せしに、神の不思議の御姿を拜し、怨敵降伏の祈禱法を授けられしも、目的を達せず、帝の御崩御の後、間もなく四十九歲にて歿す、自分の妹は楠正成の室なり、兒を教養し、自分又は父の志を繼がしむ。

史傳、藤房　天皇の御供して笠置其他に隨ひ艱難辛苦して漸く天下泰平となりしも、倭臣、姦婦の爲に賞罰亂る天下再び亂れん事を慮り世を逃れて山林に入り行衛を知らずと。

代て七面大明神出で給ひ、昨の約を問ひ給ふ、答、開目鈔の全文悉く金言なり、取捨する所なし、然りと雖も、妙法蓮華經の威力の實現たる、惡人女人の成佛の箇所、最も肝要なりとて、開目鈔の、提婆達多は一闡提なり、天王如來と記せらる、涅槃經四十卷の現證此本にあり、より龍女が成佛乃至、此經は内典の孝經なり迄、讀誦し奉る、神曰く是より神代の因緣を解くと仰らる。

八月六日夜、藤原藤房、得道外三人の靈を送る。

八月七日より二十八日迄の間に於て、石長比賣命《イワナガヒメ》、木花咲《コノハナサク》夜比賣命《ヤヒメ》の因緣を解く、詳細は神代の次にあり。

八月二十八日より伊弉冊尊《イザナミ》の關係より紀州、熊野權現、新宮、那智の因緣解く詳細神代に記す九月十九日解決す。

大正十四年八月十四日

【身延妙法二神】原籍を語らる

佛法傳來の時日本に渡る、如意伽樓羅王なり、佛法廣布の爲苦心す、日本の神之に反對し廣布を妨げらる、爲に皇族に聖德太子を出す、太子の過去は普賢菩薩なり、共に働き佛法を盛んにす、太子の歿後、南都を中心として法華を宣傳せり。傳敎大師出で給ひ叡山に迹門法華經開くるに及び中心は平安に移る、時に我れ身延に隱棲す(是は叡山の守護神と法華の義を爭ひ叡山勝ちし爲に最後に僧兵起る)日蓮上人世に出で給し時、佛敕に依り上人を守護す、日蓮上人を身延に導きしは我なり、今妙法と祭らる、又加藤清正と緣を結び、諸々に戰ひ必ず勝たしめ、歿後、清正公の名によりて利益を與へて九州に法華を流布せしむ。(此因緣前に解く)八月二十七日、南都佛法の因緣解けし時、佛敕に依り此神を改めて、最上位、如意菩薩と勸請す。

大正十五年十月十二日　願主　福田邦之助

【身延仁王尊の因緣】

本人の過去は日荷上人の頃、岩本の實相寺の寺小性にして秀道と云ふ、父は木樵なり與兵衛と云ひ母は「とみ」と云ふ、秀道を產み產後の肥立惡しく死し、此の爲に寺小性となり身延山の山門の圖面を以て身延に使せし時に、途中より其圖面を捨てゝ逃亡す、爲に仁王尊と逆緣を結ぶ。

順海出づ、日荷上人と圍碁の勝負して仁王尊の像を取られし僧なり、其失策により檀家より追出され、所々流浪し疫病にて死す、二王尊此靈を連れらる。

熱原神四郎、田中與四郎、廣野彌太郎、三人出でゝ得道す此三人を二王尊連れらる、熱原の法難の時射殺されし人々なり、以上靈山に送る。

大正十五年十一月初旬薫發

【波木井實長】出でゝ懺悔さる、我意を振舞ひ、六老僧の輪番制を癈せしめ分離せしめし事を懺悔さる。

宗祖は實長公の懺悔得道されしを見て大に喜び給ふ。

波木井公の犯せし罪は、五逆罪の内の破僧罪、即ち和合の僧を破る罪。註に、數多の僧衆和合して法事を行ひ佛道を修する者を手段を以て之を離間せしめ闘爭せしめ法事を廢せしむ五逆内此罪最も重し、波木井公は宗祖の定められし輪番制を廢し、六老僧を分離せしむ、此罪に依て今日迄成佛出來ざりしなり。

【日蓮宗の本尊】

神曰く、現在富士大石寺に在る寶物の楠一枚板の御本尊は板は熱原神四郎の献上せし物にて、宗祖は身延入山の翌年卯月八日に認め給ひ、日法上人が精神込て彫刻せられし者にて、此本尊は宗祖が日蓮宗の本尊として認められし者なり。六老僧の分離の時、興師が自儘に持ち去りし者にて、其儘身延に在れば今日の各寺院は此大曼荼羅を本尊とせしなり宗祖は是を最も遺憾に思し召す故、宗祖の弟子は之を身延に戻し日蓮宗の本尊とし、各寺院の本尊を統一すべし是れ宗祖の敕なり又宗祖は波木井公が得道されし事を非常に喜び給ふ。

大正十一年三月十五日、日本佛敎の各宗統一さる、其時六老僧の一人日興上人（白蓮阿闍梨）引出され靈界統一の有様を示さる、興師、悔悟の涙、潸然たり、懺悔して曰く我が非才薄德を省みず、先德老僧の意見に隨はず、反感を懐き我意を以て御本尊其他の寶物を自儘に持出し、富士の麓に大石寺を起し一派を立て、宗祖の御意に悖る、罪何を以て謝せん、今靈界の統一を見て法の流布と、守護神と甚深の關係ある事を詳に覺知し、深く自己の不明を愧づ、如何にして宗祖先德に謝せん、唯慚愧あるのみ、悔ゆれど及ばす願くば赦されん事を、涙滂沱たり。

道場の主神、宗祖に取次給ふ、宗祖曰く懺悔に依て汝の罪を赦す、速に統一すべし、興師伏拜さる。

【日蓮上人の守護神】

宗祖を守護されし神は大衆あるも、其主なる神は、文武の二神に別れる、文の方は虚空藏菩薩で、御書(清澄寺大衆)に證明さる「日蓮が度々殺害せられんとせし、玆に二度まで流罪せられ、頸を刎ねられんとせし事は、世間の失に候はず、生身の虚空藏菩薩より大智慧を給りし事あり、日本一の智者と成し給われと申せし事を不便と思し召しけん、明星の如き大なる寶珠を給ひて右の袖にうけ取り候し故に一切經を見候ひしが、八宗竝に一切經の勝劣粗ぼ之を知りぬ。」此神が宗祖と共に一切經を調べ、安國論を起草されしものなり、後ち六老僧の日持上人と緣を結び給ひし故日持上人が六老僧中文筆第一の譽を得られしなり、又、武の方にては、佛法傳來の時、日本に渡られし如意伽樓羅王にして、南都の佛法を守護し、今身延に妙法二神と示現し又九州熊本にて清正公の名に依て法華を弘められし神、詳細は前に說きし如し。其他祈禱に付ては鬼子母尊神十羅刹女、七面大明神等あり其他幾多の神晝夜守護されしなり。

【宗祖御在世中の奇蹟に付て】

現代の學者、其内にも日蓮上人讃仰の高山樗牛博士や村上波六先生が、宗祖の奇蹟を非認し、波六先生の日蓮上人傳には奇蹟を全部除かれた、然も元寇の奇蹟は釋尊の像の關係から日蓮上人關係の靈が五萬人出でゝ證明し、又小松原の法難に付ては、東條左衞門が出て其時の太刀が折て身體が痺れた物語をした。

此例により凡ての奇蹟を認めねばならぬ、又依智の星降りの梅に付ては、現代の人は、月其物が梅の梢に降つたと思ふから承知が出來ない、傳記に、龍の口の法難の後、依智の本間の邸にて明月の時、宗祖が月に法樂の御經を讀まれ、後に月に向ひ不思議を現すべく責給ふた時、一團の黑雲月に掛ると見へしが、忽ち大星庭前の梅の梢に降り童子の姿となり大士を問詢し給ふとある。」是は神が弘布の爲、神通を示されたので、一團の雲が月を覆ふたのは暗黑にする爲め雲を利用し、梅の梢に童子の姿を現わされしは、其時の守護神の働で、宗祖御在世の諸天神の働としては此位の事は造作なく爲し得らるゝ、月其物が飛んで來て童子となつたのでは無い、玆に於て「キリスト」の行つた奇蹟又た佛教各宗の祖師が行われた不思議は皆守護神の現はした神通力に外ならずと云ふ事になる。

昭和四年六月薫發

【江の嶋辨才天の關係】

此辨才天は神代の前、江の島噴火涌出の頃より關係さる、其頃八丈嶋、嚴嶋も共に湧出す其頃より、此嶋に住まれし優婆羅龍王なり、北條と緣を結び給ひし爲、今日迄世に出でられざりしなり、此神の關係の因緣を解く。

六月六日、怒れる死靈出づ、日本武尊東征の時、梟師《タケル》を江の嶋へ追ひ上げ、火を掛て燒き殺さる、苦悶せる怨靈五十人出でゝ得道す、此靈の乘りし時、兩眼煙の爲に痛を感ず。

六日夜、婦人の靈出づ若江と云ふ二十三歲なり、平家の殘黨なり、母貞享尼七十三歲と共に鎌倉に入込み、源氏の動靜を探る。其内肺病となり、江の嶋に投身して死す。

七日、少年袈裟丸十六歲出づ、父は平の經盛に仕へし、左衛門爲重と云ひ、平家一門西海に歿せし時、父は逃れて鎌倉に行き其後の消息を知らず、袈裟十一歲の時、都を出で父を尋ねて、鎌倉に辿り附きしも、消息は知れず、爲に寺に這入り稚兒となり父の行衛を尋ね、父が生て居ればいつか會へると夫れを樂しみにして居りしも、父が刑に處されし事を聞き、世を儚み死を急ぎ淵に投ず、時に年十六歲なり、是が稚兒が淵の由來なり、

六月十三日、漁師倉藏出づ、長谷に住む、宗祖龍の口にて刑せられんとせられし時、いゝ氣味と手を拍て笑ひ念佛を唱ふ此罪により後ち口利けなくなり海嘯の時死す。

十四日、御影友房五十歲出でゝ懺悔す、日蓮上人の說法さるゝを、何の意たるを知らず、之を妨げす、其罪によつて地獄に墮つ、今茲に救わると、以後二十二日迄死靈出でゝ聽經す。

二十二日、神代の頃、噴火、及海嘯にて死せし靈七十人、由井ケ濱附近海嘯の死者、參百人、宗祖時代、震災、飢饉、疫病の死者壹百貳拾人

以上の靈、江の嶋關係として此神連れ給ひ、玆に解けし事を喜ばる、此神は宗祖龍の口法難の時、江の嶋の方より光り物を現わし嵐を起し、又夢に時宗に童子の姿になり日蓮上人の助命を乞われしものなり、次に雨乞の池の因緣を解く。

【雨乞の池の關係】

六月十六日、讀經中、宗祖雨乞し給ふ所を拜す、池の邊に方二間位の所へ葉附の竹を四隅に建て、〆を張り前に祭壇あり、池に向ひ讀經さる、軈て大龍池より天上し、一天俄に黑雲を起し雨となる所を拜す、江の嶋の神出でゝ曰く、昔弘法大師、弟子弘源と共に巡錫され、弘源を此池の邊に留め眞言の教を弘めしむ、志し成らず死して此池の龍神と緣を結ぶ、日蓮上人、良觀と雨乞の爭の時、此靈良觀に乘つて共に働きしも及ばず、爲に今日迄法華に障害し、其後此池邊に住む僧を惱ませし者なり其關係を引出し懺悔ささる。

十七日、日蓮宗の僧にして同所にて祈禱し、多くの人を欺き害毒を流し、口、閉塞し苦悶して死せし靈あり引出し苦惱を除く。

十八日、明治時代の尼僧に妙貞と云ふ者あり。祈禱にかこつけ惡事を爲し爲に發狂して死せし靈あり。其他癩病になりし僧あり。要するに此に住し者は皆な弘源法印の爲に大謗法の罪を犯す、池の主も之に關連せしを懺悔さる。

二十日、雨乞の寺の住職日享出でゝ懺悔す、妙法を唱へながら邪法を行ひ、多くの人を欺き金を貪りし爲、腦充血になり路傍に倒る。(赤猫の毛、蛇の脫殼をソツト病者の袖に入れ猫の障りがある蛇の祟があり等威喝し人を迷わせ金を貪りし爲法罰を受く)

二十一日、宗祖御在世、良觀の弟子なりし常觀出づ、雨乞の不思議を見て宗祖の弟子となりしも心を良觀に通じ、宗祖を無き者にせんと常に隙を窺ふ、其大罪により癩病となるを懺悔す、代て中村つね出づ、明治の中頃、稻村ケ崎の百姓の娘なり、繼母に虐められ、發狂し祈禱を受に來て、池に投じて死す。

其他雨乞池の關係六十人の靈得道す。

六月二十四日

　江の嶋辨才天　蓮成大明神

　雨乞池の主　　隆勝大明神

江の嶋の神は天王號を辭退して受けられず、依て大明神とし我が道場に勸請す、上五十日七面山下五十日見學場所隨意。

以上

大正十五年十二月薫發

【平の左衛門賴綱の因緣】阿彌陀佛の關係にて薫發

十二月六日、熱原神四郎を射殺せし、平の左衛門賴綱の一子則宗出づ、神四郎を射し時は十四歳なり、甚四郎の十三回忌に熱病に罹り苦悶して死す、其苦痛を除く、云く父の命により何の考へも無く射殺せし事を懺悔す。

七日、平の左衛門出でゝ伏拜す。

八日、駿州の念佛宗の左近入道行春出づ、住職が、日向上人と法論し負けて弟子三人教化されしを意恨に思ひ、日蓮宗に壓迫を加へ、遂に熱原の難を造ると懺悔す、此人は平の左衛門の兄なり、平の左衛門の謀反せし時、討死せし九十人の靈共にあり救はん事を乞はる。

夜、住職嚴譽出づ、平の左衛門の義理の兄なり、日向上人と法論に負けし上、弟子三人取られし爲、怨を構へ題目を唱ふる者を壓迫し、遂に甚四郎を陷れる、後ち其報により平の左衛門の刄に殺さる、代て彌藤次出づ、甚四郎を訴人せし人なり、此人は甚四郎の所有地に望を懷き甚四郎を無き者とし之を奪わんと謀り訴人せしなり。

十日河内光春出づ賴綱の臣にして、松葉ケ谷の御草庵燒討の時、火を附けし者なり、出でゝ伏拜懺悔す。

十日夜、平の左衛門出づ、此人七日より乘りしも、兩眼明を失し聲枯れて出でず、熱病の如く頭痛み苦悶す、加持し苦惱を除く、懺悔して云く、人の皮着た畜生、何卒過去の罪を赦されん事をと伏拜さる、今迄地獄に在りしなり。

十一日、大靈氣出づ、妻に乘て常に惡口し得道せざりし者なり、念佛宗と大關係あり、此大靈氣が平の左衛門に乘て宗祖の念佛無間に最も辛辣に反對せしなり、此關係は遠く世尊御在世に溯る。

十一日夜、阿彌陀佛の光明を放てるを見る、(是より觀世音菩薩と阿彌陀佛の關係。金龍山淺草寺の因緣。阿彌陀佛と上世印度の神、婆樓那《パルナ》天との關係、阿彌陀佛の原籍。現る後に詳說す。

十七日、平の左衛門に乘つて、日蓮上人を苦しめ、法華の弘通を妨げ、念佛無間に最も辛辣に反對されし神出でゝ懺悔さる、過去世尊御在世の頃、阿闍世王の母韋提希夫人と緣を結び阿彌陀佛を尊信す、(淨土宗依用の觀無量壽經は世尊韋提希の爲に說き給ふ) 然るに日蓮上人は念佛無間と破す、依て極力之に反抗し種々の災を與へ滅亡せしめんとし遂に大謗法の罪を犯す、今眞に懺悔す、道場の神曰く、今身より佛身に至る迄能く保つ、南無妙法蓮華經と三度題目を授け給ふ、神得道さる。
十九日朝（靈媒前田）韋提希夫人出で給ふ、過去の悪因により悪子を産む、世尊の御教化により、阿彌陀佛に歸依し得道せしも、極樂に往詣せず、今日迄闇黒裡にあり、今眞に成佛の出來る來を喜ばる。
十二月二十日左の如く解決す。
最正位　無量光天王　（韋提希と縁を結びし阿彌陀佛を道場の守護神とす）
　韋提希夫人
　平の左衛門外一族九十人
　左近入道行春、彌藤次、河内光春、以上靈山へ送る。
　　以上
大正十五年三月薫發
【日持上人と祐天僧正】と吉庶大魔王の關係
大正十二年一月薫發せし豐臣の因縁、淀君、千姫、淺井、因縁薫發の時、祐天僧正出でられしも解くべき因縁ありとて其儘道場に殘らる、十五年三月、鬼怒川邊の累の因縁解く、（詳細雜部に在）祐天僧正出でゝ語らる、自分は此因縁を解く事を知らず只障碍を拂ふのみして居りし故、今日迄解けざりしなり、玆に法華の威力を以て解し事を喜ばる。
三月二十六日、祐天僧正と關連せる大魔王出づ、我は元來佛法が嫌なり、死人の山を築くが最も好む處なり、釋尊の威神力に降伏するに非ず、道場の諸天に降伏するに非ず、靈界が統一されしが法華にて成道する時が來りしなり、故に今懺悔す、（此大魔王大正十二年一月より來り弘法の妨せし靈なり今漸く得道さる）今薫發しつゝある行苦《ギョク》波羅門《バラモン》及鴦堀摩羅《アウクツマラ》にも關係し、又歐洲の十字軍、百年戰爭（百年も永引かせしは自分の樂の爲引延せしなり）又關ヶ原、大阪陣に死人の山を築かしめ後ち祐天と逆縁を結ぶ、祐天の淨土宗なるに祈禱を爲し病人を助けしは過去の宿因に依る（祐天上人の過去は六老僧の日持上人なり、大魔王の爲に最も攻撃されし最も嫌いな淨土宗の祐天とさる追々解く）
又大正十二年九月一日大震火災に斯く多くの死人を出さぬでも宜かりしが、自分が手傳せし事を懺悔さる（此大魔王は吉庶即ち起屍鬼）
此の因縁と同時に天海僧正、柳生但馬守一族、及荒木又右衛門及伊賀越仇討の靈其他百五十人得道す（詳細後に出す）
四月四日、吉庶王出でゝ聽經さる心澄めり、後云く十字軍の因緣を解くと靈を集め給ふ、右に土耳其軍、左に歐洲連合軍の死靈無數に集る、之に回向す、七日迄朝夕靈出でゝ聽經す。

四月七日（靈媒平野）吉庶王出でらる、今改めて三寶諸天の前に懺悔す、今迄自分の爲せし所作が惡事なりと悟り、飽迄、佛法に反對せし事を懺悔さる。

四月八日朝、吉庶王出でらる、世界に渡り死人の山を築く事を好みし故、太古より世界の大戰爭に悉く關係す、元來佛法は嫌なり、爲に樣々の妨を爲す、其内にも謗法の最も甚だしきは、日持上人韃靼の黑龍江の下流、其頃「セナ」（今のニコラエフスク）と云ふ土地にて疫病流行し、多くの死人を出し一村全滅せんとする處へ行合せ、祈禱を爲し法華の威力を以て病人を快復せしむ、我之を見て忿懣し上人を倒す、其復讐の爲め、祐天、となし最も攻擊せし淨土宗とし南無阿彌陀佛を唱へしむ、然るに淨土宗に無き祈禱爲し怨靈を濟度し事蹟を殘せしは、過去の宿因に依る、斯くの如き大謗法の罪を、釋尊の御降誕日に懺悔すと云はる。

八日の夜、吉庶王出でらる、今日世尊の誕生日に（東京日比谷公園に）花祭に多くの人が集り、世尊に歸依讃仰するを見て、既往を懺悔す、釋尊、成道の時、あらゆる障碍せしは我なり、又大戰爭には必ず關係す、最近、日清、日露、歐洲大戰にも關係あり、此自分の關係の因緣を全部解て得道すると云わる。

又た日持上人の文筆に達せしは、過去の宿因に依るも、宗祖の守護神にして安國論御起草の時、尋力されし虛空藏菩薩の眷屬にして經典文學に達せし熊王（今鎌倉松葉ケ谷安國論寺に熊王稻荷として祀る）が日持上人を守護し共に韃靼に行き、後ち祐天となりし時、念佛の祈禱に威力ありしは熊王の神通なり。千姫を過去に戻し得道させしは法華の威力なり、千姫の過去は家康、最初の室にして醜女、嫉妬深き婦人にして非業の最後せし者の再來なり故に家康を苦しめしなり。

九日朝、死靈出づるも物語なし、吉庶王出で給ふ、日持上人東北巡教の時、山形に疫病流行せり、其所に留り、加持祈禱し多くの人を助け給ふ、其蹟に寺建ちしも大火の時、燒けて今は無し、其後巡り〳〵て岩城の平にて上人に隨身せし老人あり、今引出せしは夫れなり、追々物語せしむと又、王は娑婆世界の産れなるやと問ひしに、他方の世界より來る詳細は追々物語ると云わる。

十日朝、道場の神語り給ふ、日持上人の過去判明す、聖德太子の頃、紀の敬之《ヨシユキ》とて太子に文學の講義せし者あり、同僚と意見合わず、山林に入り文學を研究し世を終りし者也故に文筆第一とならる。

十日夜、吉庶王關係の死靈、鴦堀摩羅《アウクツマラ》及殺されし九百九十九人、苦行婆羅門道士及弟子、壹萬人、十字軍、土耳其軍參萬人の靈を靈山淨土に送る。

十三日朝、熊王出でらる、支那にて天台大師を守護し、後ち傳敎大師渡唐の時緣を結び、日本に渡り叡山にあり、日蓮上人叡山勸學中緣を結び、後ち日持上人と緣を結びしなり。宜なる哉、經典文學に通じ給ふ。

十六日、神出で給ひ、神力を現じ祐天僧正を過去に戻し給ふ、靈出づ日持と云はる、是より過去を臆念せしめ給ふ以後每夜出でゝ聽經さる、以後二十二日迄、震災橫死の靈を引出し回向す、各方面の靈出でゝ聽經す。

二十三日(靈媒平野)苦痛を持つ靈出づ、苦を除く、三五兵衛と云ふ、日持上人、東北御巡錫の頃、岩城の平にて、緣を結びし人にて、其子を源右衛門と云ふ、六ケ村の名主なり非業の人にて已れ一人、妾の三人も蓄へ驕りを爲す、年貢を納めざる百性は無慈悲にも牢に入れ苦しむ、悶死せし者あり、其惡報にて、娘が物怪に襲はれ發狂す祖父三五兵衛之を憂ふ、時偶々日持上人に逢ふ、迎へて祈禱を依賴し病氣平癒す、源右衛門修法の不思議を見て邪法なりと驚き信ぜず、乞食坊主なりとて追出す、三五兵衛跡を慕ひ弟子となり、共に艱難し韃靼に至り疫病にて倒さる、時に六十五歲なり、此老人の血統に、祐天生る、其頃其家は過去の惡因により貧苦にして災連りに起る、幼少の時は愚鈍なりし。

二十四日(靈媒平野)日持上人出でゝ讀經し給ふ、後ち、

代々に歷る罪は氷にとづるとも
　妙の朝日に解くる嬉しさ
草も木も佛になると聞く時は
　心ある身はたのもしき哉

尊師(日蓮聖人)常に此歌を口吟み給ふ、自分が斯くの如き姿になりしは尊師の仰に反き、身延の輪番制を廢し勝手に行動せしに依る御罰なりと懺悔さる、其後の行衛を語らる。

駿河を立つて東北に向つて巡教し、天竺迄も行かんと思しなり、途々布教せしも、題目を唱ふる者を見返へる者も無く、況や布施する者はなし、乞食の如くなり、平《タヒラ》の在にて三五兵衛の爲に救はれ、其家の因緣を解きしも、當主に追ひ出され、三五兵衛と共に困苦艱難して徒歩にて氷の張るを待ち、韃靼に渡り（今の尼港）義經の末孫に義平と云ふ者あり、其許に足を止む、其頃疫病流行し一村殆んど滅せんとす、之を祈禱す、此時三五兵衛、病に罹り死す、後ち自分も疫病にて死す、是れ皆尊師の仰に反きし罰なり、只心殘りなるは其頃書殘せし者あり（日記）三五兵衛をして之を本國に持ち行かしめんとせしに、死せし爲、遂に土となる。

二十五日朝、熊王出でらる、日持上人、駿州出立後の經過を聞く。

正應四年正月、寺を出で給ひ、先づ甲州を巡錫さる、玆に一と月、玆に二月と眞言宗を教化せらるゝ事約一年、其間大野山又は甲府に在つては大道にて布教さる、其頃此地方にて書殘されし者あり追々世に出るならん。

其後東北に向て巡錫さる、一文の蓄へも無く、飢へたる時食を求むるも、其地方は念佛者に布施するも、題目を唱ふる者に布施する者無し、食に窮されし事は常なり、衣はボロ／＼になり乞食の如くなる、漸く會津に着き、小檜山《コヒヤ》家の因緣を解かる、此頃疫病流行す祈禱し多くの人を救はる、玆に一月程滯在さる、其後、羽前、羽後、秋田地方巡教さる、其頃雨天續にて五穀實らず、應に饑饉襲來せんとす、上人、晴天の祈禱し雨を止め給ふ、時人之を德とす、今同地方に日蓮宗の在るは是に緣す、後ち岩城の平に至り給ひ、前記の三郎兵衛と緣を結び給ひ、供に連れ北に向て進み、途々病者を救ひ、今の青森に留錫さるゝ事約一年、玆に信者も出來、衣類も取替られ、蝦夷地の者御供して、今の北海道に渡り石崎にて布教し給ふこと參年、北進の準備され、北海岸を今の江差迄進まれしが道路困難なる爲、引返され、今の椴法華《トドホッケ》より南岸廻り膽振、日高、十勝、釧路、根室、北見の海岸を經て宗谷に出で給ふ、此間人跡無き所あり風雨に難まされ雪に閉ぢられ穴居されし事あり、又猛獸に襲われし事度々ありしも祈禱の威力にて退散せしむ、人家あれば食を求め、人家無き所は三五兵衛魚類を捕へ飢を凌ぎ、斯くして宗谷に到り、源九郎義經の夢を見給ふ、是より氷結するを待ち海峽を渡り樺太に入り西海岸を廻り、間宮海峽を渡り、今の尼港其頃の「セナ」に着き給ふ此間約二年（殷法華出發より）玆に源義經の末孫にして義平と云ふ者あり、漁師の親方なり、其許に足を止め附近の者を集め布教し給ふ、時に疫病流行す、今の赤痢の如く腹瀉り死する者多し、之を祈禱し退散せしめ一時平靜となる此時三五兵衞罹病して死す、間も無く今の「ペスト」の如き猛烈なる疫病再び襲來し、遂に上人倒さる（詳前の吉庶王の關係）其時四十八歳なり。日本を出しより曆は無く地圖もなく、只足に任せて廻られし故、年月と通過されし地名は詳細知る能わず、然れども終焉の地は、今の「ニコライフスク」附近なり、同地には題目は唱へずとも禮拜し其頃の式は殘しありと仰らる。

歐洲戰爭の時、知人、海軍中主計林復一氏、尼港へ出張せし人にて、黑龍江の落口の南岬に「プロンゲ」と云ふ處の露人の漁場に石垣に積込ある石碑あり、題目を刻せり、其下に日と云ふ字は讀めるが跡は花押で讀めず何年頃日本より渡りし法華の僧ありしや、宗教の力は偉大なりと驚かれし事あり、今に於て知る是れ日持上人の書されし題目を石に刻せしならん。

五月九日、神語り給ふ源義經は大望を懷き韃靼に渡りしも障礙する神あり爲に目的を達せず（今の尼港附近に住み）四十二歳にて歿せり、靈は日持上人の導により得道し、日本に歸り、德川家康となり將軍となる。

小檢山家の先祖、二十六人、三五兵衞一族、四十五人義平一族、三十八人、吉庶王關係震災橫死、壹萬人朝鮮人橫死者、百參拾名、四月二十六日靈山に送る。

吉庶大王は其後關係の死靈日清戰爭の壹萬五千人、日露戰爭に於て貳萬參千人、歐洲戰爭に於て、參萬人、松嶋艦爆發の死者參百名を六月二十八日迄に得道せしめ靈山に送る大王は天王號を辭され、大明神號を望まれ、我道場に安國大明神と、勸請し奉る（今迄國家に災を降す、自今、國を安んずべし依て安國と望まる）世界的大魔王、久遠より正法を厭ひ、戰亂を樂まれし大魔王、法華に歸依され、國家を護り給ふ、眞に法界の爲、世界の爲、慶賀すべき也、

昭和貳年一月五日　　願主　有光友逸

【經一曆に供養せし人】十二月二十五日より祈禱初め一月三日調

神出で丶物語し給ふ、元宿屋光則の屋敷に祠りありし妙見なり、日朗、經一麿、土の牢に在る頃緣を結ぶ、日朗師が度々佐渡に使し又日像上人が京都弘通の時、最も盡力せし者なり、然れども運命の然らしむる處か、今日迄此關係を發表する時無く、時を待つ事久し、今漸く時來ると喜ばる
本人の父親が今日、僧侶となる遠因（大阪谷町妙像寺住職）此時に薫發す、其頃今の父は百性にて鎌倉に住む、野村八右衞門と云ふ、經一丸土牢に在る頃、窃に野菜を賁食物を運ぶ事久し、其後經一麿、日像となられし頃、八右衞門老體となり足腰きかなくなり苦しむ、其時日像上人の爲に加持さる、病本腹し猶餘命を保つこと五年七十三歳にて安樂に寂す、此因緣に依て現世に僧となる。

昭和二年二月八日　　願主　松本光太郎

【助右衞門四十歳】妻よね二十二歳

本人の過去は宗祖御在世の頃鎌倉二階堂に住み獵師、助右衞門の子なり妻よね難產して松葉ケ谷の御上人の御符を頂き產み落せしが、よね死す、父はもらい乳して二歳迄育つ正一と云ふ、此時助右衞門病死す、孤兒となる、石井長勝に拾はれ育てらる、是れ本人の過去なり、長勝、宗祖に歸依し、後ち自家を寺とす、今の鎌倉石井山長勝寺之れなり其頃宗祖の御弟子に彫刻に趣味を持て居られし日法と云ふ人あり、此人の弟子となり日正と云ふ、常に彫刻の手傳す然れども短命にして二十五歳にて歿す、現世に本人が彫刻美術に趣味を持ち眼識あるは此の宿因に依る此の過去により現に妙法を護持し宣傳する力を得たるなりと、本人の守護神物語さる。

【大正十四年二月八日薫發】顯本法華宗の因緣

本日日曜に付淺草統一閣に本多日生師の講演を聞に行く、此因緣薫發す、十三日迄朝夜、靈、聽經するも物語なし、二月十三日夜、死靈呼び出さる僧侶なり、代て神出でらる我は顯本法華宗の守護神なり、玆に呼出され、靈界統一の有樣を示さる、異國の靈（米國南北戰爭の因緣を解きつ丶あり）の得道するを見て非常に感ず、呼出されし僧は、玄妙阿闍梨日什上人なり、睡れる靈を起す、十五十六日出で丶聽經さる。

十七日朝、出で丶語らる、日什なり自分は顯本が正意なりと臆斷し一派を立つ、今此道場に來り靈界の統一を示され世界各宗と守護神の關係を見て、法界の甚深なる自分の見

解の誤りを覺る、宗祖の御意に悖り一派を立てし事を深く懺悔す、願くば宗祖を拜し懺悔せんと云わる、依て此靈を道場の神の許へ移す。

夜日什上人の守護神出で給ふ、今朝、日什上人は宗祖を拜し懺悔さる、宗祖よりは御許しありし故、宗祖の御手許へ置く、自分は日の神の眷屬なり、日什の過去より緣を結び法華經を研究せし者なり、明朝、日の神を迎ふと大に歡喜さる。

十八日朝、顯本の神出でゝ聽經し給ふ、後ち日の神を迎ふと仰らる、依て身淨偈を唱へ讀經す、日の神、降り給ふ（龍體の如し）後ち語り給ふ天照大神と仰らる、法華の威德は兼てより知る、玆に靈界統一なる依て玆に來ると仰らる、（以下神代に記す）玆に顯本法華の因緣解く。

【大野山本遠寺の因緣】

大正十五年五月薫發

五月二十七日、大野山の因緣薫發す、徳川家康の妾、お萬の方の關係、日遠上人の徳川の大奥に入りしは、家康が豐臣の怨念に惱まされ發狂せし事あり、其時お萬の方、日遠上人を迎へて祈禱されしに初る。

二十九日、お萬の方關係の靈出づ、武田勝賴の愛妾に「かつらぎ」と云ふ夫人あり、武田天目山に滅亡の時、從軍せし者は天目山にて討死し又離散す、家族は甲府の屋敷にて自刄す「かつらぎ」に一女あり「子の姬」と云ふ、子の愛に引かれ、屋敷を逃れ、乳母「しま」の鄕里、今の大野山の所に隱る、敵方の搜索急なる爲、子の姬を乳母に托し自殺す、此時二十三歲なり、乳母は此の子を連れ所々流浪し苦心して育て上げしも死す、此の子の姬がお萬の方となる此因緣の爲に大野山に寺を建て住む、武田一族の殘りの靈引出す故敎化せよと命ぜらる。

靈媒前田ぎんの過去、眞田の臣にて身分卑しき者にて木村彥兵衛と云ふ者あり、大阪滅亡後、徳川を討たんと、乞食の如くなり關東に下りしも志を得ず、江戸にて死す、關東に下る時、妻やまと娘さだを駿河府中に置く、此さだの再來が「ぎん」なり、さだ、お萬の方に奉公し忠實に働く、大野山に蟄居せし時も隨ふ、お萬の方、お霜の方に苦しめらるゝを意恨に思ひ自から意を決し、暇をもらい單身にて、霜の外出せし時、刺さんとして事敗れ斬殺さる、是れお萬の方の差圖なりと又お萬の方を苦しむ、此逆縁により玆に集る、此の過去の因縁解く。

二十九日夜、大野山の地所の關係にて神代よりの神出でらる、我は元來佛法は嫌なりし「かつらぎ」來り死せし爲め縁を結び、其關係よりお萬の方、寺を建てしも、代々の住職が意に滿たざりし故、種々の事を爲す、今、時來り宿因解く、玆に得道の時來れり、以後法華の守護神となると云わる。

天海僧正を先達留め置きしは、天海が日遠上人に慘害を加へん爲に家康に度々毒舌を振ひ、樣々に吹き込み遂に磔刑に處せしめんとせし事を懺悔さす爲なり。

又日遠上人の家康に近きしは、家康豐臣の因縁の爲に發狂し、自分の造りし惡事を口走り惱亂せし故、お萬の方、日遠上人を請じ祈禱を依賴す、一度の祈禱にて其口走る事は止む、天海、霜、等之を退けしが、家康は其不思議を見留めたるなり。

天海僧正出でゝ懺悔す、圓頂黑衣の身を以て戰に臨み慘害を構成し、權謀術策を弄して多くの人を苦しましむ、謹んで既往を懺悔す、因縁に捕はれ今迄得道出來ず、今眞に佛道を得たりと喜ばる。

武田勝賴出づ武將の家に產れ將となる、暗愚にして多くの忠臣を討死せしむ、何を以て謝せん、謹で懺悔す、子の姫（お萬の方）の爲に一族郎黨救わると喜ばる。

六月一日、解決す、大野山の關係の神を最正位、妙祐天王と道場に勸請し、死靈、武田一族郎黨、三千人及軍馬二百頭、天海僧正、木村彥兵衞、やま、以上靈山に送る。

【威光山の因縁】雑司ヶ谷鬼子母神

大正十五年七月五日（靈媒前田）東京市外雑司ヶ谷、威光山の因縁薰發す、僧出づ、玄海と云ふ、同所は古く眞言宗の寺なり、自分住職の頃、日蓮上人の弟子に法論に負け、寺を奪はる、所々彷徨ひ乞食の如くなり流浪し、晩年同所を慕ふて歸り死して因縁となり、同所の稻荷と共に威光稻荷と勸請さる、之を解くべく賴まる、依て勸請を解く、以後十七日迄靈出でゝ聽經す、

七月十七日、神出でゝ言ふ、遠く陽成天皇の頃、王藻前の眷屬にて五人上臈になり宮仕へせし者あり、其一人に苅藻と云ふ者あり、王子を產む、幸麿と云ふ、騷動の時、紀の文

麿を供として宮中を逃れ出で、今の威光山の處に隠れ住み世を終る、小供に執着せし爲、元との體に歸る事出來ず今日に至ると云ふ、依つて祈禱し元の體に戻す、是れ威光稻荷の本體なり。

【鬼子母尊神】と前田ぎんの關係

鬼子母尊神の像は、德川家康の妾、お萬の方の護持されし像にて、ぎんの過去は御萬の方に仕へし女「さだ」なりお萬の方を苦しめしお霜の方を除かんと暇を乞し時、紀念に與へられしが此像なり「さだ」反り討に遇ひ、御萬の方の刺客なりとて反てお萬の方を苦しむ（此因緣大野山に書）さだ歿後、兄龍之助、此像を持つて關東に志す。

十八日、龍之助出づ、妹さだが御萬の方より頂きし鬼子母尊神の像を妹の歿後、妹の罪により居處を追われ、母と共に關東に下る、此尊像を金に換へんとせしに身體癱痺し不思議現われし故之を恐れ、今の雜司ケ谷の地に埋むと共罪を懺悔す、此像後ち堀り出され、今の堂に祭らる、本人ぎんの雜司ケ谷に住むは此の過去の宿因に依る、時移り星變り再び過去に信仰せし尊像を拜す。

七月十九日、玄海、幸麿、紀の文麿、木村龍之助、やま共他地所關係の死靈五人を送る。

八月初旬より後三年の役、厨川の柵陷落の時、阿部貞任の子、遠治を連れて逃れ雜司ケ谷の森林に住し因緣あり後三年の役に記入す。

二十二日（靈媒平野）と威光山の關係解く、嵯峨天皇弘仁六年弘法大師の弟子善道なる者あり、帝の御腦を眞言の秘法を以て祈禱す、神道の神之に反對し大に爭起る、善道追放され、今の雜司ケ谷の森林中に住む、相手にする人も無き頃、碌々として死す、此物語する神は、善道を苦しめし神道の神なり、此道場に留る事を希望さる。

二十二日、鬼子母神の像に付根本關係出づ、神曰く南朝の忠臣楠正成の子正儀の娘に楓と云ふ者あり、楠氏亡びし時一族十六人と共に苦勞を重ね、世を逃れ雜司ケ谷の林中に住む、其頃護持せしが今の鬼子母神の像なり、境內にありし姬塚は楓の墓所なり、平安大明神曰く此楓の再來が平野琴なり、此尊像轉々して御萬の方に傳わり、お萬の方より「さだ」に傳り、龍之助、之を雜司ケ谷に埋む、今、世間周知の如く、柳下、之を堀り出し又世に出で給ふ、柳下の先祖は楠氏一族と生死を共にせし者の子孫なり、時至り過去に護持せし者二人（前田、平野）現世に集り此因縁を解く。之に依て見れば雜司ケ谷は江戸、開府以前は、奥州街道に添ひ森林にして、落人の住むに格好の土地なりしならむ。八月二十八日、善道に逆縁を結びし神を道場に勸請し、死霙靈山に送る。

南北朝時代

大正七年三月薫發　　願主　平野零

【平野將監】建武の頃、平野家の先祖にして河内一圓を領し、平野に住む故に平野を性とす、楠正成を育て、世に出さん爲に苦心さる、其頃平野家に祭りありし神あり、建武中興成り一時平和となりし時、後醍醐天皇之を都に祭られ平安大明神と號す（官幣大社平安神宮）此神が後醍醐天皇の夢に敎へ正成公を世に出だされしものにして、將監は其後赤坂の城陷り、後討死さる。平安大明神は神代よりの神にして神武天皇東征の時も船中を守護され、其後皇室を護られる神なり。

妙香尼、平野將監の妻、夫の討死後、山林に隱れ、庵室を結び一生を終り、今法華經により成佛の出來るを喜ばる。

大正十五年一月薫發　　道場

【建武中興の因縁を解く】一月二十八日夜、後醍醐天皇の御靈に、御腦御平癒の祈禱し奉る。

一月二十九日朝、藤原廉《カド》子出でらる（帝の寵妃にして足利氏を愛し偏頗の所置を爲さしめ、公武の爭を起さしめ建武中興を亂せし夫人）懺悔して云く、帝の重き恩寵を蒙りながら我意を振舞ひ、護良親王を關東に移し遂に之を除きしは、妾の生みし義良親王をして御位を繼がしめん爲にして、護良親王より帝に奉りし上書は四回とも自分が燒捨て、遂に殺し奉りし罪を懺悔さる。神、代て語り給ふ、北條亡び、帝は都へ還幸され世は一時太平となりしも、上下逸樂に耽り、賞罰を誤り政道亂る。此頃朝臣に土屋重次と云ふ者あり、廉子が專横不倫を惡み、之を除かんと謀り、自分の妹を廉子の許に仕へしめ手引せしめ寢所に之を刺さんとす、其密談を立聞せし者あり、廉子に告ぐ、廉子之を利用し、戀敵の藤原藤房の妹安子の懷胎せるを惡み之を除かんとし、帝の御成りと欺き、同日自分の寢所に臥せしむ、重次之を知らず夜半に忍び之を刺す、又た足利尊氏を討たんとせしも及ばず遂に自殺す、此土屋の過去が汝の長男成一の中間過去なり、又忠臣楠正成をして少數の手兵を率ひ、攝津に行かしめ、足利の大軍に向はしめ、討死すべく仕向けしは簾子の差圖なり藤原藤房の隱逃せしは此有様を見て、且又妹の殺されしを見て世を感じ遁世せしなり。

大日本史曰、藤原簾子は左近衞中將公簾の女なり、大政大臣公賢養ふて子とす、才色ありて和歌を善くし、初め京極院に給待せしが、帝見て之を悦び召して宮に入る、元德三年從三位に叙せらる、內侍三位と稱す、元弘二年帝に隱岐に隨ひ、賊平らぎ從ひて還る、大佛貞眞が采地を賜ふて湯浴邑となし、建武二年四月三宮に準ぜらる、簾子天資警穎にして善く帝の意を迎へて以て時寵に專らにし、播蕩幽屏の際と雖も未だ甞て從わずんばあらず、而して賂謁を通じて外權を招き、陳請ある如に有司奔走して之に奉じ、中外之を望むこと正四にも踰へたり、是によりて賞罰紊亂し羣下憤疾す、足利尊氏、護良親王の勇武を忌みて之を除かん事を謀り、因つて簾子に依附して進むるに奇讒を以てす、簾子持して帝に訴へ終に護良親王を竄せり、尊氏が反を濟すは簾子の所以なり、十四年四月吉野に薨ず年五十九。

代て護良親王十津川の戰の時、身代りとなりし忠臣、藤原助定出づ。

建武中興にて戰死せし靈五千八百人得道す。

二月二日、午前九時式を爲し左の靈を淨土へ送る。

　藤原簾子、藤原安子

　建武中興の爲戰死せし靈、五千八百人

大正十一年一月薫發　　道場

【楠公と尊氏】

一月二十五日、法主に靈移る、至極靜穩の人にして心澄めり、端座さる、紫地に菊水の紋ある幕を見る。

二十六日夜、櫻井驛、楠公父子袂別の所を見る、白地に黑にて菊水の紋ある幕にして、方三間位の廣さなり正面に正成公座し下に正行座し左右に將士列ぶ、皆筒袖の衣を着け、正成公は立烏帽子を冠り、正行は髮を中央に束ね、父より卷物を受け頂く（正成直筆の法華經也）父子訣別の處を見る、涙潸然として下る、正成公は御顏長き方にて下ぶくれ薄き髭、鼻下と顎にあり、一見神經質に見ゆ、次に左中將義貞、內侍に戲るゝ所を見る。

續て湊川の戰場を見る、遠く淡路島を望み、和田岬邊より兵船滿ち旗指物林立す、陸上の戰ひ正に酣にして、楠公兄弟馬上にて大に戰はる、後ち陋屋に入り（六疊位の穢なき座敷）鎧を脫ぎ座し、正季と刺違て薨ぜらる、時に公四十三歲、弟正季四十一歲なり、此因緣解き楠氏の一族得道す

二十七日夜（靈媒平野）正成の室出でゝ語らる、今度尊き法席にて我等一族の成佛の出來る事を喜ばる、名は嵯峨と云ひ、娘たまか。と共に河內に住む、一兩日の內詳細物語する自分は四十一歲、娘の父に別かれしは十六歲なり其後三年經て死すと。

二十八日朝、足利尊氏出づ、廣袖の衣物を着て烏帽子を冠り三寶に供物を載せ自から目八分に捧げ奉仕する所を見る尊氏は四角の顏にて眼大きく頰髯の澤山ある恐しき相の人なり。神曰く尊氏の過去は文武天皇の頃の、役の小角なり小角の過去は神武天皇東征の時、討伐し給し大和の梟師なり、梟師の頃より大和の葛城の神（藏王權現）と緣を結ぶ尊氏が此神に奉仕する所を見せられしなり、尊氏の皇室に對し無道を爲せしは此の過去に依る。

二十八日夜、尊氏出でゝ懺悔す、僅かの勳功に莫大の恩賞を受け帝の爲に盡忠すべきに、自己の利欲より、多くの忠臣を殺し、大恩ある帝を追ひ我意を振舞ふ、罪何を以て謝せん、今幸に佛道に入ることを得たり、既往を省みれば慚愧懺悔あるのみ、二十九日多數の武士讀經を聞く。

二十九日夜（靈媒平野）楠公の室、嵯峨出でらる、今更ら何も云ふ事無し、神、一切を知り給ふ、唯心にかゝるは娘たまかは實の娘に非ず、夫が大切の方より御預りしたる方何人の御種なるやを知らず、二歲の頃より大切に育てしも夫の戰死後行衞不明となる、後に聞く足利の奧女中となり自分の父と思ふ正成の敵を討たんと思ひしが、事現れ自殺せしとも云ひ、又つまらぬ者の手に懸り殺されしとも聞き心懸なり。又悴正行は不幸にして父の遺命を全ふする事出來ず、元來虛弱の質故、四條畷の討死は兼ての覺悟此時二十二歲なりと、後に神に聞く「たまか」は護良親王と南の方との間に出來し姬にて、正成は其秘密を妻にも打明けざりしなり「たまか」は足利の屋敷に奉公中見現はされ、自殺す、今たまかに會すと仰らる。

左の靈得道す、二月三日靈山淨土へ送る。

楠正成、正季、一族郞黨　　五百名

足利尊氏、直義、一族郞黨　　千貳百名

楠、足利の軍馬靈　五百頭　以上

大正十一年一月十三日

新田義貞の、帝より賜りし内待梅ケ香の因緣薫發す（前に鎌倉の部に記す）

大正十五年三月二日

【新田義貞】出でゝ懺悔す、正妻、早苗の方、妾菖蒲の前、出づ、皆成佛せしむ。

昭和二年一月五日　願主　八塚平治

【地所の因緣】同人は蒲田に住む、昔は六郷川の流域なりき、新田義興（義貞の二男）敵の謀に落ち矢口渡船にて討死す、其時共に討死し流れ同所に漂着せし、野口八郎外七人の靈出で、得道す。

藤原藤房の行衞は前の身延の因緣七面山にあり。

昭和貳年二月八日

【兒嶋高德四十二歳】南朝の忠臣にして天皇隱岐に流され給ふ時、行在所にて天皇に忠節を盡くす事を知らせ、名和長年と心を合せ、天皇の隱岐御在中に糧食を送り、御還幸に盡力をなす、後ち天下亦た亂れ天皇吉野へ幸し給ふ、後宮に付御諫言申し上げしに用ひられず、備前に歸り僧となり世を終る、吉野を去りしより八年なりと物語る。

大正十二年二月二十一日　願主　平野道子

【四條畷戰死】羽山時重外四十二人

神出でゝ本人の過去に付語らる、小楠公の頃の關係、其頃本人は宮仕へせし「みどり木」（辨内待）なり、帝、正行に仰せられ之を妻となし忠臣の子孫を殘すべく仰らる、正行和歌を以て之を辭し、後ち股肱の臣羽山時重等と共に四條畷の露と消ゆ、内待は正行に稼さずとも、帝より許されし夫と思ひ、四條畷に跡を弔ひ、玆に小庵を結び一生を終らんと願しも、世は騒しく若き婦人の一人住居も成り難く、遂に高野山に登り女人堂にて菩提を弔ひ二十歳にて終る、此神は内待が正行の武運長久を祈りし男山八幡の眷屬なり之を本人の守護神とす。

昭和二年一月十日送　願主　平野琴

【楠正儀】小櫻、正之。小菊、詑摩將監、一族八十餘人湊川の戰死者の殘七十名、四條畷の戰死者殘八十名出づ。昭和元年十一月三十日、楠正儀出でゝ語らる、正成の子にして正行の異母弟にして、戰術に通じ尚武の氣象あり。父の遺志を繼ぎ再び南朝の世と爲さん爲め、義兵を擧げ、數々足利の大軍を破りしかば、足利方にても困り、數々利を以て誘ふ、依て正儀僞て和解する如く見せ敵の虚を衝かんとす、此間の消息を誤られ不忠の汚名を受く、事破れ信貴山の奥に隱れ、南朝の恢復を祈ること百日、法華經を讀誦して死す。其時讀誦せし法華經は、父正成が書寫し正行に櫻井驛にて渡せし一軸なり、其後、法隆寺に納む、神仰らる正成の過去は菅原道眞なり、道眞書寫せし法華經は今民間に在り、世々法華經の持者なりと仰らる。

一月四日、小櫻出づ、正儀の妻なり、一子あり正之と云ひ南朝の最後迄戰ひし人なり。

一月七日、正之出でゝ語る、祖父正成、父正儀の志を繼ぎ種々畫策せしも、世は定まり衆寡敵せず遂に志を達せずして死す。

【詑摩將監】足利義滿の頃なり。平野將監に一子ありて之が詑摩將監と僞名し義滿に仕へ、南朝に志を通ず。一女あり小菊と云ひ楠正之の許嫁なりしも義滿之を妾と爲さんとせしかば依て意を含め、義滿を刺さしめんとす。事敗れ追手を受け、正之及將監の一族八十四人屋敷に追ひ詰められ燒殺さる、玆に於て楠氏一族殆んど絶ゆ。

平野の守護神出でゝ言く、今回長慶天皇世に出でませしに付、平安大明神大に盡力され、玆に平野家の根本因緣を解く、湊川戰死者殘り七十人、四條畷の戰死者殘り七十人得道す靈山へ送るべく言はる。

大正十五年八月二十一日調　　願主　平野　琴

楠正儀の娘に楓と云ふ者あり、滅亡の時一族十六人と共に逃れて東に行き流れ〳〵て今の東京市外雜司ケ谷の森林中に住む。其時楓の護持せし鬼子母神の像が、今祠らる雜司ケ谷鬼子母神の像にして是迄境内にありし姫塚は楓の墓所なり此楓の再來が汝の過去なり、此因緣に依て現世に法華經を持つ、（尊像の其後の行衛其他は雜司ケ谷鬼子母神の項にあり）

昭和三年二月薫發

【日親上人と足利義敎】　　道場

二月二十六日頃より此因緣薫發す、二十八日夜より悶々として苦しみ終夜眠る能はず、苦惱甚だしく臥床す、非常なる疫病にて死せし靈なり。

三月一日神出でゝ語らる、今薫發する因緣は、足利義敎が日親上人の上りし立正治國論の他宗折伏を見て、大に怒り之を止めさせん爲、火湯鑊交々攻め遂に焼鍋を冠らせし因緣にて、今出で居る死靈は其時刑を執行せし者にて後に大苦惱を受け悶死せし靈なり、代て死靈出づ其苦惱を除く。

二日、死靈出づるも物語り出來ず、最も猛烈なる疫病にて死せし靈にして頭べ痛む。

三日、靈漸く物語す、彌五郎と云ひ将軍の命により、日親上人を最も辛辣に苦しめ、三日經たぬ内に此苦惱を受け悶死せし人なり。

四日「なぎさ」二十二歳 出づ将軍の側女にして、穏順なる優しき夫人なりき。出家を苦しむるは、道に非ずと諫めしも用ひられず、遂に怒に觸れ手討にさる。

五日、日親上人出で給ふ、法華弘通に折伏を用ゆれば大難の來るは兼ての覺悟、今更驚くべき事に非ず、将軍を怨みし事なし、時到らざりし故、将軍を歸依せしむる能はざりしを恨むと言はる。

五日夜、六彌太二十五歳 出づ、彌五郎の助手として上人に苦痛を與へし者にして、其後二十日經て疫病で死す、代て民藏出づ是も助手なり、一年經て疫病で死す、皆出でゝ懺悔し罪赦さる。代て足利義教出でゝ懺悔す、上人を苦しめし罪により百日目に松永の謀反により殺さると。

日親上人の守護神は十羅刹女の皐諦天王なり此神が加害者を罰せられしものにして、此因緣玆に解けし故死靈々山に送る。

大正十三年六月二十三日　　願主　渡邊彦次郎

【三好一族】五十四人

本人の先祖兵左衛門氏則、足利の末、三好に仕へ、三好亡びし時に一族は捕へられ殺さる、其時兵左衛門、逃れしも世を儚み三好一族の墓所の傍に小屋を建て菩提を弔ふ、此因緣により三好一族玆に引出され得道す。

戰國時代

大正十年六月薫發　　道場

【今川義元】一族郎黨、參百人

及川新八永祿三年五月三十九歳、妻とせ、永祿三年二十八歳

及川は余の過去の父母なり、五月三十一日母とせ出でゝ物語す、夫、新八は今川義元に仕へ近待頭を勤め祿參百石を頂き濱松に住む。永祿三年五月、織田と今川と合戰初まり

桶狭間にて織田方より夜討され、其時夫討死す、時に三十九歳なり。今川亡び流浪の身となり乳飲子、新一郎一歳を連れて三嶋の在に知邊あるを便り、艱難辛苦して薩陀峠に至り山中にて賊に遭ひ路銀を奪はれじと爭ひし爲、小供も金も取られ、何十丈とも知れぬ谷に蹴り落され、完き所無き迄所々打ち苦悶して死す、其時二十八歳なり。今神様より聞き其時の子が情ある旅の僧に拾われ育てられ後ち僧となると、又其産れ更りが其許なりと、過去の因緣により自分の子に救はれし事を喜ばる。自分の體に此靈乘りし時、頭痛眩暈し高き所より轉落する如く轉び、座敷の隅迄轉がる、過去父母に緣薄し現世に於ても未前に父を失ひ四歳にて母に別る父母に緣薄し。

六月二日、新八出でゝ語る、桶狭間の夜討は暴風雨にて亂軍なり深手を負しも何とかして、主君の前途を見屆けんとヨロヲヒ〳〵探せしも見當らず、力盡き雜兵に討るゝを恥ぢて切腹す、代て

今川家の守護神、相生觀世音出でゝ語られ、今川義元一族郎黨三百人成佛の出來る樣回向を賴まる。以後朝夕靈出でゝ聽經し、六月十日全部得道せしに依り靈山に送り、相生觀世音は元へ歸らる。

大正十二年三月二十日　　願主　平尾ゑつ

【上杉謙信】

越後高田八幡出でゝ物語さる、ゑつの過去に緣あり、上杉謙信は輝虎の頃一廉の武士とならんと、高田八幡に祈念し宮の移しを邸内に造り自身奉仕す。然るに玆に一の因緣を造る、元と高田は高田兵衛の領地なり輝虎の父之を奪ふ。高田に二子あり長を信行と云ひ、次は女にして白妙と云ふ、二人は父の恨を酬はんとするも近づく事能はず、爲に白妙は侍女となり上杉の屋敷に入込み隙を窺ふ、白妙は性來美貌にして容姿衆に勝れ、心亦正し輝虎は之を見て生涯連れ添ふ妻は、是より外に無しと思ひ、心を寄せるも敵の事故隨はず、然れども朝夕溫情を以て慕はるゝ故斷ること出來ず遂に止むこと出來ず切迫せし一夜、書置を認め一通は主君に宛て自分の身分を明し御意に從へぬ譯を記し詫び、一通は兄に宛て今迄の事情を記し、終りに輝虎は非凡の大將にて大志を懷かる、兄の如き人の手に合ふ人ならず、敵討の志を翻さん事を認め、八幡宮の前にて自害す、時に十八歳にして、輝虎之を見て大に感じ、兄信行を呼出し領地を

復し、又自身生涯正妻を持たずに終る。此信行の再來が、今の「ゑつ」なり過去の宿因其體格と云ひ聲柄と云ひ男子の如きは是が爲なり、是れ本人の實家高田家の先祖にして過去の父高田兵衞、母なぎさ、妹白妙皆茲に集り得道し靈山へ送るべく頼まる。

大正十年二月薫發

【織田と明智の因縁】

二月末、豐臣、德川の因縁解け、是に續て明智と織田の因縁を解く。神曰く明智は逆賊、又織田は神社佛閣を破却の罪により容易に赦されず、其内にも元龜二年叡山を燒討し全山を燒き多くの僧侶を慘殺す、叡山の守護神、赤山明神の御怒り最烈しく遂に明智と織田の過去の宿因に乘じ光秀をして信長を殺さしむ。織田の先祖は平重盛の後裔にして、明智は藤原氏なり、中途源氏となる、源頼義、前九年の役出征の時、近江三上大明神に祈願し、爲に此神と縁を結ぶ光秀は頼義の再來なり、其祖先の源平の宿因の爲、諸天に撰抜され遂に織田信長を討ち、逆賊の汚名を受けし、眞に氣の毒不幸の人なり、今法華經の功德により、信長赦されて、茲に一同得道す、武將は別に物語なし、其内二三の婦人をして物語せしむ。

信長が神社佛閣を破却せしは切支丹の神、信長に乘つて爲さしめしものにして、信長の過去は印度に於て佛法を破却せし戒日王なり日本に生れ過去を繰返す。

六月八日、千束 二十一歳 出づ光秀の娘なり、天正十年父歿せし時は三歳なり母と共に丹波の龜山を出で周防岩國の伯母を頼り、其許に潛む、其内母病死し、後ち乳母に育てらる。成長の後ち乳母より委細の話を聞き、世間より逆賊と云はるゝも、自分の身に取りては大切な父、今時めく秀吉は元と父の同僚、不具戴天の敵なり、如何にも殘念に思ひ乳母の取持にて附近の者の名を僞り、淀君の腰元となる此時二十歳なり、秀吉を討たんと隙を狙ひ、擧動不審と見破られ捕へられしかば、一部始終を物語し刑を求む秀吉之を赦し、長く仕へしむ、然れども自から恥ぢて自殺す、時に二十一歳にして此有難き法席にて母諸共成佛の出來る事を喜ばる。

貞の方光秀の妻、千束の母なり四十歳にて病死す、光秀浪人の頃より世に出さんと一方ならず苦心し、漸く世に出で安心する間もなく、逆賊の汚名を受けて討死す、之も因縁とあきらむ、今此法席にて一族の成佛出來る事を喜ぶ。房の局、信長の側女なり、女丈夫にして本能寺の戰の時能く働く、此人の産みしが三法師なり子供を腰元に托し、羽柴筑前に頼めと命じ逃れしめ自殺す。

織田信長を初め一族郎黨　　壹千人
明智光秀を初め一族郎黨　　壹千人
兩軍軍馬　　八百頭

以上六月十日靈山に送る。

大正十四年一月二十九日薫發　　道場

【叡山燒討の因緣】

二十九日、眼痛み讀書出來ず、夜死靈出づ、大なる堂の燒落るを見る、死靈は僧なり。信長叡山燒討の時逃げ後れし僧を捕へ大講堂に押込め火を放ち燒殺し、逃れ出る者は鎗にて芋刺しになす、其時の有樣を見る、加持し苦痛を除く
三十日朝、叡山の僧出でゝ聽經す、苦痛稍薄らぐ。
三十一日朝、僧靈出で聽經す、苦痛除かる、夜も出でゝ聽經し後ち懺悔す、我等天文の頃京都の日蓮宗の寺院を燒き僧俗を殺せし者也、法論に負けしとて是非を辨へず、本心を失ひ惡鬼に憑かれしか、衆を恃み暴力を以て僧の最も愼しむべき鬪爭のみならず、慘忍なる燒討なし、然も八十八箇寺を燒き、多くの僧俗を慘殺し、佛祖の意に悖る、叡山何ぞ安穩なるべき、元龜二年織田信長に燒討され、我等捕へられ燒殺さる、眞の焦熱地獄を現ずと、因果の恐るべきを懺悔す。
三月一日、燒死者の靈五百六十一人得道す、靈山へ送る。

昭和二年六月二十三日調　　願主　高木正次郎

本人の過去は織田信長に仕へし高木長秀と云ひ武より智の人にて信長に用ひられ、神社佛閣を破却することを建議し實行せし者なり。叡山燒討の時、西麓の赤山明神の社を燒く時、颶風旋風起り火に卷かれ、味方の軍勢三百人と共に殺さる、此因緣薫發す、死靈々山に送る。

大正十年九月十八日調　　願主　松本光太郎

【桔梗の前】二十歳外三十五名　安田作兵衛

本人の過去に付神出でゝ語らる。天正十一年豐臣の爲に明智亡ぼさる、明智の屋敷に奉公せし女あり桔梗と云ひ、安田作兵衛の娘なり、山崎の戰敗れし時散り〳〵となり、其時桔梗は佐和山の城にあり、臨月の身をもつて城を逃れ乳母の鄕里に落行かんとし、途中追手に遇ひ、戰ひ討死せし

者もあり、自分も薙刀が手にありし故、戦ひて負傷し、落延び乳母の所に行き安心せしか産の氣附き産落せしが男子にて是が光秀の忘れ形見なり、桔梗、子を産み落し後、産後の肥立悪しく死す、此時二十歳なり、戦の中故名も附けず乳母之を育つ。其時紀念の短刀と神の御宮あり、其後安田作兵衛尋ね来り此子を連れ所々流浪し困難を重ね、丹波の綾部の近くに住みしも、豊臣方の手先に見破られ、慥に光秀の子なりと知られしも危きを免れし事あり、又椽の下に隠れし事あり様々の苦労して忍び育つ、又加藤肥後守が作兵衛を其儘埋らすは惜しと、豊臣の臣下と爲さんと尋ね来りし時も、慥に光秀の子なりと見破れども之を見逃す、其頃森蘭丸に突かれし鎗疵づ痛を發し苦痛に堪へず、自分の念持佛の釋尊の像を肥後守に贈り後ち自刄す、此時五十四歳なり、(此釋尊の像今松本の家に在)其後、乳母の夫之を育つ、所々流浪す、成長するに隨ひ文武の道を教へねばならず、身は貧にして何事も出來ず、天何ぞ此の英雄の子を見捨てらるゝと號泣せし事もあり、其内十五六歳になり自然に文武の道を覺へ一廉の男となる、其時義助(育てし乳母の夫)自分の子に非ずして明智光秀の忘れ遺子、母は桔梗と云ふと眞實を明し記念の短刀と護り本尊を渡し詳細物語す、後ち義助五十三歳にて歿す、此義助が光太郎の過去なり、其後間瀬義起と稱し、諸國武者修業し武を磨く、時に豊臣亡び德川の世となる、之に仕ふるも心善からず、自から得し神刀流の師匠となり世を送る、三十七歳にて病死す、是が今度産れし孫の幸平の過去なりと物語さる。

大正十四年一月薫發

【武田の因縁】身延攻の因縁より薫發詳細前記

武田信玄外千五百六十四人得道す。

二十五日、勝頼出でゝ語る、神より武田の滅亡の速かなりしは、身延攻めの大謗法の罪に依ると聞きて驚く、罪無き多くの將卒を死せしめしは氣の毒の至り、共に救わん事を乞はる。

大正十五年六月一日調

大野山本遠寺地所の關係より薫發、詳細大野山にあり。

武田天目山にて戦死せし靈、参千人

勝頼の妾かつらぎ、乳母しま、得道す。

昭和三年六月二十五日

武田身延攻の時の死者、堤藤次郎外二十四人

昭和三年七月二十三日
武田身延攻め死者、參百貳拾人　得道す
此靈は戰わずして足腰しびれ谷へ落て死せし靈
願主　松本光太郎

【安土問答の因緣】

昭和四年四月初旬、松本家の先祖高木家の關係より、織田信長の頃の安土問答の淨土宗の論者、靈譽上人の靈出づ。唯一心に念佛を稱へ、何事を說くも聞かず、耳は聾にして口は唖の如し、是の最大謗法の大罪により、唖となり非常の苦惱を受け其苦惱を念佛にて免れんと、無我無中に心中稱名し、其儘冥せし靈にて、腦充血にて死せし者の如く常識を失ひ、唯だ念佛に固まる、如何ともする能わず、四十日間祈禱し漸く正氣になりしも、彼れ題目を嫌ひ常に念佛を唱ふ、五月末に至り漸く悔悟す。

六月二日夜、靈譽上人出でゝ懺悔す、此尊き法門を謗ぜし事を謝し、其當時の物語す。

日蓮宗が淨土宗を折伏するを惡み、法論にては勝つ見込なきを知り、織田信長に取り入り、日夜日蓮宗の惡口し、信長の歡心を得て、之を禁止せんと欲し、法論に事寄せ、萬事の手配し、日蓮宗の僧を引寄せ、問答に難題を以てし、答へに究せしに乘じ、敗なりと宣言し、無理に袈裟を剝ぎ法衣を脫がせ、足に掛け相手を怒らせ、無禮せしめ、其廉を以て公儀を輕しめし罪に落し、三人を斬罪に處し、以後念佛無間と折伏せざる詫證文を取りし、大謗法の罪を懺悔す。

（三人は妙國寺の普傳日門、信者建部紹智、大脇傳助）

（靈譽上人は上野國新田淨土宗最慇寺の住職にして其頃江州安土の正福寺へ布敎に行きし時、天正七年五月二十七日の出來事）

靈譽は此罪により身體の自由を失ひ口閉塞して死せしなり今玆に解く六月四日靈山淨土へ送る。

豊臣、德川時代

【豊臣と德川の因緣】と淨心寺の關係

大正九年六月六日より祈禱を初め十年一月二十三日より物語初まる、此因緣は深川靈岸町淨心寺の地所より薰發す初は眞田幸村の妻、大阪落城後、夫は討死せし者と思ひ、德川に恨を報わんと江戸に下り淨心寺の地所に横死せしに初る此人に守護神あり。德川二代將軍の生母お竹の方の白骨を負ひし僧、此地に行倒れとなる是にも守護神あり。此守護神と守護神の爭より豐臣と德川の守護神集り、玆に豐臣と德川の因緣集り解けざること三百年其中間十二代目の住職の造りし因緣龍體となり地所の因緣之に加はり種々の災を起す、

【豐臣と日蓮宗の關係】二月二十三日神出でゝ語らる

應仁の亂後、天下麻の如く亂れ、群雄各所に割據し戰ひ絕へず、諸天神之を憂へ給ふ時、尾張の中村に竹阿彌と云ふ者あり、妻ちぶり、との中に子なし、男子を授けられん事を隣村の八幡社に祈願す、此社は昔左馬頭義朝、尾張にて長田の爲に訴人され討手を受け玆に討死し、其死體を埋し所也、何日の頃よりか願へば子が授けらると云ひ傳へられ遂に八幡の社となる、竹阿彌の先祖は鎌倉にて日蓮上人の敎化を受し家柄なり、前記八幡社に祈り產れしが日吉なり日吉の前世は左馬頭義朝なり、其時天下の亂を治めん爲、摩醯首羅天（大自在天）共に出でらる、竹阿彌は織田信長に仕ふ故に後に日吉も信長に仕ふ。

秀吉の守護神は大黑天の姿なり此神曰く松下嘉平治の家に在り藤吉郎は見込ある男故出世せしめんと夢に敎へ之を連れ出す、今川は無道の主人にて見込なき故也、（鎧を買ふ金を以て逃亡せしとは虛傳）織田信長に仕へ、草履取となり後ち淸洲の城普請の時、短日の間に仕上げしは、自分眷屬を各職人に乘せ晝夜兼行働かせしに依る、其戰ふ每に勝ちしは自分等の守護に依る、遂に天下を平定せしめ、關白に至らしむ、然れども自分は子孫の永續は考へず、只秀吉を出世せしめば宜しとのみ思ひ永續さす考へをなさゞりし故、豐臣は早く亡ぶ、其他明智の恨み、淺井の怨念等の爲なり其淺井の子、淀を懷に入れし爲、淺井の因緣常に豐臣の內部を亂し滅亡を速かならしむ。

日吉の母が竹阿彌に緣附きしは二度目なり、先夫の子にして秀吉の義姉に當り、秀吉の出世するに從ひ大勢力を得此人日蓮宗を信仰す、此人に依り太閤及大政所、日蓮宗に歸依す、其聚樂邸にある頃、京都本山の僧に敎化を受く、此僧後ち延山十八世日賢となる、玆に於て大に身延の諸堂を改築し莊嚴にす、此布施をせし人後に瑞龍院日秀と云ふ、京都の瑞龍寺を建つ。（今の村雲御所）

秀賴は大阪落城の時、後藤又兵衞、眞田幸村、薄田隼人正等百餘人と島津より廻せし船にて薩摩に落ち、十一年間躍

る秀頼は今の神經衰弱の如き病氣となり虚弱なり、徳川の天下定まり如何ともする能はず、豪傑連は朝鮮征伐して秀頼を王とせんと目論みしも幕府を憚り準備する事出來ず其儘となる、秀頼は島津の姫、楓の前を室とせしも、子無く寛永九年狂氣の如く鎧を着たり、脫たり種々の事を爲して死す、眞田、後藤、薄田等殉死す其時、楓の前殉死せんとせしも止められ後世を弔ふ、豊臣の一族薩摩にある事十餘年其間、悶々たる怨念生靈より死靈になり徳川に向ひ、家康、秀忠、家光の壽命を縮む、徳川より薩摩に入込し間者は悉く捕へ之を斬る。(秀頼薩摩に在し時側女に生れし男子あり、是が天草亂の大將となる)

【徳川と日蓮宗の關係】

お竹の方、お萬の方共に家康の側女なり、お竹の方は元女中なり秀忠を産む〻乳母と云ふ、先祖は南北朝の頃、足利の血統なりお萬の方は頼宣、頼房を産む、秀忠は智解兩人に及ばず、然るに家康之を二代とせしは戰國の事故何時殺されるも知れずと慮り、殺される覺悟で愚者を先に立しなり、是より先、お竹の方は二人の若君の内一人が二代となると思ひ、是を無き者とせんと調伏す、お萬の方は法華を信仰せし故、其祈禱成就せず後に一人は水戸に、一人は紀州に封ぜらる、此調伏に於てもお竹の方の下に、お霜あり元來お竹は賢者に非ず、常にお霜に左右さる、お竹自分の産し子を二代にせんと、お萬の方を悪み、其餘波お萬の方の信ずる日蓮宗に反對し種々策を施し遂に慶長の法難となる。

お萬の方は日遠上人に從ひ得道し、又二子の無事生育を祈り、又心願して徳川の萬代不易、武運長久を祈る、徳川の永續せしは法華經の利益お萬の方の働に依る所なり死して大野山本遠寺に葬られ、頼宣は養珠寺を頼房は太田の蓮華寺を建つ。

霜の履歴、明智光秀の臣、齋藤內藏之助、山崎合戰に敗れ單身逃れて、乳母が家に行く、途中馬子を切り其馬を奪ひ乳母の家に至る、其馬は乳母の悴の曳し馬にて、殺せし馬子は其家の子と知り、內藏之助は自分の賴るべき家の子を殺すとは、能く〳〵武運の盡きたる者と諦め、乳母が止るも聞かず自刃す、內藏之助が腰元に産ませし女子あり、明智滅亡後、所々流浪し越前にて育つ、幼名を初霜と云ひしが流浪後、霜と云ふ、其後徳川の天下となりお竹の方に仕ふ、女丈夫なり、常にお竹の尻押をなし、お萬の方に張合ひ、日遠上人を苦しめ、又自分は眞言宗なる故眞言の阿闍梨を大奥に引入れ、お萬の方及二人の若君を咒咀し、其他謗法罪を犯す。其後、お竹の方謗法の罪により癩病の如く顔崩れ御殿を下る、後ち霜一人にて横利を振ひ大奥を切廻す、三代家光の乳母春日局は、世俗天下に令して賢婦人を求むと云ふも虚傳なり、霜が勢力に任せ自分の異母妹を推薦せしなり、霜五十歳にて駿府にて熱病を病み血を吐て死す、此再來が汝の妻なり此過去の宿因により此體にお竹の方德川方を、引出すと仰らる、以後日夜出でゝ聽經す。

一月二十七日調

【地所因緣の發端】

眞田幸村の妻あづさ、大阪落城後、夫は討死せしと思ひ娘みゆきを連れ江戶に下り乞食の姿に窶し、德川に仇を報いんとす、其內天下治り如何とも手の出しようなく其頃今の淨心寺の所は隅田川の海に注ぐ處の荒地にして所々蒲鉾小屋ありて貧民落人の住む所なりき、其所に住み、其小屋にて母親病氣となる、其頃此附近に諸國の浪人集り、惡人多く常に武士にある間敷所業を爲す、娘の美貌なるを見て之

を弄ばんとし數人組で亂入し、母を蹴り倒し袈裟掛に切り金を奪ひ其上娘を手込にせんとす、娘は女丈夫なり、家重代の寶刀を拔て戰ふも、敵は多勢遂に殺さる、死體は其所に埋めらる、時にあづさ五十歳、みゆき十八歳なり、斯くなるも德川故と恨み、怨靈となる、眞田の家に守護神あり眞田は元信州に住む、故に諏訪明神を祀る、此神此席に出られ、自分の守護せし者、武運劣なく皆討死す、只德川に仇を報ぜんと、今日迄戰ふ、是れ地所の因緣の發端なりと。

一月二十九日午後調、お竹の方出でゝ語る、永年穢なき體にて苦しみしも（死の時癩病の如くなり死す）今法華經の功德により元の姿となると喜ぶ、自分は岩槻の城主大岡に仕へし海野六郎太夫の娘なり、傳手を求めて大奧に仕へ、家康公の御情を受け秀忠公を產む、其頃お萬の方にも二人の公達生れらる、成長の後は此の二人の內が二代とならるゝと思ひ、自分の子を世に出さんとするには、二人の公達が邪魔故、何かの折に無き者とせんと機を伺ふ、其頃二人共疱瘡に罹らる、此時御命を縮めんと病氣平癒の祈禱すると云ひ觸し、お霜の發案にて眞言宗の修驗者を大奥に集め咒咀す、然るに此祈は成就せず公達二人本復され（此時お

萬の方は日遠上人の祈禱を受けらる）其以後益々お萬の方を惡み、自分が淨土宗なる上に家康が淨土宗に歸依せるを奇貨とし、日蓮宗を邪法なりと朝夕家康に强ひ遂に慶長の法難を造る、其後自分は手も足も不自由になり何とも知れぬ病氣になり顏も崩れ癩病の如くなり、大奥にも居られなくなり身を退き（其頃家康在世お竹の方四十歲）、池上本門寺の近傍に遠緣の者あり之に便りて養生せしも身體益々腐り臭氣甚だしく、世話のしても無く見苦しき姿になり、二年程病んで死す、死して蛇體となり此度有難き法席に引出だされ、身は元に歸り凡ての話しを神樣より聞き漸く自分の惡事大法謗の罪を知り玆に懺悔す、是よりお萬の方に幾重にも御詫せねばならずと云ふ。以前より德川の守護神黑本尊お竹の方を守る。

池上本門寺の役僧にお竹の方の從兄に當る英吉と云ふ者あり、此人お竹の方の死體を火葬し本門寺の墓地に葬る、每夜夢に姉に魘さる是は姉は淨土宗故淨土の寺へ葬られたきならんと堀出し、淨土の寺へ埋めしも又魘さる、又堀出して其骨を背負ひ所々流浪し、遂に發狂し遺骨を負ふた儘、今の淨心寺の所に行倒れとなる、其所持品の內書類あり、池上に聞合せお竹の方の遺骨と知れ其所に埋む、其後寬永十年の頃血緣の者、玆に庵室を作り菩提を弔ふ。三代將軍の頃、二代の生母の行衞を尋ね玆に埋葬しあるを知り、幕府より寺を建て僧を迎へ開山とす、是れ淨心寺の始まりなり、祖師堂の後に淨心院殿妙秀日求大姉とあるはお竹の方の墓なり。

家康の守護神黑本尊とは、家康三河今川に人質たりし頃矢矧の妙源寺にありし、源九郎義經の殘せし神なり依て、九郎本尊と云ひ家康之に願掛し、大阪陣の時、家康、眞田の地雷火に罹りし時、身替になり黑焦となると云ひ黑本尊と云はれ、今芝、增上寺に祭らる。此神が家康の姿になり數々危難を免れしめ遂に天下を取らせしものにして數千の眷屬ありて通力自在なり、此神淨土宗を信じ法然上人を尊敬す爲に得道最も困難にして、長日月を要せしなり、題目を忌み念佛を稱へ、念佛無間と說法すれば、夫れは日蓮の勝手我田引水なりと云ひ得道せず、常に念佛を唱ふ、爲に淨土の三部經を以て善導法然の誤を正し念佛無間地獄鈔に引合せ種々說法し、强て經の威力を以て得道せしむ。後に懺悔して曰く、今迄淨土より有難き法門なし法然より偉き僧なし法然なる哉〳〵と思ひ居りしが今に至りて其誤を知る、又徳川、豊臣も元は一つの源氏故亡ぼす心無かりしも遂に斯の如き成行となり三百年間結んで解けざりし兩家、今法華經の威力により和解成佛の出來るのを見て、法華經の有難き事を泌々感ず、是より法華の守護神となり廣宣流布すべしと誓はる、以後朝夕讀經の時靈出でゝ聽經す、二月十七日全部得道す左の如く解決す、神道場に勸請す。

最正位　豐明天王　　豐臣の守護神
最正位　淨德天王　　德川の黑本尊
豐臣の一族郎黨　　壹千五百人
德川一族郎黨　　壹千五百人
兩軍の軍馬　　壹千頭

以上二月十八日靈山に送る。

神曰く淨心寺は元祿八年の大海嘯の時、各寺院共水浸しになり、書類紛失す、其後寶永元年火災に罹り全燒す、時の住職日念東西に奔走し寄附金を集め再建し中興の祖となる。其後天明の大饑饉の時、畏しこくも宗祖大聖人萬民の苦を救はん爲、龍口寺より淨心寺に出開帳遊ばされ、御覽になると寺に絡る大因緣あり、何れも日蓮宗に關係ありしをもつて是を解き給はんと玆に留り給ふ。其時俗人は宗祖の御意を知らず、御厨子を御歸還申上げんとすれば、雨降り暴風となる事再三、是は玆に御滯在の思し召しならんと淨心寺に祖師堂を造り安置し奉りしより玆に百參拾年。今日初めて知る宗祖は此の入組みたる大因緣を解き給はん爲、其關係の者を現世に出し給ひ之を膝下に引寄せ因緣を解かしめ給ふ（死靈は人間の耳を通じて經を聽かざれば通ぜず、血緣無ければ强情の靈は人の體に乘らず故に解けず、依て此事あり）

我聞く淨心寺に深き因緣あり代々の住職に障ると、二三の修驗者之を引出すも得道させる能はずと聞き、是の如き靈驗著しき宗祖在すに如何にして因緣解けざるやと常に不審をいだき、先年祈禱法を修得し宗祖の特別の御加護と諸天の擁護にて源平の大因緣解く、玆に於て自信を得、法界の爲め妙經の威力を發輝し、不惜身命、此因緣を解かんと願し、玆に成就す、省みれば是れ我が宿命にして且て宗祖の命じ給ふ所ならんとは、法界の不思議は思慮分別の及ぶ所に非ず、既往を省みて、只感涙あるのみ。

大正十二年一月五日調

豐臣の關係

【千姬と淀君】 淺井の因緣

一月五日、坂崎出羽守三十二歲、出づ。一婦人を救はん爲に火中に入り大火傷して之を救ふ、後ち家康約の如くぜざるを怒り、遂に亂心して多くの家臣を困らせ申譯なし、遂に德川に叛逆せんとし家臣、山田の爲に殺さる、山田續て自殺す。

大坂落城の時、千姬（家康の孫）火中にあり、家康之を救わんとし、之を救ひ出せし者に與へんと約す、出羽火中に入り自から大火傷し之を救ひ出す、然も出羽火傷の爲顏面醜惡となる、千姬之を嫌ひ、秀忠他に嫁せしめ遂に此因緣を造る。

千姬二十五歲、德川より政略の爲に豐臣秀賴の室となる、關東と隙を生ずるに及び常に虐められ、滅亡前より今の神經病になる、滅亡の時死を覺悟せしに坂崎に救はれ死に場を失ひ、自分の我儘より坂崎の怨靈に惱まされ、遂に發狂して多くの人に迷惑を掛けし事を謝す、發狂後三年經て田舍の寺（鬼怒川邊の祐天上人の寺）にて死す、千姬の爲に殺されし男六人、女五人出づ得道す。

祐天上人出づ、自分の弘めし敎の誤れるを初めて知る、千姬の靈を正氣に歸し得道せしめられざりしを愧づ、祖師（法然上人）既に法華に歸伏さる、我等何をか云はんと得道さる他に引出し得道させ度き靈多くあり上人の希望により道場に留め置く、（千姬は祐天上人の住寺に預けられ死す）

【淀君】 三十七歲、自分の淺薄なる考へより、豐臣の忠臣に苦勞をかけ多くの人を戰死させ、遂に滅亡に導く。何を以て其罪を謝せん、前に豐臣の因緣出し時玆に來り、秀賴の再生しあるを見て、之に便り得道せんと時を待てり、玆に成佛の出來る事を喜ばる。代て島江四十二歲、秀賴を育てし乳母、初花二十二歲、勝江二十二歲、出づ、腰元にして淀君に殉死せしものなり。

【淺井三左衛門】 五十七歲、妻みさを、三十六歲、淺井長政外一族郎黨百人。淺井の先祖と緣を結びし伊吹山の神出づ太古より伊吹山に住み、佛法傳來以來、弱き者は追ひ出され、强き者も追々詰められ何れか出でんとす、足利の末天下亂れ群雄割據の頃、淺井の先祖に三左衛門と云ふ者あり伊吹山の麓に住み獵師を爲す、雪の降る日、困つて居りしを助け緣を結ぶ、其頃强き者は大名になれる頃故、之を世に出して大名となす。長政に至り織田信長に亡ぼされ、其跡を引受しが豐臣故、之を亡ぼさん爲に大に盡力す、秀吉の在世は如何ともし難く、歿後淀君により內部を掻き廻し遂に目的を達す、今時來り此因緣解け玆に出ることを得たりと懺悔さる、此神道場に勸請す、三月二十一日死靈靈山に送る。

大正十四年五月薰發。

【關ヶ原戰】大谷刑部、石田三成。

五月十日朝、日本に最初渡りし基督敎の神出でらる、織田信長に乘り赤山明神及び叡山、其他神社佛閣を燒き、信長亡びし後大谷刑部と結ぶ、關ヶ原の戰の後、德川の大奥に入り込み、又日蓮宗を亡ぼさん爲、武田信玄をして身延攻めを爲さしめしが、妙法神に碍げられ果さず、此既往の大罪を懺悔さる。

十一日朝、大谷刑部出づ、切支丹宗の信者なり。關ヶ原の戰爭の因緣を解く、夜、石田三成出づ、非常に苦痛を帶ぶ胸より腹へかけ痛み苦悶す、修法して苦を除く、曰く生前法華を罵りし罪により斯の如き終りを爲す、と懺悔す。三成に法華經を說く三成禮拜す、三成の守護神佐和山大明神出でゝ歸伏さる。

十二日朝、神出で給ふ、關ヶ原の戰に加藤清正の加擔せざりしは、只の不仲のみならず、宗敎的反目から仲違ひせしものなり、以後朝夕靈出でゝ聽經す。

二十日朝、大谷刑部の妻みえ三十二歲、出づ切支丹宗の信者なり、磔刑に處せらる、苦痛を除く。

六月二十三日、大谷刑部、石田三成、其他關係の靈三百五十人得道す、靈山に送る。

大正八年七月薰發　　願主　吉良節之助

【浮田中納言秀家】と吉良家の因緣

吉良周作、吉良家の先祖にして、浮田中納言秀家に仕ふ。關ヶ原の戰ひ敗れ、秀家捕はるゝ前、周作に愛妾梅の方、一子秀丸、及び乳母を托し、何れへとも立退き此子を育て家名を殘さん事を賴まれ依て之を連れて立退く、其後周作梅の方に戀慕し意に隨わざるより變心して關東に內通せしかば、秀丸捕へられ、梅の方及び乳母自殺す、周作は充分の恩賞に預からんと思ひしに、浮田の舊臣にして主人を賣りしを見破られ、大に恥しめられ、反て土地を追はる。其其後百性になりしも、良心に攻められ日夜酒を飲み、遂に發狂して死す、大正八年六月二十六日發狂の姿にて出で、七月一日漸く正氣に歸す、今迄の所業を懺悔す。

梅の方 慶長元年三月行年二十九歳、中納言の愛妾、周作の變心により秀丸捕へられし時自殺す。

秀丸六歳 德川に捕へられ殺さる。

深野 慶長元年三月三十六歳、秀丸の乳母、秀丸捕へられ三日目申譯なしとて自刄す。

嘉祥辨才天、浮田家の守護神なり秀丸と共に周作に托さる此因緣に依て今迄吉良一家に祟る、玆に因緣の解けたるを喜び、次の因緣を引出さる。

浮田中納言秀家 行年六十歳、秀家出でゝ語る自分は二十七歳より三十八歳迄、關東方と戰ふ、關ケ原の戰利あらず捕へられて伊豆大嶋に流され、島の北端に僅かなる藁小屋を建て、住み、何の樂しみも無く其日〳〵を送り月一度食糧を積で來る船によつて指折り數へ歲月を知る。慘憺たる月日を送る事二十餘年、髮は延び鬚は胸に及び衣は膝を覆に及ばず哀れの姿にて暮し居りしと云はる、其乞食の如きあさましき姿を見る、中納言の成れの果てと云はる。

中納言の賴み。罪無き郎黨を多數、數度の戰にて戰死させ氣の毒故、共に救わん事を乞はる、依て引出す。

七月二日施餓鬼を營む、來集せし鎧兜の武士、負傷せし儘血だらけにて集る之に回向す。

浮田家の郎黨 八百人 得道す。

七月三日法要を爲し靈山に送る、其時の姿は、中納言は白の衣冠束帶、戰死の武士は白の裃にて順序正しく立たる。得道に依て靈の姿の變化するは法華經の功德一念三千の大法理に依る。

大正十一年十一月薫發

鬼子母神と加藤清正の因緣及日韓靈界統一

大正十一年十一月下旬、芝區二本榎、圓眞寺に鎭座し給ふ鬼子母神、同寺の檀家惣代にして又當道場の信者たる松本光太郎氏に便乘し來られ此因緣を解かる。

十二月九日、鬼子母神（靈媒平野）出でゝ物語さる、兼てより松本に便り、我の來歷及び加藤主計頭清正との因緣を物語る筈なりしも未だ得道せざる者あり依て主計と緣を結ぶ迄の來歴を話す。主計は幼名を寅之助と云ひ、父は美濃の齋藤に仕ふ、齋藤夫人龍子、法華を信仰し、小供は持つ小供も皆幼少にして死せしかば、爲に鬼子母神の像を求めて尊信なす、是れ齋藤と緣を結ぶ初なり、故に永く齋藤家に留るべきに、加藤の手に移りしは種々の事情あり、寅之助の姉に「まさの」と云ふ者あり齋藤夫人の腰元となり、寵を受く、齋藤主人龍興は無道にして、滅亡前夫人は其前途を見限り、「まさの」の忠實なるを見込み、像を記念として讓らる、まさの、家に歸り間もなく齋藤滅亡す、まさのに許夫あり之は齋藤を亡ぼせし織田の臣にて、江口俊一と云ふ、然れども主家を亡ぼせし者に嫁するに忍びず義を重んじ十九歳にて自刄す、其時寅之助六歳なり、是の如き緣にて寅之助と結び、又寅之助が主計となる迄、種々の物語あるも、之にて留むと仰らる、像は傳教大師の御作なりと。

十二月二十日、二三日前より兩眼暗くして閉る如き心地す行學院日朝上人出でらる、涙潸然として下り慚愧さる。吾れとの過去の因緣を解く。(詳細キリスト教の所に記す)

夜、神出でらる我は日朝を守護せし者也、彼れ慢心を起す爲に眼を奪ふ、我は佛法傳來の時日本に渡り、後ち佛敎により日蓮上人を守護す、小松原にて東條の太刀を折しは我が眷屬なり、余は靈山法華會に連りし如意伽樓羅王なり、加藤主計十八歳の時、其信心の强情なるを感じ之と緣を結び戰ふ每に必ず勝たしめ、朝鮮征伐の時偉勳を立てしむ。歿後熊本に留り清正の名により利益を與へ法華を弘め、今日の如く流布せしむ、清正の病氣に付其源に溯り朝鮮と日本の靈界の因緣を解き統一すべしと仰られ上らる。

二十一日朝、行學朝師出でゝ讀經さる、後ち朝鮮征伐の時京城東門外にて清正に討たれし、朝鮮の大將關馗《かんき》出づ身體長大にして膂力絶倫、韓國第一なり、大靑龍刀を以て清正と戰ふ、戰正に酣なり清正の形勢少し危し、從者木村又藏背後より鐵棒を以て其腰部を擊ち、隙に乘じ清正槍にて突く、大將討れ京城陷る、關馗の怨恨惡鬼となり、之に朝鮮の神、秦王共に怒り、清正を蔚山に兵糧攻にし危地に弃れ又還軍後も共に日本に來り清正を癩病の如くし主家の滅亡にも立會せず悶死せしむ。

朝師出でゝ關馗を敎化し給ふ、討ち討たるゝは武人の習ひ戰場の討死は兼ての覺悟ならん、然るに事終り長く絡る之れ眞の豪傑とや云はれんか、今遭ひ難き妙法にあひ此宿因解く速に解脫すべし、普賢咒二度唱へらる、關楢伏拜す、秦王出でらる、過去の宿因に依て今日に至る、釋尊此道場に居給ひ此因緣を解かる、我等幸に解脫することを得たり是に從て日韓靈界統一さる、前に伊藤博文、韓國を併合す我れ之を怒り博文をハルピンにて討たしむ、其他種々の災を起す、以後日韓は平和なるべしと、神力品偈を讀誦す、神上らる。

二十二日、伊藤公出でらる、寒しと慄ふ、玆闇黑なり、一切不可解なりと云はる、依て修法し寒さを除く、夜も公出でゝ聽經さる、後ち基督敎の神出づ、公はキリスト敎信者なりしか、二十四日公出でゝ聽經され、二十五日得道さる。

二十七日より韓國皇室の靈出でゝ聽經す、以後朝夕出でゝ聽經さる。

大正十二年一月四日（靈媒平野）

【佐佐成政】出でゝ懺悔す、此法席に出でゝ經を聽く、自分の最期の時（成政肥後にて失敗し、尼ケ崎に引上げ、秀吉の命を待つ、秀吉之に死を賜ふ、此使者に主計頭行く）主計より法華經の敎化を受けしも、此若年者何を云ふかと思ひ、更に受附けず、其頃肥後は申すに及ばず九州一圓、切支丹宗弘まり自分も信仰す、故に自分は死後デビスに救を求めんと最後迄爭ふ、今此の法席に出でゝ切支丹の因緣の解くるを見て初めて法華經の有難きを知る、其當時主計に說かれし題目の意味を解せず、大に之を誹したる爲め、今迄最後の姿にて苦を受けしも此席に出で快癒し、法華の廣大なる功德に驚く、猶主計に諭さる、是より主計と共に靈山に行くと。行年四十六歲、妻みゆき 三十八歲、男駒千代十一歲、共に殉死す玆に出で得道す。

秦王出でゝ語らる、杜世忠、杜世梅、杜世芳三人は韓國の大忠臣なり、蔚山に清正を苦しめしも此三人の働なり韓國があれ迄保ちしは此三人の力なり、共に蔚山に捕へらる、清正其誠忠を感じ助命せんとせしも三人共聞かず、遂に刺し殺さる、清正常に此三人を氣の毒に思ひ回向し居りし故特に玆に出す、代て。

如意伽樓羅王語り給ふ、清正は太閤歿後關東と隙を生ぜしを憂ひ再三關東に往復す、然も淀君の徒之を用ひず、反て二心ある者と疑はれし爲に國に引退す、病氣は冬陣の前より突發し癩病の如くなる以後人に會はず一室に籠る、大阪關東手切れになり、冬陣の時より一日一食し、一室に端座し終日唱題し豊臣の武運を祈られし事百日、以後甲冑に身を固め戰場に出でゝ指揮する如く武裝し、三十日間之を解かず、遂に題目を唱へつゝ薨ぜられ、死する迄豊臣の幼君を守りしものにして行年四十九歳、夏陣の時なり、其誠忠其信仰、他に比すべきものなく、其後神に祭らる、今玆に出で秀頼の再生しあるを見、又豊臣と德川の因緣解け共に靈山に往詣せし事を聞て大に喜ばる。

淸正の室、操の方出でらる、夫の病中一方ならず苦心さる此人は夫に仕ふる事殆んど神として仕へし賢夫人なり、歿後間もなく加藤家亡び、乳母の里備前岡山の在に隱れ、一生題目を唱へ淋しく暮し六十三歳にて世を終らる一族郎黨六百參拾人得道す、韓國皇室の關係及伊藤公は跡へ廻す。

鬼子母神像の圓眞寺へ傳はりしは、淸正其立つ能はざるを知て、且て自分が韓國より連れ歸りし、二王子の內舜王は日本に留まられ出家し、圓眞寺の開祖日延上人となられし方に、鬼子母神の像を贈り長く奉仕し寺寶と爲さんこと遺言さる、歿後、尊像を命の如く圓眞寺に屆く、今在る像は是なり、淸正が此像を自分の子に傳へざりしは、嗣子廣忠の愚なるを知り、自家の滅亡を豫知して是くせられしものなり。

一月五日左の如く解決す、神は道場に勸請し奉り靈は靈山に送る。

最正位　大智力天王　朝鮮の秦王

加藤淸正外一族郎黨　六百參拾名

佐佐成政、みゆき、駒千代

齋藤龍子、加藤まさの

關埴、杜世忠外戰死者、參百八拾七名　以上

熊本の淸正公は今迄附近法華信仰の中心となる、以後も從前通り如意伽樓羅王が淸正の名に依て守護され廣宣流布をさる、

喜しい哉、玆に日韓靈界合併さる、又鬼子母尊神の御來臨により中山道場と連絡成り我が道場の諸天神見學に行かる。

昭和二年九月十九日　　願主　鷲谷かつ

【大阪夏陣の死者の一部】五百五十人

本人の過去の關係齋藤勝之進、大阪夏陣の時、悴勝太郎と共に城內の糒倉を護る、倉は籠城の武士の妻子の避難所なりき、敵に內通する者あり、夜半に火を掛けられ、逃げ場

を失ひ、多くの罪無き婦女小兒を燒殺せしは、自分の不注意と深く悔ひ、申譯の爲め悴と共に切腹す、本人の過去は其頃悴勝太郎の許嫁なり其時糒倉にて燒死す、此時の燒死の靈參百人出づ、苦痛除かれて得道す。

又夏陣の時天滿今井町附近にて戰死せし靈貳百五十人出で得道す、是は本人の今ま住む地所の關係なり以上

昭和二年五月　　願主　有光友靜

同人の住所は豐臣の頃の大阪城の大手門に當る、同所にて戰死せし。

【本多忠勝外參百人】の靈出でゝ得道す。

松の丸、森十郎太出でゝ語る、十郎太は松の丸の御供して越前へ落行かんとし發見され兩人共斬り死にす、松の丸言く斯くなるならば自分の望み通り淀殿と共に生害すれば宜かりしに、越前へ送り返されし爲此の如き最期を遂ぐと。

大正十五年一月二十四日　　願主　田中千代

【加藤廣忠】神曰く本人の先祖は蒲生に仕へし田中重兵衞一政と云ひ、主君が加藤清正の子加藤廣忠を預けられし時、自分の宅に預る。其内に娘くに廣忠の情を受け妊娠す姈娩に至らず幕府より廣忠に死を賜ふ、後ち女兒產る「てる」と名け秘密に育つ、後ち蒲生亡び浪人す「くに」の美貌が禍して非業の最期をなす「てる」は十一歳にて歿す、此緣により加藤廣忠出で之を得道せしめ、靈山に送る。

大正九年十一月薫發　　願主　國田利七

【穴戶重兵衞】十一月十九日より祈禱を初め二十九日より物語りなす、本人の過去に付石清水の觀世音出でゝ語らる。

穴戶重兵衞は眞田幸村の臣なり、秀頼公を再び世に出さんと我に願掛けす、大阪落城後、秀頼薩摩に落つ、供せし者眞田幸村、後藤又兵衞、薄田等百二十名也、十年を經て秀頼病死さる、殉死する者あり、鄕里に歸る者あり、重兵衞は狙ふ敵は德川一族と六部に姿を替へて江戶を徘徊し、或時品川に宿を求む、其頃關ケ原の戰の時突かれし股の槍疵痛み步行困難となる、家主八右衞門、六部は大阪方の殘黨と知れども其儘療養せしむ、半月經つた頃、八右衞門其立つ能はざるを悟り、死後の遺言を聞く、曰く心殘りなし德川に仇を報いんとせしも、既に三代となり世は治まり如何ともする能わず、只心懸りなるは石清水の觀世音に願を掛け、願戾しせざりし事を心殘りとすと云ひ冥す、八右衞門

此人を菩提寺に葬り、懇に弔ふ此緣により我れと（觀世音）以後八右衛門と緣を結ぶ、此八右衛門が汝の過去なり、前世の慈悲善根により今日の富を造り安樂に世を送る、之を本人の守護神、普門大善神とす。
昭和參年五月　　願主　田鍋萬吉

【篠原正俊外六名】　地所の因緣（深川東町四十六）寛永の昔は草原にして落人の住し所なり、眞田の臣篠原正俊外六名、徳川に報いんと同所に住み隙を窺ふ、志を得ず乞食の如くなり、各所で死し緣の引く所、同所に集る、今浮びし事を喜ぶ。
昭和二年十一月薫發　　願主　勝田宇平

【三左衛門吉保】增田勝之進、小林新十郎、山田源次郎山下正俊、山下正勝、
以上地所の因緣（小松川）片桐且元の臣なり、主君の苦衷の志を受け同志六人と關東に下る、或は捕へられ、或は殺さる三左衛門は今の地所に假小屋を造り、江戸の動靜を窺ふ、見現はされ名も無き者の爲に討たる、宿因の引く處妻さだ、子一之亟及同志集る、共に成佛させん事を乞ふ。
大正十四年九月二十八日
秀頼の身替りとなり大阪城にて死せし人、本多時秀
秀頼の乳母こま、秀頼を四歳迄育てし人、出でゝ得道す。

【秀頼薩摩落ち以後の關係】

豐臣の臣薩摩にて死せし者、八人、
秀頼の死せし時殉死せし者、又横死せし靈三十人
天草の亂の時秀頼の子吉松に附て居りし人男五人、女七人
大正十四年十一月薫發
小山田主膳、梅田、豐臣の臣、薩摩落の後、江戸へ間者に來り捕へられ殺されし人
大正十五年六月一日
石川左金吾　十八歳、秀頼の小性なり、大阪滅亡後、江戸に下り徳川の模様を薩摩に注進する役を受けしも、警備厳にして近づく事出來ず、僧に姿を替へ江戸に入込しも目的を達せず乞食の如くなり、のたれ死にす。
昭和二年七月三十一日　　願主　田中一郎
新吾左衛門正義、先祖なり、片桐且元に仕へ、大阪滅亡後秀頼の跡を慕ひ薩摩に落つ、後ち徳川の勢力の大なるに迷ひ、徳川の間者と通じて內通す、事顯れ打頸になる所を切腹さゝる、玆に出でゝ懺悔す。

昭和二年六月十七日　　願主　鷲谷侃治

秀吉最初の妻みさ四十三歳出づ、豊臣太閤、藤吉郎の頃の妻にして、本人の過去の母なり出でゝ語る、木下藤吉郎が後に天下を取る立派な人と知らず、無理に離縁して漁師彌太郎の妻となる、彌太郎漁に出で死し、後家になり困つて居る時、秀吉天下を取り、祿を送られ一生心苦しく世を終ると云ふ、彌太郎と共に靈山に送る、　以上

豊臣の關係の因縁終る。

徳川時代

徳川家康の過去及び天海僧正、黑本尊の關係

大正十五年四月、日持上人の韃靼に於ける因縁を解く。（詳細前に記す）之に關し源義經の韃靼に於ける因縁解く。

五月九日、道場の神大勢力天王（元と義經の守護神鞍馬大僧正）過去に付懺悔さる、徳川家康の過去は源九郎義經なり、義經は大望を懐き韃靼に渡りしも障礙する者あり、目的を達せず四十二歳にて歿せり（今の尼港附近）靈は日持上人の教導により得道し、日本に歸り徳川家康と生る、我れ家康を出世せしめん爲に種々の惡事に關連し、今總てを懺悔す。我は牛若丸の頃、鞍馬山にて縁を結ぶ、我は神代より日本土着の神にして、八十梟師《タケル》と縁を結ぶ、神武天皇東征の時、八十梟師を討たる、是より皇室の神と隙あり。八十梟師の再來が、役の小角なり、此時藏王權現と出現す小角、國事を覦がひ流罪さる、小角の再來が足利尊氏なり政權を奪ふこと十三代なり。其前源九郎義經に乘つて平家を西海に亡ぼせしも、頼朝と隙を生ぜし故、奥州より韃靼に行く、平家の最も尊信せし神は嚴嶋明神なり、嚴嶋の神が宗祖の御在世身延にて出現されし七面大明神なり、源九郎を窮地に陷れしは此神なり、又義經の再來が徳川家康なり、再び政權を奪ひ皇室を苦しむること三百年、此の過去の罪を懺悔す、家康の日蓮宗を苦しめしは此宿因に依る、天海僧正の過去は、義經の臣辨慶なり、過去の宿因に依て家康を輔け、僧侶にして軍陣に臨み常に畫策せしは故あるなり。

五月十日、道場の神、淨徳天王出でゝ語り給ふ（元と徳川家康の護り本尊たりし黑本尊）家康の遠き過去より縁を結ぶ、我は佛法傳來の時、佛像と共に渡りし毘沙門天なり、佛像と共に浪華の堀江に投せらる、其時此像を拾ひ人無き

山中に隠れ窃に祭り信仰せし者あり、紀の頼之《よりゆき》と云ひ、其再來が源の満仲なり（大江山の鬼退治せし源頼光の父）多田に住む、故に多田満仲と稱し殺生を好み、後ち發身して叡山の源信僧都に依て出家す、此再來が源九郎義經にて其再來が家康なり、代々出でゝ武將となるは我の守護に依る。

此本尊今も芝の増上寺に祭らる、義經牛若丸の頃此像を奥州下りの時に得後ち各地に戰ひて連勝す、義經奥州落の時三州矢矧の長者の家に置く、故に世に九郎木尊と云ふ。家康幼年の頃三州今川へ人質になる、其頃此本尊は矢矧の妙源寺にあり、家康之に願をかけ天下を定めん事を願す、後ち此本尊を懇望し常に護持し戰陣に必ず携ふ、後ち芝増上寺に祭る、人誤て黒本尊と云。

家康に天下を取らせん爲に多くの犧牲を出し骨肉の者迄慘酷なる事を爲す、又豐臣秀吉の過去は源義朝なり、家康は義經なり過去親子なり、故に在世は之に從ふ、秀頼の代に至て亡ぼす、又過去の宿因とは云へ（像を浪花の堀江に投ぜし復讐）皇室の神と爭ひ、政權を奪ひし事を懺悔さる（著者云、神と人と、神と國家の關係は世界を通じて如是）

大正十五年六月一日

【徳川家光】三代將軍なり豐臣方の怨靈の爲に發狂し、傍に居る者を殺す、此發狂せる靈を引出し正氣に戻して得道せしむ、家光の爲め發狂中手討にされし腰元くに外男五人女二人得道す。

天海僧正出でゝ懺悔す、圓頂黒衣の身を以て軍陣に臨み權謀術策を弄し多くの人を苦しめし事を懺悔さる。

昭和二年九月薫發

【宇都宮釣天井】の因縁

本多正純、父正信、室松の方、川村靫負、大工六藏外八人詳細は周知の事故略す。

奥方松の方、出でゝ語る夫を諫めしも用ひられず遂に此の妾となると嘆かる、家老川村靫負、殺されし大工六藏外八人、用人田中林兵衛大工を斬りし人、庭掃き甚兵衛大工を外へ出せし人、此因縁は二荒山の神連れらる、死靈全部得道す靈山に送る。

【慶長の法難】の裏面

家康の妾、お萬の方、お竹の方の勢力爭より起る詳細は、豐臣と徳川、淨心寺の因縁にあり略す。

大正十年十月十八日薫發

【清閑阿闍梨】四十八歳、徳川大奥のお竹の方に頼まれ、お萬の方の二子を咒咀せし眞言の僧、日遠上人を苦しめ謗法の罪を犯す、爲に悪瘡身に出で癩病の如くなり死す、宿因の引く所玆に出で得道す、今幸に法華經の威徳により身體元の如くなる、此道場にて死靈の得道するを見て泌々と法華の有難きを知る、弘法大師の利智にして如何に法華第一なるを知らざりしや、是より日遠上人に御詫し、再生して法華を流布すべし、此僧と縁を結びし不動尊あり本體は武藏野の大將なりし此神縛が最も得意なり、清閑は其頃晉羽の護國寺の傍に堂を建て修法す、此神道場に勸請す。

大正十四年二月薫發

基督敎の神出でらる。「フランッスザビエル」と共に日本に渡り、織田信長に乘て神社佛閣を破却し赤山明神、叡山燒討に關連し其後大谷刑部に乘つて關ケ原に戰ひ、徳川の頃眞言宗の影に祠られ、徳川の大奥に入込みお霜の方と結び、法華の行者日遠上人外罪無き者を苦しめし事を懺悔さる、此神を道場の守護神、最正位、正應天王と勸請す。

大正十一年十一月薫發

【嶋原の亂】

十月上旬キリストの因縁薫發す（後に詳説）十月三十日より島原の亂の因縁薫發す、是に關し、薩摩、島津家の神出で〻語らる、島津の先祖は今の滿州即ち韃靼の人にて鎭志張と云ふ、仲哀天皇の頃九州に渡り、薩摩に住み豪族となる、此時今道場に在す大智德天王共に日本に渡らる、（此神は紀元前數千年西藏にあり其後ち支那に渡り、夏殷の頃本土にあり後ち滿州に渡り鎭志張と縁を結び日本に渡らる此物語さる神は眷屬なり）此人船を艤し島々を廻り財寶を集め、巨萬の富を積み、其地の人を部下とし大豪族となり其附近を統治す、是れ島津家の初めなり。後ち此財寶用ゆる所なく、時々朝廷に貢ぎ、又頼朝覇府を開く時、又豐臣秀吉朝鮮征伐の時の軍資は皆な島津より出づ、從來より島津は九州の寶庫なり。大阪落城後、豐臣秀頼、部下と共に薩摩に落ち島津に匿くれしも元來蒲柳の質、常に病身にて事を爲す能はず、十餘年經て歿す、在世中再び豐臣の天下と爲さんと盡力す、又朝鮮を討て之に王たらしめんと計畫せしも徳川の監視嚴重にして事を擧ぐる能はず、其内歿せらる、臣の内殉死する者あり又退散せし者あり、在世中秀頼に付け置し女中に、平家の血統にて劍道の師範せし者にて出水に住む、出水國俊と云ふ者あり、娘「きさらぎ」と云ふ、秀頼に仕へ男子を産む、間もなく秀頼死す、秀頼は今の胃腸病に神經衰弱の併發せしものにして遂に發狂し、鎧兜を着け「眞田は居らぬか馬曳け」等と云ひ、出陣の姿にて死す、其後「きさらぎ」が出水に歸り島津の保護にて之を育つ、吉松君と云ふ、常に病身にして二十三歳島原にて死す、幼より常に母より父の事を聞き徳川の天下を覆へさんと、豊臣の残黨と共にキリスト教に事寄せ、天草一揆及嶋原の亂を起す是れ其源にして、大將天草四郎の背後に吉松君あり、島原陷り切腹す、其兵站を送りしは島津なり。きさらぎ、豊臣吉松、天草四郎外戰死靈、百八十名得道す十一月二十二日靈山に送る。

昭和三年十月薫發　　願主　鷲谷侃治

【富士淺間神と山田長政】

十月三日、本人の過去薫發す、釋尊御在世の頃本人は婆羅門教の道士にて提婆羅《ダイバラ》と云ひ、修行中深山にて大蛇に胸を巻かれて死す、此因縁薫發す、本人腹を締めらるゝ心持にて嘔吐を催し頭痛む、修法して治す、(此大龍神富士淺間神と顯る)

山田長政(靈媒前田)出づ、日本に在りし時は富士淺間明神を信仰す、暹羅《シャム》に渡り六昆國に封ぜらる、後ち國王歿し末亡人大臣と通じ太子を毒殺せしかば、長政之を討たんとし毒矢に當て死す、妻フジョシ又毒を飲んで死す、此靈を富士淺間連れらる、此神妙荘嚴王の頃の龍なり、世尊出世の頃印度に出現し提婆羅を倒し、後ち日本に渡り富士淺間神となる、山田長政の信仰により之を出世せしめん爲め暹羅に導き王とし給ふ、此神日本に於て浄土眞宗に加擔し守護さる、今法華に歸依さる依て道場の守護神。

繁榮天王と十一月十四日勸請し、死靈靈山に送る。

史傳、山田長政は通稱仁左衛門と云ふ、駿州藁科の人なり幼より倜儻にして大志あり、生産を治するを屑とせず、好んで劍及兵法を學びしが、後ち(元和の初)暹羅に航せり、當時邦人の此地に赴く者甚だ多し、所謂日本町なる居留地を有して勢力ありしが、會々國王の弟某、陰かに簒奪を謀り、騒擾を極めしかば、長政は主として大義を唱へ、國人を奬勵糾合し、賊黨を討じて之を平定せり、國王大に悦び爾來長政を尊重し禮遇頗る厚し、既にして六昆《リゴル》の酋長、王命に抗せるを以て、國王即ち長政に命じて之を征せしむ、長政軍を率ひて一戰に大將を得、大塚十左衞門を留めて城代として其地を鎭せしめ歸りて捷を奏す、國王其功を賞し長政を、六昆國に封じ、また王女を降嫁し、益々其心を結ぶ、既にして元和七年國王奈舜烈、使臣を我國に遣はし方物を贈るに及び、長政また伊藤久太夫をして熖硝二百斤を贈りたり、會々寛永三年駿河の船人漂流して暹羅に到れる者あり、長政よくこれを遇し歸るに及び戰艦の圖を托し淺間社頭に掲げしむ（此圖現存）後六年を經て、國王奈舜烈の歿するや、長政及長臣甲花木《カウハン》に遺命し幼主を輔けしめしが、甲花木其寡姫に通じて幼主を毒殺せしを以て、長政大に怒り、將に六昆を發して之を討たんとし、甲花木が陰施せる毒に中りて卒す。

大正十一年一月薫發　　願主　加古杉次郎

【由井正雪の因縁】地所の因縁（市外雜司ケ谷百七十二）しの江二十八歳、民之助三歳、老母、さと六十三歳、下男市太郎、下女たま出づ。本人の住む地所の因縁にして、慶安の頃牛込榎町に道場を開きし由井民部の下屋敷跡なり、しの江は民部の妾なり、出でゝ語る「夫は天下の大法を犯し、事露れ自刄す、兼てより事露れたる時は、此屋敷に秘密の書類多くある故、立退く時必ず火を掛け燒拂ふべしと命ぜらる」然し自分は身を逃れ命を全ふせんにも天下の罪人故世に出る事も出來ず、小供だけ助けんと思ひしも夫れも叶はず、遂に小供を刺し殺し病中の母と國より連れし老僕市太郎と、下女三人の内二人は國へ歸し一人は共に死ぬ事を賴みし故、家に火を掛け自刄す、自分は九州浪人の娘にて龍造寺に仕へし者、主人は書繪に巧みにして其内にも日蓮上人の御眞蹟を似せ多くの大曼荼羅を模造し金に替へし事を承知すと云へり。以上の靈、靈山に送る。

十月十日、由井民部正雪、丸橋忠彌外十三名の靈出づ。民部の守護神出でゝ語る、世間周知の事故今更物語する要無きも大望の破れしは、丸橋の粗漏にもあらず、日蓮上人の大曼荼羅を僞筆せし罰なり、正雪は初め勤王の志にて事を起せしも、終りに私欲となり名を汚す、楠氏の血統と云ふも無根に非ず、此神は正雪修行中、山中にて緣を結ばれし神にして、屋敷は牛込柳町にあり道場は榎町にあり柳町の屋敷跡は今の兒玉邸なり、此神道場に勸請し慶安大善神とす。

古來より武術の達人の傳記に皆山中にて老人より法を傳授

さる、神には戰鬪を好む神あり是等が武藝者の見込ある者と合一し上達せしむ、此民部の神も氣合は非常に上手なり

昭和三年一月薫發　　　　願主　前田　いく

神山貞之進四十歲、父政俊、妻そよ、小供花代、捕手十二人地所の因緣にて薫發す、本人の今住む所、京橋區上槇町二十一番地、由井正雪の一味なり、陰謀破れ捕手、家を取り卷く、家に火を掛け、捕手十二人を殺す、父は自刄し妻は小供と共に火中に投じて死す。

大正十四年九月薫發

【柳澤吉保の因緣】雜、地所部にあり參照

大正十年十一月十五日　　願主　加古杉次郎

本人の過去に付神語らる、正德の頃江戸に住み、柳澤吉保保の臣なり、陪臣なるに加子伊勢守隆親と云ふ、主人の側用人なり（今の秘書）吉保出世するに從ひ伊勢守となり三千五百石を領す、歷史に殘る働きせしが、主人が惡事を爲すを知り乍ら諫めず反て奬勵せし不忠者なり六十五歲にて歿す一子左近は病身なり小性を勤む不義して三十歲にて切腹す、此死靈を助け本人に過去を知らしめん爲め此道場に來る我は其頃庭に祭りありし稲荷なり、之を本人の守護神とす。

昭和二年七月薫發　　　　願主　前田　いく

神曰く本人の過去は享保の頃、柳澤吉保に仕へし武重と云ふ、小普請入を勤め、賄賂を取り、身分不相應の生活をなし、妾「とき」を置く、其時の妻は「さわ」と云ひ嫉妬深き女にしてときを苦しめ、妾とき妊娠中投身して死す、其怨念によりさわ及長男政之亟 十六歲、を取り殺す、此因緣本人に絡る。妾とき出でゝ云く、私しは自宅へ歸りたいと願つても聽入れられず、小供が出來て一層苦しめられ投身すと嘆く。

昭和二年十一月十六日

柳澤の關係、本所錦糸堀の地所因緣

神曰く享保の頃、柳澤の配下に八木下重兵衛と云ふものありて此の地所に住めり。主人の威を笠に、亂暴浪籍す。同所は惡人の相談場所又は惡事の遂行場にして、人の娘を誘拐し聽かぬとて監禁し、反抗せし者は殺す如きは常なりき其因緣同所に絡る、今日漸く解く、重兵衛出でゝ懺悔す。みさ 十八歲、小石川籠町兩換屋の近江屋の娘なり、養子も極り近き内式を擧ぐる迄に進む、八木下に拐かされ、操を

立つる爲舌を嚙んで死す、おろく外四人皆同様の手段で拐はかされ逃だす所を捕へられ、大池へ沈められ又弄り殺にされ、慘酷の事を爲す、重兵衛は柳澤亡びし後、役人の手で刑場の露と消ゆ、此靈得道す靈山に送る。

大正十五年三月二十七日

【伊賀越仇討】と、柳生父子、荒木又右衛門の關係

三月初旬、天海僧正の依賴により柳生家の因緣を解く、二十二日神出で給ふ、神代より武藏野に緣を結ひ、德川の初期木挽町にあり、昔より武士と緣を結ぶ、柳生十兵衛を達人にし、又荒木又右衛門を名人と爲し、伊賀上野に於て有名なる仇討を爲さしむ、又天海とも緣を結ぶ德川の三百年の基礎を定めしは家康に非ず、天海なり、天海の遠き過去は淸和源氏の適流なり。

柳生但馬守、十兵衛、又十郎、荒木又右衛門。

伊賀越の仇討の死者其他百五十人得道す靈山へ送る。

大正十五年十一月薫發　　願主　藪內　作藏

【四十七義士の因緣】

本人の過去、元祿の頃淺野の臣、勝田新左衛門の從弟にして、友之亟と云ふ、是を緣として四十七士の因緣解かる。

淺野內匠守長矩、出でゝ懺悔す、自分の短慮より、過を仕出かし多くの家臣を離散せしめ、辛苦させし事を懺悔さる。

大石良雄出づ、主君の短氣より、世間周知の事を起さる申譯なし自分は一人にて仇討せんと種々苦心し、同志を離散せしめんと骨折しも遂に四十七人殘る、自分の考へは此騷動は主君の短慮より事起る、多くの忠臣を殉せしむるに忍びず、極少數の同志にて事足ると考へ、同志を離散せしめん爲に種々遊興して敵の間者を欺くのみならず、味方の同志も離散させ、自分一人で仇討し切腹すれば事足ると考へ遊興せしなりと、世間に知られざる苦心を聞く、淺野內匠頭及四十七人得道す、靈山に送る。

大正九年二月薫發　　願主　森田　きく

松川下總守主計、元祿十四年夏四十八歲

今の住所深川區東扇橋町三四、元祿の頃、松川下總守主計住む德川の臣なり、淺野內匠頭、殿中刄傷の時手落あり、切腹を命ぜらる、庭に祠りある辨才天此靈を連れて出らる。

大正九年六月十六日　　願主　稻葉銀次郎

藤田主膳元祿十四年四十八歲、妻さだ四十三歲、子賢之亟十五歲

本人の住む本所區相生町二ノ十五、同所は元祿の昔、旗元、

藤田の屋敷なり、遠州濱松在に領地あり、元祿淺野仇討の前、大奥の御納戸掛りなりし故、吉良上野が上杉の領地に引込む事を聞込み、大石に內通す。敵討終り、四十七士切腹前、其責任を感じ一子賢之亟を刺し殺し、自刄し、妻さだ之に殉ぜしかば、藤田家斷絕す、此因緣を連れて庭に祠りありし藤田稻荷之を連て出でらる。

大正十年一月薰發　　願主　平松　末吉

武林はや十八歲、地所の因緣、（芝二本榎西町三）、四十七士の武林唯七の母に愛され、末は唯七の妻となる人、唯七切腹の後ち、今の地所へ庵を結び菩提を弔ふ、年若き美人なりし故、若者集り來り云ひ寄らるゝを厭ひ、操を全ふせん爲め自殺す。

大正十五年九月十九日　　願主　松本　すて

清水一角、母みさ六十三歲、てい十八歲、
本人の住所本所區番場町五十七の因緣。一角は吉良上野の附人なり、同所に道場を開き、劍道の達人なり、赤穗の忠臣の爲に討たれ、母みさは世評を愧ぢて自殺す、ていは許嫁なり共に殉死す、此靈を連れし一角の祀りし三光稻荷出でゝ物語す。

大正十五年七月十九日　　願主　笠原　一郎

【安政大地震の死者】貳百人
同人の住所淺草區龜岡町三丁目八十一番地は、安政の地震の時の死亡者投込共葬墓地跡なり、本人の唱ふる題目の功德により浮び上りしなり。

昭和參年八月十四日　　道場

【兩國回向院】の因緣を解く、左の靈薰發す。
安政大地震の死者の靈、貳萬人。
憲法發布の時踏み殺されし人、五十三人。
明治二十年コレラ病死、回向院埋葬者、百八十四人。
鼠小僧治郎吉出づ、有名の賊なり云く、娑婆に居る時、幾度も白洲の砂利の上に座らされしが、恐ろしいとも、悲しいとも思つた事が無い、今茲に引出され御經を聞て、本心に還つたか非常に悲しい思がすると、淚を流す。
其他國技館二度目の建築の時、鐵骨倒れ下敷になり死せし鳶常藏出づ苦痛を除く其他行司木村庄之助、坊主シヤモの主人等出でしも略す、何れも靈山へ送る。

昭和二年三月薰發　　道場

【安政の獄】及櫻田の變

三月三日より安政の獄及び櫻田門外の變の因緣出づ、十四日迄の物語。

伊井掃門出づ、口を利かず默然たり、依て說く衆議を排し開國せしは先見の明あり、今日世界の各國と交通し親交す然れども多くの攘夷の志士を捕へ壓迫せし爲め、遂に櫻田門外の露と消ゆ、汝の功績は今認められ、橫濱掃門山に銅像建てらる以て冥すべし、玆に出で法華經に遇ふは千歲の一遇なりと說く、掃門得道す。

有村治左衞門、掃門の首を切りし人。

賴三樹三郎、獄に投ぜられ牢死せし志士。

梅田源次郎、此人非常に煩悶す、捕はれし時、家貧にし、妻は病床にあり、兒あり二歲なり爲に憂ふ、代て。

梅田妻よね出づ、肺病なり、貧と病に苦しむ、夫と入獄せし爲糧食盡き、一子覺之進を絞殺し、自殺す、外十人出でゝ得道す。

首切淺右衞門出づ、多くの怨靈に日夜惱まさる、助けん事を乞ふ、依て修法して救ふ、以上三月十八日迄る。

大正九年六月十六日　　願主　平野　琴
廣木松之助二十三歲、櫻田の變の志士なり其場より逃れて鎌倉上行寺に隱れ、出家す、一年後他人が自分と誤り捕へられ刑に處せられしを聞き上行寺にて自殺す。

妻ゆき二十歲、夫は鎌倉に在りと聽き、尋ね來りしも知れず半年程諸々彷徨ひ、衣は破れ金は盡き乞食の如くなり、此松林の中にて餓と寒さの爲に死す（鎌倉一の鳥居前に住む地所關係より）

昭和二年五月一日　　道場

【漢學者の因緣】

糀町平河天神出で給ふ、此神は德川時代の儒者を保護さる故に關係の者を引出さる。
二日、靈出づ、大三郎と云ふ、自分は人々を善道に導かん爲に漢學を隆盛にせしも、未來及び冥界の事は信ぜず、死して暗黑裡にあり如何ともする事能はず、今玆に來り光明を認め、幽冥界を異にして語ることを得、法華經の威力を初めて知り、智の及ばざりしを愧づと云ふ。
大三郞は林道春羅山なり、德川家康より四代家綱に仕へし儒者なり明曆三年正月七十五歲歿
塙保巳一出でゝ懺悔す、盲目の因緣も知らず、慢心して佛法を謗る、其罪により、地獄に落つ、逆緣を以て玆に引出

さる、外儒者七人得道す。五月六日靈山に送る。

【戊申之役】

大正七年十二月二十一日　願主　平野　琴子

平野道行、慶應三年五月二十八日行年三十歳

田安に仕へ、戊申の役、會津に屬し上野に戰ふ。戰ひ敗れ會津に引揚の途中、後足を負傷せし愛馬と共に、二荒山に逃げ入り七日絶食し、遂に馬を刺し殺し、奥の院にて切腹す、土地の人の見附し頃は死體腐敗せし後にて、面倒を恐れ馬諸共湖水に沈めらる、此馬は田安の殿より拜領せし山風と云ふ愛馬なり。

大正十四年十一月十二日　願主　松本光太郎

深川區西永町三番地の地所の因緣

添田欣之助悴嘉平外十五人。

戊申の役、上野に敗れし彰義隊の者なり、久世を頼りて深川に來りしも拒絕され、遂に官軍に追ひ詰められ切り殺さる、大雨の時にして、止めも刺さゝれず、苦痛の儘捨て置かる、一つ橋と特約あり、自分の同僚はうまく立廻り、大臣になりし者もある、と殘念がる。

大正十五年一月二十五日　願主　平野　琴

平野行篤三十七歳、出づ、幕末の志士なり、萬右衛門の長男と產れしも家を相續せず、志士となる、江戶を立ち京都に行き志士と交り種々の亂暴をなし、大久保、板垣と交り、末は大臣たる、希望を抱て居りしも、江戶に歸り、輪王寺の宮の倫旨を云ひ立に、上野に籠り周知の如き騷動を起す歿落の時は大雨なり、圍を破つて會津に落ち連合して事を擧げんとせしも、官軍に追擊され討死す、其頃の志士は尊王かと思へば、佐幕となり、其時の都合にて變心せし者が多かりし時代なり。

神出で給ふ、戊申の役上野にて戰死せし靈參百人あり、得道す。又會津の戰爭にて死せし靈。及び路傍に死體となり片付る者も無く、虫の涌く迄捨て置かれ迷ひ居る靈を引出すと仰らる、依て以後朝夕回向す。

二月三日、戊申の役、上野、會津、箱館の戰死者九千人の靈得道せり、靈山に送る。

昭和參年四月十日

會津白虎隊の死者十六名及び會津戰爭にて死せし瀧澤七之丞、望月の靈を引出し得道せしむ。

昭和參年八月十四日　願主　鷲谷　侃治

大沼鐵彌、外戰死者十名。
大沼鐵彌、藤十郎は兄弟なり彰義隊に加はり上野に戰ひ敗れし後、母を慕ひ故郷靜岡の在に行かんとし箱根の間道を越ゆる時道を迷ひ三日三夜、食はず飲まず、山中湖の畔に至り倒る、母は國にて兩兒は戰死せし者と思ひ檀那寺の和尙の情により三年養はれ死す。外十人は此因緣より引出す母そめ六十八歲、引出され兩兒に會はさる、皆得道す。
(此因緣は本人山中湖へ避暑に行き此因緣連れ來る)
昭和三年十二月
永代橋墜落の時死者、參百五十人
深川富岡八幡の祭禮の時、永代橋墜落溺死せし靈、八幡大神連れ來られ苦痛を除き得道させん事を賴まる、依て修法し苦痛を除き靈山に送る。
昭和三年十二月稟發
十二月二十一日、十四代將軍德川家茂出で、國家の前途を憂へらる依て十五代將軍は德川慶喜公繼ぎ、大政を奉還し王政復古す、國威は世界に輝き、德川一族は華族となり皇室の藩屛となり一門盛ゆと說く、家茂公安心せりと胸をなでをろさる。
親子內親王和宮出で給ふ、政略の爲に關東に降嫁され、公武の間に苦心されし物語を聞く、十二月二十八日靈山淨土へ送り奉る、以上にて德川時代終る。

王政復古

昭和二年五月五日
德川慶喜公の過去、五月五日夜、糀町平河天神、氏神の關係にて德川慶喜公の靈を連れ給ふ、慶喜公語らる、家康以來貳百五十餘年、政權を奪ひ、皇室を窮迫せしめし事を懺悔さる。神曰く慶喜の過去は源賴朝なり鎌倉に覇府を開き、政權を武門に移す、以後約七百年、此人再び出でゝ、大政を神武天皇の御再誕なる明治天皇に奉還し、王政復古す。

明治大正時代

大正十五年一月寒行中乃木將軍の關係より西南の役因緣稟發す。

【西南の役】一月二十日朝、神語り給ふ、乃木の關係より西南の役の因緣解く、賊軍と汚名を受くるも皆維新の際は忠勤を勵みし將卒なり、之を引出す故敎化せよと命ぜる二十二日、薩摩の西郷關係の神出で語らる、城山にて西郷一人切腹して他の將卒を助けんとせしも皆聞かず、遂に多數の有爲の人物を殺す、是に關し佐賀の亂も共に解くと云はる。

二十三日朝、僧の靈出づ、月照と云、圓頂黑衣の身を以て國事に關する事は大なる誤りなるも、時勢を見るに忍びず遂に斯くの如き姿となる（西郷と共に船より海に投ず）と懺悔さる、月照は禪宗なり、以後日夜靈出でゝ聽經す。

二十六日朝、佐賀の江藤新平出づ、征韓の議行はれず、意の如くならざる爲に、遂に同志と亂を起す、事成らず捕へられ梟首され。武士の面目切腹でもせし事か逃げ廻り捕へられ斬首されし事を愧づ、歿時四十歳なり、妻が愚痴を云つて居る故、教化してくれと云、代つて妻出づ、春と云ふ夫の失敗後、實家の大村に引取られしも世間のうはさに攻められ顏出しも出來ず、煩悶して遂に翌年十一月自殺す、行年三十一歳、依て因果の報を說く、春、得道す。

二十七日、朝夕に西郷、桐野、村田等の將の靈出づ、物語なし、今回救わるゝ事を喜ばる。

二十八日朝、射水郡赤間村の百性土屋嘉平出づ、自分の《ヲイドン》倅も村の若者六十人と先生の部下となる、田原坂の戰の時、糧食運搬中、拔刀隊に發見され、面白半分に斬り殺さると口惜しがる、依て教化す。

三十一日朝、西郷隆盛出づ、今更何も云ふ事なし、自分の考へ違より多くの子弟を殺したる事を殘念に思ふ、今は自分の罪は赦され、親族が皇室の藩屛となる優渥なる天恩を謝す、今迄佛法と云ふ事に付て何も考へざりしが玆に戰死者一同が助けらるゝを感謝する。

神曰く、西南の役、官軍、賊軍の死者合計約壹萬人得道せり、江藤の關係と共に靈山に送るべく命ぜらる、二月二日靈山淨土へ送る。

大正十四年六月薫發

【日清戰爭の因緣】 道場の神曰く、現今支那に於ける排日排英の暴動は、日本に對する惡感情より起る、世界の平和の爲支那の因緣を解く、其内得道の最も困難なる者を先づ引出すと仰らる。

六月二十四日、靈出づ、不滿の心持なり、朝夕出でゝ聽經す、二十五日も同じ。

二十六日、怒れる神出づ、旅順一帶を領する神なり、日清戰爭の際、日本兵が旅順に於て罪無き人民を虐殺せしを怒らる。佛法法華經の尊貴なるは、天台智者大師より聞て知る、然るに此法も日本に移り、世尊も亦日本に移り給ふ、然るに時到り我も茲に引出さる、我の最も嫌惡せる基督教が日本に於て法華經に統一されあらんとは、思きや、妙經の威力の大なるを感ず、諸天神に降伏せざるも世尊に降伏すると云はる。

二十七日朝、旅順の神出で給ふ、日清戰爭媾和の時、山東省を還附せしめしは我等の所爲なり、我は娑伽羅龍王の一族なり、茲に久遠の宿因薫發し汝に依て得道すと大に喜ばれ禮拜さる、心澄み感涙を催す。

九月二十八日、日清役黄海戰死支那人の靈八百人得道す、靈山に送る、此時、泰を起せし神出でられ楚及漢時代の關係薫發す、是は支那の部へ廻す。

大正十五年三月薫發

日清戰爭に關し吉庶大魔王の引連れられし靈。

吉庶大魔王は世界の戰爭に關係し、死人の山を築く事を最も樂しみとす、印度に於ては鴦蝙摩羅《ヲヲクツマラ》をして千人切りせしめ、日本にては戰國時代を現じ關ケ原、大阪陣にて死人の山を築かしめ、日清、日露、歐洲戰爭にも關連し、大正十二年九月震火災にも多くの死人出すに手傳さる、此神得道し給ひ關係の靈、日清戰爭日本支那合併壹萬五千人の靈を連れ給ひ、得道せしにより六月二十八日靈山に送る。

大正九年五月三日送る。

【臺灣馬港千人塚の因緣】　願主　平野琴子

大正八年十二月、本人の長男は海軍將校なり馬港要港部より横須賀に轉任す。是より先、本人赤痢を病み、漸く回復し鎌倉に歸る、其時馬港の大疫神共に來る本人の守護神より說かれ眞の法華經を聞かん爲めなり。十數日聽經して得道され、現今馬港に在る日清の役出征軍人の疫病に倒れし千人塚の因緣を解き給ふ、此神疫病を治すと最も得意にして當時流行感冒最も盛にして死亡者頗る夥く、信者の內助命されし人多くあり。兵士伊東要二郎、佐藤新吉外九百八十五名得道す、靈山に送り、神は除厄病天王と我が道場に勸請す此神得道されて以來膨湖嶋馬港一帶、疫病非常に減少し有名なる不健康地が健康地となる。

大正十五年一月薫發

【日露戰爭】乃木將軍と旅順の戰死者

一月二十三日、乃木將軍の過去薫發す、神曰く、乃木將軍は、神武天皇東征の時、日向に住みし延岡の比羅夫《ヒラフ》と云ひ東征の時船を造り（其頃完全なる道具なし大船を造る容易ならず非常に苦心す）皇軍を渡し、其後天皇に扈從して、常に先導し所々に轉戰して忠勤を勵みし者なり、明治天皇は神武天皇の御再誕なり、此過去の宿因により、神武天皇世に出でませしかば、共に世に出で軍人となり忠勤を盡せり、明治天皇御崩御の時、殉死せしは此の宿因に依る、

一月十六日、乃木將軍出でらる、將軍の希望として自分の一族は後廻しとし、日露の役、旅順にて戰死せし靈を第一に救はれん事を乞はる、將軍は自分が神に祭られ居る事を非常に迷惑に感じ居る事を世間に發表してくれ、又自分の命令により多くの將卒を戰死せしめし事は誠に遺感に思ふ其將卒の父母妻子に申譯なし、一日も早く是等の靈を救はん事を賴まる、本日より旅順戰死日本軍の靈を回向す。

將軍は戰爭終了の時考へらる、多くの戰死者を出し國民に申譯の爲め、報告終らば直に自殺せんと覺悟せしも、天皇之を察し給ひ、汝ち死を以て國民に謝せんと思ふ然らば朕は如何にせんと仰らる。爲に止む。陛下千秋の後ち自殺せしは、戰死者の遺族に申譯の爲めなり。

十七日朝、神出で給ふ、旅順戰死の靈、多數得道す、國家の爲に戰死せし者故、別に物語りなし、一人總代として引出すと仰らる、代つて靈媒に死靈出づ、擧 手の禮を爲す、石田一等卒と云、出生地を問ひしに仙臺在岩城村石田仙二郎 二十三歲、中隊長（乃木保典）の從卒なり、隊長負傷されし故、繃帶して看護中、自分も彈に當りて死す、身の上が中隊長と同じく國に母一人殘しある故、常に同情を得、母の事が氣にかゝれども、國家の爲に死ぬは兼ての覺悟、今乃木將軍の御家族に列し共に成佛の出來るは、名譽の至りと、一同に代つて禮を云はる。

十八日朝、乃木夫人靜子出でらる、夫希典が大正元年九月十三日午前八時、明治天皇の御靈柩に御暇乞して歸られ、初めて殉死の事を言ひ聞かされ、自分は後に殘つて旅順戰死者並に先祖の靈を弔へと命ぜられしも、自分は二人の子を先立て、今又た夫に別れ一人淋しく何樂しみに暮さんと無理に夫に賴み、御靈柩の御出發の號砲を相圖に先帝の御供せしなり、（將軍は靜子の方の心臟を突き、後ち自刄されしなり）今此法席に於て旅順の戰死者及一族の救はるゝを

見て、初めて法華經の有難き事を知る、省みれば此旅順戰死の靈を回向するは自分の終生の仕事なりき、夫の命の通り後に殘り一同を弔はざりしを慚愧さる、一同の成佛の出來る事を喜ばれ一同に代て禮を云はる。

二十四日、乃木將軍出で給ふ、旅順、二百三高地、南山の戰死者救はると禮を述べらる、自分は勳功もなく、過失のみ多きに神と祭られ、十五年間苦悶す、今漸く安んずる事を得たり、楠氏の例に傚ひ七度人間に產れて、國家の爲に盡さん、現今陸海軍人の士氣沮喪せるは實に慨歎の至りなりと歎かる（遺書の內發表されず握り潰されて居る者あるも最早何事も云はずと）法席を閉づ、代て神曰ふ、日露戰役の內、乃木將軍の關係是にて一段落とす薫發得道せし死靈左の如し。

　旅順の戰死者、陸海軍人、壹萬貳千人
　南山の戰死者　八千五百人
　二百三高地戰死者　六千人

一月二十四日午後八時、乃木一族及戰死せし陸海軍人貳萬六千五百人を靈山淨土へ送る、

大正十五年五月末薫發

【大山大將家の因緣】日清日露戰役に關し大山家の因緣解く詳細は雜部にあり略す。

大正十五年三月薫發

日露戰役の時、吉庶大魔王の連れられし、日本及露國の軍人の靈、貳萬參千人、大魔王の得道に依て引出され、靈山へ送る。

【大正十二年九月一日】大震火災の罹災者の靈得道す

十二年十二月十四日、現住所附近の死者、參百貳拾人
同　十二月二十八日、同　同　百貳拾人
十三年九月二十八日、附近の者　貳拾人
十四年八月二日、深川西永町三番地附近、十六人
同　九月二十八日、前田ぎん九月一日罹災地巡拜し左の靈を、本所區、百貳十人、深川區參百人、下谷區吉原、壹千人を連れ來り得道さす。

磯部四郎、外家族六人（本所に住せし辨護士）四郎氏出で「言ふ、死して初めて佛法の有難きを知る、死んで法律が何になる、財產が何になる、死後と云ふ問題を考へざりしを愧づと。

大正十五年四月二十六日靈山淨土へ送る。

彼岸會中薫發、朝鮮人の靈百參拾人、燒死者男女壹萬人を得道せしむ。

昭和二年九月九日送り。

九月一日淨心寺へ參詣し供養塔より參百六拾七人連來る

昭和三年二月二十三日、松本連れ來る、猿江附近、參拾人朝鮮人三人、以上

大正十五年九月七日

【原敬】政友會の首領、總理大臣たりし人、東京驛にて突然暴漢の爲に刺し殺さる、原敬出づ、苦痛を除く、曰く國を憂へ誠意を盡して政治を掌る、然るに突然何の理由もなく暴漢に刺さる、現代の人心の悪化に附て大に憂らる。

明治天皇の御製に

つみあれば、我を罪せよ天津神
たみは我身の生し子なれば

かゝる大御心にましますも、皇室を恨み奉る者のあるを哀しむと云はる。

大正十四年六月七日薫發

【天理教の因緣】身延の因緣より神代の因緣を解き之に關し薫發す、靈出づ、讀經後縛さる、懺悔す依て縛を解く、大和の天理教の關係なり。

八日朝夜共、天理教の神出でゝ聽經さる。

九日朝、(靈媒)腹痛起り下痢すること十數回、終日食事も爲さず苦悶す、加持し苦痛を除く、憑靈は教祖おみき婆さんなり、之を教化す、夜に至り稍小康を得。

十日朝、人の靈の如き神出づ、日本土着人種(土蜘蛛族)の祖先なり、此人天理教の主神なり、此種族の子孫がおみき婆さんなり、故に此人に依て法を弘む、日本國は元我々の國なり、我が血統の子孫を統一するは天理なり、天理を行ふ故に天理教と云ふ(祭神十柱の神を立つるも實は日本神道以前の神の集り也)此日本土着と天孫人種の混合が今の日本人種なり、現今のアイヌ人種は日本の人種に非ず、北方の寒地より移住せし者也。

十日夜、おみき教祖出づ、苦痛除かれ降伏す、代て天兒屋根の命出で給ふ、天理教の神なり、教祖の死後今日迄其苦痛を除く事能はざりしに茲に來り二日間に快癒得道するを見て法華の大威力を認む、我等是より法華を大に研究すると云わる。

十一日、天ノ兒屋根の尊出でゝ聽經し給ひ、後語らる、みき

得道す、多數の眷屬あるも跡廻しとす、自分のみ先づ法華の修行に立つと言はる。

十五日夜、天の御中主尊出で給ふ、天理教に關係あり之を解かん爲に玆に出づと仰らる。

十八日（靈媒平野）天理教の他の神出づ、汝、我を呼びて如何とする、依て靈界の統一の爲、久遠の因緣を解き、共に法華を流布せんと勸告す、神曰く教祖は僅少の日時に於て苦痛除かる。猶多數の死靈連れあり之等を如何とする、答ふ悉く其苦痛を除き佛果を得せしめん、斯くして天下悉く妙法に歸依せば娑婆即寂光となり、現世即ち極樂ならん斯くするが神の本務ならずやと說きしに、曰く自分の連れたる死靈を引出す故其現證を見せよ、然らば我れ得道せん依て今日より其靈を引出す約束す。

十九日朝、天理教の他の神出づ、我れ此の道場に來り汝の所作を見るに、死靈を引出し得道させ何になる、又因緣を解て何の益になる、愚なる哉、我等は只我を念じ我を信ずる者の願を叶へやれば宜からずや、其望みの善惡は論ずる所に非ず如何と揶揄す、依て妙法不思議の利益は三世に跨る、因果の大法を說く、神曰く今朝二人の靈を出して聽經せしめ、速に苦痛除かれ得道するを見て大に感ず、我等は唯人に福を與ふれば足れりとし、死後に關して何等の考へも爲さゞりき、今に至り因果の大法理を明に知る、是より大に研究すべしと。

六月二十三日、教祖みき外五名靈、靈山に送る信者の分は後とす。

神は、最正位、天理天王、天理教の神合祠す
史傳、天理教は天保九年十月二十六日、大和國山邊郡中山善兵衛妻みきが唱導したる所にして、國常立尊、面足尊、國狹槌尊、月讀尊、雲讀尊、惶根命、大房邊命、帝釋天神、伊弉那岐命、伊弉那美命の十柱が其身體に乘り移り給へりとて、此十柱を天理王命と稱し「惡きを攘ひ助け給へ天理王の尊と」男女相混じ神前に舞踏を爲し、或は音曲を交へて「チョイト話し、神の言所聞てくれ、惡きなことは言はんでな、天と地とを象りて、夫婦を拵へ子を設け、之れを此世の始めとし、天理王尊」と口唱し且つ盛んに禁厭を行ふ。

【金光教の因緣】

天理教に關係して金光教、薫發す、六月十一日、人の靈出

づ左の横腹を負傷す（槍にて突かれしが如し）布教の爲に殺さる、十二日より二十日迄出でゝ聽經す。

二十日朝、金光教の神出づ、大和が得道せし故、自分も仲間入すると云はる、此教は安政六年百性文治郞に依て初め明治七八年頃より世に出づ、教義は强欲にて集めし財寶を寄附せしめ、之を貧民に施與せしめ、平等に天惠を受くるを目的とせしも、教師が各自に集つた寳を自分の懐に入れ施さず、神慮に背く「穢たる金を神に捧ぐれば千倍にして淸き金を賜ふと宣傳し、欲張り愚人を欺き遂に行詰りとなる、其後又一派を立て前の目的を達せんとせしが天理教なり、是れ亦欲張り連に誤られ目的を達せず、其後大本教を興し又失敗す、（大本教が社會主義と誤られしも宜ならずや）遂に今日法華に統一さる是より法華を廣布すべしと云はる、要するに金光教、天理教、大本教の主神は、日本土着の土蜘蛛族の神と出雲系の主神の連合團にして、今道場に在す、妙雲菩薩は此諸神の總督たりし神なり。

六月二十三日、金光教の神を、最正位、金光天王と合祠す。

史傳、金光教は、藤井文次郞の創る所にして、備中淺口郡三輪村の農夫なり、嘉永五年十一月神より金光大神の稱を與へられたりと稱し、姓を金光と改め、金光大神は他の神達と違ひ、靈驗尤も著しければ、能く之を信ずる人は、決して災厄凶禍に罹る憂へなし若し未だ金光大神を信ぜずして、疾病に惱み災禍を受け居る人と雖も一度金光大神を信ずる時は、忽ちに病は癒へ禍は消散せんと稱し愚民の信仰を得たり。

大正十五年八月三十日

【叛逆人及社會主義者の因緣】神出でゝ語らる最近皇室に危害を加へんとせし因緣引出すと仰らる、兩三日跡より聲枯れ、逆上し齒浮く、絞殺されし靈の如し、（靈媒前田に移す）咽を絞められ苦悶して出づ、縛を解き苦痛を除く難波大助と云ふ（攝政宮に危害を加へ奉り死刑となりし人）大逆無道の誤れるを淳々として說き、汝の大逆の所爲の爲め、父及び一族に如何に苦痛を與へしや、門を閉てゝ出ず、蟄居し國民に謝せり、此父及一族を汝如何にして救ふや、然も殿下の恩命にて赦さる、此大慈大悲の御德に何を以て報しや、皇室と國民の久遠よりの關係を說き、其大逆罪を懺悔すべく說きしに、大助伏拜し謝罪す。

代て胸を抱き苦悶する靈出づ苦痛を除く、非常に興奮して怒ろ、聽經爲さしめ落附かしむ、大杉榮なり、震災の時絞殺さる、淳々として正義を說き、其主義の誤れるを說く、日本國と皇室と、皇室と我等祖先は親子の關係なり、祖國を破つて何かせん、汝今死して何の自由かある何の主義あらん、佛法法華經の威力を以て苦痛除かる、懺悔せよと說きしに、彼れ自分の思想の誤なりしを謝す。

三十一日朝、伊藤のえ出づ、大杉と共に絞殺されし者なり胸を掻き苦悶す、苦を除く、大杉の旣に改悟せしを告げしも强情にして是認せず、經の威力を以て降伏せしむ。

九月二日、神仰らる、難波大助、及大杉榮等を使役せし靈を引出すと云はる、代て不快の心持の靈出づ、阿部宗任及び是と縁を結びし神なり（後三年の役阿部一族亡ぼさる此關係）得道せず、阿部の祖先の靈出づ。

九月十九日一切得道せり左の靈を送る。

難波大助、大杉榮、伊藤のえ、阿部宗任、以上。

以上明治大正時代終る。

支那の因縁

【序】大正十四年六月二十三日、米國及び日本神代の因縁を送る神曰く、現今支那に起れる排日排英の暴動は、日本に對する悪感情より起る、世界の平和の爲に之が原因を解くと仰られ、日清戰爭に關し旅順の死靈を連れ又た遼東半嶋を還附せしめし神出でらる、詳細日清戰爭の所に記す其後、太古の因縁薫發す、薫發の日時の順序に因らず、時代の順序に依り、支那の靈界の統一を示す。

實現

昭和二年六月薫發

【支那古代の因縁】

六月二十五日朝、靈出づ、フフフと言ふ物語出來ず、支那の太古、三皇の宓犠《フツキ》氏の如き感應あり。

二十六日、道敎を興されし支那太古の神出で給ふ、支那の祖先は印度の高原より東に下り、黄河の流域に居住し漸次増殖せしものにして、其頃より此民族と緣を結ぶ者なり、宓犠として歷史に現はれしは餘程の後なりと。

【史記】大皞庖犠《タイカウホウギ》氏は風性、燧人氏に代り、天に繼ぎて王たり、母を華胥と云ふ、大人の跡を雷澤に履みて、庖犠を成紀に生む、蛇身人首、聖德あり、仰ぎては則ち象を天に觀、俯しては則ち法を地に觀、旁《アマネ》く鳥獸の文と地の宜とを觀、近くは諸《コレ》を身に取り、遠くは之を物に取り、始めて八封を畫し、以て神明の德に通じ、以て萬物の情に類し、書契を造り以て結繩の政に代ふ、是に於て始めて嫁娶を制し、儷衣を以て禮と爲し網罟《モコウ》を結び以て佃漁を敎ふ、故に宓犠氏と云ふ、犠牲を養ひて以て庖厨にす故に庖犠と云ふ龍の瑞あり龍を以て官に紀す、號して龍師と云、三十五弦の瑟を作り木德の王たり、春令を注す、故に易に帝震に出づと稱し、月令に孟春其帝は太皞といへる是なり、陳に都す、東、太山に對す、立つて一十一年にして崩ず、其後裔春秋の時に當り任《ニン》、宿《シユク》、須句《スウコウ》、顓臾《センユ》、有り皆風性の胤なり。

六月十三日より靈媒(平野)に酒に醉ひ失心したる如き靈移る、殷の紂王なり、語らず。

十九日、紂王に殺されたる挑杞《トツキ》の靈出づ、挑杞は紂王の妃なり、初め愛されしも、王の無道を諫言せし爲め怒に觸れ吊し切にさる、夜、桃杞出でゝ語る自分の外、寵杞外、八十五人、及董、陽、薫外男子百人、何れも紂王の爲に無慘の最期せし者にして、玆に出でゝ得道す、共に救はれんことを頼まる。

二十日朝、董、出づ陽及薫と共に紂王の暴虐を諫めて、焙烙《ホウラク》の極刑に處せらると云ふ。其有様を見る、大なる金屬板の下に猛火あり板は赤熱す、其上へ裸體にして追上ぐ、其瞬間は焦熱の爲に飛び上り飛び上り四肢を振り狂態を演ず、足の力を失ひ轉がり、轉々苦悶す、其の恐るべき慘虐なる有樣を見ながら、紂王、妲杞《ダツキ》、酒を呑み笑て之を見る。

二十一日調、十六日頃より二男侃治、身體に異狀起り、焦熱を感じ悶々苦惱し、腦貧血を起す、依て本日調べをなし本人の過去が薫發す。殷の紂王の頃、陰陽師にして李詮と云ひ、天文を考へト筮を以て、殷の皇室の亂るゝは、妲杞の所作なる事を知り、紂王に進言せし爲め捕へられ妲杞の差圖にて焙烙の刑に處せらる、此時の過去の薫發せしなり。

二十三日朝、神御降臨あり、是より妲杞と摩醯首羅天の因緣を解く、本日迄黨發せし靈、靈山に送るべく命ぜらる。

　桃杞外　　八十五人

　董、陽、薫外　　百人、以上六月廿三日靈山に送る。

（史傳、帝堯の即位は西紀前二千三百四十年、舜の即位は西紀前二千二百六十年、殷の亡びしは西紀前千百二十年、日本紀前四百六十年に當る）

六月二十六日夜、靈媒（前田）の體に靈移る、無の玄と云ふ他を語らず。

二十七日夜、昨夜の靈出づ、莊子なり、神と祀られ今日迄苦しむ解かれん事を乞はる、依て修法して之を解く、曰く苦を免れ自由を得と、ホツト一息なす、依て三世流轉、因果の大法を說く、莊子、肅然として聽き、涙滂沱たり。

【史傳】莊子は蒙の人なり名は周、周嘗て蒙の漆園の吏となる、梁の惠王、齊の宣王と時を同ふす、其學、闚わざる所なし、然れども其要は老子の言に本づき歸す、故に其著書十餘萬言、大抵率ね寓言なり、漁父、盜跖、胠篋を作りて以て孔子の徒を詆訾し、以て老子の術を明にす、畏累虛、亢桑子の屬は皆空語にして事實なし、然かも善く書を屬し、辭を離け、事を指し、情を類し、用て儒墨を剽剝す、當世の宿學と雖も自から解免すること能はざるなり、其言洸洋自恣にして以て已に適す、故に王公大人より能く之を器とせず、楚の威王、莊周の賢を聞き、使をして幣を厚ふして之を迎へしめ、許すに相となさんこと以てす、莊周笑ひて楚の使者に謂ひて曰く、千金は重利、卿相は尊位なり子獨り郊祭の犧牛を見ずや、之を養食すること數歲、衣するに文繡を以てし以て太廟に入る、是の時に當り孤豚たらんと欲すと雖も豈得べけんや、子亟《スミヤ》かに去れ我を汚すなかれ、我れ寧ろ汚瀆の中に遊戲し、自から快くせん、國を有つものに驅せらるゝなく、終身仕へず、以て我が志を快くせんと。西紀前四五六、四〇五間の人

二十六日、靈出るも物語せず、神經衰弱の人の如し。

二十八日、靈、名を告ぐ、周の幽王なり、西紀前七七〇、犬戎の爲に殺さる。

二十九日朝、幽王出でゝ懺悔す、一婦人の歡心を得ん爲に將士の不信を招き、遂に斯の如き姿となる、何の顏あつて祖宗に見へん。

【史記】周の宣王四十六年崩ず、子幽王宮涅《キウテツ》立つ、二年西周の三川皆震ふ、伯陽甫曰く、周將に亡びんとす、中略、若し國亡びば十年に過ぎじ數の紀なり、天の弃つる所其紀に過ぎし。

三年幽王、褒姒を嬖愛す、褒姒、子、伯服を產む、幽王太子を癈せんと欲す、太子の母は申侯の女にして后たり、後ち幽王、褒姒を得て之を愛し、申后を廢し倂せて太子宜臼を去て、褒姒を以て后と爲し、伯服を以て太子と爲さんと欲す、周の太史伯陽史記を讀みて曰く、「周亡びん」昔夏後氏の衰てより、二の神龍あり、夏帝の庭に上り言つて云く「余は褒の二君なり」夏帝之を殺すと、之を去つると、之を止むるとを卜す、吉なる莫し、其漦《アワ》を請ひて之を藏めんとトす、乃ち吉なり、是に於て幣を布きて策して之に告ぐ龍亡げて漦あり櫝《トク》にして之を去《ヲサ》む、夏亡びし時此器を殷に傳ふ、殷亡びし時又此器を周に傳ふ三代の頃、敢て之を發する莫し、厲王の末に至り、發いて之を觀る漦庭に流れて除《ハラ》ふべからず、厲王婦人をして裸にし之に譟かしむ、漦化して玄黿《イモリ》となり以て王の後宮に入る、後宮の童妾、既に齔《シン》(七八歲)にして之に遭ふ、既に笄して孕む、夫、無くして子を生む、懼れて之を育つ、宣王の時、童女謠ひて曰く「檿弧《エンコ》箕《キ》服《フク》、實に周の國を亡さん」是に於て宣王之を聞くに、夫婦是の器を賣る者あり、宣王、執へて之を戮せしむ道に逃れて鄕に後宮の童妾弃つる所の妖子の路に出づるを見る、其夜啼を聞き、哀みて之を收め、夫婦遂に亡げて褒

に犇《ハン》る、褒人罪あり、童妾育つる所の女子を王に入れて以て罪を贖はんと請ふ、弃子褒より出づ、是を褒姒と爲す、幽王三年に當り王後宮に之を見て之を愛す、子伯服を產む、竟に申后及太子を癈し褒姒を以て后と爲し、伯服を以て太子と爲す、太史伯陽曰く「禍成れり奈何ともすべき無し。」

【褒姒笑ふことを好まず】幽王其笑を欲し、萬方すれども故に笑わず、幽王、熢燧大鼓を爲す、寇至る有れば熢火を擧ぐ、諸侯悉く至る、至りて寇無し、褒姒乃ち大に笑ふ、幽王之を悅び、爲に數々熢火を擧ぐ、其後信ぜず、諸侯益々亦至らず、幽王、虢石父《カクセキホ》を以て卿と爲し、事を用ひしむ、國人皆怨む、石父人と爲り佞巧善く諛ひ利を好む、王之を用ふ、又、申后を癈し太子を去るや、申侯怒りて繒西夷、犬戎と幽王を攻む、幽王熢火を擧げて兵を徵す、兵至るもの莫し、遂に幽王を驪山の下に殺し、褒姒を虜にして、盡く周の賂を取り去る、是に於て諸侯乃ち申侯に即いて、其故の幽王の太子宜臼を立つ、之を平王と爲す、之より周室衰微す。

六月三十日朝、褒姒出でゝ懺悔し、之に關せし神出でゝ懺悔章を讀まる、以後日夜盡出でゝ聽經す。

七月十六日、（靈媒平野に）神出で給ひ、支那の大古の因緣を大略解く、夏の桀王は無道にして人民を慘殺す、或時は五十人位列べて置き、芋刺にして、其他常に慘虐なる事を樂とす、今茲に出でゝ得道す。

【史記】夏帝桀の時、孔甲より以來諸侯多く畔く、夏桀德を務めず、百性を武傷す、百性堪へず、廼ち湯を召して之を夏臺に囚ふ、巳にして之を釋す、湯、德を修め、諸侯皆湯に歸す、湯遂に兵を率ひて以て夏桀を伐つ、桀、鳴條に走る、遂に放たれて死す、桀、人に謂て曰く「吾遂に湯を夏臺に殺さず、此に至らしめしを悔ゆ」湯乃ち天子の位を踐む。

七月十八日神出でゝ曰く左に靈得道せり、靈山へ送るべく命ぜらる。

夏の桀王、外、百人

殷の殘り　百人

周の幽王、昭王、外、參百人

道敎の莊子

以上七月二十一日夜、靈山に送る。

此因緣に關し太古西藏より渡られし「ダギニ」天あり、殷の妲杞と結び殷を亡ぼし、周の世に種々の不思議を現はし褒姒と結び、幽王を弄び周を滅亡せしめ、日本に陽成天皇の頃渡り、玉藻の前の騒動を起し、後ち平清盛に乗つて慘虐なる行爲を爲さしめ、其後、眞言宗の蔭にて、正法を破りし大魔王あり既に懺悔され、正法の神となる、過去の關係を引出されしなり。

大正十四年六月二十八日、神出で給ふ讀經中飛行の姿を示さる、智者大師と緣を結びし神なり、夜も出でゝ亮音を以て讀經さる、二十九日三十日も同じ。

七月一日、天台大師と緣を結びし神出で、我は妙法緊那羅《キンナラ》なりと仰られ上らる、夜代つた神出で給ふ、睡眠を催し讀經に困難す。

二日も朝夜共神出でられしも物語なし、三日神出で給ふ、飛行の姿を示さる、大なる鷲の如き姿なり、鳳凰か。

四日夜、神出で伏拜し後ち語らる、往昔支那、天山に棲みし神なりと言はる、五日より十日迄、朝夜共出でゝ聽經さる、物語なし非常に睡し、十日夜、平野（靈媒）來る、神出で給ひ明朝物語すると言はる。

十一日朝、法席を開く神曰く（靈媒平野）我は萬里の長城を築かしめし者なり、古代よりの一切の事を知る、昔、日本は文學も無く、衣類を着る事も知らず、一切の文明は高麗百濟を經て日本へ移す、支那は日本の大恩人なり、然るに今一等國なりと云ひ、支那を侮蔑す、故に我は日本に好意を持たず、然るに我、惡王と緣を結びし爲玆に引出さる代て殷の紂王出づ、酒に醉ひ不覺なり、多くの虐殺されし死靈に苦しめられ煩悶す、加持し苦痛を除く。

十一日朝、昨日の神出で給ふ、紂王醉も醒め既往を考へ居ると云はる代て紂王出づ、多くの罪無き者を虐殺せし事を懺悔す、神曰く我は殷より周を興し春秋の世を現し後ち、秦を起す、其頃の人民は最も戰鬪を好みたり、今時來れり久遠の因緣を解かん、是より支那の大掃除を爲すに付、氣永く修法すべしと言はる、十二日朝夕神出でゝ聽經さる。

十三日、支那の神出でゝ聽經さる、靈媒（平野）の體に、死靈出づ、憂愁を懷き、煩悶し胸苦し、毒を飲し靈なり、修法して苦を除く。阿部仲麿なり物語せず。

十四五日共、朝夜死靈出でゝ聽經す、十五日祈禱肝文經を書寫す、此書寫を助けし靈あり一日にて書寫し終る、支那にて初めて字を作りし人なり出でゝ書寫を助けらる。

十六日朝、身體各所非常に痒《カユ》し、文字を初めて作りし人の靈なり、太古の人は毛深く、獣類の如く小蟲に苦しめられしならん、二十一日迄、朝夕死靈出でゝ聽經す。

二十一日、飛行さる神出でゝ伏拜さる、二十二日より、二十八日迄、靈出でゝ聽經す、右足痛む、夜、靈媒の體に非常に腹痛を感ずる靈出でゝ之を加持す、安部の仲麿なり。曰く、勅を受け渡唐し文を學ぶ、不肖にして一婦人の爲に身を過り毒を飲んで死す、使命を果さゞりし事を懺悔さる。

七月三十一日、午前十時、急に腹痛起り大に下痢し、脳貧血を起し倒れ、右の足の關節痛み甚しく苦悶す、三十一日より八月二日迄、足痛に苦む。

八月三日、靈媒（平野）に、腹痛の靈を移す、項羽と云ふ、楚の項羽なり、劉邦（漢の高祖）と戰ひ、常に勝つ、最後の一戰に敗れ圍まる、突撃せしに、騅《スイ》（愛馬）躓き倒れ落馬し右足を折り、加ふるに激甚なる腹痛下痢を起し身體痲痺し、爲に自殺す。（下痢の爲め糞に塗れ、見苦しき姿にて死す、項羽を腹痛にし又騅を倒し、項羽の足を折し神あり）

八月七日、力漲る偉大なる人の靈出づ、燕人、張飛なり、

八月九日朝、神出で給ひ（萬里長城の大將）支那の總大將なりとて姿を示さる、大鳳なり、支那開闢以來の支那の神なりと仰らる。

八月二十四日、朝夕大鳳の神出でゝ聽經され、今朝道場に上らる、代つて怒れる神出で給ふ、（日清戰争を起せし大龍神）支那の昔より此の二神の勢力争が、其結果戰争となる支那の天下を取りし天子を、鳳に准へ龍に擬へ尊稱とするは此神の守護さるゝ結果なり。

八月二十九日、靈媒（平野）に大鳳の神、移り語らる、今更改めて物語も無し關係の死靈皆得道せり靈山へ送るべく命ぜらる、殷の紂王初め、秦の始皇帝、之に附隨する者參百人、項羽初め戰死靈貳千人、馬騅《スイ》外五百頭、連れらる此神の太古の原籍は印度にして、日本開闢の時、日本に渡り素盞嗚尊の頃、他神と意見合はず、今の妙雲菩薩は出雲へ降られ、自らは支那に還り、支那を開發文明に導き、文物を日本へ移す、故に妙雲菩薩は我の古を能く知り給ふ、又阿部仲麿は留學中、婦人艶杞に關係し歸國の時、共に日本に渡らんと迫られ、日本に妻子ある故連れる事も成らず、煩悶して毒を飲んで、共に自殺せしなり。

妙雲菩薩の御降臨を乞ひ、此神の元籍を問ふ、太古印度に

共にあり、釋尊說法されし靈鷲山は其昔此神の住みし處也我は日本に渡り素盞嗚の尊の頃、意見合ず出雲に移る、彼は支那に留り殷を起し秦を起せし神なりと仰らる。

九月十九日朝、高貴の菩薩出で給ふ、藥王と仰らる、支那の因緣を解かん爲、玆に來る今皆得道せり、玆に世尊在す大法、應に流布せん、善哉、善男子善く持つ、妙法は閻浮提に流布せん勤めよやと仰らる、心澄めり近來に無き法悅を得たり、歡喜身に遍し、二十七日迄死靈朝夕出でゝ聽經す。

二十七日、神出で給ひ前に申し殘せことあり、秦の始皇が萬里の長城を築きし時、人民を虐使し、爲に橫死せし靈千八百人あり、又唐の安錄山の亂の時の死者八百人あり皆得道せりと、靈山へ送るべく命ぜらる。

此神は支那に佛法を弘め、人心を統一せんとせられしも遂に志に違ひ、支那は今日の如き狀態となると慨歎さる、今、日本にて發展せし法華經を以て救ふべき時到れりと仰らる。(古朝鮮は殷の滅亡の時、其王族、箕子遼東に逃れ推されて王となり王險(平壤)に都す

二十八日朝、前に出でられし旅順關係の龍神出でらる、支那土着の神にして劉邦をして漢を興さしめし神なり、漢の高祖初め五千人の靈及び日清の役、黃海の戰死者八百名の靈を連れらる皆玆に出で得道せり道場の神の御降臨を乞ひ左の如く解決す、神は本門の戒壇に勸請す。

最上位、大鳳天王、秦を起されし神

最上位、妙樂天王、漢を興されし神、見學隨意

殷の紂王

秦の始皇帝外、參百人

項羽初め戰死靈、貳千人

漢の高祖外、五千人

萬里長城建築橫死者、千八百人

安錄山の亂、死者、八百人

日清戰役黃海死者、八百人

馬、騅外、五百頭

以上十四年九月二十八日、靈山淨土に往詣せしむ。

昭和二年八月十四日

支那の祖先に付き、道場の副主神、荒熊菩薩語らる、支那有史以前の祖先は、西藏の高原なり、我之を率ひて、黃河の上流に移住せしめ播殖さす。其頃は龍族、鳥類、人類の

混住時代にして雜婚もあり、種々不思議の人生る（今で云わば（奇兒形三皇時代の奇形人は存せしものにして、史傳は全部架空の記事ならず、斯くの如き事は度々起りしなり後ち漢を興し高祖に天下を定めしめ、日本に渡り後ち崇神天皇の時大三輪神と示現し、其後は汝の知る如しと仰らる。

支那に於ける佛敎破却の因緣

昭和二年五月、地獄の因緣を解き、續て印度に於ける佛法破却の因緣を解く、詳細印度の部に說く、六月一日靈を送り、續て支那に於ける、佛法破却の因緣を解くべく命ぜらる。

六月一日、支那の帝王の靈引出さる、唐の武宗帝なり、物語せず、心落附かず。

【史傳】唐の武宗帝、會昌元年、國内に於ける寺は、長安、洛陽各四ケ寺、地方は諸州に一ケ寺の外、皆な破壞を命じ僧侶は上寺二十人、中寺十人、下寺五人の外悉く還俗せしむ、此時破壞せし寺院六萬、還俗せし僧六十萬、之を會昌の法難と云ふ、日本紀元一五〇一年

三日夜、靈媒（前田）の體に、金州と云ふ僧出づ、會昌の難の時、支那を見捨て、雪山に苦業し八十六歲にて歿せし人なり。

四日、會昌の難を起せし道敎の神出づ、之を敎化す。

支那に於ける佛法破却の因緣は悉く、道敎との衝突なり。

五日夜、靈媒（前田）に道敎の神出で給ふ、會昌の法難の起原は其頃の僧侶非常に跋扈し放逸にして破戒を常とし無爲徒食し最も安樂に衣食に窮せず生活出來し故、衆、相率ひて出家し、生業を爲す者減少し、此儘推移すれば國を擧て出家し、國家は滅亡すべし、故に寺院の數を制限し、出家を止めしめしなり。

六日夜、唐の玄武帝出でゝ懺悔し給ふ、自分の考へ違より多くの寺を壞ち、僧を還俗せしむと。

【史傳】に玄武帝即位の初め僧壹萬五千人を還俗せしむ皇紀一三七三年頃、唐の二百年を通じて、道佛二敎は常に衝突す。

十日夜、前田（靈媒）に會昌の難にて還俗させられし僧、歸戒出づ、十八歲にて出家し二十五歲の時、命に依り還俗す三年耕作に從事し歿す、父は道敎を信じ、光雲と云ひ、妹あり、香と云ふ、是れ當體の遠き過去なり、此緣に依て玆

に出づと。

十一日朝、王冠を冠り廣袖の綾衣を着せし王が、衆臣と會議する所を見る、頭重し、唐の武宗帝なり。

十二日朝、支那の神出づ、三國戰國時代の關係の者なり、追々引出す、此に在す釋尊の關係なりと。

十三日、靈出づ、國王なり禮拜さる、北周の武帝なり。

【史傳】 北周の武帝、道敎の張賓、衛元嵩の二人に動かされ、建德三年（即位十四年目 西紀四四六年）國內の寺院、經、像を破壞す、寺廟は王公の第宅とし、參百萬の僧を還俗せしむ、僧猛、譪法師道積外七人餓死す、一年ならず帝歿し一年ならずして國亡ぶ。

二十二日迄、朝夕靈出でゝ聽經す、夜、靈媒前田に、道敎の崔浩出でゝ懺悔す。

【史傳】 北魏の三代大武帝、長安の僧の墮落し、武器婦人を匿すを見て、崔浩の進言により悉く長安の沙門を殺し經卷佛像を燒き、平城に還て更に敕語を發し、四方悉の寺院經藏を燒き僧尼を悉く殺す、時、太平眞君七年 皇紀一一〇六年
六月二十三日、支那に於ける佛敎と道敎の因緣解けたるにより左の靈を送る、道敎の主神は既に大正十二年九月十七日勸請す。

僧靈、壹千人
國王武帝外壹千六百人、以上六月二十三日靈山に送る
道敎老子との關係大正十二年五月薫發後に記す此因緣と前後す。

釋尊像と淸國皇室の因緣

大正十一年三月二十日、舊友堀田高一氏に二十年振にて逢ふ、同氏が北淸事變（明治三十三四年義和團の亂）の時、北京に行き、御用商人英組に投じ、其後其家屋、神機營の造作を自身に讓受け、後ち袁の將、姜桂題の再三の請により無償にて袁世凱に讓り兵舍となる、此報酬に自分は元と軍人なるにより顧問となり、歸國に際し佛像を贈らる、歸來東京銀座の林商會のストーブの上に置く、大倉喜八郞氏は之を見て三百圓にて買はんと云ひ、根津氏は五百圓に買わんと云ふ、曹洞宗の可睡齊日置默仙氏之を見て俗人の玩弄物に爲すに忍びずと、淺草の神谷傳兵衛氏を說き壹萬圓を出金させ寺を建て、佛像を安置し諸人を濟度せん故に其尊像

の寄附を乞はる、依て之を快諾し其儘日置氏に預け、自分は其後轉々して十八年振に東京に歸り其像の行衛を調べしに、未だ堂は建ち居らず、之を日置氏に質せしに、同氏は此像を預りしより神谷氏と仲違し堂の建築は其儘となる、今京都尼寺遠離院に預けありと依て之を取り返し、外國に賣らんと横濱の米國領事に見せしに、日本の大家の鑑定證明あれば壹萬圓にて買はんと云ふ、依て證明を美術學校長今泉氏に乞ふ、同氏之を見て稀なる佛像、高山白檀一本樹壹千五百年以上經過せし稀なる尊像にて再び得難き寶物、今壹萬圓の金は得るも失ふ事易し、是は日本の寶として堂を建て祀るにしかずと諭され、其心持になり、下谷區西黑門町丹治氏を紹介され同氏の宅に預けありとの話、依て同道し、此像を拜す、木彫にして丈一尺六寸臺の高さ二寸、姿は京都嵯峨清凉寺の釋尊と同形なれど白毫なく、髮長く頭上に花二輪あり(口繪參照)其何佛なるや、鑑定する人なし、此像の因縁薫發す。

三月三十一日朝、伽樓羅出づ大滿天王の眷屬なり、可睡齊にて尊像と縁を結ぶ。

四月一日朝、靈移る大なる支那人なり、薄青き服に牡丹色の上衣を着し、頂上の平なる帽を被り頂上に朱珊瑚の徑一寸五分位の玉を附け一尺位の羽根を横に指し、五十歳位の男子なり、尊像を丁鄭に禮拜す、傍に童子三人あり給仕するを見る、後ち、愛親覺羅と云ふ、此時頭痛を感ず。

二日、神出でらる、尊像と縁を結ぶ者なり、清の皇室と深き關係あり、今出で居る靈は、清の太祖皇帝なり、此人清を起す、其過去より縁を結ぶ者なり、今太祖得道す。是より清の皇室の因縁を解くと仰らる、代て後の靈を呼び寄せらる。本日より清の皇室の靈を回向す。

三日、神出でられ合掌を上げ、左右に大圓を畫く事二回死靈呼出さる、頭べ痛し。

三日夜、死靈出づ右の腕痛み頭痛す、背に引倒さる、起上り安座す、後ち語る我は乾隆なり、腕に腫物出で苦しんで死す、今回此道場に於て我一族佛果を得る事を喜ばれ一族に代て禮を述べらる。

四日朝、高祖出でゝ聽經し給ふ、後ち高祖に討たれし者出づ

茲に於て此尊像は清の皇室に祀りありし愛親覺羅以來信仰せし守本尊にて、團匪の時皇族全部避難され此の時、

北京宮殿へ各國兵侵入す、此時何人か持出し後ち袁世凱の手に入りし者ならん、然るに此佛何故に此死靈を得道させること能わざりしと疑念す。直に答へらる、無量義經第三、十功德の第四、諸佛國王、此經の夫人と和合して菩薩の子を生ず。佛に大慈悲大神道ましますも、法華經の夫人に遇はざれば、菩薩の子を生ぜず、喩へ生身に等しき尊像に奉仕するも、法華經を以て祈らざれば、感應薄し故に成道出來ず、宗祖曰く法華經の祈は草木國土悉皆成佛す。賴もしい哉法華經の威力、玆に於て證を得たり。

四月四日夜、熱病にて死せし如き靈移る、頭痛み身體倦怠して惡寒を覺ゆ、讀經中眠に落ちんとする事數度。

五日朝、昨夜の靈出づ身體非常に倦怠なり頭ぺ痛し、曰く鄭成功なり、言く再び明の世に爲さんと、臺灣に兵を擧げしに事成らず一族討死す、自分は熱病にて死す、此怨念淸の皇室に祟る故に玆に引出さる。

六日朝、鄭成功の父鄭芝龍出づ、熱病にて死せしものなり。今回一族の成佛出來る事を謝さる、頭痛漸く去る。

七日、義和團の徒出づ、拳固を振り廻し突進す。

八日朝、神靈移り怪物の姿を示さる、頗る大なる獺なり、我は長江の主なりと。是の神義和團を興さる。

九日、佛像に關係ある喇嘛敎の神、道場に上らる。

十二日夜、伽樓羅神出で後ち死靈出づ、拳を握る義和團の者なり、事意の如くならず、遂に敗北す、以前より外夷を憎み之を退けんとするも成らず、復讐の爲此時より歐州戰爭の端緒を造る、淸廷の神と力を協せ先づ日露戰爭を起さしめ後ち歐洲の大戰を起し、最も淸を苦しめたる露國を滅亡せしめ、獨逸を窮地に陷らしむ。歐洲大戰亂の遠因は支那より發す、十三日義和團の將得道す。

十五日朝、緋の金襴の袈裟かけたる僧靈出づ、讀經す、音に力あり、額に疵あり前に倒れ、高きより落し如く、轉々す、起上る喇嘛僧なり、尊像と緣を結ぶ者なりき。

十七日、背ろ手に縛されし死靈出づ。

十八日夜、長江の主出づ、靜肅に聽經す、後ち語る、道敎の神仙として祀られ、義和團を起すと懺悔さる、代て白髮の老人出づ、天然木の杖を持ち、詩の如き者を朗詠す、十九、二十日朝夕靈出でゝ聽經す。

二十一日、龍神出づ元天竺にあり阿那婆達多龍王の眷屬なり、佛敎により支那に渡り揚子江に住み、老人の姿に變じ（老子となる）道を說き、佛法東漸の先驅を爲す、今此因緣解く、此神、體に移られし時、心澄み讀經の時、朗詠の如き心持となる。

老子の出生は孔子と同時代にして、西紀前、六百四年孔子より五十四年前とす、佛敎大年表に依れば、釋尊出世は西紀前五百六十五年に當る是に依れば老子の出世は、釋尊降誕前三十九年に當る、然らば此調べの佛敎を受け佛法東漸の先驅とは不合理なり。

宗祖大曼荼羅には、佛、滅後二千二百二十餘年（文永八年）此年を大年表には佛滅後千七百五十六年に當る此差四百六十年あり是に依て計算すれば老子の出世は佛滅後三百四十七年に當る、村上博士は御降誕を周の昭王二十五年日本紀前、三百六十八年西紀前千二十八年に當ると宗祖の說に同じ記して學者の參考とす

二十三日、龍王（老子となられし神）道場に上らる。

二十五日朝（靈媒平野）釋尊の像を作りし關係の死靈出づ燒死せし者なり、苦悶して出づ、其苦痛を除く、神代て語り給ふ、今を去ること千七百年前、魏の曹操の頃、都、洛陽に住みし彫刻の名師張功憲、張功勳の兄弟あり。曹操より各々一體の佛像を彫刻することを命ぜらる。其後二人共、齊戒沐浴精神込めて作る、二體を帝に上る、勳の造りし佛體は嘉納され、憲の分は不首尾となる、勳は佛像の厨子を作り、之を明日獻上せんとせし前夜、憲は之を意恨に思ひ風の吹くに乘じ、勳の家に火を放ち佛像と勳と共に燒かんとす、此時勳夫妻燒死す、其時不思議現れ、此佛像自然に厨子より出で、門の屋上に立ち給ひ全きを得たり、勳の彫刻を命ぜられしは三十六歲、出來せしは四十歲にして五ケ年間精神込て作りし名作なり。

二十六日、張功憲出づ、勳の兄なり共に洛陽（今の河南省河南府）に住む、其頃魏の都なり、曹操より佛像を作ることを命ぜられ、自分も精神込て作る、自分の作りし佛像は頭髮普通の如く右に卷く、勳は自分の夢に見しと云ふ御姿を彫刻す、此の弟の違つた姿が嘉納され、是を遺憾に思ひ勳が上納せんとせし前夜、火を附け佛像と共に勳を燒き殺さんとす、然るに不思議にも翌朝、佛像は門の上に立ち給ふ、我是を見て大に驚き戰慄し、熱病を病みて三日にして死す、時に四十五歲なり技術は常に弟より優れたり。

二十七日朝、神出でらる、曹操を守護せし者なり、曹操を

して信仰を起さしめん爲、佛像を彫刻せしめ、姿を動に示さる、火災の時不思議を現はす、爲に曹操之を尊信し、自から奉仕す、曹操の產れ代りが淸を興せし太祖（愛親覺羅一六一六年即位）なり、故に淸の皇室は曹操の血統なり、此佛像は曹操以來子孫奉仕し、光緒帝義和團の亂の時（明治三十三年）北京の皇居より持出さる。

二十八日朝、張功勳出づ自分の夢に見て彫刻せし釋迦佛は過去の御姿なり、と云はる代て勳の妻佐布羅《サフラ》三十二歲出づ夜半火災起り驚て夫と共に逃げんとせしも煙の爲に遂に出ること出來ず相抱て燒死すと。

像は釋尊の如何なる時代の過去なるや、之を知らん爲に佛法傳來より三國滅亡迄に譯されし經典の內、釋尊の過去を說きし者を求めしに、後漢明帝西紀六十七年竺法蘭、佛本行經を譯す、西紀百九十七年、竺大力修行本起經二卷を譯す、西紀二百七年曇果中、本起經を譯す、西紀二百二十八年維祇難、端應本起經二卷を譯す、此時代は釋尊の因行を盛んに說きしことゝ思ふ、國譯大藏經十帙二十七卷、過去現在因果經に、釋尊の過去を說く。

【過去現在因果經】（五頁より）

爾時、普光如來八萬四千の諸阿羅漢と共に國界を往詣し遊行す、其時に善慧仙人あり五の奇特の夢を見て城內に來り之を普光如來に聞かんとす、佛に供養せん爲に名花を求む時に王の命により名花は悉く王に買ひとらる、乃至、時に密に七徑の靑蓮華を持て過る者あり、善慧之を呼ぶ大姉且く止れ、其花を我に讓れ、乞五百銀を以て五徑を買わん、（此間種々問答あり略す）女の曰く我此花を以て汝に與ふべし、願くば我生々常に君が妻たらん、乃至普光如來城に入り給ふ、諸大臣皆禮拜し名花を散ずるに花悉く地に落つ、善慧の供養せし五徑花空中に止まる、他の二徑も佛の左右を夾む、玆に善慧授記を受く、又如來善慧の鹿皮を着するを捨てしめんとし地を化して淤泥とす、善慧思わく如來をして此中に入らしむべからずと、鹿皮を脫ぎ以て地に敷き布施す泥を掩に過ぎず、仍て髮を解きて亦以て地を覆ふ、如來即ち之を踐て度り給ふ、後ち普光如來の滅時、功業滿足し位、十地に上り一生補處に在りて一切種智に近く、後ち兜率天に生れて聖善白と云（是が釋尊の過去なり）無數の天人を教化し後ち印度に降誕せんとて五種の相を現ず、一に菩薩の眼瞬動を生じ、二に頭上の花萎み、三に衣に塵を受く、四には腋下より汗出で、五には本座を樂まず。

是より印度下生託胎となる。（前に花を贈りし夫人が耶輸陀羅女となる） 國譯大藏經、佛本行集經三十八卷五十六頁より六十七頁に至る間、右と同樣の記事あり。張功勳の夢に拜せし御姿は此時の御姿なり、其頭上の花二輪の萎める、又髮の長き、其眼の哀調を帶び、熟視すれば瞬動を感ず、此心を以て尊像を詳細に觀察すれば、其御顏の上半分に天人との哀別の情を表し、下も口邊に微笑を含まれ下界に下り成道の樂みを交々現はしあるを覺ゆ、髮の長き、頭上の花二輪皆謂れあるなり、眞に稀代の名作、眼の瞬動を彫刻に表したるは何人も驚歎する所也、此の因緣の判明せしは、諸天神の働き、法華經の威德なり。

二十七日夜、憲出づ、自分の腕の鈍きを考へず、勳を嫉み精神亂れ、自分の造りし像を粉々に碎き燒捨て、又弟を燒き殺せし罪何を以てか謝せんと悔悟す、神出でゝ語らる、憲と勳とは腹違の兄弟なり、常に勳を虐ぐ、今度の佛像に附ても勳は何卒兄の造りし佛像が納まる樣に祈り、又過去の釋尊を拜せんと三七日祈念し、夢に拜せしなり、兄は自分の腕に慢じ苦心せざりし結果なりと。

二十七日、佛像を火中より出せし神出でらる、佛教により經典、佛像、寺院の火災を守護せん爲、天竺より來る故に佛像を火中より取出し、以後之を護る（約千七百年）支那に於ける最古の佛像なり、緣あつて日本に渡らる、故に共に日本に來ると、道場に上らる。

二十九日より、弘安役、元寇の因緣解く、日蓮上人の關係五萬の靈得道す詳細は元寇にあり。

五月四日、左の靈を鑛山に送る。

清の皇室、太祖初め外、百貳拾人
明の因緣、鄭成功外、臺灣死者、參百人
張功憲、張功勳、佐布維、三人
元の將卒、弘安役蒙古軍、五萬人、以上

是より釋尊我道場に留り給ひ、無量の神力を現じ給ひ、我道場は世界的となる。

此尊像は、昭和貳年一月四日堀内高一氏より讓受け、我道場に勸請し奉り奉仕す。

大正十五年十二月二十四日薫發

【忽必烈】前に弘安の元寇の因緣解く、今此の元を興せし神、忽必烈を連れ來られ、日本を攻略せんとせし事を懺悔さる、忽必烈が天下を定むる時、戰死せし將卒、壹萬六千人得道す、此神を道場に勸請し、最正位、妙道天王とす死靈は、靈山に送る。

昭和二年八月支那佛法破却の因緣解け支那の靈界統一さる

以上

印度の因緣

印度哲學宗敎史曰く、印度の民族は太古に於て、數種の民族が印度に浸入した樣である、彼のドラビタ人種、ゴラリヤ人種の如きその一類である、概ね何れも劣等人種であつた、乃至、近時學者の想像によれば、元と此の人種は何れより來りたるにせよ、中央亞細亞の一地方に團體生活をして居つた時期があつた、世界人種移動の風潮に乘じて東西に分れて移動を初めた、西紀前三四千年前、歐亞に向ひたる一團は更に進んで歐洲に入り、現歐洲人の祖先となり、東に向へるは波斯人（イラン人種）印度人（アーリヤ人種）となつたのである、就中東に向ひたる一團は東南方に進みヒンドウクシユ山の西方の嶮を踰へてカブール河の谷即ちカイバー山關を超へて、恐らく阿富汗のハラフツチ河と五河のウイスター河との間に亘りて一と先づ足を停めた、然るにこゝで亦、恐らく宗敎上の意見の相違から二つに分れ、一方再び西方に戾り南轉してイランの高原に於て所謂波斯文明を開拓したのは「イラン」人種となり、一方益々東南に進んで五河地方全部を舞臺として文明を開拓したのは印度アーリヤ人種と成つたのである、是くして印度アーリヤ人種がパンジヤブ地方に入る前に已にその歷程中に、印度歐維巴共住時代、略して印歐時代と呼ぶ、印度イラン共住時代、略して印伊時代の二期を經過して居る譯であるこの事は比較言語學、比較神話學、人類學考古學の證明する所である。　以上

【印度原始時代、因陀羅と愛染明王の關係】

昭和參年十月中旬より二男侃治の過去の關係より、前記時代に關し、原始時代より印伊時代の原住人虐殺に關し、因陀羅（帝釋天）と愛染明王の因緣及び愛染明王と原始住民時代の關係蕪發し、之に關し各神の久遠の過去蕪發せり。因陀羅は侵入民族アールヤ族の守護神にして、後ち佛出世し給ひし時、佛敎の守護神とならる。愛染明王は印度原住牛獸牛人の鬼類の頃より土人の守護神なり、後ち婆羅門敎

を興し、此教は後の眞言宗となる、故に婆羅門教眞言宗の神々は異形の姿をなす、後ち佛法を破却す、此關係は遠く威音王佛の時に溯る。

十月二十二日夜調、十月中旬より二男侃治、身體に異條を起す。修法せしに愛染明王出で給ふ、因陀羅との久遠の因緣を解くと仰らる、法師の體に移り給ひ、座したる儘、左右の指を組み印を結び、前後に猛烈に急速に動かし暗黒なる空中を飛行さる、耳に風を感ず、稍暫く突進す、身體つかれ息き切れんとす、激勵さる殆んど意識を失ふ、幽に霧中の日天を見る如く、淡き光明を感ず、近づくに及び金色の佛體なり、千葉の金蓮華の上に結跏趺座し三昧に入り給ふ、座像の高さ八九尺位、髮紺青にして釋尊の如く粒狀にして廻れり、明王伏拜し、威音王如來と唱へ、丁鄭に禮拜さる。

威音王佛は法華經常不輕菩薩品に說き給ふ、釋尊の過去常不輕菩薩の頃、仕へ給ひし佛なり。

【眞言經に說ける愛染明王】愛染明王は外相には忿怒暴惡の形を現ずれ共、其內證は戀愛染着の至情を本體とすれば、愛染明王と名く、即ち愛の神、煩惱即菩提の意(瑜祇經愛染王品)身色如㆓日暉㆒住㆓於熾盛輪㆒三目威怒視、首髻獅子冠、利毛忿怒形、又安㆓五鈷鉤㆒在於師子頂、五色華鬘垂、天帶覆㆓於耳㆒左手持㆓金鈴㆒右執㆓五峯杵㆒、儀形如薩埵、安㆓立衆生界㆒次左金剛弓、右執㆓金剛箭㆒、如㆑射㆓衆星光㆒、能生㆓大染法㆒左下手持㆑彼、右蓮如㆓打勢㆒一切惡心衆、速滅無有疑、以諸華鬘索、絞結以嚴身、作㆓結伽趺座㆒住㆓於赤色蓮㆒、蓮下有㆓寶缾㆒、雨畔吐㆓諸寶㆒。

愛染明王根本印、左右の兩手を掌內に交叉し縛を爲し兩方の中指を堅てゝ相交て染着せしむ。

愛染金剛如法佛、愛染明王の異名、此明王に金剛王の別稱あり、且つ大日如來の變化なれば、金剛如法佛と云。

(瑜祇經愛染王品)に三世三界中、一切無㆓能越㆒此名㆓金剛王㆒安然の瑜祇經疏に「並是以㆓大日尊㆒本尊と爲す、乃至身を變じて金剛愛染王と成る。以上

著者云、此明王は印度土着最古の神にして、摩醯首羅《マケイシュラ》天、ルドラ等婆羅門教の神々は此明王の變化身か又は其眷屬也二十五日夜、明王出でゝ聽經さる、後ち語らる、威音王如來の時、常不輕菩薩を苦しめ、衆人をして杖木瓦石を加へ

打擲せしめ正法の流布を妨げしは我なり、此久遠の因緣に依て、常不輕菩薩、娑婆世界の印度に出世されし時も、我れ亦悪辣の妨げす、然も自分の說きし法は眞理に非らざりしか、今日迄成道出來ず、世尊を過去より苦しめ正法を破りし罪を懺悔さる。

【日蓮大聖人の中間過去】

玆に於て日蓮大聖人の中間過去薫發す、神曰く宗祖は威音王佛の時、釋尊の過去たる常不輕菩薩の說法敎化に遇ふて得道せられし正信の弟子なり、と仰らる、依て其久遠の期間を求む。

法華經常不輕菩薩品に曰く、其時瞋意の心を以て輕賤せし四衆（釋尊の過去常不輕菩薩たりし時）二百億劫常に佛に値はず、千劫阿鼻地獄に於て大苦惱を受く、是の罪を畢へ已つて、復常不輕菩薩の阿耨多羅三藐三菩提に敎化するに遇ひにき、得大勢、汝が意に於て如何、爾時の四衆の常に此菩薩を輕しめし者は、豈に異人ならんや、今此會の中の跋陀婆羅等の五百の菩薩、師子月等の五百の比丘、尼思佛等の五百の優婆塞の皆阿耨多羅三藐三菩提に於て退轉せざる者也。玆に於て其時代を推定することを得、跋陀婆羅菩薩が威音王佛の時常不輕菩薩に瓦石を加へし時より、娑婆世界に常不輕菩薩が釋迦牟尼佛と出世せられし期間を貳百億劫と示さる、然らば日蓮上人は其時の正信の弟子なりと說き給ふ、然らは二百億劫の昔の弟子なり。

世尊は法華經本門の附屬に久遠の弟子なりとて、大地の下より上行等の四菩薩及無數の眷屬を呼出し給ふ、（從地涌出品參照）此涌出の大菩薩は娑婆世界の下方空中に在て住す是れ我が所化なり、正覺を成じて後、我之を敎化すと說き給ふ、聽衆之を難じ世尊成道し給ひしより以來年久しからず年二十五歲の人百歲の人を指して是れ我子と云わんが如しと、世尊爲に壽量品を說き久遠を顯し給ふ（取意）。我等愚痴にして玆に疑惑せり、娑婆世界即ち吾人の現住の地球は科學者は星雲より、固體となり生物生じ進化し今日迄二億萬年乃至一億五千萬年を經過せりと、又人類發生時代を遠きは四十萬年近きは二萬五千年位ならんと云ふ、然るに世尊は此娑婆世界に於て久遠に成道し給ふと云、科學の說と矛盾し疑問生ずるや久し。玆に於て靈魂の無始前より存在し、地球も成住壞空の四相を現じ、流轉し依止せず（科學に於ても地球否宇宙の星は恒久の者に非ず、永き年月の後には破壞し星雲となり又次の世界を造る、斯くの如く繰り返すと云ふ）然らば威音王佛の時代は、此娑婆世界の何回前の生れ更りし頃の出來事なるや之を計算すれば。

世尊は威音王佛の時より御出生の頃迄を二百億劫と說き給ふ、一增一減の一劫を數にすれば千六百七十九萬八千年となる、此の二百億劫は、三三五九六〇〇、〇〇〇億萬年に當る、娑婆世界の一生滅の期間は四相の成、住、壞、空各二十劫即ち八十劫にて一周す、此通算年數即ち十三億四千三百八十四萬年を以て一周し、元の空劫となり又た成住壞と繰返す、此の八十劫の一周紀を以て二百億劫を除すれば驚く勿れ貳億五千萬回、生滅の前世界の頃の出來事となる此時上行、無邊行等の諸菩薩は、（日蓮上人の過去時代）常不輕菩に敎化さる、此久遠の正信の弟子なる故、本門の題目を讓り給ふ、此の驚歎すべき大數も、壽量品の塵點劫に比すれば、大地と爪上の土の如し、吾人は無限の大久遠より釋尊の眷屬なり、偉なる哉、南無妙法蓮華經。

威音王佛の時、佛法を守護せられしは、因陀羅なり、此久遠の因緣により、世尊印度に出でゝ佛法を說き給ふ時、常に來て守護さる。

愛染明王は威音王の時より佛法の廣布を妨ぐ、故に印度に於ても波羅門敎を興し佛法を破し、佛を苦しむ、久遠より因陀羅と愛染明王は反目す此因緣薫發す。

二十六日、讀經中空拳にて鬪ふ人を見る、弱者は搏ち殺さる、印度に於ける人類の原始時代の人か。

二十七日、裸體にて偉大なる體格の人、木の棒を以て戰ふを見る、石器時代前の人類か。

二十八日、裸體の人、石棒を振り廻し戰ふを見る。

二十九日、二男侃治の過去薫發す、印度に侵入せしアーリャ人の一人なり、原住土人を斷崖の行詰りに追込み燒き殺すを見る、其時のアーリヤ人は翼ある人種なり、此罪を犯す、此時の燒殺されし靈五百人出づ、苦を除き修法す物語せず、此時代に完全なる言語無かりしならん。

三十一日、インド族の酋長の最も猛惡なるを捕虜とし、蔓にて縛し、其頃の武器、堅木を尖らかし火に燒き、油を塗て鎗の如くせし武器にて、多數の縛せし捕虜を突き慘殺する所を見る、此因緣の薫發にて本人全身痛み、其内にも橫腹最も痛む、此時原住人の守護神、摩醯首羅天と逆緣を結ぶ。

此原住人は穀食を知らず、鳥獸を捕へ引裂て生で食ふ所を見る、以後朝夕此靈出でゝ聽經す。

十一月一日、顏は猿の如く形は人の如き者、赤鬼に追はれて全速力で逃ぐるを見る、人類發生前、鬼類の生存時代を示されしなり。

二日、神出で給ひ讀經中、混淆せし各人種の靈を分類さる

四日、赤鬼と青鬼と鬪爭するを見る、繪にある如く、二本の角あり、裸體なり人類發生以前の住者ならん、赤鬼は愛染明王の管轄なり。

五日、愛染明王出で給ふ、久遠の因緣大部分得道せりと、大に喜ばる、空中飛行され、威音王佛の所に行き懺悔さる

五日夜、侃治の過去に燒き殺せし、インド族五百人の靈を靈山に送る、六日より十日迄、愛染明王の關係の靈出でゝ聽經し得道す。

十一日夜、神出で給ふ、因陀羅《インダラ》と仰らる、久遠の過去の因緣を解く、釋迦族の祖先は、西藏の高原に發生せる翼ある人種なり、我れ其頃より此族の守護神なり、（今のアーリヤ人種の祖先）印度に降り土着の惡鬼を退治し、恒河の流域に增殖す、是れ釋迦族の始にして、其時戰ひし敵手の守護神が今の愛染明王なり、此關係の人種が後の婆羅門族となり、婆羅門教と佛教の爭は遠く威音王佛の時より始る。

釋尊印度に出現し給ひし時、此因緣解けず、爲に佛法は久しからずして、婆羅門教の爲に衰滅に歸す、今此久遠の大因緣汝に至て解く是れ過去の宿因なり勤めよやと仰らる。

此の大明王無量の眷屬を率ひて威音王の久遠より、正法を保ち弘法する者を苦しめ災を降し難を與ふ、世尊、寶塔品に於て、此經難持と仰られしは此大魔王の破壞するを仰られ、宗祖の御遺文四條金吾が法華經を持ちしより災來り難多し云々、其災難を降せしは良觀の守護神の爲せし業なり宜なる哉、當着忍辱鎧。

（猶太人はアーリヤ人種にして、エホバの神は翼ある神なり、基督舊教の主神「ゴット」天主とは帝釋天、即ち因陀羅なり、基督の過去は帝釋天三十二人の弟子の一人也。）

十二日夜、因陀羅出でゝ聽經し、後ち飛行し威音王佛の所に至られ禮拜さる、此飛行の時、手を組合せ、肩と肱との間に附屬せる翼を以て飛行さる、合掌は玆に起原するか。

十三日より十八日迄、靈出でゝ聽經す、因陀羅關係の靈得道す。

十九日左の如く死靈得道せり。

愛染明王の關係　　參萬五千人
因陀羅の關係　　參　萬　人

十一月二十日、式を行ひ靈山淨土へ送る、因陀羅、愛染明王は、既に十界の大曼荼羅に勸請しある故勸請せず、其儘法華の守護神となる、愛染明王は婆羅門教の神魯達羅《ロダラ》（暴惡又は黑天と譯す）摩醯首羅天、大自在天、伊奢那天、濕婆《ジバ》神、荒神等の遠き祖先なり。　以上

上世印度吠陀時代に於ける神と提婆達多及基督教主神の關係

吠陀時代とは、西紀前千年より其前五六百年前の頃を云ひ婆羅門教の前身、釋尊御出世前の時代なり。

大正十三年二月初旬より此因緣薫發す。惡靈來り靈媒に移り、倦怠を感じ、身體に故障起る、讀經すれば世尊、宗祖を罵り、諸天神を揶揄す、時には死靈の出る事もあり、肉食を忌み强て食すれば腹痛起る、又時に禪定に入る、日夜努力するも一言も發せず、其儘捨て置く事、約六ケ月、朝夕靈出でゝ聽經す。

八月二十四日、午前十時、靈媒、身體倦怠なりとて加持を求む、嚴密に諸天に祈り修法し、靈出づるも發言せず、何物たるやを確めん爲に守護神の降臨を乞ひしも遮て果さしめず、漸く感應に提婆とあり、釋尊御在世の法敵たりし提婆達多、並に提婆達多を使ひし大魔神の因緣なり玆に薫發す。

【提婆達多】傳に提婆達多は天授と譯す、斛飯王の子、阿難の兄、佛の從弟なり、釋尊の弟子となり神通を學び三十相を具し六萬藏を誦するも、後利養の爲に逆き、釋尊を殺し自から法王たらんとし、布教を妨げ、佛身より血を出し、生ながら地獄に墜ちし靈なり。

二十五日、夜、提婆達多を引出し聽經せしむ、一言も云はず、種々說法す、少し懺悔の心起る。

二十六日、本日より提婆達多、我が體に移られ本門法華の教義を研究さる、心常に澄む、斯かること四日、朝夕讀經の時出でゝ聽經さる。

三十日夜、靈媒に、神靈出づ、物語なし、提婆達多と共にありし神か。

三十一日朝、特に提婆達多に回向す、提婆、姿を現し左の有様を視せらる。

山嶽重疊たる峽谷の山腹險路を過る僧俗の一大行列あり、通路の上に突出したる大岩石あり、其上に提婆達多、立てり、頭髪逆立ち忿怒の相、金色の鉢卷す、徑四分位の金の棒にて額上に飾あり、偉大なる體格の人なり、大石を指し上げ、下の道を通り給ふ釋尊目懸けて拋つ、所を示さる、後ち伏拜し懺悔さる、神力品偈を讀誦す。

三十一日夜、提婆達多出でらる、讀經後、最も嚴肅なる語調にて曰く、其深不思議、不可思議の解脫、南無妙法蓮華經、南無妙法蓮華經と唱へ給ふ、心澄めり三昧に入れる如し。

九月一日、提婆達多出でゝ禮拜さる、代つて神靈出づ、提婆と云はる、提婆達多に乘つて佛に反抗されし大魔王は此神にして、波羅門教の前、梨倶吠陀の頃、信仰の的たりし最高神提婆(Deva)光者と譯す、日月等天上光明の代表とされ、此神自己の勢力保持の爲め、釋尊に最も猛烈に反對されしなり。

神提婆曰く我今迄靈媒に乘る、今汝の體にて提婆達多、得道せり、今より汝に乘つて得道せん勤めよやと云はる。

九月一日、午前十一時大震火災一週年に付施餓鬼會を修す夜神提婆出でられ、今日の法會にて燒死の靈の苦痛除かれ得道するを見て大に感ず、是れ法華經の偉力なるを知る、以後之を弘布すべし、滅罪懺悔の爲汝と共に働き、衆生を度せんと言はる。

二日朝、神提婆出でられ、燒死者の最も苦痛を受け悶々する靈二人引出さる、涙出で眼塞り、咽喉つまり聲枯れ眩暈す、修法して苦痛を除くも修日涙出でゝ頭重し、夜も靈出づ、加持す漸く小康を得。

三日朝、昨夜の靈出づ、頭痛除かるも涙出づ、夜も加持す。

四日朝、燒死の靈出づ、苦痛悉く除かる、神提婆之を見て曰く、威大なる哉、法華經の大威德と讃歎し、此現證を見て大に感ぜらる、神、本體を示現すとて、山の端より曙光の輝く處を示さる（提婆とは天の光明の義）

五日朝、燒死の靈出づ、一切の苦痛除かれ大に喜ぶ、云く私は本所相生町の者にて武田傳太郎と云ふ、兄弟三人あり妻子は早く逃げし爲無事なりしも我等は迹に殘りし爲遂に逃げ場を失ひ三人共に燒死す、今苦痛除かれ自由となる、妻子の前途見度き故自宅に歸さん事を乞ふ、依て修法して家に歸す。

六日朝、神提婆出でられ法華の教義を研究せんとす、依て宗祖の御遺文を讀むべく命ぜらる依て讀書す、終日心澄めり三昧に入れるが如し。

七日朝、神提婆出でらる物語なし、夜も同じ、明朝總大將を（神提婆の大將に非ず靈界の最古の神）迎ふと云はる。

基督新教の主神と基督舊教の主ゴットノ關係

八日朝神提婆、總大將を呼迎へ給ふ、大靈氣來る、終日心澄めり、夜も出でゝ聽經さる、明朝語ると仰らる。

九日朝、大靈神出で給ひ聽經後曰ふ、我は「ヴァルナ」（Varuna）なりと仰らる、吠陀時代の天上の王、後の阿修羅界の總大將なり。

【婆樓那《ウアルナ》】梨倶吠陀時代の最大最上の神にして、密多羅《ミドラ》、（後の「インドラ」又帝釋天、基督教舊教の天主又ゴット）と共に一切天空を掩有監視する統王となり、天地日月の父となり又一切を透視知了し、何物も能する阿修羅と稱せられぬ。其崇拜は殆んど吠陀中に於けるアスラ教の勃興と稱すべし。即ち「ヴァルナ」の崇拜者は其が天地雲雨光明の司管たるより一歩を進めて秩序の守護となし、總ての嚴粛不壞の法規定則は此王の把持し運用する所と觀て、世界の秩序の神となりぬ、廣大なる天地萬象も此神の一切知と神力の一切能に依りて、維時監督せらるゝが如く、人間の行爲心事も亦總て其法規に統轄せられ、其監視者は凡て善惡を知り、其羂索は總て惡人を捕縛するとて最も人々の畏るゝ所なりき、吠陀人民の道德的意識は最も多く此神に對して發顯し「ヴァルナ」の秩序に反對する不義。之に對する不實の罪惡とを避け、主の怒に觸れず、其恩寵に攝せられんと勉めたり、以て敬虔畏服の宗教、道德的意識の盛んなりしを知るに足るべく」其讃誦は猶太の詩篇に髣髴たる者なり。

【ヴァルナ】に伴れて「ミドラ」も亦天地の統治者秩序の監視者として王と呼ばれ、多くは二者合一して惠の王、威力の主と仰かるゝも又特に「ミドラ」を以て恩寵の王となし、人間の害を除き罪過を除く、衆生守護にして其不壞の規律は何物も之を犯さずといへり、「ヴァルナ」に合して「アールヤ」全體の最上神となりし者なるべし、其性質は後に武勇の神王なる因陀羅《インダラ》にも現わるゝを見る、(後の基督舊敎の主神、天主)「ヴァルナ」等の天地を管し道德を薫すは、即ち秘密力なる阿修羅の咒力なりしとして畏敬せしなり。然るに吠陁中葉に至り、社會の組織漸く大に、武士の階級固定するに從ひ、其神は表面に表れ讃歌畏敬を主とせし宗敎は、大に祈願咒咀の風を長じ、其神の武勇に依頼し神と飮酒を共にし神力を享受せんとせり、其神は即ち因陀羅なりき、因陀羅が初め「ヴァルナ」と並び稱せられて二王と仰がれ、彼は監督、此は守護神たりしより漸次、王なる「ヴアルナ」を超へて最高統治の君主神となり、特に印度「アーリヤ」民族の最高神となれり、是れ吠陀宗敎の一轉機なり。

其後因陀羅の武功は赫々と輝き「インドラ」に助けられし族は皆婆羅門、或は刹帝利の祖にして、惡鬼の首として傳へらるゝ「シャンバラ」「ナムチ」「シンナ」を戮しぬ、且「インドラ」は特に「アーリヤ」民族の武神「デーバ」たりしより、先には神力を現せし印度「イラン」時代以來の「アスラ」は漸次、神以下の魔の謂と化し從て「インドラ」の敵として殆んどダーサと區別なきに至り「アスラ」は全く惡魔として印度宗敎の中に存したり。(以上印度宗敎史より)

此の吠陀の中葉より忘れられた「ヴァルナ」の神が、後ち基督新敎を興し主宰の神とならる。獨逸人、ゼルマン種族の祖先はアーリヤ人種なり、遠く吠陀の昔よりの守護神なり、婆稚《バジ》阿修羅王は獨逸に出で「マルチンルーテル」(紀元一五一七年)をして基督新敎を興し、「インドラ」の守護さる基督舊敎を破却す、(詳細は後に記す)基督敎舊敎、新敎の猛烈なる勢力爭は、實に源を上世印度吠陁の昔に發し、中間、羅馬に於ける「ミドラ」敎と基督敎にも起原す、其同一基督敎なるに新、舊融合の出來ざりしは玆に起原す。

九月十日朝、「ヴァルナ」神出で給ふ、心澄めり、神曰く世界の最高神となり、我敎より外に正しき敎なしと思ひしに日本に於て發展せし佛法、法華經に依て、世界の靈界統一さる、玆に來り其威力の現證を見る、眞に眞理に敵なし、「サツダルマ、プンタルカ、シユートラ」の威德と大に讃歎さる、基督を磔刑に處せし時、「エルサレム」の神「ヤーエー」の後援せし事を懺悔さる。

十日夜、吠陀時代の仙人出でゝ聽經す、山麓の大洞窟に供物を供へ祭典する所を視る、祭壇は石の如し、兩指を組合せ禮拜す。

十一日より十三日迄、朝夕仙人の靈出でゝ聽經す、身體倦怠を感じ睡眠を催す、十三日に至り心漸く澄む。

十四日朝、仙人出でゝ聽經し後ち、祭儀の時用ゆる吠陀の讚歌を誦さる、日本神道の祝詞を讀む如き調子に似たり語は咒文の如し、十五十六日共朝夜、仙人出でゝ聽經す。

十七日朝、仙人の靈出づ讀經後、三昧に入らる、心澄む、夜も同じ。

十八日、朝神出で給ふ、讀經終て「ヴアルナ」と仰らる、過去は汝の調べし史傳の如し、後ちペルシヤ教を興す、是より此因縁を解くと仰らる、夜、異れる神出で給ふ。

波斯の宗教

アランメンジース氏世界宗教史

アーリヤ人の一部が一度び、中央亞細亞の高原を離れて印度に入るや、又其一部は信度河畔、裏海黒海、及び波斯灣の中間イランの高原に入れり、此地は太古アリアナと呼はれ、彼れアーリヤ人種なる名稱も亦實に之に基せり其言語は梵語に類し、其アーリヤ人が印度及波斯の兩地方に分離せざる以前に於て、此兩民族が共に同一の文化を具有し居りし證は歴然として存在せるを見る、果して然らば印度人と波斯人は、其初め同一宗教を具有し居りしは明なり、而してアーリヤ人種が一度印度の地に入るや、その宗教は積々たる吠陀の樂天的、天然崇拜より漸次憂欝たる厭世的悲觀に推移し去れり、之に反して波斯のアーリヤ人種は永く其快活健壯の氣質を失わす、從つて建全なる道德思想に富みしも、印度アールヤ人種の如く哲學的思辨は寧ろその短所とする所、然して其思想は希臘人を介して、夙に歐洲人文の進歩に貢献せし者も亦決して鮮少ならざりしなり。
太古より波斯には種々の宗教ありしが、紀元前千四百年の頃「ツアラツストラ」(譯者により「ゾロアスタア」により改革されしが、今の波斯教の紀元なり（一説に「ゾロアスタア」の出生を西紀前六百六十年とす、明確の年代判定不能）
吠陀中の神々は、又波斯の古代宗教に於ても、之を發見するを得べし、故に吾人は今之に依りて「ツアラストラ」以前に於ける波斯宗教を觀察するに「ミドラ」は太陽の神化にして印度及波斯にも之れあり、大空の神化たる印度の「ヴアルナ」は亦波斯の主なる神なり、其他火神、風神、雨神及び人類に仇する龍蛇は又波斯、印度の兩國に通じて其崇拜の對象と成れり、神を祭る式、又兩國頗る相酷似せり、然るに玆に重要なる問題あり「デーバ」即ち輝く者、「アスラ」即ち生ける者たる二神は、印度及波斯の兩國の宗教に通有する所なりと雖も、其特性に至りては二國頗る徑庭せるものありて存し、印度にありては「デーバ」は將來永く善神として崇拜至らざる所なかりしも「アスラ」は惡神として印度人の恐るゝ所となれり、然るに波斯にありては之に反し善惡の二神はその所を倒轉し「アスラ」は善神として至上の神位を占め、之に反して「デーバ」は惡鬼と變化するに至れり。

「ツアラストラ」はアフラ神に關する如何なる教理を教へしか、曰く他なしそは世界の起原を説明する哲學なり、而かも印度の哲學の如く捨家遁世的の哲學に非ずして、その教理の認了は直ちに強大なる意志力行を催促し來るの哲學なりとす「ツアラツストラ」は「アフラ」の救護に由りて國家良民の困難を癒治せんとせし者也、然れども其思想は決して「ツアラツストラ」獨創の見に出しに非ずして早く既に當時人民の頭腦中に胚胎し來れる思想なり、彼は唯そを教義的組織の下に發展し、其實際的結果を導きしに過ぎず、彼の思想は二元論なり、彼惟らく世界開闢の當初に於て、精神と事物との二大原因あり、此の二大原因の協力合同によりて世界は形成せられたり、此二大原因は吾人人類の命運を規定し、善人には心の樂地即ち天國を興へ、惡人には心の苦痛即ち地獄を給ふ、世界の創造以後は此の二大原理は各其責を盡してその職を退き、而て善惡二大原理は各その自己の領域を分治するに至れり、之より世は實に善神「アフラ」と惡神「デーヴ」との爭鬪なりとす「アフラ」は元來天の神にして、天光の普曜一切の生類に恩惠を賜ふの神なるが故にそを神化して善神となしゝなり、惡神「デーヴ」は之に反して人類に一切の災害憂毒を流布する神格なりとす。

「ツアラストラ」は人民をして善惡二神を分別し、その一を崇拜し他を極力排斥すべきを以てせり、是れ實に波斯に於ける太古宗教上に爲されたる一轉機たるものにして、從來の多信敎的思想を排し如何なる神も等しく崇拜すべきものたりとの一般思想に大打擊を與へたる者なり、而かも彼は道德上よりして善神の拜すべく、惡神の排斥すべきを以てす、彼は人をして各自神の特性を考へ其善なる者を崇拜し、其惡なる者を黜け、惡神は決して自己の恐怖心よりして其害を免れん爲に禮拜する必要無きを知らしむるに至れり、又其天國に於ても善惡邪正の兩神は常にその爭鬪を試みつゝある者にして人はその神の正善に與みし、邪惡なるものを極力排斥すべき者と敎へたり、此に於て、波斯の宗敎は全然二元論となれり、善惡の二神はその當初より對立して世界の創造に與り延いて、世界の秩序中にその勢力を對抗保持し居る者なり、故に波斯の宗敎にありては、その善神なる者も畢竟絕對至上の存在者に非ずして、常に惡神の爲にその勢力を制肘せられつゝあるものとす、是れ波斯宗敎が印度の宗敎と同一「アールヤ」人種の思想中に胚胎し而かも印度の宗敎が一元的傾向に發達趨進し來りしに反して二元的傾向を執りて特種の發達を成遂せるを敎ふる者なり。(以上世界宗敎史より拔萃)

神は信仰する人民に依て善神とも惡神ともなる根本原理は善惡不二也。

佛敎により今解きつゝある提婆達多の因緣に關連し、上世印度の因緣薰發し、之に關し神提婆及び「ヴァルナ」神出現され、後ち阿修羅王出でらる。今日迄解いて來た事蹟古代「ミドラ」「ヴァルナ」の勢力爭の結果一方は波斯敎（主神マツダアフラは「ヷアルナ」の眷屬阿修羅王なり）となつて薰發せり、玆に於て波斯敎の敎義を調べる必要が起りし爲、世界の宗敎史を繙いて見るに、其內にも「アラン、メンジース」氏の調べられたる波斯敎が、吾人の今迄感應を得し事蹟と符節を合せし處多く有るにより之を拔萃せり。

前に說きし如く「ミドラ」が後の因陀羅となり「ゴツド」(譯天主)となり基督舊敎の主神となれり。後に婆稚阿修羅《バジアシユラ》王が獨逸より「マルチン、ルーテル」を立たしめ、基督新敎を興さる、是の神の背後に阿修羅の總督「ヷアルナ」王あり、基督敎、新敎、舊敎が古來より融和出來ず慘憺たる大戰爭を起して迄も勢力爭を爲せしは其源遠く印度吠陀の昔より主神と主神の爭なり、玆に、法華經の威力にて久遠の因緣解けたり、依て世界は平和となるべし。

九月十九日朝、神出で給ひ聽經後曰く、我は波斯敎の善神

（マツダアフラ）なり「ヴアルナ」王茲に出で給ふ、依て我等茲に來る、（此神「ヴアルナ」の眷屬の如し）夜も出でゝ聽經し給ふ。

二十日、朝夜共「マツダアフラ」出でゝ聽經し給ふ、二十二日迄同じ。

二十三日朝、「マツダアフラ」出で給ふ、我は佉羅《キャラ》拳駄《ケンダ》阿修《アシュ》羅《ラ》王なり（譯吼如雷、又廣肩胛）波斯教を興すと言はる。

二十四日朝、神出でゝ讀經し給ふ、夜死靈出づ、禮拜さる物語なし。

二十五日朝、靈出で聽經後曰く「ヴアラスター」と丁寧に禮拜さる、夜、教司、（サンカ）の靈出づ、聽經し後ち讚歌を唱へ禮拜す。

二十六日朝、魔神出づ、涙出で風邪の時の如く、夜も出でゝ聽經さる、頭べ痛く涙出づ、加持して小康を得。

二十七日朝、死靈出でゝ聽經す、夜、魔神出づ、提婆と云はる。元と善神なりしも此國にて惡魔として排斥されし爲め、遂に魔神となり多くの教司を殺し、人民に種々の災を降せり、今其罪を懺悔すと云はる、夜も死靈出でゝ聽經す。

二十八日朝、教司の靈出でゝ聽經す、夜も亦同じ。

是に續て釋尊御在世の因緣薰發す、關聯する故、次と同時に解決す。

釋尊御在世の因緣　大正十三年薰發

九月二十八日迄に上世印度吠陀時代より波斯教の因緣を解く、神の關係により續て、釋尊御在世の因緣を解く。

九月二十九日朝、悲感せし人靈移り聽經され、夜も亦人靈出で、聽經後、頻婆《ビンバ》娑羅《シャラ》と言はる、釋尊御在世、提婆達多の關係なり。

【頻婆娑羅王】は釋尊御在世の頃、摩竭陀《マカタ》國、王舍城の主なり、其子阿闍世《アジャセ》は提婆達多に賺されて、父を幽閉し餓死せしむ、幽中佛の光明に照されて阿那含果《アナゴンカ》（不還果）を得て死せし王なり。

三十日朝、人の靈出でゝ禮拜さる、胸塞り極度の神經衰弱に罹りし如し頻婆娑羅王なり、聽經後も心ろ憂愁なり、三昧に入つて之を治す、十時頃漸く快復す夜加持の時、藍婆《ランバ》羅刹女出でられ、加持し後ち語らる、我れ其時、此王を苦しむ、故に茲に出でゝ懺悔すと云はる。

十月一日朝夜、共王出でゝ聽經さる、飢餓の狀態になり腹痛起る、修法して苦痛を除く。

二日朝、王、聽經後語らる、世尊は一切の救者なり、我佛に歸依し衆僧を供養す、然るに我子に幽閉され、食を絕ち餓死せしめらる、何に依て此の苦を受くるやと疑問さる。王の心は世尊及衆僧に供養す、即ち施を行ず、然るに其の果は食を斷たれ餓死す、世尊の說き給ひし因果の大法に矛盾するを疑問さる。

夜、神出でゝ禮拜され後ち、提婆と云はる、王は釋尊に歸依し大衆に糧を送る、依て之を碍げん爲に、阿闍世の過去の宿因に乘じて王を幽閉せしめ、佛に施與せし報に飢餓を與ふと懺悔さる、(恐ろべき哉大魔王の力此經維持は玆に起原す)代て人靈出で、丁鄭に禮拜さる、後ち「アァ――ジヤセ」と云ふ阿闍世王なり。

【阿闍世王】末生怨と譯す、佛在世の頃、摩竭陀國王舍城の治者、父は頻婆娑羅王、母は韋提希《イダイケ》、懷胎の時相師占て此兒生れて父を害すべしと云ふ、由て末生怨と名く、末生以前より怨を結ぶ意、又折指と名く父王、相師の言を聞き夫人と共に謀り、生るゝ日樓上より地に落せしに只指を損して死せず故に名く、長じて惡友提婆達多に近き、初生の時の事を聞き害意を生じ父母を幽囚し、父を殺し王となる其罪により遍體瘡を生ぜしも佛所に至り懺悔して即ち平癒す、

十月三日朝、阿闍世王出でゝ聽經さる、夜も同じ。

四日朝、王出でゝ聽經し、後ち神提婆出でゝ曰く、阿闍世と頻婆娑羅と其方の過去に關聯せし因緣あり之を解かん勸めよやと云はる、依て此靈を引出す、夜讀經の時、腕をまくり振り廻し大に威張る靈出づ、物語せず。

五日朝、讀經後、背ろ手に縛されし靈出づ、縛を解く、善《ゼン》星《シヤウ》と云ふ、阿難よ我を救へと云ふ。

傳說【善生】は佛の太子たりし時の子と云ふ、出家して十二部經を讀誦して能く欲界の煩惱を斷じて第四禪定を發得し、之を眞の涅槃なりと思へり、然るに彼れ惡友に近いて所得の解脫を退出せしかば涅槃の法無しとて、因果撥無の邪見を起し、且つ佛に向ひ惡心を起し、生ながら無間地獄に墮せし人なり、依て闡提比丘と稱す。(闡提とは不信又は不成佛の義)

五日夜、善星出づ、頭べ痛む、之を治せと云ふ、依て修法

して苦痛を除く。

六日朝、善星苦痛除かれ、佛を禮し後懺悔す。佛の太子たりし時の子なりやと問ひしに、淨飯王の后妃の子にして、佛の異母弟なりと云はれ、夜も出でゝ聽經さる、後ち狂暴なる神出で、怒哮さる。

七日朝、善星を惡道に導きし神出づ物語なく、夜も同じくして怒氣未だ治らず。

八日の朝、神靈出で聽經後、曰く、我は提婆なり、(同一名なるも提婆達多に乘りし神提婆と波斯敎の提婆と皆同族なるも異なれり) 佛法を破却せんとし善星に乘つて妨げせしも及ばず、遂に永く善星と共に地獄にあり、今茲に出る事を得、善星も懺悔得道せり、我も懺悔す、是より法華弘布せんと云はる。

夜、代て人靈出づ、讀經後、上向に臥し大の字になる、之を引起す、安座し三昧に入る。

九日朝、神出でらる、心清く澄めり、善星と共なりし神提婆なり、昨夜の死靈は未だ物語せず。

九日夜、黑牛に乘りし摩醯首羅天出でらる、此神釋尊御在世中、佛に反抗し種々の罪惡を犯せし神にて、「中にも阿羅漢を殺し糞尿の中に埋めさせ、其他犯罪せし爲黑牛に乘る後ち日本に渡り大黑天と示現され豐臣秀吉と緣を結び天下を統一さる、汝の二男侃治とは吠陀の昔より緣を結び今日に至る、今漸く過去の惡因解くる時來れりと懺悔さる。

十日朝、大黑天出でらる、後ち死靈出づ頭べ重し、心に慚愧を懷き名を云はず、夜も出でゝ聽經す、物語せず、三昧に入る、十一日も同じ。

十二日朝、死靈出で聽經後、漸く名乘る、迦留陀夷《カルダイ》と云ふ、釋尊の弟子となり阿羅漢道を得、王舍城に敎化し賊子の爲に殺害さる、過去の宿因とは云へ、不注意より敎法に汚點を殘せしは慚愧に堪へずと懺悔さる。

【傳說】迦留陀夷は黑曜又は黑光と譯す、波羅門種にして悉達太子、宮に在りし時の師、出家して比丘となる六郡比丘の一。

迦留陀夷の敎化、佛、舍衞國にあり、爾時に長老、迦留陀夷阿羅漢道を得て是の念を爲す、我れ先に六群比丘の中に在り舍衞國に在て、諸家と汚辱せり、我今當に還て諸家を淸淨ならしめんと、是の念を作して後ち舍衞國に入て九百九十九家を度す、若し夫、道を得て婦得せず、婦、道を得て夫、得ざる者は此數に非ず、而して更に一家を度して千家に滿じて遂に狂殺せらる。

【迦留陀夷死ニ糞中ニ】時に舍衞城に婆羅門の家あり、應に聲聞を以て得道すべし、迦留陀夷、念じて言く我れ復た此家を度せば舍衞城に於て千數に滿つと、晨朝に鉢を持して其家に至るに、主婦門を閉ぢて餅を煎る、迦留陀夷、種々の神變を現じて其心を化し、祇洹に至て其餅を僧に供せしむ、依て法を說て、初果の證を得せしめ五戒を與へて優婆夷とす、彼れ家に還て其夫を遵て來り其夫も亦初果を得て優婆塞となる、夫妻既に道に入て力を盡して迦留陀夷を供養し、其子に命じて身、死して後も今と異なること無からしむ。其子命を奉じて供養すること法の如し。後に子の婦、賊主の年少端正なるを見て、竊かに之に通じ娛樂す時に迦留陀夷、其家に往て、婦の爲に淫欲の過を說く、婦之を聞て疑を生じ或は夫に向て之を說かん事を恐れ、賊主と相謀り、一日病に托して迦留陀夷を請じ、日歿の後、迦留陀夷の糞所に至るを伺て賊主をして之を刺さしむ、賊主便ち利刀を以て其頭を斷じ糞中に埋着す、世尊之を知て諸比丘を率て糞所に至り、死屍を擧て法の如く之を城外に火化す、波斯匿《ハシノク》王之を聞き、婆羅門の家を滅し其七世の親に及ぶ。（十誦律十七、經律異相十五）

十二月夜、讀經中、火焰玉の如き死靈來る、苦熱を感ず修法して火を消し苦痛を除く、焦熱地獄に在りし靈か。

十三日、靈出でゝ聽經す、苦痛薄らぐ、身體縱橫に縛されてあり、之を解く、代て大黑天出でらる、死靈は旃遮《センシィ》波羅門女なり、大妄語、謗法の罪により焦熱地獄に墮ち今日に至り、今漸く救はる、我等も之に關すと懺悔さる。

【傳說】旃遮婆羅門女、又遮摩那と云ふ、盆を腹にして佛を謗ず、佛九惱の一、興起經の下に、佛、舍利佛に告ぐ、往昔阿僧祇劫の前に佛あり盡勝如來と名く、爾時兩種の比丘あり、一を無勝と名け、一を常觀と名く、波羅那城に長者あり大愛と名く、婦あり善幼と云ふ、兩人の比丘其家に往いて檀越となす、善幼、無勝を供養するに四事乏しきことなく、常觀を供養する至て薄し、無勝比丘は諸漏を斷じて六通具足し、常觀比丘は結使未だ盡きざればなり、常觀自から言く、無勝比丘善幼と通じて道法を以て供養せず、自から恩愛を以てする耳と、汝知るや其時の常觀は我身是なり、善幼婦人は今の波羅門女旃遮と名くる者なり、我れ其時故なく無勝羅漢を謗す其罪を以て無數千載地獄に在て諸の苦痛を受け、今佛と爲ると雖も、諸の大衆に法を説く時、餘殃を以ての故に多舌童女舞盆を以て腹を起し、我所に來至して曰く、沙門何故ぞ自から家事を説かずして、乃ち他事を説く、汝今獨り樂みて我が苦を知らず、何となれば汝、先に我と通じ、我をして身あらしむ、今臨月に當れり、爾時に衆會皆頭を低れて默然たり、時に釋提恒因（帝釋天）後に待して佛を扇ぐ、神力を以て化して鼠となり其衣裏に入りて舞盆を嚙み、忽然地に落す、諸の四衆及六師の徒、盆の落るを見て、皆大に歡喜して聲を揚げて稱慶す。（西域記六）瞿伽梨《クキャリ》、陷坑の南八百餘歩、大深坑あり是れ旃遮波羅門女、如來を毀謗し生身地獄に陷入する之處。

十三日夜、靈出でゝ聽經す、頭重く身體倦怠なり睡を催す。

十四日朝、旃遮の靈出でゝ聽經す、苦惱除かる、後ち言く瞿曇《クドン》（世尊）我の妄語の罪を赦せと、懺悔さる。

十四日夜、乘物代り頭重く、摩醯首羅天出で給ひ、是より毘瑠璃王の釋種を殺せし因緣を解くと云はる、此神此の大虐殺に關係せらる。

十五日朝、夜、死靈出でゝ聽經せしも物語なく、胃に疼痛を感ず、波斯匿《ハシノク》王なり。太子に追はれ食に飢へ病に罹り死すと云はる、臥して後も非常に腹痛を感ず、此王は下痢にて歿せられしか。

【傳說】波斯匿王は舍衞國の王にして和悅又は日光と譯し、玄奘は勝軍と譯し、義淨は勝光と譯す、梵釋王の子なり、佛と同日に生る（有部毘奈那雜事）憍薩羅國王、勝光王と云ふ、王の第二の夫人末利（勝鬘と譯す、勝鬘經の勝鬘夫人は此母の子同名）と云ふ、もと迦毘羅城の婢女なり、歸佛の福力を以て王の爲に聘せられて夫人となり太子を産む、惡生と名く逆害自立の志あり、長行大臣之を諫止す、後に王、長行大臣を將て佛所に至りて法を聽て久しく出でず、長行意變じ竊に車馬を引て城に還り、惡生太子を策立して王となし、大王の二夫人、行雨、勝鬘を驅逐す、二夫人王所に詣して中途に王に遇ひ事を白す、王便ち勝鬘をして城に還らしめ、自から行雨と共に王舍城に向ふ、城外に一園林あり、王此に停りて行雨をして阿闍世に報せしむ、阿闍世之を聞て大に喜び駕を嚴りて自から出でゝ之を迎ふ、時に勝光王久しく食を得ず、園主に乞ふて蘿菔五顆を得て之を食ひ、水邊に行きて過量に水を飮む、因て霍亂を成し遂に仆れて死す、阿闍世後に來つて厚く之を葬る。
十六日朝、王出でゝ聽經され後日、一切の苦痛除かれ安穩なることを得たり、我れ世尊より法を聽きしも未だ是の如き深妙の法を聽かず、是れ何の法なるやと、爲に世尊最後に末法の爲に殘されし妙法蓮華經なりと答ふ、婆伽梵《バカボン》、我を救ひ給へと禮拜され得道さる。
十六日夜、新たなる靈來りて臥す。之を引起す、頭重く身體倦怠なり、趺座す。
十七日朝、人靈出でゝ聽經す、代て神出で給ふ、死靈は毘瑠璃《ビルリ》王なりと云はる、夜亦靈出でゝ聽經し後ち語る、毘瑠璃なり父を逐ひ、位を奪ひ、釋種を殺せし爲、地獄に墮ちて永く苦を受く、今玆に來り苦惱除かると、既往を懺悔さる。

【傳說】毘瑠璃王は波斯匿王の子、末利夫人の所生なり、惡生太子と云、父王を逐ふて位を嗣ぎ、又舊怨を以て迦毘《カビ》羅《ラ》城の釋種を滅す。

（毘那耶雜事七）惡生太子、大臣の子苦母と城を出でゝ遊獵し劫毘羅城に至り釋迦園に入る、諸釋子大に之を辱しむ（生母末利夫人は釋迦園王摩訶男の下婢なり佛に供養せし福を以て波斯匿王の妃となる、其子なる故辱しめらる）惡生、憍薩羅城に還つて左右に告て曰く、汝等憶持し父王歿後、我位を紹く時我に此事に告げよ、苦母言く善哉太子快く此語を出す、願くば心を堅くせよ、位を紹く時、我當に爲に說くべし、後ち惡生太子逆害の心を起し、長行大臣と謀りて、父波斯匿王を放逐し自から位を紹く、時に苦母王に白して言く、大王諸釋子の怨を顧念するや否や、王是に於て兵を起して諸釋を滅す。

【涅槃經十六】瑠璃太子、愚痴を以ての故に其父王を廢し自立して王と成る、復宿嫌怨を念ひ多くの釋種を害す萬貳千の釋種の諸女を取り耳、鼻を刵劓し手足を斷截し之を坑塹に推す。

【惡生王生入地獄】（毘奈耶雜事）佛惡生王を記す、七日の後に於て猛火に焚燒せられ無間大地獄の中に墮在せんと、惡生是を聞て大に懼怖す、苦母言く、乞求婆羅門の如き舍に入つて乞求し、物を得ざる時は其家をして種々の不吉祥の事を生ぜしめんと欲す、何ぞ況んや沙門喬答摩所有の親族、王に誅盡せらる、寧ろ深重の怨恨の言なからんや其惡心に從つて咒咀を爲すのみ、王若し懼るれば後園中池水の内に於て大柱樓を造り王應に彼に詣で七日居住し日滿る後、方に城に入るべし、王便ち樓を造らしむ、諸の宮人及苦母を將て樓に昇て住す、一夜を過ぎ終り苦母、王に曰し言く大王一夜已に過ぐ餘六夜あり共に城に入るべしと、是の如く二三乃至七日、苦母言く今日安穩、共に城中に入らんと、時に四面悉ちに雲起る、諸官人相謂て曰く、莊嚴結束して城中に行くべしと、一女あり日光珠を以て偃枕の上に安じ嚴飾す、雲去り天晴れて日光忽ち現じ、寶珠を照觸す、便ち火出でゝ其偃枕ノ燒き、猛炎上騰し即ち樓閣を燒く、諸官人等四散馳走し、惡生、苦母皆火に燒かる、身皆烟熱し倶に大號叫し、便ち無間大地獄中に墜ち諸の極苦を受く。

十八日朝、大龍神出でらる、汝の遠き過去と宿因あり、詳細は追々判明すると言はる、夜死靈出づ、頭重く苦痛を感ず、後ち苦母と言へり。修法して苦を除く。

十九日朝、神出で給ふも物語なし、夜、靈媒の體に、阿闍世王出ず、毗醯首羅天と緣を結び、父を幽せしは提婆達多の奬めもありしが、東北の軍に勝ち、歸る時心變りし父を幽し死に至らしむ、時移り星代り今玆に再び汝に會ひ、法華經に依て救はると、既往を懺悔さる。

二十日、釋種の虐殺されし靈出でゝ聽經す（アジタ）なり後ち言く我等何の罪あつて惡王の爲に是の如き極刑を受くるや世尊には自在の大神通あり、何故に我等一族を救ひ給はざりしやと恨む、依て過去の宿因を說く。

【興起經上】過去久遠劫、於㆓羅閲祇大城中㆒時穀貴飢饉乃至、其時羅閲祇有㆓大村數百家㆒名曰㆓吱越㆒村東不㆑遠有㆑池、名曰㆓多魚㆒、吱越村人將㆓妻子㆒詣㆓多魚池㆒止㆓於池邊㆒捕㆑魚食㆑之、時捕魚人採㆑魚著㆓岸上㆒在於陸跳、我爾時爲㆓小兒年適四歲㆒、見㆓魚跳㆒而喜、時池中有㆓兩種魚㆒一種名㆑䲅、一種名㆓多舌㆒此白相謂曰、我等不㆑犯㆑人、橫被㆓見ル食㆒我等後世要當㆑報㆑之、佛語㆓舍利弗㆒爾ノ時ノ吱越村人男女大小不、則今迦毘羅越國ノ諸釋種是、爾時小兒者我身是、爾時䲅魚者毘樓勒（毘璃瑠王）是、爾時ノ多舌魚者、今毘樓勒王相師婆羅門名㆓惡舌㆒（苦母）者是、

二十日朝、夜共死靈出づ、非常に倦怠を感じ、睡眠を催す

二十一日朝、釋種の男女の靈多數出でゝ聽經す、言く我等の殺戮されし過去の宿因を聽く、此の因果流轉の苦、如何にして解脫することを得ん、願くば之を說け。依て懺悔滅

罪、當體蓮華、唱題即身成佛の義を說く、爨大いに歡喜し禮拜す。

爨媒の體に、人爨出づ、瞿伽離《クギャリ》と云ふ、謗法の罪を謝す。

【瞿伽離】は提婆達多の大弟子、牛守と譯す、（智度論十二）舍利弗、目連雨に遇ふて陶家に宿す、暗中先に女人あり二人不知、女人夜夢に精を失し晨朝水浴す、瞿伽離見て二人不淨を行ひたりと云ふ、三度、佛に呵せられ改めず、遂に瘡を生じて死して大蓮華地獄に墮つ。（涅槃經二十）瞿伽離比丘、生身入レ地、至二阿鼻地獄一

二十一日夜、釋種の爨出でゝ聽經す、爨媒の體に摩醯首羅天出で給ふ、此至難の大謗法の因緣の斯く速に解くるは、時の到れると、法華經の威力と、釋尊宗祖の御威德と、諸天神の威神之力と、其許の過去の宿因と努力に依る、必ず增上慢を起す勿れと警告さる。天に問ふ、瞿伽離、謗法の罪により身に瘡出で、死して地獄に墮つる說と、涅槃經の生身地に入り阿鼻獄に至る說と何　が眞なるや、天言く瞿伽離、山中に入り修行す、岩自然に裂け、內より火出で、彼を燒き地獄に墮つと。

代て旃遮婆羅門女出づ、盆を腹に入れ佛を弃入れんとせしも鼠の爲に破られ大衆の前に、大恥辱、苦惱を受く、是れ鼠の爲なりと思惟し、以後力を盡して鼠を殺す、自からも爲し人をしても爲さしめ無數の鼠を殺し、附近鼠無きに至らしむ、此無數の鼠今皆來て日夜我を嚙む、苦、堪ふべからず、願くば我と共に此多數の鼠を救はれん事を乞ふ、依て修法し鼠を離す（此因緣摩醯首羅天連れ給ふ、其因緣を解かず、大黑天と示現さる、大黑天と鼠は過去の罪障の關係なり）

二十二日夜、釋種の爨出でゝ聽經し後ち言く、法華經の功德により約五千人の爨得道すと大に喜ばる、二十三日も出でゝ聽經さる。

二十四日朝、釋種の爨出でゝ聽經せし、後ち十八日出で給ひし大龍神出でゝ語らる。汝の過去、世尊御出世の時、斛飯王の子と產れ二十五歲にて佛に從ひ出家す。其前の過去は空王佛の時には龍王なり（此時此神と親子の關係あり、此久遠の關係に依て道場の主神とならる）其時今の釋尊に敎化され共に、空王佛の弟子となり修行す、常に多聞を願ひ法を護持す、（此久遠の宿因により靈界を統一す）此宿因に依て釋尊印度へ御出世の時、亦共に出で出家して持者となる、法華會座に於て〇〇〇〇〇〇佛の授記を受くる故あるなり、

此久遠の宿願により日本國に佛法傳來の時、橘維勢と産れ、法華經を護持し之を聖德太子に傳ふ、此傳經の因緣により日蓮上人は日本に出世さるゝ時、橘系の血統たる房州貫名の家に出でらる、(貫名は橘系なり、藤原系に非ず故に紋章橘を用ゆ）汝は其後種々の因緣の爲流轉し日蓮上人御在世に上人に救はる、其後永祿の頃、出生し一歳にして父に別れ母と東海に彷徨ひ薩陀峠にて賊の爲に母を失ひ路傍に捨てらる、其時後の身延十七世日新上人に拾はれ嫡子として、撫育教養され、後ち延山十八世を繼ぐ、其後明治八年出生し今日に至る、過去の宿因茲に薫發し、時到り、釋尊宗祖茲に來り給ひ、汝に救し本門の大戒壇を現はし、靈界を統一し、久遠の大因緣を解き給ふ。

佛法の印度に於て早く滅亡せしは是の如く無量の大障礙ありしに依る、今時到り茲に解く佛法護持の諸天神大に歡喜し給ふ、月西より出で東に歸り、日、東より出でゝ西を照す上行薩埵靈山別付の大法は世界を照すべし、謹んで命を法華經に奉り、廣宣流布して授記を辱しむる事勿れ我れ汝と倶なり、共に佛道を成ぜん勸めよや、と仰らる、(此神は道場の主神妙雲菩薩なり上世印度の最高神、韋紐天）我之を聞て、大に驚く、既往を省みれば、實に慚愧に堪へず、伏拜懺悔し已れを盡して生々世々廣宣流布せん事を誓ふ。

二十四日、波斯教の神、佉羅騫駄《キャラケンダ》阿修羅王出で給ふ、印度上世の因緣解け、我と提婆との惡關係も解く、爲に波斯の靈界平和となる、法華經の大威力、感歎の外なし、以後法華を弘布すべし、依て法華の守護神として勸請を望まれ「ツアラストラ」外教司の靈約千六百人得道せり、靈山へ送るべく命ぜらる。

二十五日朝、神提婆出で給ふ、一切の因緣の解けたるを喜び給ふ、吠陀時代の仙人の靈貳千五百人あり、靈山へ送るべく命ぜらる、代て「ヴァルナ」天出で給ふ、久遠の因緣の解けしを喜び給ひ、法華の守護神となると仰らる依て、道場の主神の御指揮を乞ふ、最上位妙雲菩薩左の如く解決さる。

バアルナ天及神提婆は最上位天王號、波斯の阿修羅王及び摩醯首羅天は最正位天王號とし當道場の守護神に勸請し百日間法華各道場見學の事、死靈は全部、靈山淨土へ送るべく解決さる。

十月二十六日夜、最も崇嚴に式を行ひ左の如く勸請し奉る

最上位　婆樓那天王　ヴァルナ神
最上位　提　婆天王　神提婆
最正位　阿修羅天王　波斯教のアフラ
最正位　大古久天王　摩醯首羅天
死靈、提婆達多、頻婆娑羅王、阿闍世王、善星比丘
迦留陀夷、旃遮婆羅門女、波斯匿王、毘瑠璃王
苦母、瞿伽離
吠陁時代仙人靈　貳千五百人
波斯教教司外靈　千六百人
釋種の慘殺されし男女　五千人
鼠靈　無數

以上

玆に上世印度及波斯教及釋尊御在世の大因緣解く、此因果の輪廻、法界の深甚不可思議なる此久遠の大因緣の解くるを見て法華經の功德の廣大無邊なるを泌々と感ず。

大目犍連と執杖梵志
鹿嶋、香取神との關係

大正十五年十二月薫發

十二月十九日夜、非常に怒氣を含む、大黴氣來り、兩足痛み、悶々として眠る能はず

二十日夜、靈媒(前田)に移して調ぶ。死靈出づ、世尊の御在世に大弟子、目連尊者を杖にて撃ち殺せし、執杖婆羅門なり、其罪により頭ぺ破られ苦惱を受けて死す依て苦痛を除く。

【傳說】摩訶目犍連は佛十大弟子の一人にして、神通第一と稱せらる、初め舍利弗と同じく、六師の外道の一人にして頗る教學に精通し、一百の徒弟を領せしが、中心不安の念あり、舍利弗と互に約して先づ解脫を得し者、必ず之を他に告ぐべきを以てし、共に競ひて修行精進す、一日舍利弗王舍城に至り、五比丘の一人馬勝の儀容端正なるを見其理由を聞き、初めて佛陀の出現を知り、一偈の法門により忽ち開悟得脫し、次て竹園精舍に於て佛陀の親說を聞いて法眼淨の悟を得、之を目連に告げて共に佛弟子となり、

二人の弟子合せて二百人亦師の蹟に倣ひて佛門に入りぬ。

【目犍連爲二執杖梵志一被レ殺】

佛の涅槃に先ちて上足の二弟子、先づ涅槃するは三世諸佛の常法なり、舍利弗、目連、佛の涅槃せんとするを知り、夏座竟て將に般涅槃せんとす、是時尊者大目犍連、羅越城に入りて乞食す、執杖梵志遙に目連の來るを見て各各相謂て曰く、此は是れ沙門瞿曇の弟子なり、彼の弟子の中に此人の上に出る者なし、我等共に圍て打ち殺さんと、諸の梵志共に圍て之を打ち捨てゝ爛盡し苦惱甚だし、此時目連神通を以て祇園精舍に還り舍利弗の所に至る、舍利弗曰く世尊弟子の中に神通第一なり何ぞ神足を以て避けざる、目連曰く我か宿業極めて重し、我れ神の字に於て尙憶ふこと能わず況んや通を發せんや、我れ極て疼痛を患ふ、來て汝に辭して般涅槃を取る、舍利弗曰く汝今少し停れ、我當に先づ滅度を取るべし、舍利弗即ち世尊の所に至て辭し、去て本所に至り親戚鄕人の爲に說法して遂に滅度を取る、目連亦た世尊の所に至て辭し、去て本所に至り說法して滅度を取る。

時に阿闍世王、梵志の目連を打つを聞き、極めて瞋怒し、大臣に告て曰く、彼の外道を求めて之を焚殺せよと、目連之を聞き報じて曰く、大王是の事を爲すべからず、我れ先に業を作る、注で身に來る代て受くべきに非ず、王曰く尊命違ひ難し若し捕へば祖國を出しむべし、然るに目連の弟子に馬宿、滿宿の二人あり、所謂六群比丘の隨一なり、師の打ち殺さるゝを聞き、憤怒に堪へず身毛悉く立ち、大力士の力を以て盡く執杖梵志を捉へて之を殺す。

時に諸の苾芻皆疑あり、世尊に請じて言く、聖者目連何の業ありて其身を粉碎せらる、世尊曰く、往古婆羅門の子となり其婦に淫溺し母に不幸なり、一日母を怒り惡語を發す曰く如何ぞ勇力の人を得て彼の身形を打たん、此麁惡の語に依て五百生の中に常に打碎せられ、今日、聖道を證し神通第一なるも猶此の報を受く。(毘那雜事十八)

又曰く彼れ昔し弊魔たりし時數々、拘樓孫佛の上足の弟子尊者毘樓を觸繞し、化して小兒となりて大杖を以て彼の首を擊ち血を流さしむ、即時に大地獄に墮つ斯くて宿業に依て今日釋迦文佛の上足となり外道に打殺さる。(魔饒亂經)。

二十一日、靈媒前田に大靈氣出づ、執杖梵志をして目連を打たせしは我なりと云ふ淳々として正法を說く。

夜、目連尊者出で給ふ、心澄めり、久しかりし〇〇(世尊御在世の我の過去の名を呼び給ふ)、執杖梵志に打たれし時、何故に神通を現じ逃れざりしやと問しに、神通を起す心起らざりしと云わる、今日迄、無色界に入て道を修す、婆伽梵と世尊を禮さる。

二十二日朝、讀經後、目連尊者出で〻神通を現じ、飛行の氣合を示さる。

二十三日、朝夜共出で〻聽經され、六神通の講義さる。

【六神通】一に神境智證通、又身如意通、又身通、神足通と云ふ、即ち不思議の境界に變現する通力なれは神境通と云ひ、遊歩往來の自在なる通力なれば神足通と云ひ、自身の變現自在を得る通力なれば、身如意通と云ふ各一邊に就て名を與へしなり、其中神境通最も廣く通ず。

二に天眼智證通、色界天の眼根を得て照久無礙なるを云ふ。

三に天耳智證通、色界天の耳根を得て聽聞無礙なる者。

四に他心智證通、他人の心念を知るに於て無礙なる者。

五に宿命智證通、自己及び六道衆生の宿世の生涯を知るに於て無礙なる者。以上の五通は外道も亦之を得。

六に漏盡智證通、三乘の極致、諸漏即ち一切の煩惱を斷盡するに無礙なる者、此六通を成就するは三乘の聖者に局るなり。

二十三日夜、靈媒(前田)に目連を討ちし三人の梵志出で漸く得道す。

二十四日朝、目連尊者出で給ふ、敎ゆべきは凡て敎へたり時に應じ薫發せん、當道場に留り世尊の敎化を輔けんと道場に上らる、夜、靈媒に婦人の靈出づ、苦痛を除く蓮華色比丘と云ふ。

二十五日、午前一時二十五分　大正天皇陛下御崩御遊さる

二十六七日、御苦惱、除去の大法を修し奉る。

三十日朝、目連の弟子馬宿出づ、師の血塗になりて歸り給ふを憤懣、禁ずる能はず、比丘たるを忘れ、刀を取り彼の梵志を斬り殺す、我は元、戰士にして勇者なりし爲に此因縁を造ると云へり。

三十一日、目連尊者の弟子、馬宿、滿宿の二人出で師の名を汚せし事を懺悔す。代て梵志の殺されし靈出づ、初め目連を見し時、彼の神通第一なるを試さん爲め三人にて圍み打ちしに彼れ何の神通も現せず、爲に負傷せしなり然るに彼の弟子大刀を以て阿修羅の如く荒れ我等の弟子三十人と共に斬殺す、今此因緣の解くるを喜ばる、

昭和二年一月元旦、執杖梵志の神出で語り給ふ佛滅後、神代の頃日本に渡り後ち鹿嶋、香取の二神となると仰らる。

二日、靈媒前田の體に、蓮華色比丘出づ、自分は十八歳の時、嫁に行き一女を生む、母の爲に夫を取られ、娘を連れて流浪し再緣す、第二の夫は亦娘に取られ、遂に自暴自毀して亂行し、其時目連尊者に救はる、自分の得道せし時、先づ第一に母と娘を救はざりし故今日に至ると懺悔す。

二日夜、梵志の守護神出でらる、古き過去は上世印度の頃の天夜叉族なり、武術は棒を以て戰ふを得意とす、故に執杖梵志を造る、後ち日本に渡る、鹿嶋の神傳流の棒とて世に殘り、武運長久の神とさる、今法華經により此の因緣解くと大に喜ばる。

一月五日左の靈を靈山に送る。

　馬宿、滿宿、執杖梵志、三十二人、蓮華色比丘外二人

神は他に解くべき因緣あり其儘とす。

昭和貳年一月薫發

【方便品、退座せし五千人靈得道】

一月十五日、靈媒(前田)に、鹿嶋明神出で給ひ、釋尊御在世、靈鷲山にて法華經を說き給ひし時(方便品の初)退座せし五千人あり、此靈を連れてあり回向を賴まる、依て以後朝夕回向し、二十七日迄朝夕靈出でゝ聽經す。

一月二十八日、靈媒に鹿嶋明神出で給ひ、我は昔、天竺に在り、世尊法華經を說き給ひし時障碍す、方便品の說時五千人の退座せし人々は元と我が弟子なり、故に連れて退く、後ち日本に渡り、神道にて勸請され、武術の神として祀らる、今時來り法華經の大威力と、世尊の威德により久遠の宿因解け歡喜の至りなりと、連れてある死靈を送り、改めて法華勸請を望まる。

三十日朝、法華會座より退座せし靈出づ、之に退座の理由を聞きしに、世尊の說法、意に滿たざりし故退座す、前に歸依せし婆羅門敎に復し死後今日に至る、茲に再び世尊の敎化に遇ひ得道の出來る事を喜ばる、五千人悉く得道せりと云ふ、此人に世尊の御說法の時の御姿の大小を問ひしに世尊は不思議の尊容にて見る人により大小不同の異ありと云ふ、茲に於て天台の說かれし說法の儀式に秘密、不定等聽者の智識程度により解各々異なるを證することを得たり。

三十一日、道場の主神、妙雲菩薩御降臨あり左の如く解決

さる。

最正位　鹿嶋天王　元印度執杖梵志波羅門の神
　　　　　　　　　日本の鹿嶋明神
最正位　香取天王　日本の香取明神
退座の婆羅門教徒　五千人

二月一日、死靈々山に送り神は道場の神として勸請す。

大正十五年二月

【車匿《ジャノク》】靈媒(前田)に出づ涙潸然たり之を教化す。

傳說、車匿、譯して樂欲とす、佛出城の時の御者なり、後ち出家して比丘となりしが、惡口の性改まらず、六群比丘の一となる、惡口車匿とも惡性車匿とも云ふ、佛、涅槃に臨んで阿難に敕して之を治せしむ。

大正十五年十一月八日

【須跋陀羅】十一月三日薫發物語せず、神曰く世尊涅槃に入り給はん時、法を問ひし拘尸那城の婆羅門、須跋陀羅なり、其後臺灣阿梨山の蕃社に產れ、首刈の惡風を止めさせんと尋力せしも及ばず、今日に至る、今出でゝ口を利く事の出來ぬは、世尊の涅槃を妨げし罪なり。

傳說、須跋陀羅又は蘇跋陀羅、善賢と譯す、佛最後の弟子、即ち涅槃經中の須跋陀羅なり、拘尸那城の梵志なり年百二十歲にして四韋陀に通じ總明にして多智なり、五神通を得、非想、非非想定を得、佛の涅槃を聞き、佛所に行き八正道を聞き遂に羅漢を成ず。

此靈を過去須跋陀羅に戻す、七日出でゝ得道し禮拜す。

昭和參年十一月　　願主　鷲谷成一

【難喜】本人の過去なり世尊成道前、乳糜を奉りし牧女難陀の兄なり父と共に、乳糜の供養を止めしむ、此爲に三十歲にて腰拔けとなる、此因緣薫發す。

昭和參年四月二十一日　　願主　鷲谷侃治

【提婆羅《ダイバラ》】本人の過去世尊御在世の頃、婆羅門にして伽耶城の北方に住み提婆羅と云ひ二百の弟子ありて、種々の手段を以て世尊に危害を加へし者なり、本人と緣を結び給ひし摩醯首羅天、懺悔して曰く世尊の成道の時より種々の碍けす、今此の莊嚴なる本門の戒壇に勸請さる、今迄懺悔する時無かりし爲今日に至る、今迄地獄に墜し二百人の弟子引出され得道し、依て懺悔すと云はる、左の靈を靈山に送る。

婆羅門教徒　　貳百人

轉輪聖王、阿育王、迦膩色伽王

昭和貳年八月十七日、道場の神、荒熊菩薩、過去を說き給ひ久遠の本體に還り、忽ち黑雲を起し昇天さる、自分の靈も連れ行かる、空中飛行し轉輪《テンリン》聖王の許に行かる、王、寶輪を賜ふて曰く、汝の思ふ如く爲せ、諸願を成就せしめんと仰られ、共に下界に降らる。

十八日朝、轉輪聖王出で給ひ聽經し給ふ、右手槍を取り左手印を結び飛行さる、其何物も打碎く如き心持となる。

八月二十三日迄、聽經し給ひ、關係し給ふ靈を引出し給ふ。

二十四日朝、死靈出づ、阿育《アイク》王なり、夜も出で聽經す。

二十五日朝、王出で給ふ、今迄何處に在られしやを問ひしに、兜卒《トソツ》天彌勒《ミロク》菩薩の許にあり、成道せん爲玆に來る。

【兜卒天】は欲界の天處にして、夜摩天と樂變化天との中間にあり下より第四重に當れり、天處內處の二に分れて其內院を彌勒菩薩の淨土とし、外院は則ち天衆の欲樂所なり。兜卒內院、菩薩最後身の住所なり、釋迦如來も菩薩身の最後の生處として此に住し此生を終へて、人間に下生して成佛さる、今は彌勒菩薩の住處なり。


【阿育王】西紀前三百二十一年頃、印度に於て孔雀王朝を創立せし旃陀堀多大王の孫なり、紀元前二百七十年の頃、全印度を統一し、大に佛法を保護し、之を各地方に宣布せしむ、領內各地に八萬四千の大寺と八萬四千の寶塔を建て又正法宣布の詔文を四方に刻せしめ、身親しく佛蹟を拜して之を供養せしむ、王、即位十七年華氏城に於て、異論防止の爲、第三次の結集を企て目犍連子、帝須を上座とし一千の長老之に從事し九月を以て其效を終へたり、結集終了後、宣布師を四方に派遣し、敎化に從事せしむ。

二十六日、神經衰弱の如き心持となる、阿育王出で給ふ、自分が佛法廣布の爲に建てし寺塔を弗沙彌《フッシャミ》多羅《ダラ》王が破壞せしを殘念に思ふと云はる、佛滅後何年の頃の御出世なるや伺しに約貳百五十年位ならんと仰らる。

二十七日、靈代る、迦膩色伽《カニシカ》王なり、兜卒天にありしが玆に世尊居給ふ依て來下すと仰らる。

【傳說】迦膩色伽王は、月族に屬す、其祖は中央亞細亞に於て富强なる國土を領せしが、王に至り更に勢威を張り、新に健駄羅國を創建し、北は葱嶺を總べ、西は大夏の境より、東は殆んど恒河に達し、南は信度河口に及び、阿育王以後其例を見ざる廣大の領土を占む、初め罪福を信ぜず、佛法を輕侮せしが、後ち正信を發して深く佛法に歸依し、佛法の廣宣に全力を注ぎ、古來の外護者として阿育王と併稱せらる、就中、其効の顯著なるは佛典結集なり、王出世の年代は古來種々の異論ありて一致せず、今尙混沌たれど衆說は紀元前一世紀より後一世紀の間を彷徨す、今暫く西域記佛國記所傳により佛滅後四百年頃の出世に從ふ。

二十九日夜、阿育王出で給ふ、史傳の南傳北得の相違を問ふ。

【北傳】其母は膽婆國の婆羅門の女にして名を須跋羅祗と云へり、王、幼時甚だ狂暴にして父王の寵なく、兄修私摩を以て嗣となさんとしたり、偶々領內、德叉尸羅國に叛亂生ぜし爲、彼をして往て征討せしむ、阿育王經に「器杖質具悉不レ與レ之又阿育王傳にも「唯與二四兵一不レ與二刀杖一」とあるより見るも、父王の意、其陳沒を期せしなり然るに彼れ、褰邁善戰、克く叛亂を平定し威權之より大に張り遂に父王の崩御後、修私摩を殺し王位に登れり。

【南傳】初め阿育王の未だ王たらざる時、出でゝ烏闍衍那の副王となり任地にありて收歛の事を司りしが、偶々父の訃を聞き蹌徨首都に歸り、修私摩を襲ひて之を殺し、自から王位に即き四年間同母弟、帝須を除きて他九十九人の異母兄弟を殺戮し、然る後ち即位の大禮を擧げたり是れ實に佛の入涅槃の後二百八十年なりと。

王、答へて曰く何れも相違あり父の命を受けて出征せし時は二萬の兵と武器糧食を給與さる、故に戰に勝つ、父の歿後、修私摩を討て即位す、修は弟なり王位を望めり故に之を殺す、南傳の如く多くの兄弟を殺さず、又歸佛の因は、數度の戰に數萬の人を殺せし故、之が菩提の爲め、又自分の滅罪の爲、寺塔を建て佛法を弘めしなりと。

三十日朝、阿育王出でられ姿を示さる、白衣にして手に炬火を持ち之を以て速に廻し火輪を畫て曰く、此の火輪、有か無か、一切皆斯くの如くありけん、我れ大國の王となり八萬四千の塔寺を造りしも、我が子孫之を破る、旋火輪の如し、兜卒の榮華も何かせん、(樂も日夜續けば苦さなる)又衰滅の終りあり、旋火輪の如し、故に玆に來下し妙法を得て成道せんとす。

八月三十日、阿育大王、迦膩色伽大王を靈山に送る、轉輪聖王は此儘道場に留まり法華を廣宣流布さる。

以上

阿羅漢の成道

昭和參年四月下旬霊發、世尊御在世の弟子にして、阿羅漢を得、滅盡定に入り其儘今日に至る羅漢及び其他轉生せし羅漢を引出し教化さる、余りに不審さに經證及び祖書を尋ぬ。

方便品に、自ラ證シ二無上道、大乘平等ノ法一　若シ以二小乘一化スルコト乃至於二一人一二　我則チ墮セン二慳貪一二　此事ラバ爲二不可一乃至、我本立二誓願一　欲レ令下一切衆、如二我等一無レ異上　如二何昔所願一今者已滿足、化二一切衆生一　皆令二入佛道一、

世尊は此の誓願により滅盡定に入りたる阿羅漢を、本門の戒壇に引出し給ひしなり。

【持妙法華問答鈔に】二乘作佛に就て

されば華嚴經には地獄の衆生は佛になるとも、二乘は佛になるべからずと嫌ひ、方等には高峯に蓮の生ひざるやうに二乘は佛の種を焦りたりと云われ、般若には五逆罪の者は佛に成るべし二乘は叶ふべからずと捨てらる、かゝるあさましき捨者の佛になるを如來の本意とし法華經の規模とす之に依て天台の云く華嚴大品も之を治すること能わず唯法華のみ有て、能く無學(阿羅漢)をして還て善根を生じ佛道を成することを得せしむ、所以に妙と稱す、又闡提は心あり猶成佛すべし、二乘は智を滅す、心生ずべからず、法華能く治す復た稱して妙と爲す云々。

【小乘大乘分別鈔】二乘作佛諸經に無くば、佛の御弟子、頭陀第一の迦葉、智慧第一の舍利弗、神道第一の目連等の十大弟子、千二百の羅漢、萬貳千の聲門、無數億の二乘界、過去遠々劫より未來無數劫に至る迄、法華經に値ひ奉らずば、永く色心倶に滅して永不成佛の者となるべし、豈大なる失に非ずや、以上

時來て玆に阿羅漢を引出し給ふ、妙なる哉。

昭和三年四月末より薫發

五月二日、神曰く、去月末より世尊御在世の聲聞の弟子の内、成道の出來ざりし靈を引出しつゝあり、努力せよと仰らる、又西行法師、其他先月末來りし、杉浦玄透の過去も之に關すると仰らる。

四日、白長眉の羅漢出でゝ聽經さる、賓頭盧《ビンツル》尊者なり。

【傳說】賓頭盧頗羅墮《ハラダ》と云ふ略して賓頭盧、又は賓頭と云十六羅漢の中の第一なり、永く世に住して白頭長眉の相を現ず、賓頭盧は不動と翻し、頗羅多は捷疾、利根、重瞳と

も譯す、婆羅門十八性の一なり此人もと拘舍彌城、憂陀延王の臣なり、王、其精勤なるに依て出家せしめ、阿羅漢果を證す、而して、白衣に對し妄に神通を弄せしに依て、佛の呵責を蒙り閻浮提に住するを得ず、往て西瞿耶尼洲を化せしむ、後ち閻浮提の四衆見んことを思ふて佛に白す、佛、還ることを許して涅槃に入るを許さず、永く南天の摩梨山に住して、滅後の衆生を度せしむ。

五日、宗祖大聖人出でゝ讀經し給ひ、賓頭盧尊者に加持し給ひ、題目を授け給ふ。

六日、妻の過去の因緣を解く、一年前より薰發せしも不明にして如何にしても得道せず、又障碍もせず爲に其儘捨て置く、今日漸く解く、彼の過去は世尊の弟子中、最も愚なりし、周利槃特《シユリハントク》なりき。

【傳說】周利槃特、又、周利半陀伽に造る繼道、又小路と譯す、兄弟二人あり父母旅行して中路に至りて長子を生ず槃特と稱す、後ち又路上に一子を生ず、周利槃特と名く槃特は道の義、周利槃特は小路の義なり、兄は總明にして、弟は愚なり、共に出家して羅漢を證す分別功德品五、祝利者極也、此比丘精神疎鈍、佛敎使誦掃箒《シウ》、得レ箒妄レ掃、得レ掃妄レ箒、六年之中專心誦レ此、意遂解悟、而自惟曰、箒《セイ》者箒、掃者除、箒者即喩二八正道一、糞者三毒垢也、以八道箒、掃二三毒垢一所謂箒義者正謂此耶、深思二此理一心即解脫、得二阿羅漢道一。

槃特が斯く愚鈍なりしに付き、深き因緣あり、大魔王は婆羅門種の内より歸佛せしめ、之を最も愚鈍にし、佛の威德にても得道せざるようなし、佛の威德を損し化導の障を爲す最も惡辣隱潜なる手段に出しなり、此大魔王は縫粗にて日持上人を倒し、日本に產れさせ、祐天上人と爲し、過去に最も攻擊せし念佛宗を弘めしむ、祐天の幼時愚鈍なりしは同一軌なり、(詳細は後に說く)。恐るべき大魔の力、斯くの如き手段は此魔王の得意とする所なり、今茲に出で懺悔し給ひ久遠の因緣を解かる。

七日、腰の痛き老羅漢出ず、左手に金色の寶塔を捧げ右手を平にし押へる如き形ちさる、半諾迦《ハンタカ》尊者にして周利槃特の兄なり。

七日夜、靈媒前田に西行法師出づ、生ける時は心の儘に東西南北を遊歷し僧たる本分を懿さゞりし爲め、死後暗黑裡にあり動く事出來ず、茲に引出され懺悔すと云ふ。

神曰く西行の過去は世尊御在世の時教化されし「ロシヤナ」尊者なり。

長阿含經十七露遮品に、露遮と云ふ婆羅門あり、佛、此の婆羅門の惡見を破す。

七日夜、老羅漢出で給ふ、迦旃延《カセンエン》と稱し物語なし、讀經中世尊の御姿を拜す金色身にして頭髮紺青なり肉髻赤く、大さ等身大にして蓮台に座し三昧に入り給ふ所を拜す。

八日朝、迦旃延出でゝ語り給ふ、世尊の教化を輔け奉らん爲、玆に來ると云。（法華經授記品に閻浮那提金光如來と授記さる）

【傳云】 佛の十大弟子中、論議第一の摩訶迦旃延子、譯剪剃種、扇繩、好肩等とす、婆羅門性十性の一性を以て名とす。

施說足論、一萬八千頌を著す、是六足論の一。

世尊御入滅後、阿耨達池畔の岩窟にて定に入り二百歲又は三百歲迄住せらる。

九日夜、阿那律《あなりつ》出で給ふ、失明の因緣を解かん爲め、玆に出でらる。

【傳云】 阿那律又は阿㝹樓馱《アトロダ》、譯して如意無貧、新稱、阿泥律陀《アナイリツタ》、譯、無滅、如意、佛十大弟子の一、佛の從弟にして迦毘羅城の釋種なり。

【阿那律失明】 出家の初め睡眠を貪る、佛之を訶して畜生の類とす、彼れ責を聞いて七日眠らず、遂に明を失す、後ち定を得て天眼通を得て、十大弟子の內、天眼第一となる楞嚴經に、阿那律、閻浮提を見る、掌中の菴摩羅果《アンマラカ》を視る如し。五百弟子授記品に於て普明如來の記を授く

十日朝、阿那律出でゝ讀經し給ふ、後ち代て黑牛に乘る摩醯首羅天出で給ふ、世尊の行化を碍げん爲、阿那律を盲目とす、時來り玆に出でゝ懺悔され、後ち加持さる。

（此神以前に出で道場の守護神さならる）阿那律の眼、明淨なり。

十一日朝、靈媒（平野）に火定に入り給ひし羅漢出でらる、無言なり、依て世尊は諸子を誘引し法華一乘に入らしめ成佛爲さしめん爲に方便して阿羅漢道を說き給ふ、汝の得たる滅盡定は眞の滅に非ず方便のみ、今時到り世尊は眞法を與へ佛果を得せしめん爲に玆に引出さる、速に妙法蓮華經に歸依し佛果を得べしと、說法す、終に羅漢大聲にて題目を唱へらる、十二日も朝夜共出で讀經さる、心澄めり。

十三日朝、尊者出でゝ讀經し後ち我は迦哩なりと名乘らる

十六羅漢の第七迦哩尊者なり。

十三日夜、靈媒(前田)の體に、明治時代の畫家、菊地容齊出づ、此人生前五百羅漢を畫くに苦心し羅漢を念ず、此因緣により玆に出づ、神曰く此人の過去は宗祖御遺文に不妄語の人として擧げられし、季札にして除君の塚に劍をかけし人なりと。

十四日朝、心非常に澄めり、快心に讀經す、後ち羅漢出で語らる、須菩提と云わる、世尊玆に在し、我等を呼び集せ本門の戒壇を踏まさせ給ふと。

【傳云】 須菩提《スーボダイ》、又須浮帝に作る、新に蘇部底に作る、譯して善現、善吉、善業とす、又た空生と稱す、佛十大弟子の内解空第一、佛、此の人をして般若の空理を説かしむ。

【無諍三昧】 須菩提は弟子中に於て無諍三昧を得ること最も第一なり。

十五日朝、羅漢出で給ひ心凊く讀經さる、後ち摩訶迦葉《マカカシヨ》と云はる、世尊我等をして本門の戒壇を踏ましめ給ふ、我等歡喜して玆に來る、今より世尊の化を輔けんと云はる。

【摩訶迦葉は】 具には摩訶迦葉波と云ふ摩訶は大の義、迦葉波は龜又は飲光と譯す、婆羅門種の一性なり名は畢波羅彼が母畢波羅樹の神に祈りて得たる子なるより名く、大富長者の子にして、能く大財と大性を捨て、頭陀の大行を修して大人に識らる、故に大の名を標し餘の十力、優樓頻《ウロビン》羅等の迦葉性に簡ぶ、佛十大弟子の一にして、頭陀第一とす。

【結集】 迦葉、佛滅の後、五百羅漢と共に畢波羅窟に於て阿難をして修多羅を結集せしめ、次に優波離《ウハリ》をして毘尼藏(律藏)を結集せしめ、後に迦葉自から摩得勒伽《マトロカ》藏(論藏)を結集す。

十六日、昨夜より代つた靈移り給ひ讀經し給ふ、今朝、黃色の衣を着せし羅漢出で給ふ、舍利弗尊者なり、世尊の敎化を輔けん爲玆に來ると。

【舍利弗】 又舍利弗多、舍利弗羅、舍利子に作る、舍利は母の名、弗又は弗多は、弗多羅の略、子の義なり舍利女の子なれば舍利弗、舍利子と云、舍利は鳥名、鶖鷺、白舌鳥と譯す、母の眼、此鳥に似たり依て名く、世尊十大弟子中智慧第一、法華譬諭品に於て華光如來の記を受く、佛の涅槃に先つて入滅す。

十七日朝、讀經後羅漢出でらる、羅睺《ラゴ》羅なり連りに陀羅尼を唱へらる、何の咒なるやは不明なり。

【羅睺羅】舊に羅云、羅吼羅と云ひ覆障と譯す、佛の長子にして在胎六年成道の夜產る、十五歲にして出家し、舍利弗を和上とし沙彌となり、後ち法華會にて大乘に廻し、蹈七寶華如來の記を受く。

【佛還國始見羅睺羅】佛成道の後六年始て迦毘羅城に還り父王を見る、此時羅睺羅年六歲、耶輸陀羅、羅睺羅をして一の歡喜丸を持して大衆の中に父を覔めて之を奉ぜしむ、羅睺羅、直に佛所に往て之を施す。（佛本行集經五十五）案ずるに傳說の六年在胎は、十七納妃、二十四出家三十成道に配する爲め期の如き說を爲せしならん、十七納妃、二十九出家三十五成道とすれば配偶の間十二年此間に羅睺羅出生さる悉多太子は已に家を嗣ぐ子あり、我出家するも父の憂を減ずることを得んと、遂に二十九歲出家し給ふ說が眞實ならん、然して羅睺羅の出家を十五歲とするは定說なり、世尊初めて父王を訪ねられしは、竹林精舍建設の後故、成道後六年の頃が相當ならん、此時波闍波提夫人、耶輸陀羅夫人は比丘となられる、羅睺羅が世尊出家前に生れられしなれば此時十二歲なり、十五歲出家とすれば跡三年にて出家されしなり。

【羅睺羅】は十大弟子の內密行第一十訓抄忍辱第一、密行とは微細の戒行にて即ち忍辱の然らしむる處也。

密行とは持戒密行なり、三千の威儀八萬の細行は大衆も知らず、唯我のみ知て能く行する故に密と云ふ。

然るに天台の意に依れば、密行に大小乘の異あり、微細の護持を密行とするは小乘の意なり、法華の意は、彼れもと法身の菩薩にして圓頓の妙戒に住すれとも、今は聲聞に身を現じて、小乘の麤戒を持して本地の妙戒を秘するが故に密行と云ふ。

然るに今出でゝ陀羅尼を唱へ給ふ「テンバラー、テンバラー」と、眞言の密藏とは經藏を謂ひ、密藏とは陀羅尼の法也是法秘密にして二乘の境界に非ず、諸佛菩薩の能く遊履する所也、此解によれば密は陀羅尼なり秘密の密なり、十大弟子の內持戒第一は優婆羅なり、然るに密行を細戒の行とすれば、十大弟子の內、二人の持戒者を出す。

十七日夜、羅睺羅尊者に問ひ奉り、世尊の成道及び尊者の誕生に付伺ふ、答へ給はく世尊出家前羅睺羅產る、世尊出家は二十九歲なりと聞く、苦行六年我の六歲の時成道さる我れ十五歳にて出家すと仰らる。

密行に付伺しに、密行は陀羅尼の誦持なり、過去の宿因によると仰られ世尊の許へ上らる。(妙法の題目は陀羅尼なり臆持して常に唱ふるは密行に非ずや)

十八日朝、羅漢出で給ふ、優婆離と云はる、世尊茲に出でまし給ひ、我れ來りて親近し奉ると。讀經後上らる。

【優婆離】譯して近取、近執とす、悉多太子の執事たりし人、十大弟子の一人、持律第一の人、佛滅後第一結集の時律藏を結集す。

十八日夜、羅漢出で給ひ讀經さる、音聲朗々として力あり爽快を感ず、後ち語らる、富樓那《フルナ》なりと仰らる。

【富樓那】具には富樓那彌多羅弗咀羅、富樓那は滿と譯し彌多羅尼は慈と譯し之れ母の性なり、弗咀羅は子と譯す、此の滿なる人は慈氏の子なれば、斯く滿慈子又は滿願子とも云ふ、
世尊十大弟子内、説法第一の阿羅漢なり、初め出家して阿羅漢果を證し、後に法華の因縁周の説法の時、回小向大し五百弟子授記品に於て法明如來の授記を受く。

十九日朝、富樓那出で〻讀經さる、後語らる、世尊茲に出で給ふ、我等來て化を輔くと仰られ上らる。

十九日夜、靈媒(前田)に神出で給ひ、名古屋の杉浦玄透の過去は「阿久哩」と云、世尊御在世の弟子なりしが、戒を持つ事能はず、退き常に七八人の小兒を集め、之に佛に香華を供へる事を教へ、支那の布袋和尚の如く小供と常に遊び世を終りし者なり。

二十日朝、靈媒(平野)に羅漢出づ、世尊御在世、修行中譴責され教團を脱し、滅盡定に入る、今日茲に引出され、眞の法を聞く事を得たるを喜ばる、名は迦羅陀《カラダ》と云はる。

二十一日、羅漢出で給ふ物語なし、神經衰弱の如く、終日胸痛し。

二十二日朝、出で〻「バカバ」と云ひ世尊を禮さる、增上慢の爲に教團を追出され、復歸せずして滅に入り今日に至ると、恐縮し過去を懺悔さる、名を名乘らず、以後六月六日迄、羅漢の靈各更代にて聽經さる多勢なり。

六月七日、靈出で〻、婆藪槃豆《バスバンズ》と云わる。

【婆藪槃豆】は佛滅後九百年の頃の人、婆藪槃豆、又は婆修般陀、世親と譯す、舊譯には天親と云、北天竺の健駄羅國の大都、富婁沙富羅に產る、婆羅門種の一族にして性を

憍尸迦と云ひ、兄弟三人あり、兄を無着と云ひ、弟を比隣《ビリン》持跋婆《ジバツバ》と稱す、初め阿踰闍國に於て小乘薩婆多部に於て出家し、小乘を研究す、深く教理に達す、大毘婆沙論の義に通じて衆の爲に之を講じ一日に一偈を作り六百偈を出す、倶舍論と稱す、盛んに小乘經を宣揚して大乘を非佛說として之を信ぜず、却て誹謗す。後兄無着の示誨を用ひて小乘の罪を懺悔し、舌を斷て其罪を謝せんとす、無着曰く汝既に舌を以て大乘を誹謗す、更に此の舌を以て大乘を讃せば可なり、玆に於て唯識論等の諸大乘論を造り大乘を弘宣し壽八十にして阿踰闍國に寂す、時人呼んで千部の論師と爲す。

小乘時代の著書、阿毘達磨倶舍論、阿毘達磨倶舍論本頌。

大乘時代の著書、唯識三十論頌、唯識二十論、大乘百法明門論、大乘五蘊論、佛性論、攝大乘論釋、辨中邊論、十地經論、妙法蓮華經憂波提舍、(憂波提舍とは論議と譯)無量壽經憂波提舍、轉法輪憂波提舍、金剛般若波羅密經論等。

右の内倶舍論は小乘經ではあるが、後に倶舍宗なる學派を出して、毘曇宗の教學に代るに至つた者である。

三十頌と二十頌は唯識論と稱せられ、世親最後の著述である、簡明に唯識佛教の要義を說いた者で、世親以後盛んに研究され隨つて種々の異論を生じた、法相宗所依の論である。以下略、法華經の釋論は又法華經論と云われ、無量壽經の釋論は又淨土論と云われ、淨土教の起原を爲す者である、要するに世親には龍樹及び無着の如き大部の著書は無いやうである、其各著が後世の注意の焦點となつた點は、彼の識見の高邁であつたかを知るに足る、又た其思想も多方面である、小乘の教義も有れば、兄無着の思想を繼承して大乘賴耶緣起論もあり、又別に眞如緣起の思想もあれば實相論の教義もあり乃至、淨土教の思想も存在して居つた、彼の特色とする所は唯識佛教を大成したところにある、彼を以て全佛教の大成者として龍樹と共に印度佛教史上の二大人物と稱すべきである。

世親菩薩は祖書の內龍樹、天親として諸々に現われて居る故、如何なる事蹟の人であるか詳細を知らせたい爲以上の史傳と批評を佛教大辭典と印度宗教史より拔萃せり。

【祖書大學三郞御書に】天台以前の諸師、法華經等の一切大乘經を小衍相對を以て之を譯す、王臣の差別なく上下之を混ず、佛法未だ顯れず、愚痴の失有之。

七日夜、大滿伽樓羅王出で〻語り給ふ、我は佛敕により世親の在世彼を守護せし者なり、彼の過去は、佛の十大弟子の內論義第一の迦旃延なりと仰らる。

八日朝、讀經後、摩訶迦葉出で給ふ、曰く無着は我の示現なり、應身なりと仰らる。

【無着菩薩】阿僧伽《アソウギヤ》、無着菩薩の梵名、法相宗の祖、世親の兄なり世親と共に萬有を以て吾人の心識の所現に外ならずとする唯心論、即ち萬有唯識を立て、其本源を以て吾人が無始以來、具有する根本識を阿賴耶識とし、萬有は此の阿賴耶より緣起せりと說き、賴耶緣起が後の法相宗の根本教義となる。

八日夜、摩訶迦葉尊者出で〻加持し給ひ、終て靈を呼寄せ給ふ、虎を連れし羅漢出で給ふ、夜眼沍《サ》へ眠れず。

九日朝、羅漢出で〻聽經し後ち語らる、跋陀羅《バツダラ》なりと。

【跋陀羅】とは星宿の名、壁宿なり、又龍王名、賢龍と譯す。十六羅漢の第六、跋陀婆羅、今諸寺の浴室に其像を安置す、其原因は楞嚴經に出づ。

十二日、跋陀羅出で〻語らる、妻を捨て〻出家す、妻は嫉妬最も深き者にして、恨みを含み執念を以て死す、死して其靈、猫となり常に我に附隨して去らず、阿羅漢道を得しも此靈去らず、後人誤て虎と爲す、此猫を法華經の威力を以て元の人に戾し得道せしめん事を乞はる、修法して元の夫人に還す。

十三日朝、夫人出で〻聽經し、夜出で〻懺悔す、自分は跋陀羅の妻の孫陀なり二十五歲の時、跋陀羅出家す、之を恨みて悶死し、死して猫となり、跋陀の傍を離れず、成道の妨げせしを懺悔さる。

十五日、孫陀女出で〻聽經し得道し、以後靈出で聽經す。

六月二十五日、西行法師、菊地容齊、孫陀女を靈山に送る阿羅漢は道場に留まり、世尊の化を輔けらる。

七月初旬薰發
【大乘起信論の著者】馬鳴菩薩の出世時代及其過去。

傳云、馬鳴《メミヤウ》は佛滅後六百年に出世せし大乘論師にして馬鳴比丘とも馬鳴大士とも馬鳴菩薩とも云ふ、梵名は阿濕婆窶《アシユバク》沙《シヤ》、其傳記、諸說不同なり。

羅什譯、馬鳴菩薩傳に、馬鳴は、長老脇の弟子なり、もと中天竺に在て出家し外道の沙門たり、世智總辯善く論議に通ず、唱へて言く、若し諸の比丘、我と論戰する者あらば揵推を打つべし、若し夫れ能わずんば、公に揵推を鳴らして人の供養を受くるに足らずと、時に長老脇、北天竺に到り衆に命じて揵推を打たしめ、彼と論議して之を墮負せしめ、遂に化して弟子となす、師本國に還り弟子中天竺に住して佛法を弘通し四輩敬服す、其後北天竺の小月氏國王、中國を伐ちて之を圍む、中天竺の王、使を遣わして欲す所を問ふ、答て曰く、汝意降伏すれば三億の金を送らば當に赦すべし、王曰く此國一億の金無し、如何ぞ三億を得べけんや、答て曰く汝が國內に二大寶あり、一は佛鉢、二は辨才の比丘、此を以て我に與へば二億金に當るに足ると、比丘、王の爲に其求に應ぜしめ、王其言を聽きて之を與ふ。月氏王本國に還る、諸臣曰く、王佛鉢を奉ず固より宜し、比丘は天下皆是なり、一億金に當ること太過なるなからんや、王審に比丘の高明勝達其辨才說法の非類を感ずるを知り、七疋の馬を餓へしめ比丘を請じて法を說かしむ、諸の聽者開悟せざる者なし、王、此の馬を衆會の前に繫ぎ草を以て之に與ふるに、馬淚を垂れて法を聽きて食を思ふの想なし、是に於て天下比丘の尋常ならざるを知り、馬其音を解するを以て、遂に馬鳴菩薩と號す、北天竺に於て廣く佛法を宣布し群生を導利す、四輩敬重して功德日と稱す。

附法藏傳には、第十二に馬鳴あり。

釋摩訶衍論には、七馬鳴を說く。

大乘起信論講話の著者、村上博士は馬鳴を佛滅後六百年の頃の出世、付法藏の第十二の馬鳴を以て、起信論の著者とす。

印度佛敎史馬田行啓氏著、起信論を馬鳴の作として、其の出世年代を、附法藏の馬鳴より三百年を隔てたる馬鳴とせり。然して其推定は論の進化よりし賴耶緣起の次に起りし者と推定せり、即ち無着、世親の後の出世とせり。

七月三日、右の疑問を解かん爲、世尊に問ひ奉る。

七月四日、羅漢の靈移り給ふ、物語なし、心清く澄めり。

五日朝、讀經の時出で給ふも物語なし、夕べ讀經後、語り給ひ、須菩提《スーボダイ》（佛十大弟子內解空第一）と名乘らる、馬鳴は我の應身なり、佛滅後六百年の頃、佛敎により世に出で大乘眞如を說く、其義高遠なりし爲、一般に覺らること能わず、廣く流布せずして藏さる、爲に世尊は此の敎理を衆生に覺らしめん爲に、無着、世親を世に出し賴耶緣起を說き衆生の智を發せしめ、後ち眞如縁起を覺らしめ給へり。

千古の疑門一時に解く、十大弟子の須菩提、大般若經を轉說せし解空第一の須菩提、馬鳴菩薩となつて眞如縁起を說き、論義第一の迦旃延、世親と生れ、倶舍論を說き、佛滅後、論藏を結集せし、摩訶迦葉、無着となり、賴耶縁起を說き、其他多くの論を著はされ、各自の過去、最も得意なる方面を發輝し給ひ、世尊は斯くして正像末の衆生を教化して一乘妙法蓮華經に入らしめ給ふ。思ふて玆に至れば世尊が衆生教化の爲、如何に心を勞し給ひしか、現有滅不滅、常住此說法、大慈大悲の大恩何を以てか報ずることを得ん、恒沙劫にも報ずること能はじ、此時、須菩提尊者の得給し三昧を感得す。

以上

地獄の因縁

昭和二年二月十三日、神靈出づ、數年前より靈媒に乘り汝の所作が氣に入らぬ一層熱心に修行せよ、我の元籍を明さば汝は驚倒せんと常に揶揄されし靈なり。寒行終り今日姿を示さる、思ひきや、閻魔大王なりき。曰く汝は惡人が懺悔して僅に題目を唱ふれば罪を赦し、苦を拔きて靈山淨土へ送るは其意を得ず、我は善惡邪正を判別し之を處置するを本務とす、然るに汝は因果を無視し、僅かの懺悔に依て罪を赦す、是れ因果の法に反するに非ずやと詰問さる。

十五日、大王に妙法蓮華經の威力、不可思議の解脫、一念の信解は五波羅密の行に超へ、五十轉々隨喜の功德は八十年の布施に勝る、草木國土悉皆成佛、當體蓮華即身成佛、善惡不二、邪正一如、是れ世尊が末法五濁の衆生を教化し給はん爲め上行菩薩に附屬の大法なり、故に惡人も女人も成佛すと說く、大王曰く不審《いぶかし》と。

十六日朝、閻魔大王姿を示さる、繪にある如き恐しき形相赤き顏なり、以後朝夜出でゝ聽經さる。

【琰魔《エンマ》】炎摩、餤摩、閻魔、譯して縛、罪人を縛する義（慧琳音義五）閻魔は梵語、鬼趣の名也、義翻して平等王と爲す、鬼官の總司なり、生死罪福の業を司典し、地獄、八熱八寒及び諸の小地獄を主守す、罪人を追攝し捶拷治罰善惡を決斷し更に休息なし、故に三啓經に云ふ、閻魔王に付して業に隨て報を受けしむ、勝因は善道に生じ、惡業は泥梨に墮す、即ち其事也、又譯を遮止と云、惡を止めて更に造らしめざる義、又諍息、諍を息め、惡を止める意。

（倶舍光記八）閻魔此に諍息と云ふ、犯罪の人、自からの過を知らず、苦に於て忍ばず獄卒を違拒し、更に過罪を造る、王の示語に依て便ち已が罪を知り、意に分して罪を受く、諍を息して罪を息すること皆、王に由るが故に諍息と名く。

夜摩（Yama）神（閻魔王）はもと地獄の主神に非ず、吠陀時代は正法の神、達磨とせられ光明の神なりしが、人界第一の死者として夜摩は次第に闇黑の地獄界の王となりし者。

（上世印度宗敎史）

倶舍論中「愛諸富樂」とあるは昔時の光明神の片影にして死者の罪を判する其法王としての本性なり。

十六日より二十一日迄、閻魔王關係の無數の靈出でゝ聽經す。

二十一日夜、世尊、畏れ多くも直々御降臨あり、神力品讀誦され、神力を現じ、法雨を澍ぎ、無數の靈の苦惱を除き救ひ給へり。

二十二日夜、世尊御降臨あり、無數の靈を得道せしめ、大神力を現じ給ひ、虚空に引上げ給ひ、題目を授けられ、世尊は余の凡體を通じて、直々に御敎化遊ばさる。大慈大

悲常に懈倦なく、恒に善事を求めて一切を救ひ給ふ。

二十三日、朝夕共靈出でゝ聽經し、後ち道場の主神、妙雲菩薩出でゝ曰く、閻魔王の關係の內、上世印度吠陀時代より釋尊御出世迄を一劃とし、五拾萬人の靈得道せりと。

二十四日夜、修法し、上世印度、五拾萬人の靈を淨土に送る。

二十五日より、釋尊御降誕以後の閻摩王關係の靈を引出し以後朝夕回向す。

【地獄に於ける最近の靈】

三月三日より、安政の志士の獄及び櫻田門外の變の因緣薫發し、伊井掃門、賴三樹三郎、有村治左衛門、梅田源治郎出づ詳細は德川時代の終にあり。

三月十四日、牢獄の首斬役、木村淺右衛門出づ、多くの怨靈に惱まされつゝあり救はれん事を乞ふ。

三月十五日、信州輕井澤の別莊に於て情死せし文士、有嶋武郎出づ、縊死の時の苦痛を以て出づ、修法して苦を除く（靈媒前田）曰く死後冥界に入て自分の所爲を省み大に慚愧す、自分の所作が社會に甚大の惡影響を與へたる事を悔悟す、自分等は、死は一切の解決なりと思惟し、懷罪の爲

に自殺す、死は一切の犢なり、死に依て一切は清淨となると思惟しき、然るに死後は冥界にあり、靈は存在し死の刹那の苦を免るゝ能はず、生前犯せる罪は刻々身を攻む、日夜苦悶し、今茲に引出され苦惱除かる、生前には死後の方面に付何も考へず、斯の如き淺間敷姿を世に殘せし事を悔悟す、情死せし夫人秋子出でゝ懺悔す、多くを問はず、其罪を赦す。

以上地獄最近の關係の一端引出されしものにして、三月十八日鱶山に送る。

三月十二日、神靈出で給ひ、惡事を爲し地獄に墜せる輩が僅かの唱題、懺悔により何故、直に其大罪を赦すやと詰問さる依て妙法の不可思議解脱を説く、神曰く我は冥界を監理する者なり、得道困難なる、靈を引出し試驗すると云はる。

十三日、昨日の神出で給ひ、懺悔して曰く、我は釋尊御在世、提婆と共に布教を最も妨げし爲、遂に最も忌むべき三惡道の司となる（七七日王、泰山王）ボツボツ、地獄の蓋を明ける故、惡人の最も能く解る御經を讀めと云はる。

十四日、泰山王出でゝ云く、地獄の蓋を開けるに、未だ不腹の者あり依て、神武天皇東征の時の梟師の靈、武烈天皇をして周知の如く慘虐なる所爲をさせし者を引出す故教化せよと仰らる。（此關係は神武天皇東征及武烈天皇の所に記す）

十七日、三途川の脱衣婆出づ、下顎右に曲り垂る醜惡の相なり、修法して過去に戻す、十八日靈出でゝ聽經す。

十九日夜、靈出でゝ世尊を伏拜す、バギヤバ、我を赦せと云、婦人なり孫陀利《ソンダリー》と名乘る、懺悔して曰く（可愛き婦人の聲にて）世尊大衆の前に最も莊嚴に戒法を説き給ふ、時に我れ佛前に至り、世尊に向て、世尊戒を説き給ふ、世尊は如何にして羅睺羅を生ぜしめ給しや、世尊默然たり、又云く、謹嚴にして能く戒を持ち給ふ阿羅漢よ、汝等は母の何處より生ぜしや、衆答へず、法會亂る、我れ謹んで此の罪惡の語を懺悔す、此罪により死して最も醜惡の姿となり、貪欲厭なき三途の川の脱衣婆となる、今過去に戻さると。

【智度論】佛九惱の一、梵志の女孫陀利に謗られ、五百の阿羅漢、亦た謗を被らる。

【百緣經十】婬女あり孫陀利と名く大衆の中に於て、佛

を誹謗す、是れ佛十惱の一なり、佛、其往昔の因縁を說く孫陁利宿緣經と名く。（興起經上に攝む）

二十日、孫陀利得道し、代て最も寒さを感ずる靈出づ。ガタガタ震へ寒さに堪へ難し、三途の懸衣翁なり、過去の罪により此報を受く、寒さを凌がん爲め、亡靈の衣を剝ぎ之を着るも暖を感ぜず、日夜、寒さを凌がん爲め、衣を剝ぎ之を着ると云ふ、之を過去に戾す。

昨夜來吹雪にて終日止まず、寒氣强し、彼岸なるに寒中の如し、靈曰く我の世に出し爲なりと。

夜、靈出でゝ聽經す、世尊御在世の頃の野《ヤ》吠《ベイ》（風天）婆羅門なり、風を自在にす、世尊御布敎中、時ならざるに寒風を送り世尊弟子に苦惱を與ふ。

　世尊九難の一、冷風動故脊痛。

是の如き因を造り三途に墜ち、懸衣翁となり、日夜寒氣に攻められ、之を防がん爲に、亡靈の衣を奪ひ之を着せしなり。

二十一日、野吠婆羅門出でゝ懺悔し、得道す、乘物代り夜より腹痛起る。

二十二日、不快なり腹痛起り下痢す。

二十三日、靈出でゝ聽經せしも物語せず。

二十四日、靈媒の體に移して調べしに、阿耆達多《アギタツタ》王なり。（無勝と譯す波羅門族）世尊九橫の難の一、食馬麥の因緣、

阿耆達多王、僞つて世尊を招じ、馬麥を食せしむ。

王出でゝ懺悔して云く、國內の他の食物を隱し、世尊を請じ說法を乞ひ、世尊及大衆に馬麥を供し、一同をして腹痛を起さしめ、苦惱を與へし事を懺悔され、後ち讀經中、轉々として山崖より轉落し悶死する狀態を示さる、王の最後なりき。

二十四日夜、泰山王出で給ふ、時漸く熟し、地獄の蓋の開く時到れり、死靈引出す故、勤め精進努力せよと仰らる。

二十五日、今朝より特に幽冥界の靈の爲に壇を設け回向す夜讀經中裸體の無數の靈が光明に照され歡喜するを觀る。

二十六日、朝夜共地獄の靈出でゝ聽經す、昨夜偶然、祖書を播けば、上野殿返事二〇七八、地獄の苦を救わるゝ。

　假使遍法界斷善諸衆生。一聞法華經決定成菩提。

烏龍が地獄に於て佛より賜りし句を、我子遺龍に告ぐる所を拜す、時に取つての好訓を深く感謝し、直に書し壇上の題目の下に貼附し回向す。

二十八日、讀經中多くの靈集り聽經するを見る、其身を省みれば、華嚴臺上の大佛の如く、身は黑色にして、左右の手を廣げ掌を下にし死靈に甘露を注ぐ。

四月一日、左の靈を靈山に送る。

孫陀利、野吠波羅門、阿耆達多王、地獄靈、五萬人。

以上

三月末より靈媒（前田）の體に、腰の痛み堪へ難き老人の靈出るも物語せず、以後多數の水兒、胎兒を見る、地獄に墮ちし靈なり。

三十一日、老人の靈出でゝ物語す、德川十四代將軍の頃、江戶麻布に住み、萬吉と云ひ墮胎を業とし六十八歲の時、激甚なる腰痛にて苦悶して死し地獄に落ち今日に至る。此老人は墮胎が惡事なる事を知らず、客が大概勝手にいたづらして子が出來、仕末が附かなくなり賴みに來る故、助けゝ積りで行し事故、惡事に非ずと懺悔せず、依て人道を說き水兒の靈の最も憐むべき位置に落ち永世浮ぶことの出來ぬ事になり、殺生の內にも最も慘虐なる者なるを說き、此罪により今迄地獄に在りと種々說法せしに漸く了解し懺悔し以後水兒出でゝ聽經す、特に水兒に回向す。

四月二日、藍婆《ランバ》天王出でゝ加持さる、多數の水兒が短日の間に生育し得道するを見て大に喜ばる。

靈媒前田に、小兒出でゝ云く「神樣がきれいな車へ乘せて赤い花や、白いれんげのさいてゐる、きれいな所へ連て來て下さつた、こんなうれしい事は無い、と喜ぶ。

神、感淚を催さる、未曾有なり、胎兒の解脫、（水兒が經力により生育し四五歲の小兒となる、法華經の不可思議の威力なりと、世尊を禮拜さる水兒七十三人得道す。

三日より靈媒（前田）の體に墮胎の手術により死せし婦人の靈出で、朝夕聽經す。

五日、出でゝ懺悔して云く、自分は津輕侯の祐筆として御奉公せし、さつき二十七歲、と云ふ、近侍の者と道ならぬ事をなして妊娠し振方に困り墮胎の手術を萬吉に受く、其法を誤りしか、胎兒は下りずして病氣となり、腹痛く苦悶して死す、其時五月なりしと懺悔す。

六日朝、心澄めり讀經後、神出で給ふ、泰山と云はる、最も得道困難なる水兒の靈を引出せしに、妙法の不可思議の大威力はかく短日に成育せしめ得道せしむ、我等深く歸敬すと、世尊を禮拜さる。

六日夜、靈媒前田に、春日神社の巫子《いこ》、佳の江二十一歳、出づ、（後堀河院の頃）、時の帝の御見出しに預り、御殿に上り寵を受く、妊娠し七ケ月目に病氣になり歿す、自分は一生獨身にて神に捧げ、清き體にて一生終らんと覺悟せしに、遂にかくなる病氣になり死せしは殘念なり、今度、一つの燈を傳り玆に導かると大に喜ぶ。

八日より靈媒（平野）に坂上田村麿の關係にて、鬼、韃靼より日本に渡りし高丸外討伐されし靈壹千人及妙見大菩薩の原籍薫發す詳細坂上田村麿の所にあり。

十三日、靈媒前田に、延命院日閏（享保の頃初代尾上菊五郎の子丑之助出家し谷中延命院住職となり大奥關係、女犯有名なる延命院騷動及び安房の國妙光寺にて行ひし蓮華往生の因緣）の因緣薫發す。

十四日、靈出るも物語出來ず、非常に苦惱を懷く。

十五十六日出るも苦惱除かれず。

十七日、漸く物語す、法華の名を以て僞り、人を欺き、陷入れ墮落せしめ金を貪る、事現れ捕へられ死刑に處せられ焦熱地獄に落ち今日迄日夜苦を受く、逆緣に依て玆に救はる、恐ろしきは謗法の報なりと、多くの人を墮落せしめし事を懺悔す。

十八日夜、磔刑に處されし靈出づ、苦惱を除く。

十九日夜、蓮華往生の犧牲者、淺草藏前の札差の女隱居てい　六十歳、出づ、家庭の圓滿を缺き世を悲感せし處へ蓮華往生の話を聞き、五十兩拂ひ、犧牲者となると。其苦痛を除く。其法は蓮華に乘せる前、魔醉藥を飮ませ、狹き蓮華の中に閉ぢ込め、窒息死に至らしむる者にて、此死靈の乘りし時、嘔吐を催し頭べ痛む、傳說の如く蓮華の軸より燒火箸にて突き殺せしに非ず。

二十一日夜、てい、得道す、代て婆羅門の神出づ、延命院日閏の過去は世尊御在世の頃、苦行波羅門の弟子なり、世尊御說法の時、法席を妨げ、外へ引出され打擲さる此恨により佛法に反對す、故に佛法に入らしめ僧となし然して佛法を亂さしむと懺悔さる、此神大自在天の眷屬なり。

二十二日夜、蓮華往生せし備前池田侯の家臣の女隱居、村上やま七十五歳、出でゝ語る、便るべき人も無く、年は取り身體は追々役に立たずなり、世を悲感する時、蓮華往生の話を聞き、遂に欺かれ悲慘の最後をとげ、今玆に救はると禮を言はる。

二十六日夜、延命院の寺侍、渡邊小太郎出で丶懺悔す。蓮華往生を工夫せし發頭人なりき、法華を賣物にし人を欺き金を取り、命を奪ふ、事現れ磔刑に處せらる、地獄に墮ちし大惡人が、此有難き法席に出で救はる、畏れ多いもつたいなし／＼と懺悔す。

二十九日、蓮華往生せし者五人あり得道す。更に延命院の墮落破戒に關連せし婆羅門の神大自在天の眷屬出で丶此二事件を起せし事を懺悔さる。恐るべき哉魔王の力、恐るべき大惡人も妙法に依て救はる、其罪を惡み其人を惡まずとは是等の謂か。

五月四日、閻魔王出で給ふ、地獄の因緣一段落とす、得道せし靈壹百萬人あり、靈山に送るべく命ぜらる、冥界を領せしより今日迄、約五千年經過す、今因緣解け玆に集る、不可思議なる哉、法華經の解脫、唯佛與佛の境界と讃歎さる。（此因緣と同時に鬼子母神と半支迦大將の因緣薫發す後にす）

五月、妙雲菩薩御降臨あり左の如く解決さる。

最上位　圓滿天王　　閻魔大王
最正位　秦廣天王　　初七日王
最正位　泰山天王　　七七日王

以上當道場の守護神と勸請す、各道場見學隨意

地獄の靈　　壹百萬人
萬吉外水兒　　七十三人
延命院日潤外　五人
被害者村上やま外　五人

五月六日夜八時、勸請式を行ひ、神は見學に立たれ死靈は靈山淨土へ送る。

地獄の有無

宇宙的には十界互具なれば、自然界に地獄界は存在す、此地獄界は、主宰者なく、因果の大法により自然に作用す。人類が集まり國家が成立すれば、平和を保持せん爲に、司法部成立す、即ち善惡に付賞罰を行ふ、惡人を刑罰する爲に監獄造らる如く、靈界にも宗教起れば、善人の爲に極樂造られ、惡人の爲に地獄造らる、閻魔大王は東洋方面の司法者なりき。

西洋各國にも、各自の宗教に隨て、天國と地獄造らる、故に靈界には各宗各國各自の地獄あること、各國に各自の監獄あるに同じく其國の神各々之を主宰さる。　以上

印度に於ける佛法破却之因緣

昭和二年五月地獄の因緣薫發し、五月六日地獄の靈壹百萬人を靈山に送り、閻魔大王、泰山王、廣秦王得道され、續て此因緣薫發す。

五月七日、畜生の靈出づ、人面獸身なり、顏は人にして體は馬なるあり、顏は婦人の髮を亂したるが如く、體は獅子其他犬なるもあり、種々の姿を見る、是れ皆過去の因により、此果を受く。此因緣を連れられし神あり、解かん事を乞はる、此因緣を解く爲に、各其罪を造りし過去の時に戻す夜も畜類の靈出でゝ聽經す。

八日、神經衰弱の如き狀態となる、馮靈の關係なり、五日頃より乘りし靈なり、何者なるや不明

八日夜、怒れる神出づ物語せず、婆羅門の神の如し。

九日朝、昨夜の神出づ、餘程靜肅となる、今考へ中なりとて物語せず。

十日朝、神經衰弱となり死せし靈出づ、檀彌羅王《ダンミラ》なり。

【檀彌羅王】は罽賓國の王にして、惡逆塔を破り寺を毀ち劍を以て、西天二十四祖、師子尊者を殺害し、西天の付法此に絕つ。（付法藏傳六）

十一日朝、師子尊者出で給ふ、國亡び、壇彌羅王の世となり、婆羅門敎を以て國敎とす、之に從はざる者は速に國を去れ、然らざれば刑に處すと令す。我れ信徒と寺を捨るを惜み日を送りし內に王、兵を以て寺を圍み、弟子千貳百人を庭前に引出して順次に首を刎ぬ、我に至り躊躇す、王大に怒り自から刀を取り、我が首を斬る。早く國を去り、傳法せざりしを悔いらる、其斬首の所を見る、周圍に朱塗の廻廊あり莊嚴なる大本堂の前にて四ケ所、向ひ合に首を斬る、血は中央の溝に流れ川を爲し、死屍累々たる慘狀を見る、慄然として膚に粟を生ず。

夜、人首馬身の靈出で、元の人に還りたしと願ふ。

十三日、多くの僧侶出でゝ聽經す、後ち師子尊者出で給ふ法華の修行中なり、然れども多くの弟子中、國王を恨み得道せざる者あり、困ると言はる、依て其靈を引出し因緣を說き敎化す。

十四日朝、佛法の守護神にして師子尊者を守護されし神出で給ふ、後ち天台宗を守護されし神にて今道場に在す妙吉祥天王、及び阿耨天王なり、時の然らしめし者なり。

十五日夜、靈媒前田に、非常に苦痛を帶びし靈出づ。
十六日、昨夜の靈出で苦惱す、特に除苦惱の祈禱をなし、後曰く、弗沙彌《フツシヤミ》多《ダラ》王なり、塔寺を破りし罪により、今迄焦熱地獄にありと。玆に出で苦痛除かる。

【弗沙彌多羅王】は、阿育王より四世の王なり、諸臣に問て云く、我當に何等の事を作して我の名をして永く世に留むべきや、諸臣答て曰く、先王阿育、八萬四千の如來の塔を造りて名德世に傳ふ、今、王、塔を壞せば二つながら俱に朽ちず、是に於て八萬四千の塔を壞して悉く比丘僧を殺害す。（雜阿含經二十五）

十七日朝、弗沙彌多羅王をして惡逆を作さしめし神出づ、濕婆《ジバ》と云ふ、右手を揚げ金剛杵を握り睥睨す、遠く吠陀の頃より破壞の神なり、夜、弗王出づ右足痛み身體痺れる。
十八日、靈媒の體に、耆婆《ギバ》出づ、幼より出家せしも過去の宿因深く今日迄成道出來ずと言へり。

【耆婆】は世尊御在世の人にして王舍城に住し、良醫なり、世尊の敎團に從ひ、弟子の病を治せし人なり、耆婆に守護神あり、後ち弘法大師と共に眞言を弘め、病氣を治す獨特の技倆あり、今道場に在す法力大明神なり。

十八日夜、弗王出づ、頭べ痲痺して全身痛く、漸く得道に近く、神曰く、此王の斯の如き大逆事を爲せしに付きては世尊との關係あり後に解く。此王の最後は史傳に十二將神の棒に頭べ割れるとあり如何と問ひしに、寺院を燒きし時恨みを含む信徒及び殺されし者の近親等黨を結び、王の出遊を窺ひ衞護の士を討ち、王を奪ひ林中の深坑に陷れ、衆人上より石を投げ、石埋にす故に頭べ痛み全身に苦痛を受けしなりと。
二十一日夜、弗王出づ、苦痛除かる、懺悔して曰く旣往を省みれば何故に斯くの如き暴惡の擧を爲せしかと、恐ろしき大逆害を加へし事を懺悔さる（大惡魔の身に入て爲させしなり）玆に得道さる。
十九日夜、靈出でゝ聽經す、苦痛除く、說賞迦《セツショカ》と言ふ、我は佛法は嫌なり故に寺塔を破壞す、夫れが如何にして惡きかと云ふ。

【說賞迦《シヤシヤーカ》王】西紀七世紀の初頭に、笈多王朝の光增王は匈奴の勢力を驅逐し附近の諸國を併合して大帝國を建設し其子玉增王立ちて、更らに西方マーラヴを攻めて領土を擴張せしも、東印度の金耳國羯羅拏蘇伐剌那《カルナソバラナ》王の爲に謀殺せらる、其弟、喜増王位を即く是れ戒日王とす。（說賞迦王）紀六〇六。

說賞迦王は東印度に於て暴戻なる排佛を作し堂塔を破壞し或は中印度の拘尸那揭羅に至り、佛法を妨害し又、摩揭陀國に來りて佛足石を河中に投じ、菩提樹を伐り、根を堀る等の惡逆を行ふ。

二十一日、心持稍や落附き、神出でらる。（印度滋婆派の神大黑天） 此神、婆羅門教の破壞の神、戰鬪の神なり曰く說賞迦の再來が、日本に產れ織田信長となる、過去の宿因により神社佛閣を破却す。此神は猶中間支那に於て佛法を破却せりと懺悔さる。

二十日朝、讀經中右足痛み堪へ難く、唱題の時、腦貧血の如くなり眼くらみ倒る、其何の靈なるや不明。

二十二日朝、靈出でゝ聽經す、足痛薄らぐ、物語なし、夜說賞迦王の命により、塔寺を破壞し僧を殺せし爲、其罪により畜生道に墜ちし者、多數出づ、之を人の靈に戻す。

靈媒（前田）に、苦悶する靈出づ、苦痛を除く、物語せず。神曰く世尊御降誕前の因緣なり。淨飯王は摩耶夫人と婚し永く子なし、爲に異母妹、憍曇彌を納妃す、然るに摩耶夫人懷妊され、王、大に喜ばる、（史傳に釋尊御降誕は淨飯王五十餘歲摩耶夫人四十五歲にて初めて出生依て悉達多、譯して目的成就）憍曇彌之を嫉み婆羅門の道士をして其胎兒を自分に移すべく呪咀せしむ、修法成就せずして、道士三人捕はれ慘殺さる、此靈の薰發せしなり。

二十三日朝、昨夜出し婆羅門道士の弟子出でゝ言く、憍曇彌に賴まれ庭に壇を造り三七日修法せしかども、呪咀成就せざりし故、反逆人なりとして慘殺さると。

婆羅門道士出づ「カロリナ」と云ふ無理な呪咀せしも、先方にも聖者の懷胎故多くの善神守護す爲に成就せず、今日迄、地獄にあり、是より法華を修行し、汝に婆羅門の眞義を會得せしめん語れり。

二十四日、靈媒（前田）に、宗祖佐渡御在中、法論に敗北せし佐渡の住人、禪宗の僧道禪出づ、問答に敗けしを愧ぢ國を去り諸國流浪し、途中にて自分の非を悟り引返し、日蓮上人に御詑し教義を聽かんと越後迄引返せし時急病にて歿す時五十三歲なりと懺悔す、神出でゝ曰く此僧の過去は今薰發しつゝある「カロリナ」の弟子にて慘殺されし一人なりと。

二十四日夜、人首馬身の靈出づ、之を修法して人に返す、「ミケラクラ」と云ふ、大寺に火を附け逃げ出す多くの僧を慘殺する所を見る。

【摩醯羅矩羅】北印度磔迦國に數百年前一王あり、摩醯《マケ》羅矩《クラ》羅と號す、唐に大族王と云、武勇あり、印度を統治す、事あり佛法を惡み、五印度に令して盡く毀滅せしめ大に慘逆を擅にす、摩竭陀國幼日王、厚く佛法を崇敬す、之と戰て勝ち、大族王を擒にす、母の言に依て之を放つて國に還す、大族王迦濕彌羅國に投じ、後ち其國を奪ふて自立し餘威に乘じ健駄羅國を討て沙門國人を逆殺し、國に還らんとして中途にて死す（西城記四）是の爲に北印度の佛教非常なる打撃を被る。西歷五百五十年頃

二十五六日共、靈出でゝ聽經す。

二十七日、憍曇彌出でらる禪定に入れる如く、心澄む、懺悔して曰く、王に長く子なし、摩耶姉の請により十六歲にて妃となる、然るに姉、懷胎さる、之を嫉み、其子を我に移さしめん爲に、婆羅門の道士に修法せしめしも、呪咀露見し道士罪せらる、我今之を懺悔すと。

我問ふ、世に大乘非佛說の語を爲す者あり、法華會に於て授記を受け給ふ、此事眞實なるや、曰く淨飯王は世尊成道後僅にして歿せらる（六七年の如き心持す）此時王は九十歲なり、我と耶輸陀羅其他の女子出家し、佛に從て修道す世尊七十餘にして法華を說き給ふ、其時授記を受く、佛滅後三年歿す、年約百歲なり。

二十七日夜、靈媒前田に婆羅門カロリナ出で懺悔す、神出でゝ曰く弗者彌多羅の過去が「カロリナ」なり、世尊御入胎の時呪咀す、現はれ慘殺さる、此の過去の因緣により、阿育王の塔を破り佛法を破却す因緣は恐ろしき者なりと仰らる、代て縛されし僧の靈多勢出づ、縛を解き、苦痛を除き聽經せしむ「ミケラクラ」に縛され殺されし僧なり。

二十八日朝、縛されし印度の僧多勢出づ、縛を解き聽經せしむ。

夜、心澄む、師子尊者出で給ひ、衆僧の導師となられ讀經さる、衆僧三拜す。

二十九日朝、衆僧出でゝ聽經し得道せり、心澄む、夜も同じ。

三十日朝、師子尊者出で給ひ、玆に來りし以來衆僧と共に法華を修行す、壹萬八千人得道せりと仰らる。

三十一日夜、世尊御降臨あり、與願施無畏の印を結び給ふ曰く印度に於ける佛法と婆羅門敎の因緣解けたるを喜び給ひ、汝の過去の然らしむる處なりと讃辭を賜り恐縮す、婆羅門敎の關係の靈、國王外四百人得道す、以後六月十六日迄朝夕出でゝ聽經す、六月十七日左の靈を靈山に送る。

憍曇彌、師子尊者外、遭難僧の靈壹萬八千人、

耆婆、檀彌羅王、弗者彌多羅王、摩醯羅矩羅外四百人、

以上

一闡提の成佛

昭和貳年八月十四日、圓滿大王、百日見學修了し歸來さる歸路、最も得道の困難なる、世尊御在世の一闡提の靈を引連れ給ひ懇に敎化せよと仰らる、以後每日靈出でゝ聽經す。

【一闡提】成佛の性無き者、譯、不信と云、佛法を信ぜざる義、又た不可治、一闡提とは因果を信ぜず、慙愧あること無く業報を信ぜず、現及び未來世を見ず、善友に親まず、諸佛所說の敎戒に從わず、是の如き人、一闡提と名く諸佛世尊、治すること能わざる所。

八月二十七日夜、神出でゝ曰く一闡提の男女合せて五百人得道せり、本門の戒壇は僅か二週日の短時日にて永不成佛の一闡提を得道せしむと。八月三十日夜、靈山に送る。

昭和四年四月初旬薫發

【緣覺の因緣】

神の仰により緣覺の因緣を解く、靈媒前田の體に四月初旬より印度に於ける緣覺の靈を引出ださる、岩窟に座禪する姿、又は樹下に三昧に入る姿を見る、之に說法す、汝等の得たる滅は、眞の滅に非ず、今世尊法華經を以て汝等を道に入らしめ給ふ、速に無上道に入るべしと種々說法すれど强情にして信受せず、其儘置く、朝夕靈媒に出でゝ聽經し五月一日迄に法華經の威力により八人得道す、物語せず十三日靈山へ送る。

以上にて印度の因緣終る

大正十三年十一月薫發

埃及及アツシリヤ
バビロニヤの因縁

十月二十六日、上世印度波斯《ペルシャ》教及び釋尊御在世の因縁を送り、二十七日より異れる因縁薫發す。物語なく、倦怠を感じ睡眠を催し、風邪の時の如し。夜も靈出づるも物語りせず、太古の靈ならん。

二十八日朝、靈出でゝ聽經せしも、物語せず、夜も同じ。

二十九日朝、靈出でゝ聽經す、音聲亮々たること天人の樂を奏するが如く、夜も出でゝ聽經し、心淸く澄む。

三十日朝、神靈出でゝ聽經され後ち語らる、遠く埃及《エジプト》及アツシリア等の因縁を解く爲に茲に來ると。此神は「キンナラ」族にして太古亞細亞の高原より埃及に飛行降臨されし男神にして埃及民族の祖先なり。音樂が得意なる故、微妙の音聲を有す。日本人の祖先、及基督教の「ヱホバ」の神ヱンゼル等皆な太古印度高原に於ける同一族なり、夜、憑靈更る、讀經さる、右眼痛み、書見出來ず。

三十一日、昨夜の神出でゝ聽經さる、代て死靈出づ、頭べ痲痺し、夜も出でゝ聽經さる、後ち加持す眼痛並に頭痛、輕快となる。

十一月一日朝、靈出でゝ語る「フエクスト」と埃及建國の王「マカシタ」の僧（有史以前の昔の神使豫言者）戰に出で右眼を討たれて死す、夜も出でゝ聽經す、頭重し感覺鈍なり、

二日、朝夜共、靈出でゝ聽經す、

三日朝、「フエクスト」語る幸に眼も回復し心持も治まれりと禮を言ふ、エジプト人は神の子孫の後裔故、王は神として尊敬すと云、憑靈代り睡眠を催す、物語なし。

（古來より世界に於ける日本、埃及、猶太、の三國は神政なりき、而も其祖先の神は、皆翼ある人、キンナラ族なり讀者之を記憶せよ）古代埃及の王の像は、盛裝せる翼ある人なり「ピラミツト」より出づ、埃及博物館にあり、吾人の感應と同一なりしを喜ぶ。

四日朝、異れる神出で給ひ物語なく、讀經後伏拜され、心ろ稍や澄み、夜出でゝ語らる。往昔「ナイル」河の河神なり（女神）、飛來の神と緣を結ぶと。

五日朝、河神出でゝ語ろ、太古飛來の神と緣を結び、此國の礎となり、其子孫が、埃及の國民となる（ハム民族の始祖）我等の敵は太古より龍蛇なり、常に我が子孫を苦しむと。（此神人頭魚身にして全身に鱗あり）

セイヌ氏曰くアッシリア人の崇拜せるダゴンは頭肩は魚鱗を以て覆わる、又其男神、女神共に人形にして翼を具ふ、翼龍あり、人頭にして翼ある大牡牛あり、そわ惡魔を驅逐するを掌る（世界宗敎史）

ペルシヤ灣頭の一市「エリヅ」に崇拜せらるゝ「エア」神は海の神にして、後世の傳說には「オアンネス」と呼ぶ、半人半魚の變怪にして海より來り、人類に學問美術を敎へたりと謂ふ。

五日夜、女神出でゝ聽經さる、後ち靈媒、身體重しとて加持を求む、修法せしに怒れる神出づ、五千年以前より埃及の神と戰ふと言はる。和解を勸めしに、汝等の知る所に非ず捨て置けと云ふ、依て今、佛敕により靈界の統一の爲、世界最古國の因緣を解く、願くば佛道に入つて久遠の因緣を解き、眞の神たらん事を乞ひしに、二週間後、詳細物語ると言はれ、後ち法師の體に女神出で給ふ、感應に自分の過より此因緣を造ると懺悔されし如し。（埃及の太古此女神と怒れるバビロニアの神とは夫婦の關係ありしならん然るに飛來されし翼ある神と緣を結び、後のバビロニア、の神を捨てし爲に仇敵となる、埃及《エジプト》、開闢の頃の戀の神話）

六日朝、埃及の男神出でゝ讀經さる、亮々たる音律なり後ち語らる、玆に久遠の因緣解けんとす、佛法、法華經の不思議の大威力を泌々感ずと言はる、又「バビロニア」其他諸國に於ける、基督出世前の關係因緣解けんと仰らる、夜、代つて靈出づるも物語なし。

七日朝、神靈出で聽經後語らる「バビロニア」「アッシリア」の關係なり、太古より埃及の神と戰ひ、互に勝敗あり長く戰ひし爲め、双方共に疲れ、今日の如き衰頽となると云はる、夜も出でゝ聽經さる。

此神、紀元前三千八百年の頃「バビロニア」を興し、紀前七百二十八年「アッシリア」の爲に亡ぼさる「アッシリア」の神は「ヤーヅー」なり、（後ち回々敎を興す）「メソポタミヤ」「メヂヤ」「フエニキヤ」「シリヤ」「イスラエル」及、埃及を攻略し猶太を朝貢國となし前古未曾有の大帝國を創立す、然れども幾くばくならず、內憂外寇交々生じ埃及先づ獨立し「バビロニア」「メジア」之に次ぎ「スキタ」及「キムメリア」兩蠻族は國の東邊西陲を侵寇し結局「バビロニア」「メジナ」の聯合軍は、國都「ニネウエ」(前六〇六)を陷れ、終に「アッシリア」帝國を亡ぼせり。斯くて「バビロニア」王國は益々强大となり、埃及王を擊破し猛勢當るべからざりしに、意外にも波斯國、突如として隣邦より蹶起し終に「バビロニア」國を討滅す時に西紀前五百三十八年なり、其全領を併合す。

(波斯《ペルシィ》國の守護神は善神「マツダアフラ」にして、其原籍佉羅《キャラ》騫駄《ケンタ》阿《ア》修羅《シュラ》王也)

八日朝、神出で給ひしも物語なし、夜も同じ。

九日朝、昨日と同じく未だ時到らずとて物語なし、夜も出で給ひ、是より代々の王と戰死の靈を出す故回向を賴まる靈媒の體に神出で給ふも發言困難なり「ホーチ」と云ふ、十日朝夜共神出でゝ聽經し給ふも物語りなし。

十一日朝、神出で給ふ「バビロニア」の神なりと仰らる、唱題されしも聲枯れて出でず、夜も聽經し後ち唱題さる、聲枯れて發音困難なり物語なし。十二、十三、十四日共同じ。

十五日朝、神出で給ふ太古より「バビロニア」の神にして種々の名に依て祠られ、今迄、埃及の神と爭ひ、双方疲れ今日に至ると、夜も死靈出でゝ、聽經す、十六日も同じ。

十七日朝「バビロニア」の神、讀經中姿を示さる、大なる鰐なり、埃及の神と常に戰ひ互に疲れ、其内「アッシリア」の神に紀元前七百年の頃壓伏され今日に至る、今漸く解く時到れりと大に喜ばる(アッシリアの神は、後のヤーヱーの神にして基督を磔刑に處し、後に回々教を興し「アルラー」の神と示現さる、今道場に勸請しある興教天王は是なり)。ヤーヱーの神と戰ひ喉に大なる負傷さる故に聲枯れて出でず、漸く回復す夜、神出でゝ、大に歡喜し亮音を以て讀經し給ふ、

十八日朝、神出でゝ聽經さる、夜代つて靈出づ、大なる龜なり。

十九日より此因縁に關連せるところより希臘の古代因縁萠發し、十一月二十四日より「イスラエル」猶太の因縁を解き地中海沿岸太古の因縁全部解けたるにより十二月三十日此因縁に關する分、左の如く解決さる。

十二月三十日、道場の主神、妙雲菩薩、御降臨あり、左の

如く解決さる。

最正位、創成天王、埃及の男神

最正位、生育天王、埃及の女神

最正位、明照天王、バビロニアの神

埃及の死靈、約壹萬五千人

アツシリア、バビロニア死靈、約、五千人

十二月三十一日夜八時修法し、神は佛法、法華經の守護神として我道場に勸請し、法華各道場百日見學に立たれ、死靈は靈山淨土へ送る。

埃及の宗教　世界宗教史アランメンジース氏著

埃及の開化は其起原遼遠にして遙に支那古代の文明を淩駕し、而して歐州の開化は又實に埃及の學問美術に負ふ所頗る大なり、近世學問の進歩は、又埃及國に關する諸般の有益なる發見を致し來りたりと雖も、而かも埃及國人種の由來に關しては尙杳漠として捕捉するもの無き、今も昔も變らざるなり、然れども推測によりて之を考ふるに既に紀元前四千年の昔時に於て、早く一國の體裁を成し文物典章の美、頗る見るべき者ありしが如し、特に宗教に關する問題に至りては、頗る不明にして古代に於ける埃及人の崇拜せる神々の性質、及び其神々の相互の關係の如き到底之を知る可からず、或は曰く唯一神教に淵源すと、或は動物崇拜に始まれりと、要するに埃及の宗教は吾人のそを知るに至りたる時代が頗る發達せし後世に存じ、而して其宗教は頗る相撞着せる分子を含有し居るは其一大特徴なり、故に埃及の宗教に關しては之を一宗教として統一ある說明を施す能わず、唯其部分々々の研究を遂げ僅に其間に存ずる相互關係を知るを以て滿足せざるべからず。

埃及國に於ける各王朝の隆盛の跡は今日其殘れる遺物に徵して之を知るべく、則ち王宮の美麗、殿堂の莊嚴、王朝の宏大なる殆んど他に類例を見ざる所にして、夙に文字の發明ありて之を用ひ居れり、現今埃及の畫文字の歐州人の手に讀まるゝに至りたるは埃及の宗教を知る、頗る恰好の手引草なり、是に由りて考ふれば埃及人は頗る保守的思想に富める人民たるを知るべし、其遺跡は今日歷々として「ミイラ」の匣中に發見する事を得べし、當時、僧用の神聖文字の發明ありし後に於ても、尙宗教上の事項を起述するに不便極まる畫文字を用ひしを知る。

(古き文字を用ゆるは宗教の常態か、我國に於ても、佛教の式に梵字を用ゆ)

埃及太古の遺物に附て之を考ふるに、太古埃及の宗教は實に動物崇拜と淺からざる關係あり、即ち女神「ハルト」の像は牡牛の角を有し、男神セブの像又鵞を其頭に載けりホルスは鷹頭にして「ハスト」は猫頭なり、其他神鳥「フオイニツクス」を以て頭と爲す者あり、半人半獸に非ずして、總て全身獸體の神格も亦是れ有るを見る、要するに斯かる事實より類推し行く時は、埃及太古の宗教は動物崇拜なりし事疑ふべからず。

以上の動物崇拜と共に天然崇拜の併び行わるゝを見る、太陽は光明の神にして正善の神なり、然れども是と同時に、吾人の智識の及ぶ限り太陽を初めとして幾多の諸神は皆動物の形相の下に崇拜せらる「ハルト」の牝牛に於ける「ホルス」の鷹隼に於ける「アヌビス」の狼に於ける如き是なり、然れば斯かる動物崇拜は。埃及宗教の退化なるか、否、果して然らば彼の動物崇拜の如き劣等の宗教よりして、天體崇拜の如き高等なる宗教が胚胎し來りしか、是れ亦必ず然りと答ふる能わず、蓋し埃及の宗教は動物崇拜より天然崇拜來ると說き、或は天然崇拜より動物崇拜來ると說かんより、寧ろ此兩者は個々別々に其發達の基原を有すと說くの穩當なりと認むる者なり。

埃及の宗教に於ては其主上の主たる神は原的卵子より生れ諸神の一族はセブ及ヌートの兒子なり、セブは地にして「ヌート」は天なり、但地神セブは男神にして天神ヌートは女神なり、諸神は埃及王家の遠祖にして「ロー」の治世は凡て正義と幸福と相一致し、埃及國の黃金時代なりと稱せらる其他物理界、人事界を說明する幾多の說話口碑ありて存じ人一たび此說話を語る時は其咒力によりて奇特の結果現われ、或は害毒を消滅する奇効ありと考へられぬ(讀經の功德に似たり)太古神政の黃金時代に繼ぎて來りし者は爭鬪の時代にして、神も人も共に從來の神の政治に滿足せずして鬪爭是れ事とし毫も休息することなかりし。

ルージエ氏は埃及は耶蘇紀元前五千年の昔時に於て唯一神教なりと言へり。

埃及の殿堂は信者會合の場所に非ずして神の住所なり、然れども又市場として使用せられ(淺草觀音の境內の如きを云ふか)又敵軍の攻圍を守る城壁たりし者なり(石山本願寺の織田と戰の如きか）神殿は庶民の參拜を許すと雖も、神殿中に入る者は獨り僧侶あるのみ、神殿中に神の厨子「アーク」を安置し以て神體を表し是に犧牲を献る、堂の周圍に懸かれる諸像は崇拜の對象に非ずして、神をして任意其種々の形の像中に其神體を托せしめん爲に設けしなり、方尖石標の如き太陽の憑りて住する所の者とす、神體や神を表す動物は時に莊嚴美麗なる行列を執行せらるゝ者あり、一地方擧りて此祭事に狂奔す、故に埃及の宗教は個人々々の私事に非ずして、國家の公事なりとす、埃及は實に神教政治の最も發達せる者なり、歷代の諸王は神の子孫にして帝王自から其祭祀の對象となり人民の犧牲を受く、斯く神孫たる帝王はその神に仕ふる事頗る愼重、時に自ら犧牲を神に献る事あり、戰爭に當りて神は「アーク」に乘じて共に戰場に赴くが故に、戰爭は又實に獨り人事たるに止まらずして又神事なりとす。

世界の人類中、埃及人種程、死の觀念の發達し居りし者は未だ嘗てあらざるなり、故に生者は死者に對して充分愼重なる注意を表し、死者自からも亦大に其死後に就て計畫設備する所無くんば非ざりき。

埃及人は死後其靈魂の存續を信じて、其靈魂は再び生前の身體中に歸來する者なりと信ぜり。是れ埃及人の夙に死者の身體の保存法に勞せし所以なり、人類の婚嫁も其目的の一に自己の子孫を止めて、死後自己の身體を保存せしめん爲にして、人死すれば諸種の事物は其死體と共に埋葬せられ以て其亡靈の使用に供し、常に供物を墓前に献りて其靈に供養す、靈魂の存續は實に原始人類の一般に通有せる所の信仰なりと雖も、埃及人は此思想に基き擴張して「ミイラ」を造るに至れり、是れ他國に絶へて見ざる埃及國有の發達なり、彼等は死後靈魂が生前に於ける諸作用を營爲し得る目的を以て、死者の四肢五體に毫末の缺損を與ふる事無き樣之を保存するに苦心せり。

斯くして埃及人が死後永く存續する者を以て、或は心なりと云ひ、又は靈なりと云ひ、其說雜多なりと雖も、要するに其死者の身體以外の自我たる「カー」に外ならず、死者のカーは食物を要し教養を要すと信じ、其教養を全ふせん爲、墓碑の四壁に書畫を懸け、若しくは「ミイラ」の匣棺中に畫書を納むるを常とす、加之死人も亦幾分の娛樂の具を要し、社交の心要を感じ良政を要すると思推せらる、故に王者のミイラは宏大なる三角塔中に納められ、貴族のミイラは石を以て築かる、壯大なる築造物「マスタバ」の中に埋葬せらる、然れども貧民の「ミイラ」は瓦造の墓碑を造りて之に藏むるを常とす。

以上說明せし埃及人の死後存續の思想は、天體崇拜の思想と著しく密接の關係を有し、太陽の朝に光明の世界に出でゝ暮に暗黑の世界に沒入するが如く、死人の靈が蒙れる運命も亦實に之に類す。彼等の靈は死後暗黑の下界に赴と思惟せられたり、故にミイラはニル河の西地に持ち行きて埋藏し太陽の西に沒するに擬せり、ニル河西の地は豹狼の出沒甚しき故、死體は狼の神「アヌヒス」の監督に一任し以て諸神の座下に至らしめんとせり、下界には種々の部分ありて一方に魑魅魍魎住し、又一方に無數の幸福快樂の存ずるあり、以て死人自からの生前の用意若しくは後に遺れる友人の手段方法（追善供養か）にして適當なるを得ば、死者は其幸福快樂の樂土の恩波に沐浴する事を得べく此死者は不老不死の壽を得て、何等の恐る所も無く嘗て地上に享受せし如き、生活を反復する者と考へられたり。（地獄極樂の存在に似たり）

埃及文學の最も著明なる遺書は、死人の書なるべし、其は死人の靈が下界に旅する狀況を記せし、極めて古代より存在せし奇書なり、書中に記する文字は奇特なる咒力を有して若し死人之を稱ふる時は幾多の障礙を擯斥し去る功力を有す故に人は生前より書中の文句を暗誦し置くを要す、故に人死すれば其文句を墓壁に刻せられ、又ミイラの棺中に納めらるゝを常とす。

人類の死後の生活は全然此の死人の書の教ゆる咒力により左右せらるゝ如くなるも必ずしも然らず、死者は單に咒文の力により、外部の障礙を排除するに止らず、又其精神の垢汚を洗滌し生前の罪を免除せらるゝを要するなり、死人の書中第百二十五節に記する處を見るに、一人の死者四十二人の判官の前に立ちて、生前何等の罪を犯せし事無かりしを誓へり、曰く我れ盜を爲せし事無し、我れ謀反を企し事無し、我神を瀆せし事無し、我れ神聖なる動物の皮を剝し事無し、我は僞善を行ひし事無し、我は奴隸を虐待せし事無しと、此に至りて埃及の宗教は漸次其外形的供犧主義より、遂に內面的倫理道德の思想上に反省し來りぬ、宗教は今や單に國家の公事たるに止らず、又私人の精神上に重大なる位置を占むるに至れり、斯くして人は其自己精神の清き結果、初めて極樂（アアル）の野に出入するを得べき者とす。

斯くの如く埃及の宗教は單に淺薄なる外形の儀禮主義のみに非ずして、內部精神の道德的要素に回想し來りしと雖も然も埃及の宗教は遂に迷信の弊に陷るを防ぐ能わざりし、爾來、埃及の宗教には魔術の勢力益々其猖獗を致し來り僧侶の跋扈は前代未聞にして、而して僧侶の宗教は漸々凡神的神秘的に流れ、信仰の主眼は兇巫妖術の流行の外を出でず、人民の道德的意識は幸に退化せざりしも國民の元氣は銷沈を來たし、宗教の改革進歩得て期すべからざるに了りぬ。

以上

埃及の國體の成立と宗教が、我國の國體と佛教に頗る近似せる點多くあり、故に繁を厭はず讀者の參考の爲稍詳細に採錄せり。

大正十三年十一月薰發

希臘の因緣

十一月上旬、埃及及び「アッシリア」「バビロニア」の因緣薰發し續て此因緣薰發す。

十一月十九日朝、高貴の神出で〻普賢菩薩勸發品を讀まれギリシヤ古代の因緣を解くと仰らる。

【史曰】　歐洲國民の歷史は希臘に淵源す、太古茫漠の昔に於て歐洲に遷移せし「アールヤ」人（印度人の祖先）が初めて東方諸國の文學美術に接し、人文の新曙光を其生涯中に曳發するに至りしも又實に希臘半島に在りて存じ希臘文明は遂に延いて伊太利より全歐洲に瀰滿するに至れり、希臘半嶋に於ける古來土着の人民に就ては吾人之を確乎たる事實によりて識知し得べき文献の徵すべきものなし、唯アールヤ人種の移りて此土地に在住するに至りし者は、極めて獨創の天才と精神上に於ける非凡の同化力とに富み、彼等の智識發達はその美的嗜好と兩々相待ちて哲學、文學美術、言語の上に著名なる痕跡を印せり。

太古希臘の宗教は純乎たるアールヤ人種の宗教たる特色を具有し、自然崇拜と祖靈崇拜とより成り、離魂の遊行するあり、諸種の神々の出現するあり、山河草木日月星辰一に其靈的活動を有せざるなし、希臘の全國民を擧げて「ツオイス」神を信じ「ツオイス」を以て天地の主と仰ぎ、雨露の惠者と讃し、地上に豐饒を播く神と崇め、神人の父として尊べり、斯く「ツオイス」は希臘人全般に亘るの神格なりと雖も、而かも又此外各家族或は各地方々々に特有する神格の崇拜せらるゝ者あり。

以上

十一月十九日夜、讀經後死靈出づ、頭べ痲痺す、加持し苦痛を除く、言く「ソクラテース」と。

二十日朝、「ソクラテース」の靈出づ、曰く時の敎の邪義を攻めしかば捕へられて獄に投ぜられ、死刑の宣告を與へられ、毒を飮まさる、然し自分が稱へし義が眞理にして後世に認められしは滿足なりと語る。

【傳曰】「ソクラテース」はアテネの哲學者デーリーの豫言者に人間中の最賢人なりと云われたる人なり、父は彫像師にして母は產婆なり、幼より父の職を繼ぎ大に發達の見込ありしが、長して市中の靑年を集めて學業を授く、生涯書物を著したること無く、學派を唱へたることなきも、就て眞理を聞かんとする者あれば、常に語るを拒まざりき、而して當時希臘に行われたる詭辨學者に大打擊を加へ、事實によりて眞理を歸納せり、常に人と論義するに當りて反語の法を用ひ、大に詭辨論者の弱點を衝く、其哲學の本領は精神の薰陶及道德の改善にありしが、國敎を奉ぜざりしより、死刑の宣告を受け獄中に在ること三十日、其間盛んに靈魂の不滅なるを論じて止まず、斯くて友人中に彼を逃亡せしめんと周旋する者ありしが、彼は是を耳にせず、潔く死に就きたり、ゼノオフン言く、彼は神の裁可無くしては何事もなさゞりき、且つ如何なる場合にても、決して詐をなさず、決して已れの欲心の爲に心を曲げられたる事なし如何なる事を裁斷するに當りても決して躊躇したる事なし實に彼れは人間中の最賢にして且つ最も幸福なる人なりき

（紀元前四六九年——三九九年）

二十一日朝、ソクラテース出でゝ聽經す、此人の過去は釋尊御在世の弟子なりとの、感應起る。

二十一日夜、死靈出づ、「後にプラトン」と云ふ。

【傳云】プラトンは希臘の大哲學者ペリクルス、の死したる年「アテネ」に生る、貴族の出なり、二十歲にしてソクラテース、の門人となり八年間其門下にあり、師の歿後三十歲にして「アテネ」を去りメガラに住せり、之より、キレネ、エジプト「マグナグレシア」シチリヤ等を歷遊し周遊十年、四十歲の時アテネに歸り彼の父の庭園に學校を建て、弟子を集め其敎育に從事したり、アリストテレス

も亦來り學ぶ、彼れの哲學は如何なる系統に屬せると云ふに非ず、唯世界の思想家として最も初に現われたる者なり彼は結婚せざりし爲、子孫なしと雖も、其後を繼ぎし弟子は殆んど其數を知らず、實に彼の哲學は眞の哲學と云ふべし。(紀前四二九、三四七年)

二十二日朝、靈出づ、後に「アリストテレース」と云ふ、自分の唱へし說か後世を益したと云事と聞き滿足に思ふと云ふ。

【傳云】「アリストテレス」は希臘の大哲學者にして、父はマセドニア王「アミンタス」の待醫なり十七歳の時其生國「スレース」を出でゝ「アテネ」に行き「プラトン」の弟子となる、プラトン彼を愛する事殊に甚だしく彼も亦師を敬愛せり然れども學說に於ては兩者一致するを得ざりき紀元前三七〇年の頃、小亞細亞の「アタルネプス」王「ヘルシアス」に招かれて其女「ピチアス」と婚す、三四七年王弑せらるゝに及び、妻と共にミチリネに遁る、時にマケドニア王「フイリツプ」彼が名を聞き、之を招き其子亞歴山大王の教育を托す、「アリストテレス」は實に古今獨歩の大哲學者にして其智識の該博にして深遠なりし事、千古其比を見ず「ソークラテース」及「プラトン」と共に希臘の三大哲學者と稱せらる。(紀前三八四年生三二二年沒)

代て高貴の神出でゝ語らる、我は「ツオイス」の神として祀らるゝ者なり、「ソクラテース」の過去は、釋尊御在世の弟子、ウルビンラ迦葉なり、「プラトン」は伽耶迦葉なり、「アリストテレス」は那提迦葉なり、我は其當時釋尊に教化されし龍神にして、其前太古より希臘に住し、其頃の彼の三人は我の同族にして眷族なりき。「ホメロース」は我の佛滅後、希臘に歸り現わせし變化身なり、此因緣により希臘に法を說くと。

【傳曰】「ホメロース」はギリシヤの大詩人なり「イリアツド」及「オデセー」の著者にして紀元前八百年の頃ソロモン時代の後に住せり、其傳記は諸說ありて詳ならず、其存在さへ疑ふ者あり、古今無双の大叙情詩人として後人の推重する所なり。(「ホメロース」を「ホオマア」とせし書もあり)

詩聖「ホメロース」は實に希臘宗教の開祖なり、史家「ヘーロドトス」によれば　ホメロース」は「ヘーシオドス」と共にヘロドトスを距る四百年前に生存し居りしと云、ホメロースはヘーシオドスと共に希臘諸神の神統記を編し諸神の名稱を附し諸神の形體特色を說明し希臘に於ける宗敎の基を開き以て長く國家民心の統一、一般敎化の根底を成せり。

【優《ウ》樓《ル》頻羅《ビンラ》迦《カ》葉《シヨ》】羅漢の名なり大瓜林と譯す、三迦葉の一、木瓜林下に於て法を修す故に以て名とす、正法華には上時迦葉と云兄弟三人の長に居る者なり。

玄贊一に、迦葉波は性なり此に飲光と云、婆羅門の性なり上古に仙あり身光明あり日月の光を飲蔽す乃云、三迦葉波は皆飲光の種なり、兄弟三人あり、梵に長を優盧《ウロ》頻螺《ビンラ》と云ふ、此に木瓜と譯す、其胸に當り一瘤起あり、猶本瓜の如し、又地中の龍亦木瓜と名く、彼に從て稱と爲す、佛前より五百の弟子を有する外道論師なりしが、佛を毒蛇窟に導きて害する事を得ず、二弟及弟子と共に歸佛出家す。

【伽耶迦葉】羅漢の名、伽耶は象又は城と譯す、三迦葉の一、光宅の法華疏の一に伽耶迦葉は昔日是亦外道、其人火に事ふ、五百の徒衆を領し伽耶城に住在す、如來往て化す、即ち邪を捨て正に歸し、羅漢道を得、仍ち本の住所の域を以て名と爲す。

【那提迦葉】羅漢の名、那提は川の名なり、此人那提川の邊に在て得道す、依て那提迦葉と云、三迦葉の一。

【法華文句】毘婆尸佛の時三人共に刹柱を立つ、是の因緣を以て報を感じ遂に兄弟となる。

【開目鈔】曰、大涅槃經に曰く、一切世間の外道の經書は、皆是れ佛說にして外道の說に非ず云々、法華經に曰く衆に三毒有りと示して又邪見の相を現ず、我が弟子是の如く方便して衆生を度す等云々、釋尊金言、無有虛妄。

玆に現證を見る、現今歐洲の哲學者が歸趣を佛法に求むる宜ならずや。

二十三日、朝夜共靈出でゝ聽經す、以後イスラヱルと猶太の因緣熏發す、希臘の因緣は其儘とす。十二月三十日、猶太の因緣解く、故に同時に解決す。

十二月三十日左の如く、解決さる。

最正位、迦葉天王、ツオイスの神

ソクラテース
プラトン　　外、約貳千人
アリストテレース

三十一日夜修法し、神は法華の守護神として我道場に勸請し各道場百日間見學に立たれ、死靈は靈山淨土に送る。以上

印度哲學と希臘哲學の關係

印度六派哲學內、尼夜耶《ニヤーヤ》派（譯正理派開祖ゴータマ）

印度六派哲學　高楠木村兩博士著

正理派の地位、勝論派と姉妹關係を有する學派である、共に原理の名を句義と云ひ、共に概念の運用に注意し、共に極微を認め、共に聲無常論を主張する等殆んど同一學派たるの觀がある、たゞ異なる所は勝論派は主として萬有の解釋に向つたのに反し、本派は專ら智識獲得の方法や、推理辨論の方式を攻究し所謂論理的方面に向つたのみである、蓋しその初は僧佉耶と瑜伽とに於けるが如く同一潮流であつたのが、遂に各々分派したものであらうと思ふ、之を希臘の例に比して言へば勝論派は物理派の思想とアリストートルの範疇論も合したるが如きものにて尼夜耶派は詭辨論によりて激發せられ、アリストートルに來りて大成した論理學に當るべきものである、併し乍ら之を印度思想史の上より觀察すれば、正理派の地位は勝論派のそれに比して一層重大の意義を暗示するものがある、物理的に世界を解釋しやうとした思想は何處にも多少見出すことが出來るけれども、組織的に論理的方面を研究したのは世界中たゞ希臘と印度とのみである、然り而して古代に於て專ら純粹の哲學思辨によりて人生の大理想を實現し得べしと信じた國の標本として希臘と印度とを擧げることが出來るとすれば、軈て論理の一科は哲學國の一特別であるといふことも出來るからである、この意味に於て印度に此派の興起したことは、他の五派全體よりも注意すべき事件と言つても强ち誣言ではあるまい、之に依て印度哲學全體の評價も高まり、その全體系が必ずしも希臘哲學に劣らぬことが明となり、進んでは東洋人も必ずしも哲學的思辨に於て西洋人に讓らぬ自覺を吾人が抱き得ることにもならうと思ふ、況して從來種々の學者が企圖したやうに、希臘の論理もその源を印度に發したことが證明されるとせば、軈て本派の地位は世界唯一の論理學の源泉たる意義を有することになるのである。以下略

【尼夜耶と亞氏論理との關係】

尼夜耶の講究に於て何處かで是非共觸れて置かねば物足らぬ感じのする問題は本派の論理とアリストートルのそれとの關係論である、蓋し先に述べた如く、この兩者はともに組織的論理學を起こした鼻祖で、而もその間に幾多の共通

點があるからである、これに對する諸學者の態度を見るに偶然の暗合と見る人もあり、稀には希臘の影響が印度に及んだのであると、推定した人もあるけれど、多くは希臘の論理は印度の影響を受けて大成したものであると見んと欲するやうである、殊に日本の學者では故今福學士が此問題に興味を感じ、共著最新論理學要義にては兩者の類似點九ケ條を數へ、更に之を一層整理して哲學雜誌に公表し、兩者の類似の到底偶然の暗合のみを以て解し得べからざるを指摘して、亞氏に及ぼせる正理派の影響を認めんとした、有體に言へば吾人は未だ亞氏の機關に對して特別の研究をしたこともなく、又希臘印度交通の歷史的研究も特別に試みたことがないから、此問題に對しては多くの發言權を有せない者である、併し概括的見地よりして目下の處、兩者の交渉を餘程疑しく思ふ、簡單に其理由を述べて見よう。

第一、從來足目を以て亞氏より餘程古い人と見たけれど吾人の研究に依れば、正理派の興起も略々亞氏と同時頃であるから、必ずしも印度の分が古く、希臘の方は新しいと定められぬ、從て亞氏は足目の影響を受けたと見るべき年代論的根據は頗る薄弱になる。

第二、兩者の間に影響が有つたとすれば、歷山王の印度侵入を媒介と見るべきが至當であるけれども、歷山王の土産が直ちに亞氏をして論理の組織を思ひ立たしめたと見ることも、又反對に歷山王に隨從した希臘の學者が亞氏より論理を聞いて之を印度に傳へたと見ることも、たとへ不可能でないにしても、餘程事實らしからざる想像である、論理の如き學科は兵馬倥偬の間に於て、爾かく單純に傳授され得べき性質の者ではない。

第三、凡そ一國が從來全くなかつた他國の物品なり學問なりを輸入した初には、必ず幾分かその原語を保存すとは史學研究法の吾人に敎ふる所である、然るに亞氏の論理と正理派のそれとの間には殆ど術語に於て共通すと見るべきものが一つもない、勿論梵語と希臘語とは共にアリアン語系に屬するから、幾分か似た言葉のあるに相違ないけれども特に際立ちて希臘語化した梵語若しくは梵語化した希臘語が、論理の術語として表れぬ限りは、到底「ギョーレス」氏などの如く、希臘論理中に梵語の術語を發見したと斷定し得らるゝものではない。

第四に亞氏の論理も正理派のそれも突然に案出せられたも

のではなく、亞氏には詭辯論者を初めとしてソクラテース、プラトー等の先驅あり、正理派には奥義書の所謂辯論學や、ミーマンーサー的、論究法等の先驅ありて共に論理思想を構成するまでに、長き歴史的背景を豫想してゐる、若し一が他の影響によるものとするならば、兩方の先驅思想を如何に解して然るべきか、それも矢張り一は他の影響を受けたと見ねば、意味が徹底せぬことにならうが、かくては問題は益々迷宮に入るのみ。

第五、印度思想と希臘思想との類似は獨り論理の一部門に限つたことではなく擧げ來れば、寧ろ煩に堪へぬ程である而して今日の所では未だ一として其間の歴史的關係の明かなるものがない、若し論理の一科に於て連絡を附せんとせば、連絡上他の類似點にも連絡を附け得べき自信と證據とを用意してかゝらねばならぬ、而もこれは今日の所到底望み得られぬ事業に屬するのである、以上の理由により吾人はたとへ亞氏の論理と正理派のそれとの間に多くの類似點あるも、人心活動の自然の暗合といふ外に到底實際上の歴史的關係があつたと信ずることが出來ぬ、而して寧ろ兩者の類似點が明になればなる程、人心の作用が、東西揆を一にするの確信を强め、眞理は遂に一に歸すべきを思ひて心强く感ずるのである。　以上

此の希臘の因緣の薰發せしは大正十三年十一月にして神がアリストートルの過去は、印度の那提迦葉なりと仰らる、佛滅後の婆羅門教は佛法の義を取る。此印度六派哲學の書を繙いたのは、昭和三年二月である、此書の尼夜耶と亞氏論理の關係の疑問が、此の薰發因緣により過去の關係なるを知り、明に解決せらる、故に玆に採錄せり。記事と薰發因緣が餘り附合して居るから、此書を見て此の因緣を揑造せしに非ざる事を神に誓て證明する。

大正十三年十一月薰發

イスラエル及猶太の因緣

十一月二十四日、朝、異なれる神出で給ひ、飛行の姿を現はされ、後語らる「フォイニケ」及「ヘブライ」（猶太教舊約聖書の因緣）の因緣を解くと云はる。

二十五日朝、神出でゝ聽經し給ふ物語なし。夜も出でて聽經し後ち語らる、往昔よりヘブライ、フォイニケの人民と

縁を結びしヱホバの神なり、(猶太教の主神)(キンナラ族)中頃ヤーヹーの大魔王來り我領域を奪ふ、故に爭ひ絶へず爲に我れ忉利天に至り、帝釋天に乞ひ、大廣目天王(ビルバクシヤ)及基督を現世に出し教(基督教)を弘め、我が領域を回復せんとせしに、反てヤーヹーの爲に基督磔刑に處せられし爲に目的を達せざりしが、基督教は「ゴット」の力により羅馬より歐洲一帶に弘まり世界教となれり、然れども我は猶太の民と共に漂泊の旅に迷ふと仰らる。

二十六日、ヱホバの神出でゝ聽經し後曰く、ヤーヹーの爲に國を追はれ漂泊す、願くば我が民の安らけく住む國を賜へと歎かる、夜死靈出づ豫言者の靈ならん。

二十七日朝、ヱホバの神出でゝ曰く、昔し「モーゼ」をして我教へを弘めしむ、然るに此義をヤーヹー(後の回々教の神)に奪はると。夜死靈出でゝ聽經す、頭痲痺し、後ち睡眠を催す、物語なし。

二十八日朝、神出でゝ。聽經後、祝詞の如き調にて前記の如き事を繰反さる、夜も出でらるゝも物語なし以後十二月六日迄日夜、神と死靈出でゝ聽經されしも物語なし。

十二月七日、ヱホバの神出で給ひ、是より傳道者の靈を引出す故教化せよと命ぜらる。夜、死靈出づ惡寒を感じ風邪の時の如く、悶々として安眠を得ず、身體非常に痒く、太古の靈ならん大古の人は多毛にして獸類に近く、常に蚤か虱の如き虫に苦しめられるものならん、身體非常に痒し。

八日夜、死靈出づ、聽經後曰く「ヨセフ」と云ふ、我の祖先及子孫共に在り、救はれん事を乞

九日朝、死靈出づ、聽經後言く「ヤコブ」と云ふ、羊群を見る。遊牧の民なり。其頃穀物ありしやと問ひしに、麥の族生する所を示さる、夜、異つた靈出でゝ禮拜す「アブラハム」と云ふ、心澄めり。

十日朝「アブラハム」出でゝ曰く、ヱホバの神、我等の一族を將いて玆に來らしめ給ひ、南法妙法蓮華經と唱ふればヱデンの樂園に行かしめんと言へり、我等一族皆歡喜して日夜、南無妙法蓮華經と唱ふと云ふ。夜「アブラハム」出でゝ言く、我等在世は水草を逐ひ羊飼ひ遊牧す、神に奉仕するは唯犧牲を奉りて拜跪祈願するのみ、讀經等の事は爲さゞりしと云ふ。

十一日朝、死靈出でゝ伏拜す「イサク」と云、我等の一族救はるゝを喜ぶと。夜も出でゝ聽經す、十二十三日共同じ

十四日朝、死靈出でゝ聽經し、後ちヤーヹーの神出でゝ語らる（後の回々教の主神アルラーの神）過去の因緣を解かん爲、玆に來ると。

十五日朝、靈出でゝ聽經し、夜「ヨセフ」出でゝ一族の救濟されし恩を謝す。

十六日朝、靈出でゝ聽經す、夜、眠れる死靈を引起す、「モーゼ」と云ふ。

【モーゼ】はヘブライの大立法家、其下にヘブライ人はエヂプトの束縛を脫し獨立せり、紀元前一五七一年埃及に產れ百二十歲にて歿せり。

十七日朝「モーゼ」出でゝ聽經す、心澄む、夜も同じ。

十八日朝、ヤーヹーの神出でゝ、聽經し給ひ、夜死靈出で背ろに倒る、疫病にて死せし靈なり。

十九日、昨夜來苦熱を感じ涙出でゝ風邪の時の如く頭ら痛み、終日苦む、夜大いに修法し苦痛を除き、小康を得たり。

此因緣は埃及「パロ」王の時、猶太民族退去の時「ヱホバ」が「モーゼ」をして豫言せしめ、埃及の人民を苦しめし疫病の因緣也。

此の王の時代は現今學者の硏究の結果、此の壓制な王は、「ヒトム」に寳庫を建築せし「ラムセス」第二世なりし事が明瞭となり、即ち西紀前千二百年の頃なりき。

二十一日朝、ヱホバ神出でゝ聽經し給ひ、後ち語らる、埃及のパロ王我等一族を奴隷となし虐使す、爲に「モーセ」をして種々の不思議を起さしめ、我一族を解放せしめんとせしも許さず、益々虐使す、爲に種々の災を起し、我一族を放たしめんとせしも、パロ王に大魔憑附し我が爲す不思議を信ぜしめず益々一族を苦しむ、爲に疫病を流行せしめ、埃及の民を苦しめ、王をして改心爲さしめんとせり、是れ我れの造りし罪なりと懺悔さる。

二十一日、夜、疫病にて死せし多數の靈出づ、風邪の時の如く熱出で身體倦怠にして、鼻のしん痛み苦惱甚だし、修法して苦惱を除く。

二十二日朝、死靈出づ、頸筋痛し、苦痛を感ず。

パロ王の時、埃及脫出の時、ヱホバの殺されし、埃及人民の長子の靈なり。

二十二日夜、大疫神出づ、苦痛堪へ難く、修法して退散せしめしに、死靈壹萬二千人置て行くと云ひ退散す、此靈を回向し苦痛を除く。

二十三日朝、長子の靈出づ、之に回向し、苦痛除かる。夜も靈出でゝ聽經す。

二十四日朝、エホバの神出でゝ曰く、エホバに二神あり前に出しは女神にして生殖教養を司どり、我は男神なり戰鬪を司どると云はる。夜、死靈出づ背手に縛さる、パロ王の時、埃及脱出の際逃げ後れ王の軍に捕へられ、縛され首討たれし三千人の靈なり。

二十五日、朝夜共、死靈出でゝ聽經す、エホバ出でゝ讀經さる、音聲亮々たり、後ち死靈出づ「アロン」と言ふ。

二十六日より二十九日迄、エホバ出でゝ讀經し給ひ、後死靈出でゝ聽經す。

三十日朝、エンゼル（基督教の天使音樂天）出でゝ唱題し給ふ樂を奏するが如く、後ちエホバ神出でゝ曰く、心淸くなれり、我れ得道すと言はる。

道場の主神妙雲菩薩御降臨あり左の如く解決す。

エホバの神二體を一體に勸請し最上位天王號、死靈は全部靈山淨土へ送るべく命ぜらる、依てエホバの神の御降臨を乞ひ死靈の數を問ふ、神、神力を現じ廣野に死靈を集め給ひ、一萬人宛一組に區別し給ふ、之を數へしに十二組あり即ち十二萬人の靈を連れ給ふ、依て神を改めて佛法、法華經の守護神として道場に勸請し死靈靈山に送る。

最上位、惠保婆《エホバ》天王、猶太教の主神

「アブラハム」「イサク」「ヨセフ」「モーゼ」

其他、拾貳萬人

埃及疫病の死靈、壹萬貳千人、以上

大正十三年十一月三十一日夜八時より式を行ひ、死靈は靈山淨土へ、神は埃及の神、創成天王、生育天王、バビロニアの神、明照天王、希臘の神、迦葉天王と共に上五十日、日本の法華各道場、下五十日印度見學の爲出立さる。以上

此因緣の詳細は舊約聖書、創成記、出埃及記、利未記、民數紀略申命記、約書亞記等にあり、參照されたし。

ヘブライ人の起原及地中海沿岸の興亡

史に曰くヘブライ人は「セム」民族に屬し、太古メソボタミヤ地方遊牧の民なりしが、獨り一神エホバを信ぜし爲め、他の多神教を信ずる蠻族の爲に迫害を受け「メソボタミヤ」の古地を離れて「パレスチナ」に移住し後、埃及に轉住せり、然れども由來ヘブライ人は埃及人と人種宗教を異にせ

しかば、年月を經人口增殖するに從ひ、埃及人の迫害を蒙る事烈しかりしが「モーゼ」の頃（紀前一三二〇年）全族を統卒し此地を退去し「パレスチナ」の故地に向ひ出發し、其後「モーゼ」の歿後「ヨシユア」其地を征服し祭政一致の制を定め、統治の權を高僧に委ねしが、更に鞏固の政體を創立する必要を認め遂に「サウル」を立てゝ王とし王政を確立せり、「後ダウイツト」王（紀前一〇三三、九九七）都を「イエルサレム」に奠め武威を四方に輝し、子「ソロモン」王は壯嚴なる殿堂を建立し、商業を奬勵し文化大に進めり、然れども王の歿後、内亂續出し遂に「イスラエル」及猶太の二國に分裂するに至れり、後（紀前七二二年）「イスラエル」は「アッシリア」に猶太は（前五八六年）「バビロニア」に征服せらる。

其後紀元前六百六年「バビロニア」及「メヂヤ」の聯合軍は、「アッシリア」の國都ネヴエを陷れ「アッシリア」帝國を滅せり、斯くて「バビロニア」王國は益々强大となり、殊に「ネブカドネザル」王が埃及王の大軍を擊破せしより其猛勢殆んど當るべからざりしに意外にも波斯《ペルシャ》國は突如として隣邦より蹶起し終にビバロニア國（紀前五三八）討滅して其全領を併合す、後更に「パルチヤ」、「バクトリア」地方を征し蠻族スキタ族、討伐中陣中に歿せり、（始祖キルス王）次王「カンビセス」は遺志を紹き、「フエニキヤ」埃及等を滅したり（紀前五二五）後ち「ダウリス」一世は亦外征の師を起し、西方「トラキヤ」及「マケドニア」の地を征服し東の方印度の東方を攻略して嘗て「アッシリア」帝國の併有せし者に數倍せる大帝國を創建したり。後紀前四九二年希臘と戰端を開き、第一回遠征軍、第二回遠征軍とも希臘の爲に碎紛さる、紀前四八〇年第三回遠征軍は海陸軍とも失敗し周章狼狙して本國に歸還せり、後四四八年和議を締結せり。

後ち「マケドニア」の英主、「プイリツプ」は希臘全部を掌握し、波斯征伐を爲さんと準備中臣下の爲に殺さる、次王「アレクサンドル」父王の志を繼ぎ（前三三四）波斯遠征の途に上り、波斯王「ダウリス」三世の軍を「イツスス」に擊破し猛進し埃及を略し軍を轉じて波斯の內地に進み、再び「ダウリス」三世の軍を「ガウガメラ」に粉碎し首府「スーサ」を陷れ波斯全土を略せり、大王の歿後其雄國を繼承すべき相續者なく、諸將相爭ふこと二十年「イブスス」

の戰後大勢定まり廣大なる版圖は爲に「マケドニア」（三二二、一四六）シリア（三一二、六五）埃及（三二三、三〇）等の數王國に分裂し一時其獨立を保持する事を得たり、然れども羅馬共和國の勃興するに及び漸次其領土と化し遂に悉く併合せらるゝに至る。（オクタヴィヤスの時紀前三〇年天下を統一す）

大正十一年十一月薫發

基督教、回々教の因緣

此の因緣は信者の過去の關係より薫發し、日本に於ける基督教の因緣に關し、基督及び之に關しマホメツト引出され基督舊教と回々教の因緣解け世界の二大宗教統一さる。

大正十一年十月上旬、信者杉浦ひさの宿因薫發す、同人の過去は豐臣の頃、泉州堺に住み呉服商の娘なりき、其頃堺には「バテレン」の教へ盛んとなり一家之に歸依す、其時の關係なり。本人と緣を結びし「バテレン」の神出で、死靈は靈山に送り、此神を本人の守護神とす。此神曰くバテレンの方にては死せば天國に行くと云ひ喜ぶ故、死靈が如何に苦しみ居るも關せず捨て置く者なり、然るに此席にて死靈は苦痛を除かれ得道するを見て驚く、初めて法華經の有難き事を感ずと云ふ、此神の姿は山神の如き姿にして、是に端を發し引續き切支丹の因緣薫發す。

十月三十一日、キリスト教の神、嶋原の亂の死靈連れ來らる身體非常に倦怠を感じ、左眼痛む。

十一月一日、死靈出づ、馬上にて胸を銃砲にて擊たれし人出づ、大將板倉内膳正重昌なり。

十一月三日、切支丹を信仰せし爲磔刑に處されし死靈出づ苦痛を除く、夜も出でゝ聽經す。

四日、基督教の神出でゝ曰く、死靈苦痛を除かれ全部得道す、法華經の功德の廣大なるを、讃歎さる、道場の神曰く是より引出すべき因緣あり、其儘置く事を命ぜられ、以後日夜、靈出でゝ聽經す。

十一月十三日、深川淨心寺祖師に參詣す、讀經中、宗祖因緣を呼寄せ給ふ、大龍神來り手にて大圓を畫き振り廻し大に荒れ、神力品に至り漸く收まる。夕刻勤經の時、十字架に釘附されし人の靈出づ、頭べ痛く、加持せしも此夜安眠を得ず終夜悶々とす。

十四日朝、讀經の時座に堪へず、仰向に倒れ手を左右に延し十字架に釘附されし姿となる、苦痛甚だしく頭ら痛む。夜、腰より足痛み痺れ悶々として終夜安眠を得ざる事昨日と同じ。

十五日朝、讀經中十字架に釘附されし人出づ、頭痛み悪寒を覺へ兩足痲痺す、是を解かん爲、久遠偈三卷、神力品偈一卷、普門品偈三卷讀誦するも解けず、或囚禁枷鎖、手足被杻械、念彼觀音力、釋然得解脱、と數十邊唱へ漸く解き苦痛薄らぐ。代て基督敎の神出でゝ曰く、今十字架より救はれしは「キリスト」なり我と共に世に出で眞道を說き、衆人を敎化せしに大力魔の爲に磔刑に處せらる、我之を救ふこと能わざりしを愧づ、以後解けざること千九百餘年今時到り玆に集り短日の祈禱にて得脱することを得たり、今我等心身共に淸淨なり、佛法法華經の大威力に驚歎す、今や自己の唱へし敎の誤れるを明に知る、是より法華を修行し海外に流布すべしと仰らる、十六日基督出でゝ聽經さる

十七日、基督敎の神出でゝ言く共許の盡力により基督苦痛を免ると禮に出らる。

十六日夜、基督の弟子「ポウロ」出でゝ語る、基督の死は衆人に代り自から其刑を受け、其罪に代られし事と思ひ敎を弘む、然るに我死して天國を求めしに天國あらず、主《イエス》を求めしに其時の儘、磔柱に打たれ苦を受け給ふ、我等之を救はん爲に衆と共に日夜祈るも解く事能はず、天國更生の難きを知り、自分の弘めし敎の誤れるを知り深く悔ゆ、之を改めん爲其義を進展せしめ博愛正義を行ふを第一と爲さしむ、然れども今迄主の苦痛を救ふ事能はざりしに、今佛法にて最も短時日に苦痛除かる、基督眞に蘇生し自由を得らる、我等も共に救はると大に歡喜さる、我等布敎の歸路暴風に遭ひ難船して溺死す、今其苦痛除かる、後ち三度題目を唱へらる。

十七日朝、神、基督を連れて出でられ、其許の盡力によりキリスト苦痛免れ自由を得と禮を云はる。

午前、祖師堂に參詣す、讀經中左手に基督敎の神、右手に大龍神（回々敎の神）出で給ふ、宗祖之を和解せしめ給ふ。

十七日夜、大龍神出でらる、我は「エルサレム」の「ヤーヹー」の神なり、太古印度の高原に棲し龍神（因陀羅と戰ひし、ブリトラ）なり、人類の移住と共に西に移り、紀元前三千年の頃より其地方及び附近一帶の信仰の中心となり

猶太の神と常に爭ふ、然るに基督來下し猶太の神に加擔し我教を排し、自己の神を立て我が勢力を犯す、故に之に抗し彼を磔刑に處せしむ、以後千九百餘年の今日に至る迄基督教の神と、常に猛烈に戰ふ、今法華經の功德により此大因緣解けたり、眞に歡喜の至りなりと言はる。

十八日朝、ボウロの弟子「ソラチス」「ケーナ」「ワクソウ」「パラタス」「コンメー」「パール」出づ師と共に布教に出で歸路暴風に遭ひ難船し溺死すと。其苦を除く。

十九日朝、嶋原の亂の因緣解く、別記にあり、之に關する切支丹の信者の戰死者百八十名得道し、二十二日靈山に送る。

二十一日、ボウロの守護神出でらる日本に最初渡りし神なり。

史傳後奈良天皇天文十八年（西紀一五四九年）基督教をフランシス、サビエル我國に渡す。

二十二日、ボウロの神出でゝ語らる、日本に最初渡る、日本の神、我等の入るを厭ひ日夜戰ふ、漸く織田信長を信仰せしめ南蠻寺を造らしむ（永祿十一年西紀一五六八年）其後間もなく取崩さる、（天正十三年豊臣秀吉南蠻寺を毀つ） 日本に渡來後日本の神と常に戰ひしも今迄降伏せず、今キリスト玆に引出され、苦痛除かれ得道さる、我等何をか言はん之より「イルマン、パテレン」を引出し日本に於けるキリスト教最初の因緣を解かんと。

二十三日朝、キリスト出でらる一切の苦痛除かれ自由になると禮を述べらる、禮拜し三度題目を唱へらる、靜かなる非常に溫順なる忍耐强き人なり。此時三昧に入りたる時の如く淸淨壯快近來に無き心持となる、曩に親鸞上人出でられし時より遙に優れたり、キリストも亦た聖者の一人なり。

二十五日朝、基督當時の「ヱルサレム」の有樣を示さる、黃色の廣野に陋屋散在し二階建の家はあらず、一ツ塔の如き者あり整然たる市街に非ず、今の朝鮮の田舍の村落に似たり。

二十六日、二十七日共死靈出でゝ經を聽く。

二十八日、新規の基督教の神來らる、今朝出でゝ經を聞き後ち不解語にて語り、終に「ベンバラム／＼と十數度唱へ最後にアーメンと云はる。

二十九日朝、靈出づ前に倒る、之を起す、此人は普通に臨終せし人なり久遠偈三卷讀誦す「ペテロ」と云ふ、後にベンバラム〳〵アーメン、と云ふ。

二十九日夜、ペテロの守護神出づ、ペテロ基督の十字架より免れしを見て大に歎ぶ、弟子百七十六人連れ來る。

三十日、弟子出でゝ經を聽く。

十二月一日夜、ペテロの守護神出でゝ、樂を奏さる、太古印度の高原に在りしキンナラ族なり、基督出世前より大勢の眷屬を連れて西下し、西洋音樂の開祖となる、後ちペテロと緣を結び、キリスト敎を弘むと言はる。

二日朝「キンナラ」神出でらる、基督敎の「エンゼル」は皆我等の眷屬の姿を現はせしなりと。

二日夜、馮靈代ゐ頭重し、三日朝、臥したる靈を引起す、四日朝、靈出づ聽經後曰く「ヨハネ」と云ひベンバラム〳〵〳〵アーメンと云ふ、五日朝夜共靈出でゝ聽經す

六日朝、ヨハネ言く玆に引出され、主キリストに會ふ、誠に喜ばしき事なれども、自分の弘めし敎が眞理に非ざりし事を知て慚愧に堪へずと。

七日朝、死靈出づ前に倒れ轉々す、海岸にて波に翻弄さるゝ如き心持す、漸く正氣になる言く私は日本に最初、敎を傳へし「フランシス、サビエル」なり支那沿岸にて暴風に遇ひ、船難破して海岸に打上げられ死す漸く正氣に歸る、題目を唱ふれば主キリストに會さんと云ひしに頭を曲げ不審さうに考へたる後ち一心に題目を唱へ後アーメンと云ふ。

八日朝、日本に最初弘道せし「イルマン」「バテレン」出づ布敎の爲め種々の迫害を受け漸く織田の信仰を得、寺を建つ、信長歿後追出され堺の津に住む、五十三歲にて死す、「バテレン」とはホルトガル語の宣敎師なり本名ハリストと云ふ共にあり所々流浪して六十五歲にて死す、日本の信者の靈百四十五人あり共に救はれん事を乞ふ。

八日夜、杉浦ひさの關係にて堺の宣敎師「ジカピット」出づ同人の過去に戀慕し、其因緣今日迄絡る、之を得道せしむ。

九日、日本人のキリスト敎の信徒たりし靈出づ、經を聽き後ち語る、自分等の誤つた信仰より今日迄苦しみ、今玆に成佛の出來る事を喜ぶ。

十一日、死靈出でゝ經を聽く、後ち道場の神出でゝ曰く此の世界的大因緣が斯く容易に解くるは、去る四月清國皇室の因緣を解く時、來場ありし釋尊、其後當道場に留り給ひ曩に神武帝東征の時の日本建國の因緣を解き給ひ又日蓮上

人に敎して基督敎の因緣を解き給ふ、畏れ多くも釋尊直々の御調べにして尊貴秘奥の道場なり謹で奉行すべしと仰らる。

十二日朝「ジョピツト」出で、懺悔して言く自分は敎導の職に在りながら一婦人の爲に身を誤り今迄迷ふ慚愧に堪へずと悔悟す、後ち「ジョヒツト」の守護神出づ、思ひきや「キリスト」此道場に來られ、我等の主も來り居らる、法華經の威力の偉大なるに驚くと感歎さる。

十二日夜、キンナラ神出でゝ樂を奏し題目に合奏さる、琵琶の如き音なり。

十三日、十四日、靈出でゝ經を聽き、後ち題目を稱ふ、舌を巻き英語の如き巻舌の調なり、キンナラ樂神、合奏さる本日より二十五日迄の間に豐臣の關係及加藤清正關係、征韓の因緣解け日韓靈界統一さる。（詳細は各自の項に記す）。

十二月二十五日夜、基督の守護神出でゝ語らる。我は「ピルパクシヤ（四天王の内西方守護の大廣目天）なり基督と共に出でゝ道を說く、基督の唱へし天は忉利天にして「ゴツト」は帝釋天なり、基督の過去は帝釋天輔弼臣三十二人の内の一人なり、十二支徒及ひ共他の弘敎者は大概此内より出づと仰らる。代て如意伽樓羅王出で給ひ、日蓮宗の本尊、大曼荼羅四天王の内下二天、梵字と漢字との入違に付解決さる詳細は後に讓る。

二十六日より三十日迄、基督敎徒出でゝ經を聽く。

回々敎の關係

十二月三十一日、キリストを磔刑に處せし「ヤーヹー」の大龍神出でらる、基督の神と往昔より常に戰ふ、基督歿後六百年「マホメツト」を世に出し、回々敎を興す、回敎の主神アルラーの一神は我なり、明日「マホメツト」を呼出すと言はる。

大正十二年一月一日、淨心寺祖師に參詣す、宗祖大聖人「マホメツト」を呼寄せ給ふ、夕刻讀經の時、睡りし死靈出づ

二日より六日迄、朝夜「マホメツト」出でゝ聽經す。

亞剌比亞《アラビア》は熱帶にして砂漠多く、常に雲霓を望み降雨を祈る、古來より降雨の神として如何に龍神を崇拜せしか「マホメツト」の崇めし一神「アルラー」神、即ち古代猶太にて崇拜せし「ヤーヹー」の神は大なる四足ある龍神なり、太古より亞剌比亞地方に降臨し人民に利益を與

へ崇拜さる、キリスト敎の盛なるに及び、マホメツトを世に出し回々敎を興さる、其劍とコーランを以て如何に困難と戰ひ如何に威壓的にして如何に迅速に弘まりしや此神の神格を（阿那婆達多《アナバダツタ》龍王なり）考ふれば了する事を得ん、基督布敎當時より大因緣を結び今日に至る、基督敎と回々敎の爭ある宣ならずや、土耳其が猶太人「アルメニヤ人を虐殺する其源や遠し今此往昔の大因緣、佛力により和解さる、世界に眞の平和來るべし、而して世界の宗敎は佛法日蓮宗に統一せらるべし。

一月九日、キンナラ神出でゝ讀經され、法華經要品全部讀まる、其了解熟達の速かなるに驚く「マホメツト」得道す。十日以後毎日マホメツト敎徒の靈出でゝ聽經す。

基督敎の禁止後、德川大奥にて秘密に信仰せし者あり。又織田信長の頃の基督の神にも得道困難の者あり、此因緣解けざるにより時を待つ。

此間に佛敎傳來の殘の因緣を解き二月三日之を送る。

二月四日、基督の神出でゝ語らる、最初日本に此敎渡りし時、日本の神反對され布敎困難となり、爲に基督敎中の最も勇悍なる鬪將選拔され日本に渡り、織田信長に乘り、信長の過去の宿因に乘じ神社佛閣を破却し猛威を振ひしは我なりと云ひ上らる。

七日夜、朝鮮皇室關係の神にて基督の金像と關係せる神出でゝ語らる。宣祖帝の頃外人金無垢の基督像高八寸位の者を皇室に献ず、皇室は無宗敎にして之を佛像、神像と共に雜居の所へ置く、此像に「ヨハネ」緣を結び、自分も是と緣を結ぶ。文祿の役日本軍京城を陷れ、皇居に亂入し此像を分捕し秀吉に献ず、秀吉之を船中に置き玩弄物とし飾る。秀吉薨じ、德川の世となり船は江戸に廻さる、大老堀田筑前此像を得て私欲を滿さん爲に祀る、三代將軍家光、子なし、自分娘を（おさんの方）側女とし之に男子を產ましめん事を祈願す、家光婦人を嫌し爲め、目的を達せず、我は豐臣の因緣と共に德川大奥を搔き廻し、家光の壽命を縮む之より先き切支丹宗嚴禁さる、爲に筑前此像を祀ること能はず、庭園の一部を堀り下げ地下室を造り之を祭り、入口に土を蓋ひ芝を植へ笹を立て〆を張り、何人も茲に近づかさらしむ。或時庭園の手入の時植木職來り、告ぐるに近くべからざるを以てす。職人好奇心を以て隙を見て密に芝を除き之を見る、筑前之を知り大に怒り之を糺明せず、褒美を與ふると稱し奥庭に引入れ、親方外八人共場にて手討にし死體は井戸に投込み、其外我儘增長し、私欲に耽り政治向にも悪事を爲せし爲、稻葉正休の爲に殿中にて刺殺され家は改易となる。其臣下に信仰の心持にて此像を取出せし者あり石川鐵之亟と云ひ、之を祀りしも不幸にして死す、之が箇本峯三郎の過去なり此關係にて、汝の妻に便る、其後像は轉々して寛文の初或る僧の手に渡り粉々にされ種々の者に造らる、此神は朝鮮の神秦王の眷屬なり。

二月八日、基督教の鬪將にして織田信長と緣を結ばれし神出で丶語らる、往古より羅馬にあり、後に基督教の神となる十字軍の時（西紀一〇九五）戰に從事すること數十年鬪將を以て名あり、爲に選抜され日本に渡り信長と結び、神社佛閣を破却し、叡山燒討せし爲、山の守護神非常に怒り神佛連合軍を起し、明智光秀をして本能寺に信長を燒討にす其時我虜へられ叡山に幽閉され動くこと能はず、先日漸く赦され玆に出で因緣を解く事を得たりと、大に喜ばる、此神は翼ある龍神なり、此神得道せざりし故全部の解決後れしなり、玆に基督教、回々教の因緣全部解け、關係の死靈得道す是にて一段落とし、左の如く解決す。
最正位、大廣目天王、キリストの守護神、ビルパクシヤ
最正位、興教天王、マホメツト教主神、龍神
最正位、福音天王、キリスト教の神、キンナラ
最正位、勇勝天王、キリスト教の鬪將、飛龍神　以上
キリスト外、弟子、約、五百人
マホメツト、外、弟子、約、四百人
韓國皇室一族、百三十五人
日本切支丹信者靈、百四十五人
堀田正俊、外、十人　以上

二月十日夜、式を行ひ死靈は靈山淨土へ送り、神は各道場へ見學に立たる、玆に於て世界の二大宗教統一され、東西洋の靈界融合成る、如來の神力、法華經の大威力玆に至らしめ給ふ、紀念すべき大正十二年二月十日、是れ世界の二大宗教統一の日也。

【基督教史傳】羅馬固有の宗教は多神教なれども、其廣大なる版圖内には、種々なる地方的宗教行われて、何等の統一するところ無かりき、紀元前四年アウグスツス帝の時イエルサレム附近に降誕したるイエスキリストは自ら救世主なりと稱し、猶太教の教義に基き唯一神を信仰すべきを

說き、世界的一新宗教を創設し熱誠に布教に盡力せり、然るにイエルサレムに滯在せる羅馬官吏は基督を嫉視せる徒輩が、基督を以て猶太の獨立を圖る反逆人なりといへる誣言により遂に彼を磔刑に處しぬ。(三十三年)

爾來歷代の皇帝は概ね基督教を邪教として排斥したるに拘らず、使徒ポール、ペートル等毅然として其信仰を翻さず愈々布教に努め撓まざりしかば、信徒の數は日に增加したりき、紀元三一三年コンスタンチヌス帝卒先して基督教の信者となり、其布教を公認し且つ、三百二十五年ニケーヤに宗教會議を開きて正教の信仰を一定し、異說を排除し、等いでテオドシウス帝は三百九十二年基督教を羅馬の國教と定めたるより、國民は翕然として此教に歸依するに至れりと。

【羅馬法王の由來】教會の分裂(西紀五九〇年)

基督教は元、平等主義にて僧侶寺院の間に何等の階級を設けざりしが、其教の弘布するに及び羅馬、コンスタンチノープル、アレクサンドリヤ及アンチオキヤの四中心都市の四大僧正は其權威殊に盛にして、自ら他の僧侶の上に立つことゝなれり、就中羅馬の大僧正は歷代俊偉材多かりしかば、從て民の畏敬をうくること深く教會の總長として認識せらるゝに至りぬ、加之グレゴリー一世の羅馬大僧正となるや、各地に羅馬教會の支部を設け、熱誠傳道に從事したるを以て遂に羅馬法王の稱號を載くことゝなれり始め教會にては庶民に理解し易からしむる爲、聖母、使徒又は殉教者の畫像を用ゐしが第六世紀の頃より、遂に畫像其者を崇拜する風を生じたり、回教徒は猶太教徒と共に大に之を嘲笑し彼等を目して偶像信者となすに至りぬ、是に於て東羅馬帝國內には畫像破壞論者大に起り皇帝レオ三世は遂に七二六年を以て斷然畫像の崇拜を禁止せり、然るに羅馬法皇は頑として之を奉ぜず、竊にフランク王ピピンと結託し其兵力によりて、ロンバルヂャ一部を(七五五年)攻略し、其地を法王領として受領し以て自立の基礎を作りぬ、其後一〇五四年正教遂に別れてギリシヤ教會、ローマ教會の二となる。グレゴリー七世一〇七三年法王となるや、夙に諸王の上に立ちて世界の統率者たらんと欲し熱誠に教會の積弊を一掃し、僧侶の敗德を矯正し更に僧官敍任の權を皇帝の手より奪わんとしたれば、ヘンリ四世は大に怒り極力之に反抗しぬ、法王即ち王を破門し其臣民は向後王に忠誠を致すべき義務なきことを公言したり、是に於て王に對し不平を抱ける諸侯等相謀り、竊に廢立を行わんとしければ王は大に窮して一〇七七年罪を法王に謝し、僅に破門を免るゝことを得たり。

次帝ヘンリ五世は法王を壓抑するの難きを察し一一二二年ウオルムスに會議を開き、皇帝は僧官叙任の權を法王に讓り、法王は其叙任式を皇帝若くは其代表者の面前にて擧行することとなし、一旦局を結びたり、然れどもホーエンスタウフエン家のコンラツト三世相續するに及び、再び紛爭を釀し遂に皇帝黨、法王黨の兩派を生じ、互に相軋轢せしが結局皇帝の權力は益々衰へ、法權は愈々優勢を占め、法王インノセント三世に至り、正に其頂點に到達したり。

以下略

サラセンの勃興

【史傳】マホメツトの事蹟。サラセンは亞刺比亞の住民にして、資性慓悍なれども各部落割據して統一するところなかりしに、マホメツト出でゝ新宗教を以て之を統轄するに及び國運頓に勃興するに至れり、教祖マホメツトはメツカ市に生れ、始め商業に從事したりしも、國內の宗教が混沌として一定せざるを慨き、猶太及基督兩教の教義を參酌して遂に唯一神を信仰すべき一神教（イスラム教又は回教と稱す其經典をコーランと云ふ）を創立し自ら神の天使なりと稱して熱心に布教したり、然れども多神教を信ぜるメツカ市人のために迫害せられ六二二年竊に逃れてメヂナ市に赴きぬ、之をヘジラ（逃走の義）と稱してマホメツト教の紀元元年とす（推古天皇の治世）

爾來彼はメヂナ市に於て多數の信徒を得、武力を以てメツカ市を陷れ更に諸方に布教し、亞刺比亞の諸部落を統一することを得たり。

版圖の擴張、マホメツトの沒後、其繼承者を「カリフ」と稱し政治、宗教、軍事上の大權を握り能く教祖の意志を紹ぎコーランを左にし劍戟を右にし、攻伐に布教に力を盡せり。アブベクル、オーマル、オスマン等相次ぎて出で、シリヤ、メソポタミヤ、又波斯を滅し、尋で文藝科學の淵叢たりしアレクサンドリヤを陷れ（六四一年）埃及を併合し更に西進して阿弗利加の北岸を攻略することを得たり、然れども內に黨派の紛爭甚しくマホメツトの正統は六六一年を以て斷絕したりき。

その後を承けたるオンマヤ朝はムアヴイヤの創むる所にして都をダマスクスに遷し、東西兩方面より、歐羅巴の基督敎國を征服せんことを企圖せり、然れども東方に於ては、「コンスタンチノープル」を包圍して之を陷る能わず、西方に於ては「タリク」はジブラルタル海峽を越へて西班牙に侵入(七一一)して西ゴード國を討滅し、アブデルラーマンは北進ガリヤを衝きたりしもフランクの宮宰チヤールスマルテルの引率せる封建武士の爲に(七三二)ツールに擊破せられ、其覇業は擧て空に歸しぬ、斯くしてサラセンの外征事業は一頓挫を來し、基督敎徒なる、アーリヤ人は永く回敎徒のセム民族の制御を免れたり。

【帝國の分裂】七五〇年アブルアツバスはオンマヤ朝を滅してアツバス朝を創立し、七六二年に至り都をバグダードに遷せり、然るに前朝の一族アブデテル、ラーマンは之を喜ばず竊に西班牙に逃れ、七五六年コルドヴアに都して自立しければ、サラセン帝國は東西に分裂し、永久合一することなきに至りぬ、然れども兩國共に一時は隆盛の域に進み、就中アツバス朝ハルンアルラシツトの治世には、各種の產業勃興し東西兩洋間の通商貿易は盛大に赴き、文藝榮へ科學進み世人此時代を以てサラセン人の黃金時代と稱す。

其後東羅馬帝國の瓦解に際し、土耳其帝國は再び其勢力を恢復し、皇帝マホメツト二世(一四五一―一四八一)はコンスタンチノープルを攻め東羅馬皇帝コンスタンチヌス十三世は城內にありて防戰頗る勵みたりしかど衆寡敵せず圍を受くる事五十三日にして城遂に陷り皇帝之に殉じ、東羅馬帝國は實に一四五三年五月を以て滅亡しぬ、「マホメツト」二世即ち都を此地に遷し益々內政を勵み、外征の師を起し、バルカン半嶋の大部を攻略し大に勢威を東歐に震撼せるのみならず、一四八〇年、將を遣して伊太利のオトランドを陷れ西歐人を戰慄せしめたり。以下略

前記各國の興亡盛衰は、各其國の神と密接の關係、否各國の神と神との戰なる故玆に採錄する者也。

十字軍史傳

基督の墳墓地なるイエルサレムは紀元六三七年頃サラセンの有なりしが、一〇七六年セルジユツク土耳其之を領する

に及び巡禮者を待遇すること酷薄を極めたりしを以て、此地を基督教徒の手に恢復することは、衆心共に熱望するところなりき、偶々東羅馬皇帝も亦土耳其の横暴を惡み、法王の來援を求むること切なりしを以て、法王ウルバン二世は一〇九五年諸國の貴族、僧侶及平民をクレルモンに召集し、自ら其席に臨み聖地恢復の急務なることを高唱するや衆皆感激して悲憤の念禁ずる能わず、封建武士の尙武敵愾の精神と和して一層の熱を加へ、異口同音に從軍を誓ひ、明年八月を以て出征の期となせり。

【第一回十字軍】法王の演説に激勵されたる信徒の一隊は出征の期に先ちて出發せしも半途にして全く失敗せり。斯くて第一回の十字軍は佛國のツールーズ、及ブイヨン侯を主將とし三十萬騎の大軍を以て先づコンスタンチノープルを陷れ小亞細亞に渡航し破竹の勢を以て南下し「ニケーヤ」及アンチオキヤ」を陷れ漸く「イエルサレム」に達し苦戰數十日の後、一〇九九年七月遂に之を陷れ、「イエルサレム」王國を建てフイヨン侯を其總督とし、主力は各本國に凱旋したりき。

其後土耳其は次第に勢力を恢復したるにより、獨帝コレラツト王、佛王ルイ七世は協力して一一四七年第二回の十字軍を起し、進んで小亞細亞に至りしがコンラツト王敗死し「ルイ」王又敗れて全軍効なく敗績して空しく軍を班しぬ。爾來土耳其の勢益々隆盛となり皇帝「サラチン」埃及に起り終にイエルサレム王國を一一八七年滅したれば、獨帝フレデリツク一世は、佛國フイリツプ二世、英國リチャード一世と共に更に一一八九年第三回十字軍を起しぬ、然れども皇帝は小亞細亞に溺死し、フイリツプ二世は、英王リチャード一世と隙を生じ中途より軍を還しぬ、リチャード一世は獨力敵に當りしも遂に和議を結びて軍を還しぬ。

第四回(一二〇二 一二〇四)フランス、獨逸、伊太利の諸侯、法王イノセント三世の命により出征せしがイエルサレムに進まずして東ローマ帝國の內亂に乘じコンスタンチノープルを陷れラテン帝國を建つ。

第五回獨逸帝フレデリツキ二世の出征少期間イエルサレムを恢復せしも、其後ホラムス人の爲に亡ぼさる。(一二二八 一二二九)

第六回(一二四八 一二五四)佛王ルイ九世兵を率いて、エジプトに至りしが戰敗れ擒にせられ、後生還して再擧を圖りしも効無くして止む。

第七回ルイ九世、再擧を圖り海路「チュンス」に至りしが病に罹り陣中に歿す、(一二七〇)。

斯く度々十字軍を起したれど、其初に比し殉教熱情の著しく冷却したると、必ずしも聖地の恢復を本意とせざるに至れり、爲に攻戰數十年に亙り莫大なる財産と多大の人命を犧牲と爲したるに拘らず終に其目的を達する能わざりし爲宗教熱は急に冷却し法王の威信も大に失墜したり後一二九一年キリスト教の保てる最後の地アークル、埃及のスルタンの爲に陷られ、亞細亞に於ける基督教國は悉く回教徒の手に歸せり。　以上

大正十五年、四月、吉庶大魔王の關係にて

　十字軍及土耳其軍戰死靈、參萬人、得道す。

此戰はイスラエルに於けるヤーヱーの神即ち後に回々教を興せし「アルラー」の神と、猶太教のエホバの神と基督舊教の神、大廣目天王及歐洲各國基督教國の神々の聯合軍との戰にて如何にアルラーの神の威力の猛烈なる、其國民の勇悍なるやは實に恐るべき者なりき。此神の背後に婆樓那《バルナ》天あり(此神後に基督新教を興し、舊教を破されし阿修羅界の總大將)此戰爭を斯く長引かせしは吉庶大魔王の死人の山を築くを樂とされし悪戯なりき。　以上

大正十二年五月薫發

露國の因緣及歐洲大戰の發端と喇嘛敎の關係

大正十一年五月釋尊來場し給ひて清國皇室の因緣を解き、給ひ、續いて此の大因緣を解き給へり。

西紀千八百七十七年、印度が英國の保護國となつて以來、歐洲各國は東洋方面に手を延し機會あれば侵略せんとし、清國に阿片戰爭起り續いて長髪賊の亂起れるを幸とし、之に紛れ、英佛軍は此の時と聯合軍を起し、北京を陥れ償金を取り七港を開かしむ。露國も此期に乘じて滿洲北部に侵入し又黑龍江北を奪取し、續いて回々敎の亂起りし時、之を機とし伊犁地方を占領せり。又印度に於ける領地は佛國に占領され、清國は斯く機會ある毎に各國より侵略占領壓迫さる、後ち日清戰爭起り、清の國力微弱なるを觀破され各國等しく國内の利權を奪ひ合ひて侮辱せり。

玆に於て人民大に憤激し義和團を組織し外夷を國外に追わんとせしも各國聯合軍に敗られて國都北京陥る。

是が復讐の爲支那及西藏の諸神が、日露戰爭を起さしめ續て歐洲の大戰亂を起し清國を虐めし各國をして互に戰わしむ。就中最も清國を惡辣に辱めし露國ロマノフ王朝に對して最も悲慘なる最後を得せしめ、獨逸を窮地に陥らしめし共隱れたる世界的大因緣薫發す。

【日露戰爭】

史傳、明治三十三年（西紀一九〇〇年）義和團の亂起る、日英米露獨佛の聯合軍北京を占領し、德宗は西太皇と共に狹西に走る、此亂に乘じ露國は滿洲を占領し平和に復したる後も撤兵せざるのみならず、更に韓國の北境を威迫したるにより、明治三十七年二月十日、日露開戰す日軍連勝を得、同三十八年五月二十五日對馬海峽にバルチック艦隊を邀へ全滅せしめ、三十九年九月米國の仲介にてポーツマウスに於て和を媾ぜり。

【歐洲戰爭發端】

西紀千九百十四年、墺皇儲フラシス、フェルヂナンド夫妻ボスニヤ首府セライユウドにて、暗殺さる、墺國はセルビヤに向ひ峻烈なる間責的通牒を發し、セルビヤは豫て露國と協議して讓歩的の返牒を發せり、墺國之に滿足せず、一九一四年七月宣戰を布告せり、墺國が斯かる大膽なる行動を敢てしたるは獨帝ウイリヤム二世の後援の約ありしに依る、露墺獨間の外交に英國は平和的幹旋を爲せしも遂に破裂し露國はセルビヤを援け、獨逸は墺國に黨して宣戰し、佛國は二國同盟の關係上露國を援け、英國は獨逸軍が白耳義の中立を侵害するに及び蹶起して露佛に加擔し、玆に歐洲の大戰となる、後日本も之に參加す。

千九百十七年露國に革命起りニコラス二世退位す、續て幽閉せられ悲慘なる待遇を受け後一族暗殺さる、玆に於てロマノフ王朝亡ぶ。

大正十二年五月二十一日、基督舊敎の神、大廣目天王、福音天王、勇勝天王、法華道場百日見學修了歸場され、此前記關係の因緣を引出ださる。

五月十七日、支那の關係にて龍神出でらる。道敎の祖、老子と變化され道敎を興されし神なり、又長江の主出でられ十日間聽經さる。義和團を起されしは此の神なりき。

五月二十八日朝、死靈出づ、極度の神經衰弱の如き狀態となり、胸を押へられし如く堪へ難く悶々たり、夜出でゝ語らる露國皇帝なり、長江の主之を連れてあり。

六月一日、死靈出でゝ語るニコラス二世なり、ロマノフ家滅亡し一族苦痛を受く救はれん事を乞わる、以後日々靈出でゝ聽經さる。

六月四日、神荼枳尼《ダキニ》天出づ、此神往昔より西藏《チベツト》の高原に在り喇嘛《ラマ》敎を起さる、道場の神大智德天王と關係あり、又此神昔し成吉思汗《ジンギスカン》と合一して歐洲を蹂躙し、玆に亦た露國の峻烈なる侵略主義を憤り長江の主と共に歐洲戰爭を起さる。

【露西亞の關係】

六月五日夜、大に暴れる神出づ、兩手に小圓を迅速に畫きくる／＼と回轉さす、手先に爪ありて飛附きて攫みかゝらんとする心持になり、顏面蜈《ムカデ》に似たり。

六月七日、縛されし死靈出づ、露國虛無黨の刑せられし靈なり縛を解き苦痛を除く。

八日朝、五日夜出し怪物姿を示さる、蠅取蜘蛛の膨大なる者にて大さ八疊敷位、牛馬を捕へて食ふ所を示さる、珍らしき前世紀の靈なり、此神ロマノフ家を興せし神にして露國キリスト敎の主神なり。露國の發展振の蜘蛛の慘忍なるに似たる、隱忍たる智謀、策を弄し網を張つて敵を待つ有樣、眠れる如く敵に油斷させ、機會あれば飛付喰ひ殺す共慘忍性、ロマノフ朝の方針と比較すれば、思ひ半に過ぎん。其國の守護神の性質は其國の主宰者と國民を同化す。九日も死靈出でゝ聽經す。

十日朝、西藏の神、茶枳尼天出でられ後ち、喇嘛《ラマ》法王出でゝ聽經さる。露國の侵略無道を憤り、露國皇帝を咒咀せしをもつて此神之に關連さる。

十一日朝、婦人の靈出でゝ經を聽かる、後ち丁寧に敬禮さる、名を問しにエリザベスと答へらる。

史傳ロシア女帝ペテロ大帝の女にて、オーストリア繼承戰爭にマリア、テレサを援けて兵を送り、七年戰爭にはフレデリキ大帝に對抗す、（一七四一即位 一七六二迄）

十一日夜、死靈出づ、ペートルと名乘らるペートル大帝なり。

史傳、ペートル大帝はロシアの皇帝（一六八二 一七二五）モスコーに産る、性剛直果斷、その位に即くや、國力振張の政策をとり、先づ兵制を改革せんと、企て、自から職工となり、オランダに赴き造船術を研究し、尋で獨、蘭、佛、英墺の諸國を巡歷し大に制度文物の實況を視察して歸國し從來の弊政を改革し、露國の面目を一新す、一七〇三年都をペテルブルクに建設す、此帝の努力により露國は北方の强國となる。

十二日朝、喇嘛教の法王出づ。

喇嘛教は西紀七五〇年頃、佛教西藏に入り舊教ボン教と融合し　眞言宗に似たる教を興す、西藏蒙古地方に盛んに流布す、現今一千萬人の信者ありと云ふ、十八分派あるも紅派と稱する舊派と、黃派と稱する新派あり他は之に附屬す。

十三日朝、喇嘛の僧出でゝ經を讀まる。（以後基督新教の因緣薫發す）

基督新教及獨、佛、英、西國及ポーランドの因緣

【獨逸國の因緣】

六月十三日、淨心寺祖師に參詣す、宗祖因緣を呼寄せ給ふ荒き神出でらる、阿修羅王なり、夜も出でゝ聽經さる。

十四日朝、阿修羅王出で給ひしに、背ろ手に縛さる、讀經して縛を解く、婆稚《バジ》と云はる、（婆羅阿修羅王なり）代て死靈出づモルトケと云ふ、モルトケ將軍なり、此神獨逸國の主

神なり、獨逸の戰鬪振の猛烈なる宜ならずや。

【モルトケ將軍】一八六六年普墺戰役の際、サドワの役にてオーストリア軍を鏖破し殊功を立て、一八七〇年普佛戰爭に功あり、聯邦の組織なるに及んで、聯邦の參謀總長に任じビスマルクと共に、ウイルヘルム一世を助けて大功を建て大にプロシヤの勃興を援く。（一八〇〇―一八九一）

【婆稚阿修羅王】法華經序品に列次せり、法華文句云、婆稚此に被縛と云、亦有縛と云帝釋の爲に縛さる。法華玄贊二、正法華に跋稚迦と云、釋圓圓、正法華中の最勝走れなり即ち勇健に當る、執日に次で後に天と鬪ふ時勇健の力あり。

十五日、婆稚阿修羅王出でゝ語らる、日耳曼《ゼルマン》とは人種の祖先關係より太古より緣を結び、種々の神の名に依て祀らる其後基督敎起り其敎義により敎を弘む（古代日耳曼族はアールヤ人種にして原住地は亞細亞の高原にして印度婆羅門族ペルシヤ人と同一祖先なり）其後基督敎の敎義亂れしに乘じ「マルチン、ルーテル」をして（一五一七）改革を爲さしむ、之が今の基督新敎の起原にして、幾多の戰の後（一五五五）新敎、各國に承認さる、代て「マルチンルーテル」出づ、丸顏の肥れる人なり、洋語にて演說をなし、感應に新敎を興せし理由を述べしが如し、夜も靈出でゝ經を聽く、

【基督敎新敎の起原】ルーテルは一四八八年サクソニアのアイスレーベンに生る家は代々百性なり父は鑛山の工夫なりし、エルフルト大學に法律學を學ぶ、偶々一親友の死に會し、一種の厭世觀を起し、アコスチン派に入り僧となり、後ちウイツテンベルヒ大學神學敎授となる、後ちローマに遊び、敎會の腐敗、僧侶の墮落を見て大に痛恨せしが、羅馬法王レオ十世は獨逸の帝權微弱なるに乘じ、大に各地の人民に滅罪符を販賣し以てサンペートル寺院建立費に充てんことを企てぬ、ルーテルは羅馬僧の來りて滅罪符をサクソニヤ地方に販賣するを目擊して憤懣の情禁ずる能わず、即九十五箇條の意見書を公にして之をウイツテンベルヒ寺院の門に揭げ廣く宗敎の改革の急を訴へ大に其不當を攻擊せり、法王は百方其說を飜さしめんと務めしも果さず依りて彼を破門（一五二〇）せしがルーテルは破門狀を燒棄して斷然法王に反抗するに至れり。

獨逸帝チヤアルス五世は夙に佛王フランシス、一世を破り、北部伊太利の地を恢復して帝權を伸張し國威を輝かさんこ

とを切望せるが故に、法王の要求を容れ一五二一年ルーテルをウオルムスの國會に招き其説を破棄せしめんとせり、然るにルーテルは頑として之を容れざりしを以て、帝は彼を邪教徒なりと宣言し、法律の保護を停止せり、然れどもサクソニャ公、禍の彼の身に及ばんことを憂へ之を庇護せしを以て、彼は暫くワルトブルク城内に隱栖し、聖書を獨逸語に飜譯することを得たり。

第一回スパイエル宗教會議、當時獨逸皇帝は伊太利の北部に於て、佛王フランシス一世と權勢を爭ひ、連年兵を交へつゝありしのみならず、土耳其帝スレイマン一世も亦大擧匈牙利領内に侵寇し、内外の形勢頗る憂慮すべきものありしを以て、帝は一五二六年スパイエルに第一回宗教會議を開き、一時ルーテル派の布教を公認して、宗教上の融和を圖り、依りて以て土軍を擊退し、又佛王及羅馬法王の聯合軍を伊太利に粉碎することを得たり、ルーテルは多年唱道したる改革説の認識せられたるを喜び、熱誠に布教に從事し、且つ寺院の戒律を破り、自から率先して結婚（一五二六）し、僧尼をして共例に倣はしめたるにより、信徒の數は日に增加し、北部獨逸の侯伯士民は概ね此新説を信仰することゝなれり。

皇帝は北部伊太利に於て大勝を得たる結果一五二九年佛王及羅馬法王等とカムブレイの和約を結び、本國に凱旋するやルーテル派の優勢なるに驚き、同年更にスパイエルに第二回の宗教會議を開き一五二六年の決議を破棄して、ルーテル派の弘布を禁止せり、是に於てルーテル派の信徒は大に憤慨し飽く迄之に反抗したるを以て爾來此派を稱してプロテスタント、（抗論者の義なれども通常之と新教と云）然るにスレイマン一世は佛王に煽動せられ、大擧侵入し破竹の勢を以てウイーンを圍みしも、兩教徒は一致して之を拒ぎしより、新教徒の勢漸く認識せらるゝことゝなれり。

皇帝は宗教界の調和を圖らんと欲し一五三〇年アウグスブルクに會議を開きたれども、舊教派はルーテル派の碩學メランヒトンの起草したる信仰箇條に對して反駁を試み、且つ多數を以てルーテル派の排斥を決議せり、玆に於てルーテル派大に怒り、自衛の爲め翌年シマカルデン同盟を組織しぬ、當時皇帝は之を擊破せんと欲したれども、土耳其《トルコ》皇帝三たび大擧して墺太利を侵せしかば、一五三二年ニュルンベルヒに會議を開き再び信教の自由を許可し、ルーテル派の援助を得て土軍を撃退し、尋で佛王を撃破して、一五四四年クレピールに和議を結びたり。

爾來皇帝は新教の撲滅に從事し、シマルカルデン同盟軍を撃破し、其領袖サクソニヤ公フレデリツクを虜とすることを得たり、然れども新教徒屈せず、佛王ヘンリー二世の援助を得て、帝軍を撃破したれば、皇帝は新教徒を撲滅するの難きを察し、遂に一五五五年アウグスブルクに宗教會議を開き、獨逸各地方の王侯に許すに信教の自由を以てせり。

皇帝フエルヂナンド一世は、新舊兩教派の調和を務めたりしかど、後嗣マキシミリヤン二世は頗る心をルーテル派に傾けしを以て、第十六世紀の末には、其派の蔓延するところ殆ど獨逸全國に及び、更に丁抹、瑞典、諸威、波蘭、匈牙利及伊太利等の諸國にも波及したりき。以上史傳

【神の關係】ヴアルナ（阿修羅の總大將）ミドラ（後のインドラ、帝釋天、天主、ゴツト）二神は共に印度古代吠陀時代の秩序の、守護神にして總ての嚴肅不壞の法規定則は、此神の把持し運用する處にして、吠陀時代の道德的守護神、アーリヤ人種の最上神なりしが、後ち、インドラ（ミドラ、帝釋天）か盛んに崇拜され、ヴアルナは漸次神以外の魔の謂と化し、インドラの敵となり惡魔として印度宗教の中に存す、（上世印度宗教史）

此太古の宿因に依て、阿修羅とインドラは常に戰ふ、基督舊教は「インドラ」が守護さる、新教は阿須羅王守護さる故に新教と舊教は主神の相違、上世印度よりの爭故、同一基督教を名乘りながら水火の如きは此關係による詳細は後に説く。

【佛國の關係】

六月十六日朝、昨夜より乘物代り、愉快にして眠れず、朝讀經の時、薄き蟬の羽根の如き翼ある優美なる天人出でらる、其薄翼を迅速に動かし飛行さる、キンナラの一族の如く畫にある天女に似たり。此神は佛國の基督舊教の主神にして、故に佛國は優美なり。

十六日夜、女神出でられ代つて柱に縛されし若き婦人の靈出づ。猛火の熾燃として身を燒くも驚かず、神を祈り心決定し、火、身を燒けども苦痛を訴へず、從容として死に就く女丈夫なり、修法し苦痛を除く、曰く「シヤンダルク」と云へり、洋語にて處刑せられし理由を述ぶるも不解なり

感應に神の命により軍を率ひ、佛國の危急を救ふ、後ち英軍の爲に欺き捕へられ火刑に處せらると。

【ジアンヌダルク】はローレンの境界に近きドムレミー村に生れし少女なり、百年戰爭の時、英軍オルレアンを圍む、少女神使なりと、フランス帝シャール七世に願ひ、委ねられし一隊の軍を率ひて、オルレアンに赴き先頭に立ち戰ひ遂に其圍を解けり、因てオルレアンの少女とも稱せらる、時に一四二九年四月なりき、進んで英軍の據れる數市を陷れ、同年六月十八日英軍をパテー附近に破りしが、一四三〇年五月二十五日英軍に欺き捕へられ、翌年五月三十日ルアンに於て火刑に處せらる年二十一歲。

十七日朝、腕を組し武將の靈出づ、反り身になり孤嶋に月を眺め感慨無量なり、遂に一語も發せず、ナポレオン一世なり。

【ナポレオン】ナポレオン、ボナパルトはカロロ、ボナパルトの子にして、コルシカ嶋に生る、少にしてパリーの陸軍兵學校に入りツーロン攻擊の時に砲兵大尉として戰功あり、尋でイタリアに入り連戰連勝、人をして其戰術の巧妙を感嘆せしめぬ一七九八年エジプトを征服し其歸國するや、政府を仆し、新憲法を作り、自ら第一執政官となる既にして兵を將てイタリアに入り墺國軍を破り、一八〇一年リウネビール和約を結はしめ、一八〇四年フランス帝位に登りナポレオン一世と稱し、翌年イタリア王を兼ぬ、一八〇五年其艦隊はトラフアルガルに全滅せしが、自ら陸兵を率ひてアウステルリツツ、に墺露の軍を破りぬ、斯くて彼が權威、全歐洲に振ひ、各邦國を領土とし、英國に對しては大陸封鎖を令して其勢全盛を極む、既にして露國が大陸封鎖を履行せざるを怒り、一八一二年自から五十萬の大軍を率ひモスコウに入りしが大敗して「パリー」に歸る、是に於て諸國群起して兵を擧げて佛境にせまる。

ナポレオン進んで翌年聯合軍とライプチヒに戰ひしが大敗し、翌年エルバに流謫せらる、一八一五年三月密に島を脱してフランスに歸り、人民の歡呼を受けしも、六月列國軍とワーテルローに激戰し、敗れて遂にセントヘレナに流され一八二一年五月五日同地に歿す五十二歲。

【佛國革命】

十七日夜、死靈出づ。佛國革命にて斷頭臺の露と消えし貴族の靈なり。其時の刑の有樣を二十人程斬る處を示さる、臆する色なく自から進んで斷頭臺に登る、勇士の面影ありき。

【史傳】フランス大革命は十八世紀の末起りたる革命にて、其原因は頗る複雜せりと雖も、要するにルイ十四世及十五世が民權を蹂躙して、恣に人民に重税を賦課し或は之を禁錮したること、貴族僧侶が土地の大半を所有して納税の義務を有せず、居常驕奢を極めたること、農民職工等の下層の平民は生計極めて困難なるに却つて過重の租税を負擔し、其民權は壓抑せられて、奴隷の境遇に沈淪したるを以て其屈辱を免れんとしたること、モンテスキュー、ヴォルテール、ルツソー、等の革新文學者の或は君主權、打破を唱へ、或は自由平等を主張して社會の思潮を一變し、上下貴賤の別を輕んじ、國王に對する敬意を減ぜしめたること、北米合衆國の獨立して純然たる共和政府を確立したるを羨望し其例に倣はんとする熱望の鬱勃として禁ずる能わざるに至りたる等、革命の五遠因にして、其近因は實にルイ十六世の失政にあり、斯の如き原因により國政亂れ遂に革命黨は政府を顚覆し國王ルイ十六世を捕へ一七九三年一月之を死刑に處してより國内未曾有の擾亂を極む、即ち其國會の狂暴なる外交は殆んど全歐洲を敵として財政の困難貴族と農民の軋轢、黨派の爭は極端に走り、遂に救濟の途無かりしが、革命の末、ナポレオン、出でゝ國内を統一せり、此革命により貴族、學者、無辜の人民の斷頭臺上の露と化し、或は溺殺、銃殺等の酷刑に處せられたる者、無慮數萬を以て數へられ、其酸鼻の光景は之を筆にするに忍びず過激峻烈の時代なり。

十八日朝、佛國革命の時の死靈出でゝ聽經す。

【英國の因緣】

十八日夜、海獺の如き姿したる神出でらる、英國の神なり太古英國に未だ人類の住せざりし頃は、海岸一帶は海獺の住居にして其以前よりの總大將なりき。人が住むに隨ひ神として祀られ、後に英國に基督教渡りし時、基督教の神として祀られ、英國が海に依て發展なせしは、此海の關係の神が守護されし結果なり。

十九日朝、英國の神出でゝ經を聽き給ひ、後ち右耳の上に負傷せし軍人出でしも物語せず大將の如し。其苦痛を除く。夜、靈出でゝ語る、英國海軍提督「ネルソン」なりき。

二十日朝、ネルソン出でゝ經を聽く、頭の負傷治癒し、禮拜さる。

【ネルソン】は英國の有名なる水師提督にして「ノーフオークバンハム、ソーブ」に生る、初め西インドの遠征を試み、フランス革命の終に際して地中海艦隊に乗組み、一七九七年にビンセント岬附近にてスペイン艦隊を擊破し、少將に進み、翌年アブキール灣にて佛國艦隊を殲滅し、ナポレオンをエジプトに孤立せしめ華族に列せられ、海軍司令長官となる、ナポレオンの雄をして能く指を英國に染めざらしめしは實にネルソンの功なり、一八〇五年トラフアルガーの海戰に佛蘭西の聯合艦隊を粉碎せしと雖も、其身亦砲丸を受けて戰死を遂ぐ、(一七五八—一八〇五)四十七歳。

二十一日朝、讀經中汚埃の心持となる、メーリー女王出づ基督舊教の保護者、蘇格蘭の女王なり。

【メーリー】は蘇格蘭の女王なり、一五四三年王位に登ろ、素行修らずして一五六八年本國を追われ、來りてエリザベス(英國の女王)の保護を求めしにエリザベスはメリーが舊教徒にして王位の覬覦者なるを以て、却て之を幽閉すること十八年一五八七年誅戮を加へらる、エリザベス女王は基督新教の保護者なり、西班牙王之を怒り一五八八年無敵艦隊を起して攻めしも反て英艦隊に敗らる。

【西班牙の因緣】

二十一日、女神出でらる、西班牙、舊教の神なり、マドリツトに祀らる汚穢の心持になる、天女五衰の起れるか、夜も出でゝ聽經さる、洋語にて十分間程演說さるゝも不解なり、二十二日も出でゝ聽經さる。

二十三日朝、メーリー女王出でゝ聽經さる、悶々たる心情極度の神經衰弱の如く、夜も出でゝ聽經し、懊惱す。

二十四日朝、メーリー女王出でられ、心持稍や落附く、後ち代て西班牙の女神出で給ふ、英國の基督教は元西國より傳る、故に舊教の信者メーリーと緣を結ぶ、新教興り、爭ひ絕へず遂に今日に至ると。

二十四日夜、メーリー女王出で漸く得道さる、長く一室に幽閉され、最後其室にて槍にて肺部を背より突かれ苦悶して死す、二十五日西國の神出でゝ聽經さる。

二十六日、西國の神出でゝ聽經し後ち本體を示さる、大廣目天王の眷屬なり、十羅刹女の藍婆天王の如き姿にして大に喜ばれ讚美歌の如き者を歌はる。夜、神出でゝ聽經され後ち代つて死靈出でしも物語なし。

二十七日朝、女の死靈出でゝ聽經し後ち語る「イサベラ」なりと。

【イサベラ】女王は「カスチリヤ」の女王「ジョン」二世の第二女一四六九年「アラゴン」王「フェルヂナンド」と婚し一四七九年兩國を合併し全「イスパニヤ」を統一す、一四九二年「コロンブス」が亞米利加大陸を發見せしは實に此女王の援助による、一四九二年回敎徒（ムール人）をクラタナ城に包圍して之を陷れ、基督敎を盛んにす。

二十八日朝、神出でゝ唱題され、夜死靈出でゝ經を聽く。

二十九日も朝夜共靈出でゝ聽經す。

三十日朝、靈出でゝ經を聽く「イサベラ」女王なり、夜神出でゝ語る自分の關係の靈一切得道せりと大に歡喜さる。

七月一日朝、神出でゝ讀經さる、二日三日も同じ。

【帝釋天の降臨】

四日朝、高貴の神出でられ崇嚴の心持となる、夜も同じ。

五日朝、昨日の神出でられ讀經さる、夜も同じく物語なし。

六日朝、神出でられ、後ち死靈出でゝ聽經す。七日朝、死靈出でゝ經を聽く、夜、赤色の大なる神の姿を見る、顏の大さ二尺位丈け八九尺の巨人なり。

八日朝、神出で聽經さる、死靈の如く合掌下に降る、夜も出でゝ經を聽かる。

九日朝、讀經中、金色の燦然たる寶塔雲中に出現し、二佛並座し給ふ處を拜す、後、頭髮逆立ち偉大なる赤色の神出でらる、右手金剛杵を握り上に揚げ、左手羂索を持ち瞰睨して出でらる「インドラ」と仰らる、佛敎により、基督敎舊敎、新敎の因緣を解かん爲玆に降ると宣べたまふ神力品偈を讀誦し奉る、神道場に上らる。

「インドラ」は帝釋天、又は天王、と號す法華經序品に釋提桓因とあり基督敎のゴッドなり、其詳細の原籍は印度の部に說けり。

七月九日夜、中山道場の黑齒天王出でゝ加持さる、後ち因緣呼び寄せらる、死靈出づ、物語なし、身體發熱す。

七月十日朝、十字架に磔せられし靈出づ、之を解く、露國虛無黨の刑せられし靈也、其苦痛を除く。

午後二時、深川淨心寺祖師に參詣す、讀經後唱題の時、神御降臨あり「インドラ」と仰らる、釋尊宗祖の御前に於て歐洲大戰を起せし因緣及び基督敎新敎の神と舊敎の神と和解させる趣仰せられ、合掌左右に開き、左右の手に各神乘り給ひ、漸次相寄り合掌され上方に揚げらる、斯くすること二回、諸天神大に歓喜され唱題さる、神力品を讀誦し奉り、神上らる、此大莊嚴の佛事を掌りしも惚として夢の如し。

露國ポーランド虚無黨の因緣

七月十日夜、死靈出で背に倒れ又前に倒る、銃丸を受けし者なり、左肺に二個心臓に一個貫通す、其苦痛を除く「ヤツボンスキー」と云へり。

十一日朝、昨夜の靈出づ。露國浦塩艦隊に乘組み度々長崎に來る、日本語に通ず、通譯の爲め玆に引出さる。

七月十二日より二十八日迄朝夕、靈出でゝ經を聽く。

二十日朝、尊嚴なる靈出でらる、普賢と仰らる、六牙の白象に乘り給ふ、普賢菩薩の尊容を拜す、ポーランドの因緣は此の菩薩解き給ふ。

二十九日朝、不平の心持の神出でらる、露國ポーランドの神にして、ポーランドの獨立の爲に盡力されし神なり、後ち露國に併合され、虚無黨を起すと。

三十日、ポーランドの神出でらる、歐洲各國の成立より見て、共和政治が最も適當なりと考へ之に盡力せりと語らる。

八月一日、非常に不平を懐く死靈出で、五日迄朝夕出でゝ經を聽き、心漸く解けたり。

八月六日朝、婦人の靈出で、苦痛を除く、「カタリナ」と云へり露國の女帝「カタリナ」二世なり。

【カタリナ二世】　一七四六年ポーランド王オーグスト三世死す、露帝カタリナ二世は已が寵臣を擧げて其王となし大に干渉を試む、國人土耳其《トルコ》の援を得て之に抗せしかば、カタリナ兵を出して先づ「ポーランド」を壓し、更にトルコを攻めて大に其軍を破る、プロシヤ、オーストリアの兩國之を見て獨り露國の强大に赴くを懼れ遂に三國の間にポーランドの第一次分割を行ふ（一七七二年）次いで露土の和成り露は黒海北岸の一部を得たり、第一次分割後國人大に憤慨し一七九一年憲法を改め頗る見るべき改革を施さんとせしが「カタリナ」二世之を喜ばず、私かに「ロシア」黨の貴族を煽動して新憲法に反抗せしめ兵を送りて之を助けしかば、志士「コッシュースコ」等義兵を擧げしが、ロシヤ軍の破る所となり、ロシヤ、プロシヤと合し、

第二次分割を行ふ。(一七九三年)

一七九四年「コツシユーシコ」等再び義兵を擧ぐロシヤ、プロシヤ、オーストリア、の三國兵を出して之を討ち、遂に第三次の分割を行ふ、ポーランドこゝに亡ぶ(一七九五年)此のポーランドの志士の靈の乘りて働かせしが虚無黨にして、此神と、此靈が今の共産主義、赤化宣傳の過激思想の源を爲せり。

八月六日、怨を呑んで死せし靈得道す「コツシユーシコ」なり。

八月八日、ポーランドの神出でゝ禮拜さる。

九日夜、「ポーランド」の神出で給ひ、我は昔より「ウパニシヤツト」の神なりと仰らる。

優婆尼《ウパニ》沙土《シヤト》は西紀前七八世紀の頃印度に興りし婆羅門教の最も進化せし教なり、後世ウパニシヤツトの哲學と云ふ。

八月十日夜、神姿を示さる象首人身、大なる牙ある象王にして無數の眷屬を呼び寄せられ、夜苦熱を感じ悶々として眠ること能わざりき。普賢菩薩が此因緣を解き給ふは此神と久遠の關係あるに依る、露國は前世紀、象類の最も繁殖せし國にて、今もマンモースの遺跡は澤山あり此の久遠の關係か。

十一日朝、神出でゝ經を聽かる、婆羅門教の「カネーシヤ」と同一の如き心持す。倦怠を感じ身體重く、本日よりウパニシヤツトの書を讀まさる、我義破られずば降伏せずと言はる。

十二日より十六日迄朝夕神出で聽經さる、此神の導によりウパニシヤツトの義を解することを得たり。大要を左に錄す。

ウパニシヤツト哲學と歐洲哲學及共産主義の關係

優婆尼《ウパニ》沙土《ミヤツト》は西紀前七八世紀の頃、印度吠陀の後に出でし「ブラハマナ」文學の中、阿蘭若迦《アーランニヤカ》と稱する章の、幽微森嚴なる哲理を了解せん爲、多くの人により講究された結果婆羅門の傳說の宗教的色彩を脫して、純然たる自由思索の哲學となり、梵我不二の大義を確立す、ウパニシヤツトに二義あり、一は座す、一は滅す、歐洲の學者は前義を取り近侍又は侍座の義に解して、師に近侍して聽問すべき義と解せり、印度の學者は多く「シャンカラ」の說に從ひ後義に歸し、人の欲情迷妄を打破し智識を與ふる者と解釋す、蓋しウパニシャツトは最上精神の認識により、殘餘の無明を破する謂なりと、或は神秘の義なりと云ふ、其思想の大要を考ふるに、吠陀時代の末期に及び、世界の大原を究明せし結果、或は大自在天を大原とし、或は神或は聲なりとして其原因を說かんとして遂に能く神話的區域を脫して一個の原體梵の哲學思想を產出し、即ち世界の開發生成は此の唯一の梵が自から繁殖せんとの意志を發現せしに基因し而かも斯くして造られし世界は、差別的惡毒の世界、苦痛虛妄の世界なりとし、是の如き世界に何の樂をか、其樂となすべき、余を救わんことを容れ給へ、汝のみ委托所なり神聖なる主と、叫ぶに至れり、是れ即ちウパニシャツトの思想にして此厭世的思想は所謂平等と差別との對立を生じ、尨大なる印度哲學を孕むに至りたる者なり、而して解脫の方法に關しては、彼等は惟へらく差別の生活精神と最上精神とは元來別物に非ず只愛着差別が生活精神を迷惑せしむるに過ざるのみ、故に個人精神が若し自性を知るあらば、直に最上精神なる梵と合一することを得るとなせり蓋し梵は世界の大原にして、又即ち世界萬有なり、人格的ならざる根本精神なり、力なり、差別の萬有を以て、之が一原を探り一原を知りて差別の內に之を認め、神と世界と對立して而も阻隔せず、二者の合一を說くを其特長とす、即ち梵を中心とする一元的萬有神教なると共に、他面には平等差別對立觀を爲し、所謂「其れは汝なり」「我は梵なり」の二句は優婆尼沙土哲學の最高眞義なりと稱せらる、（高楠氏哲學辭書取意）

一切作者、一切欲者、一切嗅者、一切味者、一切包括者、沈默者、不殆者、是れ即ち內心なる我が自己なり、是れ即ち梵なり。

梵は一切萬物の統一的根據、即ち衆生の源にして如何なる者も其外に出でず、其力を離れて存在する者あらず、而かも梵自から萬物となりて變化活動するに非ず、一切過程を超越して不壞に、一切の變化に動かす不變なり、遠く現象を絕して彼岸寂靜の本體なり、此に非ず彼に非ず言詮を絕し、動而不動、見而不見、聽而不聽、諸の過程現象は之れ梵を離れざるも然も梵自身に非ず、之を一人に見るも身體の諸器管、並に意識等、諸の活動は一も自己を離れざるも其何れも、眞の自己にあらずして夫れ以上に一切の根底源泉たる寂然の妙樂たる自己を知るべきなり。

梵は即ち宇宙の妙樂自己、即ち最上自己なり、諸の川流が其名と形を改めて一味の海水に歸入するが如く、一切の現象は此中に歸入すれば何等の差別あることなし、故に現象世界は最上自己に對し其顯現に外ならず。

梵と自己は致一なるに無知の自己差別を見て、玆に個人の生活自己及萬物の衆生自己あり、梵と吾人は全く無明の爲に差別の觀を呈すれば、之が障壁を撤し眞に致一を實現するは明の一事のみ、語を換へて云へば一切差別の見に遠かり自己中心精髓の決して五感の思想の末にあらざるを見、自己の心髓を宇宙の根底に認め、「汝は其れなり」と知り「我は梵なり」との直下洞然たる悟徹に到達するにあり、此智見徹悟は即ち一切差別を捨てたる絶對智なり、從つて此の唯心哲學の特色として、此の悟徹は絶對自己其者と合一したるなり、此に於て自己は絶待自己たる實を明にし變化なく、生死なく、無差別平等にして、究竟安樂の境界を得て動かず。

其處には日も月も星光も照さず、自己のみ獨り輝き一切は之に依て輝けり、其光輝に依りて一切は輝くなり（カータ五の一五）

【修行の方法】 知見は解脱の要路にして一切の繋縛は一旦の悟徹を以て截斷し去るべしと雖も、此悟徹知見に到達するには幾多の鍛錬と研覈とを要す、此修行の爲に輪廻を說き、善惡の行爲は其儘に消滅せず各其報を受くべし、即ち最善者の自己精神は神的行路を行き光明の國に達し、之に次ぐ者は祖先行路を行きて人天の中に產れ、其他の惡者は畜生以下に墮すと云へり、此の如き轉生は皆其業果に應じ其行爲、即ち羯磨《カルマン》（業と譯す造作の義なり）か身體の生死に亘りて連續するに依る、「カルマン」の理は世界秘奧なりと云へり。

生氣及びカルマンの教理は現世の事として必要なるも、現世は差別繋縛の世界にして終に之を脱するを要す、既に生氣カルマンの理に達し財寶富貴も世事皆な生滅無常なるを知れば、以て益々自己の外皮を去り、現象の迷見を脱するの要を知るべく、此の如くにして欲望を去り、世事無常の悲愁を脱し、意識差別相を超ゆるを勉めば、意識より、無限の妙樂絶對智に到達し、「余は梵なり」と悟徹すべし、此知見を得たる人は即ち絶對の主にして一切の業果を脱し「カルマン」を離れ寂者牟尼《ムニ》となる。

此く知る人は安靜暢和離欲、忍容凝中にして、只己の中に自己を見、自己の中に一切を見る、悪毒も之に勝たず彼を燒かず、悪を脱し情欲を離れ、疑惑を離れて、彼は梵を共宇宙とする梵的となるなり。（フリハタ四編四の二）（以上姉崎博士の上世印度宗教史より）

肉體の老衰に依て其中の梵は消耗する者でない。

肉體の死に依て其中の梵は滅盡する者でない、その心の中の梵は誠の梵の市である、この中に凡ての願望が包まれてゐる。

老と死と衰と飢と渇とから離れた自我である、望むべき者の外望まず、思ふべきもの丶外思はぬ自我である。

地上に於て得たる者は、皆な滅びる、其のように地上の犠牲と善行に依て得らる丶他界の凡ての者も、皆滅びる、自我と其眞の願望を見出すことなくして出掛て行く人は、何處の世界に於ても自由を得ない、自我とその眞の願望を見出して行く人には、あらゆる世界に自由があ〆精氣と呼ばる丶彼れ（自我）は凡ての形と名との開顯者である、その物の中に此れらの形と名との包まれてゐる者は梵である、不死である、自我である。（赤沼氏ウパニシャット）

梵我不二の境界に達する法として、各派に各自の修行法あるも、主神を祀り之に神聖音、唵《オーム》を唱へて供養し、然して此神の導により靜座の内に其域に達ぜんとするのであり、其主神は、大自在天、毘《ビ》瑟笯《チユヌ》天、梵天、迦樓羅等其他の神を祭神とす。

以上は簡單にウパニシャットの慨念を諸君の爲に採錄せしものにして、篤學の方は原書に附て研究せられんを乞ふ。

神は此思想の歐洲に這入り、歐洲哲學の根底となり、共和政治、社會主義、共産主義等の思想に變化せしものなりと云はれ、今玆に顯はれしウパニシャットの神の原籍は印度婆羅門教の毘那夜迦王にして、此因緣を解きつある神は佛法の普賢菩薩なり。此菩薩が久遠の關係より此の因緣を解かれしものなり。

ウパニシャット哲學と佛教の關係日蓮上人の解決

前述せる如く毘那耶迦王はウパニシャットの義を佛法で破る事を得ざれば降伏せずと云はれたるに依て玆に於て先づ

ウパニシヤツトと佛教との前後の關係を明にせんとす。ウパニシヤツトの起りし時代を西紀前七八世紀の頃とするは學者の議論無き所であり、釋尊の御降誕の時代に就ては諸說あるも、西紀前五百六十五年說と九百四十九年說が最も有力にして、現代の學者の多くは五百六十五年說を取るも、此說を取らば佛法はウパニシヤツトと興起せし後に出來し事となる。故に現代の學者は其結果佛教にウパニシヤツトの思想が流入し、或る程度迄形を變へて用ひられたるならんと稱す。余は宗祖が開目抄に仰られし、孔子が此土に聖賢なし西方に佛圖《フト》と云ふ者あり此れ聖人なりと云ひて、外典(儒教)を佛教の初門となせし是れなり、(孔子の出世西紀前五百五十年)禮樂等を教へて內典(佛教)渡らば戒定慧を知り易からしめん爲、王臣を教へて尊卑を定め、父母を教へて孝の高きを知らしめ、師匠を教へて歸依を知らしむ、妙樂大師曰く佛法の流化實に玆に賴る、禮樂前きに駈せて眞道後に啓く等云々、天台曰く金光明經に云く、一切世間所有の善論皆此經に因る、若し深く世法を識れば即ち是れ佛法なり等云々、止觀に曰く我れ三聖を遣わし彼の眞丹《シンタン》(支那)を化す等云々、弘決に曰く淸淨法行經に曰く月光菩薩彼に顏回と稱し、光淨菩薩彼に仲尼と稱し、迦葉菩薩彼に老子と稱す、天竺此震旦(支那)を指して彼と爲す云々。

(縮刷遺文七四八、—九)

此經證に依れば老子、孔子の出世は佛教に因るものにして又宗祖佐渡始顯の大曼荼羅に文永八年を以て、佛滅後二千二百二十餘年とあり、是に依らば釋尊の御出世は西紀前九百四十九年說に相當せり、玆に於てウパニシヤツトの起りし時代を西紀前七八世紀の頃とすれば佛滅後に當る。現代の或る學者は大乘非佛說を稱へ此ウパニシヤツト哲學が大乘興起の源を爲すと云ふも、吾人は大小乘は同時の所說なりと信じて疑はぬ者なり。釋尊の說法は應病與樂なるが故に聞法衆生の智識の程度に應じて種々に說法し教化されしものにして、現今の學校教育の如く教師先生の小學校、中學校、大學校と分業的授業の如く、釋尊の說法は對機の智識に從つて教義を說かれしものにして人法時所件は異なれるも、世尊御在世中の說法にして滅後其弟子達が聚つて結集せしものが今日の經典にして、佛滅後重に小乘宣傳廣布され、大乘經は比較的後世に流布せられしものなり。

此見地より推論せばウパニシヤツトは婆羅門教が佛教の大

乘の義に剌戟されて起りし教理なりと推定する事が出來る。

開目鈔に、佛滅後の人師等の大乘の義を自宗に盜み入れたるなるべし、例せば外典外道（婆羅門教）等は佛前の外道は執見淺し、佛後の外道、佛教を聽き見て自宗の非を知り巧の心出現して佛教を盜み取り自宗に入れて邪見最も深し附佛法、學佛法是れなり、外典も又又かくの如し。（七五二）以上は明に大乘佛教の義を盜みて、婆羅門教の進化せし事を示されしものなり。

開目鈔に婆羅門教の事を擧げて、嚴正なる批判を下し給ふ文に曰く。二には月氏の外道が三目八臂の摩醯首羅《マケイシユラ》天、毗《ビ》紐《チウ》天、此二天をば一切衆生の慈父悲母、又天尊主君と號す迦毗羅《カビラ》、漚樓僧佉《ワルソキャ》、勒娑婆《ロクシバ》、此三人をば三仙と名く是等は佛前八百年以前以後の仙人なり、此の三仙の所說を四韋陀と號し六萬藏あり、乃至佛出世に當つて六師外道の此の外經を習傳して五天竺の王師となる、支流九十五六等にもなれり、一一流々多くして我慢の幢高きこと非想天にも過ぎ熱心の意の堅きこと金石にも超へたり、其見の深きこと巧なるさま儒家には似るべくもなし、或は過去二生三生乃至七生、八萬劫を照見し、又兼て未來八萬劫を知る、其所說の法門の極理は因中有果或は因中無果或は因中亦有亦無等云々、此れ外道の極理なり、所謂善き外道は五戒十善戒等を持て、有漏の禪定を修し（ウパニシヤツトか）上色無色を極め上界を涅槃と立て、屈步蟲の如く責め登れども非想天より返て三惡道に墮つ、一人として天に留るものなし、而れども天を極むる者は永く還らずと思へり、各各自師の義を受けて堅く執する故に、或は冬寒に一日に三度恒河に浴し、或は髮を拔き或は巖に身を投げ、或は身を火に焙り或は五處を燒く、或は裸形、或は馬を多く殺せば福を得、或は草木を燒き或は一切の木を禮す、此等の邪義其數を知らず、師を恭敬すること諸天の帝釋を敬ひ諸臣の皇帝を拜するが如し、而れども外道の法九十五種、善惡に付けて一人も生死を離れず、善師に仕へては二生三生等に惡道に墮ち、惡師に仕へては順次生に惡道に墮つ、外道の所詮は內道に入る即ち最要なり、或る外道曰く千年以後佛出世す等云々、或外道云く百年以後佛出世す等云々、大涅槃經に云く一切世間の外道の經書は皆是れ佛說にして外道の說に非ず等云々、法華經に云く衆に三毒有りと示し又邪見の相を

現す、我が弟子是の如く方便して衆生を度す等云々。（七四九、七五〇）

玆に釋尊御出世前及滅後に發展せし印度の婆羅門教の思想が廻り巡りて歐洲の共和政治及社會主義の思想となりて薰發し、又爰に佛教の心髓たる法華經即ち日蓮大聖人の絶大なる而かも精練せる思想に依て統一さる。

前述の如く、ポーランドの神、毘那夜迦王はウパニシヤツトの義を佛法に依て破ること得ざれば降伏せずと云はれたる事につきやゝ困まり、其結果道場の主神は、釋尊の御出世とウパニシヤツト時代との前後の關係を調べるべく命ぜられ、續て開目抄に依て解決を與へらる感應を得て調べたるに前述の如く明にウパニシヤツトは婆羅門教が佛教の義を取つて進化せし事を示せり。宗祖が御在世に此解決をなし置かれたる事は驚歎に餘りあるものにして、殊に印度思想の研究に從事せらるゝ人は日蓮上人の六百年前に說かれし印度哲學解釋の妙諦に觸れん事を卒爾乍ら願ふ。

八月十八日夜、讀經後、ポーランドの神出でらる、當道場の諸天の威力に降伏せざるも、サツダルマ、プンダリカ、シユートラ（妙法蓮華經の梵語）に歸依すと。神問ひ給ふ往昔天竺に流布せし法華經より日本に廣布されし法華經の勝れたるは何故ぞと問はる、依て本迹の關係を說き日蓮上人が「一念三千の法門は但法華經の本門壽量品の文の底に沈めたり」と仰られし此の一念三千の寶珠を取出し妙法を發輝されしに依る、梵我不二の境遇は妙法に依て求めずして自から得と說けり、神得道され禮拜さる。神力品偈を讀誦す。

八月十九日朝、此神の眷屬出でゝ經を聽かる。

二十日朝、露人ヤツボンスキー出でゝ語る、虛無黨の靈百七十四人得道す。續て婆羅門教の因緣薰發す。

婆羅門教の因緣

大正十二年八月薰發

婆羅門教は印度に於て往昔より婆羅門種族の專ら奉ぜし教法にして、中に種々の別派あるも、要するに梵王を以て主とし、四韋陀論を以て經となす、前記ウパニシヤツトは此教の産物にして又此教より印度六派哲學を出す。

八月二十日夜、怪魔の姿を見る。二本の大きな角あり鼻の上にも一角あり牛と犀の混合、強力なる太古の動物の如く

して、後ち語る。人は我を「ヲーロックス」と云ふと。（太古牛の先祖）

二十一日「オーロックス」の靈出で經を聽き大に喜ばる、夜出でゝ經を聽く。

【婆羅門教と牛の關係】

ジバ派のジバ神は即ち大自在天にして牛又は男根を以て其神體に標識せらる。

吠陀の諸神中最も原始的の形跡あるは「ドヤウス」である希臘の「ツオイス」羅馬の「チュピテル」と同語なり「輝く」と云ふ語原より作られた神名で、初めは光明の神化であつたけれども梨倶吠陀にては單に天即ち大空の意味に用ひられた所も多い、また此神を牡牛と名け、又犂牛の吼號に比した所もあり、その形を牛の如く想像した樣にも見ゆ（印度哲學宗教史）

摩醯首羅天、即ち大自在天は白牛又は黑牛に乘る、此神は牛より進化せしか、婆羅門種の遠き遠き祖先は牛より進化せしか。

涅槃經十八、佛を嘆じて、人中の象王、人中の牛王、人中の龍王と云。

無量壽經下に菩薩の徳を嘆じて、猶牛王の如く、能く勝る者無き故とあり。

古代印度に於て吠陀の昔より牛と神との關係深く、牛は非常に尊敬され、爲に佛教にも譬諭とさる。

二十二日朝、人の靈の如き神出でらる、至極靜穩に經を聽かれ、後ち、尸棄梵天と仰らる。

【佛法の梵天】梵とは清淨の義にて、淫欲を離れたる色界諸天の通名なり、其初禪天の王を大梵天と云ふ、初禪天は色界の四禪の最初なれば殊に梵天の名を附し其中、大梵天、梵輔天、梵衆天の三に別つ、大梵は君なり梵輔は臣なり梵衆は民なり。

法華經序品に、娑婆世界の主、梵天王、尸棄大梵、光明大梵等、其眷屬萬二千の天子と倶なり。

正理論三十一に廣善の所生故名けて梵と爲す、此梵大なる故に大梵と名く、彼中間定を獲たるに由る故、最初生故、最初沒故に威德等の勝故に名けて大と爲す、彼が名を尸棄と云、火又は頂髻と譯す、彼れ頂上に髻を結ぶ火の如し以て火光定に入るを示す所以なり、彼れ初禪天に在りて最初に生ずるが故に自から念ふ、我に父母なく自然に生ず、我れ婆娑世界の主となる。(一切萬物の原の梵の火より生じたる婆羅門の火を尊び火は我等の祖先なりとするは、現代科學の星雲時代の瓦斯體より熱を起し遂に固體となりし說に似たり奇ならずや)。

【外道より見たる梵天】梵天に三種あり。

一に那羅延《ナラエン》天より梵天生じ、梵天より四性の人類及一切を生ずと、是れ鞞陀論師の說なり、那羅延、那羅玆に翻して人と爲す、延那此に本生と云ふ人の本生なり即ち是れ梵王なり。

二に毗紐《ビチウ》天より梵天生じ、梵天より八子生じ一切萬物の原とす、毗紐論師の梵天說なり、毘紐天は又韋紐、毘瑟紐と云ふ、大自在天の別名にして劫初大水の中に生じ一千頭二千手あり其臍中より大蓮華出で、蓮華の上に梵天王を化生す。

三に摩《マ》醯首羅《ケイシユラ》を法身とし、那羅延を以て報身とし、梵天を以て應身とす、是れ摩醯首羅論師の說なり。

八月二十三日朝、梵天出でられ、讀經中左手印を結び、右手に數珠を持ち高く上げ回轉され、婆羅門の仙人多數呼び寄せらる。各自異樣の服裝にして、夜仙人出でゝ經を聞き心澄めり。二十四日朝夕出でゝ經を聽かる。

二十五日朝、梵天出でられ心大いに澄めり。此天、人の靈の如く手を下にさげらる。二十六日より二十八日迄仙人の靈朝夜出でゝ聽經さる。

二十八日夜、婆羅門の婆藪《バツ》仙人出でられ、梵天の火より生ぜらるる說と、水より生ぜらる說を解決さる。曰く劫初は火なり(星雲より凝結時代が)凝結するに從ひ水生じ、萬物生ず、水の原は火ならずや、其指す所遠近の差のみと仰らる。

二十九日朝、仙人出でられ、火印を結ばる。「火印とは、火を呼ぶ印契、密軌には火の形三角とす、依て左右の兩指を結んで三角形と爲す之れ火印なり」夜仙人出でられ火印を結び火定に入らる、附近悉く火なり、自身も火團の如き心持になる、熱を感ぜず、猛火の中に在つて一種の清淨觀に入る、夜仙人出でゝ經を聽かる。

耆那《ジヤイナ》教の因緣

八月三十日、昨夜より腹痛を感じ大いに下痢ありて、乘物替れり、此人死の時非常に苦痛を以て死せし人にして、後語つて云く耆那《ジャイナ》教の祖なりと。

耆那とは勝者と譯す「ワルダーマーナ」と云ふ、佛教と前後して起りし教にて婆羅門教の分派に非ず、遁世修行を専らとし嚴密なる苦行を爲し、殺生禁は最も肝要なる規定なり、苦行禁欲（斷食を奨勵し斷食自殺は解脱の德ありと爲す）に依りて、一切の感覺の執着を離れ、從て物質業根を解脱し、一切智を得て常滿精神（涅槃）に至るを理想とし苦行す。

此教派の傳播は西紀前二世紀の頃南方カリンカ地方に弘まり、紀元一世紀の頃ガンガー上流に及び、五世紀の頃南方摩訶剌陀地方に降盛にして、七世紀の玄奘の頃は印度諸所に散在し、現今二百萬の信徒を有す。

三十一日朝、耆那仙人出でらる。佛教を罵り自宗を創起し我意を振舞ひ、謗法の罪により晝夜苦を受け、今迄苦しみ今佛により救はると過去を懺悔さる。

三十一日夜、馮驩替る。臥したる驩出で之を引起す、代て神出でらる、印度教の關係なり、漸く順番の廻り來れりと大に喜ばる。

大正十二年九月薫發

印度教の因緣

印度教は西紀一世紀の頃、婆羅門教と佛教とを混淆せし宗教にして、七八世紀の頃盛んにして、十三世紀の頃、佛法は始んど衰滅し全印度は殆んど印度教となる、印度に佛法の衰滅せしに就きては、婆羅門教の復興及回々教の侵入により其滅亡を早くせり、此教は現今印度に於て二億以上の信徒を有す。

九月一日朝、驩出で丶經を聽く。午後十一時深川淨心寺祖師に參詣し、參拜終りし時、大地震起り、堂は船の波に揺れる如く動き歩行出來ず、漸く靜まる。祖師堂は無事なり急ぎ家に歸る、途中倒壞家屋數戸あり、諸所より火災起り延燒す、午後五時旋風起り火は急に擴大し逃る隙なく庭前の小池に飛込み桶を冠り三時間を經過す、池水湧て湯の如く、幸に危難を免る、佛檀と諸天の像と小許の神前の道具は池に投込み無事なるを得たり。火は終夜延燒し防ぐべき人もなく、遂に東京全市の七分燒土となり、古今未曾有の大災なりき。燒死せし者七萬人以上、生存せし者も水無く食なく、其慘狀筆舌の能く盡す所に非ず、大旋風の業火は火燄の渦卷をなし、猛威の辛辣は美觀の帝都を一夜に燒土と爲し、淨心寺も全燒す、然れども我等の誠意を以て造りし祖師堂は無事殘れり。

九月二日より燒殘りのコンクリート造の狹き浴室に寓し五日迄親戚知巳の安否を訪る。

六日、燒跡に燒トタン板を以て六疊位の假小屋を建つ、床も燒トタン板なり莚を敷き坐臥す、乞食小屋より惡しく立てば頭を打ち、寢ながら月を見る、盜らるゝ者も無き故戸締も無し。斯かる小屋に住めり。

七日佛壇を修理し、佛神を祀り災前の如く奉仕す、供へる供物も無く器物も無し、斯かる有樣の中に、荒熊大僧正(道場の主神)御降臨あり、仰に曰く、今迄解きつゝありし世界の大因緣は十日以内に完結するに付怠らず修法すべしと命ぜらる、依て引續き不自由の中に修法す。

八日朝、印度敎の神出でらる、折角玆に統一の端を開き、而も不退の念を以て修法せし事故、怠らず此因緣を解くべく仰らる、夜、神出でゝ聽經さる。

九日朝、仙人の靈出でゝ聽經さる、夜も同じく心澄む。

十日十一日、仙人出でゝ聽經さる。

十二日朝、仙人出でゝ聽經され、後ち印度敎の神出でゝ語らる。今回の災は、人心驕慢奢侈に流れ、正道に叛き我意を振舞ひし爲に自然に此大災を招く、是れ即ち一念三千の法理なり、人の力に依て造られし一切は皆亡びる、と仰らる。眞に然り諸經に曰く無量の珍寶を以て布施するも持經一偈の功德に及ばずと、今回の災は其損害百億圓と云ひ二百億圓と云ふも、是れ一夜にして悉く灰となる、然も眞理は滅せず、隨喜功德品五十展轉隨喜の功德の譬諭を泌々と了する事を得たり。

十二日夜、婆羅門敎及印度敎の神出で給ひ(歡喜天)今玆に世界の靈界統一の爲呼び出さると。自己の興せし印度敎を以て最も完全の敎と思ひ佛法を破却す、然るに今日本にて發展せし、佛法の眞髓たる法華經に統一されんとは、所謂眞理に敵無しの謂なるべし、以後「サツダルマプンダリカ、シユートラ」を弘布すべし、あと四五日にて全部解決すべし、勸めよやと勵まさる。

十三日朝、夜共仙人出でゝ聽經す心澄めり。

十四日朝夜共仙人出でゝ聽經す、夜、嵐となり潮高く、床下に浸水す、十五日も同じ、大雨假小屋浸水す。
十六日朝、神出で給ふ、印度教の龍神なり、往昔より恒河の神にして、釋尊御出世の時、法華會に連りし、摩那斯《マナシ》龍王なり、後印度教を興し是が神となる。今法華に依て統一さる歡喜の至りと得道さる。
十七日朝、摩那斯龍王出でらる、是にて一切得道せり、印度教の道士の靈千六百八十人連れあり、靈山へ送るべく頼まる。道場の主神の御降臨を乞ひ、左の如く解決さる。午後七時修法し死靈は靈山淨土に送り、神は道場に勸請し奉る。

最正位、道教天王、支那老子となり道教を興せし神
最正位、法音天王、支那長江の神義和團を起せし神
最正位、大威猛天王、西藏の荼枳尼天
最正位、光淨天王、露國ギリシヤ正教の神
最王位、正義天王、獨逸新教を興せし阿修羅王
最正位、博愛天王、佛國の神、舊教の女神
最正位、英德天王、英國の神、新教の神
最正位、聖光天王、西班牙の神、舊教の神
最正位、歡喜天王、ポーランドの神カネーシヤ婆羅門教、印度教の神
最正位、摩那斯天王、印度教の神、龍神
奉勸請、佛法法華の守護神として、以上

支那道教の道士仙人の靈、百八拾人
支那義和團の死靈、六百貳拾人
西藏喇嘛教の僧侶其他靈、千貳百人
露國ニコラス二世、エリサベス、ペートル帝外皇室靈　百參拾人
獨逸モルトケ將軍、マルチンルーテル、其他殉教者靈、貳千六百八拾人
佛國シヤヌダルク、ナポレオン、外革命者の靈、五千貳百人
英國ネルソン及メーリー其他戰死靈、參千貳百人
西班牙イサベラ女王外靈、八百人
西班牙の回教徒の靈、六百人
ポーランド虚無黨靈、百七拾四人
印度婆羅門教道士仙人靈、貳千五百人
耆那教の道士靈、百八十七人
印度教の道士仙人靈、千六百八拾人
以上合計壹萬九千百五拾壹人を靈山に送る。

大震火災直後の素人造りの燒けトタンの假道場、祭壇も無く、供物もなく、一切皆な燒けて器具も無く、附近に家も無く、唯生死の境に於て修法を怠らざりし誠意と信仰のみ

ありて、此の陋屋に於て弊衣を纒ひ、世界の諸神を勸請し奉る。

釋尊宗祖諸天神集り給ひ、玆に本門の大戒壇を築き給ひ梵天王、帝釋天も此處に來り此大戒壇を踏み給ひ、世界の靈界は法華日蓮宗に統一され、軈て日蓮宗が世界の宗敎となるべき前提也。附近に家も無き瓦礫中の一軒家、復舊の見込立たざるにより一時此道場を解散し、(大正十二年九月十七日夜八時解散式執行)勸請し奉りし諸天神は各本地に歸し奉り、各神は、本地に於て法華弘宣流布に盡力される事を、誓ひ給ふ。時を待て本門の大戒壇を建立すべき者也。

大正十二年九月十八日、燒トタンの假小屋に於て、

日賢合掌

以上歐洲各國の、各異なれる基督敎の諸神出現され玆に統一さる。元來唯一神にして統一であるべき基督敎が各國各自異なれる原因、又印度が佛敎を信ぜず、婆羅門敎より印度敎に移り遂に滅亡せし等は其國の主宰の神と甚深の關係あること、又歐洲戰爭に於ける發端より歐洲に於ける基督敎國の互に慘憺たる大戰爭を起し宗敎の力が之を如何とも出來ざりし原因を諸君は了解されし事と思ふ、又各國の主神の性質と其國民の性質と發展の有樣とを詳細に比較考察すれば、其國の神の性質は其信ずる國民の性質となる事疑ふ餘地なからん、故に信仰の的たる本尊は最も完全なる者を要するものにして、宗祖が念佛宗を擊破し阿彌陀佛を斥け、又眞言宗の大日如來を呵責せられ特に本尊に就て、最も力を致されしは此故なりき。

大正十二年十月以降大震火災にて死せし附近の靈便る者を得道せしめ其關係より身延の因緣薫發し、之に關し出雲の大神出で給ひ、國家人種の關係上荒熊大僧正主席を此神に讓られ、此出雲の大神を道場の主神最上位妙雲天王と勸請し奉る。

大正十三年七月より假道場增築し祈禱を初む。

大正十四年五月一日、新築道場落成せり。之に移る。

大正十四年二月薫發

米國獨立戰爭の因緣

大正十四年二月三日、基督新敎の總督の神、最上位婆樓那《バルナ》天王、其他提婆《ダイバ》天王、大古久天王、阿修羅天王、法華道場

百日見學修了し我道場に歸還され、直に因緣を引出さる。靈移り夜讀經の時聲枯れて出でず、胸苦しく困難す、後ち大に怒れる神出づ、修法して苦痛を除く、米國黑人の多數絞殺されし靈出づ。

四日朝、讀經後、婆樓那天王出で給ひ、是より亞米利加獨立戰爭、及南北戰爭及び排日の因緣を解くと仰せられ、夜、靈出でゝ聽經す、苦痛薄らぐ、五日より十二日迄朝夜讀經の時靈出でゝ聽經す。

十三日より十八日迄、顯本法華の因緣を解く詳細別記。

十九日、午前九時イスラヱルの神、惠保婆《エホバ》天王、埃及《エジプト》アッシリア希臘《ギリシイ》の神五十日祭を執行し惠保婆の神御降臨あり、本日迄に日本の各道場見學す、是より印度に行き見學すると仰らる、夜、亞米利加の靈出でゝ聽經す。

二十日朝、讀經後死靈出でゝ唱題し、後「ワシントン」と言へり。神、我を茲に誘ひ給ひて南無妙法蓮華經と唱ふべしと仰せらる、依つて唱ふ、夜も靈出でゝ聽經し後唱題さる。

傳、「ワシントン」はアメリカ合衆國第一の大統領にしてバージニア州に生る、一七七五年合衆國の獨立戰爭を起すや選ばれて元師となり一七八一年ヨークタウンにイギリスの全軍を降し獨立を確立す、一七八七年大統領に推選せられ次で再選の名譽を負ひ、任滿ちて閑地に退く、（一七三二年生、一七九六年没）新教の總督婆樓那天王は過去ワシントンを助け亞米利加を獨立せしめ給ふ、故に茲に引出し給ふ。

六月二十二日迄に、ワシントン外、千六百人得道す。

【ワーテルローの戰】（婆樓那天王の關係にて茲に引出さる）

ワーテルローはベルギー、ブラハンド州の一邑にして一八一五年六月十八日ナポレオン一世と、ウエリントン公の同盟軍と衝突し、ウエリントン最も能く戰ひ、戰鬪中プロシヤの援軍を得てフランス軍を粉碎せし戰なり。

二月二十一日朝、更りし靈出で、夜も出でゝ聽經し後ち語らる、「ウエリントン」なりと。

傳に「ウエリントン」は英國の將軍にして政治家なり、ナポレオンの軍とイベリア半嶋に戰ひ「ビツトリア」其他に戰効を顯す、「ナポレオン」のヱルバ嶋より歸るや、同盟軍の大將に推され、一八一五年ワーテルロー村のセンジアン岡に佛軍を迎へて大に之を擊破す、一八二八年首相となり議院改革に反對し舊敎徒法案、（舊敎徒は官吏及國會議員と成る事を得ざる法案）及穀物條例癈止案を維持し爲に改進主義の爲に政界は七月革命の影響を蒙りて動搖し「グレイ」伯は終にウエリントン公のトリー内閣を仆して「ウイグ」内閣を組織し一八三二年選擧法案を改正す、舊敎徒放釋法案により共制限撤癈さる。

以上

佛國の守護神は舊敎の女神にして、英國は新敎なり、ウエリントンは婆樓那天の守護に依て勝ち、此神の關係よりワーテルローの戰死者の靈を呼び出だされしものなり。

二十三日より特にワーテルロー戰死者の靈に回向し、二十七日迄朝夜、死靈出でゝ聽經す。

二十八日朝、讀經中「ワーテルロー」の大會戰を見る、夜も靈出でゝ聽經す。

三月一日朝、佛國の神最正位博愛天王出でられ（元佛國舊敎女神）ワーテルローの戰にて佛國の戰死の靈を出す故回向せよと命ぜらる。以後六日迄、朝夜出でゝ多數の靈苦痛を除き救はる。

七日朝、婆樓那天王出で給ふ、ワーテルローの戰死の靈得道し、人數は調べ置く、是より米國南北戰爭の因緣を引出すと仰らる。

六月二十二日迄に、英國側ウエリントン外千五百人、佛國側五千六百人得道す。

米國南北戰爭及排日の因緣

大正十四年三月七日、故の基督新敎の主神、婆樓那天王出で給ひ是より亞米利加南北戰爭の因緣を解くと仰らる。夜死靈出づ、拳を握り振り廻し爭ひ、後に「リンカーン」と云へり。（米國大統領、一八六一年 十六人目、一八六五年）暴漢に暗殺さる。

【北亞米利加南北戰爭】一八六〇年、奴隸廢止黨の首領「リンカーン」選ばれて大統領となる。

亞米利加合衆國は建國以來國勢隆々として發展し、佛國より「ルイジヤナ」（一八〇三年）西班牙よりフロリダ（一八一九年）を買收し更に「テキサス」（一八四五年）の地を併有し尋で「メキシコ」と（一八四八年）交戰してニユー墨西哥及び上部「カリホルニヤ」の地方を割取し其領地は遂に太平洋岸に達するに至れり、斯く其領域の西南に擴張せらるゝに及び、南北諸州間の軋轢は漸く激甚となれり、即ち北部諸州は極めて鞏固なる共和的中央集權制を採用せんとすれば、南部諸州は之に反し極めて民主的地方分割制を實行せんと欲し、前者は製造業に從事するが故に保護關税案に賛し、且つ奴隷を使役せざるが故に人道の爲に奴隷廢止を唱ふれば、後者は農耕を業とするが故に自由貿易説を唱へ、土地耕作上奴隷使用の必要を論じ、兩々相對して讓ることなかりき、偶々奴隷廢止論者なる「リンカーン」大統領に選擧（一八六〇）せらるゝや、南方カロリナ州先づ合衆國より分離し、翌年「ミシシツピー」「フロリダ」以下の十州皆之に隨ひ南部十一州を以て別に亞米利加聯邦を組織し政府を「リツチモンド」に置き「シエツフアーソンデーヒス」を大統領に選ぶ、一八六一年四月戰端開け、初めは南部の勢盛んにして、北部の都「ワシントン」亦一時危ふかりしが一八六二年奴隷廢止令北部に於て發布せらるゝや、形勢俄かに一變し北軍の將「ミード」が「ケツチスパーク」に於て南軍の總督「リー」を破りし以來、北軍は到る處大捷を得、一八六五年リツチモンド陷落し後ち「リー」は「グランド」の軍門に降り「ジエツフアーソンデーヴイス」は捕虜となり、遂に北軍の全勝を以て局を結ぶ、此年四月リンカーン、一刺客の爲に暗殺せらる、「ジヨンソン」及び「グランド」相次で大統領となり、戰後の經營は着々として成功し、一八七〇年南北合一して國勢益々隆盛となる。

以上

【八日朝】大に荒れる神出でらる、龍神なり、後ち語らる、南軍の味方にして、（北軍は婆樓那天）往昔よりミシシツピー河の神なり、基督教の神來り我等を壓迫す、故に紛亂を起し同士討をなさしむと。此神常に亞米利加を紛亂せしめんと謀られ、排日も其手段の一にして、日本を怒らし亞米利加と戰はせしめん爲なり。

九日朝夜共、龍神出でゝ聽經し、後ち唱題さる。

十日朝、憑靈更る。兩手を前に出し、小圓を迅速に書き握み掛りたき心持となり、夜も出でゝ聽經す。ロツキー山の
○因緣にして大森林にて大木に登り鳥類を捕へ食ふ膨大なる前世紀の蜈蚣靈にして、太古より土人と結ぶ。心漸く落附く。

十一日より十三日迄、朝夜此靈出でゝ聽經す。

十四日、靈更りしも物語せず、肩凝り頭痛す、夜も出でゝ聽經す。

十五日朝、縛されし黑人の靈出づ。縛を解き、十九日迄朝夜出でゝ聽經す。

二十日朝靈出でゝ聽經す、夜、神靈出づ心持淸く音吐亮々たり、ロツキー山の神出でらる、黑人の死靈係りなり、今迄に壹萬八千人得道すと大に喜ばる。

二十一日より二十四日迄、朝夜靈出でゝ聽經す、音聲淸く得道近かゝらん。

二十五日、馮靈更り、午前中より腹痛起り堪へ難く、冷汗出で腦貧血の如く智覺を失ひ、非常に衰弱し、午後に至り漸く回復す。夜、讀經後、靈を引出す、巨人の靈出で丈け三丈位大に荒れ手を振り大股に步行す、息切れ讀經すること出來ず、三十分程にて漸く靜にならる、疲勞甚だしく身體綿の如し。

二十六日朝、夜共巨人の靈出でゝ聽經され大に靜にならる。

二十七日朝、巨人の靈出づ、是はロツキー山の蜈蚣の靈の變化身なり（前世紀の靈）此姿を以て示現し土人に崇拜さる、夜出でゝ讀經し給ふ。

二十八日、異れる神出でゝ聽經さる、女神なり、夜も出でゝ聽經し後ち唱題さる。ロツキー山の女神なり、（此神の種族毘沙門天と同族にして夜叉族なり）二十九日三十日朝夜出でゝ聽經し給ふ。

三十一日夜、馮靈更り尨大なる蝎《サソリ》にして前世紀の亞米利加の因縁なり。（夜叉族）

四月一日二日共、神出でゝ聽經さる、非常に睡眠を催し讀經出來ず。

三日夜、神出でらる、阿米利加太古よりの神にして土人に崇拜さる、三十一日出しは我の妻なり、常に深山に住むと。

四日、心持漸く澄み、九日迄朝夜出でゝ聽經し給ふ。

十日、午前十時、惠保婆《エホバ》天王外埃及《エジプト》、バビロニアの神、百日見學終了歸來されしに付祭典を執行す。

十一日の朝、惠保婆天王御降臨ありて仰に云く、玆に靈界統一の爲め印度迄至る歐洲各地に眷屬を置き時々刻々法華を宣傳す、當道場は小なれども、釋尊、宗祖直々の道場なり、謹んで加養し長壽を保ち、佛祖の意を奉行すべし是より讀經中汝の心に起る時々刻々の出來事は世界的なるべし謹で奉行すべしと仰らる。

六月二十二日迄に黑人の靈壹萬八千人得道せり。

喜しい哉、玆に上世印度の最高神婆樓那、後の基督新教の總督の神にして法華に歸依され我が道場の神となられし最上位婆樓那天王、時到り北亞米利加の太古の因縁、及獨立戰爭、南北戰爭、及び米人が日本人を排斥する排日の遠因を解き給ふ、日米は永久に平和なるべし。

六月二十三日、道場の神の御降臨を乞ひ左の如く解決す。

最正位　隆德天王　米國ミシシツピー川の大龍神

最正位　寶德天王　米國ロツキー山の靈、夫婦を一體と勸請す

最正位　德授天王　米國巨人の靈、夫婦を一體と勸請す

米國士人の靈、壹萬八千人

米國獨立戰爭の死者、千六百人

ウオーターローの戰ウエリントン外、千五百人

同　佛國側戰死者、五千六百人

米國南北戰爭、北軍死者、參千五百人

同、南軍死者、四千人

大統領ワシントン、リンカーン、外三人

六月二十三日夜、神は道場の神と勸請し死靈靈山へ送る。

【日本に最初渡られし基督舊教の神及教會の因緣】

大正十四年四月一日、フランシス、サビエルと共に日本に渡り、後ち德川の大奥に入り込み、眞言宗の影に隱れ日遠上人を苦しめし神出で給ひ、神惠保婆が佛教になられし故我等も共に得道する、昔し織田信長に乘つて神社佛閣を破却し、又關ケ原の戰に關す、大谷刑部、石田三成等は我の信者なりき、又嶋原の亂にも關係す、今時來り玆に一切を懺悔さる。

十七日朝夜共靈出でゝ聽經す、神出でゝ曰く、是より基督教、新教、舊教の各教會の因緣を解くと仰られ、十八日より二十一日迄、靈出でゝ聽經す。

二十三日夜、死靈を連れ給ふ神出で給ふ、舊教の神なり。

二十四日朝、靈出づ、ローマ教會の大司教なり、物語なく夜も同じくして、以後五月八日迄、靈交代にて聽經す。

十日より前記、神の關係より、關ケ原の戰爭の因緣を解く十二日解決す、十四日より身延神代の關係より金光教、天理教の因緣解く、二十二日解決す、詳細各自の項にあり。

六月二十三日、道場の神の御降臨を乞ひ左の如く解決す。

最正位　正應天王　基督舊教の最初日本に渡りし神

ローマ教會、大司教の靈、十人　以上

夜、神は道場の守護神と勸請し、死靈は靈山に送る。

基督教の神

古來より歐洲の學者は基督教は一神教なりと主張す、太古

「イスラヱル」猶太の民の信仰せしヱホバの神が「シナイ」山に祭られ「ヤーヹー」の一神となれり、（アラン、メンジーズ氏世界宗教史にはヱホバ、とヤーヹーは同一神なりと說く）基督出世後ゴツトと稱せらる。回々教は基督の歿後、マホメツトが其教義を改め別派を立し如く考へられ、又獨逸に新教興りしも基督教の進化の如く考へられ、是が統一ある一神の如く稱へられしも、今日迄に薫發せし因緣に依れば、猶太のヱホバの神は男女二神にして男神は戰鬪を掌り女神は生育繁榮を掌る「セム」民族の祖先なりき。舊約聖書は此神と人民の消息にして、其故地「メソポタミヤ」の地を離れパレチスナに移住し、又後に埃及に轉住せしは、太古よりイスラヱルに住む大龍神「ヤーヹー」の神の壓迫によれり。埃及の男神はヱホバの神と同一族なるに依り之に賴り埃及に移住せり、然れども永住することを得ず、後ちパロ王の時、彼等を壓迫虐使し國外に退去せしめしはパヒロニアの神、鰐魚王（埃及の女神に關係ありし神）の所爲にして、爲に埃及を脫出し故地に歸り「モーゼ」をして「シナイ」山にヱホバ神と祭らしめしも、ヤーヹーの神と爭ひ絕へず、シナイ山の祭壇は時にヤーヹーの祭檀となり、時にヱホバの祭檀となる、然れども人民は主神の交代を知らず爲に混合す。此心を以て舊約聖書を見よ、ヱホバの最も峻烈なる宣告は此原因に依る、「ヱホバ」をおきて別の神に犧牲を献くる者は殺すべし。此神の創められしが猶太教なり。

ヱホバ神の姿は、人の形したる翼ある神なり。

【創成記】九頁十五行、其は神の像の如く人を造り給ひたればなり。

【出埃及記】十九章三行、玆にモーゼ登りて神に詣るに、ヱホバ山より彼を呼びて言ひ給ふ、汝かくヤコブの家に言ひイスラヱルの子孫に告ぐべし、汝等はエジプト人に我が爲したるところの事を見、我が鷲の翼をのべて汝等を負ふて我にいたらしめしを見たり。

第二十二章我は汝をエジプトの地、その奴隸たる家より導き出せし者なり、汝等が面の前に我の外何物をも神とすべからず、汝自己の爲に何の偶像をも彫むべからず又上は天にある者、下は地にある者ならびに、地の下の水の中にある者、何の形狀をも作るべからず、之を拜むべからず、これに事ふべからず、我ヱホバ、汝の神は嫉む神なれば、我を惡む者にむかひては、父の罪を子にむくいて三四代におよぼし、我を愛しわが誡命を守る者には恩恵をほどこし千代にいたるなり。

【阿須羅とヱホバの爭】出埃及記三十四章

汝わが今日汝に命ずるところの事を守れ、視よ我アモリ人カナン人、ヘテ人、ペリシ人、ヒビ人、ヱブス人を汝の前より逐はらう、汝みづから愼め、汝が往くところの國の居民と契約をむすぶべからず、恐らくは汝の中において機檻となることあらん、汝等かへつて、彼等の祭壇を崩しその偶像を毀ちその「アシラ」像を斫りたふすべし、汝は外の神を拜すべからず。（阿須羅とヱホバは斯くの如く敵なり、アシュラ王は波斯敎を興し後基督新敎を興さる、爭の絶へざるは宜ならずや）

申命記三十二章十、ヱホバ之を荒野の地に見、これに獸の吼る曠野に遇ひ、環りかこみて、之をいたはり眼の珠の如く是を護り、給へり鵰のその巣雛を喚起して、その子の上に翺翔るごとく、ヱホバその羽を展べて彼等を載せ、その翼を以てこれを負ひ給へり、ヱホバは只獨りかれを導き給へり、別神は之とともならざりき。

以上の證によりヱホバは人の姿をなせる翼のある神、故に基督敎のヱンゼル及女神は皆翼あるなり。

人間の如何なる部分に翼が附着せるやに付きて考ふるに、古生物學の原始鳥の化石が之を物語る、此鳥は翼の先に爪ありて、手無く、手即ち翼となる、現在の蝙蝠にも翼の先に爪あり之を以て木に留る、我等に神移り給ひ飛行さる時翼を動かし給ひ其翼は腕の肩より肱に至る間に生へ、兩腕の外に翼あるに非ず、現在吾人の保有する筋肉にて手を動かす如く翼を動かし得るなり、ヱンゼルが合掌して飛翔するは斯くすれば平均が取れて飛ぶに都合よき爲なり。日本人の祖先、國常立尊も翼ある人種にして一族を連れて日本に飛來さる。世界に分布せる白鳥神話は此の人種が飛行して世界に散布せしによるものなり。

ヱルサレムが陷落し猶太國が滅亡せしより、基督出世迄約五百四五十年の間隔あり。

ヱホバは勢力增進、回復の爲め、忉利天に至り帝釋天に乞ひ、大廣目天と基督を下界に下し、ヱホバを助けしむ是れ基督出世の因緣なり、基督世に出で、大廣目天の守護により神變不思議を顯し大に布敎し、勢力熾んとなる玆に於てヤーヹーの神は之を滅亡せしめん爲め、基督を捕へ磔刑に處す。基督は磔刑に處さるゝも神變現はれ必ずや之を脱し布教の一助と成さんと思惟し故に笑つて刑に就き、又信徒も基督が神變を顯はすを期待せり、然るに此の神の爲に、妨げられヱホバ、大廣目天の神力も之を救ふこと能はず、基督遂に十字架上に死す。（十字架に附けるには繩を以て手足を縛するに非ず、直接に太き大釘にて兩手首、肩の附根、足節を釘附し急所を傷けず其儘立てゝ死を待つ故に苦痛を永き時間に受け、日本の如く槍にて突き殺ずに非ざりき）

新約全書馬太傳八十七頁、三時頃イエス大聲にて「エリ、エリラマサバクタニ」と呼りぬ、之を譯すれば吾が神、わが神なんぞ我を捨てたまふ乎と」中略イエス又大聲に呼りて氣絶へたり。此裏面はヤーヹーの神の所爲にして其背後に婆樓那天ありしによる、婆樓那天は上世印度より「インドラ」（帝釋天）と敵なり、此神阿修羅界の總督なり「ヱホバ」とも敵なり此神後に基督新教を與さる、基督の復活昇天、其他の不思議は皆基督教の守護神の働きにして、基督は復活せず、大正十一年十一月十五日法華經の威力にて十字架より解かれ初めて復活す。

基督舊教は、基督の歿後弟子「ポウロ」等の布教の盡力により伊太利より歐洲一帶に擴まり世界教となる。最初伊太利にて布教困難なりしはミドラ教との關係なりしも、帝釋天之を統一し給ひし爲め、羅馬に根據を据えり。

ヤーヹーの神の前身は上世印度の昔、因陀羅に討たれし龍神プリトラなり、此久遠の關係にて、帝釋天の守護さるキリストを殺す。ヤーヹーの神は紀元六百年の頃「マホメツト」をして回々教を興さしめ「アルラー」の一神として出現さる。回々教は迅速に亞剌比亞に弘まり大勢力を有するに至り、ヱルサレムの奪取より、基督舊教の神との勢力爭が、十字軍戰爭と成る。此詳細は前に述し故略す。

基督新教の起原

紀元千五百年の頃、羅馬教會の紊亂、法王の放逸益々度を加へ宗教改革の機運大に促進せられたる時に當つて羅馬法王レオ十世は獨逸の帝權微弱なるに乘じ、各地の人民に減罪符を販賣し、サンペートル寺院の建築費に充てんと企てぬ、獨逸ウイツテンベルヒ、大學神學教授マルチンルーテル、之を見て憤懣の情禁ずる能わず、一五一七年十月、九十五箇條の意見書を公にし大に不當を攻擊す、法王百方其説を飜さしめんと努めしが能わず、依て彼を破門す、ルーテル、破門狀を燒棄して斷然法王に反抗するに至る、是れ基督新教の起原なり是より宗教界は言ふに及ばず、政治上にも大紛亂を惹起し、歐洲各國は戰亂の衢と化し、流血すること參百年其慘憺たる情況は筆紙の盡す所に非ず之を宗教改革時代と云ふ。以上

獨逸人種はアーリヤ民族なり、太古印度より移住す、マルチンルーテルをして新教を興さしめし神は婆稚《バヂ》阿修羅王なり、波斯《ペルシィ》の民族もアールヤ民族にして波斯教の主神は佉羅《キャラ》蹇駄《ケンダ》阿修羅王なり、阿修羅の總大將は上世印度に出現されし宇宙の司法者と立てられし婆樓那《バルナ》天にして、昔しより印度に於て、インドラ（帝釋天、又は天主）と常に戰はる、故に時節を待て新教を興さる、故に基督新教、舊教は名は同一の基督教なれども全然反對の主神故、氷炭相容れず、今日に至るも仇敵の如く融合せざる遠因實に玆に發するものにして、基督新教が漸次獨一主宰の神を否定し、近來の學者は宇宙の眞理を指して神とし、萬有の流轉を、此眞理の神の支配なりと說くに至りしは、其主神、婆樓那（上世印度の天地雲雨光明の司管者世界秩序を把持する神）の性質を現はせるに非ずや。今回の歐洲大戰に就て基督教の信徒は同一の基督教徒が互に未曾有の慘劇を演じ、同一の神が統轄し之を和解せしむる能はざりしを見て唯一神の威力を疑ひ基督教徒の信仰に大動搖を起せしも宜なり。

然れども其原因は此主神の關係を知らざれば、覺知する能はず、故に唯一神教を以て世界に誇る基督教にも法華經の鏡を以て照せば各國各派、各々異なれる多數の神と無數の眷屬あることとなれり。

阿彌陀佛と觀世音と波樓那天の關係

大正十五年十二月、宗祖大聖人を直接に最も苦め奉りし、平の左衞門と虐殺されし熱原神四郎及念佛の因緣薫發す。十二月十一日、大靈氣出づ念佛宗と大關係ありて此靈、平の左衞門に乘つて、宗祖の四格言の念佛無間に最も辛辣に反對せし靈なり、此關係は遠く世尊の御在世に溯る。

十一日夜、阿彌陀佛の光明を放てる姿を見る。

十二日、神語り給ふ、東京淺草の觀世音の關係にして、此觀世音は遠く世尊御在世の頃、阿闍世王の母韋提希夫人が

頻婆《ビンバ》娑羅《シャラ》王の菩提を弔はん爲め造られし觀世音の像、（閻浮提金一寸八分像）なり。韋提希は世尊の說き給ひし觀無量壽經により得道せり、故に此の觀世音と念佛と密接の關係ありて之を守護する靈氣が、念佛無間を說き給ひし宗祖の弘通を妨げしは故あるなり。

十三日より、淺草金龍山淺草寺の因緣蘊發す。

十五日、靈媒前田の體に、死靈出づるも物語せず。神替て遠く語り給ふ、淺草寺境內に祀りある三社の關係にして、遠く天智天皇の頃、公卿三人關東に流され、其一人の過去は釋尊御在世、印度に於ける阿闍世王の大臣の子の再來なり、此者が過去の宿因により海中より觀世音の像を得しなり。

代て死靈出づ、藤原保房と云ふ（此人が阿闍世王の大臣の子の再來なり）

十五日夜、神語り給ふ、三社の關係藤原三人兄弟なり、兄を保房と云ひ、次を武房と云ひ、三男を雅房と云ふ、兄に許嫁あり、時の帝、召して內妃とし給ひ、兄弟三人は罪無きに武藏に流さる、後ち三人は爲す事も無き故、或時は漁し、或は耕し世を送る、一日漁せし時、網に觀世音の像を得、草堂を作り之を祭る。後朱雀院の頃、武藏守公雅、伽藍を淺草に創し之を安んず、後ち德川綱吉二十八歲の時、三年を費し大伽藍に改造せり。（綱吉は藤原雅房の再來なり故に此擧あり）然れども本尊の小金體は建治二年富木日常上人と金龍山寺寂海法印と法論し、寂海降伏し日寂と改め、寺を改宗せんとせしも寺僧肯んぜざりし爲め、日寂は觀世音の尊像を奉じて橋場に庵す、今の日蓮宗長昌寺是れなり、此の像は佛法傳來の時、日本に渡り、守屋の騷動の時、橘維勢の母之を持て逃げ、後ち聖德太子に奉り其後、宮中の佛殿に祀らる。

十六日夜、保房の許嫁ゆきひろ二十八歲、出づ。帝の召により宮中に迎へられ、夫保房は關東に流され、帝の寵を受くるも常に夫を慕ひ、隙を見て關東に下らんと、宮中の佛殿に祀りありし觀世音に祈念し、思ひ餘りて夫を慕ひ、觀世音の像を持ち、道中の守護を恃み、宮中を拔け出し東に志す、駿州三保の松原に來り病氣起り道傍に苦しむ漁夫の情に救わるゝも、病重く快復の期無きを悟り、髮を切り所持の觀世音像とを、行脚の僧に托し、武藏にある夫の許に屆けんことを乞ひて冥せり。

此の都に於ける優美の婦人の駿州、三保の松原にて漁夫に救はれし物語が、後世三保の松原天人の物語となれり。

十七日朝、平の左衛門に乘つて法華の弘通を妨げし神出でゝ懺悔さる。世尊御在世の時、阿闍世《アジャセ》王の母韋提希《イダイケ》夫人と緣を結ぶ、故に阿彌陀佛を尊び歸依す、然るに日蓮上人念佛無間と破し、依て之に反抗し、遂に大謗法の罪を犯す、今時到り眞に懺悔すと禮拜さる。道場の神出でゝ、今身より佛身に至る迄能く保つ、南無妙法蓮華經と三度題目を授け給ふ、神得道され、以後法華を流布せしめんと誓はる。

十七日夜、靈媒(前田)に、三保の松原にて病める婦人より毛髮と觀世音の像を托されし、諸國行脚の僧にて道善と云ふ者出でゝ懺悔す、途中にて欲心起り、之を屆くる事を爲さず、諸所流浪して今の淺草の附近にて像と共に海に墜ち死すと。此像宿因の引く處、保房の網に罹りしなり。

十八日朝、保房出づ、今神より自分の遠き過去を聞き、佛敕により弘法の爲め、日本に生れしに、一婦人に係り流罪され、佛敕を果さず無爲に世を送りし罪を懺悔せり。

十八日夜、靈媒の體に神靈出で、加茂大明神と言はる。其頃は佛法に反對せし故に宮中の觀世音を、ゆきひろをして持出さしむと懺悔さる。

十九日朝、靈媒の體に韋提希夫人出づ。過去の惡因により惡子を產み、世尊の御教化により阿彌陀佛に歸依し、得道せしも、極樂に往詣出來ず、今日迄闇黑裡にあり、今眞に成佛の出來る事を喜び禮を述べらる。

十九日朝、法師に道場の神、最上位婆樓那天王、御降臨ありて、(元基督新教の神、上世印度吠陀時代最高神)最も嚴肅なる語調にて曰く、『觀世音は阿彌陀の示現なり、阿彌陀は即ち上世印度に於ける婆樓那なり、其時の婆樓那は即ち我なりと仰らる』。此の驚天動地の神語を聞て答ふる能はず、魔の我を誑すに非ずやと、啞然たること久し、不可思議なる哉靈界の關係、偉なる哉法華經の大威力、玆に於て觀經の阿彌陀の原籍解け、上世印度吠陀時代の婆樓那天と基督新教の總督の神と、阿彌陀如來と觀世音菩薩と一身同體ならんとは世尊法華經普門品に於て觀世音菩薩の自在神力、無邊の功德を說き給ひ三十三身の變化に於て佛身を現ずるは故あるなり。依て經證を求む。
○阿彌陀に三名あり、一、無量壽、二無量光、三甘露。
○阿彌陀經に彼佛、光明無量にて十方の國を照す、障碍する所無し、是故に號して阿彌陀と爲す。
○梵語禮讃に曰く、阿彌陀の本名を觀自在王如來となし、無量壽佛、無量光佛を以て其德稱とせり。

○無量壽經に曰、是故無量壽佛、號二無量光佛、無邊光佛無碍光佛、無對光佛、燄王光佛、淸淨光佛、歡喜光佛、智慧光佛、不斷光佛、難思光佛、無稱光佛、超日月光佛一。

○觀音玄義に舊に光世音、觀世音と云ひ觀音と稱す、新に觀世自在、觀自在と云ふ、（梵音アバルキテイ、シユバラ）觀世音とは彼の菩薩の名を稱する音を觀じて救を垂るゝ故に觀世音と云ひ、觀自在とは世界を觀じて拔苦與樂するに自在なるを云ふ、顯經には阿彌陀の弟子となし、密敎には阿彌陀の化身となす。

○菩提心義十、此佛亦名、無量壽佛乃至彼佛壽命無量、光明無量、眷屬無量、一切皆無量、故以立謚號、而本名曰、觀自在王如來、眼如二四大海一遍觀二法界衆生一隨二其機緣一拔苦與樂、故爲レ名。

○觀音應現に曰く日天子と爲す、寶光は是れ寶意、日天子は觀世音の應作。

○嘉祥法華疏の二、有經に觀世音を寶意と名け日天子とす大勢至を寶吉祥と名け月天子と作し、虛空藏を寶光と名け星天子と名くる也。

○安樂集下に須彌四域經に云、阿彌陀佛、遣二二菩薩、一名二寶應聲一二名二寶吉祥一是二菩薩、共相籌議、向二第七梵天上一取二其七寶一來二至此界一、造二日月星辰一以照二天下一

○天地本起經に云、阿彌陀佛、遣二應聲、吉祥二菩薩一爲二日月一應聲は是れ觀音、吉祥は是れ勢至。以上一は觀音勢至が日月を作ると爲し、一は觀音、勢至が日月となるとある。

【世界宗敎史】（アランメンジース氏著、）上世印度吠陀時代「ヷアルナ」神は實に大空の浩洋瀰漫を神化せる者なり「ヷアルナ」に献れる讃歎は其數鮮少なりと雖も、其讃歎は宗敎的道德的旨趣に富めり、「ヷアルナ」の天地星辰の創造者たる事を謳ひ、善の保護者にして、惡の復仇者なることを頌せるものなり「ヷアルナ」は正義を愛し神聖近くべからずと雖も、亦頗る同情に厚き神なりとす。

印度哲學宗敎史、木村高楠兩博士著、八十七

【婆樓那《バルナ》】吠陀の神界で最も有力なる神を擧ぐれば、天の婆樓那《バルナ》、空の因陀羅《インドラ》、地の阿耆尼《アグニ》、蘇摩《ソーマ》とである、就中因陀羅より稍や早き時間に於て、司法神として非常に畏信せられたのは婆樓那である、この神の起原も甚だ古く希臘

のウラノースと同一で無いとしても、アヴエスタのアフラマツダー（波斯教の神阿修羅王）と共性質の酷似して居る點より遲くも印伊時代の産物と見て宜しい、その名稱は「包容する」より來た者で、蒼空自身を神化した者らしい、この神は天を以て其座所とし金色の衣を着し、阿耆尼を顔とし蘇利耶を眼とし、ワーユを呼吸とし、星を其使者とし、時に馬車に乘じて大空を驅け廻ることがある、されどこの神の性格はその形相よりは、寧ら偉大なる支配的活動の方面に發輝せられて居る、詩人は之を讃して曰く「彼の偉力の範圍には空飛ぶ鳥も、流るゝ河も達すること能はずと、蓋し空飛ぶ鳥とは太陽で、流るゝ河とは天地を包擁すると云わるゝ天の川を意味する者であろう、又その全知の力は、能く海行く船の道、空翔る鳥の道、天上を拂ふ風の道を知り人々の瞬の數を暗じ、隱れたる心の奥を洞見す、凡て立てる者、行く者、彷徨ふ者、歸る者、突進する者、二人相座して語ること等悉く大王婆樓那の知らざるなしと、斯の如き智惠と力とを以て宇宙の大王とし規律の保護者として自然界にありては、天空地を支持し、四時晝夜の運行を司り、人事界にありては祭事を裁し道德を維時するはその主なる作用である、從つてその命令は頗る峻嚴にして若し人彼の命令に反し不眞實を敢てし規律を破ることあらば、その恐るべき繩索を以て縛し、病（主として水腫病）と死とを以て罰し、毫も假借する所なしと云、然れども眞實を行ひ罪を悔いて歸崇する者に對してはその祖先の犯したる罪をも許し、長壽福德を與ふる、恩惠的方面にも富んで居る、實にこの神に於て古代印度民族がその道德の最高理想を表現した者であつて天地に通ずる、普遍的道德律、之が遵奉に對する幸福その背戻に對する災禍の信仰、人をして覺へず襟を正さしむるのがある。

オンデンベルヒ氏は此の神はアリヤ民族の所産にあらずしてセム民族の信仰を輸入したものであると推定して居るが元より何等の歴史的根據がないけれど、この神の道德的にして一神教的なる所が頗るヤーヹーに似て居るのは否定し得ぬ所である、若し此神が益々盛力を得たならば、吠陀の宗教は早くもエホバ流の一神教となつたかも知れぬが、餘りに嚴肅偉大で近づき難い所は一般の滿足を買ひ得ず、因陀羅や生主が勢力を得るに從つて漸次度外視されて、その地位が下落するに至つた。以上茲に於て上世印度吠陀時代に出現されし天地日月創造の神光明の神たる「ヴァルナ」神と、基督新教を興せし神と、觀世音菩薩と阿彌陀如來と同一體ならんとは、飜て經證及其教義を思惟すれば各融通する處多し。世尊の普門品に於て觀音の三十三身の變化、自在神力を說き給ひしは故あるなり、宗祖の仰せられし娑婆即寂光の妙理は明に示現さる。曩に大自在天出で給ひ、大日如來は我の應身なりと懺悔し給ひ、眞言宗の根底解け、密嚴淨土消滅す、今亦婆樓那天出で給ひ、阿彌陀佛、觀世音は我の應現なりと說き給ひ、極樂淨土消滅す、眞言亡國、念佛無間の箴言、茲に至て光輝燦然たり、偉なる哉法華經の大威力。

宗祖の教判、主師親御書

釋迦佛は我等の爲に主也、師也、親也、一人して救ひ護ると說き給へり、然れば天台大師は是を釋して曰く、西方は佛別にして緣異なり、佛別なる故に隱現の義成ぜず、緣異なるが故に父子の義成ぜず、又此經の首末に此旨無し眼を閉て穿鑿せよ。

十二月二十日左の如く解決す。

最正位、無量光天王、阿彌陀關係の神
加茂大明神、法華各道場見學に立たる
韋提希夫人
藤原保房外二人
妻ゆきひろ、
僧、道善、以上靈山へ送る。

大魔王の力と此經難持

大正十五年二月薫發

【妙莊嚴王と大魔王の關係】

二月八日靈媒（前田）に神出で給ふ。久遠の昔、妙莊嚴王と緣を結びし者にして（夜叉大魔王）其頃より佛法に反對し種々の妨を爲し、世尊印度に出でませし時、又妨に出で婆羅門教を盛んにし佛法を衰滅せしめ、日本に佛法傳來の時共に渡り疫病を流行せしめ、日本の神を怒らせ流布を妨げしめ、其後今日に至りし此久遠よりの大因緣を汝に依て解かんとす、勸めよやと仰らる。

此神久遠の昔、妙莊嚴王に乘つて王に惡業を爲さしめ惡王となす、雲雷音宿王華智佛、王を教化し給わん爲に、淨藏淨眼の二子を王家に生れしめ神力を現じ王を教化せしめ給ふ、詳しくは法華經の如し、此時此魔王退散せしも、此因緣に依て佛法に障礙し、四年前より靈媒に乘り、世尊を罵り宗祖を下げ、道場の諸天神を罵詈し、如何に修法するも得道せず、常に曰く世尊より遙に古し、我が源を明さば汝は驚倒すべし、一心に修行せよ然らば物語せんと常に揶揄さる、然れども障碍せず爲に其儘今日に至る、去る四日より此神我に乘られ、身體痛み悶々として發熱し終夜眠れず苦惱を感じ、大疫神にして修法するも治せず、三日間苦しみ、八日漸く苦惱薄らぎ、靈媒に出でゝ前記の物語をさる佛天の加護なければ落命せしならん、久遠の佛法の因緣玆に解く、喜しい哉、佛敕を全ふすることを得たり、幸なる哉無上の法悅を得たり、省みれば此神時を待ち居られしなり、寒行中三萬餘人の靈を得道せしめ此功德を回向し自身得道されしなり。

九日朝、讀經後、大魔王出でらる、黑色の夜叉の姿を示さる、壽量品を讀誦し、王懺悔し伏拜さる、神力品偈を讀誦す、天より法雨降り身に注ぐ、黑色變じて漸次白色となり爽快を感ず、後、此神に雲雷音佛の出でませし光明莊嚴國は此の娑婆世界の中の久遠なるや、又別世界なりしやを問ひしに、別なり答とへらる、其時の雲雷音佛の再來が釋尊なり、此娑婆國土に出で給ふ、故に我も從て出づと仰せらる、要するに釋尊の久遠よりの因緣、佛法の障礙なりしも時到り玆に解く、妙なる哉法華經の大威力、不思議なる本門の大戒壇の解脫、佛祖は我をして此一大事因緣を解かしめん爲に、積功累德、今日迄三十萬人の靈を得道せしめ然して後ち、大悲大受苦の菩薩行を爲さしめ窮子を導き給ふ、佛祖の大恩何を以て報ぜん、感淚止めあへず無上の法悅を得たり省みれば此大魔王四年間得道せざりし爲、道場の諸天の威力を疑し事すらあり、謹で懺悔す。

十二日より眞言宗の久利加羅龍王出で給ひ覺鍐出で不動明王の原籍解け金剛智三藏龍智三藏出で大日如來の原籍解く詳細は眞言宗の所にあり。

二月二十四日、大魔王出でらる、久遠よりの佛法に反對せし因緣解け我等佛道を得るは法華經の不思議の威力と本門の戒壇の威力なりと感歎さる。

三月二日、道場の守護神として勸請し奉る。

最正位、華德天王　見學隨意

大正十三年八月稟發

【提婆達多と魔神提婆】此關係は釋尊御在世の因緣の所に詳記す

提婆達多は斛飯王の子、阿難の兄、佛の從弟なり、釋尊の弟子となり神通を學び三十相を具し六萬藏を誦す、過去を尋ぬれば、阿私仙として釋尊の師、法華經を授く、詳しくは法華經提婆達多品の如し。此の過去の宿因及現在の果に依れば、世尊の布敎を最も親しく左右の腕として廣宣流布すべきに、僅かの感情の衝突より釋尊に逆き釋尊を殺し法王たらんとし、再三惡辣なる危害を加へしは、是れ重大なる千古の大疑問に非ずや、因果撥無に非ずや、此大罪により提婆達多、現身に生れながら地獄に墮つ、世尊は此大惡人の提婆達多に法華會座に於て天王如來の授記を與へ給ふ。提婆達多の世尊に加へし危害は、魔王提婆の所爲にして、提婆達多の本心に非ず、かるが故に授記を受く、大魔王神提婆との關係を知らざれば法華經の惡事を爲せし提婆の因果撥無の成佛は解すべからず、恐るべき哉大魔王の力、此經難持は故無きに非ず。

以上

大正十五年三月薫發

【鴦崛摩羅と自在天の關係】及いろは歌の起原。

三月十七日夜、靈媒(前田)に人の靈出づ。聽經の時苦悶す後ち云く鴦崛摩羅《アウクツマラ》と云ふ、初め婆羅門の敎徒なりしが、道士に僞わられ多くの人を殺す、願くば救はれんことを乞ふ更つて殺されし靈出で苦惱す、修法して苦を除く。

【鴦崛摩羅】は指曼と譯す、佛在世の時、舍衞城に住し行苦行婆羅門に仕ふ、道士の妻と通ず、道士之に酬いん爲に、涅槃を得んと欲せば罪福功德凡て盡くる時、得と邪說し、鴦崛摩羅をして千人の人を殺さん事を勸む、崛摩七日間に九百九十九人を殺害し各一指を切り華鬘として頸に掛け、千人目に其肉親の母を殺さんとせしが、佛之を憐み正法を說き聽かせしかば、改悔懺悔して佛門に入り後ち羅漢果を得たり。

十九日朝、鴦崛摩羅出でゝ讀經し、自から殺せし靈に懺悔し回向す。丈け六尺以上威容堂々たる姿勢正しき偉丈夫なり。夜、靈媒の體に縛されし靈出づ、行苦行波羅門道士なり、怒て曰く汝我を敎化する力ありやと云ひ得道せず、經の威力を以て强て壓伏す。

二十日朝、苦行道士出づ、猛火の熾燃たる中に座して、熱を感ぜず、三昧に入れるが如く、一種の清淨觀を得、彼の修錬の力玆に至れるか、夜、靈媒に苦悶する女の靈出でしも物語なし。

二十一日朝、苦行仙人の守護神出でらる。釋尊の在世より佛法に反對し種々の妨を爲し、滅後、時に乘じ機に乘じ佛法を衰滅せしめ遂に印度より追放せしに、思きや、日本にて發展せる佛法法華の威力にて玆に引出され統一されんとは、感慨無量なりと。此の神は摩醯首羅天の一族なりき。

二十二日朝、摩醯首羅天出でられ、我等の一族既に法華に歸依し當道場の神となる者もあり、願くば法華經の利益の現證を示せ、我が率ゆる此無數の死靈及鴦崛摩羅の殺せし死靈を一時に得道させる事を得れば、速に降伏すと言はる。世尊御降臨ましまし、金色の身を現じ給ふ、大さ奈良の大佛の如し、周圍に死靈密集す、世尊曰く、今此三界、皆是我有、其中衆生、悉是吾子、而今此處、多諸患難、唯我一人、能爲救護と仰られ左右の手を延し、靈の集りし上に覆ひ給ふ、掌の裡より法雨降り靈に灑ぐ、澍甘露法雨、滅除煩惱焔と唱へ給ふ、衆靈苦惱除かれ歡喜す、世尊、題目を授け給ふ。

二十二日夜、摩醯首羅天出で給ふ、世尊の大神通、法華の大威德により、鴦の殺せし九百九十九人、我の引率せし壹萬人以上の靈一時に得道す、斯の如き大德の佛法を妨げせし事を泌々懺悔さる。我れ此道場に引出されし時、我が主の佛法に歸依されしを不審とせり、今現證を見て首肯ずと言はる、以後四月一日迄朝夜讀經の時、靈出でゝ聽經す。

四月二日、靈媒(前田)に、苦行仙人の妻出づ、名を「ビルナ」と云ふ、發狂し毒を飲んで死せり。今苦痛の除かれしを喜ぶ、代て苦行仙人出づ。

　諸行無常、是生滅法、生滅滅已、寂滅爲樂と云

大自在天王出で給ひ、雪山童子及苦行婆羅門に四句を與へしは我なりと仰らる。(此神眞言宗の大日如來さなられし神なり)

行苦行婆羅門の教義、罪福功德、總て盡くるを涅槃とす、其義の諸行無常、寂滅爲樂より出でたるを知るべし。

涅槃經第十四(世尊過去世に菩薩道を修さる時、雪山に於て苦行されし故、雪山大士、又雪山童子と云)我れ雪山に住する時、天帝釋あり、我を試ん爲に其身を變じて羅刹となり、過去

佛、所說の半偈を說く、諸行無常、是生滅法、我れ其時半偈を聞て心に歡喜し、四顧するに唯羅刹を見る、乃ち曰く善哉大士若し能く餘の半偈を說かば、我れ終身汝が弟子とならん、羅刹曰く、我今實に飢ゆ說く事能わず、我れ即ち告て曰く、但汝之を說け我當に身を以て大士に奉ずべし、羅刹、玆に於て後の半偈を說く、生滅滅已、寂滅爲樂、我れ此偈を聞き已て、若くは石、若くは壁、若しくは樹若しくは道に於て此偈を書寫し、即時に高樹に昇りて身を地に投ず、爾時、羅刹、帝釋の形を復して吾身を接取す、此功德によつて十二劫を超越す。

弘法大師のいろは歌、いろはにほへと、ちりぬるを諸行無常、わがよたれか、つねならむ是生滅法、うゐのおくやまけふこえて生滅滅已、あさきゆめみじ、ゑひもせず寂滅爲樂

雪山童子に偈を與へられし羅刹帝釋、又、苦行婆羅門に教義、及び弘法大師のいろは歌、其源が皆大自在天より出でしを知る、法界は甚深なり。

四月十日、鴦崛摩羅及殺害せし、九百九十九人

苦行婆羅門の關係、壹萬人

此關係の摩醯首羅天は大自在天王の眷屬故其儘とす。

其他宗祖御在世に念佛關係の神が、平の左衛門、良觀等をして斯く迄惡辣に宗祖信徒を苦しめ、又、吉庶大魔王が韃靼にて日持上人と祈禱にて爭ひ之を倒し、日本に連れ歸り祐天上人として再來せしめ、念佛無間を唱へし日持上人に念佛を弘通せしめ、又此魔王は世尊御在世、周梨槃特を愚人にし世尊の教化を傷けし如く、最も皮肉の障礙なせし大魔王もある。

世尊御在世の聲聞の弟子の因緣を絕し、灰身滅智に努力せしは此の生々世々に纒る大魔の障礙を恐れ之を免かれん爲の方法に非ざりしか、正法を持てば魔來り障礙す、此經難持、宜なる哉、此經難持。

以上にて昭和四年八月末迄薰發因緣の綜合終る

神を法華勸請にする事、六百七拾壹體

死靈を靈山淨土へ往詣せしむる事

貳百貳拾壹萬五千九百拾九人

以上

世尊御在世の時代

釋迦牟尼佛の御出世の時代に付て諸説あるも、現代の學者は、御降誕を西紀前五百六十四年、佛滅を西紀前四百八十五年説を立て殆んど之に確定せり。之を日本紀元に引直せば、紀元百七十六年が（懿徳天皇二十六年）佛滅の時に當れり。

村上博士は御降誕を周の昭王二十五年、日本紀元前三百六十八年西紀前千二十八年説を採て居る、（佛滅日本紀前二八九西紀前九四九年）

日蓮聖人の大曼荼羅には文永八年を以て佛滅後二千二百二十四年と記し給ふ、逆算すれば日本紀元前二百九十三年西紀前九百五十三年に當る、學者の確定説とは四百六十八年の差あり。

【開目鈔】下八〇七（釋尊の御降誕に付）周の第四昭王の御宇二十四年甲寅四月八日の夜中に、天に五色の光氣南北に亙て晝のごとし、大地六種に震動して雨ふらずして江河井池の水まさり、一切の草木に花さき菓なりたりけり不思議なりし事なり、昭王大に驚き大史蘇山占て曰く西方に聖人生れたり、昭王問て云く此國如何、答て曰く事無し一千年の後に彼聖言此國にわたりて衆生を利すべし。彼れわづかの外典の一毫未斷見思の者、しかれども一千年のことを知る、はたして佛教一千一十五年と申せし後漢の第二明帝の永平十年丁卯の年佛法漢土にわたる。

開目鈔（七四八）孔子が此土に聖賢なし西方に佛圖《フト》という者あり此れ聖人なりと云いて、外典（儒教）を佛法の初門とせしこれなり、禮樂等を教て內典（佛教）渡らば戒定慧をしり易すからせんが爲め、王臣を教て尊卑をさだめ、父母を教て孝の高きを知らしめ、師匠を教て歸依をしらしむ、妙樂云く佛法の流化實に玆に頼る、禮樂前きに馳せて、眞道後に啓らく等云々天台云く金光明經に云く一切世間所有の善論皆な此經に依る、若し深く世法を識れば即ち是れ佛法なり等云々、止觀に云く我三聖を遣わして彼の眞丹を化す等云々、弘決に云く清淨法行經に云く月光菩薩彼に顔回と稱し、光淨菩薩彼れに仲尼と稱し、迦葉菩薩彼れに老子と稱す、天竺此眞丹を指して彼と爲すと云々。

（孔子の出世は西紀前五五二年入滅四九三年）此經證に依れば老子、孔子の出世は佛敎に依る。

大正十一年九月薫發、神武天皇東征の因縁解けし時、長男成一の過去薫發す皇軍に降りし弟猾《オトウカシ》の子なりし其後昭和三年十月、世尊御在世時代の過去薫發す、世尊成道前尼連禪川の傍にて世尊に乳糜を供養せし牧女難陀の兄にて難喜と云ひ父と共に乳糜の供養を停めし者なり、三十歳の時腰拔となり死す、其後日本に來り兄猾の子と生れたり。

大正十三年十一月薫發、希臘古代の因縁にて、ソクラテース（西紀前四六九生 三九九死）プラトン（西紀前四二九 三四七）アリストテレース（西紀前三八四 三二二）の三大哲學者は、釋尊御在世の聲聞の弟子ウルビンラ伽葉、伽耶迦葉、那提迦葉なりと神說かる、是等の弟子は佛滅後迄生存し、其後、再生せし故、世尊の御在世は遠き方が正當なり。

昭和二年一月薫發、鹿嶋、香取の二神の元籍、世尊御在世目連尊者を執杖梵志が打ちし因縁より、法華經方便品退座五千人出で得道す、此二神は其時の婆羅門教の神なりしを知る、此神世尊御入滅の後ち日本に渡り、高天原に居らる高天原爆發の時、避難し後ち鹿嶋香取の二社となる共に神代の創造なり祭神として武甕槌尊、經津主尊、天兒屋根命を祀る、此尊の此地に移られしは高天原爆發の時なり、其頃此神も共に移られしなり。

昭和三年四月十九日、二男侃治の過去の因縁薫發す、釋尊御在世の頃伽耶城外に住し婆羅門の道士にして提婆羅《ダイバラ》と云ふ、世尊の布教を碍ぐ、此關係の神出でゝ懺悔され其時の死靈貳百人共に得道す、其後日本の神代高天原に生る。

昭和三年一月、日本神代高天原爆發の時の燒死者の一人として二男侃治の過去薫發す、身體痛み發熱す、神曰く印度に提婆羅と產れし時釋尊を苦しめし罪により此報を受く、此時共に燒死せし天孫民族百三十人、相模箱根を中心として噴火の爲め死せし穴居の民五百人共に得道す。

此偶然薫發せる因縁により求めずして釋尊の御在世は日本の神代の頃なるを知る、然らば佛滅の時は宗祖の認められし、西紀前九百五十三年、日本紀前二百九十三年が正當ならん日蓮宗の學者は此の問題を輕く見て現代の學者の說に雷同しては不可なり、時代の遠近は教理に甚大の關係起る。既に現代の學者は此の年代の關係より、ウパニシヤツトの義を取りて大乘佛教起れりとさへ稱し、是は重大問題にして、諸君等は宗祖の認められし釋尊御降誕の年代に加擔して歷史的確證を擧げて證明されんことを願ふ次第である。

宗祖御直筆大曼荼羅下
二天梵漢入違の解決

宗祖御直筆の本尊たる大曼荼羅に四天王を現し給ふに、下二天を梵語にて現し給ふ時、向て右即ち南方毘樓勒叉《ビルトバガ》天王（Virudhaka）増長天なり、西方、左、毘樓博叉《ビルバクシィ》天王（Virūpakṣa）廣目天なり方位に順じ給ふ、然るに漢譯にて現し給ふ時は、右方へ大廣目天、左方に大増長天と入違に書し給ひ多くの御眞筆は此の二式なり。（第二圖參照）

上總茂原藻原寺の靈寶文永十一年七月二十五日御認め御本尊には下二天、漢譯にて右の方に「南方増長天王」左の方に「西方廣目天王」と方位を入れて書し給へり。

正中山二世日常上人永仁三年十二月二十七日御歲八十歲の眞蹟京都本法寺の靈寶の大曼荼羅には下二天、漢譯にて、右に大増長天王、左に大廣目天王と方位の通りにし給ふ。

日蓮宗の學者の內にも、是れ宗祖梵字、漢譯の時、誤譯に非ずやと疑ふ人あり、此因緣薰發す。

大正十一年十一月、基督舊教の因緣解く、十二月二十五日夜　基督の守護神出でられ我はビルバクシヤ（廣目天）なり、帝釋天の命により基督を守護すと仰られ、基督舊教、佛教に統一さる（詳細は前に記す）此因緣に關し宗祖の守護神如意伽樓羅王（身延の妙法二神）出でられ、大曼荼羅下二天入違に付解決さる。曰く、

日蓮宗の本尊、宗祖御直筆の大曼荼羅の四天王の內、下の二天、南方増長天、西方廣目天、梵、漢入違に付、其方は常に疑問を懷く、是れ過去よりの宿因にして今解く時至れり、宗祖梵語にて四天王を現し給ふ時、右方即ち南方毘樓勒叉天王（増長天王）左方即ち西方毘樓博叉天王（廣目天王）にして方位に順じ給ふ、是れ靈山の御相承其儘を顯し給ひしなり、然るに、漢譯にて現し給ふ時之を入替にし給ふ、是は宗祖御出世の時、既に基督敎は歐洲に尨大なる大宗敎となり此の守護神は「ビルバクシヤ」なりし故宗祖の感應今日あるを御存じあつて、わざと斯くし給ひしなりと。要するに宗祖は基督敎を起せし西方守護の廣目天は未來に於て、日本に來り統一され日本に移らるゝを豫知せられ態と斯くし給しなり然も秘して人に語り給わず、後學此の深義を知らざるなり。宗祖は梵語を漢譯し給ふ時の誤に非ずやと疑を起す者もあり、又之を改めし者もありたり。延山十

一世行學院日朝は是れ偏に宗祖の誤りなりと妄斷し一書を著す、十二代圓教院日意師之を見て大に驚き、是れ謗法なり宗祖を侮辱する者なりと恐懼して之を嚴封し開き見る者眼を失ふべしと之を戒む、其後之を開き見し者あるも皆懼れて疑問を起し、默して又封緘す、十八世日賢又た之を開き見て大に驚き、是れ宗祖の御威徳を損し、後人を毒する者なり寧ろ燒棄するに如かずと遂に火中にし了りぬ、然るに年變り星移り天文の頃日本に渡りし基督教の因緣今解け大廣目天王、西北の歐洲より東南の日本に移られ、世界的の基督教、佛教日蓮宗に統一され、宗祖の御希望六百餘年にして實現す。宗祖は微笑し給ひ、日朝を召して之を說き給へり、日朝涙潸然として伏拜し慚愧懺悔さる、光一閃す、朝師の盲眼明淨となり、六百年以來の先師の疑問明に解く宗祖の深慮誰か之を窺ふことを得ん、唯驚歎の外なし、汝の過去の宿因により、玆に大因緣解くと仰らる。

大正十二年一月、中山の因緣を解く、一月二十八日日常上人出でらる、大曼荼羅下二天の入替に付師に問ふ、曰く下二天の入違に付其當時宗祖に伺ひしに、宗祖は考ふる處ありて斯くす、方位の通に直すは靈山相承の通り故、差問なき由御許ありしにより、自己は是が眞實なりと思惟したり然るに今玆に出で宗祖より、基督教の統一を示され、六百年前既に今日あるを豫知遊ばし態と是くし給しと聞きて驚歎す、自分の薄智を以て之を度量せしは實に慚愧に堪へずと仰らる。

玆に於て、日蓮宗の本尊たる、大曼荼羅、下二天梵漢入違の疑問解決せり喜しい哉。

私の得たる曼荼羅相承

大正九年七月十三日朝讀經中、心眼に、丈け四尺巾二尺位の大曼荼羅を拜す。暫く拜せし內に細い字は皆消へ失せて中央の南無妙法蓮華經の六字のみ墨黑々と殘り、又暫時にして其れも消え、徑二尺位の覇氣充溢せる草書の妙の一字が薄墨の色にて現はる。後に至りて十界の諸尊が消へて御題目のみ殘りしは、十界の凡てが妙法蓮華經に統一され、又御題目は妙の一字に歸し、宇宙萬物は悉く妙より發現することを感得せり是れ余の得たる大曼荼羅相承なりき。

宗教世界の動き

靈界の統一が茲で完成されしより、世界の宗教界は如何に動きつゝあるや、第一に回々教徒の覺醒なり。

【回々教の改革】

回々教は今迄教權を土耳其皇帝が之を握りて獨宰なりしも大正十三年三月、教權を教徒の手に移し大改革を加へ思想の改善に着手せり。

大正十三年七月二十九日、東京帝大山上御殿にて、從來容易に相容れざりし神、佛、基の三教及其他の諸宗教家は今度彌々總團結する事となり、日本宗教家懇和會の名に依て開かれて團體成立せり。

【エルサレム會議】

昭和三年三月二十四日、エルサレムに於て基督教の世界各國の代表者貳百名相集りて左の問題研究さる。

第一日第二日はキリスト教、對他宗教及び近代の物質文明に伴ふ唯物的無神論に對して、特に此二日間が捧げられ、佛教、マホメット教、儒教、婆羅門教、唯物無神論と五の小委員會は組織され、印度、支那、日本、獨逸、佛、英、米各國出でゝ、議論討議せられたり。著るしき變化は從來是等の宗教と敵視して來りし態度一變して、各地の各宗教を、新約に對する舊約として之を敬し、之を學び、共中の善き者、永遠性の者、共通眞理の上にキリスト教の根本眞理を築き上げんとする努力となり來りし事なり云々、兎に角宜教數百年の歴史に於て、他宗教に對する態度の變化、否進歩は著しきものと云はざるべからず（東京朝日、エルサレム會議より）

【基督教宗派超越運動】日蓮主義第二卷五月號世界の動きより

米國内の基督教に於ては、浸禮派は十四派、美以派は十六派、長老教會は十二派に別れ、更に新舊大小の諸派分立して爭ふて居るが、今回クレバランド、及び、ビルチモアの兩所に於て各宗教會代表大會及、基督教合同聯盟の二大會が開催され、前者には五百名、後者には六百五十名の代表者が出席し、共に現下の基督教は小派に分裂して天國に於ける兄弟の信條に背くのみならず、信者からは見捨てられつゝあるから、速かに各派は神の膝下に合同して宗派根性を超越し、神國建設の爲に協力せねばならぬと決議し宗派超越運動のレコードを造つた。

【不戰條約宣布式】

去年以來、米國が主となつて、世界の强國四十六箇國を加盟せしめ、千九百二十八年八月二十七日佛國パリーに於て決議せる「國家政治遂行の手段として戰爭を廢止する」ことを目的とし、人類に福祉を增進し、人民間に現存する平和及び、友好の關係を永久ならしめん爲め、國家の政策の手段として、戰爭を率直に放棄すべき時機の到來せるを確信し、その相互關係に於ける一切の變更は、平和手段によりてのみこれを求むべく、又平和的にして秩序ある結果たるべき事等、要するに國家の政策の手段として、戰爭の共同放棄の爲め、世界の文明諸國を結合せんことを希望し、各自の全權委員之を協定せり、其後各國とも承認され、我國に於ても昭和四年六月二十七日批准さる。昭和四年七月二十四日、米國大統領フーヴア氏はホワイトハウスにワシントン駐在の關係の各國大使を招き、本條約の効力發生に關し莊嚴なる宣布式擧行され、玆に不戰條約は効力を發生す。

【不戰條約と靈界の關係】曩に法華經の威德により靈界統一さる。基督新教の總督の神婆棲那天王の發意より世界各國の神々の協賛となり、玆に人間界に不戰條約となつて現る、是れ靈界統一の賜なり、即ち法華經の大威德、娑婆即寂光土となり、天國の地上に現る第一歩なり。　以上

結　文

【日蓮聖人御遺文】報恩鈔に曰く、問て曰く天台傳敎の弘通し給わざる正法ありや、答て曰く有り、求て曰く何物ぞ乎、答て曰く三あり末法の爲に佛、留め置き給ふ、迦葉、阿難等、馬鳴、龍樹等、天台、傳敎等の弘通せさせ給はざる正法なり、求て云く其形貌如何、答て云く一には日本乃至一閻浮提一同に本門の敎主釋尊を本尊とすべし、所謂寶塔の內の釋迦多寶、其他の諸佛竝に上行等の四菩薩脇士となるべし、二には本門の戒壇。三には日本乃至漢土月氏一閻浮提に人ごとに有智無智をきらはず、一同に他事をすてゝ南無妙法蓮華經と唱ふべし。此事いまだ弘まらず、一閻浮提の內に佛滅後二千二百二十五年が間一人も唱へず日蓮一人南無妙法蓮華經、南無妙法蓮華經等と聲もをしまず唱ふるなり、例せば風に隨て波の大小あり、薪によつて火の高下あり、池に隨つて蓮の大小あり、雨の大小は龍に

よる、根深ければ枝しげし、源遠ければ流れながしといふこれなり、周の世の七百年は文王の禮孝による、秦の世ほどもなし始皇の左道なり、日蓮が慈悲曠大ならば南無妙法蓮華經は萬年の外未來迄もながる（流布）べし、日本國の一切衆生の盲目をひらける功德あり、無間地獄の道をふさぎぬ、此功德は傳教天台にも超へ、龍樹迦葉にもすぐれたり、極樂百年の修行は穢土一日の功に及ばず、正像二千年の弘通は末法の一時に劣るか、是はひとへに日蓮が智のかしこきにはあらず、時のしからしむる耳、春は花さき、秋は菓なる、夏はあたゝかに、冬はつめたし、時のしからしむるに有らずや、我滅度の後後の五百歳の中に廣宣流布して閻浮提に於て、斷絕して惡魔魔民諸の天龍夜叉、鳩槃荼等其便を得せ令ること無き也等云々

【撰時鈔に曰く】一二四五　法華經第七に云く、衆山の中に須彌山爲れ第一なり此法華經も亦復是の如し、諸經の中に於て最も爲れ其上なり等云々、此經文は已說の華嚴般若大日經等。今說の無量義經、當說の涅槃經等の五千七千月支、龍宮、四王天、忉利天、日月の中の一切經、盡十方界の諸經は土山、黑山、小鐵圍山、大鐵圍山のごとし、日本國にわたらせ給へる法華經は須彌山の如し、又云く能く此經典を受持すること有ん者も亦復是の如し、一切衆生の中に於て亦爲れ第一なり云々、此の經文をもつて案ずるに華嚴經を持てる普賢菩薩、解脫月菩薩等、龍樹菩薩、馬鳴菩薩、法藏大師、淸涼國師、則天皇后、審祥大德、良辨僧正、聖武天皇。深密般若經を持てる勝義生菩薩、須菩提尊者、嘉祥大師、玄奘三藏、太宗、高祖、觀勒、道昭、孝德天皇、眞言宗の大日經を持てる金剛薩埵、龍猛菩薩、龍智菩薩、印生王、善無畏三藏、金剛智三藏、不空三藏、玄宗代宗、慧果、弘法大師、慈覺大師、涅槃經を持る迦葉童子菩薩、五十三類、曇無懺《ドンムサン》三藏、光宅寺の法雲、南三北七の十師等よりも、末代惡世の凡夫の一戒も持たず、一闡提のごとく人には思われたれども、經文のごとく已今當にすぐれて、法華經より外は佛になる道なしと强盛に信じて、而も一分の解なからん人人は、彼等の大聖には百千萬億倍のまさりなりと申す經文なり、云々

されば我弟子等心みに法華經のごとく身命もおしまず修行して此度佛法の定否を心みよ、南無妙法

蓮華經乃至、日本國にして此法門を立てんは大事なるべし云々、靈山淨土の敎主釋尊、寶淨世界の多寶佛、十方分身の諸佛地涌千界の大菩薩等、梵釋日月等冥に加し顯に助け給わずば一時一日も安穩なるべしや。以上 [illegible]

因果の流轉するは宇宙の大法にして、依て歷史は繰返す。げにや世尊の金言の如く、末法に入り、世は濁惡、鬪諍言訟、白法隱沒の時となれり。物質文明は燦然として輝き、人は空中を飛行し、水中に潜航し、既往に超越するも、道德の醇美は地を拂ひ、曉天の星の如く、思想は惡化し、安心を内に求め、足ることを知らず徒に外に求め六欲煩惱の岐に彷徨ひ、安逸を貪り餓鬼道に墜ち、排擠我利を事とす國難茲に來らんとす、宗祖大聖人が建長五年、淸澄山に於て妙法の種を下し給ひし以來、六百餘年の熟の時代を經て茲に脫の時到り、釋尊、宗祖此道場に降り給ひ妙法の大法輪を轉じ諸天神を集め、魔怨を降し、本門の大戒壇を建立し靈界を統一し、惡思想の根底を除き給ふ、宗祖が三大秘法鈔に於て豫言されし如く、梵天王、帝釋天も來下して此戒壇を踏みて、懺悔滅罪し給ひ大日如來、阿彌陀如來、閻魔法皇も茲に來り、久遠の因緣を解き給ひ、娑婆即寂光土となれり。世尊は出世の本懷を達し給ひ、宗祖は佛敕を完ふし末法に於ける、諸宗無得道、法華獨得成佛の不思議の功德を現し給へり。諸天神は歡喜し給ひ、世界の各宗は統一され靈界は平和となる。喜しい哉、是れ皆妙法の大威力なり、甚深不可思議の南無妙法蓮華經。尊貴秘奧なる南無妙法蓮華經。

茲に於て余は恰も求めずして無量の珍寶を得たるが如く、佛祖の敕を受け靈界の統一を完了せり、歡喜何ぞ之に過ん此甚深不可思議の詳細を說明せん爲に、古來より不可解の謎の靈魂の大問題を現代科學と宗祖の御遺文により解決し其實在の有樣を示し、其流轉の關係を經證に依て證明し、妙法蓮華經と宗祖の御遺文の言々句々が悉く眞實にして誤り無き事を證することを得たり。

讀者諸君、此の靈界の消息を知つて、法華經及び宗祖の御遺文を拜讀されれば、得らるゝ所多からん。然れども法蓮抄に曰く、如何にして今度法華經に信心を取るべき信なくして此經を行せば、手無くして寶の山に入り、足無くして千里の道を企てんが如し。

世尊、宗祖は久遠より、大慈大悲常に懈倦無く、恒に善事を求めて普く一切を救ひ給ひしなり。

佛の滅後、六百年、佛弟子の内、解空第一と稱されし須菩《スーボ》提《ダイ》尊者は天竺に出で馬鳴菩薩となり、大乘起信論を著し、論議第一の迦旃延尊者は、佛滅後九百年天竺に出でゝ世親(舊譯天親)菩薩となり、倶舍論、唯識論其他の諸論を著し千部の論師と稱せらる。又摩訶迦葉尊者は同時に出世し世親菩薩の兄弟と生れ、無着菩薩となり、萬有唯識(阿賴耶識)を説き法相宗の根據を造り、法華流布の前提とさる。支那に於ては、藥王菩薩、天台大師と示現し、迹門の法華を弘め給ふ。

日本に於ては、應神天皇の時、妙法緊那羅《キンナラ》王、日本に渡られ、八幡大菩薩と示現し、佛法東漸の先驅さる、

日本に佛法傳來の時、日本の神反對され弘布困難の時、普賢菩薩、皇室に生れられ、聖德太子となり佛法の礎を定め法華經の疏を作り廣宣流布し、靈山法華會の經末の誓を全ふし給ふ。天台大師、日本に生れ、傳敎大師となり叡山に迹門の法華を弘めらる、時來つて上行菩薩、日本に出現され日蓮聖人となつて本門の法華を廣布し、末法五濁の一切衆生を救ひ給へり。其他法華經序品列席の廣宣流布を誓はれし神々は、三千年の今日迄、誓願を滿足せん爲日夜努力さる、殊に鬼子母大菩薩十羅刹天王は、陀羅尼品の誓の通り休息なく、約三千年の今日迄特に法華經の行者を擁護し給ひ、此道場には多くの諸天神在すに係らず猶、十羅刹天王の内交代にて每日必ず一人來りて守護し給へり。(修法師諸君に告ぐ、鬼子母大菩薩、十羅刹天王は、陀羅尼品の誓願に依り、今日に至るも行者を特に擁護し給ふ。故に祈禱は大乘的ならざるべからず、自利を貪り安逸に流るゝ事勿れ) 余は諸天神が日夜弘法の爲に努力さるゝを見て、自からを省み、其の至らざるを憂へ、常に惶畏して奉仕せり。

世尊の大威德、大神力を以てし法華經を説き給ふに、猶信ぜざる者多し、法華經の廣宣流布は最も困難なり。

法華經寶塔品偈に曰く、諸餘の經典、數恒沙の如し。此等を説くと雖も、未だ難しと爲すに足らず、若し須彌を接つて、佗方の無數の佛土に擲げ置かんも、亦未だ難しとせず若し足の指を以て、大千界を動かし、遠く佗國に擲げんも亦未だ難しとせず、若し有頂に立つて、衆の爲に、無量の餘經を演説せんも、亦未だ難しとせず、若し佛の滅度に、惡世の中に於て、能く此の經を説かん、是れ則ち難しとす

假使《タトヒ》人あつて、手に虛空を把つて、以て遊行すとも亦未だ難しとせず、我が滅後に於て、若しは自から書き持ち、若しは人をしても書かしめん、是れ則ち難しとす若し大地を以て、足の甲の上に置いて、梵天に昇らんも、亦未だ難しとせず、佛の滅度の後に、惡世の中に於て、暫くも此經を讀まん、是れ則ち難しとす、假使《タトヒ》劫燒に、乾ける艸を擔ひ負ふて、中に入つて燒ざらんも、亦未だ難しとせず、我が滅度の後に、若し此經を持つて、一人の爲にも說かん、是れ則ち難しとす、若し八萬四千の法藏、十二部經を持つて人の爲に演說して、諸の聽かん者をして六神道を得せしめん、能く是の如くすと雖も亦未だ難しとせず、我が滅後に於て此經を聽受して、其義趣を問はん、是れ則ち難しとす若し人法を說いて、千萬億、無量無數、恒沙の衆生をして阿羅漢を得、六神通を具せしめん、是の益ありと雖も、亦未だ難しとせず、我が滅後に於て、若し能く斯の如き經典を奉持せん、是れ則ち難しとす、我佛道を得て、無量の土に於て、始より今に至る迄、廣く諸經を說く、而も其中に於て、此經第一なり、若し能く持つことあるは、則ち佛身を持つなり、諸の善男子、我が滅後に於て、誰か能く此の經を受持し讀誦せん、今佛前に於て自ら誓言を說け、此經は持ち難し、若し暫くも持つ者は、我れ則ち歡喜す、諸佛も亦然なり、是の如きの人は、諸佛の歎め給ふ所なり、是れ則ち勇猛なり、是れ則ち精進なり、是を戒を持ち、頭陀を行ずる者と名く、即ち爲れ疾く無上の佛道を得たり、能く來世に於て此經を讀み持たんは、是れ眞の佛子、淳善の地に住するなり、佛の滅度の後に、能く其義を解せんは、是れ諸の天人、世間の眼なり、恐畏の世に於て能く須臾も說かんは、一切の天人、皆供養すべし。以上、再三流布の困難を述べられしは、前記の大魔王の障礙に依る、印度、支那に於ける佛法破却が證明する、然るに時到り玆に魔怨を降伏し靈界統一さる。一渧をなめて大海の潮を知り、一華を見て天下の春を推せ。

譬諭品に曰く、今此の三界は皆是れ我が有なり、其の中の衆生は悉く是れ吾が子なり、而も今此の處は諸の患難多し唯我一人のみ能く救護を爲す。

宗祖曰く法華經を持たん者は、地涌の菩薩の眷屬なり、地涌の菩薩の眷屬たらば釋尊久遠の弟子たる事豈疑はんや。

持法華問答抄に曰く、過去遠々の苦は徒にのみうけこししが、などか暫く不變常住の妙因をうへざらん、未來永々の樂はかつかつ心を養ふとも、しゐてあながちに電光朝露の名利をば貪るべからず、三界無安猶如火宅は如來の敎、所以諸法如幻如化は菩薩の詞なり、寂光の都ならずば何くも皆苦なるべし、本覺の栖をはなれて何事が樂なるべき、願くば現世安穩後生善處の妙法を持つのみこそ、只今生の名聞後世の弄引なるべけれ、須らく心を一にして南無妙法蓮華經と我も唱へ、他をも勸めんのみぞ、今生人界の思出なるべき。

吾人は久遠より釋尊の眷屬なり、須らく勇猛精進して、宗祖の遺敕の如く、靈山淨土に似たる最勝の地を求めて本門の大戒壇を建立し、一切衆生の爲、懺悔滅罪、授職灌頂の道場とし、妙法の大威力を實現せしめ、餓たる靈に食を與へ、渴ける靈に水を與へ、裸なる者に衣を與へ、病める者に藥を授け、六根不具なる者には具足せしめ、暗に燈を與へ、迷へる者を正念に導き一切の苦惱を除き安穩の樂を與へ、佛果を得せしめ、娑婆即寂光の妙土を出現せしむべき大道場たらしむべき者也。

以上

本門の戒壇と靈界の統一 終

三大秘法鈔の滅失に付

三大秘法鈔は、宗祖が宗門の一大事たる本門の戒壇建立に對する尊貴秘奥なる遺敕なり。然るに其原文の所在不明にして斷片も發見されず、爲に畏れ多くも其眞僞を疑ふ人すらあるに至る、然るに此書印刷中に不思議にも此因緣萌發す依て玆に懺悔の爲に追錄する者也。

昭和四年十一月一日より頭べ痛み身體痲痺して歩行困難となる、馮靈の關係なり、朝夕聽經せしむ。

八日、馮靈を靈媒前田に移す、非常に苦悶する靈出づ、苦惱を除く物語せず、九日再び引出す、無數の小蛇に卷き附かれ眼を噛まれ、口に這入られ苦悶す、修法して蛇を除く後ち漸く語る、身延の本坊に使はれし下男嘉市と云ふ、余の過去延山十八世の頃の關係なり、其頃嘉市は眞言宗の玄以法印に黃白を以て誘われ、身延の祈禱の秘傳書を盜み出す事を引受く此の背に身延の魔王あり、隙を窺しも目的を達すること能はず三年を經過す、此間玄以法印より日夜督促さる、或時、上人の部屋に三大秘法鈔あり、之を見て祈禱の傳書なりと思惟し盜み出し玄以法印に與ふ、玄以之を見て祈禱の傳書に非ざるを以て火中にす、嘉市は此の罪により前記の如き罪を受け苦悶して三十八歳死す、玆に引出され既往を懺悔す。我れ之を聞て慄然たり、自己の疎漏により此尊貴なる御遺敕文を喪失し、之を秘し其紛失せし事を後人に傳へず、爲に今日其眞僞を疑はるゝに至る、此の過去の疎漏の罪を謝し奉る、心眼に見る此鈔は大切の寶物故、表紙を附け一冊に綴ぢありし者也、全部燒却さる故に斷片も在らざる也、此靈を十一月十五日靈山に送る。

終に臨みて

此書發行の功德を大恩敎主釋迦牟尼佛、末法の大導師日蓮大菩薩、法華擁護の菩薩、諸天神に回向し、慈恩に報酬し、兼ては生々世々の父母、別しては永祿の昔、父は桶狹間の合戰に死し、家は離散し、母は薩陀峠に賊の爲に殺され、其時路傍に殘されし二歲の孤兒を拾ひ、撫育敎養し、本化別頭の祈禱の秘奥を授け給ひ、又た現世に於ても蓑となり笠となり、我を加護し玆に至らしめ給ひし、身延山十七世慈雲院日新上人の恩德を謝し奉る、既往を省みれば實に慚愧に堪へず謹で懺悔し、伏て誓ふ生々己れを盡して奉行すべき事を、唯願くば照鑑を垂れ給へ。

日賢合掌

解題

本書は鷲谷日賢の『本門の戒壇と霊界の統一』の復刻である。底本の発行所は妙雲閣で、昭和四年十二月二十八日の発行である。

日蓮宗および法華神道には、寄加持と称する帰神法が古くから行われてきたし、また北一輝が妻を霊媒として霊告を得ていたこともよく知られている。つまり、日本の土着シャーマニズムの世界では、密教とならんで法華系は大きなバックボーンとして存在したのであるが、そのなかでも本書が際だっているのは、そこでは通常の仏教的世界観の枠を越えた霊界と地上世界の壮大な神話が語られているからである。

著者の鷲谷日賢は明治八年、大阪に生まれ、海産物問屋の丁稚や土木請負業を経て、四十三歳で法華経に帰依、大正二年頃から、みずから霊媒となり、三人の女性霊媒（平野こと、前田ぎん、鷲谷いの）とともに「霊界の因縁調べ」に専心する。本書はその記録の集成として昭和四年十二月に妙雲閣より刊行された。

鷲谷によれば、神はジュラ紀、白亜紀の巨大恐竜の霊が死後再生せず、霊のまま修行し進化したもので、神が龍体をもって示現するのはそのためである。日本列島最古の龍神は天之御中主神で原住民クロボックル族の神として房州（千葉県）を本拠にしていたが、三千年まえにインドから国常立尊なる龍神が、守護神ビシュヌ神に守られ、配下の有翼半獣神キンナラ族を引き連れて日向の高千穂に移住、さらに箱根に引っ越した。ところが、国常立尊の子孫のイザナミの胎内に土着の天之御中主がはいりこみ、天照大神が誕生、これに対抗してビシュヌ神はスサノオを擁立し、出雲に移り、さらに丹波に移ったという。詳細は本文を参照されたいが、天津神と国津神、伊勢内宮と外宮の問題など、大本系神話までをも意識しつつ、なんとも奇妙なビジョンを延々と語り、さらにヤマトタケルがスサノオの再誕であるとなし、アマテラスを男体とするなど、なんらかの霊的ソースと抵触していたことが想定され、興味はつきない。もっとも、これら日本の神々からアフラマツダ、アブラハム、ヨハネ、エホバ、さらに豊臣秀吉、徳川家康、はては乃木大将、モルトケ、ルター、ジャンヌ・ダルク、リンカーンなどの因縁調べをして、それらの諸霊をすべて日蓮法華に折伏したという話になると、あまりにもリアリティに欠如する感は免れないが。なお、本文二三五頁のスミ消しは、当時の検閲制によるものなのでご了承願いたい。

編集部

定価　六四〇〇円＋税

本門の戒壇と霊界の統一

昭和 四 年十二月二十八日　初版発行
平成十四年　三月二十九日　復刻版発行

著者　鷲谷日賢

発行　八幡書店
東京都品川区上大崎二―十三―三十五
ニューフジビル二階
電話　〇三（三四四二）八一二九
振替　〇〇一八〇―一―九五一七四

正誤表

頁數	行數	誤	正
一	五	蹊°	睺°
二	一五	求°	救°
五	一七	先帥°	先師°
二七	下六	地°	時°
三一	下一七	へに°	へた°
五一	上八	Eecton	Electron
八〇	上二	て°は°	に°て°
八五	上一七	間°	問°
一二〇	上八	他と`	他の°
一三八	下一〇	Pea	Preta
一四二	下一八	五°紀	此°紀
一五〇	上七	希獵°	希臘°
二〇三	下一四	逐°ば	遊°ば
二三九	上一四	遺°わ	遣°わ
二三九	上一七	どせ°	ども°
二四三	下一四	賓°に	實°に
二五三	下九	關興°	關與°
二七〇	下九	麿°田°	田°麿°
二七八	下一五	佛°道	聖°道
二八一	上九	神興°	神與°
二九五	下一七	念°怒	忿°怒
三三一	下四	觀°良°	良°觀°
三八一	上七	八〇°	八百°
四〇二	上一三	保°の	保°を除く
四三〇	下一九	娑°羅門	婆°羅門
四五八	下六	聲門°	聲聞°
五〇〇	下一三	共〇°出	共靈°出
五二三	下九	思想の°	思想が°
五二五	上一八	熱°心	執°心
五四七	下一一	答と°へ	答°へ
五四八	上一二	興へ	與°へ

以上